Rainbow
변시 모의해설

공법
기록형 III

2025년판 머리말

이 책은 변호사시험 모의시험 공법 기록형 문제에 대한 해설을 담고 있습니다.

① 2024년에 출제된 제1차, 제2차, 제3차의 각 모의시험에 관한 내용을 추가하였습니다.

② 기존 작성방침대로 법리와 포섭의 형태로 작성하고자 하였습니다.

모의시험은 기록을 해석하는 방법, 참조조문 기재 등을 기록을 연습하기에 좋은 과정입니다. 제가 문제의 질을 평가할 수준이 되지 못하나, 매년 변호사시험에 가깝게 치밀하게 문제가 구성되어가고 있다고 보입니다. 변호사시험 기출문제와 함께 연습한다면 공법 기록형의 경우 변호사시험에서도 좋은 성적을 예상할 수 있을 것으로 기대합니다.

변호사시험에서 좋은 결과 있기를 기원합니다.

2025. 1. 20.

전병주 변호사 올림

2020년판 머리말

벌써 변호사시험이 9회나 시행되었으니, 수험생들이 꼼꼼히 살펴보아야 할 '기출문제'만도 변호사시험 기출문제 9회분, 법전협 모의고사 기출문제 27회분 등 무려 총 36회에 이르는 방대한 양이 되었다. 아직도 적지 않은 수험생들이 선택형과 사례형 과목을 먼저 준비하고 기록형 과목은 3학년이 되어서야 본격적으로 공부를 시작하고 있는데, 그러한 상황에서 이토록 방대한 기출문제를 모두 공부하기란 여간 힘든 일이 아닐 것이다.

가혹하기 짝이 없는 변호사시험 준비일정을 조금 먼저 소화해본 사람으로서, 수험생들에게 기록형 문제 대비에 관한 조언을 두 가지 드리고자 한다.

① 기록형 문제 대비와 선택형 문제 대비를 완전히 별개인 것으로 오해하지 말길 바란다. 기본적으로 기록형 역시 선택형과 마찬가지로, 우리 대법원 판례의 법리를 얼마나 넓게 알고 있는지 여부가 득점의 핵심 관건이 된다. 기록형 답안을 작성하는 방법론에 대한 공부도 필요하겠지만, 특히 선택형 문제를 대비하면서 이해 및 암기하게 되는 대법원 판례 법리의 폭이 기초체력이 된다. 즉 선택형 문제 대비가 잘 된 수험생, 많은 판례 법리를 암기하고 있는 수험생이 기록형 문제도 잘 풀 수 있다는 사실을 명심해야 한다.

② 기록형 문제 해설집을 보면서, 그 문장을 그대로 암기하려는 공부방법을 선택하는 수험생들이 적지 않음을 주변 후배들을 통해 발견했다. 이는 한정된 범위 내에서 시행되는 법학전문대학원 내 중간 및 기말고사 공부방법을 변호사시험 대비를 하면서 그대로 채택하였기 때문인 것으로 추측된다. 그와 같은 공부방법이 아예 도움이 되지 않는 것은 아니나, 그보다 훨씬 더 중요한 것은 "기록형 문제 독해력"을 배양시키는 훈련을 하는 것이다. 이를 위해서는 평소 설문에 제시된 "기록"을 꼼꼼히 읽고 각 기록에서 주어지는 정보가 어떤 것인지 감을 습득해야 한다. 기록형 문제에서 제시되는 기록은 수험생이 다루어야 할 설문 사안에 비해 너무나 간단하고 짧기 때문에(이는 출제기록의 분량이 제한되어 있기 때문이다), 출제자로서는 한정된 기록에 최대한 함축적으로 정보를 제공할 수밖에 없다. 즉 수험생들은, 본 해설서에 있는 답안을 암기하는 것에만 정성을 쏟을 것이 아니라, 각 기록과 해설서를 대조하여 기록의 어느 부분에 답안과 관련된 정보가 "함축적으로 표현"되어 있는지를 살피는 훈련을 반복해야만 한다. 선택형 및 사례형 문제는 고득점을 하는 수험생이 기록형 문제 득점에 유독 어려움이 있다면, 십중팔구 위와 같은 훈련을 하지 않고 조급한 마음에 기출문제의 답안을 암기하는 공부만 하였기 때문이고, 변호사시험 기록형 문제의 기록이 방대하다고 느끼는 수험생 역시 이러한 훈련이 제대로 하지 않은 탓이다. 기록을 독해하는 능력이 없다면 답안 암기는 완전히 무용지물이다.

끝으로 수험생들에게 실제로 기록형 고득점을 한 수험생의 답안도 채점을 해보면 생각보다 문장이 매우 허술하기 짝이 없다는 사실을 말하고 싶다. 이는 설문에 비해 매우 짧은 시험시간이 주어지기 때문인데, 이를 통해 정석적인 답안 암기가 득점에 큰 도움이 되는 것이 아니라는 점을 알 수 있다 (이 점이 한정된 범위 내에서 시행되는 각 법학전문대학원의 중간 및 기말고사와의 차이점이라고 할 수 있다). 오히려 문장의 정치함과 다소 무관하게, 주어진 기록 곳곳에서 뿜어내는 힌트들을 최대한 많이 찾아내고 이들을 간단하게라도 넓게 답안에 드러낸 수험생의 점수가 높을 수밖에 없다. 암기에 부담을 느끼는 많은 수험생들에게 이 점이 심심한 위로가 되기를 바란다.

본 해설서가 수험생들에게 조금이나마 도움이 되기를 바라면서, 또한 앞으로 더 나은 해설서를 저술하겠다는 각오를 다지면서 본 글을 맺는다.

2020. 2.

변호사 김 형 준, 변호사 강 수 영

공법기록형 시험 답안 작성요령

1. 출제자와의 대화

가. 수험생으로서는 주어진 문제를 보고 먼저 답안을 작성해야 하는 부분을 정확하게 파악하여야 한다.

나. 파악된 문제의 관련 부분을 담당 변호사의 의뢰인과의 대화 부분과 담당법인의 내부 의견검토를 중심으로 다시 확인하여야 한다.

다. 주어진 기록형 문제지의 내용을 질문을 중심으로 읽어가며 중요 부분을 초안지에 표시하여 방향을 정해야 한다. 비례원칙이나 평등원칙 및 재량권 행사의 하자 부분 등에서 주장할 부분은 문제지에서 주장 사실을 찾아야 하는 경우가 많으므로, 관련법령도 그러한 입장에서 검토할 필요가 있다.

라. 시험답안지는 실제 소장이나 준비서면과 달리 다른 수험생의 답안지와 비교가 되므로 초안지 작성단계에서 소제목을 부각시켜주는 것이 바람직하다.

마. 위와 같은 과정을 거치면서 결론 내지 방향을 정리하고 중요 부분을 빠뜨리지 않도록 한다.

2. 채점자와의 대화

가. 제한된 시간 내에 수 천 장의 답안지를 채점하는 채점위원들이 컴퓨터 등 기계식이 아닌 수험생의 자필로 쓴 답안지를 보아야 하므로 수험생 입장에서는 상대적으로 읽기 쉬운 글씨를 준비해야 한다.

나. 교과서의 정자체 글씨가 가장 이상적이나, 자신의 글씨가 거부감이 들지 않도록 그리고 쫓기는 상황에서도 진가를 발휘할 수 있도록 매일 30분 정도 배운 것을 중심으로 자필로 답안지 작성하는 연습을 할 필요가 있다.

다. 배점이 큰 문제의 경우 채점기준표가 요구하는 내용의 핵심들을 소제목으로 부각시키고 내용을 기재하는 형식의 답안이 바람직하다.

3. 마지막 검토

답안지 제출 전에 답안 작성 문제와 자신의 답안지를 한 번 읽어 보고 잘못되거나 문맥이 이상한 부분이 있는지 검토할 필요가 있다.

2017. 1.
성균관대학교 법학전문대학원
교수·변호사 배 병 호

목 차

[문제목차]

2024년도 제3차 변호사시험 모의시험 – 논술형(기록형) ·· 3
2024년도 제2차 변호사시험 모의시험 – 논술형(기록형) ·· 50
2024년도 제1차 변호사시험 모의시험 – 논술형(기록형) ·· 98
2023년도 제3차 변호사시험 모의시험 – 논술형(기록형) ·· 142
2023년도 제2차 변호사시험 모의시험 – 논술형(기록형) ·· 184
2023년도 제1차 변호사시험 모의시험 – 논술형(기록형) ·· 224
2022년도 제3차 변호사시험 모의시험 – 논술형(기록형) ·· 269
2022년도 제2차 변호사시험 모의시험 – 논술형(기록형) ·· 315
2022년도 제1차 변호사시험 모의시험 – 논술형(기록형) ·· 361
2021년도 제3차 변호사시험 모의시험 – 논술형(기록형) ·· 401
2021년도 제2차 변호사시험 모의시험 – 논술형(기록형) ·· 438
2021년도 제1차 변호사시험 모의시험 – 논술형(기록형) ·· 477
2020년도 제3차 변호사시험 모의시험 – 논술형(기록형) ·· 509
2020년도 제2차 변호사시험 모의시험 – 논술형(기록형) ·· 554
2020년도 제1차 변호사시험 모의시험 – 논술형(기록형) ·· 588

[해설목차]

2024년도 제3차 변호사시험 모의시험 해설 ·· 629
2024년도 제2차 변호사시험 모의시험 해설 ·· 642
2024년도 제1차 변호사시험 모의시험 해설 ·· 652
2023년도 제3차 변호사시험 모의시험 해설 ·· 667
2023년도 제2차 변호사시험 모의시험 해설 ·· 681
2023년도 제1차 변호사시험 모의시험 해설 ·· 696
2022년도 제3차 변호사시험 모의시험 해설 ·· 713
2022년도 제2차 변호사시험 모의시험 해설 ·· 721
2022년도 제1차 변호사시험 모의시험 해설 ·· 735
2021년도 제3차 변호사시험 모의시험 해설 ·· 746
2021년도 제2차 변호사시험 모의시험 해설 ·· 754
2021년도 제1차 변호사시험 모의시험 해설 ·· 762
2020년도 제3차 변호사시험 모의시험 해설 ·· 770
2020년도 제2차 변호사시험 모의시험 해설 ·· 780
2020년도 제1차 변호사시험 모의시험 해설 ·· 791

Rainbow 변시 모의해설

공법 기록형

제1부 문제편

# 2024년도 제3차 변호사시험 모의시험 – 논술형(기록형)

| 시험과목 | 공 법(기록형) |

응시자 준수사항

【공통사항】

1. 시험 시작 전 문제지의 봉인을 손상하는 경우, 봉인을 손상하지 않더라도 문제지를 들추는 행위 등으로 문제 내용을 미리 보는 경우 그 답안은 영점으로 처리됩니다.
2. 시험시간 중에는 휴대전화, 스마트워치, 무선이어폰 등 무선통신 기기를 비롯한 전자기기를 지녀서는 안 됩니다.
3. **답안은 반드시 문제번호에 해당하는 번호의 답안지**(제1문은 제1문 답안지 내, 제2문은 제2문 답안지 내)**에 작성**하여야 합니다. 즉, 해당 문제의 번호와 답안지의 번호가 일치하지 않으면 그 답안은 영점으로 처리됩니다. 다만, 수기로 작성하는 답안지에 한해 답안지를 제출하기 전 시험관리관이 답안지 번호를 정정해 준 경우에는 정상적으로 채점됩니다.
4. 답안지에는 문제 내용을 쓸 필요가 없으며, 답안 이외의 사항을 기재하거나 밑줄 기타 어떠한 표시도 하여서는 안 됩니다.
5. 지정된 시각까지 지정된 시험실에 입실하지 않거나 시험관리관의 승인 없이 시험시간 중에 시험실에서 퇴실한 경우, 그 시간 시험과 나머지 시간의 시험에 응시할 수 없습니다.
6. 시험시간 중에는 어떠한 경우에도 문제지를 시험실 밖으로 가지고 갈 수 없고, 그 시험시간이 끝난 후에는 문제지를 시험장 밖으로 가지고 갈 수 있습니다.

【IBT 방식】

1. 시험시간은 프로그램에 의해 자동 시작, 종료되며 시험이 종료되면 답안을 수정하는 등 답안 작성을 일절 할 수 없습니다.

【수기 방식】

1. 답안은 흑색 또는 청색 필기구(수성펜이나 연필 사용 금지) 중 한 가지 필기구만을 사용하여 답안 작성란(흰색 부분) 안에 기재하여야 합니다.
2. 답안지에 성명과 수험번호 등을 기재하지 않아 인적사항이 확인되지 않는 경우에는 영점으로 처리되는 등 불이익을 받게 됩니다. 특히 답안지를 바꾸어 다시 작성하는 경우, 성명 등의 기재를 빠뜨리지 않도록 유의하여야 합니다.
3. 답안을 정정할 경우에는 두 줄로 긋고 다시 써야 하며, 수정액·수정테이프 등은 사용할 수 없습니다.
4. 시험 종료 시각에 임박하여 답안지를 교체했더라도 시험시간이 끝나면 그 즉시 새로 작성한 답안지를 회수합니다.
5. 시험시간이 지난 후에는 답안지를 일절 작성할 수 없습니다. 이를 위반하여 **시험시간이 종료되었음에도 불구하고 계속 답안을 작성할 경우 그 답안은 영점으로 처리됩니다.**
6. **배부된 답안지는 백지 답안이라도 모두 제출**하여야 하며, **답안지를 제출하지 아니한 경우** 그 시간 시험과 나머지 시험에 응시할 수 없습니다.

법학전문대학원협의회
KOREAN ASSOCIATION OF LAW SCHOOLS

목 차

I. 문제 ·· 2

II. 작성요령과 주의사항 ·· 3

III. 서면 양식 ·· 4

IV. 기록내용 ·· 6

   법률상담일지 I ·· 7
   내부회의록 I (행정소송용) ·· 9
   행정처분서 ·· 12
   우편송달보고서 ·· 14
   학술지원 대상자 선정 제외 알림 ·· 15
   진술서 ·· 16
   사실확인서 ·· 17
   법률상담일지 II ·· 20
   진술서(노질풍) ·· 21
   진술서(맹무난) ·· 22
   진술서(정직관) ·· 23
   상해진단서 ·· 24
   2024학년도 제5차 학교폭력대책심의위원회 회의록 ······························ 25
   학교폭력대책심의위원회 결과통지서 ·· 29
   대한민국법원 나의 사건검색 ·· 30
   변론조서 ·· 31
   내부회의록 II (헌법소송용) ·· 32

V. 참고 자료

   1. 관련 법령(발췌) ·· 35
   2. 달력 ·· 46

【 문 제 】

법무법인 에이아이의 담당변호사 박숭소의 입장에서 아래의 문서를 작성하시오.

1. 의뢰인의 취지에 따라 취소소송을 제기하기 위한 소장을 작성하되, 아래의 사항을 준수하시오. (50점)

가. 첨부된 소장 양식의 ①부터 ⑦까지 부분에 들어갈 내용만 기재할 것

나. ①과 ②에는 소가 일부라도 각하되지 않도록 당사자적격이 인정되는 당사자를 기재할 것

다. ③에는 소송 실무 관행상 작성하는 방식에 따라 사건명을 기재할 것

라. '2. 이 사건 각 처분의 위법성' 부분(⑤)에서는 청구 인용 판결을 받기 위하여 합리적으로 제기해 볼 수 있는 주장을 하되, 내부회의록 등 기록상 나타난 소송전략을 반영할 것

마. ⑥에는 법령상 허용되는 제소기간의 마지막 날을, ⑦에는 「행정소송법」 제9조 제1항에서 정한 관할 법원을 각 기재할 것

2. 의뢰인 노질풍을 위하여 위헌법률심판제청신청서를 작성하되, 아래의 사항을 준수하시오. (50점)

가. 첨부된 위헌법률심판제청신청서 양식의 ①부터 ⑤까지 부분에 들어갈 내용만 기재할 것

나. '신청취지' 부분(②)에서 법령 개정 연혁을 표시함에 있어서는 기록에 첨부된 관련 법령상의 개정 연혁을 기준으로 할 것

다. '3. 이 사건 조항의 위헌성' 부분(④)에서는 의뢰인을 위하여 합리적으로 제기해 볼 수 있는 한에서 위헌성을 주장하되, 내부회의록 등 기록상 나타난 소송전략을 반영할 것

라. 제청신청 대상조항의 위헌 여부에 대해서는 이제까지 헌법재판소의 결정이 없었다고 가정할 것

【 작성요령 및 주의사항 】

1. 기록에 첨부된 관련 법령은 가상의 것으로 현행 법령과 차이가 있을 수 있으므로 첨부된 관련 법령과 다른 내용의 현행 법령은 고려하지 말고, 별도로 개정 여부를 언급하지 않은 조문은 이 사건의 모든 절차와 과정, 소장, 위헌법률심판제청신청서의 작성 및 제출 시 모두 시행되고 있는 것으로 볼 것

2. 기록에 첨부된 각종 서류는 적법하게 작성된 것으로 간주하고, 서류 등에 필요한 서명과 날인, 무인과 간인 등은 모두 적법하게 갖추어진 것으로 볼 것

3. 법률상담일지의 사실관계와 기록에 첨부된 자료들을 기초로 하고, 그것이 사실임을 전제로 할 것

4. "(생략)"으로 표시된 부분은 모두 기재된 것으로 볼 것

5. 문장은 **경어(敬語)체로 작성할 것**

6. 「학교폭력예방 및 대책에 관한 법률」은 '학교폭력예방법'이라고 약칭할 수 있음

【 소장 양식 】

소 장

원 고 　　［ ① ］　　(주소, 연락처, 소송대리인 생략)

피 고 　　［ ② ］　　(주소, 연락처 생략)

　　［ ③ ］

청 구 취 지

［ ④ ］

청 구 원 인

1. 사건의 경위 (생략)

2. 이 사건 각 처분의 위법성

［ ⑤ ］

3. 결 론 (생략)

증명방법 (생략)

첨부서류 (생략)

［ ⑥ ○○○○. ○○. ○○. ］

원고 소송대리인 법무법인 에이아이
담당변호사 조필승
박승소

［ ⑦ ］ 귀중

【 위헌법률심판제청신청서 양식 】

위헌법률심판제청신청서

사 건 　[①]
원 고 　(생략)
피 고 　(생략)
신 청 인 　원고

신 청 취 지

[②]

신 청 이 유

1. 쟁점의 정리
　(생략)

2. 재판의 전제성

[③]

3. 제청신청 대상조항의 위헌성

[④]

4. 결 론
　(생략)

첨 부 서 류
(생략)

2024. 10. **.

신청인 소송대리인 (생략)

[⑤] 　귀중

기록내용 시작

수임번호 2024-***	**법률상담일지 I**	2024. 8. 8.
의뢰인	김단장(개성대학교 산학협력단장, 010-4569-7812) 노태양(개성대학교 해양공학과 교수, 010-9632-7834)	

1. 개성대학교 산학협력단장인 김단장과 개성대학교 해양공학과 교수 노태양은 법무법인 에이아이의 구성원 변호사 조필승과 법률상담을 하였다.

2. 교육부장관은 학술진흥법에 따라 한국연구재단에 위임하여 학술지원사업을 추진하고 있는데, 한국연구재단은 2019년 개성대학교를 학술지원 대상자로 선정하였다. 이에 교육부장관과 개성대학교 총장은 2019. 10. 5. 사업기간: 2020. 3. 1.~2023. 12. 28., 총 사업비 20억원의 'BK21 플러스' 사업이라는 연구사업에 관하여 협약을 체결하였고(이하 '이 사건 사업'이라고 함), 노태양 교수는 이 사건 사업에 책임연구자로 참여하였다.

3. 한국연구재단은 2024. 5.경 학술지원 대상 대학, 연구자들을 대상으로 학술지원사업에 참여하는 학생연구원들에게 학생인건비가 제대로 지급되었는지를 조사하였는데, 이 사건 사업에 참여한 학생연구원들이 한국연구재단이 지급한 학생인건비를 받아 그중 일부를 다시 공동계좌로 이체함으로써 결과적으로 학생인건비 전부가 학생연구비로 지급되지 않았음을 확인하였다.

4. 학생인건비가 공동계좌에서 관리된 경위는 다음과 같다.

   (1) 교육부장관으로부터 사업비를 출연받은 한국연구재단이 개성대학교의 연구비 관리부서인 산학협력단에 사업비를 지급하는데, 이 중에는 학생연구원들에 지급될 학생인건비도 포함되어 있다.

   (2) 개성대학교 산학협력단은 한국연구재단으로부터 받은 출연금을 관리하면서 책임연구자인 노태양 교수가 이 사건 사업에 참여하는 학생연구원들의 학생인건비를 청구하면 연구계획서상 계상된 학생인건비에 해당하는 금액을 해당 학생연구원들의 계좌로 지급한다.

   (3) 그런데 노태양 교수의 지도학생들은 노태양 교수가 참여하는 사업에 학생연구원으로 같이 참여해서 받는 학생인건비 중 일부를 공동계좌에 모아 공동으로 관리하고 사용한다. 구체적으로는, 학생연구원으로서 참여한 사업에서 학생인건비를 받으면 자신의 학위과정별로 정해진 일정한 액수의 인건비(박사 후 과정생 200만 원, 박사과정 수료생 150만 원~180만 원, 박사과정생 130~140만 원, 석사과정생 90만 원)를 빼고 난 나머지 금액을 연구실의 행정 직원인 성실해가 관리하는 공동관리계좌로 이체하여 이를 연구실의 공동 경비로 사용하는 것이다.

(4) 이처럼 학생연구원들이 자신의 인건비 중 일부를 갹출하여 연구실에서 필요한 생수 기타 음료수, 간식, 정수기 등 비품유지관리비, 도서구입, 휴지 등 공동으로 지출되는 공동경비로 주로 사용하고, 그 외에도 학생연구원들이 스스로 부담하기 어려운 국제학술대회 참가경비(항공권 구매, 현지 숙박시설 비용, 여행경비) 등으로 사용되기도 하며, 사업비가 늦게 들어와 학생인건비가 지급되지 않는 달에는 공동경비에서 학생인건비를 먼저 선지급한 후 나중에 사업비에서 학생인건비가 지급되면 공동경비계좌로 입금하여 채워 넣기도 한다.

(5) 노태양 교수는 자신의 연구실 소속 학생연구원들이 위와 같은 공동관리계좌를 운영하는 것을 알고 있었고, 행정직원 성실해로부터 공동경비의 잔액을 보고 받기도 했다.

5. 노태양 교수 연구실 소속 대학원생으로 이 사건 사업에 참여한 학생연구원은 박사과정 수료생 1명, 박사과정생 2명, 석사과정생 1명으로 이들에게 2020. 5.경부터 2024. 4.경까지 지급된 총 학생인건비는 268,650,000원인데, 그 중 71,976,426원이 이같이 공동관리계좌로 입금되었다.

6. 교육부장관은 학생인건비를 학생연구원에게 지급하지 않고 공동계좌에서 관리하는 것은 사업비를 용도 외 사용하는 것으로서 학술진흥법상 학생인건비 부적정 집행에 해당한다는 이유로, 2024. 7. 19. 노태양 교수에게 ① 이 사건 사업과 관련하여 용도 외 사용된 것으로 인정된 사업비 71,976,426원의 환수처분, ② 3년간 학술지원 대상자 선정 제외처분, ③ 57,964,639원의 제재부가금 부과처분을 하였고, 개성대학교 총장에게는 노태양 교수가 위 행정처분을 받아 향후 3년간 학술지원 대상자 선정에서 제외됨을 통보하였다.

7. 노태양 교수는 개성대학교 내에서 손에 꼽힐 정도의 탁월한 연구능력으로 연구과제를 많이 수행하였고 지도하는 대학원생도 많은데, 노태양 교수가 한국연구재단의 학술지원을 받지 못하면 수행할 수 있는 연구과제가 많지 않아 본인뿐만 아니라 개성대학교로서도 손실이 크고, 그 연구실의 대학원생들도 연구과제에 참여할 기회를 상실하게 된다.

8. 김단장과 노태양은 노태양 교수에게 내려진 ① 사업비 환수처분, ② 3년간의 학술지원 대상자 선정 제외처분, ③ 제재부가금 부과처분이 취소되기를 바라며 이를 위해 필요한 소송을 수행해 줄 것을 법무법인 에이아이에 의뢰하였다.

법무법인 에이아이

AILAW@ailaw.co.kr

내부회의록 I (행정소송용)

일 시: 2024. 8. 19. 17:00 ~ 18:00
참석자: 조필승 변호사(공법소송팀장), 박승소 변호사

조 변호사: 박 변호사, 휴가는 잘 다녀오셨나요? 개성대학교 사건에 대해 이메일 보낸 거 보셨어요?

박 변호사: 예. 그런데 이메일을 오늘 오전에 확인하여 아직 자료를 꼼꼼히 다 검토하지는 못하였습니다.

조 변호사: 이번에 한국연구재단에서 연구개발사업비 집행내역을 대대적으로 조사한 모양입니다. 산학협력단장님 말씀으로는 한국연구재단의 연구지원사업에 책임연구자로 참여하신 개성대 교수님들이 더 있는데, 노태양 교수님의 연구실에 대학원생들이 특히 많아서 노태양 교수님이 제일 먼저 행정처분을 받았다고 합니다. 일단 노태양 교수님은 소송을 제기하신다고 했고, 이번 건으로 조사를 받고 계신 다른 교수님도 처분을 받게 되면 다투는 것을 고민 중이라고 하니, 우선 노태양 교수님 사건을 잘 진행해 봅시다.

박 변호사: 예, 알겠습니다. 자료를 보니 노태양 교수님이 받은 행정처분은 환수처분과 학술지원대상자선정제외처분, 제재부가금처분 세 개인데, 이 세 처분의 처분사유는 모두 동일한 것 같습니다.

조 변호사: 맞습니다. 사업비 중에서 학생인건비로 계상한 금액을 학생인건비로 다 지급하지 않고 다른 곳에 사용하였다는 이유입니다. 그런데 노태양 교수님 같은 경우는 학생인건비를 빼돌려 본인이 착복하거나 한 것이 아닙니다. 산학협력단에서 학생연구원의 개인계좌로 학생인건비를 이체하면 학생연구원들이 일정한 인건비를 초과하는 금액을 공동계좌로 이체하고, 공동경비로 관리하면서 주로 연구실 비용으로 사용하였다고 합니다.

박 변호사: 결과적으로 학생인건비를 학생들이 사용하였다면 용도 외 사용이 아니라고 볼 수 있지 않을까요? 이 처분사유가 인정되지 않으면 세 행정처분이 다 취소될 수 있습니다.

조 변호사: 당연히 그 주장을 해야겠지만, 요즘에는 학생인건비 지급을 엄격하게 관리합니다. 학생인건비는 학생들의 근로에 대한 대가이기도 하고 또 생활보장을 위하여도 학생들에게 제대로 지급되어야 하니까요. 이 사건 사업 협약서상 연구사업에 참여하는 연구자가 준수하여야 하여야 하는 지침이 있는데, 거기에도 '이 사건 각 사업에 참여하는 대학원생에게 연구장학금 등의 명목으로 지급되는 학생인건비는 대학원생 개인에게 지급되는 금전이므로, 연구기관이나 연구책임자가 그중 일정 금액을 회수하여 공동관리하거나 각 개인의 통장이나 도장을 일괄 관리하는 행위는 금지된다'고 되어 있거든요. 그러니까 단순히 결과적으로 학생들을 위하여 쓰였으므로 용도 외 사용은 아니라고 적당히 주장하는 것으로는 부족합니다.

박 변호사: 네, 그럼 용도 외 사용이 아니라고 주장할 근거를 세심하게 살펴보겠습니다. 그리고 추가로 이 행정처분들로써 달성하고자 하는 공익에 비해 교수님이 받는 사익의 침해가 과하다는 주장도 해 보겠습니다.

조 변호사: 맞습니다. 위반 사실에 비하여 과중한 처분이라는 주장에 더 힘을 주어야 할 겁니다. 그런데 이 점을 위법사유로 주장하려면 먼저 행정청에 재량이 있음이 전제되어야 합니다. 각각의 행정처분마다 행정청의 재량이 과연 인정되는지, 재량이 인정된다면 어느 정도 인정되는지 구체적으로 확인해 봐야 합니다.

박 변호사: 제재처분이라서 모두 재량이 인정될 것 같습니다만 처분별로 근거 규정을 잘 검토해 보겠습니다.

조 변호사: 네, 언뜻 재량이 없는 것처럼 보여도 제재처분기준을 잘 살펴서 일부라도 재량이 인정될 수 있으면 주장해야 하는 겁니다.

박 변호사: 예, 알겠습니다. 노태양 교수님이 받은 처분의 근거 법률은 학술진흥법이더라구요. 저는 작년에 국가연구개발혁신법으로 참여제한처분이 나온 신라대 교수 사건을 수행해 본 경험이 있습니다.

조 변호사: 알고 있습니다. 그 사건은 교수가 학생들의 연구비 통장을 전부 직접 관리하면서 자기가 임의로 인건비를 지급해서 문제 된 사건이었죠? 이번 노태양 교수님 사건은 그 사건과 조금 다르니 좀 더 할 얘기가 있을 겁

니다. 노태양 교수님이 직접 연구비를 지급하면서 일부를 떼서 관리한 것이 아니라, 일단 학생연구원들에게 지급이 되었던 것을 학생연구원들이 연구실 공동 비용을 충당하기 위해 자발적으로 공동계좌에 이체한 것이니까요. 노태양 교수는 공동비용 금액에 대해 보고는 받았지만 직접 관리하지는 않아서 사용내역까지 자세히 알지는 못했고, 이런 식으로 공동관리계좌를 운영하는 방식에 관하여 학생들이 이의를 제기하거나 불만을 표출한 적도 없다고 합니다.

박 변호사: 아, 그렇다면 연구실의 학생연구원들이 그런 내용으로 진술서를 작성해 주면 도움이 될 것 같습니다.

조 변호사: 제가 학교 측에 진술서를 요청해서 박 변호사에게 보내라고 할게요. 환수처분하고 제재부가금처분의 금액이 많이 크던데 위법사유를 빠짐없이 주장하세요.

박 변호사: 예, 알겠습니다. 제재부가금 액수가 좀 커 보이긴 합니다.

조 변호사: 학술진흥법 시행령이 2017. 5. 8. 개정된 이후로 제재부가금 기준에 변경이 없었는데, 최근 2024. 6. 8.에 학술진흥법 시행령이 개정되면서 제재부가금 기준이 변경되었다고 합니다. 노태양 교수님도 왜 하필 자기한테 행정처분을 할 때 기준이 높아졌냐면서 그 부분을 더 아쉽게 생각하더라구요. 아, 참, 이의신청이나 행정심판은 거치지 않고 바로 행정소송을 제기하기로 했습니다. 노태양 교수님은 일단 처분에 따라 다 납부는 하시고 다투신다고 하고 당분간 학술지원사업 신청도 안 하신다고 하니 집행정지신청은 안 하셔도 됩니다.

박 변호사: 네, 알겠습니다.

조 변호사: 처분에 절차상 문제는 없나요?

박 변호사: 사전통지도 받았고 절차상 하자는 없는 것 같습니다.

조 변호사: 그럼 소장을 바로 작성해 주세요.

박 변호사: 알겠습니다. 끝.

교 육 부

행 정 처 분 서

1. 인적사항
성 명 : 노태양 (개성대학교 해양공학과 교수)

주 소 : 서울특별시 개성대학로 291 개성대학교 공학관 510호

2. 처분 내용

(1) 사업비 환수

아래 환수금을 납부기한까지 반환하시기 바랍니다.

- ○ 환수금액 : 71,976,426원
- ○ 납부기한 : 2024. 8. 19.

(2) 학술지원 대상자 선정 제외

귀하는 향후 3년 동안 한국연구재단에서 지원하는 학술지원사업의 대상자 선정에서 제외됨을 알려 드립니다.

- ○ 기간 : 3년 (2024. 7. 1. ~2027. 6. 30.)

(3) 제재부가금

아래 제재부가금을 납부기한까지 반환하시기 바랍니다.

- ○ 제재부가금 : 57,964,639원
- ○ 납부기한 : 2024. 8. 19.
- ○ 산출근거 : 2500만원 + 용도 외 사용금액(71,976,426원) 중 5천만원을 초과하는 금액의 1.5배(학술진흥법 시행령 제20조의2제1항 [별표의2])

※ 위 제재부가금을 납부기한 내에 시중 은행에 2024. 8. 19.까지 납부하시기 바랍니다. 미납시 체납된 제재부가금의 100분의 3 에 해당하는 가산금이 부과됩니다.

3. 처분의 원인이 되는 사실

○ 대학원생 연구장학금 부적정 집행(학생연구원 인건비 공동관리 사실 확인)으로 사업비 용도 외 사용

○ 한국연구재단이 지원하는 BK21 플러스사업에서 책임연구자로 참여하여 사업비를 지급받으면서 2020. 5.경부터 2024. 4.경까지 지급된 학생인건비(총 268,650,000원) 중 71,976,426원을 회수하여 공동관리하는 등으로 사업비를 부정집행하였음

사업비 용도외 사용 금액(연도별)

2020년도	12,195,938원
2021년도	25,593,556원
2022년도	25,594,258원
2023년도	8,592,674원
합계	71,976,426원

4. 처분 관련 법적 근거

학술진흥법 제19조제2항제1호, 제20조제1항, 제20조의2제1항, 학술진흥법 시행령 제19조의2 별표1, 제20조제3호나목, 제20조의2제1항 별표1의2.

2024년 7월 19일

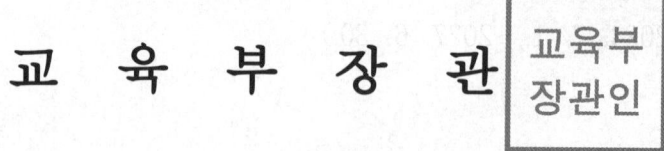

교 육 부 장 관

주무관 허금주 　　　　　　과장 백근우 　　　　　　국장 김대호
시행: 2024. 7. 19.
주소: (우 30119) 세종특별자치시 갈매로 408 정부세종청사 14동 교육부
전화(서울민원실): 02-6222-6060 (평일 09:00 ~ 18:00)

우편송달보고서

증서 2024년   제2955호   2024년   7월   19일   발송

1. 송달서류   사업비 환수등 처분서 1부

발송자   교육부장관

송달받을 사람   노태양   귀하
서울시 종로구 북촌로 24, 102호

영수인   서명 날인   **노태양** (서명)

영수인 서명날인 불능으로 집배원 대필

1 √	송달받을 자 본인에게 교부하였음
2	송달받을 자가 부재 중이므로 사리를 잘 아는 다음 사람에게 교부하였음
	사무원
	피용자
	동거자
3	다음 사람이 정당한 사유 없이 송달받기를 거부하므로, 그 장소에 서류를 두었음
	송달받을 자
	사무원
	피용자
	동거자

송달연월일   2024. 7. 22. 14시 20분

송달장소   서울시 종로구 북촌로 24, 102호

위와 같이 송달하였다.

2024. 7. 23.

종로우체국 집배원   우배달 ㊞

교 육 부

수 신: 개성대학교 총장
경 유: 개성대학교 산학협력단
제 목: 학술지원 대상자 선정 제외 알림

귀 교의 노태양 교수(해양공학과)에 대하여 학술진흥법 제20조제1항에 근거하여 3년간의 학술지원 대상자 선정 제외 처분이 내려짐에 따라 위 노태양 교수는 3년 (2024. 7. 1. ~ 2027. 6. 30.)간 학술지원 대상자 선정에서 제외됨을 알려 드립니다.

2024년 7월 19일

교 육 부 장 관   [교육부 장관인]

주무관 허금주   과장 백근우   국장 김대호
시행: 2024. 7. 19.
주소: (우 30119) 세종특별자치시 갈매로 408 정부세종청사 14동 교육부
전화(서울민원실): 02-6222-6060 (평일 09:00 ~ 18:00)

진 술 서

이 름 : 김연구 (서명)
     (개성대학교 해양공학과 박사과정)
학 번 : 2023-29748

저는 개성대학교 해양공학과 학부 졸업생으로 2023년 2월에 석사학위를 취득하고 바로 박사과정에 진학하여 현재 박사과정 2년차인 대학원생입니다.

지도교수님인 노태양 교수님과의 인연은 학부 때부터 시작되어 거의 10년이 되어갑니다. 저는 석사 때부터 교수님의 연구과제에 여러 번 참여했습니다. 지금도 교수님이 책임연구자로 수행하시는 연구과제 거의 참여하고 있고, 학생인건비로 어느 정도 생활이 되어서 큰 어려움 없이 대학원 과정을 다닐 수 있습니다.

노태양 교수님은 인품도 좋으시고 이쪽 분야에서는 워낙 전문가여서 과제도 많이 하시다 보니 저 말고도 대학원 지도학생들이 많습니다. 우리 연구실에는 고정적 출근하는 학생들만 4-5명입니다. 그래서 연구실 공동비용이 필요하니까 랩비를 운영하는 것이 필요하다고 생각합니다. 공동으로 지출하는 돈을 어차피 걷어야 하는데, 연구과제에 참여해서 나오는 학생인건비로 걷으면 부담이 없으니까요. 연구참여비를 전부 걷어가서 다 공동으로 쓰고 개인에게는 전혀 안 주는 것도 아니구요. 랩비로 걷는 비용 빼고도 저 같은 박사과정생의 경우에는 금액이 140만 원 정도 되어서 세금 떼고 나면 120만 원 가량을 연구참여비로 받으니까 랩비 내는 것은 크게 부담이 없습니다. 매달 인건비를 안정적으로 받는 게 더 좋기도 합니다.

저뿐만 아니라 우리 연구실의 누구도 랩비 걷는 것에 불만을 표출한 적이 없습니다. 오히려 우리 연구실 학생들은 연구 기획도 고르게 받고, 참여도 이상으로 학생인건비를 받아 왔다고 생각합니다. 이상 끝.

사 실 확 인 서

이 름: 성실해
소 속: 개성대학교 해양공학 인재양성 사업단

본인은 개성대학교 해양공학 인재양성 사업단 소속 행정직원입니다. 노태양 교수님 연구실의 공동경비(랩비) 운영 상황에 대해 진술하고자 합니다.

노태양 교수님 연구실의 공동경비는 제 이름으로 개설된 계좌로 걷어서 제가 관리하였습니다. 저는 2010년경 채용되었는데, 그전에는 교수님이나 학생이 번갈아 공동계좌를 관리했다고 합니다. 그런데 제가 들어가니까 학생연구원들이 계속 근무할 행정직원인 저에게 인건비 공동관리를 고정적으로 맡아 달라고 했고, 교수님도 그렇게 하자고 하셔서 그 무렵부터 제가 랩비를 관리하게 되었습니다.

노태양 교수님의 석·박사 과정 지도 학생들은 대부분 노 교수님이 책임연구자로서 수행하시는 연구과제에 연구원으로 참여합니다. 연구과제 별로 참여 인원이 달라 그때그때 다르지만 대부분 대학원생이 한두 개 정도의 과제에는 참여하고 있습니다. 그런데 학생들은 휴학하거나 다시 복학하기도 하고, 재학 중이지만 집안일이나 다른 일로 인해 과제에 참여할 수 없거나 하는 등등의 개인적인 사유가 있으니까 모든 학생이 언제나 같이 참여할 수는 없습니다. 그렇다 보니 노태호 교수님의 연구실에도 대여섯 명 정도가 상시 있기는 하지만 항상 같은 멤버인것도 아니고, 더 있는 때도 있고, 덜 있는 때도 있습니다.

보통 연구과제에 참여하고 있는 학생연구원들은 학업과 연구를 위하여 하루의 대부분을 연구실에서 보내기 때문에 연구실에서 공동으로 사용하는 생수 등 간식 구입, 정수기 유지관리 등의 공동비용이 필요합니다. 이런 공동경비를 연구실에 들쭉날쭉 있는 학생들에게서 매번 같은 금액을 정해 걷기도 불편합니다. 그래서 연구과제에 참여해서 인건비를 받는 대학원생들로부터 경비를 걷는데, 대학원들도 인건비를 안정적으로 받아야 하니까 각 연구과제에서 인건비로 올려 둔 금액에서 학위과정별로 공식적으로 인정된 인건비 지급 기준금액(박사과정은 140만원, 석사과정은 90만원입니다)을 받고, 이를 초과하는 금액은 공동경비로 이체하기로 한 것입니다.

한국연구재단 사업과 관련해서도, 산학협력단이 학생인건비를 일단 학생들의 개인계좌로 입금하여 학생들에게 개별적으로 지급합니다. 그리고나서 학생들이 사전에 정한 위 인건비 지급기준에 따른 일정 금액을 공제한 나머지 액수 전부를 제 명의의 공동관리계좌로 이체합니다. 그러면 제가 그 돈을 공동관리하는 것입니다. 교수님은 공동관리계좌가 있는 것은 아셨지만 그 사용처에 전혀 관여하지 않았습니다. 가끔 공동관리계좌에 잔고가 부족하지는 않은지 물어보시면 얼마 남아 있는지는 말씀드렸습니다.

연구과제에 이름이 올라가지 않은 경우에는 학생인건비가 안 나오는데 연구과제 기간이 조금씩 달라서 학생들이 연구과제 참여하는 중간중간에 학생인건비가 없는 달이 있습니다. 그럼 공동계좌에서 지급해서 안정적으로 인건비를 받게 해 주고, 산학협력단에서 사업비 지급이 늦어지면 공동계좌에서 먼저 인건비를 주고 나중에 참여인건비를 받으면 그걸 회수해서 공동계좌에 채워넣기도 합니다.

그렇다 보니 연구과제가 적어서 참여인건비를 못 받고 공동계좌에서 인건비를 받아야 하는 학생들이 많아지면 공동관리 계좌 잔고가 부족해지기 때문에 교수님은 항상 연구과제를 많이 하시려고 노력하셨고, 공동계좌 잔액도 모자라지 않은 지 신경 쓰셨습니다. 공동계좌에 있는 돈을 교수님이 임의로 사용하신 적도 없습니다. 위 내용은 모두 사실임을 확인합니다.

2024. 9.
성 실 해 (인)

수임번호 2024-***	**법률상담일지 Ⅱ**	2024. 10. 1.
의뢰인	노질풍	의뢰인 전화	010-96**-****
의뢰인 주소	서울 종로구 북촌로 24, 102호	의뢰인 팩스	(생략)

1. 참교육고등학교 3학년 재학 중인 의뢰인 노질풍의 부모가 상담을 위해 방문하였다. 의뢰인은 노질풍이 학교 폭력에 관하여 받은 조치를 다투는 행정소송을 서울행정법원에 제기해 둔 상태이다. 의뢰인은 위 소송에서 노질풍에 대한 조치들의 근거 규정인 「학교폭력예방 및 대책에 관한 법률」(이하 '학교폭력예방법'이라고 함) 조항에 대한 위헌법률심판제청신청을 의뢰하고자 한다.

2. 노질풍은 2024. 8.경 같은 학급 학우에게 상해를 입힌 일로 서울중부교육지원청 교육장으로부터 ① 피해학생에 대한 서면사과(제1호), ② 피해학생에 대한 접촉, 협박 및 보복행위 금지(제2호) 및 ③ 출석정지 50일(제6호)의 조치를 받았다.

3. 의뢰인 및 의뢰인의 부모는 위 조치들 중 피해학생에 대한 서면사과와 피해학생에 대한 접촉, 협박 및 보복행위 금지에 대해서는 이의가 없다. 하지만 근거 법률에서 학교폭력 가해학생에 대해 여러 징계조치를 별다른 제한 없이 병과할 수 있도록 하고, 출석정지의 경우 그 정지기한의 상한을 두지 않은 것은 기본권 침해라고 생각하여 다투어 주기를 희망한다.

4. 의뢰인의 부모는 의뢰인의 진술서 등 그간 이 사건에 관하여 수집해 두었던 자료들도 변호사 박승소와 상담하면서 제출하였다.

법무법인 에이아이

AILAW@ailaw.co.kr

진술서

이　　름: 노질풍
학년/반: 3학년 5반

　지난 주 금요일(2024. 8. 16.) 예술체육시간에 무대 앞쪽에 앉아 있었는데 맹무난이 제 이름을 부르면서 뒤에서 제 머리를 세게 눌렀습니다. 평소에도 저보다 힘세고 덩치도 큰 무난이가 뒤에서 저를 헤드락 걸었던 적이 한 두번이 아니었고, 친구들 앞에서 웃음거리로 만들었던 적도 여러 번 있었어서 또 그러는 것 같아 짜증이 났어요. 이번에는 제가 좋아하는 윤미소랑 같이 있는데 뒤에서 제 머리를 세게 누르더라고요.

　조용히 빨리 가라고 딸을 세게 휘두른다는 것이 무난이의 눈가를 치게 되었습니다.

　평소에 무난이가 저한테 장난친 거에 대해 제 마음에 쌓여있던 것도 있었고, 윤미소 앞에서 헤드락 걸리면 그럴까봐 걱정되고, 화가 나서 좀 세게 딸을 휘두르긴 했어요. 무난이가 아파하는 것 같아서 나중에라도 미안하다고 하려고 했는데.

　다음날 담임선생님으로부터 무난이가 눈 수술하게 되었다는 말을 전해 듣고 상황이 심각한 걸 알게 되었습니다.

　무난이에게는 미안하지만, 저는 무난이에게 폭력을 가하려고 했던 게 아니라 윤미소 앞에서 저한테 헤드락 걸까봐 하지 말라고 딸을 세게 휘두른 것뿐이었어요. 그리고 눈을 때릴 생각은 진짜 조금도 없었어요.

　※ 헤드락 : 상대방의 뒤나 옆에서 상대방의 머리와 목을 자신의 딸로 조이는 프로레슬링 기술

8/19(월), 노질풍

진술서

이　　름: 맹무난
학년/반: 3학년 5반

　지난 주 금요일 예술체육시간에 다목적실에서 질풍이가 앉아 있길래 머리랑 등을 손으로 그냥 누르면서 옆에 앉으려고 했는데 질풍이가 제가 앉기도 전에 일어나면서 저인 줄 분명히 확인하고 바로 주먹으로 저의 눈가를 엄청 세게 때렸습니다.

　맞은 당시는 아프기도 했지만 부끄럽기도 해서 다른 친구들이 물어봤을 때 괜찮다고 했는데, 그날 내내 아프고 그 다음날 아침 일어났더니 앞이 전혀 안 보일 정도로 심하게 뿌옇게 보여서요.

　도저히 참을 수 없어서 부모님께 말씀드리고 곧바로 병원으로 갔는데 망막박리로 수술하게 되었습니다.

　고3으로 이제 입시준비도 본격적으로 해야 되는데.. 이번주는 계속 입원해 있고, 두 주간은 앞을 잘 볼수도 없다고 하네요. 앞으로 계속 치료받으러 다녀야 한다고 하니 참 힘드네요.

　물론 제가 질풍이한테 헤드락 걸면서 장난친 적도 몇 번 있었지만, 제가 덩치가 커서 느리다는 걸 알고 질풍이가 저를 흉내내면서 약올렸던 적도 여러 번 있었어요. 저를 만만하게 봤던 거 같은데..

　이번에도 머리 누른 사람이 저인 줄 알고, 질풍이가 제 눈가를 더 세게, 노리고 때린 거 같아요. 윤미소 앞에서 있어보일려고 한 거 같기도 하고.

8/20(화), 맹무난

진술서

이　름: 정직관
학년/반: 3학년 5반

　지난 주 금요일 예술체육시간에 다목적실에서 질풍이가 무난이랑 다툼이 있었던 걸 봤어요.
　평소에 힘센 맹무난이 노질풍 뒤에서 자주 헤드락 걸었던 것도 맞고, 그렇다고 질풍이가 무난이한테 늘 당하고 산 것만은 아니었어요. 질풍이도 무난이 꽤 놀리고 다녔구요. 투닥투닥하면서도 나름 친하게 보였는데.
　평소 둘 사이 관계를 생각하면 질풍이가 처음부터 무난이 눈을 노리고 때린 건 아닌 거 같긴 한데. 속 마음은 누구도 모르죠. 무난이가 생각보다 크게 다치기도 했고. 근데 무난이 부모님이 화가 많이 나신 것 같더라구요. 고3 2학기인데 2주간이나 책을 볼 수 없다고. 그리고 학폭으로 신고하신다고.
　그리고 무난이 부모님이 지역사회에서 영향력이 좀 있으시다는 이야기도 들었어요.

8/20(화), 정직관

상 해 진 단 서

병록번호		
연 번 호	2024-2012	주민등록번호 061226-3****** 동반자 (생략)

원부대조필 인

환자의 성명	맹무난	성별 남.여	생년월일 2006년 11월 11일	연령 만 18세
병명	☐ 임상적 추정 ✓ 최종진단	망막박리		한국질병 분류번호 H33
상해년월일	2024년 8월16일(추정)	진단일	2024년 8월 17일(토)	

증상	상해부위와 정도	안구의 상해
상해에 대한 소견	진료 경과 의견	현재로서는 영구장애는 없을 것으로 사료됨 **2주간 특별 가료 요함(독서 등 금지)**
	외과적 수술여부	필요
	입원여부	필요 (약 1주)
	통상활동가능여부	퇴원 후 가능
	식사 가능 여부	가능
예상치료기간	2024년 8월 17일 (수상일 <u>진단일</u>) 로부터 21일간	
비고		

위와 같이 진단함.

발 행 일 : 2024 년 8 월 19 일 (월)
의 료 기 관 : 건강한병원
주소 및 명칭 : 서울 종로구 북촌로 25
전화 및 FAX : 02-709-2384
면허번호 제 12345 호   의사성명 김 건 강 ㊞

2024학년도 제5차 학교폭력대책심의위원회 회의록

□ 피해 학생 보호 및 가해학생 선도 조치 결정

30. [위원장]
다음은 가해학생 선도 조치에 대해 심의토록 하겠습니다.
가해학생 조치별 적용 세부기준을 참고하여 의견을 제시해 주시기 바랍니다.

31. [위원장] 노질풍 학생에 대해 협의토록 하겠습니다.

√ 먼저 기본 판단요소 중 "학교폭력의 **심각성**"에 대해 협의하도록 합니다.

| ☞ 매우 높음(4점) : **5명** | 높음(3점) : 2명 | 낮음(1점) : 1명 |

√ 다음으로 "학교폭력의 **지속성**"에 대해 협의하도록 합니다.

| ☞ 낮음(1점) : 2명 | 없음(0점) : **6명** |

√ 다음으로 "학교폭력의 **고의성**"에 대해 협의하도록 합니다.

| ☞ 높음(3점) : **4명** | 보통(2점) : 0명 | 낮음(1점) : **4명** |

√ 다음으로 "가해학생의 **반성 정도**"에 대해 협의하도록 합니다.

| ☞ 높음(0점) : **4명** | 보통(2점) : 0명 | 없음(4점) : **4명** |

√ 다음으로 "가해학생의 **선도 가능성**"에 대해 협의하도록 합니다.

| ☞ 높음(0점) : **4명** | 보통(2점) : 0명 | 없음(4점) : **4명** |

√ 다음으로 "**화해 정도**"에 대해 협의하도록 합니다.

| ☞ 높음(0점) : **4명** | 보통(2점) : 0명 | 없음(4점) : **4명** |

√ 총 평균 11.625점으로 6호 "출석정지"에 해당합니다. 출석정지 기간에 대해 협의해 보도록 하겠습니다.

학부모위원 1 : 이런 학폭 사건은 엄단할 필요가 있습니다. 피해 학생 상해 정도도 상당하고요.. 전치 3주 정도 나온 것 같고, 고3 2학기인데 2주간이나 책을 볼 수 없다네요! 입원도 하고요. 때려도 눈을 때리다니.. 가해학생 출석정지 50일 어떻습니까?

교원 위원 1 : 가해학생도 고3이긴 한데요.. 지금 출석정지 50일 조치를 받게 되면 9월 하순부터 10월 초순까지 진행되는 대학교 수시모집 원서 접수기간에 출석할 수 없게 되는데.. 사건의 결과는 분명하지만, 그 동기나 고의성 등에 대해서는 양측의 의견이 너무 엇갈리는데.. 출석정지 필요성은 인정되지만 50일은 너무 과도한 것 아닐까요?

학부모위원 2 : 글쎄요. 저 정도 사건의 가해자가 되었다면 그 동기나 경위에 다소 논란이 있다 하더라도 그 정도(50일)의 징계는 감수해야 하는 것 아닐까요? 다친 것 좀 보세요. 작정하고 때렸다면 더 큰 문젠데, 그건 의견이 갈린다 하지만.. 피해학생도 대입 준비 기간인데 눈을 크게 다쳤으니.. 지금 얼마나 속타겠어요.

학부모위원 3 : 동의합니다.

학부모위원 4 : 동의합니다.

학부모위원 5 : 동의합니다.

학부모위원 6 : 저는 좀 생각이 다른데요. 지금 보니까 노질풍 학생이 가했던 학교폭력의 지속성에 대해서는 대체로 모든 위원님들께서 그 가능성을 아주 낮게 보고 계세요. 우발적일 수 있다는 거죠. 주관적 기준인 고의성, 반성 정도, 선도가능성에 대한 위원님들의 평가도 지금 양극단으로 의견이 나뉘지 않습니까?
그렇다면 출석정지가 불가피하더라도 그 기간을 정하는 데는 좀 신중할 필요가 있겠는데요. 더군다나 고3인데, 수시모집을 준비해야 하는 기간에는 그래도 출석할 수 있도록 하는게..

학부모위원 7 : 저도 학부모위원6 의견에 동의합니다. 50일은 과하고요..
그리고 앞서 위원장님이 저희에게 물어보셨던 여러 기준들, 곧 가해학생 선도조치를 위한 적용기준들을 살펴보면 "심각성", "지속성", "고의성" 같은 것들은 있지만, 그 외에 "가해학생의 상황"이라든지 "심의위원회 위원들 간 의견편차 정도" 같은 건 적용기준에 전혀 없네요?
제가 살펴보니 학교폭력예방법의 각 조항을 살펴보더라도 징계조치별 적용기준에 관한 내용은 전혀 없고, 그 적용기준을

	대통령령으로 정하도록, 다 통으로 위임해 놓았더라구요.. 오늘 저희가 논의하는 출석정지 조치만 보더라도, 정지기간에 관해 저희가 검토했던 "심각성", "지속성"같은 기준들도 법률이 아닌 시행령에서 다 정하고 있습니다. 법률조항들을 살펴보면, 시행령으로 정할 징계조치별 적용기준이 무엇인지 전혀 감이 안오는데.. 더군다나 이러한 징계조치가 가해학생에 가하는 제재효과를 살펴보면 적용기준의 세부내용은 위임하더라도 위임할 세부내용이 뭔지 어느 정도는 감이 오게끔 법률조항에서 대강이라도 정해 놓았어야 하는 것 아닌가요?
학부모위원 6 :	지당하신 말씀입니다. 추가로 한 가지만 더 말씀드려 볼게요. 특히 저희가 검토하고 있는 출석정지조치를 일례로 들어서 이러한 위임의 문제점이 무엇인지 생각해보더라도 문제가 상당합니다. 출석정지조치(제6호)로 그 학생들이 해당기간 동안 학교에서 학습을 전혀 못 하게 되잖아요. 출석정지 기간이 길어질수록 그 학생에게 치명적일 수 있어요. 차라리 더 중한 조치인 학급교체(제7호)나 전학(제8호)이 그 학생에게 나을 수도 있죠. 그렇다면 출석정지조치를 가할 수 있는지, 없는지 그 적용기준이라든지 그 각 기준별 정지기간의 상한이라는 요소들이 그러한 제한의 본질적인 사항이라는 건 누가 봐도 분명합니다. 그런데 이러한 내용이 법률조항에 전혀 규율되어 있지 않다니요..
학부모위원 1 :	여기서 그걸 논할 상황은 아닌 것 같고요. 어쨌든 시행령에서 정한 적용기준들에 대해서는 위원장님이 항목별로 저희에게 모두 물어보셔서 위원들 의견이 모두 취합된 셈인데.. 총 평균이 11.265점인 점, 피해학생 상해 정도가 심각한 점을 고려하면, 저는 출석정지 50일 의견입니다.
위원장 :	이 사안은 위원님들 사이에 견해 차이가 크므로 더 이상 논의할 실익이 없어 보입니다. 표결에 붙이겠습니다. (거수) 출석정지 50일에 대해... 찬성 5인, 반대 3인이군요.
위원장 :	그렇다면 출석정지 50일로 의견을 정리하겠습니다.

√ 다음으로 "피해학생에 대한 서면사과"를 위한 1호 조치와, "피해학생 및 신고, 고발학생 보호"를 위한 제2호 조치, 곧 피해학생에 대한 접촉, 협박 및 보복행위 금지 조치를 출석정지조치와 병과 할 것인지에 대해 협의하도록 합니다.

☞ 만장일치 : 1, 2호 조치 병과의견

32. [위원장] 그럼 위원님들의 의견을 정리하도록 하겠습니다.

☞ 노질풍 : 1, 2호 조치, 6호 조치(출석정지 50일)

33. [위원장] 노질풍 학생과 부모님께서 오늘 출석하셨는데요, 혹시 말씀하실 것이 있으신가요?

> 노태양(노질풍의 父) : 일단 저는 오늘 결과에 상당한 충격이고요, 물론 저희 아들이 잘했다는 건 절대로 아닙니다. 당연히 사과해야죠. 무난이 치료비도 저희가 부담할 의향이 있습니다. 그렇지만, 여러 징계조치들이 동시에, 무제한적으로 병과될 수 있고, 출석정지도 기한의 상한이 없이 부여될 수 있다는 점에 대해서는 그 근거 법률부터 납득이 잘 안가네요.
>
> 정달님(노질풍의 母) : 처음부터 법률이 출석정지기한의 상한을 정해두되, 반성조차 하지 않는 학생들은 그 정지기한을 연장한다든지 하는 대안도 있을 거고요.
> 이렇게 처음부터 상한을 두지 않는다면 조치 후 반성하는 학생들을 위해 정지기한 중간에 정지 일수를 축소하는 대안도 정할 수 있을 것인데 그런 대안들은 법률조항 어디에서도 찾아볼 수 없네요. 대입준비기간같이 가해학생이라 하더라도 정말 중요한 시기에는 일시적으로 학교에 출석하도록 하는 방안도 마찬가지구요..
> 질풍이가 무난이에게 진심으로 미안해하는데, 앞으로 어떻게 해야 할런지..

□ 학교폭력대책심의원위원회 회의 마무리(2024. 8. 22.)

33. [위원장] 오늘 심도 깊은 토론과 심의 및 의결을 해 주신 위원 여러분께 깊은 감사를 드립니다. 이상으로 2024년 제5차 학교폭력대책심의위원회를 모두 마치겠습니다. (의사봉 3타)

학교폭력대책심의위원회 결과통지서

	학교폭력예방법 제17조 조치사항을 다음과 같이 통지합니다.
가해학생	참교육고등학교 3학년 노질풍
피해학생	참교육고등학교 3학년 맹무난
조치원인	신체폭력
심의위원회 개최	2024년 8월 22일
<u>조치사항</u>	(가해학생) 제17조 제1항 제1호 피해학생에 대한 서면사과 제17조 제1항 제2호 피해학생 신고, 고발학생에 대한 접촉, 협박 및 보복행위의 금지 제17조 제1항 제6호 출석정지(50일)
<u>불복절차 안내</u>	(국,공립학교) 교육장의 조치에 대해 이의가 있는 경우에는 처분이 있음을 알게 된 날로부터 90일 이내, 처분이 있었던 날부터 180일 이내에 행정심판법에 따른 행정심판을 청구하거나(법률 제17조의2), 처분이 있음을 알게 된 날부터 90일 이내, 처분이 있은 날부터 1년 이내에 행정소송법에 따른 행정소송을 청구할 수 있음(법률 제17조의3)
자료의 보존	"학교생활기록 작성 및 관리지침" 제18조 제4항에 따라, <u>법 제17조 제1항 제6호 출석정지 조치는 학생의 졸업일부터 2년까지 학교생활 세부사항기록부의 "출결상황"란에 기재됨</u>(단, 졸업직전 학교폭력 전담기구의 심의를 거쳐 졸업과 동시에 삭제될 수도 있음) "학교생활기록 작성 및 관리지침"제18조 제5항에 따라, 법 제17조 제1항 <u>제1호, 제2호 조치는 학생의 졸업과 동시에 기록부에서 삭제됨</u>

2024. 8. 23.

서울중부교육지원청 교육장

법원 나의 사건 검색 결과

사건번호 : 서울행정법원 2024구합12345

기본내용

사건번호	2024구합12345	**사건명**	출석정지처분등 취소
원　　고	노질풍	**피　　고**	서울중부교육지원청 교육장
재 판 부	서울행정법원 제11부		
접 수 일	2024. 8. 30.(금)	**종국결과**	
수리구분	제소	**병합구분**	없음
상 소 인		**상 소 일**	
판결도달일		**확 정 일**	

최근 기일 내용

일자	시각	기일구분	기일장소	결과
2024. 9. 19.(목)	10:00	변론기일	지하2층 B202호 법정	속행(추후지정)

(이하 생략)

서 울 행 정 법 원

변 론 조 서

1차

사   건   2024구합12345 출석정지처분등 취소
재 판 장   판사   정직한   기   일: 2024. 9. 19. 10:00
              판사   박진리   장   소: 제B202호 법정
              판사   김정의   공개 여부: 공 개
법원주사보   임 속 기   고지된
                                            다음 기일: 추후 지정

사건과 당사자들 호명
원고   법정대리인 친권자 부 노태양   출석
피고   소송수행자 한교육   출석

....

원고 법정대리인
    소장 진술
피고 소송수행자
    원고의 청구를 모두 기각하는 판결을 구한다고 답변
원고 법정대리인
    위헌법률심판제청신청서를 제출하겠다고 진술
재판장 판사
    다음 변론기일은 위헌법률심판제청신청서 제출 이후에 추후 지정

변론 속행

2024. 9. 19.

        법원 주사보   임 속 기 (인)

        재판장 판사   정 직 한 (인)

내부회의록 II (헌법소송용)

일   시: 2024. 10. 1. 10:00 ~ 11:00
장   소: 법무법인 에이아이 회의실
참석자: 조필승 변호사(공법소송팀장), 박승소 변호사

조 변호사: 의뢰인 노질풍의 위헌법률심판제청신청사건에 대해 논의해 봅시다. 먼저, 당해사건 경과는 어떠한가요.

박 변호사: 의뢰인 노질풍은 학교폭력 가해학생으로 지목되어, 2024. 8. 23. 출석정지 50일 처분, 피해학생에 대한 서면사과, 피해학생에 대한 접촉, 협박 및 보복행위 금지처분을 받고 2024. 8. 30. 취소소송을 제기하여 현재 1심 진행 중입니다.

조 변호사: 출석정지 50일이라.. 그 기간이 50일이라는 점에서도 대단히 이례적인데, 이에 더해서 피해학생에 대한 서면사과와 피해학생에 대한 접촉, 협박 및 보복행위 금지처분까지도 동시에 부과되었군요.

박 변호사: 그렇습니다. 의뢰인 노질풍은 서면사과(제1호) 조치나 접촉, 협박 및 보복행위의 금지(제2호) 조치, 그러한 조치 각각이 발령될 수 있도록 법률조항이 규율된 것은 다툴 생각이 전혀 없고요. 의뢰인 노질풍은 피해학생에게 사과할 의사도 분명히 있습니다.
그러나 의뢰인은 ① 이렇게 3개 처분이 한꺼번에 병과될 수 있도록 법률조항이 규율된 점, ② 출석정지에 관하여 그 기간의 상한을 두지 않은 점은 분명히 헌법적으로 다퉈야 할 쟁점이라고 생각하고 있습니다. 의뢰인 같은 가해학생의 기본권에 대한 과잉제한이라는 거죠. 결과적으로 그로 인해 3가지 조치가 병과되었고, 50일에 이르는 출석정지처분이 내려진 셈이니까요. 의뢰인 부모님도 조사를 많이 하셨는지 학교폭력심의위원회에서 그런 취지로 주장을 하셨더라구요.

조 변호사: 당해사건에서의 관건은 의뢰인이 다투고자 하는 위 두 내용을 규율하고 있는, 학교폭력예방법 제17조 제1항 중 해당 부분의 위헌성이 될 수밖에 없겠군요. 징계처분 근거규정이요.

박 변호사: 예. 그렇습니다. 의뢰인은 일단 법원에 징계처분 근거규정에 대하여 위헌법률심판제청신청서를 제출할 뜻을 밝혀 두었다고 합니다.

조 변호사: 좋습니다. 그렇다면 먼저 의뢰인이 다투고자 하셨던 위 두 쟁점의 내용을 묶어 하나의 기본권 과잉 제한 주장을 해보되, 이를 위해서는 두 쟁점에 공통된 가해학생의 제한되는 기본권이 무엇인지 잘 생각해 볼 필요가 있습니다. 출석정지조치의 내용을 살펴보면 더 뚜렷할 것 같구요.

박 변호사: 네, 변호사님. 그런데 의뢰인 노질풍에게 부과된 서면사과나 접촉, 협박 및 보복행위 금지는 출석정지와 달리 수업이나 학습과는 상관이 없는데 하나의 기본권 과잉제한 주장이 어떻게 가능할지 하는 생각이 듭니다.

조 변호사: 그렇기는 하지만, 출석정지와 함께 학교폭력예방법 제17조 제1항 각호에 따라 부과될 수 있는 병과조치들을 보면 학습에 관련된 조치들도 있으니 병과조항과 출석정지를 묶어서 하나의 기본권 제한 주장으로 구성할 수 있겠습니다.

박 변호사: 네, 변호사님. 알겠습니다.

조 변호사: 그리고 위 기본권 과잉제한 주장에 관해서는 징계처분의 근거규정인 학교폭력예방법 제17조 제1항 중 의뢰인이 다투려는 위 두 쟁점 내용에 관한 것으로만 심판을 구하는 대상을 한정하여 신청취지를 작성합시다.

박 변호사: 예. 심판을 구하는 대상을 적절히 한정하는 데에 특히 유념하겠습니다.

조 변호사: 좋습니다. 기본권 과잉제한 주장에 관해서는 이 정도로 마무리하지요. 위임입법 부분도 다툴 여지가 있지 않나요?

박 변호사: 심의위원회 회의록에 기재된 학부모위원들 발언 내용을 읽어 보니 헌법 원칙 위반 주장도 할 수 있을 것 같습니다.

조 변호사: 좋습니다. 그럼 위 주장 내용에 맞게끔 학교폭력예방법 제17조 제1항 중 해당 부분으로 심판을 구하는 대상을 추가해서 신청취지에 기재하세요.

박 변호사: 예. 조언해 주셔서 감사합니다.

조 변호사: 잠깐만요. 곧 출석정지기간이 만료되어 의뢰인이 다시 학교에 출석하게 되지 않나요? 행정소송 제1심 계속 중에 의뢰인이 졸업하고, 졸업하면서 학폭 기록까지 삭제되게 되면, 시간의 경과에 따라 재판의 전제성이 인정되기 어려울 수도 있겠네요.

박 변호사: 타당한 지적이십니다. 저도 고민하다가.. 재판의 전제성 목차에서 두 가지 주장을 해보려 합니다.
일단은 의뢰인이 당해사건(1심) 계속 중 곧 다시 학교에 출석할 수 있게 되고, 졸업하더라도, 그 후 2년까지는 그 출석정지조치가 학교생활세부사항기록부에 남는 경우가 대부분이며, 그렇게 기록 남는 것이 법률상 불이익이기 때문에.. 재판의 전제성에 관한 일반론과 요건을 상세히 살펴가면서 재판의 전제성이 인정된다는 주장을 먼저 개진하겠습니다.
그리고 당해사건(1심) 계속 중 의뢰인이 졸업하게 되고 동시에 학폭 기록이 삭제되는 예외적 상황이 도래한다면, 결국 재판부가 의뢰인의 출석정지처분 등 취소청구를 각하하게 되고, 재판의 전제성이 인정되지 않겠죠. 그렇더라도 예외적으로 헌법재판소가 본안판단을 이어가는 경우가 있는데요. 그 점에 착안하여 재판의 전제성 목차에서 예비적 주장도 개진하겠습니다.

조 변호사: 아주 좋은 생각입니다. 상황별로 의뢰인에게 가장 유리한 주장을 재판의 전제성 목차에서 병렬적으로 개진할 필요가 있겠죠. 그러면 서면작업을 바로 시작합시다.

참고 자료

1. 관련 법령(발췌)

■ 학술진흥법

제5조(학술지원사업의 추진 등)
① 교육부장관은 제4조에 따른 정책 및 업무를 수행하기 위하여 학술진흥을 위한 사업을 개발하고 추진한다.
② 교육부장관은 제1항에 따른 사업을 효과적으로 추진하기 위하여 다음 각 호의 기관 또는 단체에 그 사업의 전부 또는 일부를 위탁하고 그에 필요한 비용을 출연금(出捐金)으로 지급할 수 있다.
  5. 「한국연구재단법」에 따라 설치된 한국연구재단
③ 제1항에 따른 학술지원사업의 추진과 제2항에 따른 출연금 지급에 필요한 사항은 대통령령으로 정한다.

제6조(학술지원 대상자의 선정 등)
① 교육부장관은 제5조제1항에 따른 학술지원사업을 추진하기 위하여 대학·연구기관·학술단체(이하 "대학등"이라 한다) 또는 연구자 중 학술지원 대상자를 선정하여 학술활동을 수행하게 할 수 있다.
② 교육부장관은 제1항에 따른 학술지원 대상자에게 학술활동을 수행하기 위한 학술지원 사업비(이하 "사업비"라 한다)를 지원하고, 필요한 경우 협약을 체결할 수 있다.

제17조(사업비의 사용 및 관리)
① 연구자와 대학등의 장은 지원받은 사업비를 지원 목적 및 용도에 맞게 사용하여야 하며, 대학등의 장은 사업비를 별도의 계정을 설정하여 관리하여야 한다.
② 대학등의 장은 지원받은 모든 사업비의 관리를 전담하는 부서를 지정하거나 설치하고, 그 운영에 필요한 조치를 하여야 한다.
③ 제2항에 따른 사업비의 관리에 필요한 사항은 대통령령으로 정한다.

제19조(사업비의 지급 중지 등)
① 교육부장관은 사업비를 지원받은 연구자 및 대학등이 다음 각 호의 어느 하나에 해당하는 경우에는 사업비 지급을 중지하고 지급한 사업비를 환수하여야 한다.

1. 거짓이나 그 밖의 부정한 방법으로 제6조제1항에 따른 학술지원 대상자에 선정되거나 사업을 수행한 경우
2. 정당한 사유 없이 연구의 수행을 포기한 경우
3. 연구부정행위를 한 경우

② 교육부장관은 사업비를 지원받은 연구자 및 대학등이 다음 각 호의 어느 하나에 해당하는 경우에는 사업비 지급을 중지하거나 이미 지급한 사업비의 전부 또는 일부를 환수할 수 있다.
1. 사업비를 용도 외에 사용한 경우
2. 제6조제2항에 따른 협약을 위반한 경우
3. 제6조제3항에 따른 결과보고를 하지 아니한 경우

④ 제1항 및 제2항에 따른 사업비 환수의 구체적인 기준, 규모 등에 필요한 사항은 대통령령으로 정한다.

제20조(학술지원 대상자 선정 제외)

① 교육부장관은 연구자나 대학등이 제19조제1항 각 호 또는 제2항 각 호의 어느 하나에 해당하여 사업비 지급이 중지되거나 지급한 사업비의 전부 또는 일부가 환수되는 경우에는 대통령령으로 정하는 바에 따라 1년 이상 10년 이하의 범위에서 제6조제1항에 따른 학술지원 대상자 선정에서 제외한다.

② 교육부장관은 제1항에 따라 학술지원 대상자 선정을 제한하는 경우에는 그 제한을 한 날부터 15일 이내에 연구자 및 연구자가 소속된 대학등의 장과 관계 중앙행정기관의 장에게 그 제한 사실 및 사유를 통보하여야 한다.

제20조의2(제재부가금의 부과·징수)

① 교육부장관은 제19조제2항제1호에 해당하는 행위가 있을 때에는 연구자나 대학등에 대하여 그 연구용도 외의 용도로 사용한 금액의 5배 이내의 범위에서 제재부가금을 부과·징수한다.

② ~ ④ 생략

⑤ 그밖에 제재부가금을 부과하는 위반행위의 종류·정도 등에 따른 제재부가금의 금액 등에 필요한 사항은 대통령령으로 정한다.

■ **학술진흥법 시행령**
[시행 2024. 6. 10.] [대통령령 제27613호, 2024. 6. 8., 일부개정]

제4조(출연금의 지급·사용·관리)

① 교육부장관은 법 제5조제2항에 따라 학술지원사업을 위탁한 기관 또는 단체(이하 "전문기관"이라 한다)에 출연금(出捐金)을 지급할 때에는 학술지원사업의 추진 상황 등을 고려하여 한꺼번에 지급하거나 분할하여 지급할 수 있다.
② 전문기관의 장은 별도의 계정을 설정하여 출연금을 관리하여야 한다.
③ 전문기관은 교육부장관이 정하는 바에 따라 출연금을 학술지원사업과 관련한 다음 각 호의 용도에 사용하여야 한다.
  1. 내부인건비, 외부인건비 등 인건비
  2. 연구장비 및 재료비, 연구활동비, 연구수당 등 직접비
  3. 인력지원비, 연구지원비, 성과활용지원비 등 간접비
  4. 위탁연구개발비
  5. 그 밖에 학술지원사업 수행에 필요한 경비
④ 교육부장관은 전문기관이 정당한 사유 없이 제3항 각 호 외의 용도로 출연금을 사용한 경우에는 그에 해당하는 금액을 환수하여야 한다.
⑤ 교육부장관은 제4항에 따라 환수한 금액을 국고에 납입하여야 한다.

제19조의2(사업비의 환수 기준)

법 제19조제1항 및 제2항에 따른 사업비의 환수 기준은 별표 1과 같다.

제20조(학술지원 대상자 선정 제외 기간)

법 제20조제1항에 따른 사유별 학술지원 대상자 선정 제외기간은 다음 각 호의 구분에 따른다.
  1. 거짓이나 그 밖의 부정한 행위로 사업비를 받은 경우: 5년
  2. 정당한 사유 없이 연구를 포기한 경우: 3년
  3. 사업비를 용도 외로 사용한 경우
    가. 사업비를 횡령, 편취(騙取) 또는 유용(流用)한 경우: 5년
    나. 사업비를 의도적으로 부정 집행한 경우: 3년
  4. 법 제6조제2항에 따른 협약을 위반한 경우: 1년
  5. 법 제6조제3항에 따른 결과보고를 하지 아니한 경우: 5년

제20조의2(제재부가금의 부과기준 등)

① 법 제20조의2제1항에 따른 제재부가금(이하 "제재부가금"이라 한다)의 부과기준은 별표 1의2와 같다. 〈개정 2024. 6. 8.〉

제20조의3(제재부가금의 부과 및 납부 등)

① 교육부장관은 법 제20조의2제1항에 따라 제재부가금을 부과하는 경우에는 위반행위의 종류와 제재부가금의 금액을 분명하게 적은 서면으로 알려야 한다.

[별표1]

사유별 사업비 환수 기준(제19조의2 관련)

환수 사유	환수 기준
1. 거짓이나 그 밖의 부정한 방법으로 법 제6조제1항에 따른 학술지원 대상자에 선정된 경우	총 수행기간 동안 지급된 출연금 전액
4. 사업비를 용도 외에 사용한 경우	용도 외 사용이 있었던 해당 연도의 출연금 전액 이내
5. 법 제6조제2항에 따른 협약을 위반한 경우	협약 위반 사실이 있었던 해당 연도의 출연금 전액 이내

[별표1의2] <개정 2024. 6. 8.>

제재부가금의 부과기준(제20조의2제1항 관련)

1. 사업비 중 연구용도 외의 용도로 사용한 금액(이하 이 표에서 "용도 외 사용금액"이라 한다)에 대한 제재부가금은 다음과 같다.

용도 외 사용금액	제재부가금
5천만원 이하	용도 외 사용금액의 50%에 해당하는 금액
5천만원 초과 1억원 이하	2천 5백만 원 + 용도 외 사용금액 중 5천만 원 초과금액의 150%에 해당하는 금액
생략	생략
10억원 초과	20억 2천 5백만 원 + 용도 외 사용금액 중 10억 원 초과금액의 350%에 해당하는 금액

2. 부과권자는 제재부가금 부과대상자가 다음 각 목의 어느 하나에 해당하는 경우에는 제1호에 따라 산정된 제재부가금의 2분의 1의 범위에서 그 금액을 늘릴 수 있다. 다만, 법 제20조의2제1항에 따른 제재부가금의 범위를 초과할 수 없다.
    가. 제재부가금 부과대상자가 최근 5년 이내에 법 제19조에 따른 사업비의 지급 중지 및 환수, 법 제20조에 따른 학술지원 대상자 선정 제외 또는 법 제20조의2에 따른 제재부가금 부과 조치를 받은 경우
    나. 사업비의 2분의 1 이상을 연구용도 외의 용도로 사용한 경우
    다. 그밖에 연구용도 외로 사용한 동기, 방법 및 그 결과 등을 고려하여 제재부가금을 늘릴 필요가 있다고 인정되는 경우
3. 부과권자는 제재부가금 부과대상자가 다음 각 목의 어느 하나에 해당하는 경우에는 제1호에 따라 산정된 제재부가금(나목에 따라 용도 외 사용금액을 일부만 자발적으로 반납한 경우에는 반납한 금액에 대한 제재부가금을 말한다)의 2분의 1의 범위에서 그 금액을 줄일 수 있다.
    가. 제10조제1항에 따른 학술활동 평가 결과가 우수한 것으로 판정된 경우
    나. 용도 외 사용금액을 전담기관이 조사·확인하기 전에 자발적으로 반납하고, 조사과정에 성실하게 협조한 경우
    다. 그밖에 연구용도 외로 사용한 동기, 방법 및 그 결과 등을 고려하여 제재부가금을 줄일 필요가 있다고 인정되는 경우

■ 구 학술진흥법 시행령

[시행 2017. 5. 8.] [대통령령 제17856호, 2017. 5. 8., 일부개정]

[별표1의2] <개정 2017 5. 8..>

제재부가금의 부과기준(제20조의2제1항 관련)

1. 사업비 중 연구용도 외의 용도로 사용한 금액(이하 이 표에서 "용도 외 사용금액"이라 한다)에 대한 제재부가금은 다음과 같다.

용도 외 사용금액	제재부가금
5천만원 이하	용도 외 사용금액의 50%에 해당하는 금액
5천만원 초과 1억원 이하	2천 5백만 원 + 용도 외 사용금액 중 5천만 원 초과금액의 100%에 해당하는 금액
생략	생략
10억원 초과	20억 2천 5백만 원 + 용도 외 사용금액 중 10억 원 초과금액의 300%에 해당하는 금액

2. 부과권자는 제재부가금 부과대상자가 다음 각 목의 어느 하나에 해당하는 경우에는 제1호에 따라 산정된 제재부가금의 2분의 1의 범위에서 그 금액을 늘릴 수 있다. 다만, 법 제20조의2제1항에 따른 제재부가금의 범위를 초과할 수 없다.
   가. 제재부가금 부과대상자가 최근 5년 이내에 법 제19조에 따른 사업비의 지급 중지 및 환수, 법 제20조에 따른 학술지원 대상자 선정 제외 또는 법 제20조의2에 따른 제재부가금 부과 조치를 받은 경우
   나. 사업비의 2분의 1 이상을 연구용도 외의 용도로 사용한 경우
   다. 그 밖에 연구용도 외로 사용한 동기, 방법 및 그 결과 등을 고려하여 제재부가금을 늘릴 필요가 있다고 인정되는 경우
3. 부과권자는 제재부가금 부과대상자가 다음 각 목의 어느 하나에 해당하는 경우에는 제1호에 따라 산정된 제재부가금(나목에 따라 용도 외 사용금액을 일부만 자발적으로 반납한 경우에는 반납한 금액에 대한 제재부가금을 말한다)의 2분의 1의 범위에서 그 금액을 줄일 수 있다.
   가. 제10조제1항에 따른 학술활동 평가 결과가 우수한 것으로 판정된 경우
   나. 용도 외 사용금액을 전담기관이 조사·확인하기 전에 자발적으로 반납하고, 조사 과정에 성실하게 협조한 경우
   다. 그밖에 연구용도 외로 사용한 동기, 방법 및 그 결과 등을 고려하여 제재부가금을 줄일 필요가 있다고 인정되는 경우

■ 학교폭력예방 및 대책에 관한 법률
[시행 2020. 3. 1.] [법률 제16441호, 2019. 8. 20. 일부개정]

제1조(목적)
이 법은 학교폭력의 예방과 대책에 필요한 사항을 규정함으로써 피해학생의 보호, 가해학생의 선도·교육 및 피해학생과 가해학생 간의 분쟁조정을 통하여 학생의 인권을 보호하고 학생을 건전한 사회구성원으로 육성함을 목적으로 한다.

제17조(가해학생에 대한 조치)
① 심의위원회는 피해학생의 보호와 가해학생의 선도·교육을 위하여 가해학생에 대하여 다음 각 호의 어느 하나에 해당하는 조치(수 개의 조치를 병과하는 경우를 포함한다)를 할 것을 교육장에게 요청하여야 하며, 각 조치별 적용기준은 대통령령으로 정한다. 다만, 퇴학처분은 의무교육과정에 있는 가해학생에 대하여는 적용하지 아니한다.
   1. 피해학생에 대한 서면사과

2. 피해학생 및 신고·고발 학생에 대한 접촉, 협박 및 보복행위의 금지
  3. 학교에서의 봉사
  4. 사회봉사
  5. 학내외 전문가에 의한 특별 교육이수 또는 심리치료
  6. <u>출석정지</u>
  7. 학급교체
  8. 전학
  9. 퇴학처분
② 제1항에 따라 심의위원회가 교육장에게 가해학생에 대한 조치를 요청할 때 그 이유가 피해학생이나 신고·고발 학생에 대한 협박 또는 보복 행위일 경우에는 같은 항 각 호의 조치를 병과하거나 조치 내용을 가중할 수 있다.
③ 제1항 제2호부터 제4호까지 및 제6호부터 제8호까지의 처분을 받은 가해학생은 교육감이 정한 기관에서 특별교육을 이수하거나 심리치료를 받아야 하며, 그 기간은 심의위원회에서 정한다.
④ 학교의 장은 가해학생에 대한 선도가 긴급하다고 인정할 경우 우선 제1항 제1호부터 제3호까지, 제5호 및 제6호의 조치를 할 수 있으며, 제5호와 제6호는 병과조치할 수 있다. 이 경우 심의위원회에 즉시 보고하여 추인을 받아야 한다.
⑤ 심의위원회는 제1항 또는 제2항에 따른 조치를 요청하기 전에 가해학생 및 보호자에게 의견진술의 기회를 부여하는 등 적정한 절차를 거쳐야 한다.
⑥ 제1항에 따른 요청이 있는 때에는 교육장은 14일 이내에 해당 조치를 하여야 한다.
⑦ 학교의 장이 제4항에 따른 조치를 한 때에는 가해학생과 그 보호자에게 이를 통지하여야 하며, 가해학생이 이를 거부하거나 회피하는 때에는 학교의 장은 「초·중등교육법」 제18조에 따라 징계하여야 한다.
⑧ 가해학생이 제1항 제3호부터 제5호까지의 규정에 따른 조치를 받은 경우 이와 관련된 결석은 학교의 장이 인정하는 때에는 이를 출석일수에 산입할 수 있다.
⑨ 심의위원회는 가해학생이 특별교육을 이수할 경우 해당 학생의 보호자도 함께 교육을 받게 하여야 한다.
⑩ 가해학생이 다른 학교로 전학을 간 이후에는 전학 전의 피해학생 소속 학교로 다시 전학올 수 없도록 하여야 한다.

⑪ 제1항제2호부터 제9호까지의 처분을 받은 학생이 해당 조치를 거부하거나 기피하는 경우 심의위원회는 제7항에도 불구하고 대통령령으로 정하는 바에 따라 추가로 다른 조치를 할 것을 교육장에게 요청할 수 있다.

⑫ 가해학생에 대한 조치 및 제11조제6항에 따른 재입학 등에 관하여 필요한 사항은 대통령령으로 정한다.

■ 학교폭력예방 및 대책에 관한 법률 시행령
[시행 2013. 3. 23.] [대통령령 제24423호, 2013. 3. 23. 타법개정]

제19조(가해학생에 대한 조치별 적용 기준)
법 제17조제1항의 조치별 적용 기준은 다음 각 호의 사항을 고려하여 결정하고, 그 세부적인 기준은 교육부장관이 정하여 고시한다.
1. 가해학생이 행사한 학교폭력의 심각성·지속성·고의성
2. 가해학생의 반성 정도
3. 해당 조치로 인한 가해학생의 선도 가능성
4. 가해학생 및 보호자와 피해학생 및 보호자 간의 화해의 정도
5. 피해학생이 장애학생인지 여부

■ 각급 법원의 설치와 관할구역에 관한 법률

제1조(목적)
이 법은 「법원조직법」 제3조 제3항에 따라 각급 법원의 설치와 관할구역을 정함을 목적으로 한다.

제4조(관할구역)
각급 법원의 관할구역은 다음 각 호의 구분에 따라 정한다. 〈단서 생략〉
1. 각 고등법원·지방법원과 그 지원의 관할구역: 별표 3
2. ~ 3. 〈생략〉
4. 행정법원의 관할구역: 별표 6
5. ~ 6. 〈생략〉
7. 행정사건을 심판하는 춘천지방법원 및 춘천지방법원 강릉지원의 관할구역: 별표 9
8. 〈생략〉

[별표 3]

고등법원·지방법원과 그 지원의 관할구역

고등법원	지방법원	지원	관할구역
서울	서울중앙		서울특별시 종로구·중구·강남구·서초구·관악구·동작구
	서울동부		서울특별시 성동구·광진구·강동구·송파구
	서울남부		서울특별시 영등포구·강서구·양천구·구로구·금천구
	서울북부		서울특별시 동대문구·중랑구·성북구·도봉구·강북구·노원구
	서울서부		서울특별시 서대문구·마포구·은평구·용산구
	의정부		의정부시·동두천시·양주시·연천군·포천시, 강원도 철원군. 다만, 소년보호사건은 앞의 시·군 외에 고양시·파주시·남양주시·구리시·가평군
		고양	고양시·파주시
		남양주	남양주시·구리시·가평군
	인천		인천광역시
		부천	부천시·김포시
	춘천		춘천시·화천군·양구군·인제군·홍천군. 다만, 소년보호사건은 철원군을 제외한 강원도
		강릉	강릉시·동해시·삼척시
		원주	원주시·횡성군
		속초	속초시·양양군·고성군
		영월	태백시·영월군·정선군·평창군
대전	대전		대전광역시·세종특별자치시·금산군
		홍성	보령시·홍성군·예산군·서천군
		공주	공주시·청양군
		논산	논산시·계룡시·부여군
		서산	서산시·당진시·태안군
		천안	천안시·아산시
	청주		청주시·진천군·보은군·괴산군·증평군. 다만, 소년보호사건은 충청북도
		충주	충주시·음성군
		제천	제천시·단양군

		영동	영동군·옥천군
대구	대구		대구광역시 중구·동구·남구·북구·수성구·영천시·경산시·칠곡군·청도군
		서부	대구광역시 서구·달서구·달성군, 성주군·고령군
		안동	안동시·영주시·봉화군
		경주	경주시
		포항	포항시·울릉군
		김천	김천시·구미시
		상주	상주시·문경시·예천군
		의성	의성군·군위군·청송군
		영덕	영덕군·영양군·울진군
부산	부산		부산광역시 중구·동구·영도구·부산진구·동래구·연제구·금정구
		동부	부산광역시 해운대구·남구·수영구·기장군
		서부	부산광역시 서구·북구·사상구·사하구·강서구
	울산		울산광역시·양산시
	창원		창원시 의창구·성산구·진해구, 김해시. 다만, 소년보호사건은 양산시를 제외한 경상남도
		마산	창원시 마산합포구·마산회원구, 함안군·의령군
		통영	통영시·거제시·고성군
		밀양	밀양시·창녕군
		거창	거창군·함양군·합천군
		진주	진주시·사천시·남해군·하동군·산청군
광주	광주		광주광역시·나주시·화순군·장성군·담양군·곡성군·영광군
		목포	목포시·무안군·신안군·함평군·영암군
		장흥	장흥군·강진군
		순천	순천시·여수시·광양시·구례군·고흥군·보성군
		해남	해남군·완도군·진도군
	전주		전주시·김제시·완주군·임실군·진안군·무주군. 다만, 소년보호사건은 전북특별자치도
		군산	군산시·익산시
		정읍	정읍시·부안군·고창군
		남원	남원시·장수군·순창군
	제주		제주시·서귀포시
수원	수원		수원시·오산시·용인시·화성시. 다만, 소년보호사건은 앞의 시 외에 성남시·하남시·평택시·이천시·안산시·광명시·시흥시·안성시·광주시·안양시·과천시·의왕시·군포시·여주시·양평군

		성남	성남시 · 하남시 · 광주시
		여주	이천시 · 여주시 · 양평군
		평택	평택시 · 안성시
		안산	안산시 · 광명시 · 시흥시
		안양	안양시 · 과천시 · 의왕시 · 군포시

[별표 6]

행정법원의 관할구역

고등법원	행정법원	관할구역
서울	서울	서울특별시

[별표 9]

행정사건을 심판하는 춘천지방법원 및 춘천지방법원 강릉지원의 관할구역

명칭	관할구역
춘천지방법원	춘천지방법원의 관할구역 중 강릉시 · 동해시 · 삼척시 · 속초시 · 양양군 · 고성군을 제외한 지역
춘천지방법원 강릉지원	강릉시 · 동해시 · 삼척시 · 속초시 · 양양군 · 고성군

■ 법원조직법 부칙 <법률 제4765호, 1994. 7. 27.>

제1조(시행일)

① 이 법은 1995년 3월 1일부터 시행한다. 다만, 제3조, 제7조, 제29조, 제31조의 개정규정중 시·군법원에 관한 사항 및 제33조, 제34조의 개정규정과 부칙 제4조의 규정은 1995년 9월 1일부터, 제20조, 제44조, 제44조의2의 개정규정은 예비판사에 관한 사항과 제42조의2 및 제42조의3의 개정규정은 1997년 3월 1일부터, 제3조, 제5조 내지 제7조, 제9조의2, 제10조, 제14조, 제28조, 제44조의 개정규정중 특허법원, 특허법원장, 행정법원 또는 행정법원장에 관한 사항 및 제3편 제2장(제28조의2 내지 제28조의4), 제3편 제5장(제40조의2 내지 제40조의4), 제54조의2의 개정규정은 1998년 3월 1일부터 시행한다.

제2조(행정사건에 관한 경과조치)

부칙 제1조 제1항 단서의 규정에 의한 행정법원에 관한 사항의 시행당시 행정법원이 설치되지 않은 지역에 있어서의 행정법원의 권한에 속하는 사건은 행정법원이 설치될 때까지 해당 지방법원본원 및 춘천지방법원 강릉지원이 관할한다. 끝.

2. 달력

■ 2024년 1월 ~ 2024년 12월

2024년 1월

일	월	화	수	목	금	토
	1	2	3	4	5	6
7	8	9	10	11	12	13
14	15	16	17	18	19	20
21	22	23	24	25	26	27
28	29	30	31			

2024년 2월

일	월	화	수	목	금	토
				1	2	3
4	5	6	7	8	9	10
11	12	13	14	15	16	17
18	19	20	21	22	23	24
25	26	27	28	29		

2024년 3월

일	월	화	수	목	금	토
					1	2
3	4	5	6	7	8	9
10	11	12	13	14	15	16
17	18	19	20	21	22	23
24/31	25	26	27	28	29	30

2024년 4월

일	월	화	수	목	금	토
	1	2	3	4	5	6
7	8	9	10	11	12	13
14	15	16	17	18	19	20
21	22	23	24	25	26	27
28	29	30				

2024년 5월

일	월	화	수	목	금	토
			1	2	3	4
5	6	7	8	9	10	11
12	13	14	15	16	17	18
19	20	21	22	23	24	25
26	27	28	29	30	31	

2024년 6월

일	월	화	수	목	금	토
						1
2	3	4	5	6	7	8
9	10	11	12	13	14	15
16	17	18	19	20	21	22
23/30	24	25	26	27	28	29

2024년 7월

일	월	화	수	목	금	토
	1	2	3	4	5	6
7	8	9	10	11	12	13
14	15	16	17	18	19	20
21	22	23	24	25	26	27
28	29	30	31			

2024년 8월

일	월	화	수	목	금	토
				1	2	3
4	5	6	7	8	9	10
11	12	13	14	15	16	17
18	19	20	21	22	23	24
25	26	27	28	29	30	31

2024년 9월

일	월	화	수	목	금	토
1	2	3	4	5	6	7
8	9	10	11	12	13	14
15	16	17	18	19	20	21
22	23	24	25	26	27	28
29	30					

2024년 10월

일	월	화	수	목	금	토
		1	2	3	4	5
6	7	8	9	10	11	12
13	14	15	16	17	18	19
20	21	22	23	24	25	26
27	28	29	30	31		

2024년 11월

일	월	화	수	목	금	토
					1	2
3	4	5	6	7	8	9
10	11	12	13	14	15	16
17	18	19	20	21	22	23
24	25	26	27	28	29	30

2024년 12월

일	월	화	수	목	금	토
1	2	3	4	5	6	7
8	9	10	11	12	13	14
15	16	17	18	19	20	21
22	23	24	25	26	27	28
29	30	31				

확 인 : 법학전문대학원협의회

2024년도 제2차 변호사시험 모의시험 – 논술형(기록형)

시험과목	공 법(기록형)

응시자 준수사항

【공통사항】
1. 시험 시작 전 문제지의 봉인을 손상하는 경우, 봉인을 손상하지 않더라도 문제지를 들추는 행위 등으로 문제 내용을 미리 보는 경우 그 답안은 영점으로 처리됩니다.
2. 시험시간 중에는 휴대전화, 스마트워치, 무선이어폰 등 무선통신 기기를 비롯한 전자기기를 지녀서는 안 됩니다.
3. **답안은 반드시 문제번호에 해당하는 번호의 답안지**(제1문은 제1문 답안지 내, 제2문은 제2문 답안지 내)**에 작성**하여야 합니다. 즉, 해당 문제의 번호와 답안지의 번호가 일치하지 않으면 그 답안은 영점으로 처리됩니다. 다만, 수기로 작성하는 답안지에 한해 답안지를 제출하기 전 시험관리관이 답안지 번호를 정정해 준 경우에는 정상적으로 채점됩니다.
4. 답안지에는 문제 내용을 쓸 필요가 없으며, 답안 이외의 사항을 기재하거나 밑줄 기타 어떠한 표시도 하여서는 안 됩니다.
5. 지정된 시각까지 지정된 시험실에 입실하지 않거나 시험관리관의 승인 없이 시험시간 중에 시험실에서 퇴실한 경우, 그 시간 시험과 나머지 시간의 시험에 응시할 수 없습니다.
6. 시험시간 중에는 어떠한 경우에도 문제지를 시험실 밖으로 가지고 갈 수 없고, 그 시험시간이 끝난 후에는 문제지를 시험장 밖으로 가지고 갈 수 있습니다.

【IBT 방식】
1. 시험시간은 프로그램에 의해 자동 시작, 종료되며 시험이 종료되면 답안을 수정하는 등 답안 작성을 일절 할 수 없습니다.

【수기 방식】
1. 답안은 흑색 또는 청색 필기구(수성펜이나 연필 사용 금지) 중 한 가지 필기구만을 사용하여 답안 작성란(흰색 부분) 안에 기재하여야 합니다.
2. 답안지에 성명과 수험번호 등을 기재하지 않아 인적사항이 확인되지 않는 경우에는 영점으로 처리되는 등 불이익을 받게 됩니다. 특히 답안지를 바꾸어 다시 작성하는 경우, 성명 등의 기재를 빠뜨리지 않도록 유의하여야 합니다.
3. 답안을 정정할 경우에는 두 줄로 긋고 다시 써야 하며, 수정액·수정테이프 등은 사용할 수 없습니다.
4. 시험 종료 시각에 임박하여 답안지를 교체했더라도 시험시간이 끝나면 그 즉시 새로 작성한 답안지를 회수합니다.
5. 시험시간이 지난 후에는 답안지를 일절 작성할 수 없습니다. 이를 위반하여 **시험시간이 종료되었음에도 불구하고 계속 답안을 작성할 경우 그 답안은 영점으로 처리됩니다.**
6. **배부된 답안지는 백지 답안이라도 모두 제출하여야 하며, 답안지를 제출하지 아니한 경우** 그 시간 시험과 나머지 시험에 응시할 수 없습니다.

법학전문대학원협의회
KOREAN ASSOCIATION OF LAW SCHOOLS

목 차

- I. 문제 ·· 2
- II. 작성요령과 주의사항 ··· 3
- III. 서면 양식 ·· 4
- IV. 기록내용 ·· 6
  - 법률상담일지 I ·· 7
  - 내부회의록 I (행정소송용) ··· 9
  - 옥외광고사업 등록증 ·· 12
  - 옥외광고물등 표시허가증 ··· 13
  - 옥외광고물등 표시 연장신청서 ·· 18
  - 민원처리 결과 알림 ·· 19
  - 옥외광고물등 표시기간 연장신청 불가 알림 ·· 20
  - 옥외광고물 자진정비 처분사항 알림 ··· 21
  - 우편송달보고서 ··· 23
  - 옥외광고물등 특정구역 지정 및 표시제한, 완화 변경 고시 ················· 24
  - 옥외광고물등 특정구역 지정 변경 고시 ·· 26
  - 법률상담일지 II ··· 28
  - 내부회의록 II (헌법소송용) ·· 30
  - 기획팀 보고서 ··· 34
  - 신문기사 ·· 35
  - 국회 의안정보시스템 검색결과 ·· 36
  - 옥외광고물법 일부개정법률안 ··· 37

V. 참고 자료
1. 관련 법령(발췌) ··· 38
2. 달력 ·· 47

【 문 제 】

1. 행정소송 소장의 작성 (50점)

의뢰인 주식회사 광고대장을 위하여 법무법인 필승의 담당변호사 입장에서 취소소송 소장을 첨부된 양식에 작성하되, 아래 사항을 준수하시오.

가. 첨부된 행정소송 소장 양식의 ①부터 ⑤까지 부분에 들어갈 만한 내용만 기재할 것

나. '3. 이 사건 처분의 위법성' 부분(③)에서는 내부회의록에서 논의된 사항을 중심으로 서술하되, 기록상 나타난 의뢰인 주장 내용과 자료 등도 반영하여 기재할 것

다. 소장의 작성일란(④)에는 취소소송의 대상으로 삼은 처분 모두에 대하여 허용되는 적법한 제소기간 내 최종일을 기재할 것

2. 헌법소원심판청구서의 작성 (50점)

의뢰인 이샛별을 위하여 법무법인 필승의 담당변호사 입장에서 헌법소원심판청구서를 첨부된 양식에 작성하되, 아래 사항을 준수하시오.

가. 첨부된 헌법소원심판청구서 양식의 ①부터 ③까지 부분에 들어갈 내용만 기재할 것

나. '청구취지' 부분(①)에서 법령 개정 연혁 표시는 생략할 것

다. '적법요건의 구비' 부분(②)에서는 직접성과 청구기간만 판단할 것

라. '심판대상조항들의 기본권 침해' 부분(③)에서는 의뢰인을 위하여 합리적으로 제기해 볼 수 있는 한에서 위헌성을 주장하되, 내부회의록 등 기록상 나타난 소송전략을 반영할 것

마. 심판대상조항들의 위헌 여부에 대해서는 이제까지 헌법재판소의 결정이 없었다고 가정할 것

바. 심판청구일은 첨부된 헌법소원심판청구서 양식에 기재된 날짜로 할 것

【 작성요령 및 주의사항 】

1. 기록에 첨부된 관련 법령(일부 조문은 가상의 것으로 현행 법령과 차이가 있을 수 있음)은 이 사건의 모든 절차와 과정, 소장, 헌법소원심판청구서의 작성 및 제출 시 모두 시행되고 있는 것으로 보고, 첨부된 관련 법령과 다른 내용의 현행 법령은 고려하지 말 것
2. 기록에 첨부된 각종 서류는 적법하게 작성된 것으로 간주하고, 서류 등에 필요한 서명과 날인, 무인과 간인 등은 모두 적법하게 갖추어진 것으로 볼 것
3. 법률상담일지의 사실관계와 기록에 첨부된 자료들을 기초로 하고, 그것이 사실임을 전제로 할 것
4. "(생략)"으로 표시된 부분은 모두 기재된 것으로 볼 것
5. 문장은 **경어(敬語)체로 작성할 것**
6. 「옥외광고물 등의 관리와 옥외광고산업진흥에 관한 법률」은 약칭할 경우 '<u>옥외광고물법</u>'이라고 약칭할 것

【 소장 양식 】

소 장

원 고   주식회사 광고대장
         (주소 이하 생략)

피 고   ┌─────────────────┐
        │   ①   │
        └─────────────────┘
         (주소 이하 생략)

옥외광고물등 표시기간 연장신청 거부처분취소 등

청 구 취 지

┌──┐
│   ②   │
└──┘

청 구 이 유

Ⅰ. 처분의 경위 등(생략)

Ⅱ. 소의 적법성(생략)

Ⅲ. 처분의 위법성
┌──┐
│   ③   │
└──┘

Ⅳ. 결론(생략)

입 증 방 법

(생략)

첨 부 서 류

(생략)

┌─────────────────────┐
│ ④ 20○○. ○○. ○○. │
└─────────────────────┘

원고 소송대리인 (생략)

┌─────────────┐
│   ⑤   │ 귀중
└─────────────┘

【 헌법소원심판청구서 양식 】

헌 법 소 원 심 판 청 구 서

청 구 인 이샛별 (주소, 연락처, 대리인 생략)

청 구 취 지

①

침 해 된 권 리 (생략)

침 해 의 원 인 (생략)

청 구 이 유

I. 사건의 개요 (생략)

II. 적법요건의 구비

②

III. 심판대상조항들의 기본권 침해

③

IV. 결 론 (생략)

첨 부 서 류 (생략)

2024. 8. 20.

청구인 대리인 (생략)   (인)

헌법재판소 귀중

기록내용 시작

수임번호 2024-0103	법률상담일지 I	2024. 8. 2.
의뢰인	주식회사 광고대장(대표이사 김달인)	의뢰인 전화	010-1234-5678
의뢰인 주소	서울 영등포구 국회대로 500	의뢰인 팩스	

1. 의뢰인은 「옥외광고물 등의 관리와 옥외광고산업진흥에 관한 법률」(이하 '옥외광고물법')에 따라 적법하게 옥외광고사업자로 등록하여 부산 해운대구 해운대해변로 510 소재 대박빌딩(이하 '이 사건 건물')의 옥상에 옥상간판(이하 '이 사건 옥상간판')을 설치하여 옥외광고를 대행하고 있다.

2. 이 사건 건물이 있는 곳은 해운대 해변 근처로 경관 및 도시환경 보전의 필요가 있는 지역으로 인정되어 옥외광고물법 제3조 제1항 제7호, 동법 시행령 제6조 제3항 제3호에 따라 광고물 설치 시 관할 행정청의 허가 또는 신고가 필요한 지역이다. 의뢰인은 2009. 5.경 관할 행정청으로부터 옥외광고물등 표시 허가를 받아 이 사건 건물 옥상에 옥외간판을 설치하고 옥외광고업을 하여 왔다. 의뢰인은 그 후로 매 3년마다 옥외광고물등 표시 허가 연장을 받아왔다.

3. 의뢰인은 2021. 5.경 연장허가를 받은 옥외광고물 표시 기간이 2024. 5. 10. 종료됨에 따라 2024. 5. 7. 관할 행정청에 기존의 옥외광고물등 표시 기간 연장신청을 하였으나, 관할 행정청은 2024. 5. 13. 의뢰인에게 이 사건 옥상간판이 「옥외광고물 등 특정구역지정 표시제한·완화 변경 고시」(부산광역시 고시 2018-133호, 이하 '이 사건 고시')에 의거 옥상간판의 설치를 금지하는 특정구역 내에 있다는 이유로, 의뢰인의 연장신청을 거부하는 처분을 이메일로 보냈고, 의뢰인은 당일 위 이메일을 확인하였다.

4. 그리고 관할 행정청은 2024. 7. 29. 의뢰인에 대하여 이 사건 건물에 설치된 옥외광고물을 자진철거하라는 내용의 처분을 하였고, 의뢰인은 다음날 위 처분서를 수령하였다.

5. 이 사건 옥상간판의 설치·유지 비용은 수억 원에 이르는데 아직 그 비용을 전부 회수하지 못한 상태여서 이 사건 옥상간판을 철거할 경우 금전적 손실이 크다. 또한 이 사건 옥상간판은 크기가 클 뿐 아니라 해운대 해변

중심가와 가깝고 유동인구가 많은 곳에 설치되어 있어 광고효과가 좋아 광고대행료 또한 고액이다. 의뢰인이 운영하는 다른 광고대행업무의 경우 매출 규모가 소액이어서 의뢰인은 매출의 대부분을 이 사건 옥상간판에 의존하고 있다. 따라서 만약 이 사건 옥상간판이 철거된다면, 의뢰인으로서는 하루아침에 문을 닫고 고용된 직원들도 모두 해고될 수밖에 없다.

7. 의뢰인은 이 사건 건물에서 옥외광고 영업을 계속할 수 있도록 위 각 처분이 취소되기를 희망한다.

법무법인 필승
03154 서울 종로구 세종로 123 종로빌딩 2층
Tel 02.780.2580, Fax 02.780.1588
Email youwin2@winlaw.com

내부회의록 I (행정소송용)

일   시: 2024. 8. 5. 14:00 ~ 15:00
장   소: 법무법인 필승 소회의실
참석자: 전명석 변호사(공법팀장), 명승지 변호사(담당변호사)

전 변호사: 의뢰인의 행정소송 사건은 준비가 잘 되어 가고 있나요? 이번 사건의 주요 사실관계 및 주된 쟁점은 무엇인가요?

명 변호사: 네, 의뢰인은 2009. 5.경부터 관할 행정청으로부터 3년 단위로 옥외광고물 표시허가 또는 연장허가를 받아 이 사건 건물의 옥상에 옥상간판을 설치하여 광고대행업을 영위하고 있는데, 이번에 연장신청 거부처분과 옥외광고물 자진철거 처분을 받았습니다.

전 변호사: 그럼 거부처분과 자진철거 처분에 대하여 취소소송을 제기할 수 있을지를 검토해야겠군요. 하나씩 살펴볼까요. 관할 행정청이 의뢰인의 옥외광고물 표시허가 연장신청을 거부한 사유는 무엇인가요?

명 변호사: 처분서에 기재된 거부처분의 사유는 이 사건 건물이 이 사건 고시에 따라 옥상간판의 설치를 금지하는 특정구역 안에 있다는 것입니다.
제가 알아본 바로는, 이 사건 건물이 포함된 부산 해운대구 해운대해변로 일대는 2011. 9. 16. 「부산광역시 옥외광고물 등의 관리와 옥외광고산업 진흥에 관한 조례」(부산광역시 조례 제974호)에 따라 옥상간판의 설치가 금지되는 특정구역으로 지정되었습니다. 그리고 그 이후에도 부산광역시장이 2013. 10. 23. 「옥외광고물 등 특정구역지정 변경고시」(부산광역시 고시 제2013-388호, 이하 '종전 고시')를 통하여 동일하게 이 사건 건물이 포함된 해운대해변로 일대를 옥상간판의 설치가 금지되는 특정구역으로 지정하였습니다. 현행 고시인 이 사건 고시에서도 동일한 지역을 특정구역으로 지정하고 있습니다. 종전 고시나 이 사건 고시를 제정하면서 부산광역시장은 이해관계인 의견 수렴 등 관계법령상 절차는 모두 밟은 것으로 보입니다.

전 변호사: 그렇군요. 그런데 부산광역시장이 고시로 특정구역 안에서의 옥상간판의 설치를 금지할 수도 있는 건가요?

명 변호사: 옥외광고물법 제4조 제2항 등에 따르면 시·도지사는 특정구역을 지정하여 광고물 허가 기준을 강화할 수 있습니다.

전 변호사: 그렇긴 하지만 옥외광고물법 제4조 제2항은 허가나 신고의 기준을 강화하는 내용인데, 이 사건 고시는 옥상간판의 설치를 아예 금지하고 있네요.

명 변호사: 네, 그렇긴 합니다. 옥외광고물법 제4조는 광고물의 금지와 제한을 구별하여 광고물 금지는 제1항에, 특정구역에서의 광고물의 허가 기준 강화 등 광고물 제한에 관해서는 제2항에 규정하고 있습니다. 옥외광고물법 시행령도 마찬가지로 광고물이 전면 금지되는 장소는 제24조에서, 특정구역에서의 옥외광고물의 표시방법에 대한 기준 강화에 관해서는 제25조에 규정하고 있습니다. 이 사건 건물은 표시방법에 대한 제한이 강화되는 특정구역 내에 위치하고 있습니다. 이 사건 옥상간판의 규격 등은 법령상 요건을 만족하는데, 단지 이 사건 건물의 위치가 이 사건 고시에서 정한 특정구역 안에 있고, 이 사건 고시는 특정구역 안에서 옥상간판 설치를 못하도록 규정하고 있는 것이 문제입니다.

전 변호사: 이 사건 고시 내용과 옥외광고물법 규정들을 잘 비교해서 검토해 보시지요. 혹시 그 외에 위법사유로 주장할 만한 사유들이 더 있을까요?

명 변호사: 생각하고 있는 쟁점이 몇 가지 더 있습니다. 우선 절차적으로 거부처분이 문서가 아니라 이메일, 즉 전자문서의 형식으로 통보된 것이 과연 적법한지 의문입니다. 의뢰인의 말에 따르면 이전에 관할 행정청과 사이의 일부 소통을 이메일로 한 적이 있었다고는 하지만, 처분을 전자문서로 할 수 있는지는 검토가 필요한 부분이라 생각합니다.

전 변호사: 좋습니다. 그리고 명 변호사님의 말씀에 의하면 관할 행정청은 이 사건 고시가 제정된 이후에도 의뢰인에 대하여 계속 옥외광고물 표시 연장허가를 해주었기 때문에, 의뢰인으로서는 이번에도 연장허가가 될 것이라고 믿었을 것 같은데, 관할 행정청이 갑자기 이 사건 고시를 근거로 연장신청을 거부하니 다소 억울한 점이 있는 것 같은데요.

명 변호사: 맞습니다. 의뢰인이 맨 처음 이 사건 건물에 옥상간판을 설치한 2009년도 당시에는 이 일대가 특정구역으로 지정되어 있지 않았습니다. 그러다가 2011년경 부산광역시 조례에 의해 최초로 이 사건 건물 일대가 옥상간판의 설치가 금지되는 특정구역으로 지정되었고, 같은 내용으로 2013년과 2018년에 종전 고시와 이 사건 고시가 차례로 제정되었습니다. 그런데 관할 행정청은 조례나 종전 고시나 이 사건 고시가 특정구역 내에서 옥상간판의 설치를 금지하고 있음에도 불구하고 의뢰인에 대하여 수차례 옥외광고물 표시 연장허가를 문제없이 해주었습니다. 그때와 비교하여 아무런 사정변경이 없음에도 갑자기 이 사건 고시를 근거로 거부처분을 한 것은 문제가 있다고 생각됩니다.

전 변호사: 또 의뢰인 측의 사정으로 주장할 만한 것은 있는가요.

명 변호사: 네, 의뢰인은 피고가 특정구역을 지정하기 이전부터 옥외광고 영업을 하고 있었고 그 매출의 대부분을 이 사건 옥상간판에 의존하고 있는데, 거부처분에 따라 설치 비용이 수억 원에 이르는 이 사건 옥상간판을 철거하여야 한다면, 의뢰인으로서는 사실상 폐업을 할 수밖에 없어 심히 가혹하다는 점을 주장할 계획입니다.

전 변호사: 좋습니다. 그럼 자진철거 처분은 어떻게 되는 건가요?

명 변호사: 거부처분이 위법하다면 적법한 거부처분을 전제로 한 자진철거 처분도 당연히 취소되어야 할 것입니다. 추가로 의뢰인은 위 처분 이전에 어떠한 통지도 미리 받은 게 없어 관할 행정청에 읍소할 기회가 없었다고 하니 이 점도 주장할 수 있어 보입니다.

전 변호사: 그렇군요. 고생 많으셨습니다. 오늘 논의한 사항들을 차분하게 잘 검토해서 소장을 작성하시기 바랍니다. 이상으로 회의를 마치겠습니다. 끝.

제 2009-3180144-08-0004호

옥외광고사업 등록증

1. 성명(대표자) : 김달인

2. 생년월일(법인등록번호) : 111111-2******

3. 주소 : 서울특별시 영등포구 국회대로 500

4. 업소명 : ㈜광고대장

5. 영업장 소재지(사무실 작업장) : 서울특별시 영등포구 국회대로 500

6. 영업내용 : 옥외광고업

7. 기타 :

「옥외광고물 등의 관리와 옥외광고산업 진흥에 관한 법률」 제11조 제1항 본문 및 같은 법 시행령 제44조 제5항에 따라 위와 같이 옥외광고사업 등록을 마쳤음을 확인합니다.

2024년 05월 24일

영 등 포 구 청 장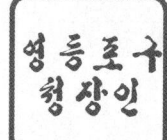

옥외광고물등 표시 허가증

광고주(옥외 광고업자)	성명	㈜광고대장	주민등록번호	111111-2******
	업소명	㈜광고대장		
	주소	서울 영등포구 국회대로 500		

광고물등의 종류	옥상간판	수량	1
광고물등의 규격	정면:18m*8m 좌우측면:14.4m*8m	광고내용	정면(돼지국밥), 좌우측면(밀면)
표시위치 또는 장소	부산광역시 해운대구 해운대해변로 510 (중동, 대박빌딩)		
표시기간	2009년05월11일부터 2012년05월10일까지		

광고물등 관리자	성명	㈜광고대장	주민등록번호	111111-2******
	업소명	㈜광고대장	주소	서울 영등포구 국회대로 500

허가조건

☐ 허가(신고)조건

○ 관계법규(옥외광고물 등 관리법 및 같은법 시행령)나 기타 법규에 적합하게 설치되어야 하며, 저촉될 경우 본 허가(신고)가 취소되며, 허가(신고)가 취소된 광고물은 철거하여야 합니다.

○ 광고물의 규격, 광고내용, 위치, 장소를 변경하는 경우에는 사전에 허가(신고)를 득하여야 합니다.

「옥외광고물등관리법시행령」 제7조 제2항의 규정에 의하여 위와 같이 허가합니다.

2009년 05월 02일

부산광역시 해운대구청장 [인]

옥외광고물등 표시 허가증

광고주(옥외광고업자)	성명	㈜광고대장	주민등록번호	111111-2******
	업소명	㈜광고대장		
	주소	서울 영등포구 국회대로 500		

광고물등의 종류	옥상간판	수량	1
광고물등의 규격	정면:18m*8m 좌우측면: 14.4m*8m	광고내용	정면(돼지국밥), 좌우측면(밀면)

표시위치 또는 장소	부산광역시 해운대구 해운대해변로 510 (중동, 대박빌딩)
표시기간	2012년05월11일부터 2015년05월10일까지

광고물등 관리자	성명	㈜광고대장	주민등록번호	111111-2******
	업소명	㈜광고대장	주소	서울 영등포구 국회대로 500

허가조건	☐ 허가(신고)조건 ○ 관계법규(옥외광고물 등의 관리와 옥외광고산업 진흥에 관한 법률 및 같은법 시행령)나 기타 법규에 적합하게 설치되어야 하며, 저촉될 경우 본 허가(신고)가 취소되며, 허가(신고)가 취소된 광고물은 철거하여야 합니다. ○ 광고물의 규격, 광고내용, 위치, 장소를 변경하는 경우에는 사전에 허가(신고)를 득하여야 합니다.

「옥외광고물 등의 관리와 옥외광고산업 진흥에 관한 법률 시행령」 제7조 제3항에 따라 위와 같이 허가(신고를 수리)합니다.

2012년 05월 01일

부 산 광 역 시 해 운 대 구 청 장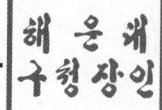

옥외광고물등 표시 허가증

광고주(옥외광고업자)	성명	㈜광고대장	주민등록번호	111111-2******
	업소명	㈜광고대장		
	주소	서울 영등포구 국회대로 500		

광고물등의 종류	옥상간판	수량	1
광고물등의 규격	정면:18m*8m 좌우측면: 14.4m*8m	광고내용	정면(돼지국밥), 좌우측면(밀면)
표시위치 또는 장소	부산광역시 해운대구 해운대해변로 510 (중동, 대박빌딩)		
표시기간	2015년05월11일부터 2018년05월10일까지		

광고물등 관리자	성명	㈜광고대장	주민등록번호	111111-2******
	업소명	㈜광고대장	주소	서울 영등포구 국회대로 500

허가조건

☐ 허가(신고)조건

○ 관계법규(옥외광고물 등의 관리와 옥외광고산업 진흥에 관한 법률 및 같은법 시행령)나 기타 법규에 적합하게 설치되어야 하며, 저촉될 경우 본 허가(신고)가 취소되며, 허가(신고)가 취소된 광고물은 철거하여야 합니다.

○ 광고물의 규격, 광고내용, 위치, 장소를 변경하는 경우에는 사전에 허가(신고)를 득하여야 합니다.

「옥외광고물 등의 관리와 옥외광고산업 진흥에 관한 법률 시행령」제7조 제3항에 따라 위와 같이 허가(신고를 수리)합니다.

2015년 4월 28일

부 산 광 역 시 해 운 대 구 청 장

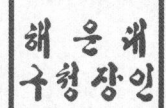

옥외광고물등 표시 허가증

광고주(옥외광고업자)	성명	㈜광고대장	생년월일	1911년11월11일
	업소명	㈜광고대장		
	주소	서울 영등포구 국회대로 500		
광고물등의 종류		옥상간판	수량	1
광고물등의 규격		정면:18m*8m 좌우측면: 14.4m*8m	광고내용	정면(돼지국밥), 좌우측면(밀면)
표시위치 또는 장소		부산광역시 해운대구 해운대해변로 510 (중동, 대박빌딩)		
표시기간		2018년05월11일부터 2021년05월10일까지		
광고물등 관리자	성명	㈜광고대장	생년월일	1911년11월11일
	업소명	㈜광고대장	주소	서울 영등포구 국회대로 500
허가조건	☐ 허가(신고)조건 ○ 관계법규(옥외광고물 등의 관리와 옥외광고산업 진흥에 관한 법률 및 같은법 시행령)나 기타 법규에 적합하게 설치되어야 하며, 저촉될 경우 본 허가(신고)가 취소되며, 허가(신고)가 취소된 광고물은 철거하여야 합니다. ○ 광고물의 규격, 광고내용, 위치, 장소를 변경하는 경우에는 사전에 허가(신고)를 득하여야 합니다.			

「옥외광고물 등의 관리와 옥외광고산업 진흥에 관한 법률 시행령」 제7조 제3항에 따라 위와 같이 허가(신고를 수리)합니다.

2018년 5월 10일

부 산 광 역 시 해 운 대 구 청 장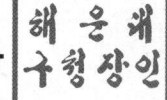

옥외광고물등 표시 허가증

광고주(옥외광고업자)	성명	㈜광고대장	생년월일	1911년11월11일
	업소명	㈜광고대장		
	주소	서울 영등포구 국회대로 500		
광고물등의 종류		옥상간판	수량	1
광고물등의 규격		정면:18m*8m 좌우측면: 14.4m*8m	광고내용	정면(돼지국밥), 좌우측면(밀면)
표시위치 또는 장소		부산광역시 해운대구 해운대해변로 510 (중동, 대박빌딩)		
표시기간		2021년05월11일부터 2024년05월10일까지		
광고물등 관리자	성명	㈜광고대장	생년월일	1911년11월11일
	업소명	㈜광고대장	주소	서울 영등포구 국회대로 500
허가조건	☐ 허가(신고)조건 ○ 관계법규(옥외광고물 등의 관리와 옥외광고산업 진흥에 관한 법률 및 같은법 시행령)나 기타 법규에 적합하게 설치되어야 하며, 저촉될 경우 본 허가(신고)가 취소되며, 허가(신고)가 취소된 광고물은 철거하여야 합니다. ○ 광고물의 규격, 광고내용, 위치, 장소를 변경하는 경우에는 사전에 허가(신고)를 득하여야 합니다.			

「옥외광고물 등의 관리와 옥외광고산업 진흥에 관한 법률 시행령」 제7조 제3항에 따라 위와 같이 허가(신고를 수리)합니다.

2021년 5월 10일

부 산 광 역 시 해 운 대 구 청 장

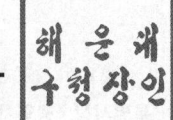

■ 옥외광고물 등의 관리와 옥외광고산업 진흥에 관한 법률 시행령 [별지 제1호서식] <개정 2021. 5. 4.>

옥외광고물등 표시([ ]허가·신고 [ ]변경 [V]연장)신청(신고) 및 안전점검 신청서

※뒤쪽의 작성방법을 읽고 작성하여 주시기 바라며, [ ]에는 해당되는 곳에 ✓표를 합니다. (앞쪽)

접수번호		접수일		처리기간	(변경)허가 10일 (변경)신고 5일·심의대상 (변경)허가·신고 20일
광고주 (타사광고는 옥외광고 대행사업자)	성 명			생년월일	
	업소명 (생략)			사업자등록번호	
	주 소 (전자우편)			전화번호	
옥외광고 사업자	상 호	주식회사 광고대장		옥외광고사업등록번호 제2009-3180144-08-0004호	
	대표자	대표이사 김달인		사업자등록번호 107-86-27338	
	주 소 (전자우편)	서울 영등포구 국회대로 500 (ad-daejang@naver.com)		전화번호	
광고물등의 종류 옥상간판		수량 1	규격 정면:18m*8m 좌우측면:14.4m*8m	사용자재	
표시 위치 또는 장소 부산 해운대구 해운대해변로 510(중동, 대박빌딩)				가격(예정가격)	
표시신청 기간 2024년05월11일~2027년05월10일			광고내용 정면(돼지국밥), 좌우측면(밀면)		
착공예정일			준공예정일		
게시시설 시공업소명		대표자	등록번호		전화번호
광고물등 관리자 대표이사 김달인 (인)		주 소 서울 영등포구 국회대로 500			전화번호
안전점검 신청 여부 (처리기간 7일)	안전점검 신청 [V], 미신청 [ ]				
처분결과 전자문서 통지 신청 여부	전자문서 신청 [ ], 미신청 [V]				
그 밖의 사항	※ 인공구조물 설치허가 여부 및 다른 법령에 따라 인가·허가 등을 받아야 하는 토지나 건물 등에 광고물등을 표시하려는 경우에는 그 인가·허가 여부를 적습니다.				

「옥외광고물 등의 관리와 옥외광고산업 진흥에 관한 법률」 제3조, 제3조의2 또는 제9조와 같은 법 시행령 제7조제1항·제2항, 제9조제2항·제5항, 제10조, 제11조 또는 제37조제3항에 따라 위와 같이 신청(신고)합니다.

2024년 5월 7일

주소 서울 영등포구 국회대로 500

신청(신고)인 성명
(대표자)

주식회사 광고대장 대표이사 김달인 *김달인*

특별시장·광역시장·특별자치시장·도지사·
특별자치도지사·시장·군수·구청장 귀하

제목:	[해운대구청] 민원처리결과알림
보낸사람:	해운대구청공용메일<minwon@haeundae.go.kr>
보낸날짜:	2024-05-13 10:30:01
받는사람:	김달인<ad-daejang@naver.com>
받은날짜:	2024-05-13 16:13:05
첨부파일:	특정구역 옥외광고물등 처분알림.pdf

고객님 안녕하세요.

귀하가 신청하신 옥상간판 표시기간 연장 신청에 관하여 첨부와 같이 불가(처분)함을 알려드립니다.

구정에 보내주신 관심과 협조에 감사드립니다.

이 메일은 발신전용이므로 회신하실 수 없습니다.
담당자 : 도시재생과 김말숙　　　　　　　문의처 : 051-749-3366

해 운 대 구

수신	㈜광고대장(대표: 김달인)
(경유)	

제목 **특정구역 옥외광고물등(옥상간판) 표시기간 연장 신청 불가(처분) 알림**

1. 구정에 보내주신 관심과 협조에 감사드립니다.
2. 귀 사에서 신청하신 해운대해변로 510(중동, 대박빌딩)에 설치한 옥상간판 표시기간 연장 신청은 다음과 같은 사유로 연장 불가(처분)함을 알려드립니다.
3. 옥외광고물 신청 개요
    가. 옥외광고사업자 : ㈜광고대장 (대표:김달인)
    나. 표시위치 : 해운대구 해운대해변로 510 대박빌딩
    다. 옥외광고물 종류(규격) : 옥상간판(정면 18*8m, 좌,우 14.4*8m)
    라. 표시신청 기간 : 2024. 5. 11. ~ 2027. 5. 10.
4. 표시연장 불가처분 사유
    해운대해변로 510은 「옥외광고물 등 특정구역지정 및 표시제한·완화 변경 고시」(부산광역시 고시 제2018-133호)에 의거 옥상간판의 설치를 금지하는 특정구역이므로 **연장 신청을 불가처분함.**
5. 이의신청 안내
    가. 만일, 이 처분에 이의가 있는 경우 「민원 처리에 관한 법률 제35조」에 따라 거부처분을 받은 날부터 60일 이내에 그 행정기관의 장에게 문서로 이의신청을 할 수 있습니다.
    나. 아울러, 「행정심판법」제27조에 따라 처분이 있음을 알게 된 날부터 90일 이내, 처분이 있었던 날부터 180일 이내에 해운대구청장 또는 부산광역시행정심판위원회에 행정심판을 제기할 수 있으며, 「행정소송법」제20조에 따라 처분이 있음을 알게 된 날부터 90일 이내, 처분이 있었던 날부터 1년이 경과되기 전에 행정소송을 제기할 수 있음을 알려드립니다. 끝.

해 운 대 구 청 장

주무관 김공명	도시디자인팀장 허정대	도시재생과장 전결 2024. 5. 13. 박권

시행 도시재생과-7197 (2024. 5. 13.)
전화번호 (생략) 팩스번호 (생략) / 홈페이지 주소 (생략)

해 운 대 구

수신   ㈜광고대장(대표: 김달인)
(경유)
제목   불법 옥외광고물(옥상간판) 자진정비(철거) 처분사항 알림

1. 우리 구 구정에 관심을 가져주셔서 감사드리며, 귀사의 무궁한 발전을 기원합니다.
2. 귀사가 설치한 광고물(옥상간판)의 위치가 「옥외광고물 등 특정구역지정 및 표시제한·완화 변경 고시」(부산광역시 고시 2018-133호)에 의거 옥상간판의 설치를 금지하는 특정구역으로 지정되어 귀사에 대한 옥상간판 표시기간 연장 신청을 불가처분하였음을 알려드린 바 있습니다.
3. 따라서 현재 설치되어 있는 옥상간판은 표시기간 만료(2024. 5. 10.)에 따른 불법 옥외광고물로 「옥외광고물 등의 관리와 옥외광고산업 진흥에 관한 법률」 제10조에 따라 다음과 같이 처분하니 **2024. 10. 29.(화)까지 자진정비(철거)**하시기 바랍니다.
   ○ 처분사항

업체명 (설치위치)	광고물 종류	수량	근거법령(위반사항)	처분 내용
㈜광고대장 (해운대해 변로 510)	옥상간 판(타사 광고)	3면 (1면:18 *8m, 2면: 14.4*8m)	- 「옥외광고물 등의 관리와 옥외광고산업 진흥에 관한 법률」 제3조, 제10조 및 동법 시행령 제4조 - 「부산광역시 해운대구 옥외광고물 등 관리 조례」(2011.9.16.) 제19조 - 「옥외광고물 등 특정구역지정 표시제한·완화 변경고시」(부산광역시 고시 2018-133호, (2018. 4. 25.) ※ 옥상간판 표시기간 만료(연장 허가 불가) ※ 특정구역(해운대해변로) 내 옥상간판 설치 금지	자진 정비(철거)

4. 만약 위 기간까지 이를 이행하지 않을 경우 「옥외광고물 등의 관리와 옥외광고산업 진흥에 관한 법률」 제10조(위반 등에 대한 조치)에 따라 행정대집행을 할 수 있으며, 같은 법 제10조의3(이행강제금)에 따라 500만 원 이하의 이행강제금이 부과되거나 같은 법 제18조(벌칙)에 따라 고발(1년 이하의 징역 또는 1천만 원 이하의 벌금)될 수 있음을 알려드립니다.
5. 아울러, 본 처분에 불복할 경우 행정심판법 제27조에 따라 처분이 있음을 알게 된 날로부터 90일 이내, 처분이 있은 날로부터 180일 이내에 해운대구청장 또는 부산광역시 행정심판위

원회에 행정심판을 청구할 수 있으며, 또한 행정소송법 제20조에 따라 처분이 있음을 알게 된 날로부터 90일 이내, 처분이 있은 날로부터 1년 이내에 행정소송을 제기할 수 있습니다. 끝.

해 운 대 구 청 장 (해운대구청장인)

| 주무관 윤대산 | 도시디자인팀장 박천하 | 도시재생과장 전결 2024. 7. 29. 송태평 |

시행 도시재생과-1453 (2024. 7. 29.)
전화번호 (생략)   팩스번호 (생략)   / 홈페이지 주소 (생략)

우편송달보고서

증서 2024년　　제2855호　　　　　2024년　7월　29일　　발송

1. 송달서류	불법 옥외광고물 자진정비 처분서 1부

　　　　　　　　　　　　　　　　　　발송자　부산광역시 해운대구청장

송달받을 자　㈜광고대장(김달인) 귀하
서울 영등포구 국회대로 500

영수인	**김달인** (서명)
영수인 서명날인 불능	

1 √	송달받을 자 본인에게 교부하였다	
2	송달받을 자가 부재 중이므로 사리를 잘 아는 다음 사람에게 교부하였다.	
	사무원	
	피용자	
	동거자	
3	다음 사람이 정당한 사유 없이 송달받기를 거부하므로, 그 장소에 서류를 두었다.	
	송달받을 자	
	사무원	
	피용자	
	동거자	

송달연월일	2024. 7. 30. 16시 30분
송달장소	**서울 영등포구 국회대로 500**

위와 같이 송달하였다.
　　　　　　　　　　2024. 7. 31.
　　　　　　서울영등포우체국 집배원　　　우배달 ㊞

부산광역시 고시 2018 - 133호

옥외광고물 등 특정구역지정 및 표시제한 · 완화 변경 고시

「옥외광고물 등의 관리와 옥외광고산업 진흥에 관한 법률」 제3조 및 제4조, 같은 법 시행령 제21조 및 제25조, 「부산광역시 옥외광고물 등의 관리와 옥외광고산업 진흥에 관한 조례」 제19조에 따라 옥외광고물 등의 특정구역 지정 및 표시제한·완화 사항을 다음과 같이 변경 고시합니다.

2018. 4. 25.
부 산 광 역 시 장

Ⅰ. 특정구역의 지정

1. 센텀시티
   가. 위치: 부산광역시 해운대구 센텀시티지방산업단지(벡스코 제외)
   나. 면적: 1,045,823제곱미터
2. 구남로
   가. 위치: 부산광역시 해운대구 해운대로 624(우동 529-2번지) 외 일원 구남로의 양쪽에 접하는 모든 토지 및 건물
   나. 지정내역

노선명	시 점	종 점
구남로	해운대로 624 (우동 529-2번지)	구남로 49 (중동 1392-26번지)
	해운대해변로 265번길 5 (우동 626-6번지)	해운대해변로 265번길 15 (우동 1354번지)
	해운대해변로 500 (중동 1900-1번지)	해운대해변로 510 (중동 1904-10번지)

Ⅱ. 특정구역 내 광고물 등의 표시 제한·완화

1. 광고물 등의 일반적인 표시방법
   가. 1개 업소에서 표시할 수 있는 간판의 총 수량은 2개 이내로 제한한다.

나. 광고물 등의 바탕색은 적색류의 색깔 사용을 5분의 1 이내로 제한한다. 다만, 표시면적 1제곱미터 이하인 광고물은 제외한다.

다. 특정구역 내 모든 간판은 입체형 간판으로 설치하여야 한다

2. 광고물 등의 유형별 표시방법
  가. 벽면이용간판의 표시방법
    (생략)
  나. 옥상간판, 공공시설물이용광고물, 벽보, 애드벌룬, 선전탑 및 아취광고물의 설치를 금지한다.

(부 칙)
1. 이 고시는 공포한 날부터 시행한다.
2. 이 고시일 시행 이전에 종전의 규정에 따라 설치 또는 표시되었거나, 허가필증 또는 신고필증이 교부된 광고물 등은 이 고시의 규정에도 불구하고 종전의 규정에 따라 적법하게 허가를 받거나 신고한 것으로 본다.

부산광역시 고시 제2013-388호

「옥외광고물 등 특정구역 지정」 변경 고시

「옥외광고물 등의 관리와 옥외광고산업 진흥에 관한 법률」 제3조 및 제4조, 같은 법 시행령 제21조 및 제25조, 「부산광역시 옥외광고물 등의 관리와 옥외광고산업 진흥에 관한 조례」 제19조에 따라 옥외광고물 등의 특정구역 지정 및 표시제한·완화 사항을 다음과 같이 변경 고시합니다.

2013. 10. 23.
부 산 광 역 시 장

I. 특정구역의 지정

1. 센텀시티
   가. 위치: 부산광역시 해운대구 센텀시티지방산업단지(벡스코 제외)
   나. 면적: 1,045,823제곱미터
2. 구 남 로
   가. 위치: 부산광역시 해운대구 해운대로 624(우동 529-2번지) 외 일원 구남로의 양쪽에 접하는 모든 토지 및 건물
   나. 지정내역

노선명	시점	종점
구남로	해운대로 624 (우동 529-2번지)	구남로 49 (중동 1392-26번지)
	해운대해변로 265번길 5 (우동 626-6번지)	해운대해변로 265번길 15 (우동 1354번지)
	해운대해변로 500 (중동 1900-1번지)	해운대해변로 510 (중동 1904-10번지)

II. 특정구역 내 광고물 등의 표시 제한·완화

1. 광고물 등의 일반적인 표시방법
   가. 1개 업소에서 표시할 수 있는 간판의 총 수량은 3개 이내로 제한한다.

나. 광고물 등의 바탕색은 적색류의 색깔 사용을 4분의 1 이내로 제한한다. 다만, 표시면적 1제곱미터 이하인 광고물은 제외한다.
다. 특정구역 내 모든 간판은 입체형 간판으로 설치하여야 한다. 단, 건물 특성상 판류형 설치가 불가피하다고 구청장이 인정할 경우 그러하지 아니하다.

2. 광고물 등의 유형별 표시방법
   가. 벽면이용간판의 표시방법
      (생략)
   나. 옥상간판, 공공시설물이용광고물, 벽보, 선전탑 및 아취광고물의 설치를 금지한다.

(부 칙)
이 고시는 공포한 날부터 시행한다.

수임번호 2024-0104	**법률상담일지 Ⅱ**	2024. 8. 8.
의뢰인	이샛별	**의뢰인 전화**	(생략)
의뢰인 주소	(생략)	**의뢰인 팩스**	(생략)

1. 의뢰인 이샛별은 최근 동네에 아버지가 족발집을 개업하여 어떻게 도움을 드릴지 고민하던 중, 2024. 8. 1. 자기 이름으로 된 첫 차를 소유하게 되자 자신의 차에 족발집 광고를 하면 동네 사람들 상대로 홍보하는 데 제격이라는 생각이 문득 들어 광고업체를 운영하는 초등학교 동창생 김달인에게 광고를 의뢰하였다. 주식회사 광고대장의 대표이사인 김달인은 옥외광고물 자진철거처분 등으로 인하여 회사가 어려워진 상황에서 새로운 시장을 열 수 있는 너무 좋은 사업 아이디어라고 생각하고 이샛별에게 흔쾌히 자동차 부착용 광고를 제작해 주겠다고 한 후, 주식회사 광고대장 기획팀에게 사업 검토 지시를 하였다.

2. 광고대장 기획팀은 관련 법령을 검토한 후 김달인에게 관계 법령상 비사업용 자동차에는 자동차 소유자에 관한 내용만 광고할 수 있기 때문에 비사업용 자동차에 대한 광고 사업은 시장성이 거의 없을 뿐 아니라, 이샛별의 의뢰에 따른 광고는 현행법상 불가능하다고 보고하였다.

3. 김달인은 위와 같은 내용의 기획팀 검토 결과를 즉시 이샛별에게 알려주고, 자신이 운영하는 사업체에 대한 옥외광고물 관련 거부처분 및 철거명령을 다투고 있는 법무법인 필승을 소개해 주었다. 이샛별은 관계 법령이 자신의 기본권을 침해하므로 법무법인 필승에서 자신을 대리하여 관계 법령의 위헌성을 다투어주기를 바란다.

4. 의뢰인은 자동차 광고를 통해 광고수입을 올리려는 것이 아니라 족발집을 새로 개업한 아버지를 도우려는 것인데 아버지에 대한 감사의 마음을 표현하는 것까지 법으로 금지하는 것은 심하다고 생각한다. 동네 장사를 하시는

아버지와 같은 소상공인 입장에서는 비사업용 자동차를 이용한 광고가 효과적인데 이것을 금지하는 것은 너무하고, 비사업용 자동차에 광고를 허용해도 광고를 붙이고 다닐 차가 많지는 않을 것이다. 또한 자동차 소유자라면 다들 자기 차를 보기 좋게 꾸미려고 할 것이니 설령 광고를 붙이고 다닌다 해도 미관상 좋지 않은 광고를 하고 다닐 차는 별로 없을 것이다. 따라서 비사업용 자동차에 타인에 관한 광고를 허용해도 아무런 문제가 없다고 생각한다.

법무법인 필승
03154 서울 종로구 세종로 123 종로빌딩 2층
Tel 02.780.2580, Fax 02.780.1588
Email   youwin2@winlaw.com

내부회의록 II (헌법소송용)

일 시: 2024. 8. 12. 07:00 ~ 09:00
장 소: 법무법인 필승 소회의실
참석자: 전명석 변호사(공법팀장), 이주나 변호사(담당변호사)

전 변호사: 부산에 옥외광고 연장 안 된 사건 관련해서 김달인 대표 소개로 들어온 사건이 있다면서요? 어떤 내용인가요.

이 변호사: 네, 팀장님. 이번 사건은 헌법소원심판청구 사건이고, 의뢰인은 주식회사 광고대장의 대표이사의 친구인 이샛별입니다. 이샛별 씨가 자신의 아버지가 개업한 족발집 광고를 자신 소유 자동차에 부착하는 내용의 광고를 주식회사 광고대장에 의뢰하였으나, 현행법령상 자기 소유의 자동차에는 타인에 관한 광고를 할 수 없게 되어 있어서 위 법령에 의한 기본권 침해를 주장하고자 합니다. 족발집과 같이 동네 사람들 상대로 장사를 하는 소상공인 입장에서는 동네 근처에서 주로 운행하는 의뢰인의 차량과 같은 비사업용 차량을 이용한 광고가 너무나 효과적인데, 이것을 원천적으로 금지하는 것은 부당하다는 점을 주로 호소하고 있습니다. 게다가 자신은 광고 수입을 올리려는 것도 아니고 새로 족발집 개업한 아버지를 돕기 위해 광고를 하려는 데 그것도 안 된다는 것은 너무하지 않느냐고 합니다.

전 변호사: 그렇군요. 이 사건은 법령을 다투어야 할 텐데 청구기간에 관해서 심판대상조항들의 시행일은 확인했는지요.

이 변호사: 비사업용 자동차에 대한 광고를 제한하는 내용의 법령조항들은 1991.에 제정되어 시행되었습니다.

전 변호사: 알겠습니다. 이샛별 씨가 비사업용 자동차 광고가 불가능한 것을 알게 된 것은 이번 일을 계기로 그런 것이지요?

이 변호사: 네, 이번에 광고의뢰를 했다가 거부당해서 알게 되었다고 합니다. 정확한 날짜는 이를 뒷받침할 자료를 확보하여 확인하겠습니다.

전 변호사: 심판대상조항들은 법률인가요, 시행령인가요.

이 변호사: 네, 사업용 자동차의 경우 법률에서 자세하게 광고의 표시방법을 정하고 있지만, 비사업용 자동차의 경우 법률에서는 대통령령으로 정하는 기준에 따라 광고표시를 할 의무만을 정하고 있습니다. 의뢰인은 비사업용 자동차에 자동차 소유자 이외의 자에 관한 광고를 하고 싶어 하는데, 그러한 내용의 광고는 시행령에 의해 금지되어 있습니다.

전 변호사: 그렇다면 법률조항과 시행령조항을 모두 다투어야겠군요. 위임입법을 내용으로 하는 법률조항과 그에 따른 시행령조항을 모두 다투는 경우에는 특히 법률조항의 직접성 관련 법리에 유의하여 서면을 작성하기 바랍니다. 이제 본안에 관한 쟁점으로 넘어가도 될 것 같네요. 제 경험상 법률조항과 시행령조항을 모두 다투는 헌법소원심판청구 사건의 경우에는 본안에서 기본권 침해 주장을 할 때 법률조항에만 적용되는 위헌심사기준과 법률조항 및 시행령조항 모두에 적용되는 위헌심사기준을 구별해서 서면을 작성하는 것이 간명합니다. 이 사건도 그와 같이 구별하여 청구서 목차를 구성하기 바랍니다.

이 변호사: 알겠습니다. 그렇게 하겠습니다. 본안에 관해서는 사업용 자동차나 선박은 광고 규제 내용을 법률에서 직접 구체적으로 규정하면서 비사업용 자동차에 대해서는 광고 규제 내용을 대통령령에 위임하고 있어서 이 점을 다투고, 아울러 기본권 제한 정도가 과하다는 점도 주장하려고 합니다.

전 변호사: 시행령에 비사업용 자동차 광고의 내용에 관한 규제 이외에 광고의 크기나 위치와 같은 광고의 형식적인 요소에 관한 규제는 없나요?

이 변호사: 네, 시행령에 표시 위치와 면적에 관한 규제도 있습니다. 다만, 의뢰인이 다투고자 하는 것은 광고의 내용이니 그 부분에 한정하여 청구취지를 특정하고자 합니다.

전 변호사: 네, 그렇게 하기 바랍니다. 참, 요즘 신세대 변호사님들이 워낙 약어 쓰는 데에 익숙해 있다 보니 가끔 청구취지에 법률명을 약어로 쓰던데 그렇게 하는 것은 곤란합니다. 청구서 이유 부분에 법률명 전체를

정확히 쓴 후에 괄호 안에 이하 약어로 표시한다는 내용을 적고 나서 비로소 법률명을 약어로 쓰는 것이 바람직합니다. 이 변호사님이야 잘 하시겠지만, 문득 생각이 나서 노파심에 말씀드렸습니다. 헌법소원심판청구서의 경우 본안 판단의 실체적 논거를 많이 주장할수록 설득력이 있는데, 그러한 사정들을 조사해 보았나요?

이 변호사: 제가 미국 연수 시절 기억을 떠올려 보니 미국에서는 개인 소유 차량에 상업광고를 부착하고 다니기도 한 것 같아서 기사 검색을 해 보았습니다. 미국의 경우 비사업용 자동차 광고도 별다른 제한 없이 가능한 것으로 보도가 되고 있는데, 이로 인해 교통사고가 증가한 것은 아니라고 합니다. 뿐만 아니라 우리 정부는 규제 개선 촉진을 위해서 현행 규제를 특정인에 대해 한시적으로 적용하지 않는 규제샌드박스라는 제도를 시행중인데, 비사업용 자동차 광고도 그 중 하나입니다. 즉, 정부는 현재 몇 개 업체에 한하여 심판대상조항들에 대한 광고 규제를 한시적으로 적용하지 않고 있습니다. 또 개인적인 생각입니다만 도로의 미관은 주관적인 것이라 광고를 적절한 정도로 허용하는 것이 오히려 도로 미관을 증진할 수도 있다고 생각이 됩니다. 자기 차에 혐오스러운 광고를 하고 다닐 사람은 거의 없을 것이구요.

전 변호사: 유리하게 주장할 수 있는 사정들이군요. 청구서에 적절하게 현출시키기 바랍니다. 규제샌드박스까지 진행 중인 사안이라면 이미 법률 개정안이 발의되어 있을 수 있습니다. 국회 의안정보시스템에서 이 사건 법률조항에 대한 개정안이 발의되어 있는지 확인해 보고 유리하게 원용할 수 있다면 이 점도 청구서에 적절하게 주장하기 바랍니다. 그리고 요즘 우리 애들을 보니 옷이든 다른 물건이든 자기 소유물에 붙은 상표가 자기 정체성이나 가치관, 인격까지 드러내는 수단이 된 것 같더라구요. 그런 관점에서 보면 비사업용 자동차에 대한 상업광고 제한이라고 하여 가볍게만 볼 수 없다고 봅니다. 혹시 그 밖에 논의할 점이 있나요?

이 변호사: 헌법소원심판청구서 작성 시에 평등권 침해 주장을 어떻게 할지가 매번 고민입니다. 이 사건의 경우 어떻게 하면 좋을까요?

전 변호사: 비교집단을 어떻게 잡을 수 있지요?

이 변호사 : 사업용 자동차에는 자동차 소유자 이외의 자에 관한 광고가 가능한데 비사업용 자동차에는 불가능하므로 양자를 비교집단으로 잡는 것이 가능할 것 같습니다.

전 변호사 : 평등권 침해 주장도 일견 설득력은 있지만, 비사업용 자동차가 사업용 자동차에 비해 월등히 등록 대수가 많을테니 차별 취급의 정당성이 인정될 여지가 커 보이네요. 무리하게 평등권 침해 주장을 할 필요는 없겠습니다. 평등권 이외의 기본권 침해 주장도 이샛별이 주장할 수 있는 기본권들 중 가장 직접적이고 심하게 제한되는 기본권 한 가지만 주장하고 따로 기본권 경합에 관한 논의는 굳이 청구서에 기재하지 않는 것으로 합시다. 더 논의할 사항이 있나요?

이 변호사 : 네, 하위 법령에 일정 내용을 위임하는 법률조항의 경우 명확성원칙과 포괄위임금지원칙을 어떻게 주장해야 하는지도 항상 고민입니다.

전 변호사 : 그 부분은 헌법재판소 법리로 어느 정도 정리가 되어 있으니 명확성원칙과 포괄위임금지원칙 사이의 관계에 관한 법리는 굳이 서면에 적을 필요 없이 곧바로 문제되는 원칙만 판단합시다. 심판대상조항인 법률조항의 내용 중 시행령 조항에 규정될 내용과 독자적인 내용을 정하는 부분에 불명확성이 있나요?

이 변호사 : 그 부분에 관해서는 특별히 불명확한 용어가 없습니다.

전 변호사 : 그렇다면 명확성원칙도 주장하지 않는 것으로 정리하고, 포괄위임금지원칙의 요건과 판단기준 및 이 사건에서 문제 되는 심판대상조항들에 대한 포섭을 상세하게 서술합시다. 그 밖에 더 논의할 사안이 있나요.

이 변호사 : 없습니다. 곧 청구서를 작성하여 보고 드리겠습니다. 끝.

주식회사 광고대장	기획팀 보고서 [2024-34]
\multicolumn{2}{c}{검 토 내 용}

사 안	비사업용 자동차에 대한 광고대행업 개시 여부
검토 배경	◎ 사장님 지인 이샛별의 2024. 8. 1. 광고 의뢰 ◎ 2024. 8. 2. 사장님 사업확장 가능성 검토 지시
판단 요소	◎ 예상 수요: 상 ◎ 수익률: 상 ◎ 시장포화도: 하 ◎ 성장가능성: 하 ◎ 관련 규제: 현행법상 허용되지 않음(비사업용 자동차는 자동차 소유자에 관한 광고만 가능)
결론 (가/부로 표기)	부
보고일자	2024. 8. 3.

코리아경제

30년 전에 멈춰선 車 옥외광고

이낙원/박수용 기자   입력 2024.06.20 06:10   수정 2024.06.20 07:46   댓글 0

최첨단 디지털 시대가 도래하면서 각종 상품을 알리는 광고 수단도 다양화하고 내용도 화려해졌다. 그러나 유독 과거에서 벗어나지 못하고 있는 광고 시장이 있다. 바로 교통수단을 이용한 광고다.

1991년 시행된 '옥외광고물 등의 관리와 옥외광고산업 진흥에 관한 법'(옥외광고물법)은 교통수단 이용 광고물의 표시 방법에 관한 규정을 담고 있다. 법 시행 후 몇 차례 개정을 거쳤지만 30년이 넘는 동안 큰 틀은 유지되고 있다. 이처럼 낡은 규제에 묶인 광고 시장의 다양화를 위해 시대적 흐름에 맞게 관련 법을 개정해야 한다는 목소리가 끊이지 않고 있다. 경제계에서는 개인용(자기 소유) 자동차에 대한 광고 규제도 없애야 한다고 요구하고 있다.

정부는 이같은 목소리가 커지자 규제샌드박스 실증 특례 등을 통해 교통수단 관련 광고물 규제 완화를 검증하고 있다. 검증 작업을 마친 후 시행령 개정을 통해 비사업용 자동차에 대한 광고를 허용할지 결정하겠다는 취지이다. 관련 업계에 따르면 규제샌드박스를 통과한 개인차 광고 연결 플랫폼 5곳 중 본격적으로 사업을 시도한 일부 업체도 광고 성과는 수백 건에 그치는 것으로 알려졌다. 이들 업체에 대해 각각 기본 3000대에서 최대 1만 대까지 광고 수주가 허가됐지만 현실은 이에 크게 미치지 못하고 있다.

미국 등 선진국의 경우 운전자가 직접 광고를 붙여 광고 수익을 창출하는 사업이 활발히 진행 중인데 미국의 래피파이(Wrapify)는 그 대표적 업체다. 래피파이(Wrapify) 등의 서비스를 통해 자기소유 차량에 타인의 광고를 하는 운전자가 25만명 이상이지만 그로 인해 교통사고가 증가하였다는 보도는 없다.

의안정보시스템

HOME | 입법정보통합검색

의안개요 | 의안검색 | 의안현황 | 의안통계 | 연차보고서 | 청원

의안검색
- 간편검색
- 상세검색

▶ [2115963] 옥외광고물 등의 관리와 옥외광고산업 진흥에 관한 법률 일부개정법률안(이명수의원 등 10인)

• 심사진행단계
접수 → 위원회 심사 → 임기만료폐기

• 접수

▶ 의안접수정보

의안번호	제안일자	제안자	문서	제안회기
2115963	2022-06-15	이명수의원 등 10인 [제안자목록]	의안원문	제21대 (2020~2024) 제397회

▶ 제안이유 및 주요내용

제안이유 및 주요내용

현행법은 1991년 처음 시행되어 교통수단 이용 광고물의 표시방법에 관하여 규정한 후 30년이 넘는 동안 유지되고 있는데, 자기가 소유하는 자동차 등에 대하여 차량의 옆면에만 광고문을 표시하도록 하고 성명·주소·상표 등으로 제한하고 있음.

이로 인하여 자기 소유 자동차임에도 불구하고 차량의 옆면에만 제한된 내용으로 광고물로 표시하도록 하여 지역업체·소상공인이 광고를 효과적으로

+ 더보기

• 위원회 심사

▶ 소관위 심사정보

소관위원회	회부일	상정일	처리일	처리결과	문서
행정안전위원회	2022.07.25	2022.11.16			심사보고서

▶ 소관위 회의정보

회의명	회의일	회의결과	회의록
제400회 국회(정기회) 제10차 전체회의	2022-11-16	상정/제안설명/검토보고/수석회부	요약

• 본회의 심의

▶ 본회의 심의정보

상정일	의결일	회의명	회의결과	회의록
	2024-05-29		임기만료폐기	

옥외광고물 등의 관리와 옥외광고산업 진흥에 관한 법률 일부개정법률안

(이명수 의원 대표발의)

의안번호	2115964

발의연월일: 2022. 6. 15.
발 의 자: 이명수 의원, 이하 생략(10인)

제안이유 및 주요내용

현행법은 1991년 처음 시행되어 교통수단 이용 광고물의 표시방법에 관하여 규정한 후 30년이 넘는 동안 유지되고 있는데, 자기가 소유하는 자동차 등에 대하여 차량의 옆면에만 광고물을 표시하도록 하고 성명·주소·상표 등으로 제한하고 있음.

이로 인하여 자영업자·소상공인이 광고를 효과적으로 할 수 없다는 불편이 제기되고 있음. 이에 비사업용 자동차에 대해서는 시행령에서 광고물 표시 부위 및 내용을 제한하지 아니하도록 법률로 규정함으로써 자영업자·소상공인의 차량 표시 광고물에 대한 규제를 최소화하고자 하려는 것임(안 제3조 제1항 제6호 및 같은 조 제3항).

(이하 생략)

참고 자료

1. 관련 법령(발췌)

■ 옥외광고물 등의 관리와 옥외광고산업 진흥에 관한 법률

제1조(목적) 이 법은 옥외광고물의 표시·설치 등에 관한 사항과 옥외광고물의 질적 향상을 위한 기반 조성에 필요한 사항을 정함으로써 안전하고 쾌적한 생활환경을 조성하고 옥외광고산업의 경쟁력을 높이는 데 이바지함을 목적으로 한다.

제2조(정의) 이 법에서 사용하는 용어의 뜻은 다음과 같다.
1. "옥외광고물"이란 공중에게 항상 또는 일정 기간 계속 노출되어 공중이 자유로이 통행하는 장소에서 볼 수 있는 것(대통령령으로 정하는 교통시설 또는 교통수단에 표시되는 것을 포함한다)으로서 간판·디지털광고물(디지털 디스플레이를 이용하여 정보·광고를 제공하는 것으로서 대통령령으로 정하는 것을 말한다)·입간판·현수막·벽보·전단과 그 밖에 이와 유사한 것을 말한다.

제2조의2(적용상의 주의) 이 법을 적용할 때에는 국민의 정치활동의 자유 및 그 밖의 자유와 권리를 부당하게 침해하지 아니하도록 주의하여야 한다.

제3조(광고물등의 허가 또는 신고)
① 다음 각 호의 어느 하나에 해당하는 지역·장소 및 물건에 광고물 또는 게시시설(이하 "광고물등"이라 한다) 중 대통령령으로 정하는 광고물등을 표시하거나 설치하려는 자는 대통령령으로 정하는 바에 따라 특별자치시장·특별자치도지사·시장·군수 또는 자치구의 구청장(이하 "시장등"이라 한다)에게 허가를 받거나 신고하여야 한다. 허가 또는 신고사항을 변경하려는 경우에도 또한 같다.
  7. 그 밖에 아름다운 경관과 도시환경을 보전하기 위하여 대통령령으로 정하는 지역·장소 및 물건
③ 제1항에 따른 광고물등의 종류·모양·크기·색깔, 표시 또는 설치의 방법 및 기간 등 허가 또는 신고의 기준에 관하여 필요한 사항은 대통령령으로 정한다.
④ 특별시장·광역시장·도지사(이하 "시·도지사"라 한다. 이 항에서 특별자치시장 및 특별자치도지사를 포함한다)는 아름다운 경관과 미풍양속을 보존하고 공중에 대한 위해를 방지하며 건강하고 쾌적한 생활환경을 조성하는 데 방해가

되지 아니한다고 인정하면 제1항 각 호의 지역으로서 상업지역·관광지·관광단지 등 대통령령으로 정하는 지역을 특정구역으로 지정하여 제3항에 따른 허가 또는 신고의 기준을 완화할 수 있다.

제4조(광고물등의 금지 또는 제한 등)

① 제3조 제1항 각 호의 지역·장소 또는 물건 중 아름다운 경관과 미풍양속을 보존하고 공중에 대한 위해를 방지하며 건강하고 쾌적한 생활환경을 조성하기 위하여 대통령령으로 정하는 지역·장소 또는 물건에는 광고물등(대통령령으로 정하는 광고물등은 제외한다)을 표시하거나 설치하여서는 아니 된다.

② 시·도지사(특별자치시장 및 특별자치도지사를 포함한다)는 아름다운 경관과 미풍양속을 보존하고 공중에 대한 위해를 방지하며 건강하고 쾌적한 생활환경을 조성하기 위하여 특히 필요하다고 인정되면 제3조 제1항 각 호의 지역으로서 대통령령으로 정하는 지역을 특정구역으로 지정하여 제3조 제3항에 따른 허가 또는 신고의 기준을 강화할 수 있다.

④ 제2항에 따른 허가 또는 신고 기준의 강화에 필요한 사항은 대통령령으로 정한다.

제10조(위반 등에 대한 조치)

① 시장등은 광고물등의 허가·신고·금지·제한 등에 관한 제3조, 제4조를 위반한 광고물등에 대하여 다음 각 호에 해당하는 자에게 그 광고물등을 제거하거나 그 밖에 필요한 조치를 하도록 명하여야 한다.
1. 광고물등을 표시하거나 설치한 자
2. 광고물등을 관리하는 자
3. 광고주
4. 옥외광고사업자

제15조(교통수단 이용 광고물의 표시방법)

① 사업용 자동차의 외부에는 다음 각 호의 기준에 따라 광고물을 표시하여야 한다.
1. 창문 부분을 제외한 차체의 옆면, 뒷면 또는 버스돌출번호판(버스의 출입문에 부착하여 출입문 개방 시 돌출되게 설치한 번호판을 말한다)에 표시하여야 한다.
2. 표시면적은 각 면(창문 부분은 제외한다) 면적의 2분의 1 이내여야 한다.

② 선박의 외부에는 다음 각 호의 기준에 따라 광고물을 표시하여야 한다.
  1. 선체 옆면에 표시하되, 튀어나오게 표시하거나 현수식으로 표시해서는 아니 된다.
  2. 표시면적은 각 면(창문 부분은 제외한다) 면적의 2분의 1 이내여야 한다.
  3. 광고물이 선박의 명칭, 선적항, 만재홀수선 및 홀수의 치수 등 해사(海事)에 관한 법령에 따라 표시하여야 하는 사항을 가리거나 그 식별에 지장을 주어서는 아니 된다.
③ 제1항 및 제2항에 규정된 교통수단 외의 교통수단(이하 '비사업용 자동차'이라 한다) 외부에는 대통령령으로 정하는 기준에 따라 광고물을 표시하여야 한다.

■ 옥외광고물 등의 관리와 옥외광고산업 진흥에 관한 법률 시행령

제4조(허가 대상 광고물 및 게시시설)
① 법 제3조 제1항 각 호 외의 부분 전단에 따라 허가를 받아 표시 또는 설치(이하 "표시"라 한다)를 해야 하는 광고물은 다음 각 호와 같다.
  5. 제3조 제5호에 따른 옥상간판(이하 "옥상간판"이라 한다)

제6조(허가·신고 대상 지역·장소 및 물건)
③ 법 제3조제1항제7호에서 "대통령령으로 정하는 지역·장소 및 물건"이란 다음 각 호의 지역·장소 및 물건을 말한다.
  3. 특별시장·광역시장·특별자치시장·도지사 또는 특별자치도지사(이하 "시·도지사"라 한다)가 법 제7조에 따라 해당 특별시·광역시·특별자치시·도 또는 특별자치도(이하 "시·도"라 한다)에 설치된 옥외광고심의위원회(이하 "시·도 심의위원회"라 한다)의 심의를 거쳐 고시하는 지역·장소 및 물건

제15조(옥상간판의 표시방법) 옥상간판은 다음 각 호의 기준에 따라 표시해야 한다.
  1. 다음 각 목의 건물에만 표시할 수 있다.
    가. 「국토의 계획 및 이용에 관한 법률」에 따른 상업지역에 있는 건물 (이하 생략)
  2. 옥상간판의 규격은 다음 각 목의 기준에 따른다.
    가. 가장 넓은 면의 최대 길이는 30미터 이내여야 한다.
    나. 간판의 높이는 15미터 이내여야 한다.

제21조(표시방법의 완화)

③ 시·도지사는 법 제3조 제4항에 따라 특정구역을 지정하여 표시방법을 완화하려면 주민의 의견을 듣고 시·도 심의위원회의 심의를 거쳐야 한다.

④ 시·도지사는 법 제3조 제4항에 따라 지정한 특정구역의 범위 및 표시방법의 완화내용을 고시하여야 한다.

⑤ 법 제3조 제4항에 따라 지정한 특정구역의 세부적인 지정절차는 시·도 조례로 정한다.

제24조(광고물등의 표시가 금지되는 지역·장소 또는 물건)

① 법 제4조 제1항에서 "대통령령으로 정하는 지역·장소 또는 물건"이란 다음 각 호의 지역·장소 또는 물건을 말한다.
1. 광고물등의 표시가 금지되는 지역 및 장소
    가. 관공서·학교·도서관·박물관
    나. 화장장·장례식장 및 묘지
    다. 다리·축대·육교·터널·고가도로 및 삭도
(이하 생략)

제25조(표시방법의 강화)

① 법 제4조 제2항에서 "대통령령으로 정하는 지역"이란 다음 각 호의 지역을 말한다.
    4. 그 밖에 시·도지사가 특히 필요하다고 인정하여 고시한 구역

② 시·도지사는 법 제4조 제2항에 따른 특정구역을 지정하여 표시방법을 강화하려면 미리 주민의 의견을 듣고 시·도 심의위원회의 심의를 거쳐야 한다.

③ 법 제4조 제2항에 따른 특정구역의 세부적인 지정절차와 강화되는 표시방법의 범위에 관하여는 시·도 조례로 정한다.

④ 시·도지사는 법 제4조 제2항에 따른 특정구역을 지정할 때에는 「행정절차법」 제46조에 따른 행정예고를 하고, 주민·광고주·광고물 소유자 등 이해관계인의 의견을 들어야 하며, 특정구역 안의 건물 소유자, 업소 또는 타사광고 등이 지나치게 제한되지 않도록 주의하여야 한다.

제36조(비사업용 자동차의 광고물 표시방법) 법 제15조 제3항에 따른 비사업용 자동차의 외부 광고물 표시 기준은 다음 각 호와 같다.
1. 표시 위치: 비사업용 자동차의 외부의 창문 부분을 제외한 본체 옆면
2. 표시 면적: 각 면(창문 부분은 제외한다) 면적의 2분의 1 이내여야 한다.

3. 표시 내용: 비사업용 자동차 소유자의 성명·명칭·주소·업소명·전화번호, 자기의 상표 또는 상징형 도안

■ 부산광역시 옥외광고물 등의 관리와 옥외광고산업 진흥에 관한 조례

제19조(표시방법의 완화 또는 강화)

① 시장은 영 제21조 제5항 및 영 제25조 제3항에 따라 특정구역을 지정하여 표시방법을 완화 또는 강화하려면 구청장의 의견을 들은 후 「행정절차법」 제46조에 따른 행정예고를 통하여 주민의 의견을 듣고 시 심의위원회의 심의를 거쳐 특정구역의 범위 및 표시방법의 완화 또는 강화 내용을 고시하여야 한다.

② 제1항에 따라 지정된 특정구역에서 광고물등의 표시방법을 완화 또는 강화할 수 있는 사항은 다음 각 호와 같다.
1. 건물 또는 업소 등에서 표시할 수 있는 간판의 총수량
2. 광고물등의 모양·길이·색깔 등의 표시기준
3. 광고물등의 표시 위치·장소
4. 전기를 사용하는 광고물등의 표시방법

■ 각급 법원의 설치와 관할구역에 관한 법률

제1조(목적)

이 법은 「법원조직법」 제3조 제3항에 따라 각급 법원의 설치와 관할구역을 정함을 목적으로 한다.

제4조(관할구역)

각급 법원의 관할구역은 다음 각 호의 구분에 따라 정한다. 〈단서 생략〉
1. 각 고등법원·지방법원과 그 지원의 관할구역: 별표 3
2. ~ 3. 〈생략〉
4. 행정법원의 관할구역: 별표 6
5. ~ 6. 〈생략〉
7. 행정사건을 심판하는 춘천지방법원 및 춘천지방법원 강릉지원의 관할구역: 별표 9
8. 〈생략〉

[별표 3]

고등법원·지방법원과 그 지원의 관할구역

고등법원	지방법원	지원	관할구역
서울	서울중앙		서울특별시 종로구·중구·강남구·서초구·관악구·동작구
	서울동부		서울특별시 성동구·광진구·강동구·송파구
	서울남부		서울특별시 영등포구·강서구·양천구·구로구·금천구
	서울북부		서울특별시 동대문구·중랑구·성북구·도봉구·강북구·노원구
	서울서부		서울특별시 서대문구·마포구·은평구·용산구
	의정부		의정부시·동두천시·양주시·연천군·포천시, 강원도 철원군. 다만, 소년보호사건은 앞의 시·군 외에 고양시·파주시·남양주시·구리시·가평군
		고양	고양시·파주시
		남양주	남양주시·구리시·가평군
	인천		인천광역시
		부천	부천시·김포시
	춘천		춘천시·화천군·양구군·인제군·홍천군. 다만, 소년보호사건은 철원군을 제외한 강원도
		강릉	강릉시·동해시·삼척시
		원주	원주시·횡성군
		속초	속초시·양양군·고성군
		영월	태백시·영월군·정선군·평창군
대전	대전		대전광역시·세종특별자치시·금산군
		홍성	보령시·홍성군·예산군·서천군
		공주	공주시·청양군
		논산	논산시·계룡시·부여군
		서산	서산시·당진시·태안군
		천안	천안시·아산시
	청주		청주시·진천군·보은군·괴산군·증평군. 다만, 소년보호사건은 충청북도

		충주	충주시·음성군
		제천	제천시·단양군
		영동	영동군·옥천군
대구	대구		대구광역시 중구·동구·남구·북구·수성구·영천시·경산시·칠곡군·청도군
		서부	대구광역시 서구·달서구·달성군, 성주군·고령군
		안동	안동시·영주시·봉화군
		경주	경주시
		포항	포항시·울릉군
		김천	김천시·구미시
		상주	상주시·문경시·예천군
		의성	의성군·군위군·청송군
		영덕	영덕군·영양군·울진군
부산	부산		부산광역시 중구·동구·영도구·부산진구·동래구·연제구·금정구
		동부	부산광역시 해운대구·남구·수영구·기장군
		서부	부산광역시 서구·북구·사상구·사하구·강서구
	울산		울산광역시·양산시
	창원		창원시 의창구·성산구·진해구, 김해시. 다만, 소년보호사건은 양산시를 제외한 경상남도
		마산	창원시 마산합포구·마산회원구, 함안군·의령군
		통영	통영시·거제시·고성군
		밀양	밀양시·창녕군
		거창	거창군·함양군·합천군
		진주	진주시·사천시·남해군·하동군·산청군
광주	광주		광주광역시·나주시·화순군·장성군·담양군·곡성군·영광군
		목포	목포시·무안군·신안군·함평군·영암군
		장흥	장흥군·강진군
		순천	순천시·여수시·광양시·구례군·고흥군·보성군
		해남	해남군·완도군·진도군
	전주		전주시·김제시·완주군·임실군·진안군·무주군. 다만, 소년보호사건은 전북특별자치도
		군산	군산시·익산시
		정읍	정읍시·부안군·고창군
		남원	남원시·장수군·순창군

	제주		제주시·서귀포시
수원	수원		수원시·오산시·용인시·화성시. 다만, 소년보호사건은 앞의 시 외에 성남시·하남시·평택시·이천시·안산시·광명시·시흥시·안성시·광주시·안양시·과천시·의왕시·군포시·여주시·양평군
		성남	성남시·하남시·광주시
		여주	이천시·여주시·양평군
		평택	평택시·안성시
		안산	안산시·광명시·시흥시
		안양	안양시·과천시·의왕시·군포시

[별표 6]

행정법원의 관할구역

고등법원	행정법원	관할구역
서울	서울	서울특별시

[별표 9]

행정사건을 심판하는 춘천지방법원 및 춘천지방법원 강릉지원의 관할구역

명칭	관할구역
춘천지방법원	춘천지방법원의 관할구역 중 강릉시·동해시·삼척시·속초시·양양군·고성군을 제외한 지역
춘천지방법원 강릉지원	강릉시·동해시·삼척시·속초시·양양군·고성군

■ 법원조직법 부칙(1994. 7. 27. 법률 제4765호)

제1조(시행일)

① 이 법은 1995년 3월 1일부터 시행한다. 다만, 제3조, 제7조, 제29조, 제31조의 개정규정중 시·군법원에 관한 사항 및 제33조, 제34조의 개정규정과 부칙 제4조의 규정은 1995년 9월 1일부터, 제20조, 제44조, 제44조의2의 개정규정은 예비판사에 관한 사항과 제42조의2 및 제42조의3의 개정규정은 1997년 3월 1일부터, 제3조, 제5조 내지 제7조, 제9조의2, 제10조, 제14조, 제28조, 제44조의 개정규정 중 특허법원, 특허법원장, 행정법원 또는 행정법원장에 관한 사항 및 제3편 제2장(제28조의2 내지 제28조의4), 제3편 제5장(제40조의2 내지 제40조의4), 제54조의2의 개정규정은 1998년 3월 1일부터 시행한다.

제2조(행정사건에 관한 경과조치)
부칙 제1조 제1항 단서의 규정에 의한 행정법원에 관한 사항의 시행당시 행정법원이 설치되지 않은 지역에 있어서의 행정법원의 권한에 속하는 사건은 행정법원이 설치될 때까지 해당 지방법원본원 및 춘천지방법원 강릉지원이 관할한다. 끝.

2. 달력

■ 2024년 1월 ~ 2024년 12월

2024년 1월						
일	월	화	수	목	금	토
	1	2	3	4	5	6
7	8	9	10	11	12	13
14	15	16	17	18	19	20
21	22	23	24	25	26	27
28	29	30	31			

2024년 2월						
일	월	화	수	목	금	토
				1	2	3
4	5	6	7	8	9	10
11	12	13	14	15	16	17
18	19	20	21	22	23	24
25	26	27	28	29		

2024년 3월						
일	월	화	수	목	금	토
					1	2
3	4	5	6	7	8	9
10	11	12	13	14	15	16
17	18	19	20	21	22	23
24/31	25	26	27	28	29	30

2024년 4월						
일	월	화	수	목	금	토
	1	2	3	4	5	6
7	8	9	10	11	12	13
14	15	16	17	18	19	20
21	22	23	24	25	26	27
28	29	30				

2024년 5월						
일	월	화	수	목	금	토
			1	2	3	4
5	6	7	8	9	10	11
12	13	14	15	16	17	18
19	20	21	22	23	24	25
26	27	28	29	30	31	

2024년 6월						
일	월	화	수	목	금	토
						1
2	3	4	5	6	7	8
9	10	11	12	13	14	15
16	17	18	19	20	21	22
23/30	24	25	26	27	28	29

2024년 7월						
일	월	화	수	목	금	토
	1	2	3	4	5	6
7	8	9	10	11	12	13
14	15	16	17	18	19	20
21	22	23	24	25	26	27
28	29	30	31			

2024년 8월						
일	월	화	수	목	금	토
				1	2	3
4	5	6	7	8	9	10
11	12	13	14	15	16	17
18	19	20	21	22	23	24
25	26	27	28	29	30	31

2024년 9월						
일	월	화	수	목	금	토
1	2	3	4	5	6	7
8	9	10	11	12	13	14
15	16	17	18	19	20	21
22	23	24	25	26	27	28
29	30					

2024년 10월						
일	월	화	수	목	금	토
		1	2	3	4	5
6	7	8	9	10	11	12
13	14	15	16	17	18	19
20	21	22	23	24	25	26
27	28	29	30	31		

2024년 11월						
일	월	화	수	목	금	토
					1	2
3	4	5	6	7	8	9
10	11	12	13	14	15	16
17	18	19	20	21	22	23
24	25	26	27	28	29	30

2024년 12월						
일	월	화	수	목	금	토
1	2	3	4	5	6	7
8	9	10	11	12	13	14
15	16	17	18	19	20	21
22	23	24	25	26	27	28
29	30	31				

확 인 : 법학전문대학원협의회

2024년도 제1차 변호사시험 모의시험 – 논술형(기록형)

시험과목	공 법(기록형)

응시자 준수사항

【공통사항】
1. 시험 시작 전 문제지의 봉인을 손상하는 경우, 봉인을 손상하지 않더라도 문제지를 들추는 행위 등으로 문제 내용을 미리 보는 경우 그 답안은 영점으로 처리됩니다.
2. 시험시간 중에는 휴대전화, 스마트워치, 무선이어폰 등 무선통신 기기를 비롯한 전자기기를 지녀서는 안 됩니다.
3. **답안은 반드시 문제번호에 해당하는 번호의 답안지**(제1문은 제1문 답안지 내, 제2문은 제2문 답안지 내)**에 작성**하여야 합니다. 즉, 해당 문제의 번호와 답안지의 번호가 일치하지 않으면 그 답안은 영점으로 처리됩니다. 다만, 수기로 작성하는 답안지에 한해 답안지를 제출하기 전 시험관리관이 답안지 번호를 정정해 준 경우에는 정상적으로 채점됩니다.
4. 답안지에는 문제 내용을 쓸 필요가 없으며, 답안 이외의 사항을 기재하거나 밑줄 기타 어떠한 표시도 하여서는 안 됩니다.
5. 지정된 시각까지 지정된 시험실에 입실하지 않거나 시험관리관의 승인 없이 시험시간 중에 시험실에서 퇴실한 경우, 그 시간 시험과 나머지 시간의 시험에 응시할 수 없습니다.
6. 시험시간 중에는 어떠한 경우에도 문제지를 시험실 밖으로 가지고 갈 수 없고, 그 시험시간이 끝난 후에는 문제지를 시험장 밖으로 가지고 갈 수 있습니다.

【IBT 방식】
1. 시험시간은 프로그램에 의해 자동 시작, 종료되며 시험이 종료되면 답안을 수정하는 등 답안 작성을 일절 할 수 없습니다.

【수기 방식】
1. 답안은 흑색 또는 청색 필기구(수성펜이나 연필 사용 금지) 중 한 가지 필기구만을 사용하여 답안 작성란(흰색 부분) 안에 기재하여야 합니다.
2. 답안지에 성명과 수험번호 등을 기재하지 않아 인적사항이 확인되지 않는 경우에는 영점으로 처리되는 등 불이익을 받게 됩니다. 특히 답안지를 바꾸어 다시 작성하는 경우, 성명 등의 기재를 빠뜨리지 않도록 유의하여야 합니다.
3. 답안을 정정할 경우에는 두 줄로 긋고 다시 써야 하며, 수정액·수정테이프 등은 사용할 수 없습니다.
4. 시험 종료 시각에 임박하여 답안지를 교체했더라도 시험시간이 끝나면 그 즉시 새로 작성한 답안지를 회수합니다.
5. 시험시간이 지난 후에는 답안지를 일절 작성할 수 없습니다. 이를 위반하여 **시험시간이 종료되었음에도 불구하고 계속 답안을 작성할 경우 그 답안은 영점으로 처리됩니다.**
6. **배부된 답안지는 백지 답안이라도 모두 제출**하여야 하며, **답안지를 제출하지 아니한 경우** 그 시간 시험과 나머지 시험에 응시할 수 없습니다.

법학전문대학원협의회
KOREAN ASSOCIATION OF LAW SCHOOLS

목 차

I. 문제 2

II. 작성요령 및 주의사항 3

III. 서면 양식 4

IV. 기록내용 6

법률상담일지 I 7
내부회의록 I(행정소송용) 9
서울타임즈 기사 14
주식회사 은파 인사위원회 의결서 15
해고 통보서 16
주식회사 은파 재심인사위원회 의결서 17
주식회사 은파 취업규칙 18
형사판결서 19
중앙노동위원회 재심판정서 21
진술서 28
법률상담일지 II 29
내부회의록 II(헌법소송용) 31
메모 34
의사면허증 사본 35
신문기사 36

V. 참고 자료 37

1. 관련 법령 37
2. 달력 43

【 문 제 】

1. 소장의 작성 (50점)

법무법인 정의로의 담당변호사 입장에서, 중앙노동위원회 재심판정의 취소를 구하는 소장을 작성하되, 아래 사항을 준수하여 첨부된 양식의 ①부터 ⑦에 들어갈 내용을 작성하시오.

가. ①에는 원고적격이 있는 의뢰인만 원고로 기재할 것(만약 의뢰인들 중 원고적격이 없는 자가 있을 때에는 그를 제외하고 나머지 의뢰인만 원고로 기재할 것)

나. ④에는 소의 이익에 관한 내용만 기재할 것

다. ⑤에는 '내부회의록에서 논의된 사항'을 중심으로 서술할 것

라. ⑥에는 중앙노동위원회의 재심판정에 대한 취소소송에 관하여 법률상 허용되는 적법한 제소기간 내 최종일을 기재할 것

마. ⑦에는 행정소송법 제9조에 따라 재판관할권을 가진 법원을 기재할 것(다만, 중앙노동위원회가 소재한 세종특별자치시를 관할하는 대전지방법원은 제외)

2. 헌법소원심판청구서의 작성(50점)

법무법인 연승의 담당변호사 입장에서 의뢰인 김의성, 이환우를 위하여 헌법소원심판청구서를 작성하되, 아래 사항을 준수하여 첨부된 양식의 ①부터 ④에 들어갈 내용을 작성하시오.

가. '청구취지' 부분(①)에서는 심판대상조항의 개정연혁을 기재하지 말 것.

나. '이 사건 심판청구의 적법성' 부분(②)에서는 자기관련성, 직접성, 청구기간만 기재할 것.

다. 헌법소원심판청구서의 작성일(④, 제출일과 동일함)은 법령상 허용되는 청구기간의 최종일을 기재할 것.

【 작성요령 및 주의사항 】

1. 기록에 첨부된 관련 법령(일부 조문은 가상의 것으로 현행 법령과 차이가 있을 수 있음)이 사건의 모든 절차와 과정, 소장, 헌법소원심판청구서의 작성 및 제출 시 모두 시행되고 있는 것으로 보고, 첨부된 관련 법령과 다른 내용의 현행 법령은 고려하지 말 것

2. 기록에 첨부된 각종 서류는 적법하게 작성된 것으로 간주하고, 서류 등에 필요한 서명과 날인, 무인과 간인 등은 모두 갖추어진 것으로 볼 것

3. 법률상담일지의 사실관계와 기록에 첨부된 자료들을 기초로 하고, 그것이 사실임을 전제로 할 것

4. 기록 중 '(생략)'으로 표시된 부분은 모두 기재된 것으로 볼 것

5. 문장은 경어(敬語)체로 작성할 것

【 소장 양식 】

소 장

원 고   ①

피 고   ②

부당해고구제재심판정취소의 소

청 구 취 지

③

청 구 이 유

1. 처분의 경위 등(생략)

2. 이 사건 소의 적법성

④

3. 재심판정의 위법성

⑤

4. 결론(생략)

입증방법 (생략)
첨부서류 (생략)

⑥

원고 소송대리인 (생략)

⑦ 귀중

【헌법소원심판청구서 양식】

<h1 style="text-align:center;">헌법소원심판 청구서</h1>

청 구 인   (생략)

<h2 style="text-align:center;">청 구 취 지</h2>

①

<h2 style="text-align:center;">침 해 된 권 리</h2>

<h2 style="text-align:center;">침 해 의 원 인</h2>

<h2 style="text-align:center;">청 구 이 유</h2>

1. 사건개요와 심판대상 (생략)
2. 이 사건 심판청구의 적법성

②

3. 심판대상의 위헌성

③

4. 결론 (생략)

첨 부 서 류 (생략)

④ ○○○○. ○○. ○○.

청구인 대리인 (생략)

헌법재판소   귀중

기록내용 시작

수임번호 2024-3849	**법률상담일지 I**		2024. 6. 14.
의뢰인	1. 김유석 2. 은파노동조합(조합장: 박두홍)	의뢰인 전화	1. 02-920-5678 2. 02-950-1579
의뢰인 주소	1. 서울 마포구 마포대로 200, 105동 1101호(아현동, 지에스자이아파트) 2. 서울 마포구 월드컵북로 330 비즈니스타워 105호	의뢰인 팩스	1. - 2. 02-920-1357

상 담 내 용

1. ㈜은파(대표이사 안일찬)는 상시근로자 300명을 사용하여 자동차 부품을 제조, 판매하는 회사로서 서울 마포구 상암동에 위치해 있다. 의뢰인 김유석(1962. 2. 3.생, 이하 '의뢰인')은 회계, 감사를 담당하는 부서에서 부장으로 근무하여 왔으며, ㈜은파의 유일한 노동조합인 의뢰인 은파노동조합의 조합원이다.

2. 의뢰인은 2023. 10. 6. 회사 측으로부터 서면으로 해고(이하 '이 사건 해고'라 한다)를 통보받았다. 이 사건 해고 통보서에 명시된 해고 사유는 다음과 같다.

> **[해고사유]**
> ① 취업규칙 제20조 제2호 - 2023. 5. 12. 회사 임원에 대해 허위사실 고발하여 직장질서를 문란하게 하였음
> ② 취업규칙 제20조 제5호 - 2023. 5. 16. 회사 인터넷 게시판에 허위사실을 적시하여 회사 임원들의 명예를 훼손하거나 모욕

3. 의뢰인은 2023. 11. 20. 이 사건 해고가 부당해고에 해당한다고 주장하면서 서울지방노동위원회에 구제신청을 하였으나, 2024. 2. 16. 구제신청을 기각하는 초심판정이 내려졌다(서울 2023부해1225호). 의뢰인은 위 초심판정에 불복하여 2024. 2. 26. 중앙노동위원회에 재심을 신청하였으나, 역시 2024. 6. 4. 재심신청을 기각하는 재심판정(중앙 2024부해510호, 이하 '이 사건 재심판정'이라 한다)이 내려졌다.

4. 2024. 6. 7. 이 사건 재심판정서가 의뢰인에게 송달되었다.

5. 의뢰인들은 아래와 같은 사유로 이 사건 해고가 부당한데도 의뢰인의 재심신청을 기각한 이 사건 재심판정이 위법하다고 주장하고 있다.

가. 의뢰인에 대한 회사 내의 징계 과정에서 개최된 2023. 10. 4.자 인사위원회 및 2023. 10. 23.자 재심인사위원회에는 노동조합이 추천하는 근로자 측 위원이 포함되어 있지 않은 반면, 징계사유와 관련 있는 박준영 재무이사가 위 인사위원회 및 재심인사위원회 위원으로 징계 의결에 관여한 것으로 확인되었다. 이는 취업규칙을 위반한 것으로서 징계절차상 하자가 중대하다.

나. 의뢰인은 허위사실을 고발한 사실이 없고, 허위사실을 적시하여 회사 임원들의 명예를 훼손하거나 모욕하지도 않았다. 특히 의뢰인으로서는 박준영이 회사 자금을 횡령한 것으로 의심할 만한 합리적인 근거가 있었다. 따라서 애초에 의뢰인에 대한 징계사유를 모두 인정할 수 없다.

다. 설령 징계사유가 일부 인정된다고 가정하더라도, 의뢰인에 대한 징계해고는 징계사유에 비해 지나치게 과도하다.

6. 의뢰인은 이 사건 재심판정에 대한 취소를 구하고자 한다.

전화 02-580-2710, 팩스 02-580-3321, 이메일 justicelaw@gmail.com
서울 서초구 서초동 250 법조빌딩 5층 법무법인 정의로 (담당변호사: 김현국)

내 부 회 의 록 Ⅰ (행정소송용)

일　시: 2024. 6. 19. 14:00~15:00
의뢰인: 김유석, 은파노동조합(조합장: 박두홍)
사　건: 행정소송 소장 제출
참석자: 변호사 문석웅(행정소송팀장), 김현국

문 변호사: 수임번호 2024-3849 사건에 대하여 논의할까요. 상담일지를 보니 의뢰인 김유석(이하 '의뢰인')과 의뢰인 은파노동조합(이하 '의뢰인 조합')은 의뢰인이 부당하게 해고당하였다고 주장하고 있군요. 그런데 사용자인 ㈜은파(이하 '은파')는 사기업체인데도, 의뢰인은 민사소송으로 해고무효를 다투지 않고 노동위원회에 구제신청을 하였네요.

김 변호사: 예, 부당해고 등의 구제절차는 사용자의 정당한 이유 없는 부당해고 등에 대하여 일반 법원에 의한 사법적인 구제방법 외에 노동위원회에 의한 행정적인 구제제도를 따로 마련하여 불이익처분을 받은 해당 근로자가 보다 간이, 신속하고 저렴한 비용으로 정당한 이유 없는 해고 등에 대한 구제를 받을 수 있도록 하는 데 그 취지가 있습니다. 의뢰인도 그와 같은 취지에서 의뢰인 조합의 자문을 받아 법원에 민사소송을 제기하지 않고 사업주인 은파를 피신청인으로 하여 서울지방노동위원회에 부당해고 구제신청을 하였다고 합니다.
그러나 안타깝게도 서울지방노동위원회에서 의뢰인의 구제신청이 기각되었고, 중앙노동위원회에서도 의뢰인의 재심신청을 기각하는 재심판정(이하 '이 사건 재심판정')이 내려졌습니다. 이에 의뢰인은 이 사건 재심판정에 대하여 취소소송을 제기하기를 원하고 있습니다.

문 변호사: 그렇군요. 중앙노동위원회의 부당해고 구제신청 재심판정에 대한 취소소송의 소송물은 무엇인가요?

김 변호사: 재심판정 자체의 위법성입니다. 근로기준법 제31조 제2항, 노동위원회법 제27조 제1항에 따르면, 지방노동위원회의 원처분은 항고소송 대상이

아니고, 그에 대한 행정심판 재결에 해당하는 중앙노동위원회의 처분만이 항고소송의 대상이 되므로, 재결취소소송에 있어서는 재결 자체에 고유한 위법만을 주장할 수 있다는 행정소송법 제19조 단서의 규정은 적용되지 않습니다. 따라서 재심판정에 대한 취소소송에서는 의뢰인이 부당해고라고 주장하는 구체적 사실이 부당해고에 해당하는지 심리하여 재심판정의 위법성 유무를 따져보게 될 것입니다.

문 변호사: 그렇군요. 다만, 이 사건 재심판정에서도 구제이익 존부가 쟁점이 되었고, 의뢰인의 나이를 보면 이미 정년이 도래한 것 같은데요. 만약 그렇다면 어차피 원직 복직이 불가능한데, 이 사건 재심판정의 취소를 구할 소의 이익이 있는가요?

김 변호사: 은파의 취업규칙 제40조에 따르면, 1962. 2. 3.생인 의뢰인의 경우 만 62세가 되는 달의 말일인 2024. 2. 29.에 정년이 도래합니다.

근로자가 부당해고 구제신청을 기각한 중앙노동위원회의 재심판정에 대해 소를 제기하여 해고의 효력을 다투던 중 다른 사유로 근로관계가 종료한 경우, 종래 대법원은 소의 이익이 소멸된다는 입장이었습니다만, 2020. 2. 20. 선고된 2019두52386 전원합의체 판결에서 종전 견해를 변경하였습니다. 위 전원합의체 판결 선고 이후 2021. 5. 18. 근로기준법이 개정되면서 현행 근로기준법 제30조 제4항이 추가되기도 하였습니다. 따라서 여전히 이 사건 재심판정의 취소를 구할 소의 이익이 있다고 판단됩니다.

문 변호사: 좋습니다. 그럼 일단 소의 이익이 있다는 전제에서 실체에 관한 쟁점으로 논의를 더 진행해 보도록 하지요. 일단 해고 사유는 무엇인가요?

김 변호사: 의뢰인이 받은 해고 통보서에 적시된 사유는 두 가지인데, 첫 번째는 '2023. 5. 12. 회사 임원에 대해 허위사실 고발하여 직장질서를 문란하게 하였음'(이하 '제1징계사유')이라는 것이고, 두 번째는 '2023. 5. 16. 회사 인터넷 게시판에 허위사실을 적시하여 회사 임원들의 명예를 훼손하거나 모욕'(이하 '제2징계사유') 하였다는 내용입니다.

문 변호사: 그럼 제1, 2징계사유의 사실관계는 파악이 되었나요.

김 변호사: 예. 자세한 사실관계는 중앙노동위원회 재심판정서의 제4항 '인정사실' 중 '나. 이 사건 근로자에 대한 징계에 이른 경위' 부분에 상세히 나와 있습니다.

문 변호사: 그렇군요. 그런데 은파의 취업규칙에 징계절차에 관한 규정이 있는 것으로 보이는데, 징계절차에는 특별한 문제가 없었는가요?

김 변호사: 이 사건 해고에 이르기까지 징계절차가 진행된 경과에 대해서는 재심판정서의 제4항 '인정사실' 중 '다. 이 사건 해고 경위' 부분에 상세히 나와 있습니다.
그런데 의뢰인은 노동조합원임에도 불구하고 2023. 10. 4.자 인사위원회 및 2023. 10. 23.자 재심인사위원회에는 노동조합이 추천하는 근로자 측 위원이 포함되어 있지 않은 반면, 징계사유와 밀접한 관련이 있는 박준영 재무이사가 징계 의결에 관여하였다고 합니다. 의뢰인 조합의 조합장 박두홍은 의뢰인에 대한 징계절차 과정에서 사용자 측으로부터 근로자 측 위원의 추천 의뢰를 받은 적이 없다는 사실을 확인해 주었습니다.

문 변호사: 그렇군요. 다만, 징계절차상 하자가 있더라도 해고 자체의 효력에 영향이 없다면 결과적으로 재심판정이 위법하다고 볼 수는 없을 텐데요. 이에 대해서도 추가적으로 검토해 보기 바랍니다. 다음으로 해고 사유의 존부에 대해서 살펴보도록 하지요. 중앙노동위원회의 판단은 어떠한가요?

김 변호사: 제1징계사유는 인정하지 않은 반면, 제2징계사유는 인정된다고 판단하였습니다.

문 변호사: 그러면 먼저, 제1징계사유부터 살펴볼까요. 의뢰인이 박준영을 횡령으로 고발한 사실에 대해서 무혐의 처분이 내려진 이상 허위사실을 고발한 것으로 볼 여지도 있지 않은가요?

김 변호사: 물론 그러한 사정이 있기는 합니다. 그러나 제1징계사유는 인정할 수 없습니다. 의뢰인으로서는 박준영이 은파의 자금을 횡령한 것으로 충분히

의심할 만한 합리적인 근거가 있었고, 허위사실을 고발한다는 인식과 의사는 전혀 없었습니다. 본 건 외에 회사 임원들을 상대로 고소·고발을 남발한 적도 없습니다. 의뢰인은 수사기관을 통해서라도 신속히 진상이 규명되어 자금난을 겪고 있는 회사가 정상화되고 이를 통해 노동자들이 실직 위험에서 벗어나 고용이 안정되기를 바라는 의도였다고 합니다.

문 변호사: 좋습니다. 다음으로, 제2징계사유를 살펴보도록 하지요. 이 사건 재심판정에서는 제2징계사유가 인정되었는데, 이 부분은 어떤가요.

김 변호사: 제2징계사유 역시 인정할 수 없습니다. 의뢰인으로서는 박준영의 횡령 사실을 충분히 의심할 만한 합리적인 근거가 있었고, 애초에 회사 게시판에 허위사실을 적시한다는 인식과 의사는 전혀 없었습니다.
댓글 내용 중 그 진위 여부를 떠나 다소 회사 임원의 명예가 훼손되거나 사회적 평가를 저하할 만한 표현을 일부 담고 있다고 볼 만한 여지가 전혀 없는 것은 아닙니다만, 이는 기본적으로 근로자의 정당한 활동 범위에 속한다고 봄이 타당합니다.

문 변호사: 징계사유 부존재에 관한 주장을 좀 더 보강해서 징계사유가 모두 인정되지 않는다는 점을 강력하게 어필해야겠네요. 그런데 사용자 측은 의뢰인이 2020. 6.경 음주운전으로 적발되어 벌금형의 처벌을 받은 것을 징계사유로 추가한다고 주장하는 것 같은데 어떤가요?

김 변호사: 그 사유는 이미 취업규칙 제23조에 따른 징계시효가 도과된 것으로 보입니다. 또한 대법원 판례에 따르더라도, 애초에 인사위원회에서 거론되지 아니한 위 음주운전 사실을 징계사유에 포함시켜 해고의 정당성을 판단할 수는 없다고 생각됩니다.
어차피 취소소송이 제기되면 사용자 측이 피고를 위해 보조참가를 하여 같은 주장을 반복할 것으로 예상되므로 위 징계사유 추가 주장에 대해서도 면밀하게 검토하겠습니다.

문 변호사: 좋습니다. 그런데 만약 일부라도 징계사유가 인정될 때를 대비해서 징계양정이 과도한 것은 아닌지 주장해야 할 필요는 없을까요?

김 변호사: 타당한 지적이십니다. 중앙노동위원회도 제2징계사유를 인정한 것과 같이 법원에서 일부라도 징계사유가 인정될 것을 대비해서 징계재량권 일탈·남용 주장도 할 필요가 있습니다.

해고는 가장 강력한 징계 수단이므로, 해고의 정당성이 인정되려면 사회통념상 고용관계를 계속할 수 없을 정도로 근로자에게 책임 있는 사유가 있어야 한다는 것이 대법원 판례의 태도입니다.

재심판정서에서 인정된 사실관계와 의뢰인이 작성해 온 진술서 등을 면밀하게 분석해서 사용자 측이 징계재량권을 일탈·남용한 사정을 상세히 밝히고자 합니다.

문 변호사: 예, 좋습니다. 다른 논의 사항이 없으면 김 변호사님은 오늘 논의된 내용을 중심으로 소장을 작성하도록 하시기 바랍니다. 그리고 이 사건 재심판정서에 사실관계와 관련 대법원 판례가 잘 정리되어 있으므로, 소장 작성 전에 재심판정서를 면밀하게 검토해 보기 바랍니다. 이상 회의를 마치겠습니다. 끝.

서울타임즈 사회

[단독] 2023. 03. 06. 06:00   김인숙 기자

서울 마포구에 소재한 국내 한 유명 자동차부품 제조, 판매 회사의 임원 P씨가 회사자금을 빼돌려 개인적인 용도로 사용하였다는 혐의로 내사를 받고 있는 것으로 확인됐다.

해당 회사는 젊은이들에게 존경받는 기업가 중 한 명으로 뽑히는 고(故) 안종호 사장이 설립한 주식회사 은파로 밝혀져 충격을 더하고 있다.

주식회사 은파는 2021년 하반기부터 상당한 자금난을 겪고 있는바, 이번 의혹으로 인해 회사의 대외적인 신용에도 더욱 막대한 타격이 있을 것으로 예상된다.

검찰은 자동차부품 제조 업체들의 허위세금계산서 발급에 의한 조세포탈 등 혐의를 조사하던 중 주식회사 은파의 현 대표이사와 친인척 관계에 있는 P씨가 거래대금을 부풀리는 방법으로 회사자금을 빼돌려 개인적인 용도로 사용하였다는 정황을 추가로 포착해 내사를 진행 중인 것으로 알려졌다.

한편 검찰은 현 대표이사를 비롯하여 회사자금을 빼돌리는데 직간접적으로 관여한 임직원들이 더 있는 것으로 보고 내사 범위를 확대하고 있다.

주식회사 은파의 유일한 노동조합인 은파노동조합의 관계자는 "가뜩이나 대규모 감원 소문으로 흉흉했는데, 이번 건으로 회사 자체가 망하는 것은 아닌지 걱정이다."라는 견해를 밝혔고, 또 다른 관계자는 "우리 회사는 기술력이 있으므로, 이번 기회에 오너리스크가 있었던 현 경영진들이 모두 물러나게 되면 다시 투자를 받아 회생할 가능성이 충분하다."는 희망 섞인 견해를 밝히기도 하였다.

주식회사 은파 인사위원회 의결서

1. **의결사항**

   김유석에 대한 해고를 의결한다.

2. **해고사유**

   가. 취업규칙 제20조 제2호 - 2023. 5. 12. 회사 임원에 대해 허위사실을 고발하여 직장질서를 문란하게 하였음

   나. 취업규칙 제20조 제5호 - 2023. 5. 16. 회사 인터넷 게시판에 허위사실을 적시하여 회사 임원들의 명예를 훼손하거나 모욕하였음

2023년 10월 4일

인사위원회 위원장   안일찬 (날인)
위원 ■■■■■■■■■■■
위원   박준영 (날인)
위원 ■■■■■■■■■■■
위원 ■■■■■■■■■■■
위원 ■■■■■■■■■■■

문서번호: 2023-1153
시   행: 2023. 10. 6.

해고 통보

수신: 김유석(1962. 2. 3.생)
소속: 회계・감사실
직급: 부장

1. 귀하를 2023. 10. 6.자로 해고함을 통보합니다.

2. 해고사유
   가. 취업규칙 제20조 제2호 - 2023. 5. 12. 회사 임원에 대해 허위사실을 고발하여 직장질서를 문란하게 하였음
   나. 취업규칙 제20조 제5호 - 2023. 5. 16. 회사 인터넷 게시판에 허위사실을 적시하여 회사 임원들의 명예를 훼손하거나 모욕하였음

3. 2023. 10. 4.자 인사위원회 의결 결과에 의함.

2023년 10월 6일

**주식회사 은파
대표이사 안일찬** [대표이사 직인]

위 통보서를 2023. 10. 6. 수령하였음을 확인합니다.
　　　　수령인: 김유석

주식회사 은파 재심인사위원회 의결서

1. 의결사항

김유석에 대한 해고를 의결한다.

2. 사유

- 인사위원회가 인정한 징계사유 모두 징계사유로 삼는 것이 정당하다는 것이 위원들 모두의 일치된 견해임
- 징계양정도 적정하다는 것이 위원들 모두의 일치된 견해임

2023년 10월 23일

재심인사위원회 위원장   안일찬 (날인)
위원 ████
위원 ████
위원 ████
위원   박준영 (날인)
위원 ████

주식회사 은파 취업규칙(2019. 3. 2. 개정, 시행)

제2조(적용범위)

이 규칙은 주식회사 은파(이하 '회사'라 함)의 전 종업원에 대하여 적용한다.

제20조(징계사유)

직원으로서 법령 또는 사규를 위반하여 다음 각 호의 어느 하나에 해당하는 경우 이를 징계한다.

2. 회사의 직장질서를 문란하게 하였을 때
5. 허위사실을 적시하여 회사 임직원의 명예를 훼손하거나 회사 임직원을 모욕하였을 때
9. 음주운전 등 범죄를 저질러 물의를 일으킨 자

제21조(징계의 종류)

징계는 그 경중에 따라 다음과 같이 구분한다.

1. 해고   2. 정직   3. 감봉   4. 경고

제23조(징계시효)

징계의결의 요구는 징계사유가 발생한 날로부터 3년이 경과한 때에는 이를 행하지 못한다.

제24조(인사위원회)

① 인사위원회 위원은 대표이사가 위촉하는 5인 이상의 임직원으로 구성한다.

제27조(징계절차)

① 징계는 대표이사의 징계의결 요구에 따라 인사위원회 심의를 거쳐 행한다.
② 노동조합원에 대한 징계를 위한 인사위원회의 경우 반드시 노동조합이 추천하는 근로자 측 위원이 1명 이상 포함되어야 하며, 징계사유와 관련이 있는 임직원은 배제되어야 한다.

제30조(재심)

① 징계를 위한 인사위원회의 의결사항에 대하여 불복인 자는 징계 통지를 받은 날로부터 7일 이내에 재심을 신청할 수 있다.
② 재심인사위원회 위원은 대표이사가 위촉하는 5인 이상의 임직원으로 구성하되, 징계대상자가 노동조합원일 경우 반드시 노동조합이 추천하는 근로자 측 위원이 1명 이상 포함되어야 하며, 징계사유와 관련이 있는 임직원은 배제되어야 한다.

제40조(정년)

① 종업원의 정년은 만 62세가 되는 달의 말일로 한다.
② 종업원은 정년이 만료되었을 때 당연퇴직한다.

서울서부지방법원

판 결

사 건	2020고정105 도로교통법위반(음주운전)
피 고 인	김유석 (620203-1******), 회사원
	주거 서울 마포구 마포대로 200, 105동 1101호(아현동, 지에스자이아파트)
	등록기준지 (생략)
검 사	강보검(기소), 이호영(공판)
변 호 인	변호사 이귀열
판 결 선 고	2020. 9. 7.

주 문

피고인을 벌금 1,000,000원에 처한다.

피고인이 위 벌금을 납입하지 아니하는 경우 100,000원을 1일로 환산한 기간 피고인을 노역장에 유치한다.

위 벌금에 상당한 금액의 가납을 명한다.

이 유

범 죄 사 실

피고인은 2020. 6. 10. 22:30경 서울 마포구 마포대로 200 소재 지에스자이아파트 앞 도로에서 위 아파트 105동 앞 지상 주차장까지 약 50m 구간을 혈중알코올농도 0.05%의 술에 취한 상태로 17주8282호 쏘나타 승용차를 운전하였다.

증거의 요지

(생략)

법령의 적용

(생략)

양형의 이유

아래와 같은 사정들과 그 밖에 이 사건 기록에 나타난 제반 양형조건들을 참작하여 주문과 같이 형을 정한다.

○ 자신의 잘못을 깊이 반성하고 있다.

○ 음주운전을 하게 된 경위에 있어 다소 참작할 만한 사정이 있다.

- 피고인은 이 사건 당일 술을 곁들인 회식을 마치고 대리운전을 불러 귀가하였는데, 대리기사는 피고인의 집으로 향하는 내내 거칠게 운전하였고 그 바람에 거주지 아파트 정문 입구 앞 도로에서 지나던 행인을 충격할 뻔하였다.
- 이에 피고인이 항의하자 피고인과 대리기사 사이에 시비가 발생하였고, 대리기사는 차를 위 도로상에 그대로 세워두고 운전석을 이탈하였다.
- 피고인은 부득이 차를 약 50m 정도 운전하여 아파트 단지 내 주차장에 주차하였는데, 인근에서 이를 지켜보던 대리기사의 신고로 출동한 경찰관에 의해 위 음주운전 사실이 적발되었다.

○ 혈중알코올농도 수치가 높지 않고, 음주운전 거리도 비교적 짧다.

○ 초범이다.

중앙노동위원회
재심판정서

사 건	중앙2024부해510 주식회사 은파 부당해고 구제 재심신청
근 로 자 (재심신청인)	김유석 서울 마포구 마포대로 200, 105동 1101호(아현동, 지에스자이)
사 용 자 (재심피신청인)	주식회사 은파 서울 마포구 월드컵북로 330 비즈니스타워 1층 대표이사 안일찬
초 심 판 정	서울지방노동위원회 2024. 2. 16. 판정 2023부해1225
판 정 일	2024. 6. 4.

주 문

이 사건 근로자의 재심신청을 기각한다.

초 심 주 문

이 사건 근로자의 구제신청을 기각한다.

재심신청취지

1. 이 사건 초심판정을 취소한다.
2. 이 사건 사용자가 2023. 10. 6. 이 사건 근로자에게 행한 해고는 부당해고임을 인정한다.
3. 이 사건 사용자는 이 사건 근로자를 원직에 복직시키고 해고기간에 정상적으로 근로하였다면 받을 수 있었던 임금상당액을 지급하라.

이 유

1. 당사자
   (생략)

2. 재심신청에 이른 경위
   (생략)

3. 당사자의 주장 요지
(생략)

4. 인정사실
(중략)

나. 이 사건 근로자에 대한 징계에 이른 경위

1) 이 사건 근로자가 회사 임원의 횡령 사실을 의심하게 된 경위

가) 김유석(1962. 2. 3.생, 이하 '이 사건 근로자'라 한다)은 1996. 9. 11. ㈜은파(이하 '이 사건 사용자' 또는 '은파'라 한다)에 정규직 과장으로 입사하였고, 2013. 1. 1.부터는 회계, 감사를 담당하는 부서의 부장으로 근무하여왔다.

나) 이 사건 근로자는 2023. 2.경 주요 거래처인 ㈜월명(이하 '월명'이라 한다)의 직원 소병산으로부터 '은파와 월명이 2021년부터 수차례 대금을 부풀려 자재구매계약을 체결한 다음 은파의 재무이사 박준영(대표이사 안일찬의 사촌동생)이 개인계좌를 통해 월명으로부터 과다 지급된 대금을 돌려받고 있다.'는 제보를 듣게 되었다.

다) 한편 2023. 3.경 일간지에 '은파의 대표이사와 친인척 관계에 있는 모 임원이 회사자금을 빼돌려 개인적인 용도로 사용하였다는 의혹을 받고 있으며, 이에 대한 내사가 진행 중이다.'는 취지의 기사가 게재되었다.

라) 이 사건 근로자는 2023. 4.경 소병산의 제보 내용을 토대로 월명의 경쟁업체들이 제출한 견적서, 매출전표와 법인통장 등 회계자료를 검토해 본 결과 박준영이 위와 같은 방식으로 은파의 법인자금을 횡령하였다고 의심하게 되었다.

2) 이 사건 근로자의 회사 임원에 대한 횡령 혐의 고발 및 불기소처분

가) 이 사건 근로자는 2023. 5. 12. 수사기관에 박준영을 횡령으로 고발하였다.

나) 그러나 수사결과 2023. 9. 4. 박준영의 횡령 피의사실에 대하여 증거불충분을 이유로 한 혐의 없음의 불기소처분이 내려졌다.

3) 이 사건 근로자의 댓글 게시 행위

가) 2023. 5. 15. 은파의 사내 인터넷 게시판에 누군가가 익명으로 박준영 일가의 회사자금 횡령이 의심된다는 글을 게시하였다.

나) 이 사건 근로자는 2023. 5. 16. 12:30경(점심시간) 위 게시글에 대한 댓글로 "재무이사란 자가 회사 돈을 빼돌렸습니다. 이를 막지 못한 대표이사도

무능하고 자격이 없습니다. 자금난을 겪고 있는 회사의 정상화와 실직 위험에 빠진 우리 노동자들의 고용 안정을 위해서라도 진상이 명확하게 규명되어야 할 것입니다."라는 글을 게시하였다.

　　다) 이후 불과 이틀 동안 위 댓글 밑에 위 댓글 내용을 지지하는 120여 개의 글이 게시되었다.

다. 이 사건 해고 경위

1) 이 사건 사용자는 2023. 9. 18. 이 사건 근로자에게 "① 취업규칙 제20조 제2호 - 2023. 5. 12. 회사 임원에 대해 허위사실 고발하여 직장질서를 문란하게 하였음, ② 취업규칙 제20조 제5호 - 2023. 5. 16. 회사 인터넷 게시판에 허위사실을 적시하여 회사 임원들의 명예를 훼손하거나 모욕"이라는 사유로 2023. 10. 4. 인사위원회가 개최될 예정임을 통보함과 동시에 위 인사위원회에 출석하여 소명할 수 있음을 안내하였다(이하 위 ①항 징계사유를 '제1징계사유', ②항 징계사유를 '제2징계사유'라 한다).

2) 이 사건 근로자는 2023. 10. 4. 개최된 인사위원회에 직접 출석하여 자신의 입장을 소명하였으나, 인사위원회는 제1, 2징계사유가 모두 인정된다는 이유로 이 사건 근로자에 대한 '해고'를 의결하였다.

3) 이 사건 사용자는 위 인사위원회 의결 결과에 따라 2023. 10. 6. 이 사건 근로자에게 서면으로 제1, 2징계사유를 명시하여 2023. 10. 6.자로 해고(이 사건 해고)한다는 통보를 하였다.

4) 이 사건 근로자는 2023. 10. 10. 인사위원회에 재심 신청서를 제출하였다.

5) 그에 따라 2023. 10. 23. 재심인사위원회가 개최되었으나, 재심인사위원회에서도 이 사건 근로자에 대한 해고가 의결되었다.

(중략)

사. 관련 당사자들의 진술

1) 근로자

　　(생략)

2) 사용자

　　이 사건 근로자는 2020. 6.경 음주운전으로 적발되어 벌금형의 처벌을 받은 사실이 있는바, 이를 징계사유(취업규칙 제20조 제9호)로 추가하고자 하며, 설령 징계사유로 추가할 수는 없더라도 최소한 징계양정에 있어서는 충분히 고려되어야 한다.

5. 판단

가. 구제이익 인정 여부(인정)

1) 관련 법리

부당해고 구제명령제도에 관한 근로기준법의 규정 내용과 목적 및 취지, 임금 상당액 구제명령의 의의 및 법적 효과 등을 종합적으로 고려하면, 근로자가 부당해고 구제신청을 하여 해고의 효력을 다투던 중 정년에 이르거나 근로계약기간이 만료하는 등의 사유로 원직에 복직하는 것이 불가능하게 된 경우에도 해고기간 중의 임금 상당액을 지급받을 필요가 있다면 임금 상당액 지급의 구제명령을 받을 이익이 유지되므로 구제신청을 기각한 중앙노동위원회의 재심판정을 다툴 소의 이익이 있다고 보아야 한다(대법원 2020. 2. 20. 선고 2019두52386 전원합의체 판결 참조).

2) 구체적인 판단

(중략) 따라서 여전히 이 사건 해고를 다툴 구제이익이 있다.

나. 징계절차의 적법성 여부

1) 관련 법리

징계처분에 대한 재심절차는 징계처분에 대한 구제 내지 확정절차로서 원래의 징계절차와 함께 전부가 하나의 징계처분절차를 이루는 것으로서 그 절차의 정당성도 징계과정 전부에 관하여 판단되어야 하므로, 원래의 징계처분이 그 요건을 갖추었더라도 재심절차를 전혀 이행하지 않거나 재심절차에 중대한 하자가 있어 재심의 효력을 인정할 수 없는 경우에는 그 징계처분은 현저히 절차적 정의에 반하는 것으로서 무효이다. 한편 단체협약이나 취업규칙 또는 이에 근거를 둔 징계규정에서 징계위원회의 구성에 관하여 정하고 있는 경우 이와 다르게 징계위원회를 구성한 다음 그 결의를 거쳐 징계처분을 하였다면, 그 징계처분은 징계사유가 인정되는지 여부와 관계없이 원칙적으로 절차상 중대한 하자가 있어 무효이다(대법원 2020. 11. 26. 선고 2017두70793 판결 등 참조).

2) 구체적인 판단

(생략)

다. 징계사유의 존부
　1) 제1징계사유의 존재 (부정)
　　가) 관련 법리
　　　　근로자가 뚜렷한 자료도 없이 사실을 허위로 기재하거나 왜곡하여 소속 직장의 대표자, 관리자나 동료 등을 수사기관 등에 고소·고발하거나 진정하는 행위는 징계규정에서 정한 징계사유가 될 수 있다. 다만 범죄에 해당한다고 의심할 만한 행위에 대해 처벌을 구하고자 고소·고발 등을 하는 것은 합리적인 근거가 있는 한 적법한 권리행사라고 할 수 있으므로 수사기관이 불기소처분을 하였다는 이유만으로 고소·고발 등이 징계사유에 해당하지 않는다. 위와 같은 고소·고발 등이 징계사유에 해당하는지는 고소·고발 등의 내용과 진위, 고소·고발 등에 이르게 된 경위와 목적, 횟수 등에 따라 신중하게 판단하여야 한다(대법원 2020. 8. 20. 선고 2018두34480 판결 등 참조).
　　나) 구체적 판단
　　　　(중략) 따라서 제1징계사유는 인정되지 않는다.
　2) 제2징계사유의 존재 (인정)
　　가) 관련 법리
　　　　대법원은 근로자가 사내 전자게시판에 게시한 글로 회사 임직원의 명예를 훼손하였다는 등의 사유로 징계해고되어 그 해고무효를 다툰 사안에서 "사내 전자게시판에 게시된 문서에 기재되어 있는 문언에 의하여 타인의 인격, 신용, 명예 등이 훼손 또는 실추되거나 그렇게 될 염려가 있고, 또 문서에 기재되어 있는 사실관계 일부가 허위이거나 표현에 다소 과장되거나 왜곡된 점이 있다고 하더라도, 문서를 배포한 목적이 타인의 권리나 이익을 침해하려는 것이 아니라 근로조건의 유지·개선과 근로자의 복지증진 기타 경제적·사회적 지위의 향상을 도모하기 위한 것으로서 문서 내용이 전체적으로 보아 진실한 것이라면 이는 근로자의 정당한 활동범위에 속한다(대법원 2012. 1. 27. 선고 2010다100919 판결 참조)."라고 판시하면서 위 사건에서 문제된 글의 게시행위가 징계사유에 해당하지 않는다고 판단하였다.
　　나) 구체적 판단
　　　　(중략) 따라서 제2징계사유의 존재는 충분히 인정된다.

3) 징계사유 추가가 가능한지 여부

가) 관련 법리

취업규칙이나 징계규정에서 근로자에 대한 징계를 징계위원회의 의결을 거쳐 행하도록 규정하고 있는 경우에 그 징계처분의 당부는 징계위원회에서 징계사유로 삼은 사유에 의하여 판단하여야 하고 징계위원회에서 거론되지 아니한 징계사유를 포함시켜 징계처분의 당부를 판단할 수는 없다(대법원 1998. 3. 27. 선고 96누8994 판결 등 참조).

나) 구체적 판단

(생략)

라. 징계재량권 일탈·남용 여부 (소극)

1) 관련 법리

가) 피징계자에게 징계사유가 있어서 징계처분을 하는 경우, 어떠한 처분을 할 것인지는 징계권자의 재량에 맡겨져 있다. 다만 징계권자의 징계처분이 사회통념상 현저하게 타당성을 잃어 징계권자에게 맡겨진 재량권을 남용하였다고 인정되는 경우에 한하여 그 처분이 위법하다고 할 수 있다. 징계처분이 사회통념상 현저하게 타당성을 잃어 재량권의 범위를 벗어난 위법한 처분이라고 할 수 있으려면 구체적인 사례에 따라 징계의 원인인 비위사실의 내용과 성질, 징계로 달성하려는 목적, 징계양정의 기준 등 여러 요소를 종합하여 판단할 때에 징계내용이 객관적으로 명백히 부당하다고 인정되어야 한다(대법원 2005. 4. 29. 선고 2004두10852 판결 등 참조). 한편 해고처분은 사회통념상 고용관계를 계속할 수 없을 정도로 근로자에게 책임 있는 사유가 있는 경우에 정당성이 인정되고, 사회통념상 근로자와 고용관계를 계속할 수 없을 정도인지는 사용자의 사업 목적과 성격, 사업장의 여건, 근로자의 지위와 담당직무의 내용, 비위행위의 동기와 경위, 근로자의 행위로 기업의 위계질서가 문란하게 될 위험성 등 기업질서에 미칠 영향, 과거의 근무태도 등 여러 가지 사정을 종합적으로 검토하여 판단하여야 한다(대법원 2002. 5. 28. 선고 2001두10455 판결 등 참조).

나) 여러 개의 징계사유 중 일부가 인정되지 않더라도 인정되는 다른 일부 징계사유만으로 해당 징계처분의 타당성을 인정하기에 충분한 경우에는 그 징계처분을 유지하여도 위법하지 않고, 그와 같이 인정되는 일부 징계사유만으로 해당

징계처분의 타당성을 인정하기에 충분한지에 대한 증명책임은 이를 주장하는 자가 부담한다(대법원 2019. 11. 28. 선고 2017두57318 판결 등 참조).

다) 징계처분이 재량권의 한계를 벗어난 것인지 여부를 판단함에 있어서는 피징계자의 평소의 소행, 근무성적, 징계처분 전력 이외에도 당해 징계처분사유 전후에 저지른 징계사유로 되지 아니한 비위사실도 징계양정에 있어서의 참고자료가 될 수 있다(대법원 2004. 6. 25. 선고 2002다51555 판결 등 참조). 또한 징계시효가 지난 비위행위도 징계양정에 있어서 참작자료로 할 수 있다(대법원 1999. 11. 26. 선고 98두10424 판결 등 참조)

2) 구체적 판단

(중략) 따라서 징계재량권을 일탈·남용한 위법이 있다고 할 수 없다.

마. 소결

이 사건 근로자의 징계사유가 일부 인정되고, 그 인정되는 징계사유와 징계처분 전후 제반 사정들을 종합하여 볼 때 해고의 징계양정이 과하지 않으며, 징계절차가 적법한 것으로 보이므로 이 사건 해고는 정당하다.

6. 결론

(이하 서명 등 생략)

진술서

저는 도저히 징계사유를 인정할 수 없고, 설령 일부 잘못이 있더라도 해고는 터무니없이 과도한 징계입니다!!

저로서는 박준영의 회사자금 횡령 사실을 충분히 의심할 만한 합리적인 근거가 있었고, 허위사실을 고발한다거나 또는 허위사실을 적시하여 회사 임원들의 명예를 훼손하거나 모욕한다는 인식과 의사는 전혀 없었습니다.

물론 이 사건과 관련하여 회사나 임원들로부터 무고 또는 명예훼손, 모욕 등으로 고소·고발을 당하거나 형사처벌을 받은 적도 없습니다.

당시 회사는 2021년 하반기부터 자금난을 겪고 있었고 2022. 12.경부터는 대규모 감원이 있을 것이라는 소문이 회사 내에 돌 정도로 어려웠습니다. 그 와중에 박준영의 횡령 혐의에 관한 내사가 진행되고 있었고, 그 사실이 일간지에 기사화되기까지 하여 회사는 대외적인 신용도에 엄청난 타격을 입게 되었습니다. 그런데도 대표이사는 아무런 조치를 하지 않고 사태를 방치하였습니다. 저는 오로지 수사기관을 통해서라도 진상이 규명됨으로써 위기에 빠진 회사가 정상화되고, 이를 통해 실직 위험에 처해 있던 우리 근로자들의 고용 안정이 이루어지기를 바라는 마음뿐이었습니다. 회사 임원들을 괴롭히거나 제 개인의 사적 이익을 도모하려는 의도는 전혀 없었습니다.

위와 같이 이미 박준영의 횡령 혐의 내사 사실이 일간지에 기사화되어 외부에 널리 알려진 상태였으므로, 저의 행위로 인해 회사의 신용이나 임원들의 명예가 추가로 훼손될 여지가 없었고, 오히려 수사기관을 통해 진상이 규명됨으로써 회사의 투명성 제고 및 대외적 신용 회복에 이바지한 측면이 있습니다.

저는 당시 회계, 감사 업무를 담당하였으므로, 박준영을 수사기관에 고발한 것은 오히려 제 직무에 충실한 것이었습니다.

저는 과거 회사에서 징계받은 전력이 없었고, 오히려 2002년과 2010년에 모범사원으로 선정될 정도로 성실히 근무해 왔습니다.

비록 징계사유가 아니기는 하나, 부끄럽게도 2020. 6.경 음주운전으로 적발된 사실이 있습니다. 다만, 그 음주운전 경위에 참작할 만한 사정이 있었다는 점이 형사판결문의 양형 이유에 잘 나타나 있습니다. 또한 그로 인해 회사 업무에 지장을 초래한 적도 없었습니다.

(이하 생략)

김유석

수임번호 2024-085	법률상담일지 II		2024. 6. 11.
의뢰인	김의성, 이환우	의뢰인 전화	김의성 02)572-1966 이환우 02)563-3212
의뢰인 주소	(김의성) 서울 동작구 사당로 72, 106동 802호 (이환우) 서울 동작구 동작대로 8길 21	의뢰인 팩스	

상 담 내 용

1. 의뢰인 김의성은 치과대학을 졸업하고 2024. 4. 17. A 치과를 개업하여 현재 원장으로 재직 중인 자이고, 의뢰인 이환우는 B 회사에서 근무 중인 자이다. 의뢰인들은 동작구의 조기축구회인 "뭉쳐서 찬다"의 회원으로서 최근 가까워진 사이이다.

2. 김의성은 2024. 4. 22. 평소 구독하는 「신세계일보」를 읽다가, 의료법에서 '의료기관의 장은 보건복지부장관에게 비급여 진료비용의 항목, 기준, 금액, 진료내역 등에 관한 사항을 보고하여야 하고 이를 위반한 자에 대하여는 과태료를 부과한다.'고 규정한 사실을 알게 되었다. 비급여 진료는 국민건강보험제도의 틀 밖에서 자유롭게 이루어지는 진료영역이고, 특히 비급여 진료에 관한 정보는 환자의 중요한 정보인데, 이것을 의사로 하여금 강제로 국가에 보고하도록 하는 것이 타당한지 의문이 들었다.

   ※ 비급여 진료란 건강보험의 혜택을 받지 않고, 개인이 진료비 전액을 부담하는 진료를 의미한다. 즉, 급여 진료비용은 건강보험공단(정부)과 본인(환자)가 나누어 부담하지만, 비급여 진료는 본인(환자)이 100%를 부담한다. 비급여 진료는 병원이 자율적으로 금액을 정해 병원마다 금액 차이가 크게 발생할 수 있다.

3. 이환우는 같은 날 오후에 A 치과를 방문해 치료를 받았는데, 일부 치료(임플란트 등)는 비급여 진료에 해당하는 것이었다. 의뢰인들은 치료를 마친 후 담소를 나누었는데, 김의성이 그날 아침에 읽은 기사에 관한 이야기를 하면서, '오늘 진료 중 비급여 진료비용의 항목, 진료내역 등에 관한 사항을 보건복지부장관에게 보고해야 한다. 당신은 이것을 어떻게 생각하느냐?'고 물어보았다. 이환우는 매우 놀란 채로, 오늘 받은 비급여 진료에 관한 정보는 누구에게도 알리고 싶지 않다고 말하면서, 그런 보고의무는 위헌 아니냐고 반문했다. 의뢰인들은 그 자리에서 이 문제를 헌법재판소에 제기해 보기로 의견을 모았다.

4. 의뢰인들의 희망사항

   의뢰인들은 환자의 비급여 진료비용의 항목, 기준, 금액, 진료내역 등에 관한 사항을 보건복지부장관에 보고하도록 하는 것이 자신들의 기본권을 부당하게 침해한다는 측면에서, 의료법 조항 등 그와 관련된 조항에 대하여 헌법소원심판을 청구하고자 한다.

법무법인 연승(담당변호사 조대석)
전화 02-567-1234, 팩스 02-567-2341, 이메일 bigstone@manyvictory.com
서울 서초구 법원로 126, 7층(서초동, 승소 빌딩)

내 부 회 의 록 Ⅱ (헌법소송용)

일 시: 2024. 6. 20. 14:00 ~ 15:00
장 소: 법무법인 연승 회의실
참석자: 김현정 변호사(헌법팀장), 조대석 변호사

김 변호사: 수임번호 2024-085, 의뢰인 김의성과 이환우의 헌법소원 사건에 관하여 논의해 봅시다. 이 사건은 어떤 유형의 심판으로 헌법재판소에 청구해야 할까요?

조 변호사: 의뢰인들의 경우 현재 구체적 소송이 제기되어 있거나, 앞으로 그러한 소송이 예정된 상태가 아닙니다. 따라서 환자의 비급여 진료비용에 관한 정보를 보건복지부장관에게 보고하도록 하는 조항을 심판대상으로 삼아 그것이 의뢰인들의 기본권을 침해한다는 취지로 다투어야 할 것 같습니다.

김 변호사: 사안을 보니, 심판대상조항으로 삼을 수 있는 것으로는, '의료법' 조항, '의료법 시행규칙' 조항, 그리고 보건복지부고시인 '비급여 진료비용 등의 공개에 관한 기준' 조항이 있네요. 모두 다 심판대상으로 삼는 것도 고려해 볼 수 있겠으나, 제 생각에는 의뢰인들이 다투고자 하는 취지에 부합하는 부분으로 심판대상을 한정해 우리의 주장을 집중할 필요가 있다고 봅니다.

조 변호사: 예, 좋은 생각입니다. 그렇다면 심판대상조항은 의료법 제45조의2로 하겠습니다. 아, 그중에서도 의뢰인들과 관련된 부분으로 한정해야 하겠네요.

김 변호사: 보고의무를 부과하는 조항 외에, 그 의무를 위반했을 때 처벌하는 조항도 심판대상조항에 포함시켜야 할까요?

조 변호사: 의뢰인들의 주장과 헌법재판소의 확립된 법리를 고려하면, 이러한 심판유형에서 처벌조항 부분은 적법요건을 구비하기 어렵다고 생각됩니다. 처벌조항 부분을 굳이 심판대상조항에 포함시킬 필요는 없다고 보입니다.

김 변호사: 좋습니다. 그렇게 하시지요. 심판대상 문제는 이 정도로 정리합시다. 이런 유형의 심판청구는 적법요건이 까다롭더라고요. 잘 검토해 주시기를 바랍니다.

조 변호사: 예, 알겠습니다.

김 변호사: 본안판단과 관련해서는, 의뢰인별로 침해를 주장할 수 있는 기본권이 다를 텐데요, 그러므로 제한되는 기본권은 각 의뢰인별로 검토해 주세요. 아, 참, 그리고 비급여 진료비용에 관하여 여러 입법적 규율이 있던데요, 제가 이해를 돕기 위해 메모를 좀 해 봤습니다. 한 번 보시지요.

조 변호사: (김 변호사가 건네 준 메모를 받아 기록에 첨부함) 한 가지 여쭙고 싶은 것이 있는데, 이 사건처럼 동일한 심판대상조항에 대하여 두 명의 의뢰인이 심판을 청구할 경우에는 각 의뢰인별로 기본권 침해 주장을 따로 서술해야 하는 걸까요?

김 변호사: 그건 사실 case by case일 텐데요, 이 사건에서 심판대상조항으로 인하여 제한되는 기본권이 무엇인지는 청구인별로 서술하더라도, 기본권 침해 주장은 공통적으로 서술하는 편이 더 좋다고 보입니다.

조 변호사: 예, 무슨 말씀인지 잘 알겠습니다. 저는 의뢰인들의 기본권이 필요이상으로 과도하게 제한되고 있음을 주장하려고 합니다.

김 변호사: 좋은 지적입니다. 비급여 진료에 관한 정보는 다른 사람에게 알리고 싶지 않은 민감한 의료정보에 해당합니다. 입법목적을 달성하면서도 이런 정보를 더욱 잘 보호할 수 있는 대안들도 함께 제시해 봅시다.

조 변호사: 네, 잘 알겠습니다. 그리고 심판대상조항이 일부 내용을 하위법령에 위임하고 있는데요, 그에 관한 헌법적 문제를 지적하는 주장도 필요해 보입니다.

김 변호사: 그와 관련하여, 저는 특히 '진료내역'에 관한 보고 부분이 문제라고 봅니다. 진료내역이라는 것은 '누가 언제 어디서 어떠한 내용의 진료를 받았는지'에 관한 정보를 의미하는데, 너무나 다양한 정보들이 여기에 해당할 수 있어서, 저는 그 대강의 내용조차도 예상이 잘 안됩니다. 이 부분은 의뢰인들의 기본권 실현과 관련하여 중요한 의미를 가질 텐데, … 참, 정말 문제가 있는 규정인 것 같습니다.
아, 차별 문제는 어떨까요?

조 변호사: 제가 살펴보았을 때에는, 해당 조항과 관련하여 문제가 될 수 있는 비교집단을 설정하기가 쉽지 않았습니다. 따라서 차별 문제는 주장하지 않아도 될 것 같습니다.
또한, 심판대상조항에는 특별히 모호한 표현이 없으므로, 그에 관한 주장도 필요해 보이지 않습니다.

김 변호사: 네, 좋습니다. 같은 생각입니다. 이 정도면 사건의 방향이 잘 잡혔다고 생각됩니다. 이제 헌법소원심판청구서 작성에 만전을 기해 주시기 바랍니다. 이상으로 회의를 마치겠습니다. 끝.

메모(비급여 진료 관련)

○ 비급여 대상의 의의 및 종류
국민건강보험법과 의료급여법은 '가입자(수급권자)의 질병, 부상, 출산 등에 대하여 진찰·검사, 약제·치료재료의 지급, 처치·수술 및 그 밖의 치료, 예방, 재활, 입원, 간호, 이송에 대한 요양급여(의료급여)를 실시한다'고 하면서, '보건복지부장관은 요양급여(의료급여)의 기준을 정할 때 업무나 일상생활에 지장이 없는 질환에 대한 치료 등 보건복지부령으로 정하는 사항은 요양급여(의료급여) 대상에서 제외되는 사항(이하 '비급여 대상'이라 한다)으로 정할 수 있다'고 규정하고 있다. 이에 따라 '국민건강보험 요양급여의 기준에 관한 규칙'에서 비급여 대상을 규정하고 있는 바, 발생 유형별 분류에 의하면 그 유형은 ① 질병의 진단·치료 등을 목적으로 하나, 비용·효과성 등의 측면에서 비급여로 정한 경우(치료적 비급여), ② 상급병실료 차액, 선택진료비 및 제증명수수료로서 관련 제도적 규정에 따라 비급여로 정한 경우(제도 비급여), ③ 일상생활에 지장이 없는 질환의 치료나 신체적 필수 기능개선을 직접 목적으로 하지 않는 진료로서 의료소비자의 선택에 의한 경우(선택 비급여) 등으로 구분할 수 있다.

○ 비급여 진료비용 고지제도
의료법 제45조에 의해 의료기관 개설자는 환자 또는 환자의 보호자가 비급여 진료비용을 쉽게 알 수 있도록 그 내용을 고지할 의무를 부담한다.

○ 비급여 진료비용 공개제도
의료법 제45조의2는 보건복지부장관이 의료기관의 비급여 진료비용의 현황을 조사·분석하고 그 결과를 공개할 수 있도록 하였고, '병원급' 의료기관에 대한 비급여 진료비용 공개가 의무화되었으며, 보건복지부장관이 비급여 진료비용의 현황조사·분석을 위해 의료기관의 장에게 관련 자료의 제출을 명할 수 있도록 하였다.

○ 비급여 진료에 관한 보고제도
그동안 보건복지부는 개별 의료기관에 대한 자료제출명령을 통해 비급여 진료정보를 수집하였고, 의료기관의 자발적 협조에 기반한 표본조사나 실태조사를 통해 비급여의 규모와 현황을 파악하여 왔다. 그런데 2020. 12. 29. 이 사건 법률조항이 신설됨에 따라 의료기관의 장은 비급여 진료에 관한 정기적인 보고의무를 부담하게 되었다.

의사면허증 사본

제202020호

치과의사면허증

(사진생략)

성   명: 김 의 성

주민등록번호: ******-*******

근   거: 의료법 제5조

위와 같이 면허합니다

2024. 3. 2.

보건복지부장관

(관인생략)

<신문기사>

New World news 신세계일보

신세계일보 ‖ 사회

비급여 진료비용 등에 관한 보고의무, 필요한 제도인가?

박서영 신세계일보 기자
입력 2024-04-22 08:37 ‖ 업데이트 2024-04-22 14:17

... 현재에도 의료기관으로 하여금 비급여 진료비용과 제증명수수료 비용을 환자에게 알리도록 의무화하고 보건복지부장관은 관련 현황을 조사·분석하여 그 결과를 공개할 수 있도록 하고 있다.

그러나 일부 의료기관에서 환자에게 비급여 진료를 받을 것을 사실상 강요하여 환자에게 과도한 진료비용을 부담하게 하는 사례가 발생하고 있어 이에 대한 감독이 필요한 상황이다.

의료기관 개설자로 하여금 비급여 진료비용 등의 항목, 기준 및 진료내역 등에 관한 사항을 보건복지부장관에게 정기적으로 보고하도록 하는 의료법 조항이 도입된 것은 그 때문이다.

이 조항은 환자에게 과도한 진료비용을 부담하게 하는 의료기관을 감독하고, 비급여 진료비용에 대한 현황을 정확히 파악하도록 함으로써 건강보험급여 확대에 실질적인 도움을 주며, 또 수집된 자료를 통해 비급여 진료비용을 공개함으로써 국민의 알권리와 의료선택권을 보장하는 데에도 기여한다. 이는 결국 국민 보건 향상을 위한 것이다.

... 한편, 이에 대하여 대한의사협회 공보이사 목솔희는 비판의 목소리를 높였다. 그는 이 조항이 많은 문제를 안고 있다고 지적했다. 이 조항의 문제점으로는 ...

참고 자료

1. 관련 법령

■ 행정소송법

제9조(재판관할)
① 취소소송의 제1심관할법원은 피고의 소재지를 관할하는 행정법원으로 한다.
② 제1항에도 불구하고 다음 각 호의 어느 하나에 해당하는 피고에 대하여 취소소송을 제기하는 경우에는 대법원소재지를 관할하는 행정법원에 제기할 수 있다.
  1. 중앙행정기관, 중앙행정기관의 부속기관과 합의제행정기관 또는 그 장

제12조(원고적격)
취소소송은 처분등의 취소를 구할 법률상 이익이 있는 자가 제기할 수 있다. 처분등의 효과가 기간의 경과, 처분등의 집행 그 밖의 사유로 인하여 소멸된 뒤에도 그 처분등의 취소로 인하여 회복되는 법률상 이익이 있는 자의 경우에는 또한 같다.

제19조(취소소송의 대상)
취소소송은 처분등을 대상으로 한다. 다만, 재결취소소송의 경우에는 재결 자체에 고유한 위법이 있음을 이유로 하는 경우에 한한다.

■ 근로기준법

제11조(적용 범위)
① 이 법은 상시 5명 이상의 근로자를 사용하는 모든 사업 또는 사업장에 적용한다. 다만, 동거하는 친족만을 사용하는 사업 또는 사업장과 가사 사용인에 대하여는 적용하지 아니한다.

제23조(해고 등의 제한)
① 사용자는 근로자에게 정당한 이유 없이 해고, 휴직, 정직, 전직, 감봉, 그 밖의 징벌(이하 "부당해고등"이라 한다)을 하지 못한다.

제27조(해고사유 등의 서면통지)
① 사용자는 근로자를 해고하려면 해고사유와 해고시기를 서면으로 통지하여야 한다.
② 근로자에 대한 해고는 제1항에 따라 서면으로 통지하여야 효력이 있다.

제28조(부당해고등의 구제신청)
① 사용자가 근로자에게 부당해고등을 하면 근로자는 노동위원회에 구제를 신청할 수 있다.
② 제1항에 따른 구제신청은 부당해고등이 있었던 날부터 3개월 이내에 하여야 한다.

제30조(구제명령 등)

① 노동위원회는 제29조에 따른 심문을 끝내고 부당해고등이 성립한다고 판정하면 사용자에게 구제명령을 하여야 하며, 부당해고등이 성립하지 아니한다고 판정하면 구제신청을 기각하는 결정을 하여야 한다.

② 제1항에 따른 판정, 구제명령 및 기각결정은 사용자와 근로자에게 각각 서면으로 통지하여야 한다.

③ 노동위원회는 제1항에 따른 구제명령(해고에 대한 구제명령만을 말한다)을 할 때에 근로자가 원직복직을 원하지 아니하면 원직복직을 명하는 대신 근로자가 해고기간 동안 근로를 제공하였더라면 받을 수 있었던 임금 상당액 이상의 금품을 근로자에게 지급하도록 명할 수 있다.

④ 노동위원회는 근로계약기간의 만료, 정년의 도래 등으로 근로자가 원직복직(해고 이외의 경우는 원상회복을 말한다)이 불가능한 경우에도 제1항에 따른 구제명령이나 기각결정을 하여야 한다. 이 경우 노동위원회는 부당해고등이 성립한다고 판정하면 근로자가 해고기간 동안 근로를 제공하였더라면 받을 수 있었던 임금 상당액에 해당하는 금품(해고 이외의 경우에는 원상회복에 준하는 금품을 말한다)을 사업주가 근로자에게 지급하도록 명할 수 있다.

제31조(구제명령 등의 확정)

① 「노동위원회법」에 따른 지방노동위원회의 구제명령이나 기각결정에 불복하는 사용자나 근로자는 구제명령서나 기각결정서를 통지받은 날부터 10일 이내에 중앙노동위원회에 재심을 신청할 수 있다.

② 제1항에 따른 중앙노동위원회의 재심판정에 대하여 사용자나 근로자는 재심판정서를 송달받은 날부터 15일 이내에 「행정소송법」의 규정에 따라 소를 제기할 수 있다.

③ 제1항과 제2항에 따른 기간 이내에 재심을 신청하지 아니하거나 행정소송을 제기하지 아니하면 그 구제명령, 기각결정 또는 재심판정은 확정된다.

■ 노동위원회법

제27조(중앙노동위원회의 처분에 대한 소송)

① 중앙노동위원회의 처분에 대한 소송은 중앙노동위원회 위원장을 피고로 하여 처분의 송달을 받은 날부터 15일 이내에 제기하여야 한다.

■ 의료법

제3조(의료기관)

② 의료기관은 다음 각 호와 같이 구분한다.
1. 의원급 의료기관: 의사, 치과의사 또는 한의사가 주로 외래환자를 대상으로 각각 그 의료행위를 하는 의료기관으로서 그 종류는 다음 각 목과 같다.
   가. 의원
   나. 치과의원
   다. 한의원

제22조(진료기록부 등)

① 의료인은 각각 진료기록부, 조산기록부, 간호기록부, 그 밖의 진료에 관한 기록(이하 "진료기록부등"이라 한다)을 갖추어 두고 환자의 주된 증상, 진단 및 치료 내용 등 보건복지부령으로 정하는 의료행위에 관한 사항과 의견을 상세히 기록하고 서명하여야 한다.

제45조(비급여 진료비용 등의 고지)

① 의료기관 개설자는 「국민건강보험법」 제41조 제4항에 따라 요양급여의 대상에서 제외되는 사항 또는 「의료급여법」 제7조 제3항에 따라 의료급여의 대상에서 제외되는 사항의 비용(이하 "비급여 진료비용"이라 한다)을 환자 또는 환자의 보호자가 쉽게 알 수 있도록 보건복지부령으로 정하는 바에 따라 고지하여야 한다.

제45조의2(비급여 진료비용 등의 보고 및 현황조사 등)

① 의료기관의 장은 보건복지부령으로 정하는 바에 따라 비급여 진료비용 및 제45조 제2항에 따른 제증명수수료(이하 이 조에서 "비급여 진료비용 등"이라 한다)의 항목, 기준, 금액 및 진료내역 등에 관한 사항을 보건복지부장관에게 보고하여야 한다.

② 보건복지부장관은 제1항에 따라 보고받은 내용을 바탕으로 모든 의료기관에 대한 비급여 진료비용 등의 항목, 기준, 금액 및 진료내역 등에 관한 현황을 조사·분석하여 그 결과를 공개할 수 있다. 다만, 병원급 의료기관에 대하여는 그 결과를 공개하여야 한다.

③ 보건복지부장관은 제2항에 따른 비급여 진료비용 등의 현황에 대한 조사·분석을 위하여 필요하다고 인정하는 경우에는 의료기관의 장에게 관련 자료의 제출을 명할 수 있다. 이 경우 해당 의료기관의 장은 특별한 사유가 없으면 그 명령에 따라야 한다.

④ 제2항에 따른 현황조사·분석 및 결과 공개의 범위·방법·절차 등에 필요한 사항은 보건복지부령으로 정한다.

제92조(과태료)

① 다음 각 호의 어느 하나에 해당하는 자에게는 300만원 이하의 과태료를 부과한다. (각호 생략)

② 다음 각 호의 어느 하나에 해당하는 자에게는 200만원 이하의 과태료를 부과한다.
  1. 제21조의2 제6항 후단을 위반하여 자료를 제출하지 아니하거나 거짓 자료를 제출한 자
  2. 제45조의2 제1항을 위반하여 보고를 하지 아니하거나 거짓으로 보고한 자
  3. 제45조의2 제3항을 위반하여 자료를 제출하지 아니하거나 거짓으로 제출한 자
  4. 제61조 제1항에 따른 보고를 하지 아니하거나 검사를 거부·방해 또는 기피한 자 (제89조 제4호에 해당하는 경우는 제외한다)

■ 의료법 시행규칙

제14조(진료기록부 등의 기재 사항)

① 법 제22조제1항에 따라 진료기록부, 조산기록부 및 간호기록부에 기록해야 할 의료행위에 관한 사항과 의견은 다음 각 호와 같다.
  1. 진료기록부
    가. 진료를 받은 사람의 주소·성명·연락처·주민등록번호 등 인적사항
    나. 주된 증상. 이 경우 의사가 필요하다고 인정하면 주된 증상과 관련한 병력(病歷)·가족력(家族歷)을 추가로 기록할 수 있다.
    다. 진단결과 또는 진단명
    라. 진료경과(외래환자는 재진환자로서 증상·상태, 치료내용이 변동되어 의사가 그 변동을 기록할 필요가 있다고 인정하는 환자만 해당한다)
    마. 치료 내용(주사·투약·처치 등)
    바. 진료 일시(日時)

제42조의3(비급여 진료비용 등의 보고 및 현황 조사 등)

① 의료기관의 장은 법 제45조의2 제1항에 따른 비급여 진료비용 등(이하 이 조에서 "비급여 진료비용 등"이라 한다)에 관한 다음 각 호의 구분에 따른 사항을 보건복지부장관에게 반기마다 보고해야 한다. 다만, 의료기관의 행정부담, 보고 내용의 활용 목적 등을 고려하여 보건복지부장관이 정하여 고시하는 바에 따라 의료기관별 또는 항목별로 보고 횟수를 달리 정할 수 있다.

1. 법 제45조 제1항에 따른 비급여 진료비용: 「국민건강보험 요양급여의 기준에 관한 규칙」 별표 2에 따라 비급여 대상이 되는 행위·약제 및 치료재료 중 다음 각 목의 사항을 고려하여 보건복지부장관이 정하여 고시하는 사항
   가. 의료기관에서 실시·사용·조제하는 빈도
   나. 의료기관의 징수비용
   다. 환자의 수요
   라. 환자가 「국민건강보험법 시행령」 별표 2 제3호 라목에 따른 희귀난치성질환자 등이거나 같은 영 제21조 제3항에 해당하는 경우, 법 제38조에 따른 특수의료장비를 사용하는 경우 등 구체적인 진료 상황
② 법 제45조의2 제2항에 따라 보건복지부장관이 비급여 진료비용 등에 대한 현황을 조사·분석하고 그 결과를 공개하는 의료기관은 보건복지부장관이 정하여 고시하는 의료기관으로 한다.
④ 보건복지부장관은 비급여 진료비용 등에 대한 심층적 조사·분석을 위하여 필요하다고 인정하는 경우에는 관계 전문기관이나 전문가 등에게 필요한 자료 또는 의견의 제출을 요청할 수 있다.
⑤ 보건복지부장관은 법 제45조의2 제2항에 따라 비급여 진료비용 등의 현황에 대한 조사·분석 결과를 공개하는 경우에는 보건복지부장관이 지정하는 정보시스템에 게시하는 방법으로 한다.
⑥ 제1항부터 제5항까지의 규정에 따른 비급여 진료비용 등의 보고와 비급여 진료비용 등의 현황에 대한 조사·분석 및 공개의 범위, 방법 및 절차 등에 관하여 필요한 세부 사항은 보건복지부장관이 정하여 고시한다.

■ 비급여 진료비용 등의 공개에 관한 기준
제3조(대상 의료기관)
규칙 제42조의3 제1항에 따라 비급여 진료비용 등의 항목, 기준 및 금액 등에 관한 현황 조사·분석·공개 대상 의료기관은 「의료법」 제3조 제2항 제1호 및 제3호에 따른 의료기관을 대상으로 한다.

■ 국민건강보험법
제102조(정보의 유지 등)
공단, 심사평가원 및 대행청구단체에 종사하였던 사람 또는 종사하는 사람은 다음 각 호의 행위를 하여서는 아니 된다.

1. 가입자 및 피부양자의 개인정보(「개인정보보호법」 제2조제1호의 개인정보를 말한다. 이하 "개인정보"라 한다)를 누설하거나 직무상 목적 외의 용도로 이용 또는 정당한 사유 없이 제3자에게 제공하는 행위
2. 업무를 수행하면서 알게 된 정보(제1호의 개인정보는 제외한다)를 누설하거나 직무상 목적 외의 용도로 이용 또는 제3자에게 제공하는 행위

제115조(벌칙)

① 제102조 제1호를 위반하여 가입자 및 피부양자의 개인정보를 누설하거나 직무상 목적 외의 용도로 이용 또는 정당한 사유 없이 제3자에게 제공한 자는 5년 이하의 징역 또는 5천만원 이하의 벌금에 처한다.

② 다음 각 호의 어느 하나에 해당하는 자는 3년 이하의 징역 또는 3천만원 이하의 벌금에 처한다.

2. 제102조 제2호를 위반하여 업무를 수행하면서 알게 된 정보를 누설하거나 직무상 목적 외의 용도로 이용 또는 제3자에게 제공한 자

■ 개인정보보호법

제3조(개인정보 보호 원칙)

② 개인정보처리자는 개인정보의 처리 목적에 필요한 범위에서 적합하게 개인정보를 처리하여야 하며, 그 목적 외의 용도로 활용하여서는 아니 된다.

④ 개인정보처리자는 개인정보의 처리 방법 및 종류 등에 따라 정보주체의 권리가 침해받을 가능성과 그 위험 정도를 고려하여 개인정보를 안전하게 관리하여야 한다.

2. 달력

■ 2024년 1월 ~ 2024년 12월

2024년 1월
일	월	화	수	목	금	토
	1	2	3	4	5	6
7	8	9	10	11	12	13
14	15	16	17	18	19	20
21	22	23	24	25	26	27
28	29	30	31			

2024년 2월
일	월	화	수	목	금	토
				1	2	3
4	5	6	7	8	9	10
11	12	13	14	15	16	17
18	19	20	21	22	23	24
25	26	27	28	29		

2024년 3월
일	월	화	수	목	금	토
					1	2
3	4	5	6	7	8	9
10	11	12	13	14	15	16
17	18	19	20	21	22	23
24/31	25	26	27	28	29	30

2024년 4월
일	월	화	수	목	금	토
	1	2	3	4	5	6
7	8	9	10	11	12	13
14	15	16	17	18	19	20
21	22	23	24	25	26	27
28	29	30				

2024년 5월
일	월	화	수	목	금	토
			1	2	3	4
5	6	7	8	9	10	11
12	13	14	15	16	17	18
19	20	21	22	23	24	25
26	27	28	29	30	31	

2024년 6월
일	월	화	수	목	금	토
						1
2	3	4	5	6	7	8
9	10	11	12	13	14	15
16	17	18	19	20	21	22
23/30	24	25	26	27	28	29

2024년 7월
일	월	화	수	목	금	토
	1	2	3	4	5	6
7	8	9	10	11	12	13
14	15	16	17	18	19	20
21	22	23	24	25	26	27
28	29	30	31			

2024년 8월
일	월	화	수	목	금	토
				1	2	3
4	5	6	7	8	9	10
11	12	13	14	15	16	17
18	19	20	21	22	23	24
25	26	27	28	29	30	31

2024년 9월
일	월	화	수	목	금	토
1	2	3	4	5	6	7
8	9	10	11	12	13	14
15	16	17	18	19	20	21
22	23	24	25	26	27	28
29	30					

2024년 10월
일	월	화	수	목	금	토
		1	2	3	4	5
6	7	8	9	10	11	12
13	14	15	16	17	18	19
20	21	22	23	24	25	26
27	28	29	30	31		

2024년 11월
일	월	화	수	목	금	토
					1	2
3	4	5	6	7	8	9
10	11	12	13	14	15	16
17	18	19	20	21	22	23
24	25	26	27	28	29	30

2024년 12월
일	월	화	수	목	금	토
1	2	3	4	5	6	7
8	9	10	11	12	13	14
15	16	17	18	19	20	21
22	23	24	25	26	27	28
29	30	31				

확 인 : 법학전문대학원협의회

2023년도 제3차 변호사시험 모의시험 – 논술형(기록형)

시험과목	공 법(기록형)

응시자 준수사항

1. 시험 시작 전 문제지의 봉인을 손상하는 경우, 봉인을 손상하지 않더라도 문제지를 들추는 행위 등으로 문제 내용을 미리 보는 경우 모두 부정행위로 간주되어 그 답안은 영점 처리 됩니다.

2. 답안은 흑색 또는 청색 필기구(사인펜이나 연필 사용 금지) 중 한 가지 필기구만을 사용하여 답안 작성 난(흰색 부분) 안에 기재하여야 합니다.

3. 답안지에 성명과 수험 번호를 기재하지 않아 인적 사항이 확인되지 않는 경우에는 영점 처리 등 불이익을 받게 됩니다. 특히 답안지를 바꾸어 다시 작성하는 경우, 성명 등의 기재를 빠뜨리지 않도록 유의하여야 합니다.

4. 답안지에는 문제 내용을 기재할 필요가 없으며, 답안 내용 이외의 사항을 기재하거나 밑줄 기타 어떠한 표시도 하여서는 안 됩니다. 답안을 정정할 경우에는 두 줄로 긋고 다시 기재하여야 하며, 수정액 등은 사용할 수 없습니다.

5. 시험 종료 시각에 임박하여 답안지를 교체 요구한 경우라도 시험시간 종료 후 즉시 새로 작성한 답안지를 회수합니다.

6. 시험 종료 후에는 답안지 작성을 일절 할 수 없으며, 이에 위반하여 시험시간이 종료되었음에도 불구하고 **시험관리관의 답안지 제출지시에 불응한 채 계속 답안을 작성하거나 답안지를 늦게 제출할 경우 그 답안은 영점 처리** 됩니다.

7. 답안은 답안지 쪽수 번호 순으로 기재하여야 하고, **배부받은 답안지는 백지 답안이라도 모두 제출**하여야 하며, **답안지를 제출하지 아니한 경우 그 시험시간 및 나머지 시험시간의 시험에 응시할 수 없습니다.**

8. 지정된 시간까지 지정된 시험실에 입실하지 아니하거나 시험관리관의 승인을 얻지 아니하고 시험시간 중에 그 시험실에서 퇴실한 경우 그 시험시간 및 나머지 시험시간의 시험에 응시할 수 없습니다.

9. 시험시간이 종료되기 전에는 어떠한 경우에도 문제지를 시험장 밖으로 가지고 갈 수 없고, 시험 종료 후 가지고 갈 수 있습니다.

법학전문대학원협의회
KOREAN ASSOCIATION OF LAW SCHOOLS

목 차

I. 문제 2

II. 작성요령과 주의사항 3

III. 서면 양식 4

IV. 기록내용 6

법률상담일지 I 7
내부회의록 I (행정소송용) 9
결함가공제품 제조업자 행정명령 공고 13
결함가공제품에 대한 처리명령 사전 알림 14
라돈 피폭선량 평가 측정기준 15
소명서 16
원자력안전위원회 보도자료 17
환경일보 기사 19
라텍스 제품 방사선 피폭량 검사서 20
PAX경제TV 기사 21
법률상담일지 II 23
내부회의록 II (헌법소송용) 24
소송위임장 26
담당변호사 지정서 27
서울중앙지방법원 판결문(2021고정3011) 28
위헌법률심판제청신청서 31
서울중앙지방법원 판결문(2022노7266) 32
송달증명원 36

V. 참고 자료

    1. 관련 법령(발췌) 37
    2. 달력 41

【 문 제 】

1. 행정소송 소장의 작성 (50점)

　의뢰인 ㈜이편한라텍스를 위하여 법무법인 대승의 담당변호사 입장에서 취소소송 소장을 첨부된 양식에 따라 아래 사항을 준수하여 작성하시오.

가. 첨부된 행장소송 소장 양식의 ①부터 ⑧까지의 부분에 들어갈 내용만 기재할 것

나. ①에는 법인이 원고인 경우의 양식에 맞게 작성하고, ②에는 합의제 행정기관이 피고인 경우의 양식에 맞게 기재할 것

다. ⑤에는 '이 사건 소의 적법성' 부분을 기재하되, '대상적격'과 '소의 이익'만 기재할 것. 또한 ⑦에는 법령상 허용되는 제소기간의 마지막 날을, ⑧에는 관할법원을 각 기재할 것

라. '이 사건 처분의 위법성' 부분(⑥에 해당)에서는 근거법령의 위헌·위법성에 관하여는 주장하거나 따로 기재하지 말 것

2. 헌법소원심판청구서의 작성 (50점)

　의뢰인 홍길동을 위하여 법무법인 헌소의 담당변호사 입장에서 헌법소원심판청구서를 첨부된 양식에 따라 아래 사항을 준수하여 작성하시오.

가. 첨부된 헌법소원심판청구서 양식의 ①부터 ⑤까지의 부분에 들어갈 내용만 기재할 것

나. Ⅲ. 심판대상조항의 위헌성 부분(④)에서는 의뢰인을 위해 합리적으로 제기해 볼 수 있는 한에서 위헌성을 주장하되, 내부회의록 등 기록상 나타난 소송전략을 반영할 것

다. 심판청구 대상조항의 위헌 여부에 대해서는 이제까지 헌법재판소의 결정이 없었다고 가정할 것

라. 청구서의 작성일(제출일과 동일함, ⑤에 해당)은 헌법소원심판을 청구할 수 있는 법령상 허용되는 마지막 날을 기재할 것

【 작성요령 및 주의사항 】

1. 기록에 첨부된 관련 법령(일부 조문은 가상의 것으로 현행 법령과 차이가 있을 수 있음)은 이 사건의 모든 절차와 과정, 소장, 헌법소원심판청구서의 작성 및 제출 시 모두 시행되고 있는 것으로 보고, 첨부된 관련 법령과 다른 내용의 현행 법령은 고려하지 말 것

2. 기록에 첨부된 각종 서류는 적법하게 작성된 것으로 간주하고, 서류 등에 필요한 서명과 날인, 무인과 간인 등은 모두 적법하게 갖추어진 것으로 볼 것

3. 법률상담일지의 사실관계와 기록에 첨부된 자료들을 기초로 하고, 그것이 사실임을 전제로 할 것

4. "(생략)"으로 표시된 부분은 모두 기재된 것으로 볼 것

5. 문장은 경어(敬語)체로 작성할 것

【 소장 양식 】

소 장

원 고   ①   (연락처, 소송대리인 생략)

피 고   ②   (주소, 연락처 생략)

사건명   ③

청 구 취 지

④

청 구 원 인

1. 이 사건 처분의 경위 (생략)

2. 이 사건 소의 적법성

⑤

3. 이 사건 처분의 위법성

⑥

4. 결 론 (생략)

입증방법 (생략)

첨부서류 (생략)

⑦ ○○○○. ○○. ○○.

원고 소송대리인 (생략)

⑧ ○○ 법원 귀중

【헌법소원심판청구서 양식】

헌법소원심판청구서

청 구 인   홍길동
           (이하 생략)

청구취지

①

당해사건

②

위헌이라고 판단되는 법률조항
(생략)

청구이유

Ⅰ. 사건의 개요(생략)

Ⅱ. 적법요건의 구비 여부

③

Ⅲ. 심판대상조항의 위헌성

④

Ⅳ. 결론(생략)

첨 부 서 류
(생략)

⑤

청구인 대리인 (생략)

헌법재판소 귀중

기록내용 시작

수임번호 2023-0115	법률상담일지 I		2023. 9. 18.
의뢰인	㈜이편한라텍스 대표이사 이돈수	의뢰인 전화	02) 877-3214
의뢰인 주소	서울시 서초구 동광로 12길 14, 청광빌딩 401호	의뢰인 팩스	02) 853-5588

1. 의뢰인 회사는 인도네시아 등지에서 천연라텍스를 수입하여 이를 이용하여 침대, 베개 등 침구류를 제작하는 업체이다.

2. 원자력안전위원회는 2023년 7월 초부터 의뢰인 회사 등에서 수입, 제작하여 판매한 '천연라텍스 침대' 제품(이하 '이 사건 제품') 등에서 방사성 물질인 라돈이 검출되고 있다는 소문이 확산됨에 따라 2023. 7. 24. 관련 전문가들로 구성된 '라돈 내부피폭 기준설정 전문위원회'를 개최하였다.

3. 위 전문위원회는 같은 날 국제방사선방호위원회(ICRP)에서 최근 정한 라돈·토론 선량계수를 적용하여, 라돈·토론에 의한 내부피폭 측정기준 산출식을 마련하였다.

4. 그 후 원자력안전위원회는 이 사건 제품에 대하여 연간 피폭선량 측정을 하였는데, 그 결과는 아래와 같이 연간 5.283밀리시버트(mSv)로서, 이는 「생활주변방사선 안전관리법」(이하 '생활방사선법') 제15조 제1항 제3호 및 원자력안전위원회 고시인 「생활주변방사선 안전관리에 관한 규정」 제4조 제1항에서 정하고 있는 안전기준인 연간 1밀리시버트(mSv)를 초과한 수치이다.

방사능농도(Bq/g)		라돈 농도(Bq/m³) (배경준위 제외)		외부피폭선량 (mSv/y)	내부피폭선량 (mSv/y)	연간피폭선량 (mSv/y)
우라늄 (^{238}U)	토륨 (^{232}Th)	라돈 (^{222}Rn)	토론 (^{220}Rn)			
0.01	0.50	8.63	775	0.093	5.19	5.283

5. 이에 원자력안전위원회는 2023. 8. 2. 의뢰인에게 이 사건 제품이 생활방사선법상의 안전기준을 위반하였다는 이유로 생활방사선법에 따라 결함 가공제품의 사실공개 및 수거 조치를 하도록 명령할 예정임을 통지하면서 2023. 8. 7.까지 그에 관한 의견을 제출하도록 안내하였다.

6. 원자력안전위원회는 2023. 8. 7. 의뢰인으로부터 의견을 제출받은 다음, 2023. 8. 11. 의뢰인에 대하여 생활방사선법 제17조 등에 따라 이 사건 제품이 결함 가공제품이라는 사실을 공개하는 한편, 이 사건 제품에 대하여 수거조치를 하도록 각 명하고, 그에 대한 조치계획서를 2023. 8. 18.까지 제출하도록 통보하였다. 한편 의뢰인은 같은 날 위 공고문을 수령하였다.

7. 의뢰인은, 생활방사선법이 원자력안전위원회에게 '생활주변방사선 피폭방사선량의 안전기준'에 관하여만 위임하였을 뿐 피폭방사선량의 측정 및 산출에 관한 기준을 정할 권한을 위임하지 않았음에도, 원자력안전위원회가 임의로 관련 위원회를 구성한 다음 '생활주변방사선 피폭방사선량의 측정 및 산출에 관한 기준(라돈 피폭선량 평가 측정기준)'을 만들어 본 건 각 명령을 하였고, 그 과정에서도 관계 법령이 정한 절차를 준수하지 아니한 하자가 있다고 주장한다.

8. 한편, 의뢰인은 공신력 있는 외부 대학 연구소에 문제가 된 이 사건 제품에 대한 방사선 피폭선량 검사를 의뢰한 결과 2023. 8. 4. '안전' 판정을 받은 바 있다.

9. 이에 의뢰인은 이 사건 결함가공제품의 사실공개 및 수거조치 명령이 위법, 부당하다고 주장하며 그 취소를 구하고자 한다.

법무법인 대승(담당변호사 최민석, 이민수)
전화 02-555-2341, 팩스 02-555-2342, 이메일 9to0law@viclaw.com
서울 강남구 테헤란로 345

내부회의록 I (행정소송용)

일 시: 2023. 9. 25. 17:00~18:00
의뢰인: 주식회사 이편한라텍스
사 건: 행정소송 소장 제출
참석자: 담당변호사 최민석(행정소송팀장), 이민수

최 변호사: 수임번호 2023-0115 행정소송 사건은 준비가 잘 되어 가고 있나요? 이번 사건의 주요 사실관계 및 주된 쟁점은 무엇인가요?

이 변호사: 예, 이번 사건 의뢰인은 우리나라 침대 회사를 대표하는 회사 중 한 곳인 주식회사 이편한라텍스입니다. 얼마 전 언론에도 크게 보도가 되었는데, 원자력안전위원회가 의뢰인 회사 등이 인도네시아 등지에서 수입·제조 및 판매한 '천연라텍스 침대'(이하 '이 사건 제품')에 의한 연간 피폭방사선량을 측정한 결과 연간 5.283밀리시버트(mSv)가 나왔습니다. 이는 「생활주변방사선 안전관리법」(이하 '생활방사선법') 제15조 제1항 제3호 및 원자력안전위원회 고시인 「생활주변방사선 안전관리에 관한 규정」 제4조 제1항에서 규정하고 있는 안전기준인 연간 1밀리시버트(mSv)를 초과한 수치입니다.
이를 이유로, 원자력안전위원회는 2023. 8. 11. 의뢰인에게 이 사건 제품에 대하여 결함가공제품의 사실공개 및 수거조치 명령을 하였습니다.

최 변호사: 그럼, 이 사건 소의 적법 요건과 관련하여 대상적격부터 먼저 살펴볼까요? 결함가공제품의 사실공개 및 수거 조치명령이 항고소송의 대상인 처분에 해당하는 것은 맞나요?

이 변호사: 예, 우선 결함가공제품의 사실공개 명령은 의뢰인과 같은 침구류 제조업체로 하여금 생활방사선법상 의무이행을 간접적으로 강제하기 위한 목적으로 행하여지는 일종의 법위반 사실의 공표를 강제하는 행정명령으로서, 공개대상자의 명예와 신용 등에 대한 침해를 가져오므로 침익적 행정행위에 해당한다고 볼 수 있습니다. 그리고, 수거조치 명령 역시 행

정상 즉시강제와 하명이 결합된 것으로 그 처분성을 인정할 수 있다고 보여집니다.

최 변호사: 다음으로, 소의 이익은 어떤가요? 듣자 하니 원자력안전위원회의 의뢰인 회사에 대한 결함가공제품의 사실공개 명령에도 불구하고 아직 의뢰인이 이를 외부에 공개하지 않고 있고, 대신 의뢰인은 이 사건 제품 전량을 이미 수거 조치 완료하였다고 하던데 말입니다.

이 변호사: 예, 먼저 결함가공제품의 사실공개 명령의 경우, 관련법령에 따르면 의뢰인 회사가 사실 공표 명령을 이행하지 아니하면 원자력안전위원회가 직접 외부 언론 등에 공표할 수 있도록 규정하고 있는 점 등에서 원고에게 취소소송을 제기할 소의 이익이 있다고 볼 수 있습니다. 또한, 이 사건 수거조치 명령의 경우에도 비록 이미 수거조치가 완료되었더라도 그 폐기가 아직 완료되지 않은 이상 폐기처분을 막기 위하여 수거조치 명령의 취소를 구할 이익이 존재한다고 할 것입니다.

최 변호사: 예, 그렇군요. 소의 적법요건은 어느 정도 갖춘 것으로 보여지네요. 그럼 이제 본안 위법성 문제를 검토해 보기로 하지요. 처음에 의뢰인이 우리 사무실을 방문하였을 때 들어보니 의뢰인은 이 사건 각 명령이 내려지는 과정에서부터 다툴 게 많다고 하던데 어떤가요?

이 변호사: 예, 먼저 이 사건 사전알림 통지서에는 이 사건 각 명령의 근거 법규는 물론 이 사건 제품에 대한 피폭방사선량의 측정방법과 그 결과인 라돈, 토론의 측정치, 연간 피폭선량의 계산방법과 그 결과 및 그에 대한 이의제기 수단 등이 제대로 기재되어 있지 않습니다.

최 변호사: 그렇군요. 그 외에도 다른 문제는 없나요?

이 변호사: 예, 이 사건 행정명령 공고문에서도 마찬가지로 구체적인 처분 사실이나 원인, 이유, 근거법령 등의 기재 없이 단지 생활방사선법상 안전기준 부적합이라고만 기재되어 있어 의뢰인은 물론 저로서도 대응방안을 찾는데 쉽지 않은 상황입니다.

최 변호사: 예, 좋은 지적 같네요. 한편 이 사건의 경우 위와 같은 문제점 이외에도 다른 위법 사유로 주장할 만한 점도 제법 있을 듯한데 어떤가요?

이 변호사: 예, 이 사건 각 명령의 근거인 생활방사선법은 피고에게 생활주변방사선 피폭방사선량 기준에 관하여만 위임하였을 뿐, 피폭방사선량의 측정 방식 및 산출과 그에 관한 평가를 할 권한까지 따로 위임하지 않았습니다. 그럼에도, 원자력안전위원회는 이른바 라돈침대 사태가 터지자 황급히 자체 전문위원회를 구성한 다음 생활주변방사선 피폭방사선량의 측정 및 산출에 관한 기준을 임의로 설정하여 그에 따라 측정한 결과 의뢰인의 이 사건 제품이 그 기준을 초과하였다고 단정한 다음 이 사건 각 명령을 하였으므로, 이는 법적 근거 없이 내려진 침익적 행정조치에 해당한다고 생각됩니다.

최 변호사: 예, 그렇군요. 그 부분을 집중적으로 잘 공략하면 좋을 듯합니다. 그리고, 이 사건 각 명령 과정에서 원자력안전위원회가 그 권한을 함부로 남용한 점도 보이는데 어떤가요?

이 변호사: 예, 맞습니다. 앞서 말씀드린 바와 같이, 이 사건에서 피고가 문제 삼고 있는 생활주변방사선 피폭방사선량의 안전 기준치는 관계 법령에서는 전혀 정해진 바 없고, 원자력안전위원회 산하 전문위원회에서 정한 측정 기준 역시 임의로 설정한 것에 불과하여 이 사건 제품이 그 기준을 위반 하였다는 판단 자체가 어불성설이라고 생각됩니다. 또한, 가사 원자력 안전위원회에 위와 같은 안전기준을 만들고 측정할 권한이 있다고 하더라도 그 권한을 남용한 위법이 있습니다.

최 변호사: 예, 제가 보기에 법원에 접수할 소장에서는 원자력안전위원회의 권한 남용 주장을 막연하게 하면 안 되고 최대한 구체적으로 적시할 필요가 있을 듯합니다.

이 변호사: 네, 잘 알겠습니다. 부연설명을 좀 드리면, 원자력안전위원회는 언론과 방송 등에서 천연라텍스 침대 등에 의한 생활주변방사선 피폭 문제가 제기되자 전문위원회를 급조하여, 국제기준에 따른 내부피폭 측정기준을 마련하였다고는 하지만, 위와 같이 급조된 전문위원회가 마련한 피폭선량 측정 및 산출기준이 객관적으로 합리성이나 구체적 타당성이 있다고 보이지 않습니다.
더욱이, 원자력안전위원회는 이 사건 제품에 대한 실제 연간 피폭선량 산출과정에서도, 천연라텍스가 들어간 침구류의 고유한 특성과 사용 형태

에 따른 이용자와의 밀접성, 사용장소(위치) 등을 고려하지 않은 채 단지 위원회가 임의로 만든 시나리오에 따라 형식적인 측정을 하였습니다. 따라서 이 사건 제품에 대한 측정 결과는 공신력도 없다고 보여집니다. 그에 반해 의뢰인 등이 외부 대학 원자력 관련 연구소에 의뢰하여 받은 측정 결과는 이 사건 제품에서 측정된 방사성 피폭량이 0.983밀리시버트(mSv)에 불과하여 인체에 해가 되지 않는 안전한 것으로 밝혀지기도 하였습니다.

최 변호사: 예, 좋습니다. 그러면 다른 논의 사항이나 의견이 없으면 이 변호사님은 오늘 논의된 내용을 고려하여 소장을 작성하도록 하되, 추가로 놓친 쟁점이 없는지도 다시한번 잘 확인하여 주기 바라며, 이 사건 소송에서 꼭 승소하여 이번 건으로 실추된 의뢰인의 명예와 신용이 회복되고, 재산권을 지킬 수 있도록 최선을 다해 주기 바랍니다. 이상 회의를 마치겠습니다. 끝.

원자력안전위원회 공고 제2023-7호

결함가공제품 제조업자 행정명령 공고

아래와 같이 결함가공제품 제조업자에 대한 행정명령을 공고합니다.

다음

1. 처분의 내용 : 결함가공제품에 대한 처리 명령
2. 당사자 : ㈜이편한라텍스
   　　　　대표 이돈수
   　　　　서울시 서초구 동광로 12길 14, 청광빌딩 401호
3. 처분의 원인이 되는 사실
   ○ 생활방사선법상 안전기준 부적합
4. 처분 내용
   ○ 결함 가공제품의 사실공개 및 수거 조치명령
   ※ 당사자는 위 처분에 관한 조치계획서를 2023. 8. 18.까지 제출할 것
   ※ 과태료 부과에 관한 사항은 추후 통지 예정
5. 법적 근거 및 조문
   ○ 생활방사선법 및 동법 시행령, 고시(이하 조문 기재는 생략)
6. 그밖에 궁금한 사항이 있으시면 처분실시기관(원자력안전위원회 생활방사선안전과 ☎ 02-397-7312)으로 문의하시기 바랍니다.
7. 조치계획은 임의 서식으로 작성 가능.

2023년 8월 11일

**원자력안전위원회
위원장 민병수**　[원자력안전위원회 위원장 관인]

주소: 04528 서울특별시 중구 소월로 3(남창동) 원자력안전위원회(11~13층)

원자력안전위원회

수 신   주식회사 이편한라텍스
제 목   결함가공제품에 대한 처리명령 사전 알림

「생활주변방사선 안전관리법」 및 「행정절차법」에 따라 귀 회사가 수입, 제조, 판매한 천연라텍스 침대에 대해 시료 표면 2㎝ 상단의 공기 중 농도를 측정하여 연간 피폭선량을 산출한 결과를 아래와 같이 통지하오니 필요한 경우 2023. 8. 7.까지 의견을 제출하여 주시기 바랍니다.

1. 처분	결함 가공제품에 대한 처리 명령						
2. 당사자	주식회사 이편한라텍스						
3. 처분 원인	<가공제품 안전기준 부적합>						
	연번	모델					
	1	천연라텍스 매트리스 슈퍼싱글 5㎝					
	방사능농도(Bq/g)		라돈 농도(Bq/m³) (배경준위 제외)		외부피폭선량 (mSv/y)	내부피폭선량 (mSv/y)	연간피폭선량 (mSv/y)
	우라늄 (^{238}U)	토륨 (^{232}Th)	라돈 (^{222}Rn)	토론 (^{220}Rn)			
	0.01	0.50	8.63	775	0.093	5.19	5.283
4. 처분 내용	○ 수거 및 폐기 조치명령 - 보완·교환·수거·폐기 등의 조치기간 : 3개월 ※ 당사자는 위 처분에 관한 조치계획서를 2023. 8. 18.까지 제출할 것 ※ 과태료 부과에 관한 사항은 추후 통지 예정						
5. 처분 근거	○ 생활방사선법 등						

2023년 8월 2일

**원자력안전위원회
위원장 민병수**

[원자력안전위원회 위원장 관인]

시행: 2023. 08. 02.   주소: 서울특별시 중구 소월로 3(남창동)
대표전화: 국번 없이 1357 / (02)397-7312   팩스: (02)397-7314

라돈 피폭선량 평가 측정기준

원자력안전위원회 산하, **「라돈 내부피폭 기준설정 전문위원회」**는 생활방사선법 및 생활주변방사선 안전관리에 관한 규정에 근거하여, 국제방사선방호위원회(ICRP)가 정한 라돈·토론 선량계수를 바탕으로, '가공제품에 포함되어 있는 천연방사성핵종의 기여도, 가공제품의 사용 형태, 취급조건, 평균 거주 시간, 사람의 점유도 및 생활 여건 등의 모든 조건'을 고려하여 아래와 같이 라돈·토론에 의한 내부피폭 측정기준 산출식을 마련하였습니다.

아 래

공기 중 라돈 농도에 의한 연간 피폭선량 평가

$$\text{연간피폭선량}(E) = C_{Rn} \times F \times T \times DCF$$

- 라돈농도(C_{RN}) : 공기 중 라돈 농도 (Bq/㎥)
- 평형인자(F) : 라돈과 단수명 자손핵종의 공기 중 유효 존재비
  - 라돈 : 0.4 (라돈 자손핵종이 공기 에어로졸 입자에 부착 비율)
  - 토론 : 0.04 (토론 자손핵종이 공기 에어로졸 입자에 부착 비율)
- 노출시간(T) : 해당 라돈 농도에 노출되는 시간
- 선량환산인자(DCF) : 가벼운 활동시 호흡률(1.2㎥/h)을 기준으로 농도를 피폭선량으로 환산에 필요한 인자
  - 라돈 : 20.4×10^{-6} mSv/(Bq·h/㎥)

    $$\fallingdotseq \frac{\text{선량계수}(=13mSv/WLM)}{\text{평형등가 라돈농도}(1WLM = 6.37 \times 10^5 Bq \cdot h/㎥)}$$

  - 토론 : 120×10^{-6} mSv/(Bq·h/㎥)

    $$\fallingdotseq \frac{\text{선량계수}(=5.6mSv/WLM)}{\text{평형등가 토론농도}(1WLM = 4.68 \times 10^4 Bq \cdot h/㎥)}$$

☐ 라돈(^{222}Rn)에 의한 연간 피폭선량 계산(침대)
- 시나리오
  - 1일 10h (연간 3,650h)
  - 수면 중 호흡률 : 가벼운 활동(1.2㎥/h) 대비 37%

$$\text{내부피폭선량}(mSv) = \frac{\text{라돈농도}(Bq/㎥) \times 0.4 \times 10(h) \times 365(d) \times 20.4(mSv/(Bqhm^{-3}))}{1,000,000} \times 0.37$$

☐ 토론(^{220}Rn)에 의한 연간 피폭선량 계산(침대)
- 시나리오 : 라돈과 동일

$$\text{내부피폭선량}(mSv) = \frac{\text{토론농도}(Bq/㎥) \times 0.04 \times 10(h) \times 365(d) \times 120(mSv/(Bqhm^{-3}))}{1,000,000} \times 0.37$$

2023년 7월 24일

원자력안전위원회

원자력안전위원회
관 인

소 명 서

귀 위원회의 당사에 대한 2023. 8. 2.자 사전 알림에 대하여 다음과 같은 소명을 하는 바이니, 부디 본처분을 재고(再考)하여 주시기 바랍니다.

다 음

☐ **처분 원인이 되는 사실을 불충분하게 제시함**
 ⇒ 관련 행정절차법에 따라 처분 원인이 되는 사실을 명확하게 고지하지 아니하였습니다.

☐ **피폭선량 측정 및 산출에 관한 근거 법 규정이 없어 이 사건 라텍스 제품에 대한 행정조치는 위법한 처분임**
 ⇒ 귀 위원회가 행정조치의 근거로 삼은 생활방사선법 등 관련 규정은 귀 위원회에게 생활주변방사선 피폭방사선량의 안전기준에 관하여만 위임하였을 뿐 피폭방사선량의 측정 및 산출에 관한 기준설정과 그 평가 권한까지 위임한 바 없으며, 안전기준으로 귀 위원회가 고시한 연간 피폭선량 1mSv 역시 상위법에서 명시적으로 한도를 정하여 위임한 것이 아니라 귀 위원회가 상한선을 임의로 정한 것에 불과합니다.
 ⇒ 피폭방사선량을 측정한 결과 연간 5.283밀리시버트(mSv)가 나왔다는 점 역시 「라돈 내부피폭 기준설정 전문위원회」에서 만든 불명확한 측정기준 및 측정방법에 따른 것으로 측정결과 역시 용인할 수 없습니다. 천연라텍스 가공제품들의 경우 그 제품별 개별 특성과 사용 형태, 취급조건, 사람의 밀접성 및 노출 가능성 등에 관한 여러 조건이 동일하지 아니함에도, 귀 위원회가 만든 공식은 하나의 기준만이 적용되도록 규율한 것으로서 합리적인 규율방식(측정기준)에도 해당하지 않습니다.

☐ **본 건 라텍스 제품은 방사선 피폭선량 안전 기준치를 준수함**
 ⇒ 당 회사가 의뢰한 공신력 있는 연구기관에서 측정한 결과, 정부의 공기질 관리법 권고 기준치 148Bq/㎥(다중이용시설 기준)의 5분의 1 수준인 5-30Bp/㎥(라돈 측정결과 : 19.9Bq/㎥, 토론 측정결과 : 57.7Bq/㎥, 연간피폭선량 : 0.983mSv)에 불과하여 연간 방사선 피폭선량이 1mSv를 초과하지 않는 것으로 밝혀졌습니다.

☐ **본 사건으로 인해 당사는 부도 위기에 처함**
 ⇒ 현재 당사는 매출이 이미 90% 이상 줄어든 상태로 심각한 경영상 위기에 빠져 있습니다.

2023년 8월 7일

㈜이편한라텍스 　　㈜이편한라텍스 대표인

주　　소 : 서울시 서초구 동광로 12길 14, 청광빌딩 401호
대표전화 : (02)877-3214　팩스: (02)853-5588

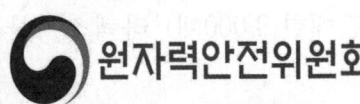

보도일시	2023.08.14. <즉시보도>		총 2쪽(붙임 없음)
배포일시	2023.08.14.	담당부서	생활방사선안전과
담당과장	최수연(02-397-7312)	담 당 자	오진우 사무관(02-397-7215)

원안위, 라텍스 침대·베개·속옷·소파 등 결함 가공제품 수거 등 조치명령

□ 원자력안전위원회는 한국수맥교육연구협회, ㈜이편한라텍스, ㈜시지스, ㈜누가헬스케어, ㈜나이스, ㈜디디엠, ㈜어싱플러스, 강실장컴퍼니 등 총 18개 업체에서 수입·제조한 라텍스 가공제품이 「생활주변방사선 안전관리법(이하 생활방사선법)」에서 정한 안전기준(1mSv/y)을 초과하여 해당 업체에 수거명령 등의 행정조치를 실시하기로 하였습니다.

□ 원안위는 과거 제보 중심의 한정된 조사방식에서 벗어나 라돈측정서비스를 통해 접수된 5.6만여개 제품을 바탕으로 각 제조업체에 대한 현장조사와 제품 안전성 평가*를 수행하여 다음과 같은 사항을 확인하였습니다.

  * 평가 시나리오 : (라텍스 침구류) 표면 2cm 높이에서 매일 10시간 사용, (라텍스 함유 속옷) 제품 측면 10cm 거리에서 매일 17시간 사용, (라텍스 소파) 표면 7cm 높이에서 매일 10시간 사용

  ○ 한국수맥교육연구협회가 2020년부터 2023년 5월까지 판매한(30개) 라텍스 패드 1종(황토)이 안전기준을 초과*하였습니다.

    * 라텍스패드 1종(황토) 3개 시료 모두 안전기준 초과(15.24~29.74mSv/y)

  ○ ㈜나이스(구 슬립앤슬립)가 2021년부터 2022년까지 판매한(2,209개) 라텍스 로프티 베개 1종(주주유아파이프)이 안전기준을 초과*하였습니다.

    * 침구류 9종 20개 시료 중 1종(주주유아파이프) 1개 안전기준 초과(9.95mSv/y)

  ○ ㈜이편한라텍스가 2020년부터 2023년 1월까지 판매한(3000개) 라텍스매트릭스 1종이 안전기준을 초과*하였습니다.

    * 라텍스매트릭스 1종(메디칸303) 2개 시료 중 1개 안전기준 초과(5.283mSv/y)

○ ㈜누가헬스케어가 2021년 1월부터 2023년 1월까지 판매한(3,000개) 라텍스이불 1종(겨울이불)이 안전기준을 초과*하였습니다.

    * 라텍스이불 2종 6개 시료 중 1종(겨울이불) 3개 안전기준 초과(2.01~3.13mSv/y)

○ ㈜버즈가 2020년부터 2023년 2월까지 판매한(438개) 라텍스 소파 1종(보스틴)이 안전기준을 초과*하였습니다.

    * 라텍스 소파 1종(보스틴) 1개 시료가 안전기준 초과(1.8mSv/y)

○ ㈜디디엠이 2020년부터 2023년 3월까지 판매한(1,479개) 라텍스 여성속옷 1종(바디슈트)이 안전기준을 초과*하였습니다.

    * 여성속옷 7종 58개 시료 중 1종(바디슈트) 4개가 안전기준 초과(1.18~1.54mSv/y)

○ ㈜어싱플러스가 2020년부터 2023년 12월까지 판매한(610개) 라텍스 매트(단일모델)가 안전기준을 초과*하였으며, 해당업체에서는 안전기준을 초과한 제품에 대해 수거(517개 완료)를 진행 중입니다.

    * 침구류 4종 19개 시료 중 1종(매트) 4개가 안전기준 초과(2.21~6.57mSv/y)

☐ 원안위는 해당업체가 행정조치 제품들을 최대한 신속히 수거 및 처리하도록 철저히 확인·감독할 예정이며, 해당제품을 사용한 소비자의 건강 관련 궁금증과 불안 해소를 위해 원자력의학원의 전화상담, 전문의 무료상담 등을 지속적으로 실시할 계획입니다.

    ※ 건강영향 상담 문의처 : 한국원자력의학원(1522-2300)

☐ 한편, 원안위는 침대, 베개, 매트 등 신체밀착형 제품에 모나자이트와 같은 원료물질을 사용하여 제조·수출입 하는 행위를 전면 금지하도록 생활방사선법 시행령을 개정(5월 14일 시행) 하였으며, 이번에 행정 조치하는 제품은 모두 개정된 생활방사선법 이전에 제조된 제품이라고 밝혔습니다.

환경일보

[단독][라돈침대①] 유명 라텍스 침대서 '1급 발암물질' 라돈 대량 검출

2023.07.12 06:00
강현 기자

국내 유명 회사들의 라텍스 제품 여러 모델에서 방사능 물질인 라돈이 대량 방출되는 것으로 확인됐다. 라돈은 호흡기를 통해 몸속에 축적되며 폐암을 유발하는 1급 발암물질이다. 우리 주변 대기 중에도 있지만, 이번에 당사가 취재한 건 기준치를 훌쩍 뛰어넘는 양이 그것도 매일 이용하는 침대에서 나오고 있다는 것이어서 큰 충격을 준다. 앞으로 이 문제를 집중 취재해 보도하기로 한다. 국내 한 침대회사의 판매장에 가서 침대를 추천해달라고 하자 음이온이 나온다는 라텍스 침대를 소개하였다. 업체 측은 "숲에 있는 것처럼 똑같이 음이온이 나와 건강에 아주 좋고, 친환경 인증도 받았다"며 구매를 권하였다. 친환경 소재를 사용하고, 인증도 받았다고 설명하였다. 주부 이 모 씨도 2년 전 음이온이 건강에 좋다는 생각에 이 제품을 사서 아이 방에 놨는데 지난 1월 우연히 휴대용 라돈 측정기로 침대를 쟀더니 이상할 정도로 많은 양의 라돈이 나왔다. 발코니와 안방에서는 기준치 이하의 라돈이 검출됐는데 유독 침대 위에서 2천 베크렐이 넘는 라돈이 나온 것이다. 실내 주택 라돈 기준치인 200베크렐의 열 배가 넘는다. 매트리스 천을 가로, 세로, 30cm 크기로 잘라 전문기관에 정밀 검사를 맡겼다. 실내 기준치의 3배를 넘는 평균 620베크렐의 라돈이 검출되었다. 침대 전체로 따지면 훨씬 더 많은 양의 라돈이 나온다는 이야기다. 관계 전문가인 이수만 박사(한국표준과학연구원)는, "일단 수치가 낮고, 높은 걸 떠나 침대를 만들 때 방사선 동위원소가 포함된 라텍스 재료를 가지고 만들었다는 것 자체가 문제가 될 수 있다. 왜냐하면 침대라는 것은 우리가 하루 종일 제일 많이 접촉하고 있는 물건이고, 그렇게 되면 (방사능) 피폭에 대한 영향도 클 수밖에 없기 때문이다."라고 설명하며, 그 위험성이 적지 않을 수 있다고 경고하였다. 도대체 천연라텍스를 표방하며 만든 침구류에 라텍스 이외에 무엇이 들어 있기에 이런 엄청난 라돈이 나오는지 한국표준과학연구원이 정밀 검사한 결과, 주로 광물에 함유된 우라늄과 토륨 등 라돈을 생성하는 방사능 물질이 다량 함유된 것으로 조사됐다. 이에 관계 부처인 원자력안전위원회에서도 확인 조치에 들어갈 것으로 알려져 그 귀추가 주목되고 있다.

강북대학교 원자력안전연구소

사 건   천연라텍스 제품 방사선 피폭량 검사
의뢰인   ㈜이편한라텍스

1. 우리 연구소는 의뢰인으로부터 의뢰받은 시료에 대한 라돈 측정결과는 19.9Bq/㎥, 토론 측정결과는 57.7Bq/㎥, 연간피폭선량은은 0.983mSv로 나왔는바, 이는 국제 방사선 안전기준에 적합한 유효 범위 내에 있음을 확인합니다.

2. 우리 연구소가 행한 시험방법은 실내공기질공정시험기준(국립환경과학원고시 제2020-16호)에 따른 것으로, 시료 표면 2㎝ 상단의 공기 중 라돈 및 토론 농도를 측정하여 위 내부피폭 측정기준 산출식을 적용하는 방법에 따라 본 라텍스 제품의 연간 피폭선량 등을 산출하였는바, 그 결과는 아래와 같이 정부의 공기질 관리법 권고 기준치 148Bq/㎥(다중이용시설 기준)의 5분의 1 수준인 5-30Bp/㎥에 불과합니다.(라돈 : 19.9Bq/㎥, 토론 : 57.7Bq/㎥, 연간피폭선량 : 0.983mSv)

아 래

방사능농도(Bq/g)		라돈 농도(Bq/m³) (배경준위 제외)		외부피폭선량 (mSv/y)	내부피폭선량 (mSv/y)	연간피폭선량 (mSv/y)
우라늄 (^{238}U)	토륨 (^{232}Th)	라돈 (^{222}Rn)	토론 (^{220}Rn)			
0.01	0.20	19.9	57.7	0.073	1.19	0.983

2023년 8월 4일

**강북대학교
원자력안전연구소**

강북대원자력
안전연구소장
관 인

계속되는 '라돈 라텍스 침대' 공포…업계 1위 ㈜이편한라텍스 '안전' 판정

김승수 기자 2023-08-07

천연라텍스 침대 18개 모델에 사용된 인도네시아산 천연라텍스 원자재 27종 강북大에 의뢰 '라돈 기준치 아래 안전 판정'

라돈 침대 공포가 쉽사리 가라앉지 않고 있는 가운데 수입라텍스 침대 제조업계 1위인 ㈜이편한라텍스가 외부연구기관에 자사의 라텍스 매트리스 검사를 의뢰한 결과, 안전 판정을 받았다. 이편한라텍스 측은 강북대학교 원자력안전연구소로부터 검사보고서를 받은 결과 전 제품이 라돈으로부터 안전한 것으로 나타났다고 밝혔다. 나이스침대, 시지스침대와 같은 침대 전문회사 외에 판매 매트리스에 대해 라돈 검사 결과를 발표한 것은 처음이다. 앞서 이편한라텍스는 현재 판매하고 있는 18개 모델에 사용한 원자재 27종을 채취해 라돈 검출 시험을 의뢰한 바 있다. 자체 연구소를 통해 유사 시험을 한 결과 '안전' 판단을 내렸지만 좀 더 전문적이고 공신력 있는 결과를 받기 위해 외부에 검사를 맡긴 것이다. 당초 원자재 19종에 대해 안전하다는 검사 결과를 받아 든 이편한라텍스는 안전 검사 전체 결과를 지난 달 30일 발표할 예정이었다. 하지만 시험 일부 과정이 늦춰지면서 이날 27종 전체에 대해 안전하다는 사실을 홈페이지 등에 게시했다. 검사 결과 매트리스 원자재에서 나온 라돈 검출 수치는 정부의 공기질 관리법 권고 기준치 148Bq/㎥(다중이용시설 기준)의 5분의 1수준인 5-30Bp/㎥(구체적으로는 라돈 측정결과 : 19.9Bq/㎥, 토론 측정결과 : 57.7Bq/㎥, 연간피폭선량 : 0.983mSv)로 나왔는바, 이는 국제 방사선 안전기준에 적합한 유효 범위 내에 있는 것으로 확인되었다. 라돈 공포로부터 국내 라텍스가공 제품은 안전한 셈이다. 이번 검사를 맡은 강북대 연구소는 매트리스 원자재에서 검출된 라돈 수치는 실외 대기 중 라돈 농도와 비슷하고, 정부가 정한 실내 공기질 관리법 권고기준치에도 크게 밑돈다고 전했다. 이편한라텍스 측은 "이번 결과로 수입라텍스가공 침대의 안전성이 다시 한번 입증돼 고객 여러분들께서는 안심하고 사용하셔도

된다."면서 "앞으로도 안전하고 건강한 공간을 꾸밀 수 있는 제품만을 선보이겠다."고 말했다. 앞서 나이스침대와 시지스 측도 자체 연구소 검사에 이어 외부 전문기관에 의뢰해 라돈 검출 여부를 측정한 결과 안전한 것으로 나타났다고 밝힌 바 있다. 나이스침대와 시지스 모두 한국표준과학연구원에 검사를 의뢰했었다. 이런 가운데 한국소비자원에서 진행하고 있는 '라돈침대' 관련 집단분쟁조정에는 3,000명 가까운 소비자가 참여한 것으로 파악됐다. 라돈이 검출된 라텍스 침대 모델을 구매하거나 사용한 소비자들은 다음 달 2일부터 31일까지 침대 모델명이나 사진 등 관련 서류를 갖춰 소비자원 홈페이지에서 조정 절차에 참가할 수 있다. 소비자원 분쟁조정위는 집단분쟁조정 참가자를 추가로 모은 뒤 늦어도 오는 8월 안에 위원회를 열어 조정 절차를 시작할 예정이다. 업계 관계자는 라돈침대 사태 직후엔 침대를 구매하려는 소비자들이 민감한 반응을 보였지만 이런 분위기도 최근엔 조금씩 누그러지고 있는 상황이라고 전했다. 업계에 따르면 라돈은 토양 등에서 나오는 무색, 무미, 무취의 기체로 실생활 주변에서 노출될 수 있어 세심하게 관리할 필요가 있는 것으로 나타났다.

수임번호 2023-245	**법률상담일지 II**		2023. 9. 7.
의뢰인	홍길동	**의뢰인 전화**	(생략)
의뢰인 주소	(생략)	**의뢰인 이메일**	(생략)

상 담 내 용

1. 의뢰인은 2019. 5.경부터 2021. 7.경까지 서울시 종로구 소재 '헌재유치원'을 비롯한 인근 세 곳의 유치원에 각 영양사로 채용되어 매년 60만 원을 지급받고 영양사로 근무하였다.

2. 의뢰인은 위 각 유치원에 영양사 면허증을 교부하고 매월 식단표를 작성하여 이메일로 송부하여 주었으며, 매월 1회 정도만 방문하여 급식 관련 장부 등을 점검하였을 뿐, 검식 및 배식관리, 구매식품의 검수 및 관리 등 식품위생법 제52조 제2항에 규정된 영양사의 직무를 수행하지 않아 식품위생법을 위반하였다는 이유로 기소되었다.

3. 의뢰인은 2022. 7. 12. 벌금 100만 원을 선고받았다(서울중앙지방법원 2021고정3011). 이에 의뢰인은 항소하여 항소심 계속 중 식품위생법 제52조 제2항 및 제96조에 대하여 위헌법률심판제청신청을 하였으나 2023. 9. 5. 기각되고(서울중앙지방법원 2023초기1168), 같은 날 항소 또한 기각되었다(서울중앙지방법원 2022노7266).

4. 의뢰인은 위 항소심 판결에 대해 상고하는 한편 관련 식품위생법 조항이 위헌임을 주장하는 헌법소원심판을 청구하고자 한다.

전화 02-123-1234, 팩스 02-123-1235, 이메일 hunso@hunso.com
서울 서초구 헌재로 10, 5층 법무법인 헌소(서초동, 헌재 빌딩)

내부회의록 II (헌법소송용)

일 시: 2023. 9. 8. 16:00~17:00
장 소: 법무법인 헌소 소회의실
참석자: 오승소 변호사(대표변호사), 김진실 변호사

오 변호사: 수임번호 2023-245 의뢰인 홍길동의 식품위생법 사건에 대하여 논의하도록 합시다. 의뢰인의 주장이 무엇인가요?

김 변호사: 의뢰인은 식품위생법 제52조 제2항이 단지 집단급식소에 근무하는 영양사의 직무범위를 정하고 있을 뿐인데도 식품위생법 제96조가 제52조 제2항을 위반한 자를 일률적으로 광범위하게 형사처벌하고 있는 것의 위헌성을 다투고자 합니다. 과거에, 집단급식소에 근무하는 영양사와 조리사 사이에 직무범위에 대한 갈등이 있었다는 뉴스를 들으신 적이 있으실 겁니다. 이들 사이의 직무범위를 명확히 하기 위해 식품위생법 제52조 제2항이 신설되었으나 기존의 식품위생법 제52조 위반을 형사처벌하던 식품위생법 제96조가 그대로 남아 있어 집단급식소 영양사의 직무범위를 위반한 모든 행위가 형사처벌의 대상이 되는 문제가 생긴 것으로 보입니다.

오 변호사: 개정 전 식품위생법 제52조는 어떤 내용이었나요.

김 변호사: 네, 개정 전 식품위생법 제52조는 단순히 집단급식소 운영자에게 영양사를 두도록 하는 조항이었습니다. 이를 위반시 식품위생법 제52조를 위반한 자를 처벌하는 동법 제96조에 의해 집단급식소 운영자가 처벌받게 되는 구조였지요. 이런 상황에서 집단급식소 영양사의 직무범위를 규정한 식품위생법 제52조 제2항이 신설되면서 집단급식소 영양사의 직무범위를 위반한 모든 경우까지로 형사처벌의 대상이 확대된 것입니다.

오 변호사: 식품위생법 제52조 제2항을 보면 집단급식소에서의 식단 작성, 검식(檢食) 및 배식관리, 구매식품의 검수(檢受) 및 관리, 급식시설의 위생적 관리, 집단급식소의 운영일지 작성, 종업원에 대한 영양 지도 및 식품위생교육 등 집단급식소 영양사의 업무를 포괄적으로 규정하여 사실상

집단급식소 영양사가 이행할 수 있는 모든 직무를 규정한 것으로 보이는데요. 이러한 상황에서, 아무런 제한 없이 직무수행조항을 위반하면 형사처벌하도록 규정한 것은 형사제재의 필요성이 인정된다고 보기 어려운 행위에 대해서까지 광범위하게 형사처벌의 대상으로 규정한 것이 아닌가요?

김 변호사: 네, 의뢰인 역시 그 부분을 주장하고 있습니다. 또 위 처벌규정의 수범자의 입장에서 어떠한 행위가 형사처벌의 대상이 되는지, 예컨대 어느 정도의 행위가 직무를 수행한 것이고 어느 정도의 행위가 직무를 수행하지 않은 것인지, 그 구체적 기준을 알기 힘들다고도 말합니다.

오 변호사: 잘 알겠습니다. 그렇다면 먼저 형벌의 구성요건이 불명확하다는 취지의 위헌 주장을 준비해 주시기 바랍니다. 또한 이러한 광범위한 형사제재에 의해 의뢰인의 기본권이 침해될 수 있으므로 이에 관한 위헌 주장도 함께 제기해 봅시다.

김 변호사: 네, 꼼꼼히 살펴서 준비토록 하겠습니다.

오 변호사: 의뢰인이 집단급식소 영양사의 직무범위를 규정한 식품위생법 제52조 제2항 자체의 위헌성을 주장하고 있는 것은 아니므로 이 부분은 심판대상에서 제외하여 주시고, 당해사건에서 의뢰인에게 적용되는 부분으로 심판대상을 한정하여 준비해 주십시오. 참, 의뢰인은 항소심 선고기일에 출석하여 공판정에서 위헌법률심판제청신청을 기각하는 취지의 주문을 직접 들었나요?

김 변호사: 네, 의뢰인이 직접 듣고 크게 상심하셨습니다.

오 변호사: 최근 헌법재판소가 헌법재판소법 제68조 제2항 헌법소원의 청구기간 기산점을 엄격하게 보는 결정을 선고하였다고 하니 잘 검토하셔서 청구기간에 대해서도 주의하여 준비해 주시기 바랍니다.

김 변호사: 네, 날짜를 잘 따져보고 실수 없이 준비토록 하겠습니다.

오 변호사: 좋습니다. 오늘 이야기하지 않은 다른 적법요건 부분도 잘 정리해서 작성해 주십시오. 이상으로 오늘 회의를 마치겠습니다. 끝.

소 송 위 임 장

사 건	헌법소원심판청구
당 사 자	홍길동

위 사건에 관하여 다음 표시 수임인을 대리인으로 선임하고, 다음 표시에서 정한 권한을 수여합니다.

수 임 인	법무법인 헌소 서울 서초구 헌재로 10, 5층(서초동, 헌재 빌딩) 전화 02-123-1234, 팩스 02-123-1235 대표변호사 오 승 소 **(인)**
수 권 사 항	1. 일체의 소송행위 1. 반소의 제기 및 응소, 상소의 제기, 동 취하 1. 소의 취하, 화해, 청구의 포기 및 인낙, 참가에 의한 탈퇴 1. 복대리인의 선임 1. 목적물의 수령 1. 공탁물의 납부, 공탁물 및 이자의 반환청구와 수령 1. 담보권의 행사 최고 신청, 담보 취소 신청, 동 신청에 대한 동의, 담보 취소결정 정본의 수령, 동 취소결정에 대한 항고권 포기 1. 강제집행신청, 대체집행신청, 가처분, 가압류 등 보전처분과 관련된 모든 소송행위 1. 인지환급금의 수령에 관한 행위, 소송비용액확정결정신청 등 1. 등록사항별 증명서, 주민등록등·초본, 기타 첨부서류 발급에 관한 행위 1. 위헌법률심판제청신청 및 헌법소원심판청구와 관련된 일체의 소송행위

2023. 9. 7.

위 임 인 홍길동 (인)

헌법재판소 귀중

변호사회 경유

No. 22001-*****
(위임장 등 부착용)
경유증표
2023. **. **.
서울지방변호사회

담당변호사 지정서

사 건	헌법소원심판청구
당 사 자	홍길동

위 사건에 관하여 당 법인은 청구인의 대리인으로서 변호사법 제50조 제1항에 의거하여 그 업무를 담당할 변호사를 다음과 같이 지정합니다.

담당 변호사	변호사 김진실

2023. 9. 7.

법무법인 헌소

서울 서초구 헌재로 10, 5층(서초동, 헌재 빌딩)
전화 02-123-1234, 팩스 02-123-1235
대표변호사   오 승 소 **(인)**

헌법재판소 귀중

서울중앙지방법원
판 결

사　　　건　2021고정3011　식품위생법위반
피　고　인　홍길동(59****-*******)
　　　　　　…(생략)
검　　　사　김검사(기소), 황시보(공판)
변　호　인　…(생략)
판 결 선 고　2022. 7. 12.

주　문

피고인을 벌금 1,000,000원에 처한다.
피고인이 위 벌금을 납입하지 아니하는 경우 100,000원을 1일로 환산한 기간 피고인을 노역장에 유치한다.
위 벌금에 상당한 금액의 가납을 명한다.

이　유

범죄사실

집단급식소에 근무하는 영양사는 집단급식소에서 식단 작성, 검식 및 배식관리, 구매식품의 검수 및 관리, 급식시설의 위생적 관리, 집단급식소의 운영일지 작성, 종업원에 대한 영양 지도 및 식품위생교육의 직무를 수행하여야 한다. 그럼에도 불구하고 피고인은 2019. 5.경 서울시 종로구 소재 '헌재유치원', 같은 구 소재 '헌마유치원', 중구 소재 '헌바유치원'에 영양사로 채용되어 2021. 7.경까지 위 각 유치원에서 매년 60만원을 지급받고 영양사로 근무하면서 영양사 면허증을 교부하고 매월 식단표를 작성하여 이메일로 송부하여 주고, 매월 1회 정도만 방문하여 급식 관련 장부 등을 점검하였을 뿐 검식 및 배식관리, 구매식품의 검수 및 관리 등 위와 같은 영양사의 직무를 수행하지 않았다.

증거의 요지
(생략)

법령의 적용
1. 범죄사실에 대한 해당법조
    식품위생법 제96조, 제52조 제2항
    … (생략) …

변호인의 주장 및 판단
   … (생략) …

판사   최우수 _____

등본입니다.

2022. 7. 13.

서울중앙지방법원

법원주사 김주무 [직인]

※ 각 법원 민원실에 설치된 사건검색 컴퓨터의 발급번호조회 메뉴를 이용하거나, 담당 재판부에 대한 문의를 통하여 이 문서 하단에 표시된 발급번호를 조회하시면, 문서의 위,변조 여부를 확인하실 수 있습니다.

위헌법률심판제청신청

사　　건　　서울중앙지방법원 2022노7266 식품위생법위반
피 고 인(신청인)　　홍길동

위 사건에 관하여 신청인은 아래와 같이 위헌법률심판제청을 신청합니다.

신 청 취 지

"식품위생법(2011. 6. 7. 법률 제10787호로 개정된 것) 제52조 제2항, 제96조에 대하여 위헌법률심판을 제청한다."라는 결정을 구합니다.

신 청 이 유

1. 재판의 전제성
(생략)

2. 식품위생법 제52조 제2항과 제96조의 위헌성
… (중략) … 결국 식품위생법 제52조 제2항과 제96조는 헌법에 위배됩니다.

3. 결어
식품위생법 제52조 제2항과 제96조는 헌법에 위반되므로, 신청인은 귀 재판부가 헌법재판소에 위헌법률심판을 제청해 주실 것을 신청합니다.

2023. 3. 24.
신청인 홍길동

서울중앙지방법원 제9형사부 귀중

서울중앙지방법원
제9형사부
판 결

사 건	2022노7266 식품위생법위반
	2023초기1168 위헌심판제청
피 고 인	홍길동(59****-*******)
	…(생략)
항 소 인	피고인
검 사	김검사(기소), 이유죄(공판)
변 호 인	…(생략)
원심판결	서울중앙지방법원 2022. 7. 12. 선고 2021고정3011 판결
판결선고	2023. 9. 5.

주 문

피고인의 항소를 기각한다.

이 사건 위헌법률심판제청신청을 기각한다.

이 유

1. 항소이유의 요지

가. 사실오인 내지 법리오해

(생략)

나. 양형부당

(생략)

2. 판단

가. 사실오인 내지 법리오해

…(중략) 원심이 적법하게 채택하여 조사한 증거들을 비롯하여 이 사건 기록을 살펴보면, 원심의 위와 같은 판단은 정당한 것으로 충분히 수긍할 수 있고, 거기에 피고인이 주장하는 바와 같은 사실오인 내지 법리오해의 위법이 있다고 할 수 없다. 따라서 피고인의 사실오인 내지 법리오해 주장은 받아들이지 않는다.

나. 양형부당

…(중략) 이 법원에서 새롭게 고려할 만한 특별한 정상관계나 사정변경이 없고, 그 밖에 피고인의 나이, 성행, 가족관계, 범행의 경위, 범행 후의 정황 등 이 사건 기록과 변론에 나타난 여러 양형 조건들을 종합하면, 원심의 형이 너무 무거워서 부당하다고 보이지 않는다. 따라서 피고인의 양형부당 주장도 받아들이지 않는다.

3. 위헌법률심판제청신청에 대한 판단

가. 신청대상 법률조항

식품위생법

제52조(영양사)

② 집단급식소에 근무하는 영양사는 다음 각 호의 직무를 수행한다.

1. 집단급식소에서의 식단 작성, 검식(檢食) 및 배식관리
2. 구매식품의 검수(檢受) 및 관리
3. 급식시설의 위생적 관리
4. 집단급식소의 운영일지 작성
5. 종업원에 대한 영양 지도 및 식품위생교육

제96조(벌칙) 제51조 또는 제52조를 위반한 자는 3년 이하의 징역 또는 3천만 원 이하의 벌금에 처하거나 이를 병과할 수 있다.

나. 신청의 요지

…(중략) 결국 식품위생법 제52조 제2항과 제96조는 … 헌법에 위배된다.

다. 판단

(생략)

4. 결론

그렇다면 피고인의 항소는 이유 없으므로 형사소송법 제364조 제4항에 따라 이를 기각하고, 이 사건 위헌법률심판제청신청은 이유 없으므로 이를 기각하기로 하여 주문과 같이 판결한다.

   재판장 판사   명판사 _____

        판사   우배석 _____

        판사   좌배석 _____

등본입니다.

2023. 9. 7.

서울중앙지방법원

법원주사 오증명 [직인]

송 달 증 명 원

사　　　건 : 서울중앙지방법원　2022노7266　　식품위생법위반
　　　　　　　　　　　　　　　2023초기1168　　위헌심판제청

신　청　인 : 홍길동

증명신청인 : 홍길동

위 사건에 관하여 판결등본이 신청인에게 2023. 9. 8. 자로 송달되었음을 증명합니다. 끝.

2023. 9. 15.

서울중앙지방법원

법원주사　최　중　앙　　　|　직　인　|

본 증명(문서번호:전자제출제증명(신청)1234)에 관하여 문의할 사항이 있으시면 02-000-0000으로 문의하시기 바랍니다.

참고 자료

1. 관련 법령(발췌)

■ 생활주변방사선 안전관리법

제8조(안전지침의 작성·배포 등)

① 원자력안전위원회는 생활주변방사선의 안전관리를 위하여 필요한 안전지침을 작성하여 제9조의 취급자, 제15조의 제조업자 및 제18조의 항공운송사업자 등에게 배포하여야 한다.

② 제1항의 안전지침에는 다음 각 호의 사항이 포함되어야 한다.

1. 제13조제2항에 따른 공정부산물 처리·처분 또는 재활용의 방법·절차에 관한 사항
2. 제14조에 따른 원료물질 또는 공정부산물의 취급·관리 시 준수사항
3. 제15조에 따른 가공제품의 안전기준에 관한 사항
4. 우주방사선 및 지각방사선에 피폭(被曝)할 우려가 있는 사람의 안전조치에 관한 사항

③ 원자력안전위원회는 제1항에 따라 작성한 안전지침을 관계 중앙행정기관의 장에게 통보하는 등 생활주변방사선의 안전관리를 위하여 이를 효율적으로 활용할 수 있는 방안을 마련하여야 한다.

제15조(가공제품의 안전기준)

① 가공제품을 제조 또는 수출입하는 자(이하 "제조업자"라 한다)는 다음 각 호의 기준(이하 "안전기준"이라 한다)에 적합한 제품을 제조 또는 수출입하여야 한다.

1. 가공제품에 포함된 천연방사성핵종을 함유한 물질이 공기 중에 흩날리거나 누출되지 아니할 것
2. 가공제품이 신체에 닿았을 때 가공제품에 포함된 천연방사성핵종이 신체에 전이(轉移)되지 아니할 것
3. 가공제품으로 인해 사람의 신체 외부 및 내부에 피폭하는 방사선량을 모두 합한 양이 원자력안전위원회가 정하여 고시하는 기준을 초과하지 아니할 것
4. 가공제품에 포함된 방사능 농도와 수량이 원자력안전위원회가 정하여 고시하는 기준을 초과하지 아니할 것

② 제1항에도 불구하고 제조업자는 다음 각 호의 제품을 제조 또는 수출입해서는 아니 된다.
1. 전리(電離), 여기(勵起) 등 방사선에 의한 효과를 내기 위하여 원료물질 또는 공정부산물을 첨가한 제품
2. 신체에 착용하거나 장시간 신체에 밀착되어 사용되는 제품 등 원자력안전위원회가 정하여 고시하는 제품

제16조(부적합한 가공제품에 대한 조치)
① 제조업자는 가공제품이 안전기준에 적합하지 아니한 사실을 알게 된 때에는 그 사실을 공개하고 대통령령으로 정하는 바에 따라 보완, 교환, 수거 및 폐기 등의 조치를 하여야 한다.

제17조(결함 가공제품의 처리 명령)
① 원자력안전위원회는 가공제품이 안전기준에 적합하지 아니하거나 제15조제2항 각 호에 해당하는 경우에는 대통령령으로 정하는 절차에 따라 해당 제조업자에게 제16조제1항에 따른 사실 공개 및 관련 조치를 명할 수 있다. 다만, 원자력안전위원회는 해당 가공제품의 수거·폐기 등의 책임자가 없는 경우에는 해당 제품의 정보를 공개하고, 사용중지를 권고할 수 있다.
② 원자력안전위원회는 제1항에 따른 명령을 받은 자가 그 명령을 이행하지 아니하는 때에는 해당 가공제품과 관련된 내용을 대통령령으로 정하는 바에 따라 공표하고 「행정대집행법」에 따라 대집행을 할 수 있다.

■ 생활주변방사선 안전관리법 시행령

제7조(부적합한 가공제품에 대한 조치 등)
① 제조업자는 가공제품이 안전기준에 적합하지 아니한 사실을 알게 되었을 때에는 그 사실을 안 날부터 20일 이내에 법 제16조제1항에 따른 조치에 관한 계획(이하 이 조에서 "조치계획"이라 한다)을 수립하여 원자력안전위원회에 보고하여야 한다.
② 조치계획에는 다음 각 호의 사항이 포함되어야 한다.
1. 안전기준에 적합하지 아니한 가공제품의 제품명, 제조일 또는 수입일, 판매일, 납품처 및 판매 현황

2. 안전기준에 적합하지 아니한 사실을 알게 된 시점 및 경위, 안전기준에 적합하지 아니한 내용 및 원인
3. 안전기준에 적합하지 아니한 가공제품의 보완교환수거 및 폐기 등의 조치방법절차 및 기간

③ 원자력안전위원회는 제1항에 따라 보고된 조치계획이 충분하지 않다고 인정되면 해당 계획의 보완을 명할 수 있다.

④ 제조업자는 조치계획에 따라 보완교환수거 및 폐기 등의 조치를 하여야 한다.

제8조(결함 가공제품의 처리)

③ 원자력안전위원회는 안전기준에 적합하지 아니한 가공제품의 수량 등을 고려하여 3개월의 범위에서 조치기간을 정하여야 한다. 다만, 제조업자가 천재지변이나 그 밖의 부득이한 사유로 조치기간까지 관련 조치를 완료할 수 없는 경우에는 제조업자의 요청에 따라 3개월의 범위에서 한 차례 그 기간을 연장할 수 있다.

④ 원자력안전위원회는 제조업자가 법 제17조제1항에 따른 명령을 이행하지 않는 경우 같은 조 제2항에 따라 다음 각 호의 사항을 신문, 방송 또는 인터넷 홈페이지 등에 공표할 수 있다.

1. 제조업자의 성명(법인인 경우에는 법인의 명칭)
2. 결함 가공제품의 종류 및 모델명, 제조일 또는 수입일, 판매일, 납품처 및 판매 현황
3. 해당 가공제품의 결함 내용
4. 결함 가공제품에 대한 대집행 계획

■ 생활주변방사선 안전관리에 관한 규정

제4조(가공제품에 의한 피폭방사선량 기준 등)

① 법 제15조 제1항 제3호에 따라 가공제품에 의한 일반인의 피폭방사선량은 연간 1밀리시버트(mSv)를 초과하지 아니하여야 한다. 다만, 인체에 접촉되어 사용되는 것으로서 용이하게 섭취 또는 흡입할 수 있는 장난감, 화장품 제품에는 원료물질 또는 공정부산물을 포함하여서는 아니된다.

■ 식품위생법(2011. 6. 7. 법률 제10787호로 개정된 것)

제52조(영양사)

① 집단급식소 운영자는 영양사(營養士)를 두어야 한다. (단서 생략)

② 집단급식소에 근무하는 영양사는 다음 각 호의 직무를 수행한다.

  1. 집단급식소에서의 식단 작성, 검식(檢食) 및 배식관리

  2. 구매식품의 검수(檢受) 및 관리

  3. 급식시설의 위생적 관리

  4. 집단급식소의 운영일지 작성

  5. 종업원에 대한 영양 지도 및 식품위생교육

제96조(벌칙)

제51조 또는 제52조를 위반한 자는 3년 이하의 징역 또는 3천만 원 이하의 벌금에 처하거나 이를 병과할 수 있다.

■ 구 식품위생법(2009. 2. 6. 법률 제9432호로 전부개정되고, 2011. 6. 7. 법률 제10787호로 개정되기 전의 것)

제52조(영양사)

대통령령으로 정하는 집단급식소 운영자는 영양사(營養士)를 두어야 한다. (단서 생략)

2. 달력

■ 2023년 1월 ~ 2023년 12월

2023년 1월

일	월	화	수	목	금	토
1	2	3	4	5	6	7
8	9	10	11	12	13	14
15	16	17	18	19	20	21
22	23	24	25	26	27	28
29	30	31				

2023년 2월

일	월	화	수	목	금	토
			1	2	3	4
5	6	7	8	9	10	11
12	13	14	15	16	17	18
19	20	21	22	23	24	25
26	27	28				

2023년 3월

일	월	화	수	목	금	토
			1	2	3	4
5	6	7	8	9	10	11
12	13	14	15	16	17	18
19	20	21	22	23	24	25
26	27	28	29	30	31	

2023년 4월

일	월	화	수	목	금	토
						1
2	3	4	5	6	7	8
9	10	11	12	13	14	15
16	17	18	19	20	21	22
23/30	24	25	26	27	28	29

2023년 5월

일	월	화	수	목	금	토
	1	2	3	4	5	6
7	8	9	10	11	12	13
14	15	16	17	18	19	20
21	22	23	24	25	26	27
28	29	30	31			

2023년 6월

일	월	화	수	목	금	토
				1	2	3
4	5	6	7	8	9	10
11	12	13	14	15	16	17
18	19	20	21	22	23	24
25	26	27	28	29	30	

2023년 7월

일	월	화	수	목	금	토
						1
2	3	4	5	6	7	8
9	10	11	12	13	14	15
16	17	18	19	20	21	22
23/30	24/31	25	26	27	28	29

2023년 8월

일	월	화	수	목	금	토
		1	2	3	4	5
6	7	8	9	10	11	12
13	14	15	16	17	18	19
20	21	22	23	24	25	26
27	28	29	30	31		

2023년 9월

일	월	화	수	목	금	토
					1	2
3	4	5	6	7	8	9
10	11	12	13	14	15	16
17	18	19	20	21	22	23
24	25	26	27	28	29	30

2023년 10월

일	월	화	수	목	금	토
1	2	3	4	5	6	7
8	9	10	11	12	13	14
15	16	17	18	19	20	21
22	23	24	25	26	27	28
29	30	31				

2023년 11월

일	월	화	수	목	금	토
			1	2	3	4
5	6	7	8	9	10	11
12	13	14	15	16	17	18
19	20	21	22	23	24	25
26	27	28	29	30		

2023년 12월

일	월	화	수	목	금	토
					1	2
3	4	5	6	7	8	9
10	11	12	13	14	15	16
17	18	19	20	21	22	23
24/31	25	26	27	28	29	30

확 인 : 법학전문대학원협의회

2023년도 제2차 변호사시험 모의시험 – 논술형(기록형)

시험과목	공 법(기록형)

응시자 준수사항

1. 시험 시작 전 문제지의 봉인을 손상하는 경우, 봉인을 손상하지 않더라도 문제지를 들추는 행위 등으로 문제 내용을 미리 보는 경우 모두 부정행위로 간주되어 그 답안은 영점 처리 됩니다.

2. 답안은 흑색 또는 청색 필기구(사인펜이나 연필 사용 금지) 중 한 가지 필기구만을 사용하여 답안 작성 난(흰색 부분) 안에 기재하여야 합니다.

3. 답안지에 성명과 수험 번호를 기재하지 않아 인적 사항이 확인되지 않는 경우에는 영점 처리 등 불이익을 받게 됩니다. 특히 답안지를 바꾸어 다시 작성하는 경우, 성명 등의 기재를 빠뜨리지 않도록 유의하여야 합니다.

4. 답안지에는 문제 내용을 기재할 필요가 없으며, 답안 내용 이외의 사항을 기재하거나 밑줄 기타 어떠한 표시도 하여서는 안 됩니다. 답안을 정정할 경우에는 두 줄로 긋고 다시 기재하여야 하며, 수정액 등은 사용할 수 없습니다.

5. 시험 종료 시각에 임박하여 답안지를 교체 요구한 경우라도 시험시간 종료 후 즉시 새로 작성한 답안지를 회수합니다.

6. 시험 종료 후에는 답안지 작성을 일절 할 수 없으며, 이에 위반하여 시험시간이 종료되었음에도 불구하고 **시험관리관의 답안지 제출지시에 불응한 채 계속 답안을 작성하거나 답안지를 늦게 제출할 경우 그 답안은 영점 처리** 됩니다.

7. 답안은 답안지 쪽수 번호 순으로 기재하여야 하고, **배부받은 답안지는 백지 답안이라도 모두 제출**하여야 하며, **답안지를 제출하지 아니한 경우 그 시험시간 및 나머지 시험시간의 시험에 응시할 수 없습니다.**

8. 지정된 시간까지 지정된 시험실에 입실하지 아니하거나 시험관리관의 승인을 얻지 아니하고 시험시간 중에 그 시험실에서 퇴실한 경우 그 시험시간 및 나머지 시험시간의 시험에 응시할 수 없습니다.

9. 시험시간이 종료되기 전에는 어떠한 경우에도 문제지를 시험장 밖으로 가지고 갈 수 없고, 시험 종료 후 가지고 갈 수 있습니다.

법학전문대학원협의회
KOREAN ASSOCIATION OF LAW SCHOOLS

목 차

I. 문제 2

II. 작성요령과 주의사항 3

III. 서면 양식 4

IV. 기록내용
    법률상담일지 I 7
    내부회의록 I 9
    건축신고(신축)통보 12
    토지이용계획확인원 13
    신청지 주변 사진 14
    이 사건 축사 규모와 인근 축사 현황 15
    전국 통계자료(축사 규모) 16
    보도자료 17
    법률상담일지 II 18
    참고자료1 (가족관계증명서) 20
    참고자료2 (부산가정법원 심판) 21
    참고자료3 (인사발령통지서) 24
    참고자료4 (부산고등검찰청 환수 통지서) 25
    참고자료5 (소장) 26
    참고자료6 (법원 나의 사건 검색 결과) 27
    참고자료7 (서울행정법원 변론조서) 28
    내부회의록 II 29

V. 참고 자료
    1. 관련 법령(발췌) 31
    2. 달력 39

【문 제】

법무법인 대승의 담당변호사 박대영의 입장에서 아래의 문서를 작성하시오.

1. 김경일과 이경대의 의뢰내용을 듣고, 박철수에 대한 건축신고수리처분의 취소를 구하는 소장을 작성하되, 아래 사항을 준수하여 첨부된 양식의 ①부터 ⑧에 들어갈 내용을 작성하시오. (50점)

가. ①에는 원고적격이 있는 의뢰인만 원고로 기재할 것(만약 의뢰인들 중에 원고적격이 없는 자가 있을 때에는 그를 제외하고 나머지 의뢰인만 원고로 기재할 것)

나. ⑤에는 '이 사건 소의 적법성' 부분을 기재하되, 원고적격과 제소기간만 기재할 것. 또한 ⑦에는 법령상 허용되는 제소기간의 마지막 날을, ⑧에는 관할법원을 각 기재할 것

다. '이 사건 처분의 위법성' 부분(⑥에 해당)에서는 **근거법령의 위헌·위법성에 관하여는 기재하지 말 것**

라. 경주시의 이 사건 관련 조례 개정과 관련해서는 **경과규정이 없는 것을 전제로 할 것**

2. 의뢰인 사미인, 김경일을 위하여 위헌법률심판제청신청서를 작성하되, 아래의 사항을 준수하시오. (50점)

가. 첨부된 위헌법률심판제청신청서 양식의 ①부터 ⑤까지 부분에 들어갈 내용만 기재할 것

나. '신청취지' 부분(②)에서 법령개정연혁을 표시함에 있어서는 기록에 첨부된 관련 법령상의 개정연혁을 기준으로 할 것

다. '3. 이 사건 조항의 위헌성' 부분(④)에서는 의뢰인을 위하여 합리적으로 제기해 볼 수 있는 한에서 위헌성을 주장하되, 내부회의록 등 기록상 나타난 소송전략을 반영할 것

라. 제청신청 대상조항의 위헌 여부에 대해서는 이제까지 헌법재판소의 결정이 없었다고 가정할 것

【작성요령과 주의사항】

1. 기록에 첨부된 관련 법령(일부 조문은 가상의 것으로 현행 법령과 차이가 있을 수 있음)은 이 사건의 모든 절차와 과정, 소장, 위헌법률심판제청신청서의 작성 및 제출 시 모두 시행되고 있는 것으로 보고, 첨부된 관련 법령과 다른 내용의 현행 법령은 고려하지 말 것

2. 기록에 첨부된 각종 서류는 적법하게 작성된 것으로 간주하고, 서류 등에 필요한 서명과 날인, 무인과 간인 등은 모두 적법하게 갖추어진 것으로 볼 것

3. 법률상담일지의 사실관계와 기록에 첨부된 자료들을 기초로 하고, 그것이 사실임을 전제로 할 것

4. "(생략)"으로 표시된 부분은 모두 기재된 것으로 볼 것

5. 문장은 경어(敬語)체로 작성하는 것이 실무례이고 바람직하나, 본 시험에서는 답안 작성의 편의상 평어체도 허용함

【소장 양식】

```
                           소  장

    원   고          ┌─────────①─────────┐
                     └───────────────────┘
                    (주소 생략)
                    소송대리인 법무법인 대승
                    담당변호사 박대영

    피   고          ┌─────────②─────────┐
                     └───────────────────┘

    사 건 명         ┌─────────③─────────┐
                     └───────────────────┘

                         청 구 취 지
    ┌─────────────────────────④─────────────────────────┐
    └───────────────────────────────────────────────────┘

                         청 구 원 인
    1. 이 사건 처분의 경위(생략)
    2. 이 사건 소의 적법성
    ┌─────────────────────────⑤─────────────────────────┐
    └───────────────────────────────────────────────────┘

    3. 이 사건 처분의 위법성
    ┌─────────────────────────⑥─────────────────────────┐
    └───────────────────────────────────────────────────┘

    4. 결론(생략)

                    입 증 방 법(생략)
                    첨 부 서 류(생략)

                    ⑦ ○○○○. ○○. ○○.

                          원고 소송대리인 법무법인 대승
                               담당변호사 박대영 (인)


    ┌──────⑧──────┐  귀중
    └─────────────┘
```

【 위헌법률심판제청신청서 양식 】

위헌법률심판제청신청서

사　　건　　①
원　　고　　(생략)
피　　고　　(생략)
신 청 인　　위 원고들

신 청 취 지

②

신 청 이 유

1. 쟁점의 정리
(생략)

2. 재판의 전제성

③

3. 이 사건 조항의 위헌성

④

4. 결　론
(생략)

첨 부 서 류
(생략)

2023. 3. 27.

신청인들 소송대리인 (생략)

⑤　　귀중

기록내용 시작

수임번호 2023-0015	**법률상담일지 I**	2023. 2. 18.
의뢰인	김경일, 이경대	**의뢰인 전화**	031) 877-3214 054) 853-5588
의뢰인 주소	김경일 : 안산시 상록구 사동 150 이경대 : 경주시 가나읍 다라리 15	**의뢰인 팩스**	

상 담 내 용

1. 박철수는 2021. 12. 2. 관할 행정청에 경주시 가나읍 다라리 1001에 한우 95마리를 키우고자 4동의 축사와 2동의 부속 건물을 신축하는 내용의 신고를 하였다. 관할 행정청은 2022. 9. 23. 박철수에게 위 건축신고를 수리하는 처분을 하였다. 그러나 이 사건 축사 신축공사는 다라리 소재 다라리 마을(50가구 거주) 주민들의 민원으로 사실상 중단된 상태다.

2. 의뢰인 김경일은 경주시 가나읍 다라리에서 출생하였으나 대학 진학 후 고향을 떠났고 2015년 아버지로부터 다라리 1002 토지를 증여받아 소유하고 있다. 다라리 1002 토지는 다라리 1001 토지와 맞닿아 있다. 의뢰인 이경대는 다라리 마을에 거주하는 주민으로 의뢰인 김경일의 고향 친구이다.

3. 의뢰인 김경일은 2022. 10. 31. 아버지 산소에 들렀다가 다라리 1001 공사현장을 보고 축사 신축 사실을 알게 되었다. 인접한 토지 소유자인 자신과 협의도 하지 아니하고 축사 신축 공사를 하는 것이 이해가 되지 않았다. 그러던 중 의뢰인 김경일은 2022. 12. 4. 오랜만에 의뢰인 이경대에게 전화했는데 의뢰인 이경대로부터 다라리 마을 주민들이 이 사건 축사 신축을 반대하는 서명을 한다는 말을 듣고 같은 날 고향으로 내려와 의뢰인 이경대와 함께 축사 신축을 반대한다는 내용의 서면에 서명하였다.

4. 한편, 그 이전에도 다라리 마을 주민들 중 일부가 2022. 1. 초순경 다라리 1001 축사 신축 반대 서면을 제출하였고, 2022. 8. 26. 다라리 1001 근처에 축사 신축 반대 현수막을 설치하기도 하였다.

5. 이 사건 축사 예정지 인근인 다라리 1000, 다라리 1000-2에는 이미 대규모 축사가 운영되고 있다.

6. 이 사건 신청지 및 인근 농지는 농지법상 농업진흥구역이고, 국토계획법상 농림지역이다. 그리고 이 사건 신청지로부터 80m 정도 떨어진 곳에는 수로가 있고, 그 수로는 1.3km 거리에 있는 경주천으로 연결되어 있다.

7. 경주시에서는 악취와 관련된 민원으로 인하여 2022. 8. 15. 다라리 1000 토지 인근에서 시료를 포집하여 공기 중 악취의 수준을 검사하였는데 악취검사결과 기준치의 10배로 확인되었다. 기준치의 15배 이상일 경우 행정상 제재가 가능하다.

8. 이 사건 축사 예정지와 다라리 마을까지의 직선거리는 약 220m이다.

9. 의뢰인들은 이 사건 처분의 위법성을 다투어 위 처분을 취소시키기를 희망한다.

법무법인 대승(담당변호사 박대영)
전화 02-555-2341, 팩스 02-555-2342, 이메일 9to0law@viclaw.com
서울 강남구 테헤란로 345

법무법인 대승 내부회의록 I

일 시 : 2023. 2. 20. 14:00 ~ 15:00
장 소 : 법무법인 대승 회의실
참석자 : 조용수 변호사(공법소송팀장), 박대영 변호사

조 변호사: 지금부터 수임번호 2023-0015호 의뢰인 김경일, 이경대와 관련된 처분취소 사건에 관하여 논의해 보실까요. 어떠한 사건인가요?

박 변호사: 박철수라는 사람이 경주시 가나읍 다라리 1001에 축사를 신축하는 내용을 신고하였고 경주시 가나읍장이 이를 수리하는 처분을 하였습니다. 의뢰인 김경일은 인접 토지인 다라리 1002 토지 소유자이고, 의뢰인 이경대는 다라리 마을 주민인데, 위 처분의 위법성을 다투는 소송을 법원에 제기하고자 합니다.

조 변호사: 의뢰인들은 위 처분의 상대방이 아니므로 원고가 될 수 있는지부터 검토해야 하겠군요.

구 변호사: 예. 그렇습니다. 처분의 상대방이 아닌 제3자가 소송의 원고가 되기 위해서는 제3자에게 법률상 보호가치 있는 이익이 인정되어야 합니다. 의뢰인 김경일은 인접 토지 소유자의 지위에서, 의뢰인 이경대는 다라리 마을 주민의 지위에서 이 사건 처분을 다투는데 원고적격이 있는지 살펴보고 원고적격이 인정되는 의뢰인만 원고로 해서 진행하겠습니다.
이와 관련하여 경주시 조례로 가축사육제한 조례가 있습니다. 이 조례는 주민들의 생활환경 등을 보호하고자 주거밀집지역으로부터 일정한 거리 내에는 가축사육을 제한하는 내용입니다. 경주시는 2022. 1. 10. 이 조례를 개정한 바 있습니다. 사육 대상이 소(牛)인 경우 2022. 1. 10. 이전 조례는 '10호 이상의 주거밀집지역 경계로부터 150m'를 가축사육제한구역으로 정하였고, 2022. 1. 10. 개정된 조례는 '5호 이상의 주거밀집지역 경계로부터 300m'로 규정하면서 가축사육제한구역이 확장되었습니다. 박철수가 2021. 12. 2. 이 사건 축사 신축 신고를 하였고 2022. 9. 23. 이를 수리하는 이 사건 처분이 있었으므로 그 사이에 위 조례가 개정된 것입니다. 의뢰인 이경대가 사는 다라리 마을에는 50가구가 거주하고 있어 주거

밀집지역에 해당하고, 이 사건 신청지로부터 직선거리로 220m 정도 떨어져 있습니다. 개정 전후의 조례 중 어느 것을 적용할지에 따라 검토내용이 달라질 것 같습니다.

조 변호사: 예. 좋습니다. 어떤 조례가 적용되는지 검토한 후에 이에 맞추어 원고적격을 정리해 주세요. 제소기간과 관련해서는 문제가 없나요?

박 변호사: 다라리 마을 주민들 중 일부가 2022. 1. 초순경 경주시에 이 사건 축사 신축을 반대하는 내용의 서면을 제출하였고, 2022. 8. 26. 다라리 1001 근처에 축사 신축 반대 현수막을 설치하였으며, 2022. 12. 4. 축사 신축을 반대하는 내용의 서면을 작성하여 제출하였습니다. 의뢰인들이 가담한 부분은 2022. 12. 4. 있었던 축사 신축 반대 서면인데 서면내용을 보면 '주민 동의 없는 우사 신축 허가 취소'라고 되어 있습니다. 이러한 점을 고려해서 제소기간을 살펴보겠습니다. 의뢰인들은 자신들이 소송 자료를 준비 중이므로 되도록 늦게 소를 제기해 달라고 요청하였으므로 이를 고려하여 제소기간 마지막 날 소장을 작성, 제출하겠습니다.

조 변호사: 이 사건 처분의 하자로 검토할 만한 내용은 무엇인가요?

박 변호사: 의뢰인들이 행정청에 문의하였을 때 행정청에서는 '박철수의 신청은 특별한 사정이 없으면 수리하여야 하는 건축신고'라고 답변하였다고 합니다. 이 사건 신고의 법적 성질을 오해한 것으로 보입니다. 이 사건 신고의 내용을 보면 농지를 축사 부지로 변경하고자 하는 것으로 토지의 형질 변경이 이루어집니다. 이를 단순한 건축신고로 볼 수 없습니다.

조 변호사: 저도 그렇게 생각되네요. 그 밖에 이 사건 처분에 절차상 하자는 없던가요?

박 변호사: 국토의 계획 및 이용에 관한 법률 제59조 제1항이 일정한 개발행위의 허가에 대하여 사전에 도시계획위원회의 심의를 거치도록 하고 있습니다. 이 사건 신고도 시계획위원회의 심의 대상입니다. 그럼에도 불구하고 이를 거치지 않았습니다. 다만 이처럼 시계획위원회의 심의를 거치지 아니한 하자의 효력에 대하여는 대법원 판례 등을 검토해 보아야 할 것 같습니다.

조 변호사: 추가로 검토할 만한 내용이 있나요?

박 변호사: 박철수가 이 사건 신청지를 축사로 개발하는 사적 이익과 축사로 개발될 경우 발생할 수 있는 수질 오염, 악취 발생, 농지 손실 등의 문제를 비교형량할 때 공적인 측면에서 이 사건 신청을 거부하는 것이 타당하다는 내용으로 검토할 예정입니다.

특히 2022. 8. 15. 경주시 환경과에서는 이 사건 신청지 인근의 공기 중 악취 시료를 포집하여 경상북도보건환경연구원에 분석을 의뢰하였고, 그 결과 기준치 10배의 악취가 확인되었습니다. 행정제재가 가능한 범위는 기준치의 15배로서 이에는 미치지 못하나 이 사건 축사가 신축될 경우 이를 초과할 가능성이 있다는 점을 강조하겠습니다. 게다가 이 사건 신청지와 기존 축사로부터 80m 정도 떨어진 곳에는 수로가 있고, 그 수로는 1.3km 거리에 있는 경주천으로 연결되어 있습니다. 이로 인한 수질오염 등의 문제도 있습니다. 그리고 박철수가 신청한 이 사건 축사는 예정 사육두수 95마리로서, 2022년 기준 농장당 사육두수(약 35.8마리)의 2.6배 가량 많아 그 규모가 상당한 점[첨부한 자료 중 이 사건 축사 규모와 인근 축사 현황, 전국 통계자료(축사 규모) 참조], 정부에서 수질오염 문제의 심각성을 고려해 오염 방지 대책을 추진하는 점(첨부한 자료 중 보도자료 참조)도 고려해야 하겠습니다.

그 밖에 제가 의뢰인과 상담한 내용과 제출하는 자료를 바탕으로 기록과 법리를 면밀히 검토하여 필요한 주장을 소장에 개진하도록 하겠습니다.

조 변호사: 네, 고생 많으셨습니다. 오늘 논의한 사항들을 차분하게 잘 검토해서 소장을 작성하시기 바랍니다. 이상으로 회의를 마치겠습니다. 끝.

가 나 읍

수신자   박철수
시행일   2022. 9. 23.
제 목   건축신고(신축)통보

---

1. 가나읍 다라리 1001 내 건축신고 건에 대하여 건축법 제14조 규정에 의거 아래와 같이 신고 처리되었음을 통보합니다.

   가. 건축신고내역

건 축 주	박철수	신 고 번 호	2022-가나읍-신축신고
위 치	가나읍 다라리 1001	용 도	동·식물관련시설 (축사 및 퇴비사)
대지 면적 (㎡)	2,975	건축 면적 (㎡)	1,557.9
연면적합계(㎡)	1,557.9	용 도 지 역	농림지역 / 농업진흥구역
구 조	강파이트구조	설 계 자	
협 의 사 항	도로점용, 가축분뇨처리		
주 요 사 항	건축법 제14조 제5항의 규정에 의거 신고일부터 1년 이내에 공사에 착수하지 아니하면 그 신고의 효력이 없어짐(건축신고 취소됨)		

   나. 면허세 납부사항(이하 생략)

2. 건축신고에 따른 유의사항(이하 생략)

가 나 읍 장   [가나읍장 직인]

토지이용계획확인원

소재지	경주시 가나읍 다라리 1001		
지 목	답	면 적	2,975㎡
개별공시지가 (㎡당)	53,600원(2023/01)		
지역지구 등 지정여부	국토의 계획 및 이용에 관한 법률에 따른 지역·지구등	농림지역	
	다른 법령 등에 따른 지역·지구등	가축사육제한구역〈가축분뇨의 관리 및 이용에 관한 법률〉, 농업진흥구역〈농지법〉	
토지이용규제 기본법 시행령 제9조 제4항 각 호에 해당하는 사항			

확인도면 / 범례

■ 농림지역
■ 농업진흥구역
■ 가축사육제한구역
☐ 법정동
축척 1/1200

유의사항

(이하 생략)

신청지 주변 사진

1. 신청지와 인근 축사

2. 신청지와 인근 다라리 마을(직선거리 220m)

이 사건 축사 규모와 인근 축사 현황

1. 이 사건 축사 규모

구분	축사 소재지	축종	사육두수(마리)	면적(㎡)
1	경주시 가나읍 다라리 1001	한우	95	1,557.9

2. 신청지 인근 축사 현황

구분	축사 소재지	축종	사육두수(마리)	면적(㎡)
1	경주시 가나읍 다라리 1000	한우	17	1,488
2	경주시 가나읍 다라리 1000-2	한우	88	1,544.7

전국 통계자료(축사 규모)

가. 한·육우

(단위: 천 마리, 농장, %)

구 분		'19.12	'20.12	2021 3	2021 6	2021 9	2021 12	2022 3	2022 6p)	증 감p) 전분기	증 감p) 전년동기
총 마릿수		3,020	3,113	3,059	3,242	3,269	3,237	3,197	3,330	132 (4.1)	87 (2.7)
- 가임암소		1,380	1,434	1,402	1,426	1,480	1,491	1,462	1,485	24 (1.6)	59 (4.1)
품종별	한우	2,871	2,962	2,908	3,094	3,116	3,078	3,038	3,175	138 (4.5)	81 (2.6)
품종별	육우	148	151	151	148	153	159	160	154	-5 (-3.2)	6 (4.1)
연령별	1세미만	907	939	949	968	977	988	1,006	970	-35 (-3.5)	2 (0.2)
연령별	1~2세미만	866	885	883	885	899	915	926	939	13 (1.4)	54 (6.1)
연령별	2세이상	1,247	1,289	1,227	1,390	1,393	1,334	1,266	1,421	155 (12.3)	31 (2.3)
규모별	50마리미만	1,085	1,089	1,081	1,081	1,092	1,094	1,092	1,089	-3 (-0.3)	7 (0.7)
규모별	50~100마리미만	723	751	744	788	796	782	780	818	38 (4.8)	30 (3.8)
규모별	100마리이상	1,212	1,273	1,235	1,373	1,380	1,361	1,325	1,423	98 (7.4)	50 (3.6)
사육 농장수		98,570	96,630	95,855	94,943	94,360	94,007	93,587	93,133	-454 (-0.5)	-1,810 (-1.9)
- 한우		94,107	92,238	91,496	90,856	90,142	89,731	89,411	89,155	-256 (-0.3)	-1,701 (-1.9)
- 육우		7,803	7,474	7,371	7,071	7,211	7,276	7,174	6,871	-303 (-4.2)	-200 (-2.8)
규모별 농장수	50마리미만	81,531	78,935	78,405	76,138	75,352	75,374	75,159	73,614	-1,545 (-2.1)	-2,524 (-3.3)
규모별 농장수	50~100마리미만	10,386	10,755	10,679	11,293	11,439	11,198	11,187	11,727	540 (4.8)	434 (3.8)
규모별 농장수	100마리이상	6,653	6,940	6,771	7,512	7,569	7,435	7,241	7,792	551 (7.6)	280 (3.7)
농장당 마릿수(마리)		30.6	32.2	31.9	34.2	34.6	34.4	34.2	35.8	1.6 (4.6)	1.6 (4.7)

주1) 한·육우, 젖소는 소이력제 자료
2) 사육 농장수는 한우·육우 복합 사육 농장인 경우 1농장으로 집계
3) p : 잠정치

환경부 보도자료

보도 일시	2022. 7. 13. (수) 조간 (7. 12. 12:00 이후)부터 보도	배포 일시	2022. 7. 11.(월)
담당 부서	환경부 물환경정책과	박남규 과장 / 최달호 사무관 044-201-7001 / 7011	
	국립환경과학원 유역총량연구과	배상진 과장 / 현수민 연구사 032-560-7353 / 7670	

4대강 수계, 2003년 차기단계 수질오염총량제 본격 시행

◇ 한강(2단계)·낙동강(4단계), 시도 경계지점 목표수질 설정·고시
- 현 단계 목표수질 대비 평균13.5%(BOD기준) 목표수질 강화
◇ 한강수계 중 강원·충북 지역은 2023년부터 신규 시행

□ 환경부(장관 한정미)는 2030년까지 한강과 낙동강 수계 일대의 각 지자체가 달성해야 하는 수질오염총량제 시도 경계지역에 대한 목표수질을 마련하고, 이 달 안으로 이를 고시한다고 밝혔다.

  ○ 목표수질 대상 항목은 생물화학적산소요구량(BOD, mg/L)과 총인(T-P, mg/L)이다.

□ 한강과 낙동강 수계에서 2030년까지 달성해야 하는 목표수질은 생물화학적산소요구량(BOD)의 경우 2022년 목표수질 대비 평균 13.5%, 총인(T-P)의 경우 평균 27.2%를 낮추는 것을 목표로 하고 있다.

  ○ 구체적으로 한강 수계는 기존 시행 중인 6개 지점의 생물화학적산소요구량(BOD)의 목표수질을 25.4%*를 낮추어 설정했다.
  * 한강G 등 6개 지점의 2022년 목표 대비 2030년 목표수질 개선비율의 평균

  ○ 특히 '한강G(서울 하일동)' 지점은 잠실 취수원 등을 고려하여 총인(T-P) 목표수질 기준값을 0.042mg/L(Ⅱ등급)에서 0.039mg/L(Ⅰb등급)로 7.1% 낮춰 설정했다.

수임번호 2023-0032	법률상담일지 II	2023. 3. 17.
의뢰인	사미인, 김경일	의뢰인 전화	051) 978-6543 031) 877-3214
의뢰인 주소	사미인: 부산 사상구 감전동 41 김경일: 안산시 상록구 사동 150	의뢰인 팩스	

상 담 내 용

1. 의뢰인 사미인은 김투철의 처(妻), 의뢰인 김경일은 김투철의 자(子)이다(말미에 첨부된 참고자료 1 참조).

2. 김투철은 1990. 9. 17.경 대구지방검찰청 경주지청 검찰서기보로 임용되었고, 이후 승진하여 2006. 6. 1. 이래 부산지방검찰청 서부지청에서 검찰주사로 근무하였다.

3. 2019. 2. 7. 13:20경 김투철은 부산지방검찰청 서부지청 수사과에서 근무하던 중 가슴통증과 호흡곤란을 느껴 근처 병원으로 갔다. 하지만 치료 도중 갑자기 심장이 멎어 약 15분간 심정지 상태에 빠졌다. 즉시 심폐소생술을 받고 일단 생명을 건지기는 하였으나, 그로 인하여 저산소성 뇌손상을 입었다. 이에 그때부터 병가를 내어 입원했고, 2019. 7. 4.부터 2021. 7. 3.까지 2년간 질병휴직을 신청하였다.

4. 의뢰인 사미인은 전업주부로 생활해 오다가, 김투철이 쓰러지고 나서부터 음악학원 피아노 강사로 일하며 생계를 꾸려 나가야 하였다. 2020. 1.경 자산관리의 효율성을 위하여 김투철 명의의 예금 인출이나 주택 등을 처분할 수 있도록 부산가정법원에 김투철에 대한 성년후견을 청구하였다. 부산가정법원은 2020. 3. 17. 의뢰인 사미인을 김투철에 대한 성년후견인으로 선임하는 심판을 했고(참고자료 2 참조), 이는 2020. 4. 1. 확정되었다.

5. 김투철은 저산소성 뇌손상을 입기 이전에 의뢰인 사미인에게 여러 차례 명예퇴직을 거론한 바 있다. 그에 따라 의뢰인 사미인은 2021. 6.경 김투철의

명예퇴직을 신청하였는데, 검찰총장은 2021. 7. 8. 김투철의 명예퇴직 의사를 확인할 수 없다는 이유로 명예퇴직 부적격 판정을 통지함과 아울러, 김투철의 성년후견 개시 사실을 그제서야 인지하고 국가공무원법 제69조에 따라 '김투철이 2020. 4. 1.자로 당연퇴직하였음'을 통보하였다(참고자료 3 참조).

6. 의뢰인들은 2022. 6. 20. 부산고등검찰청 검사장으로부터 '2020. 4. 1.부터 2021. 6. 30. 사이에 김투철에게 지급된 15개월분의 급여 합계금 2,500만 원을 환수한다'는 취지의 통지를 받고(참고자료 4 참조), 일단 이를 모두 납부하였다. 하지만 그러한 환수가 과연 정당한 것인지에 대해서는 도저히 납득할 수 없었다.

7. 김투철은 2022. 8. 30. 끝내 사망하였다. 의뢰인들은 상속인으로서, 2022. 10. 20. 대한민국을 상대로 위 환수액 상당의 임금 합계 2,500만 원의 지급을 구하는 소를 제기하였고(참고자료 5, 6 참조), 그 제1회 변론기일에서 재판부에 대하여 위헌법률심판제청을 해 달라고 요구한 상태이다(참고자료 7 참조).

8. 의뢰인들은 단지 성년후견이 개시되었다는 이유만으로 곧바로 공직에서 당연퇴직되도록 한 법률조항의 위헌성을 다투어 주기를 희망한다.

법무법인 대승(담당변호사 박대영)
전화 02-555-2341, 팩스 02-555-2342, 이메일 9to0law@viclaw.com
서울 강남구 테헤란로 345

가족관계증명서 (상세)

[폐쇄]

등록기준지	부산 동래구 낙민동 80				

구분	성명	출생연월일	주민등록번호	성별	본
본인	김투철 (金透徹) 사망	1964년 12월 26일	641226-1******	남	金星

가족사항

구분	성명	출생연월일	주민등록번호	성별	본
부	김명석 (金明晳)	1935년 01월 12일	350112-1******	남	金星
모	오해영 (吳海營)	1940년 07월 08일	400708-2******	여	華麗
배우자	사미인 (史美人)	1966년 06월 06일	660606-2******	여	江山
자녀	김경일 (金慶日)	1991년 03월 11일	910311-1******	남	金星

위 가족관계증명서(상세)는 가족관계등록부의 기록사항과 틀림없음을 증명합니다.

2023년 03월 16일

부산광역시 사상구청장   백천만

[참고자료 1]

* 위 증명서는 「가족관계의 등록 등에 관한 법률」 제15조 제3항에 따른 등록사항을 현출한 상세증명서입니다.

부산광역시 사상구청장

부 산 가 정 법 원

심 판

사　　건　　2020느단3456 성년후견
청 구 인　　사미인(660606-2******)
　　　　　　주소 부산 사상구 감전동 41
사건본인　　김투철(641226-1******)
　　　　　　주소 부산 사상구 감전동 41
　　　　　　등록기준지 부산 동래구 낙민동 80

참고자료 2

주　문

1. 사건본인에 대하여 성년후견을 개시한다.
2. 사건본인의 성년후견인으로 청구인을 선임한다.
3. 취소할 수 없는 사건본인의 법률행위의 범위, 성년후견인의 법정대리권의 범위 및 성년후견인이 사건본인의 신상에 관하여 결정할 수 있는 권한의 범위는 각 별지 기재와 같다.
4. 성년후견인은 이 사건 심판 확정일로부터 2개월 내에 사건본인의 재산목록(기준일: 2020. 1. 31.)을 작성하여 이 법원에 제출하여야 한다.
5. 성년후견인은 2021년부터 1년마다 후견사무보고서(기준일: 1. 31. 제출시한: 2. 28.)를 이 법원에 제출하여야 한다.
6. 성년후견인은 심판확정일로부터 1개월 내에 부산가정법원에서 실시하는 친족후견인 교육을 받고 교육참가확인서를 이 법원에 제출하여야 한다.

이　유

이 사건 청구는 이유 있으므로 주문과 같이 심판한다.

2020. 3. 17.

판사　이 정 한

<별지>

Ⅰ. 취소할 수 없는 피성년후견인의 법률행위의 범위
 취소권 제한 없음

Ⅱ. 성년후견인의 법정대리권의 범위
 법정대리권 제한 있음
 아래 사항은 성년후견인의 대리권 행사에 법원의 허가를 필요로 함
  가. 부동산의 처분 및 담보제공행위
  나. 금전을 차용하는 행위
  다. 의무만 부담하는 행위
  라. (1) 신한은행의 피성년후견인 명의의 계좌(110-041-876543)에서 매월 1일부터 말일까지 사이에 합계 500만 원을 초과하여 인출하는 경우
     (2) 은행, 보험회사, 증권회사 등 일체의 금융기관에서, 신한은행의 피성년후견인 명의의 계좌(110-041-876543)로 금원을 이체하는 경우를 제외하고, 금원을 인출하거나 계좌이체(양도, 질권설정 등 포함)하는 경우
  마. 상속재산의 분할에 관한 협의
  바. 소송행위

Ⅲ. 성년후견인이 피성년후견인의 신상에 관하여 결정할 수 있는 권한의 범위
 아래 사항에 관하여 피성년후견인이 스스로 결정을 할 수 없는 경우 성년후견인이 결정권을 가짐
  1. 의료행위의 동의
  2. 거주·이전에 관한 결정
  3. 면접교섭에 관한 결정
  4. 우편·통신에 관한 결정
  5. 사회복지서비스 선택 또는 결정
  6. 기타 사항
 다만, 민법상 법원의 허가를 받아야 하는 사항에 대해서는 위에서 정한 것과 별개로 성년후견인의 대리권 또는 권한이 제한됩니다.

정본입니다.

2020. 5. 22.

부산가정법원

법원주사　정성렬

※ 각 법원 민원실에 설치된 사건검색 컴퓨터의 발급번호조회 메뉴를 이용하거나, 담당재판부에 대한 문의를 통하여 이 문서 하단에 표시된 발급번호를 조회하시면, 문서의 위변조 여부를 확인하실 수 있습니다.

인사발령통지서

참고자료 3

부산지방검찰청 서부지청

검찰주사   김 투 철 (金 透 徹)

국가공무원법 제69조에 따라 2020년 4월 1일자로 당연퇴직

검 찰 총 장

위와 같이 발령되었기에 알려 드립니다.

2021. 7. 8.

대검찰청 운영지원과장

부산고등검찰청

수신자   김투철 님(성년후견인 사미인 님) 귀하

(경유)

제 목   당연퇴직으로 인한 당연퇴직일 이후 지급된 급여 환수처분에 따른 납부 요청

Ⅰ. 귀하는 부산지방검찰청 서부지청 소속 직원으로 재직하다 질병휴직 기간 중이던 2020. 4. 1. 법원의 심판에 따라 '성년후견 개시 확정'(당연퇴직 사유)되어 2021. 7. 8.부로 '국가공무원법 제69조(당연퇴직)에 의거 2020년 4월 1일자로 당연퇴직' 인사발령 조치되었습니다.

Ⅱ. 귀하의 퇴직일이 소급 적용됨에 따라 위 당연퇴직일 이후부터 당연퇴직 발령일까지 사이에 지급된 급여(2020. 4. 1.부터 2021. 6. 30.의 기간에 대한 15개월분의 급여) 25,000,000원에 대하여 환수조치하여 국고 세입조치하고자 합니다.

Ⅲ. 따라서 2022. 7. 31.까지 위 금액을 납부하여 주시기 바랍니다.

참고자료 4

부산고등검찰청 검사장

검찰수사관   나연수   총무과장   황지민   사무국장   오만상

협조자

시행   총무과-1357 (2022. 06. 20.)
47510 부산광역시 연제구 법원로 15
전화: 국번 없이 1301

소 장

원 고   1. 사미인
            주소 부산 사상구 감전동 41
         2. 김경일
            주소 안산시 상록구 사동 150

피 고   대한민국
            법률상 대표자 법무부장관 한춘길

참고자료 5

임금 청구의 소

청구취지

1. 피고는 원고 사미인에게 15,000,000원, 원고 김경일에게 10,000,0000원 및 위 각 돈에 대하여 2021. 7. 4.부터 이 사건 소장 부본 송달일까지는 연 5%의, 그 다음날부터 다 갚는 날까지는 연 12%의 각 비율로 계산한 돈을 지급하라.
2. 소송비용은 피고가 부담한다.
3. 제1항은 가집행할 수 있다.

라는 판결을 구합니다.

청구원인

(이하 생략)

2022. 10. 20.
원 고   사미인
            김경일

서울행정법원 귀중

법원 나의 사건 검색 결과

사건번호 : 서울행정법원 2022구합12345

기본내용

사건번호	2022구합12345	사건명	임금 청구의 소
원 고	사미인 외 1명	피 고	대한민국
재 판 부	서울행정법원 제13부		
접 수 일	2022. 10. 20.	종국결과	
원고소가	25,000,000	피고소가	0
수리구분	제소	병합구분	없음
상 소 인		상 소 일	
판결도달일		확 정 일	

최근 기일 내용

일자	시각	기일구분	기일장소	결과
2023. 2. 23.	10:00	변론기일	지하2층 B202호 법정	속행(추후지정)

(이하 생략)

참고자료 6

서울행정법원
변론조서

1차

사　　　건　　2022구합12345 임금 청구의 소
재 판 장　　판사　정중환　　　　　　기　　　일: 2023. 2. 23. 10:00
　　　　　　판사　박공명　　　　　　장　　　소: 제B202호 법정
　　　　　　판사　김정대　　　　　　공개 여부:　　　공개
법원주사보　　임호진　　　　　　　　고지된
　　　　　　　　　　　　　　　　　다음 기일: 추후 지정

사건과 당사자들 호명
원　고　　사미인, 김경일　　　　　　출석
피　고　　소송수행자 검사 최정재　　출석

원고들
　　소장 진술
피고
　　원고들의 청구를 모두 기각하는 판결을 구한다고 답변
원고들
　　위헌법률심판제청을 해 달라고 진술
판사
　　위헌법률심판제청신청은 별도의 서면으로 제출해야 함을 알림
　　다음 변론기일은 일단 원고들이 위헌법률심판제청신청서를 제출하는지를
　　지켜보고 나서 추후 지정하겠다고 고지
　　변론 속행

참고자료 7

2023. 2. 23.

　　　　법원 주사보　　　　　임　호　진 (인)

　　　　재판장 판사　　　　　정　중　환 (인)

법무법인 대승 내부회의록 Ⅱ

일   시 : 2023. 3. 20. 10:00 ~ 11:00
장   소 : 법무법인 대승 회의실
참석자 : 조용수 변호사(공법소송팀장), 박대영 변호사

조 변호사: 의뢰인 사미인, 김경일의 헌법소송 사건에 대해 논의해 봅시다. 먼저, 당해 사건의 경과는 어떠한가요.

박 변호사: 의뢰인들은 김투철의 상속인들로서, 김투철이 검찰주사로 재직 중 받지 못한 임금에 관하여 대한민국을 상대로 그 지급을 구하는 소를 제기했고, 현재 그 1심이 진행중입니다.

조 변호사: 국가가 소속 공무원에게 임금을 지급하지 않았다는 것은 이례적인데, 어떻게 그런 일이 있을 수 있었는가요.

박 변호사: 김투철에 대하여는 2020년 4월경 의뢰인 사미인의 청구에 기하여 성년후견이 개시되었는데, 관련 법률규정에 의하면, 이 경우 공무원은 당연퇴직하게 됩니다. 임금 미지급은 이러한 당연퇴직 규정에 따른 필연적 결과였습니다.

조 변호사: 그렇다면, 당해 사건에서의 관건은 그 당연퇴직 규정의 위헌성이 될 수밖에 없겠군요.

박 변호사: 예. 그렇습니다. 그래서 의뢰인들도 법원에서 당연퇴직 규정에 대하여 위헌법률심판제청신청서를 제출할 것을 예고했다고 합니다.

조 변호사: 그런데 성년후견 개시는 질병, 장애, 노령, 그 밖의 사유로 인한 정신적 제약으로 사무를 처리할 능력이 지속적으로 결여된 자에게 이루어지는 것이니까, 성년후견 개시가 되었다는 것은 곧 공무원으로서의 직무수행 능력에 뭔가 결함이 있다는 것을 뜻하지 않나요. 그런 사람을 어떻게 공무원으로 채용할 수 있겠는가 하는 반론도 제기될 수 있을 듯한데요.

박 변호사: 의뢰인들은 성년후견 개시를 공무원 임용 결격사유로 하는 것 자체를 다투려는 것이 아니라, 단지 이미 정상적으로 임용된 공무원이 사후적으로 질병 등에 기인한 장애로 피성년후견인이 된 경우 이를 당연퇴직 사유로 하는 게 위헌적임을 주장하려고 할 따름입니다. 양자는 구별할 필요가 있는 것 같습니다.

조 변호사: 좋습니다. 법률의 위헌성을 논증함에 있어서는 기본권 침해뿐만 헌법상 제도보장에 대한 위반이 있는지도 빠뜨리지 말고 검토해 주시길 바랍니다. 특히 공무원의 신분 보장에 관한 헌법적 규정 여하에 유념할 필요가 있겠습니다.

박 변호사: 예. 저도 그런 관점에서 당연퇴직 규정의 문제점을 고찰해 보았는데요, 설령 질병으로 정신적 제약이 발생하였다 하더라도 성년후견 개시심판 청구가 행해지지 않는다면, 해당 공무원에 대해 당연퇴직 규정이 적용되지 않습니다. 이 경우 해당 공무원을 직무에서 배제시키기 위해 임용권자는 최대 2년간 휴직명령을 내릴 수 있고, 적어도 그렇게 질병휴직 상태에 있는 동안은 소정의 급여가 계속 지급됩니다. 반면, 청구권자의 적극적인 청구에 기해 성년후견 개시심판이 내려진 경우에는 그 심판의 확정과 동시에 해당 공무원은 법률상 곧바로 당연퇴직되고, 그에 따라 월급도 더 이상 받을 수 없게 됩니다.

조 변호사: 원래 성년후견제도가 성년후견인의 지원을 통해 피성년후견인의 정상적인 사회생활 영위를 도우려는 데 그 취지가 있는 것인데, 성년후견이 개시되었다는 것만으로 오히려 공무원 신분을 즉시 박탈해 버리는 것은 뭔가 앞뒤가 맞지 않는 것 같습니다. 성년후견이 개시되었어도 나중에 상태가 호전되면 성년후견이 종료될 수도 있고, 나아가 공무원으로서의 직무수행능력이 회복되었다고 인정될 가능성도 전혀 배제하지는 못할 텐데, 즉각적인 당연퇴직으로 직무복귀의 여지를 아예 차단해 버리는 것은 확실히 성급해 보입니다. 일단 질병휴직 처리 후, 그 기간이 경과한 시점에서도 정녕 정상적인 직무수행의 가망이 없다고 판단되면, 그때 가서 직권면직 등의 절차를 밟더라도 늦지 않을 텐데 말입니다.

박 변호사: 예. 그런 것들이 과도하다는 점과 성년후견 개시심판이 미청구된 경우에 비해 성년후견이 개시된 공무원의 경우 더 불리한 취급을 받게 되는 게 불합리하다는 점을 주된 논거로 하여 당연퇴직 규정의 위헌성을 논증해 보도록 하겠습니다.

조 변호사: 예. 그럼, 서면 준비에 만전을 기해 주시길 바랍니다. 오늘 회의는 이것으로 마치겠습니다. 끝.

참고자료 1 - 관련 법령(발췌)

■ 건축법

제11조(건축허가)

⑤ 제1항에 따른 건축허가를 받으면 다음 각 호의 허가 등을 받거나 신고를 한 것으로 보며, 공장건축물의 경우에는 「산업집적활성화 및 공장설립에 관한 법률」 제13조의2와 제14조에 따라 관련 법률의 인·허가등이나 허가등을 받은 것으로 본다.

   3. 「국토의 계획 및 이용에 관한 법률」 제56조에 따른 개발행위허가

제14조(건축신고)

① 제11조에 해당하는 허가 대상 건축물이라 하더라도 다음 각 호의 어느 하나에 해당하는 경우에는 미리 특별자치시장·특별자치도지사 또는 시장·군수·구청장에게 국토교통부령으로 정하는 바에 따라 신고를 하면 건축허가를 받은 것으로 본다.

② 제1항에 따른 건축신고에 관하여는 제11조 제5항 및 제6항을 준용한다.

■ 국토의 계획 및 이용에 관한 법률

제1조(목적)

이 법은 국토의 이용·개발과 보전을 위한 계획의 수립 및 집행 등에 필요한 사항을 정하여 공공복리를 증진시키고 국민의 삶의 질을 향상시키는 것을 목적으로 한다.

제6조(국토의 용도 구분)

국토는 토지의 이용실태 및 특성, 장래의 토지 이용 방향, 지역 간 균형발전 등을 고려하여 다음과 같은 용도지역으로 구분한다.

   3. 농림지역: 도시지역에 속하지 아니하는 「농지법」에 따른 농업진흥지역 또는 「산지관리법」에 따른 보전산지 등으로서 농림업을 진흥시키고 산림을 보전하기 위하여 필요한 지역

제56조(개발행위의 허가)

① 다음 각 호의 어느 하나에 해당하는 행위로서 대통령령으로 정하는 행위(이하 "개발행위"라 한다)를 하려는 자는 특별시장·광역시장·특별자치시장·특별자치도지사·시장 또는 군수의 허가(이하 "개발행위허가"라 한다)를 받아야 한다. 다만, 도시·군계획사업(다른 법률에 따라 도시·군계획사업을 의제한 사업을 포함한다)에 의한 행위는 그러하지 아니하다.

   1. 건축물의 건축 또는 공작물의 설치

2. 토지의 형질 변경(경작을 위한 경우로서 대통령령으로 정하는 토지의 형질 변경은 제외한다)

제58조(개발행위허가의 기준)
① 특별시장·광역시장·특별자치시장·특별자치도지사·시장 또는 군수는 개발행위허가의 신청 내용이 다음 각 호의 기준에 맞는 경우에만 개발행위허가 또는 변경허가를 하여야 한다.
    4. 주변지역의 토지이용실태 또는 토지이용계획, 건축물의 높이, 토지의 경사도, 수목의 상태, 물의 배수, 하천·호소·습지의 배수 등 주변환경이나 경관과 조화를 이룰 것
③ 제1항에 따라 허가할 수 있는 경우 그 허가의 기준은 지역의 특성, 지역의 개발상황, 기반시설의 현황 등을 고려하여 다음 각 호의 구분에 따라 대통령령으로 정한다.
    3. 보전 용도: 제59조에 따른 도시계획위원회의 심의를 통하여 개발행위허가의 기준을 강화하여 적용할 수 있는 보전관리지역·농림지역·자연환경보전지역 및 녹지지역 중 대통령령으로 정하는 지역

제59조(개발행위에 대한 도시계획위원회의 심의)
① 관계 행정기관의 장은 제56조 제1항 제1호부터 제3호까지의 행위 중 어느 하나에 해당하는 행위로서 대통령령으로 정하는 행위를 이 법에 따라 허가 또는 변경허가를 하거나 다른 법률에 따라 인가·허가·승인 또는 협의를 하려면 대통령령으로 정하는 바에 따라 중앙도시계획위원회나 지방도시계획위원회의 심의를 거쳐야 한다.

■ 국토의 계획 및 이용에 관한 법률 시행령

제56조(개발행위허가의 기준)
① 법 제58조 제3항에 따른 개발행위허가의 기준은 별표 1의2와 같다.

[별표 1의2] 개발행위허가기준(제56조 관련)

1. 분야별 검토사항

검토분야	허가 기준
라. 주변지역과의 관계	(1) 개발행위로 건축 또는 설치하는 건축물 또는 공작물이 주변의 자연경관 및 미관을 훼손하지 아니하고, 그 높이·형태 및 색채가 주변건축물과 조화를 이루어야 하며, 도시·군계획으로 경관계획이 수립되어 있는 경우에는 그에 적합할 것

| | (2) 개발행위로 인하여 당해 지역 및 그 주변지역에 대기오염·수질오염·토질오염·소음·진동·분진 등에 의한 환경오염·생태계파괴·위해발생 등이 발생할 우려가 없을 것. 다만, 환경오염·생태계파괴·위해발생 등의 방지가 가능하여 환경오염의 방지, 위해의 방지, 조경, 녹지의 조성, 완충지대의 설치 등을 허가의 조건으로 붙이는 경우에는 그러하지 아니하다. |

3. 용도지역별 검토사항

검토분야	허가 기준
다. 보전 용도	1) 법 제59조에 다른 도시계획위원회의 심의를 통하여 개발행위허가의 기준을 강화하여 적용할 수 있는 보전관리지역·농림지역·자연환경보전지역 및 녹지지역 중 생산녹지지역 및 보전녹지지역일 것 2) 개발보다 보전이 필요한 지역으로서 입지타당성, 기반시설의 적정성, 개발이 환경이 미치는 영향, 경관 보호·조성 및 미관훼손의 최소화를 고려할 것

■ 가축분뇨의 관리 및 이용에 관한 법률
제8조(가축사육의 제한 등)
① 시장·군수·구청장은 지역주민의 생활환경보전 또는 상수원의 수질보전을 위하여 다음 각 호의 어느 하나에 해당하는 지역 중 가축사육의 제한이 필요하다고 인정되는 지역에 대하여는 해당 지방자치단체의 조례로 정하는 바에 따라 일정한 구역을 지정·고시하여 가축의 사육을 제한할 수 있다. 다만, 지방자치단체 간 경계지역에서 인접 지방자치단체의 요청이 있으면 환경부령으로 정하는 바에 따라 해당 지방자치단체와 협의를 거쳐 일정한 구역을 지정·고시하여 가축의 사육을 제한할 수 있다.
 1. 주거 밀집지역으로 생활환경의 보호가 필요한 지역
 2. 「수도법」 제7조에 따른 상수원보호구역, 「환경정책기본법」 제38조에 따른 특별대책지역, 그 밖에 이에 준하는 수질환경보전이 필요한 지역

■ 경주시 가축사육 제한에 관한 조례(구 조례)
[시행 2020. 10. 2.] [경상북도경주시조례 제2241호, 2020. 10. 2., 일부개정]
제4조(가축사육 제한지역 등)
① 법 제8조제1항의 규정에 의한 가축사육 제한 지역은 다음 각 호와 같으며, 경주시장(이하 "시장"라 한다)는 가축사육 제한지역 안에서의 가축사육을 제한할 수 있다.

2. 주거 밀집지역으로 생활환경의 보호가 필요하다고 시장이 정하는 지역으로는 다음 각 목에 의한다.
   가. 10호 이상의 주거밀집지역은 최근접 가구와 축사부지(예정 포함) 경계로부터 직선거리로 닭, 오리, 개, 돼지, 젖소는 500m이내, 그 외 가축은 150m 이내 지역 (개정 2020. 10. 2.)

■ 경주시 가축사육 제한에 관한 조례(신 조례)
[시행 2022. 1. 10.] [경상북도경주시조례 제2303호, 2022. 1. 10., 일부개정]

제4조(가축사육 제한지역 등)
① 법 제8조제1항의 규정에 의한 가축사육 제한 지역은 다음 각 호와 같으며, 경주시장(이하 "시장"라 한다)는 가축사육 제한지역 안에서의 가축사육을 제한할 수 있다.
  2. 주거 밀집지역으로 생활환경의 보호가 필요하다고 시장이 정하는 지역으로는 다음 각 목에 의한다.
    가. 5호 이상의 주거밀집지역의 최근접 가구부지와 축사부지(예정포함) 경계로부터 직선거리로 돼지, 개, 닭, 오리, 메추리는 1,000m 이내, 젖소는 500m 이내, 소, 말, 양, 사슴은 300m 이내 지역 (개정 2020. 10. 2., 2022. 1. 10.)

■ 농지법
제28조(농업진흥지역의 지정)
① 시·도지사는 농지를 효율적으로 이용하고 보전하기 위하여 농업진흥지역을 지정한다.
② 제1항에 따른 농업진흥지역은 다음 각 호의 용도구역으로 구분하여 지정할 수 있다.
  1. 농업진흥구역: 농업의 진흥을 도모하여야 하는 다음 각 목의 어느 하나에 해당하는 지역으로서 농림축산식품부장관이 정하는 규모로 농지가 집단화되어 농업 목적으로 이용할 필요가 있는 지역
    가. 농지조성사업 또는 농업기반정비사업이 시행되었거나 시행 중인 지역으로서 농업용으로 이용하고 있거나 이용할 토지가 집단화되어 있는 지역
    나. 가목에 해당하는 지역 외의 지역으로서 농업용으로 이용하고 있는 토지가 집단화되어 있는 지역
  2. 농업보호구역: 농업진흥구역의 용수원 확보, 수질 보전 등 농업 환경을 보호하기 위하여 필요한 지역

■ 국가공무원법
[시행 2014. 4. 8.] [법률 제11222호, 2014. 1. 7. 일부개정]

제33조(결격사유)
다음 각 호의 어느 하나에 해당하는 자는 공무원으로 임용될 수 없다.
 1. 피성년후견인
 2. 파산선고를 받고 복권되지 아니한 자
 3. 금고 이상의 실형을 선고받고 그 집행이 종료되거나 집행을 받지 아니하기로 확정된 후 5년이 지나지 아니한 자
 4. ~ 8. (생략)

제69조(당연퇴직)
공무원이 다음 각 호의 어느 하나에 해당할 때에는 당연히 퇴직한다.
 1. 제33조 각 호의 어느 하나에 해당하는 경우. (단서 부분 생략)
 2. 임기제공무원의 근무기간이 만료된 경우

제71조(휴직)
① 공무원이 다음 각 호의 어느 하나에 해당하면 임용권자는 본인의 의사에도 불구하고 휴직을 명하여야 한다.
 1. 신체·정신상의 장애로 장기 요양이 필요할 때
 2. ~ 6. (삭제)

제72조(휴직 기간)
휴직 기간은 다음과 같다.
 1. 제71조 제1항 제1호에 따른 휴직기간은 1년 이내로 하되, 부득이한 경우 1년의 범위에서 연장할 수 있다. 다만, 다음 각 목의 어느 하나에 해당하는 공무상 질병 또는 부상으로 인한 휴직기간은 3년 이내로 하되, 의학적 소견 등을 고려하여 대통령령등으로 정하는 바에 따라 2년의 범위에서 연장할 수 있다.
    가. 「공무원 재해보상법」 제22조제1항에 따른 요양급여 지급 대상 부상 또는 질병
    나. 「산업재해보상보험법」 제40조에 따른 요양급여 결정 대상 질병 또는 부상
 2. ~ 10. (생략)

■ 각급 법원의 설치와 관할구역에 관한 법률

제1조(목적)
이 법은 「법원조직법」 제3조제3항에 따라 각급 법원의 설치와 관할구역을 정함을 목적으로 한다.

제4조(관할구역)
각급 법원의 관할구역은 다음 각 호의 구분에 따라 정한다. <단서 생략>

1. 각 고등법원·지방법원과 그 지원의 관할구역: 별표 3
2. ~ 3. <생략>
4. 행정법원의 관할구역: 별표 6
5. ~ 6. <생략>
7. 행정사건을 심판하는 춘천지방법원 및 춘천지방법원 강릉지원의 관할구역: 별표 9
8. <생략>

[별표 3]

고등법원·지방법원과 그 지원의 관할구역

고등법원	지방법원	지원	관할구역
서울	서울중앙		서울특별시 종로구·중구·강남구·서초구·관악구·동작구
	서울동부		서울특별시 성동구·광진구·강동구·송파구
	서울남부		서울특별시 영등포구·강서구·양천구·구로구·금천구
	서울북부		서울특별시 동대문구·중랑구·성북구·도봉구·강북구·노원구
	서울서부		서울특별시 서대문구·마포구·은평구·용산구
	의정부		의정부시·동두천시·양주시·연천군·포천시, 강원도 철원군. 다만, 소년보호사건은 앞의 시·군 외에 고양시·파주시·남양주시·구리시·가평군
		고 양	고양시·파주시
		남양주	남양주시·구리시·가평군 [시행일: 2022. 3. 1.]
	인천		인천광역시
		부천	부천시·김포시
	춘천		춘천시·화천군·양구군·인제군·홍천군. 다만, 소년보호사건은 철원군을 제외한 강원도
		강릉	강릉시·동해시·삼척시
		원주	원주시·횡성군
		속초	속초시·양양군·고성군
		영월	태백시·영월군·정선군·평창군
대전	대전		대전광역시·세종특별자치시·금산군
		홍성	보령시·홍성군·예산군·서천군
		공주	공주시·청양군
		논산	논산시·계룡시·부여군
		서산	서산시·당진시·태안군
		천안	천안시·아산시
	청주		청주시·진천군·보은군·괴산군·증평군. 다만, 소년보호사건은 충청북도
		충주	충주시·음성군
		제천	제천시·단양군
		영동	영동군·옥천군

대구	대구		대구광역시 중구·동구·남구·북구·수성구·영천시·경산시·칠곡군·청도군
		서부	대구광역시 서구·달서구·달성군, 성주군·고령군
		안동	안동시·영주시·봉화군
		경주	경주시
		포항	포항시·울릉군
		김천	김천시·구미시
		상주	상주시·문경시·예천군
		의성	의성군·군위군·청송군
		영덕	영덕군·영양군·울진군

[별표 6]

행정법원의 관할구역

고등법원	행정법원	관할구역
서울	서울	서울특별시

[별표 9]

행정사건을 심판하는 춘천지방법원 및 춘천지방법원 강릉지원의 관할구역

명칭	관할구역
춘천지방법원	춘천지방법원의 관할구역 중 강릉시·동해시·삼척시·속초시·양양군·고성군을 제외한 지역
춘천지방법원 강릉지원	강릉시·동해시·삼척시·속초시·양양군·고성군

참고자료 2 - 달력

2022년 5월

일	월	화	수	목	금	토
1	2	3	4	☐5	6	7
8	9	10	11	12	13	14
15	16	17	18	19	20	21
22	23	24	25	26	27	28
29	30	31				

2022년 6월

일	월	화	수	목	금	토
			☐1	2	3	4
5	☐6	7	8	9	10	11
12	13	14	15	16	17	18
19	20	21	22	23	24	25
26	27	28	29	30		

2022년 7월

일	월	화	수	목	금	토
					1	2
3	4	5	6	7	8	9
10	11	12	13	14	15	16
17	18	19	20	21	22	23
24	25	26	27	28	29	30
31						

2022년 8월

일	월	화	수	목	금	토
	1	2	3	4	5	6
7	8	9	10	11	12	13
14	☐15	16	17	18	19	20
21	22	23	24	25	26	27
28	29	30	31			

2022년 9월

일	월	화	수	목	금	토
				1	2	3
4	5	6	7	8	☐9	☐10
11	☐12	13	14	15	16	17
18	19	20	21	22	23	24
25	26	27	28	29	30	

2022년 10월

일	월	화	수	목	금	토
						1
2	☐3	4	5	6	7	8
9	☐10	11	12	13	14	15
16	17	18	19	20	21	22
23	24	25	26	27	28	29
30	31					

2022년 11월

일	월	화	수	목	금	토
		1	2	3	4	5
6	7	8	9	10	11	12
13	14	15	16	17	18	19
20	21	22	23	24	25	26
27	28	29	30			

2022년 12월

일	월	화	수	목	금	토
				1	2	3
4	5	6	7	8	9	10
11	12	13	14	15	16	17
18	19	20	21	22	23	24
25	26	27	28	29	30	31

2023년 1월

일	월	화	수	목	금	토
1	2	3	4	5	6	7
8	9	10	11	12	13	14
15	16	17	18	19	20	☐21
22	☐23	☐24	25	26	27	28
29	30	31				

2023년 2월

일	월	화	수	목	금	토
			1	2	3	4
5	6	7	8	9	10	11
12	13	14	15	16	17	18
19	20	21	22	23	24	25
26	27	28				

2023년 3월

일	월	화	수	목	금	토
			☐1	2	3	4
5	6	7	8	9	10	11
12	13	14	15	16	17	18
19	20	21	22	23	24	25
26	27	28	29	30	31	

2023년 4월

일	월	화	수	목	금	토
						1
2	3	4	5	6	7	8
9	10	11	12	13	14	15
16	17	18	19	20	21	22
23	24	25	26	27	28	29
30						

☐ 표시된 날은 평일 중 공휴일임.

확 인 : 법학전문대학원협의회

2023년도 제1차 변호사시험 모의시험 – 논술형(기록형)

시험과목	공 법(기록형)

응시자 준수사항

1. 시험 시작 전 문제지의 봉인을 손상하는 경우, 봉인을 손상하지 않더라도 문제지를 들추는 행위 등으로 문제 내용을 미리 보는 경우 모두 부정행위로 간주되어 그 답안은 영점 처리 됩니다.

2. 답안은 흑색 또는 청색 필기구(사인펜이나 연필 사용 금지) 중 한 가지 필기구만을 사용하여 답안 작성 난(흰색 부분) 안에 기재하여야 합니다.

3. 답안지에 성명과 수험 번호를 기재하지 않아 인적 사항이 확인되지 않는 경우에는 영점 처리 등 불이익을 받게 됩니다. 특히 답안지를 바꾸어 다시 작성하는 경우, 성명 등의 기재를 빠뜨리지 않도록 유의하여야 합니다.

4. 답안지에는 문제 내용을 기재할 필요가 없으며, 답안 내용 이외의 사항을 기재하거나 밑줄 기타 어떠한 표시도 하여서는 안 됩니다. 답안을 정정할 경우에는 두 줄로 긋고 다시 기재하여야 하며, 수정액 등은 사용할 수 없습니다.

5. 시험 종료 시각에 임박하여 답안지를 교체 요구한 경우라도 시험시간 종료 후 즉시 새로 작성한 답안지를 회수합니다.

6. 시험 종료 후에는 답안지 작성을 일절 할 수 없으며, 이에 위반하여 시험시간이 종료되었음에도 불구하고 **시험관리관의 답안지 제출지시에 불응한 채 계속 답안을 작성하거나 답안지를 늦게 제출할 경우 그 답안은 영점 처리** 됩니다.

7. 답안은 답안지 쪽수 번호 순으로 기재하여야 하고, **배부받은 답안지는 백지 답안이라도 모두 제출**하여야 하며, **답안지를 제출하지 아니한 경우 그 시험시간 및 나머지 시험시간의 시험에 응시할 수 없습니다.**

8. 지정된 시간까지 지정된 시험실에 입실하지 아니하거나 시험관리관의 승인을 얻지 아니하고 시험시간 중에 그 시험실에서 퇴실한 경우 그 시험시간 및 나머지 시험시간의 시험에 응시할 수 없습니다.

9. 시험시간이 종료되기 전에는 어떠한 경우에도 문제지를 시험장 밖으로 가지고 갈 수 없고, 시험 종료 후 가지고 갈 수 있습니다.

법학전문대학원협의회
KOREAN ASSOCIATION OF LAW SCHOOLS

목 차

I. 문제 ··· 2

II. 작성요령 및 주의사항 ·· 3

III. 양식 ··· 4

IV. 기록내용 ·· 7

    법률상담일지 I ·· 8
    내부회의록 I (행정소송용) ··· 9
    전략 및 소규모 환경영향평가서 재검토 통보 ················· 14
    배곧대교 건설사업 실시계획 ··· 16
    전문가 자문의견 ·· 18
    관계기관 검토의견 ·· 19
    전국 습지보호지역 내 해상교량 현황 ···························· 20
    한국자연환경보전협회 자문의견 ··································· 21
    사업예정지 주변현황 및 평면도 ··································· 22
    환경영향평가서상 대안노선 입지비교 및 위치도 ········· 23
    송도갯벌 서식 조류의 주요 이동경로 ·························· 24
    우편송달보고서 ··· 25
    법률상담일지 II ··· 26
    내부회의록 II (헌법소송용) ·· 27
    2024년도 제13회 변호사시험 실시계획 공고 ··············· 29
    제13회 변호사시험 일시·장소 및 응시자 준수사항 공고 ······· 32

V. 참고 법령 ·· 35

VI. 참고 자료(달력) ·· 44

【 문 제 】

1. 소장의 작성 (50점)

의뢰인을 위하여 법무법인 강남의 담당변호사 입장에서 취소소송 소장을 작성하되, 아래 사항을 준수하여 첨부된 양식의 ①부터 ⑦에 들어갈 내용을 작성하시오.

가. '2. 이 사건 소의 적법성' 부분(⑤)에서는 '내부회의록에서 논의된 요건'을 중심으로 충실히 기재할 것

나. '3. 이 사건 처분의 위법성' 부분(⑥)에서는 '내부회의록에서 논의된 사항'을 중심으로 서술하되, 기록상 나타난 의뢰인 주장 내용과 자료 등도 충실히 반영하여 기재할 것

다. 소장의 작성일란(⑦)에는 취소소송의 대상으로 삼은 처분에 대하여 허용되는 적법한 제소기간 내 최종일을 기재할 것

2. 가처분신청서의 작성 (17점)

신청인 홍길동, 임꺽정을 위하여 법무법인 강남의 담당변호사 입장에서 가처분신청서를 첨부된 양식에 따라 아래 사항을 준수하여 작성하시오.

가. 첨부된 가처분신청서 양식의 ①부터 ②까지의 부분에 들어갈 내용만 기재할 것
나. 헌법재판소에 접수되는 헌법소원심판사건의 사건번호는 2023헌마○○○로 할 것

3. 헌법소원심판청구서의 작성 (33점)

청구인 홍길동, 임꺽정을 위하여 법무법인 강남의 담당변호사 입장에서 헌법소원심판청구서를 첨부된 양식에 따라 아래 사항을 준수하여 작성하시오.

가. 첨부된 헌법소원심판청구서 양식의 ①부터 ③까지의 부분에 들어갈 내용만 기재할 것

나. '2. 적법요건의 구비' 부분(②)에서는 대상적격, 자기관련성, 청구기간만 기재할 것

다. '3. 위헌이라고 해석되는 이유' 부분(③)에서는 의뢰인을 위하여 합리적으로 제기해 볼 수 있는 한도 내에서 위헌성을 주장하되, 내부회의록 등 기록상 나타난 소송전략을 충실히 반영할 것

【 작성요령 및 주의사항 】

1. 참고법령은 일부 현행 법령과 다른 부분이 있을 수 있으며 참고법령과 다른 내용의 현행 법령이 있다면 제시된 참고법령이 현행 법령에 우선하는 것으로 할 것

2. 법률상담일지의 사실관계와 기록에 첨부된 자료들을 기초로 하고, 그것이 사실임을 전제로 할 것

3. 이 사건 청구 당시 코로나22(코로나19와는 다른 가상의 전염병이지만, 이 기록시험에서는 실제로 존재하는 전염병인 것으로 전제할 것)의 신종변이 바이러스 확산이 심각한 단계에 있어서 사회적 거리두기를 엄격하게 적용하는 상황임을 전제로 작성할 것

4. 기록에 첨부된 각종 서류는 적법하게 작성된 것으로 간주하고, 서류 등에 필요한 서명, 날인, 무인, 간인 등은 모두 적법하게 갖추어진 것으로 볼 것

5. 송달이나 접수, 통지, 결재가 필요한 서류는 모두 적법한 절차를 거친 것으로 볼 것

6. "(생략)"으로 표시된 부분은 모두 기재된 것으로 볼 것

7. 문장은 경어(敬語)체로 작성하는 것이 실무례이고 바람직하나, 본 시험에서는 답안 작성의 편의상 평어체도 허용함

【 소장 양식 】

소 장

원 고 　[①]　(연락처, 소송대리인 생략)

피 고 　[②]　(주소, 연락처 생략)

사건명 　[③]

청 구 취 지

[④]

청 구 원 인

1. 이 사건 처분의 경위 (생략)

2. 이 사건 소의 적법성

[⑤]

3. 이 사건 처분의 위법성

[⑥]

4. 결 론 (생략)

입증방법 (생략)
첨부서류 (생략)

[⑦ ○○○○. ○○. ○○.]

원고 소송대리인 (생략)

수원지방법원 귀중

【 가처분신청서 양식 】

가 처 분 신 청 서

신 청 인 홍길동, 임꺽정 (주소, 연락처, 대리인 생략)
피신청인 법무부장관 (주소, 연락처 생략)
본안사건 2023헌마○○○

신 청 취 지

①

신 청 이 유

1. 본안사건의 개요 (생략)

2. 가처분 신청사유

②

1. 가처분 요건
2. 가처분 필요성

3. 결 론 (생략)

첨 부 서 류 (생략)

2023. 12. 20.

신청인들 대리인 (생략)　　(인)

헌법재판소 귀중

【 헌법소원심판청구서 양식 】

헌 법 소 원 심 판 청 구 서

청 구 인 홍길동, 임꺽정 (주소, 연락처, 대리인 생략)
피청구인 법무부장관 (주소, 연락처 생략)

청 구 취 지

①

침 해 된 권 리 (생략)

침 해 의 원 인 (생략)

청 구 이 유

1. 사건의 개요 (생략)

2. 적법요건의 구비

②

3. 위헌이라고 해석되는 이유

③

4. 결 론 (생략)

첨 부 서 류 (생략)

2023. 12. 20.

청구인들 대리인 (생략)   (인)

헌법재판소 귀중

기록내용 시작

수임번호 2023-11	**법률상담일지 Ⅰ**		2023. 1. 25.
의 뢰 인	시흥시장	의뢰인 전화	031-966-2375 031-966-4637
의뢰인 주소	시흥시 시청로 20 (장현동)	의뢰인 팩스	031-966-4630

상 담 내 용

1. 의뢰인 시흥시장은 시흥시의 오랜 숙원사업인 시흥시 소재 배곧신도시와 인천 송도국제도시를 연결하는 길이 1.89km의 배곧대교 건설사업(이하 '이 사건 사업'이라 한다)을 추진하고자 2021년 11월 한강유역환경청장에게 전략 및 소규모 환경영향평가서 초안(이하 '초안평가서'라 한다)에 대한 협의 요청을 하였다.

2. 관련 법령에서, 환경영향평가서의 협의·검토·보완·반려 및 협의 내용의 통보 등에 대한 환경부장관의 권한은 지방환경관서의 장에게 위임되어 있는바, 이 사건 사업소재지 관할 한강유역환경청장은 2021. 12. 29. 의뢰인에게 '계획노선이 람사르습지로 지정된 습지보호지역을 관통, 송도갯벌의 직접적 훼손이 불가피하고 습지생태계 교란 가능성이 매우 높다'는 이유로 사업계획 재검토 의견을 회신하였다.

3. 이에 의뢰인은 위 재검토 의견을 바탕으로 사업계획을 일부 조정하여 2022. 10. 18. 한강유역환경청장에게 전략 및 소규모 환경영향평가서 본안(이하 '본안평가서'라 한다)에 대한 협의를 다시 요청하였다.

4. 한강유역환경청장은 2022. 12. 14. 의뢰인에게 '이 사건 사업은 습지 생태계 직접 훼손과 주요 법정보호종의 서식지 감소·파편화 및 이동로 교란 등 부정적 영향이 클 것으로 판단되므로, 습지보호지역을 통과하지 않는 노선으로 다시 전면 재검토하여야 한다'는 취지로 전략 및 소규모 환경영향평가서 재검토 의견을 통보(이하 '이 사건 통보'라 한다)하였다.

5. 의뢰인은 시흥 시민의 염원 사업인 배곧대교 건설을 위해 '이 사건 통보'가 반드시 시정되기를 희망한다.

전화 02-595-1123, 팩스 02-595-1213, 이메일 majorpark@gmail.com
서울 서초구 서초동 200 리갈 빌딩 5층 법무법인 강남

내부회의록 I (행정소송용)

일　시: 2023. 1. 25. 17:00~18:00
장　소: 법무법인 강남 중회의실
참석자: 최시윤 변호사(행정소송팀장), 이민수 변호사

최 변호사: 의뢰인의 행정소송 사건은 준비가 잘 되어 가고 있나요? 이번 사건의 주요 사실관계 및 주된 쟁점은 무엇인가요?

이 변호사: 예, 이 사건 의뢰인은 시흥시장입니다. 의뢰인은 시흥시에 소재한 배곧신도시와 인천광역시 송도국제도시를 연결하는 길이 1.89km의 배곧대교 건설사업(이하 '이 사건 사업'이라 한다)을 추진하고자 2021. 11. 1. 한강유역환경청장에게 전략 및 소규모 환경영향평가서 초안(이하 '초안평가서'라 한다)에 대한 협의 요청을 하였고, 한강유역환경청장은 2021. 12. 29. 의뢰인에게 '교량 계획노선이 람사르습지로 지정된 습지보호지역을 관통, 송도갯벌의 직접적 훼손이 불가피하고 습지생태계 교란 가능성이 매우 높다'는 이유로 사업계획 재검토 의견을 회신하였습니다. 이에 의뢰인은 사업계획을 일부 조정하여 2022. 10. 18. 한강유역환경청장에게 전략 및 소규모 환경영향평가서 본안(이하 '본안평가서'라 한다)에 대한 협의 요청을 다시 하였고, 한강유역환경청장은 2022. 12. 14. 의뢰인에게 '이 사건 사업은 습지생태계 직접 훼손과 주요 법정보호종의 서식지 감소·파편화 및 이동로 교란 등 부정적 영향이 클 것으로 판단되므로, 습지보호지역을 통과하지 않는 노선으로 전면 재검토하여야 한다'는 협의의견을 통보(이하 '이 사건 통보'라 한다)하였습니다.

최 변호사: 예, 그렇군요. 그런데 제가 듣자하니 한강유역환경청장은 이 사건 통보가 행정소송의 대상이 아예 되지 않는다고 주장하는 듯한데 그 이유는 무엇인가요?

이 변호사: 예, 이 사건 통보는 한강유역환경청장이 생태환경적 측면에서 이 사건 사업의 타당성 여부에 대한 검토의견을 통보한 것에 불과하여, 항고소송의 대상이 되는 처분에 해당하지 않는다고 주장하고 있습니다.

최 변호사: 그렇군요. 그 말이 맞다면 소 제기 자체를 못하는 것이 아닌가요? 그럼 법리적으로 대응할 마땅한 수단은 없습니까?

이 변호사: 예, 행정청의 어떤 행위가 행정소송의 대상이 될 수 있는지의 문제는 추상적·일반적으로 결정할 수 없고, 구체적인 사실관계와 경우를 잘 살펴야 한다고 들었습니다. 이 사건 의뢰인은 사회기반시설인 배곧대교 건설을 추진하려는 주무관청으로서, 관계법령에 따르면, 의뢰인은 한강유역환경청장의 전략 및 소규모 환경영향평가 협의절차가 끝나기 전에는 공사를 시작할 수 없고, 이를 위반할 경우에 한강유역환경청장은 공사중지와 원상복구 등의 조치명령을 할 수 있습니다. 결과적으로, 의뢰인으로서는 이 사건 통보로 인해 사업을 추진 또는 시행할 수 없게 되는 직접적인 불이익을 받게 되는데, 한강유역환경청장을 상대로 이 사건 통보를 다투는 것 말고는 달리 구제방법도 없는 상황입니다. 이런 점에서 한강유역환경청장의 이 사건 통보는 처분에 해당한다고 강하게 주장할 예정입니다.

최 변호사: 예, 좋은 생각입니다. 한편 이 사건의 경우 원고가 지방자치단체장인 관계로 우리가 알고 있는 전형적인 항고소송과 달리 원고적격도 문제 삼을 듯한데 어떤가요?

이 변호사: 예, 한강유역환경청장은 원고적격도 분명 문제 삼을 것으로 예상됩니다. 다만, 제가 알기로는 대법원이 최근 판례를 변경하여 국가기관 등의 항고소송 원고적격을 예외적으로 인정하고 있는바, 행정기관이라고 하더라도 항고소송 이외에는 달리 상대 행정기관의 불이익한 제재적 조치를 다툴 방법이 없다면 과감히 시도할 필요가 있어 보입니다.

최 변호사: 예, 적법요건은 이 정도로 하고, 본안 위법성 문제에 대해 한번 살펴보도록 하지요. 이 사건 통보는 어떤 점에서 문제가 있다고 보는가요?

이 변호사: 예, 기본적으로 「환경영향평가법」 제17조 제5항에 따라 재검토 통보를 하기 위해서는 이 사건 사업의 추진이 '환경훼손 또는 자연생태계의 변화가 현저하거나 현저하게 될 우려가 있는 경우'에 해당하여야 하고, 단순히 습지에 부정적인 효과가 발생한다는 사정만으로는 충분하지 않습니다. 즉, ① 이 사건 사업은 교각들이 습지보호지역의 극히 일부인

167㎡(약 50평)를 점유하므로, 의뢰인이 배곧대교를 건설하여도 습지로서의 가치가 충분히 보존될 수 있는 점, ② 동 사업이 습지 환경에 미치는 영향을 최소화하기 위하여 토공을 배제하고, 교각 개수를 최소화하는 등의 방안을 마련한 점, ③ 조류전문가 등의 조사 결과, 이 사건 사업 시행으로 조류의 서식환경 변화가 크지 않을 것이라는 의견이 나온 점, ④ 한강유역환경청장이 제시한 관계 전문기관의 사업 반대의견은 실증적 연구에 기반한 것이 아니라 환경보호에 대한 원론적 의견에 불과한 점, ⑤ 람사르 협약은 '습지의 이용·개발 배제'가 아니라 '현명한 이용'을 전제로 하고 있고, 상실되는 습지의 보상을 전제로 개발도 허용하고 있으며, 이에 의뢰인은 관할 시흥시 인접 습지 중 약 1.6㎢(약 50만평)을 새롭게 습지보호지역으로 지정하는 방안도 제시하였는바, 이를 통해 기존 서식지 대체 장소를 마련할 수 있는 점 등을 모두 고려하면, 이 사건 사업이 법령에서 정한 습지 환경 및 생태에 대한 영향이 심각하거나 현저한 경우에 해당한다고 보기 어렵습니다.

최 변호사: 이 사건 통보 결정에 권한남용의 점은 없나요?

이 변호사: 예, 배곧대교는 경제자유구역인 시흥배곧지구와 인천송도지구를 잇는 교량으로서, 각 지역에 위치한 산업단지, 학교, 연구소, 주거지를 연결하고, 4,038억 원의 생산유발효과 등의 경제효과를 발생시키며, 두 도시의 대중교통 활성화를 통해 현재 우회로 인해 지·정체가 극심해진 주변 도로 교통량을 23.6% 감소시킴으로써 대기오염물질의 발생량도 30년간 1,250톤 절감하는 등 이 사건 사업으로 달성되는 공익이 상당합니다. 무엇보다, 의뢰인은 환경영향평가서에 5가지 대안노선을 제시하였는데, 한강유역환경청장이 위 5가지 대안 모두를 거부하며, 습지보호지역이 아닌 다른 노선으로 전면 재검토하라고 통보한 행위는 사실상 사업을 중단하라는 명령과 같습니다. 그로 인해 배곧대교 건설을 전제로 지역발전사업을 추진해 온 의뢰인과 새로운 교통로를 이용하지 못하게 되는 지역 주민과 기업의 피해는 갈수록 심각해질 지경입니다.
이러한 여러 사정을 종합하면 한강유역환경청장은 이 사건 사업으로 인해 얻는 공익과 사업 중단으로 의뢰인 등이 입게 되는 손해를 전혀 고려하지 않거나 과소평가한 잘못이 분명 있다고 할 것입니다.

최 변호사: 한편 제가 듣자 하니, 2005년 낙동강 하구의 습지보호지역에 을숙도대교(구 명지대교)가 건설되었는데, 이 사건 사업과 위 을숙도대교는 모두 경제자유구역 내 신도시 발달로 인해 그 필요성이 대두되었다는 점에서 유사한 듯합니다. 또한 유네스코 세계자연유산으로 등재된 전라남도 신안군 갯벌에도 다수의 연륙·연도교가 완공되었거나 추진 예정이라고 하던데, 이런 사정을 이번 사건에 활용할 방법은 없는가요?

이 변호사: 예, 그렇습니다. 변호사님께서 알고 계신 바와 같이 그동안 습지보호지역 내 교량 건설을 허가한 다수의 사례가 있는 점, 위 사례들에서 습지보호지역에서 교량 건설과 습지 생물의 종·개체수의 변화는 무관한 것으로 드러난 점, 그러한 사례들과 비교할 때 이 사건 사업 시행으로 인한 부정적 환경영향이 더 크다고 볼 수 없는 점 등을 고려하면 이 사건 재검토 통보는 합리적인 이유가 없다고 보입니다.

최 변호사: 그런데 상대방 당사자의 입장에서는 다음과 같이 반론을 전개할 여지가 있을 듯합니다. 즉, 이 사건 사업으로 인한 이익은 이동시간 단축에 불과한 반면, 그로 인한 송도갯벌의 직접 훼손 및 멸종위기종인 저어새를 비롯한 다수의 법정보호 조류의 서식지 훼손이 우려되고, 환경부도 2022. 5. 14. 송도갯벌을 관통하는 수도권 제2순환 고속도로(안산~인천) 사업에 대한 국토교통부와의 협의에서 같은 이유로 습지보호지역은 사업계획에서 제외토록 협의한 점 등을 고려하면, 이 사건 통보는 적정하다는 것입니다. 이러한 주장을 어떻게 재반박할지도 잘 고려해서 대응해 주기 바랍니다.

이 변호사: 예, 지적하신 부분을 충분히 잘 고려해서 대응토록 하겠습니다.

최 변호사: 참, 이 사건 협의 통보가 나오는 과정에서 문제될 만한 위법성은 없었나요?

이 변호사: 예, 의뢰인은 한강유역환경청장에게 지역주민이 참여한 합동현지조사 및 환경영향갈등조정협의회 구성을 통한 갈등조정을 요청하였으나, 한강유역환경청장은 협의회 구성없이 인천과 시흥시 주민 각 1인만 합동현지조사에 참여할 수 있게 하는 등 주민 참여기회를 제대로 부여하지 아니하였습니다. 특히 관계법령상 환경영향평가의 협의는 이 사건과 같이 중점평가대상사업의 경우 환경에 미치는 영향을 검토하기

위해 갈등조정협의회를 구성·운영할 수 있으며, 위원은 최소 10인 이상 위원으로 구성하도록 되어 있습니다. 그런데, 피고는 이 사건 사업이 시흥시와 인천시민 및 환경단체 등의 이해관계가 서로 첨예하게 대립하는 상황임에도 위 갈등조정협의회를 구성하지 아니한 채 독단적으로 이 사건 협의 내용을 결정하고 말았습니다.

최 변호사: 예, 좋습니다. 그러면 다른 논의 사항이나 의견이 없으면 이 변호사님은 오늘 논의된 내용을 고려하여 소장을 작성하도록 하시고, 특히 의뢰인이 놓친 쟁점이 없는지 거듭 잘 확인하여 준비해 주기 바랍니다. 이상 회의를 마치겠습니다. 끝.

한강유역환경청

수 신: 시흥시장
(경 유)
제 목: 전략 및 소규모 환경영향평가서 재검토 통보[배곧대교 건설사업]

1. 시흥시 경제자유구역과-8941(2022. 10. 18.)호와 관련된 문서입니다.

2. [배곧대교 건설사업]에 대한 전략 및 소규모 환경영향평가서(본안) 협의내용을 붙임과 같이 알려 드립니다(사업번호 : HG20210875).

붙임: 전략 및 소규모 환경영향평가서 협의내용 1부. 끝.

2022년 12월 14일

한강유역환경청장 [한강유역환경청장 관인]

주무관 허은주　　　　　　과장 박건우　　　　　　국장 남대호
시행: 2022. 12. 14.
주소: 경기 하남시 미사강변한강로 229(우: 12902)　　http://hg.me.go.kr
전화: 031-790-2877 / FAX: 044-790-2874

- 협의내용 -

○ 본 계획은 경기도 시흥시 배곧신도시와 인천광역시 연수구 송도국제도시를 연결하는 배곧대교를 건설하는 건설사업으로 사업 시행 시 주변 환경에 미치는 영향과 각 분야별 전문가 검토의견 등을 종합한 결과, 다음과 같은 사유로 환경적 측면에서 바람직하지 않아 사업계획을 전면 재검토하여야 함

○ 계획노선이 통과하는 송도갯벌은 습지보전법에 따른 습지보호지역(인천시, '09.12.31.)이자, 국제적으로 중요한 습지(갯벌) 및 철새서식지로 인정받아 국제협약(물새 서식처로서 국제적으로 중요한 습지에 관한 협약, 약칭 람사르협약, '14.7.10.)에 의해 람사르습지로 지정·관리되고 있음. 또한, 송도갯벌은 동아시아·대양주 철새의 주요 이동경로에 위치하고, 국제적 멸종위기종인 저어새를 비롯한 다수의 법정보호종(검은머리물떼새, 알락꼬리마도요, 검은머리갈매기, 흰발농게 등)의 서식·번식·섭식·휴식 공간으로 생태학적으로 보전가치가 높은 지역임. 세계적으로 보전가치 있는 갯벌에 교량이 관통하는 이번 계획은 사업 시행 시 교각 설치로 인한 송도갯벌의 직접적인 훼손 및 습지 생태계 교란이 불가피하여 갯벌에 지속적인 영향이 예상되고, 공사 및 운영 시 주요 법정보호종에 미치는 환경적 피해(소음·진동 영향, 오염물질 유출, 이동경로 교란, 빛공해 등)가 클 것으로 판단되는바, 동 사업계획은 적절하지 않음

○ 사업자는 전략환경영향평가서 초안에 제시된 노선과 동일한 선형을 최적안으로 제시하고 있으나, 이는 위와 같은 사유로 친환경적이지 않은 도로계획이라 판단됨. 또한 계획노선을 포함하여 5개의 노선과 해저터널을 대안으로 검토하였으나, 모든 대안이 생태계 영향 측면에서 불리하여 사업추진 불가로 판단되고, 습지보호지역 및 법정보호종에 미치는 부정적 영향을 피할 수 있는 대안은 없는 것으로 판단됨. 또한 서식지 창출을 목적으로 대체습지보호지역 지정을 제시하였으나, 후보지로 제시된 지역(시흥갯벌 등)은 송도갯벌과 생태적으로 상호 연계되어 이미 다양한 야생 동·식물이 서식하는 곳으로, 새로운 서식지 창출로 보기 어려우며, 대체습지보호지역 설정이 사업시행에 따른 동·식물 서식지 훼손을 피할 수 있는 적절한 대안이라고 판단하기 어려움

○ 따라서 송도갯벌 습지보호지역 내 교량·교각을 설치하는 배곧대교 건설사업은 습지 생태계 직접 훼손과 주요 법정보호종의 서식지 감소·파편화 및 이동로 교란 등 부정적 영향이 클 것으로 판단되므로, 습지보호지역을 통과하지 않는 노선으로 전면 재검토하여야 함. 끝.

시흥시 고시 제2020 - 23호

-배곧대교 건설사업 실시계획-

가. 이 사건 사업의 추진 개요는 다음과 같다.

- 다 음 -

- 사업계획 수립 및 시행기관: 시흥시
- 공사기간/운영기간: 2022년~2026년(48개월)/2026년~2056년(30년)
- 총사업비: 1,904억원(2021. 4. 1. 가격 기준)
- 사업규모: 연장(L) 1.89km, 폭(B) 24.4m(왕복4차로+보도·자전거도로)
- 설계속도: 80km/hr(도시지역 주간선도로)
- 교통량: 37,263대/일(2046년 기준)

나. 시흥시장은 2021년 10월 초 한강유역환경청장에게 이 사건 사업 초안평가서 협의요청을 하였으나, 한강유역환경청장은 2021. 12. 29. 의뢰인에게 다음과 같은 의견을 제시하며 위 사업계획을 재검토 하도록 회신하였다.

- 계획노선이 람사르습지로 지정된 습지보호구역을 관통, 교각설치로 인한 송도 갯벌의 직접적 훼손이 불가피하여 습지생태계가 교란될 가능성이 매우 높음
- 계획노선 인근지역은 철새들의 먹이터 및 산란지가 위치하여 교량 공사(소음·진동, 오염물질 유출) 및 운영(조류충돌, 빛공해) 시 환경피해가 클 것으로 예상

다. 시흥시장은 2022. 10. 19. 한강유역환경청장에게 이 사건 사업 본안평가서 협의 요청을 하였는데, 초안평가서와 본안평가서 내용의 주요 차이는 다음과 같다.

구분		초안	본안
교각개수		전 구간 39개소 (습지보호지역 23개소)	전 구간 29개소 (습지보호지역 16개소)
습지훼손 면적		3,403.2㎡	167.0㎡ (감소 3,236.2㎡)
습지훼손 경제적 가치	수평투영	약 13,366만원/년	약 14,566만원/년 (증가 1,200만원)
	교각점유	약 2,150만원/년	약 105만원/년 (감소 2,045만원/년)
생태계 현황 조사		일반현황 조사(3회 조사) (식물상, 포유류, 조류 등)	조류 번식기 중점 정밀조사 (2022년 4~8월)

구분			초안	본안
토공량			절토량 16,846㎥ 성토량 17,207㎥	절토량 50,172㎥ 성토량 42,982㎥
저감방안				
	교량형식 선정		-	콘크리트 계열 선정
	교각형식 선정		-	원형교각 선정
	기초형식 선정		-	현장타설말뚝 공법
	편입면적			
		전체	54,920.0㎡	61,567.0㎡
	습지보호 지역	수평투영	21,152.8㎡	23,052.0㎡
		교각점유	3,403.2㎡	167.0㎡
	초기우수처리시설 계획			비점오염저감시설 16개소
	습지보호지역 구간 가로등의 낮은 조명계획		미 수 립	라인조명 반영[1]

라. 본안평가서상 대체 습지보호지역 후보지는 다음과 같다.

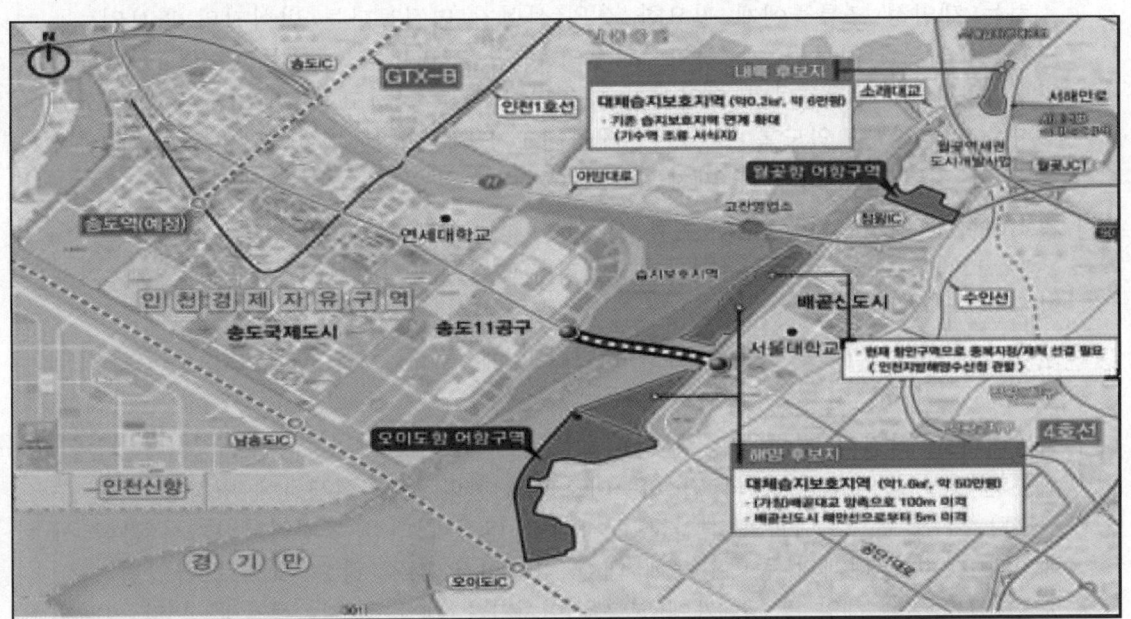

※ 내륙 후보지(약 0.2㎢, 약 6만평), 해양 후보지(약 1.6km2, 약 50만평)

---

[1] 원형교각은 해수의 흐름에 영향을 덜 미치는 방식이고, 현장타설말뚝은 지면과의 접촉면을 최소화하는 방식이며, 라인조명은 옆에서 비추는 조명을 말함

-전문가 자문의견-

시흥시 환경과 제2022-27호
수신: 시흥시 경제자유구역과
참조: 시흥시장, 한강유역환경청장
제목: 배곧대교 건설계획에 따른 인근 생태환경영향 분석 및 조사결과 보고

☐ **공주대학교 조삼래 교수(조류 분야)**
- 본 사업예정지 주변은 천연기념물 제205-1호와 멸종위기야생생물 I급으로 지정된 저어새(300~400마리)와 멸종위기야생생물 II급인 검은머리갈매기와 검은머리물떼새(천연기념물 제326호) 포함한 많은 철새들이 도래하여 서식지(번식지, 섭식지 및 휴식처 등)로 이용하고 있음
- 조사결과 저어새는 번식지(남동공단 유수지)와 갯벌 사이의 바이오산업교(송도4교)를 넘어 이동하고 옥귀도에서 번식하는 무리와 함께 배곧대교를 가로질러 이동할 것으로 예상됨
  - 송도4교 및 군자대교를 이동하는 조류를 확인한 결과, 조류의 이동에 다소 영향은 있을지라도 많은 조류들이 교량 밑이나 교량을 넘어 이동하므로 큰 지장이 없을 것으로 판단됨
- 교량 설치·운행 시 시·청각에 의한 영향으로 섭식지 일부 감소가 예상되나 시간이 지나면 방해요인도 학습되어 영향을 최소화하는 경향이 있음
  - 저어새를 비롯한 갈매기류 등의 먹이는 충분하므로, 본 사업지구 일대에 서식하는 해양성 조류들에게 필요한 것은 섭식지 면적보다는 번식지의 확보임
- 교각 간격을 최대로 넓게 하고, 교량의 주탑을 비롯한 구조물은 100m 이하의 불투명한 소재를 적용하며 고압선이 나출되지 않도록 하고, 야간조명 및 차량소음 영향을 저감할 수 있도록 할 경우, 배곧대교가 계획노선에 설치되어도 공사 시나 운영 시 저어새 등 조류에 미치는 영향은 크지 않을 것으로 판단됨

☐ **경희대학교 김정식 명예교수(조류 분야)**
- 조류(철새)는 시력이 월등하여 해상교량 구조물을 식별하여 어렵지 않게 피해 활동할 수 있음
- 대도시 주변의 조류(철새)들을 위해서 인간이 해 줄 수 있는 효과적인 조치는 먹이 공급

☐ **원광대학교 최길여 교수(해양 분야)**
- 해양과 갯벌에 인공구조물의 건설은 미소환경 변화 등 서식생물에 영향을 미칠 수 있으나, 부산 을숙도대교와 신안군 천사대교 건설에 대한 환경영향평가서 분석 시 해양과 갯벌 생태계의 종다양성에 대한 악영향은 많지 않은 것으로 확인됨
- 배곧대교 건설은 해양 및 생태계에 영향을 미치지만, 개발 후 지속적인 환경 및 생태계 모니터링 및 관리가 개발에 의한 피해를 최소화할 수 있을 것임

-관계기관 검토의견-

한강유역환경청 심사과 제2022-13호
수신: 시흥시 경제자유구역과
참조: 시흥시장, 한강유역환경청장
제목: 배곧대교 건설사업과 관련하여 시흥시의 협의요청에 따라 한강유역환경청장이 관계기관에 대해 검토의견 수렴 보고

<한국환경정책평가원>
- 금회 제시된 도로사업 노선은 초안평가서에 제시된 노선과 동일한바, 단지 교통개선효과를 이유로 람사르습지로 지정된 습지보호구역을 관통하는 것은 적절한 도로계획이라고 할 수 없음. 제3경인고속도로로 우회하는 방안을 모색하거나 습지보호구역을 해저터널로 통과하는 선형으로 계획할 필요가 있음
- 제4차 람사르 전략계획(2016~2022)에서는 습지의 손실과 훼손 요인을 해소하는 것을 목표로 하고 있으며, 우리나라에서도 제3차 습지보전계획(2018~2022)을 수립하는 등 습지보호지역 확대 및 복원 강화를 추진목표로 제시함. 따라서 계획노선이 경유하는 지역의 세계적 차원의 생태적 보호가치와 국가환경정책과 국제협약 등을 고려할 때 개발을 지양하여야 함
- 현장 확인 여부: 미실시

<국립생태원>
- 계획노선은 습지보호구역을 관통하고 있어 습지생태계 곤란 우려, 조류서식지 훼손, 습지경관 훼손 등 부정적인 영향이 클 것으로 판단됨. 습지보호구역의 훼손을 최소화하기 위해 추가적인 대안이 필요함
- 본안평가서에 제시된 자문의견서의 저감방안의 반영 결과를 제시하기 바람
- 본안평가서에 제시된 습지보호지역 후보지는 이미 다양한 야생동식물이 서식하는 습지지역으로 서식지 창출로 보기는 어려움. 대체보호지역의 설정 목적에 맞는 후보지 설정, 서식지 창출방안 제시 등 필요
- 현장 확인 여부: 미실시(비고: 협의기관 요청 시 현장 확인 예정)

<국립환경과학원>
- 이 사건 사업계획은 습지생태계 직접 훼손과 저어새 등의 서식지·섭식지 감소·파편화, 이동로 교란 등의 영향으로 갯벌과 바다를 이용하는 법정보호종 및 일반조류의 감소가 우려됨
- 위 사업을 추진할 경우에는 조류의 이동경로 등을 고려하여 대체 습지를 보호지역으로 지정하고, 옥귀도 등 기존서식지 보호방안 제시 필요
- 현장 확인 여부: 포털사이트의 지도와 도로뷰를 이용, 사업지구를 확인함

-전국 습지보호지역 내 해상교량 현황-

시흥시 건축과 제2022-7호
수신: 환경유역환경청장
참조: 시흥시장
제목: 우리나라의 습지보호지구 내 해상 교량 건축 현황

구분	습지보호지역	지정일자 (면적)	교량 (규모, 공사기간)	비고
갯벌 습지	송도갯벌 (철새도래지)	2009.12.31 (6.11㎢)	인천대교 (L=11.9km, B=33.4m, 공사기간 '05~'09)	람사르지정 '14.7.10.
	보성·벌교갯벌	2003.12.31. (33.92㎢)	벌교대교 (L=940m, B=24.4m, 개통'12)	람사르지정 '06.01.20
	신안갯벌	2010.1.29 (1,100.86㎢)	지도·증도·은암·중앙·신안·자라대교 등 6개	람사르지정 '11.9.1.
			지도임자대교 (L=5.0km, B=33.4m, 공사기간 '13.10~'21.3)	
			천사대교 (L=3.6km, B=11.5m, 공사기간 '10.9~'21.4)	
내륙 습지	낙동강하구 (철새도래지)	1999.08.09 (37.718㎢)	을숙도대교(민자) (L=5.2km, B=30m, 공사기간 '05~'10)	-
	담양 하천습지	2004.07.08 (0.981㎢)	영산교 (L=390m, B=25.2m, 공사기간 '02~'06)	-
	한강하구 습지	2006.04.17 (60.668㎢)	일산대교(민자) (L=1.84km, B=28.5m, 공사기간 '03~'07)	-
	순천 동천하구	2015.12.24 (5.394㎢)	해룡교 (L=1.41km, B=25.5m, 개통 '12)	람사르지정 '16.1.20
	섬진강 침실습지	2016.11.07 (2.036㎢)	고달교 (L=400m, B=14m, 개통 '05)	-
	고창 인천강하구	2018.10.24 (0.722㎢)	인천강교 (L=365m, B=22m, 개통 '07)	-
	한강밤섬 (철새도래지)	1999.08.10. (0.273㎢)	서강대교 (L=1.320km, B=29.0m, 개통 '99)	람사르지정 '12.06.21

-한국자연환경보전협회 자문의견-

한국자연환경보전협회 제2022-10호
수신: 시흥시 환경과
참조: 시흥시장, 한강유역환경청장
제목: 시흥시가 이 사건 사업 관련 환경영향에 관하여 사단법인 한국자연환경보전협회에
 의뢰하여 받은 자문의견

○ 해상교량이 철새의 서식 및 번식에 미치는 영향
 - 섭식지 감소에 따른 간접적인 영향은 예상되나, 섭식지 반경이 넓을 때에는 영향이 크지 않을 것으로 판단됨
 - 저어새를 비롯한 조류들이 번식지인 남동유수지에서 인근 사장교의 사장을 피해 이동하는 것으로 확인되고, 배곧대교는 사장 위치가 배곧 쪽에 국한되어 있고 습지보호지역에는 사장이 없기 때문에 조류 충돌 위험은 감소할 것으로 판단됨
○ 배곧대교 노선의 습지보호구역 영향 최소화 방안에 대한 적정성
 - 송도지역 갯벌을 이용하는 조류들은 기존 매립과 개발에 의해 이곳저곳으로 이동하면서 갯벌을 이용하고 있었기 때문에 교량건설로 인한 서식지 변화에 영향을 받을 수 있지만 그 강도는 크지 않을 것으로 판단됨
○ 배곧대교 노선을 습지보호지역 외 지역으로 우회 시 자연환경에 미치는 영향
 - 사업예정지역(1안)에 교량이 건설되는 것과 거의 비슷한 영향이 나타날 것으로 판단됨
 - 대체습지보호구역 지정으로의 관리방향 및 실효성
 - 저어새 번식지 보존을 위해 옥귀섬을 포함하여 대체습지보호지역을 지정하여 제도적으로 보존·관리해 나간다면 옥귀섬에 더 많은 저어새들이 번식할 수 있게 되므로 이 사건 사업의 영향에 대한 대안이 될 수 있음
○ '낙동강 을숙도대교 사후환경영향조사결과 종합평가'(2012년)에 따르면 을숙도에서 관찰된 조류의 종수는 환경영향평가 시 58종, 2009년 조사 시 74종, 2012년 조사 시 69종이었음

-사업예정지 주변현황 및 평면도-

시흥시 경제자유구역과 제2022-13호
수신: 한강유역환경청장, 인천시장, 환경부장관, 국토교통부장관
참조: 시흥시장

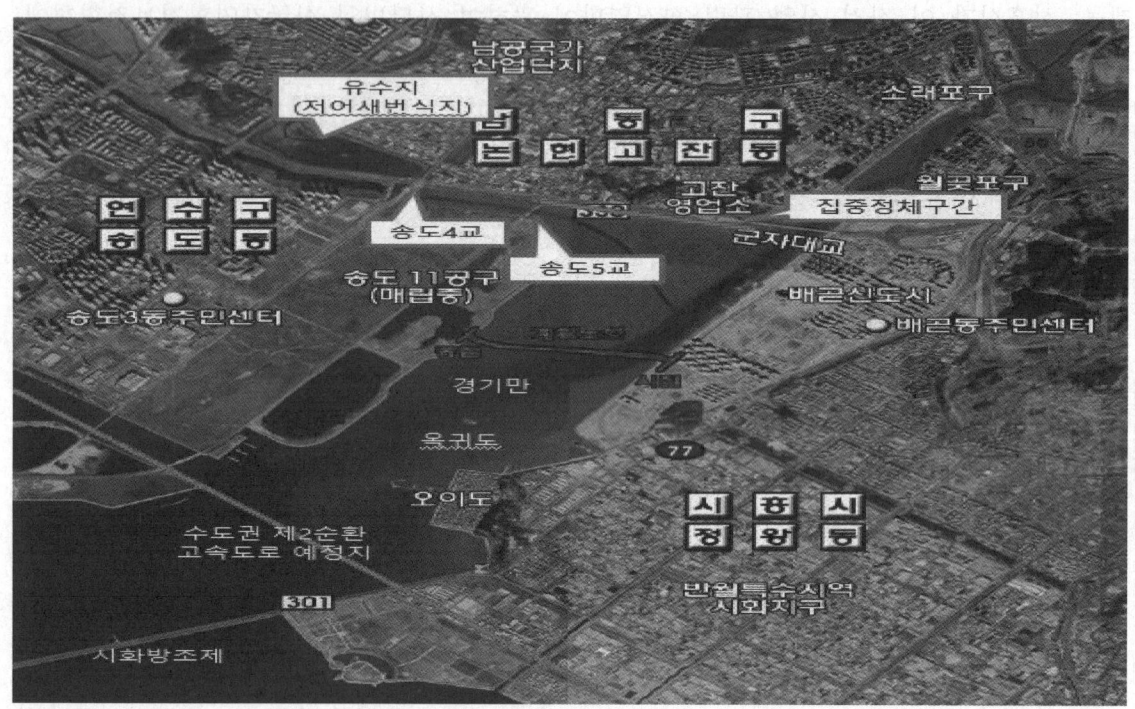

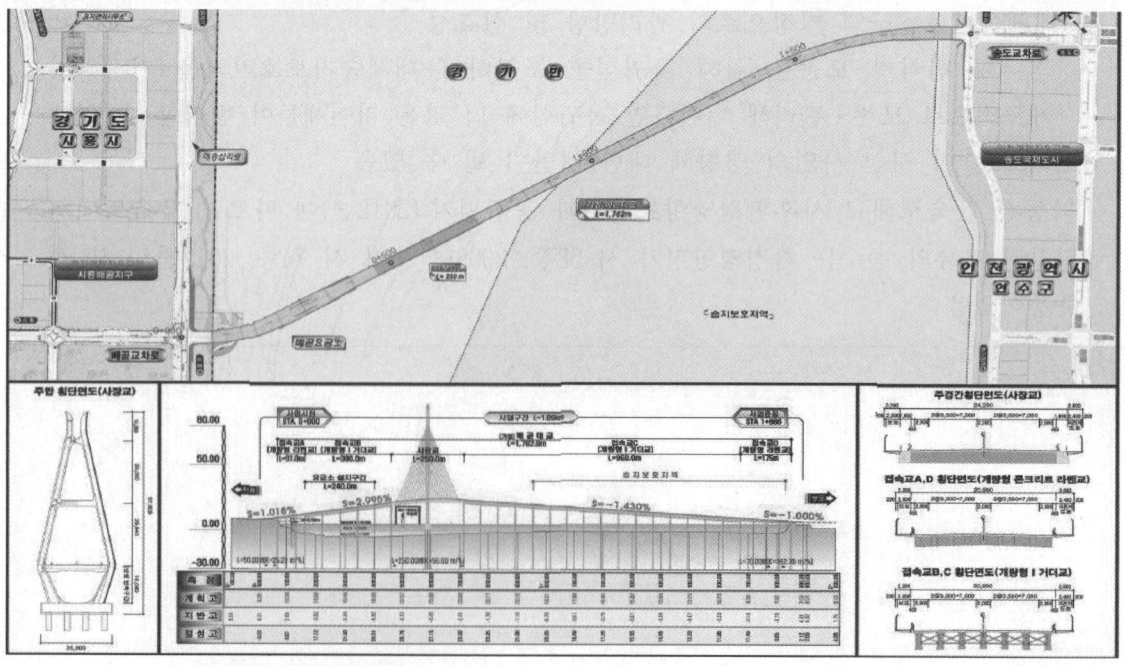

-환경영향평가서상 대안노선 입지 비교 및 위치도-

시흥시 경제자유구역과 제2022-3호
수신: 한강유역환경청장, 인천시장, 환경부장관, 국토교통부장관
참조: 시흥시장

입지비교	비교1안 (L=1,886m)	○습지보호지역저촉이 일부 불가피하나, 저어새 번식지(옥귀도)와의 이격거리 및 갯벌 해양저서생태계 등 생태계 영향 측면과 갯벌 통과 연장 감안시 타안에 비해 유리	◎
	비교2안 (L=2,162m)	○비교1안에 비해 습지보호지역저촉 측면에서 유리하나, 저어새 번식지(옥귀도)와의 이격거리 및 갯벌해양저서생태계 등 생태계 영향 측면에서 불리	-
	비교3안 (L=2,590m)	○비교1안·2안 대비 습지보호지역저촉 측면에서 유리하나, 옥귀도와 더 근접하여 저어새 번식지(옥귀도)와의 이격거리 및 갯벌해양저서생태계 등 생태계 영향 측면에서 불리	-
	비교4안 (L=2,456m)	○비교1안·2안·3안 대비 습지보호지역저촉 측면에서 유리하나, 옥귀도와 더 근접하여 저어새 번식지(옥귀도)와의 이격거리 및 갯벌 해양저서생태계 등 생태계 영향 측면에서 더욱 불리	-
	비교5안 (L=2,762m)	○습지보호지역 저촉은 없으나, 저어새 번식지(옥귀도)와 최 근접 통과함으로서 갯벌 해양저서생태계 등 생태계 영향 측면에서 매우 불리	-
	해저터널(안)	○해상교량(비교1안) 대비 해저터널(안) 비교 검토시 습지보호지역 저촉 배제 측면에서 유리하나, 습지보호지역 지층구간 터널 시멘트 및 지반보강에 따른 그라우팅 물질에 의한 중금속 이온 및 화학물질로 습지보호지역 생태적 영향, 사고발생시 환기 및 비상차량 접근 불량, 공사비 증가(사업추진 불가) 등의 측면에서 불리	-

-송도갯벌 서식 조류의 주요 이동경로-

시흥시 환경과 제2022-19호
수신: 한강유역환경청장, 환경부장관
참조: 시흥시장

[그림 11.1.1-30] 조류 주요 이동패턴(저어새 전국모니터링과 서식지 이용연구)

[그림 11.1.1-31] 조류 주요 이동경로(조류 정밀조사)

우편송달보고서

증서 2022년 　　제255호　　　　　2022년　12월　16일　　발송

1. 송달서류　　　협의통보 1부
　(환경 22-777)

　　　　　　　　　　　　　　　　　　　　　발송자　한강유역환경청장

송달받을 자　　시흥시장 귀하
경기도 시흥시 시청로 20(장현동)

영수인	이동호 (서명)	
영수인 서명날인 불능		
1 √	송달받을 자 비서실 직원 통해 시장에게 교부하였다.	
2	송달받을 자가 부재 중이므로 사리를 잘 아는 다음 사람에게 교부하였다.	
	사무원	
	피용자	
	동거자	
3	다음 사람이 정당한 사유 없이 송달받기를 거부하므로, 그 장소에 서류를 두었다.	
	송달받을 자	
	사무원	
	피용자	
	동거자	

송달연월일　2022. 12. 19. 14시 20분

송달장소　　경기도 시흥시 시청로 20(장현동)

위와 같이 송달하였다.

　　　　　　　　　　　2022. 12. 20.
　　　　　　　　　　남양주우체국 집배원　　　　　(우배달)

수임번호 2023-245	**법률상담일지 II**		2023. 11. 30.
의뢰인	홍길동, 임꺽정	**의뢰인 전화**	(생략)
의뢰인 주소	(생략)	**의뢰인 이메일**	(생략)

상 담 내 용

1. 의뢰인들은 법학전문대학원을 졸업하고 2024년 제13회 변호사시험에 응시원서를 접수하여 동 시험에 응시할 예정이다.

2. 변호사시험의 실시주체인 법무부장관은 2023. 9. 18. '2024년도 제13회 변호사시험 실시계획 공고'(법무부공고 제2023-269호)를 통하여 제13회 변호사시험 일시를 2024. 1. 9.부터 2024. 1. 13.까지 4일간(2024. 1. 11. 휴식일 제외)으로 정하여 공고하였다.

   그 후 법무부장관은 2023. 11. 24. '제13회 변호사시험 일시·장소 및 응시자 준수사항 공고'(법무부공고 제2023-360호)를 하였는데, 위 공고문 제4의 나.항에는 "코로나22 확진자는 시험에 응시할 수 없습니다.", "감염병 의심자 중 보건당국으로부터 자가격리 통지서를 받아 격리 중인 자는 관할 보건소와 협의 후 별도의 장소에서 시험에 응시할 수 있습니다. 신청기간: 2023. 12. 26.(화) ~ 2024. 1. 7.(일) 18:00 ... ※ 안전하고 원활한 시험장 운영을 위하여 자가격리자의 시험 응시 사전신청마감을 2024. 1. 7.(일) 18:00까지로 제한하니 수험생 여러분의 주의와 협조를 당부드립니다."라고 기재되어 있다.

3. 의뢰인들은 위 공고 당일 위와 같은 내용을 인지하게 되었는바, 위 공고가 의뢰인들의 기본권을 침해한다고 주장하면서 헌법소원심판을 청구함과 동시에, 위 헌법소원심판청구사건의 종국결정 선고시까지 위 공고의 효력정지를 구하는 효력정지가처분신청을 하려고 한다.

전화 02-595-1123, 팩스 02-595-1213, 이메일 majorpark@gmail.com
서울 서초구 서초동 200 리갈 빌딩 5층 법무법인 강남

내부회의록 II (헌법소송용)

일　　시: 2023. 12. 4. 16:00~17:00
장　　소: 법무법인 강남 소회의실
참석자: 오승소 변호사(헌법소송팀장), 김진실 변호사

오 변호사: 변호사시험 관련 사건에 대하여 논의하도록 합시다. 의뢰인들의 주장이 무엇인가요?

김 변호사: 의뢰인들은 법학전문대학원을 졸업하고 2024년 제13회 변호사시험에 응시할 예정입니다. 이 사건 기록에 따르면, 제13회 변호사시험 응시 전 또는 변호사시험 응시 도중 코로나22 확진 판정을 받거나 2024. 1. 7.(일) 18:00 이후 자가격리대상자가 되는 등으로 위 일시까지 '응시 사전 신청'을 하지 못한 경우에는 제13회 변호사시험에 응시할 수 없게 됩니다. 의뢰인들은 이러한 공고의 내용이 의뢰인들의 기본권을 침해한다고 주장하면서 헌법소원심판을 청구함과 동시에, 위 헌법소원 심판청구 사건의 종국결정 선고시까지 이러한 공고내용에 대한 효력 정지를 구하는 가처분신청을 하려고 합니다.

오 변호사: 그렇군요. 변호사시험이 얼마 남지 않은 상황에서 급하게 되었네요. 이 사건 공고에 의하면 제13회 변호사시험에 응시할 수 없게 되는 사람들이 생기는 건가요?

김 변호사: 예, 일단 코로나22 확진자의 경우 변호사시험 응시가 불가하고, 2024. 1. 7.(일) 18:00 이후에 자가격리대상자가 되어 위 일시까지 응시 사전 신청을 하지 못한 경우에도 제13회 변호사시험에 응시할 수 없게 됩니다.

오 변호사: 변호사시험은 1년에 한 번 치러지는 자격시험으로 변호사시험법 제7 조에 따라 5년 내에 5회만 응시할 수 있는 상황에서 이러한 제한은 너무나 큰 불이익이 될 수 있겠네요. 일단 공고 전체가 효력이 정지되면 변호사시험 자체가 치러질 수 없게 되는 의도치 않는 상황이 발생할 수 있으므로 공고 중에 문제가 된 부분으로 신청취지를 한정

하여 효력정지가처분신청을 준비해 주시면 좋겠습니다. 그리고 가처분의 사유(필요성)에 대하여도 헌법재판소 선례에서 제시된 요건에 따라 설득력 있게 주장해 주시면 좋겠습니다. 다만 헌법소원심판절차에서도 가처분이 허용된다는 것은 헌법재판소의 확립된 판례이므로 그 부분은 언급하지 맙시다.

김 변호사: 알겠습니다. 그렇게 하겠습니다.

오 변호사: 이와 더불어 헌법소원심판청구도 준비해 주시면 좋겠습니다. 가처분신청과 마찬가지로 의뢰인들의 기본권 침해와 관련된 부분으로 청구취지를 한정하여 준비해 주시고, 시간이 촉박한 관계로 가장 밀접한 기본권에 한정하여 과잉금지원칙심사에 의한 헌법소원심판청구서를 준비해 주시면 좋겠습니다. 그 외에 본안과 관련된 다른 쟁점들은 추후 추가적으로 제출토록 하시지요.

김 변호사: 예, 준비하여 헌법소원심판청구서와 가처분신청서를 같은 날짜에 제출토록 하겠습니다.

오 변호사: 좋습니다. 이 사건과 관련하여 헌법소원심판청구서와 가처분신청서를 작성하되, 헌법소원의 적법요건과 관련해서는 몇몇 중요 요건들(대상적격, 자기관련성, 청구기간)을 위주로 서술해 주시기 바랍니다. 이상으로 오늘 회의를 마치겠습니다. 끝.

법무부공고 제2023-269호

2024년도 제13회 변호사시험 실시계획 공고

2024년도 제13회 변호사시험 실시계획을 다음과 같이 공고합니다.

2023년 9월 18일

법 무 부 장 관

1. 시험일정

가. 시험기간

2024. 1. 9.(화) ~ 1. 13.(토)

※ 2024. 1. 11.(목)은 휴식일

나. 응시자 준비사항 등

구체적 일시, 장소 및 시험응시자에게 필요한 준비사항 등은 2023. 11. 24.(금) 관보 및 법무부 홈페이지(www.moj.go.kr)에 공고할 예정입니다.

2. 시험방법

가. 공법·민사법·형사법: 선택형 필기시험 및 논술형 필기시험

나. 전문적 법률분야에 관한 과목: 논술형 필기시험

3. 시험과목 및 출제범위

가. 시험과목

○ 공　법: 헌법 및 행정법 분야의 과목
○ 민사법: 「민법」, 「상법」 및 「민사소송법」 분야의 과목
○ 형사법: 「형법」 및 「형사소송법」 분야의 과목
○ 전문적 법률분야에 관한 과목으로 응시자가 선택하는 1개 과목

나. 전문적 법률분야에 관한 과목의 종류와 그 출제범위

(생략)

4. 응시자격 및 응시 결격사유

가. 응시자격

「법학전문대학원 설치·운영에 관한 법률」 제18조제1항에 따른 법학전문대학원의 석사학위를 취득하거나, 3개월 이내에 위 석사학위를 취득할 것으로 예정된 사람

나. 응시 결격사유

공고된 시험기간 중 어느 하나에 해당하는 사람
① 피성년후견인
② 금고 이상의 실형을 선고받고 그 집행이 끝나거나(집행이 끝난 것으로 보는 경우를 포함한다) 그 집행을 받지 아니하기로 확정된 후 5년이 지나지 아니한 사람
③ 금고 이상의 형의 집행유예를 선고받고 그 유예기간이 지난 후 2년이 지나지 아니한 사람
④ 금고 이상의 형의 선고유예를 받고 그 유예기간 중에 있는 사람
⑤ 탄핵이나 징계처분을 받아 파면된 후 5년이 지나지 아니한 사람
⑥ 「변호사법」에 따라 제명된 후 5년이 지나지 아니한 사람
⑦ 징계처분으로 해임된 후 3년이 지나지 아니한 사람
⑧ 「변호사법」에 따라 영구 제명된 사람

5. 응시원서 접수

가. 접수기간

2023. 10. 24.(화) 09:00 ~ 10. 30.(월) 24:00 매일 24시간 접수(접수 첫날 제외)

※ 접수된 응시원서는 해당 시험에서만 유효하고, 공고한 접수기간 외에는 추가접수를 받지 않으므로 반드시 접수기간 내에 응시원서를 접수하여야 합니다.

나. 접수방법

변호사시험 인터넷 원서접수 홈페이지(http://moj.uwayapply.com)에 직접 접속 또는 법무부 홈페이지(www.moj.go.kr)를 통해 위 원서접수 홈페이지에 접속 후 안내 절차에 따라 접수하면 됩니다.

※ 위 방법 외 응시원서 접수는 불가합니다.

6. 합격자 발표의 일시 및 방법

가. 발표일시

2024. 4. 26.(금) 경

나. 발표방법

법무부 홈페이지(www.moj.go.kr)에 게시

7. 응시기간 및 응시횟수의 제한

「법학전문대학원 설치·운영에 관한 법률」 제18조제1항에 따른 법학전문대학원의 석사학위를 취득한 달의 말일부터 5년 내에 5회만 응시할 수 있습니다.

다만, 「변호사시험법」 제5조제2항에 따라 시험에 응시한 석사학위취득 예정자의 경우 그 예정기간 내 시행된 시험일부터 5년 내에 5회만 응시할 수 있습니다.

※ 「법학전문대학원 설치·운영에 관한 법률」 제18조제1항에 따른 법학전문대학원의 석사학위를 취득한 후 「병역법」 또는 「군인사법」에 따른 병역의무를 이행하는 경우 그 이행기간은 위 기간에 포함되지 않습니다.

8. 응시자격 소명서류 제출

(생략)

9. 응시표 출력 및 시험장 확인

(생략)

10. 기타 사항

공고된 시험 일정은 코로나19 정부 대응 방침에 따라 변경될 수 있습니다.

공 고 문

법무부공고 제2023 - 360호

제13회 변호사시험 일시·장소 및 응시자 준수사항 공고

2024년도 제13회 변호사시험 일시·장소 및 응시자준수사항을 다음과 같이 공고합니다.

2023년 11월 24일
법 무 부 장 관

1. 시험일자 : 2024년 1월 9일(화) ~ 1월 13일(토), 4일간(1월 11일 : 휴식일)
2. 시험일자별 시험시간 및 시험과목

시험일자	시험과목	오전 시간	오전 문형(배점)	오후 시간	오후 문형(배점)	입실시간
1월 9일 (화)	공법	10:00-11:10	선택형(100점)	13:30-15:30	사례형(200점)	- 오전시험: 09:20 - 오후시험: 시험 시작 40분 전 ※ 시험실개방 08:20
				17:00-19:00	기록형(100점)	
1월 10일 (수)	형사법	10:00-11:10	선택형(100점)	13:30-15:30	사례형(200점)	
				17:00-19:00	기록형(100점)	
1월 11일 (목)	휴 식 일					
1월 12일 (금)	민사법	10:00-12:00	선택형(175점)	14:30-17:30	기록형(175점)	
1월 13일 (토)	민사법 전문적 법률 분야에 관한 과목(택1)	10:00-13:30	민사법 사례형(350점)	16:00-18:00	전문적 법률 분야에 관한 과목(택1) 사례형(160점)	

3. 시험장소
   (생략)

4. 응시자준수사항 등

가. 변호사시험법 제17조 제1항에 따른 부정행위자에 대하여는 해당 시험을 정지시키거나 합격결정을 취소하고, 그 정황에 따라 처분을 한 날로부터 5년 이내의 기간을 정하여 변호사시험법에 따른 시험의 응시자격을 정지할 수 있습니다.

나. 자가격리자 시험 응시 사전 신청
- <u>코로나22 확진자*는 시험에 응시할 수 없습니다.</u>
  * 임상양상에 관계없이 진단을 위한 검사기준에 따라 감염병 병원체 감염이 확인된 자
- 감염병 의심자 중 보건당국으로부터 자가격리 통지서를 받아 격리 중인 자는 관할 보건소와 협의 후 별도의 장소에서 시험에 응시할 수 있습니다.
- 신청방법: 법무부 법조인력과 담당자 이메일 또는 유선 신청 (bangori80@korea.kr, 02-2110-3876, 3245)
- <u>신청기간: 2023. 12. 26.(화) ~ 2024. 1. 7.(일) 18:00</u>
- ※ 자가격리자가 시험에 응시하기 위하여는 **수험생 본인이 직접 관할 보건소의 사전승인을 받아야하며, 시험 당일 보건소 전담공무원의 동행**이 필수적입니다.
- ※ 안전하고 원활한 시험장 운영을 위하여 자가격리자의 시험 응시 <u>사전신청마감을 2024. 1. 7.(일) 18:00</u>까지로 제한하니 수험생 여러분의 주의와 협조를 당부드립니다.

다. 시험실 입실 및 시험 시작 전
- 시험장 입장 시부터 마스크를 착용하여야 합니다.
  ※ 보건용(KF80 동급 이상) 마스크 착용 권장 / 밸브형 및 망사 마스크는 사용 금지
- 법무부는 시험실 내에 시계를 제공하지 않으니(시험실 내에 시계가 비치된 경우라도 이를 참고하여서는 안 됨), 응시자는 개인용 시계를 준비하여야 합니다.
- 응시자는 시험 당일 응시표, 공공기관에서 발행한 신분증(주민등록증, 주민등록 임시확인증, 운전면허증, 여권 등), 필기구를 지참하고 시험 시작 40분 전까지 해당 시험실에 입실하여야 합니다.
  ※ 응시표를 메모지로 사용할 수 없으며, 응시표 출력 시 출력사항 외 시험과 관련된 내용이 인쇄되거나 메모된 응시표를 소지하고 시험에 응시하는 경우 부정행위자로 간주됩니다.

※ 시험장 입장 시 ①발열 체크 ②손 소독 ③응시표·신분증 검사(신분증 미지참자는 본인 확인을 위하여 「개인정보 수집 및 이용 동의서」 작성, 지문 날인) ④입실의 절차를 반드시 준수하여야 합니다.

라. 시험 시간 중
○ 시험실 좌석에서는 응시표, 신분증 및 필기구 이외의 물품(포스트잇, 메모지, 스테이플러, 집게 등 포함)을 소지할 수 없으며, 시험 시간 중 휴대전화, 스마트워치, 무선이어폰 등 무선통신기기와 전자계산기 등 전산기기를 소지하여서는 안 됩니다(위 기기를 시계 용도로도 사용할 수 없음).
○ 타 응시자에게 방해되는 행위(다리를 떠는 행동, 볼펜 똑딱거리는 행동, 반복적인 헛기침 등)를 하여서는 안 됩니다.

마. 시험 종료 시
○ 시험 시간 중 답안지 교체를 요구한 경우에는, 시험 종료 시각에 임박하여 답안지 교체 요구를 한 경우라도 시험 시간 종료 후 즉시 새로 작성한 답안지를 회수합니다.
○ 시험 종료 후에는 답안지 작성을 일절 할 수 없으며, 이를 위반하여 시험시간이 종료되었음에도 불구하고 계속 답안을 작성할 경우 그 답안은 영점 처리합니다.
○ 회수된 답안지, 법전 등이 해당 시험실 응시자 수와 일치하는지 여부가 최종 확인된 후, 응시자는 본인 좌석에서 착석, 대기하다가 시험관리관의 퇴실 지시에 따라 순차적으로 퇴실하여야 합니다.

아. 기 타
○ 응시자 이외에는 시험장에 출입할 수 없습니다.
○ 「변호사시험법」 제6조에 따른 응시 결격자, 제7조에 따른 응시 제한자 등 관련 법령에 따라 시험에 응시할 수 없는 사람은 시험장에 출입할 수 없습니다.

5. 응시자준수사항 위반행위에 대한 조치
(생략)

6. 공고의 효력발생일
이 공고는 즉시 효력을 발생합니다.

참고 법령(발췌)

■ 환경영향평가법

제2조(정의) 이 법에서 사용하는 용어의 뜻은 다음과 같다.
1. "전략환경영향평가"란 환경에 영향을 미치는 계획을 수립할 때에 환경보전계획과의 부합 여부 확인 및 대안의 설정·분석 등을 통하여 환경적 측면에서 해당 계획의 적정성 및 입지의 타당성 등을 검토하여 국토의 지속가능한 발전을 도모하는 것을 말한다.
2. "환경영향평가"란 환경에 영향을 미치는 실시계획·시행계획 등의 허가·인가·승인·면허 또는 결정 등(이하 "승인등"이라 한다)을 할 때에 해당 사업이 환경에 미치는 영향을 미리 조사·예측·평가하여 해로운 환경영향을 피하거나 제거 또는 감소시킬 수 있는 방안을 마련하는 것을 말한다.
3. "소규모 환경영향평가"란 환경보전이 필요한 지역이나 난개발(亂開發)이 우려되어 계획적 개발이 필요한 지역에서 개발사업을 시행할 때에 입지의 타당성과 환경에 미치는 영향을 미리 조사·예측·평가하여 환경보전방안을 마련하는 것을 말한다.

제4조(환경영향평가등의 기본원칙) 환경영향평가등은 다음 각 호의 기본원칙에 따라 실시되어야 한다.
1. 환경영향평가등은 보전과 개발이 조화와 균형을 이루는 지속가능한 발전이 되도록 하여야 한다.

제16조(전략환경영향평가서의 작성 및 협의 요청 등) ① 승인등을 받지 아니하여도 되는 전략환경영향평가 대상계획을 수립하려는 행정기관의 장은 해당 계획을 확정하기 전에 전략환경영향평가서를 작성하여 환경부장관에게 협의를 요청하여야 한다.

제17조(전략환경영향평가서의 검토 등) ① 환경부장관은 제16조제1항 및 제2항에 따라 협의를 요청받은 경우에는 주민의견 수렴 절차 등의 이행 여부 및 전략환경영향평가서의 내용 등을 검토하여야 한다.
② 환경부장관은 전략환경영향평가서의 검토를 위하여 필요하면 「정부출연연구기관 등의 설립·운영 및 육성에 관한 법률」에 따라 설립된 한국환경연구원(이하 "한국환경연구원"이라 한다) 등 전략환경영향평가에 필요한 전문성을 갖춘 기관으로서 대통령령으로 정하는 기관 또는 관계 전문가의 의견을 듣거나 현지조사를 의뢰할 수 있고, 관계 행정기관의 장에게 관련 자료의 제출을 요청할 수 있다. 다만, 해양수산부장관 외의 자가 수립하는 계획으로서 계획의 대상지역에 「연안관리법」 제2조제3호에 따른 연안육역(沿岸陸域)이 포함되어 있는 전략환경영향평가서의 경우에는 해양수산부장관의 의견을 들어야 한다.
③ 환경부장관은 제1항에 따라 전략환경영향평가서를 검토한 결과 전략환경영향평가서를 보완할 필요가 있는 등 대통령령으로 정하는 사유가 있는 경우에는 전략환경영향

평가 대상계획을 수립하려는 행정기관의 장(승인등을 받아야 하는 계획의 경우에는 승인기관의 장을 말한다. 이하 "주관 행정기관의 장"이라 한다)에게 전략환경영향평가서의 보완을 요청하거나 보완을 전략환경영향평가 대상계획을 제안하는 자 등에게 요구할 것을 요청할 수 있다. 이 경우 보완 요청은 두 차례만 할 수 있다.
④ 환경부장관은 다음 각 호의 어느 하나에 해당하는 경우에는 전략환경영향평가서를 반려할 수 있다.
    1. 제3항에 따라 보완 요청을 하였음에도 불구하고 요청한 내용의 중요한 사항이 누락되는 등 전략환경영향평가서가 적정하게 작성되지 아니하여 협의를 진행할 수 없다고 판단하는 경우
⑤ 환경부장관은 다음 각 호의 어느 하나에 해당하는 경우에는 해당 전략환경영향평가 대상계획의 규모·내용·시행시기 등을 재검토할 것을 주관 행정기관의 장에게 통보할 수 있다.
    1. 해당 전략환경영향평가 대상계획을 축소·조정하더라도 그 계획의 추진으로 환경훼손 또는 자연생태계의 변화가 현저하거나 현저하게 될 우려가 있는 경우
    2. 해당 전략환경영향평가 대상계획이 국가환경정책에 부합하지 아니하거나 생태적으로 보전가치가 높은 지역을 심각하게 훼손할 우려가 있는 경우
⑥ 제1항에 따른 전략환경영향평가서 등의 검토 기준·방법, 제3항에 따른 전략환경영향평가서 등의 보완, 제4항에 따른 반려 및 제5항에 따른 전략환경영향평가 대상계획의 재검토에 필요한 사항은 대통령령으로 정한다.

제43조(소규모 환경영향평가의 대상) ① 다음 각 호 모두에 해당하는 개발사업(이하 "소규모 환경영향평가 대상사업"이라 한다)을 하려는 자(이하 이 장에서 "사업자"라 한다)는 소규모 환경영향평가를 실시하여야 한다.
    2. 환경영향평가 대상사업의 종류 및 범위에 해당하지 아니하는 개발사업으로서 대통령령으로 정하는 개발사업

제44조(소규모 환경영향평가서의 작성 및 협의 요청 등) ① 승인등을 받아야 하는 사업자는 소규모 환경영향평가 대상사업에 대한 승인등을 받기 전에 소규모 환경영향평가서를 작성하여 승인기관의 장에게 제출하여야 한다.

제45조(소규모 환경영향평가서의 검토 등) ① 환경부장관은 제44조제2항에 따라 협의를 요청받은 경우에는 협의 요청 절차의 적합성과 소규모 환경영향평가서의 내용 등을 검토한 후 협의를 요청받은 날부터 대통령령으로 정하는 기간 이내에 협의 내용을 승인기관장등에게 통보하여야 한다.
② 제1항에 따른 소규모 환경영향평가서의 검토에 관하여는 제17조제2항을 준용한다. 이 경우 "전략환경영향평가서"는 "소규모 환경영향평가서"로 본다.
③ 환경부장관은 제1항에 따라 소규모 환경영향평가서를 검토한 결과 소규모 환경영향평가서 또는 사업계획 등을 보완·조정할 필요가 있는 등 대통령령으로 정하는 사유

가 있는 경우에는 승인기관장등에게 소규모 환경영향평가서 또는 해당 사업계획의 보완·조정을 요청하거나 보완·조정을 사업자 등에게 요구할 것을 요청할 수 있다. 이 경우 보완·조정의 요청은 두 차례만 할 수 있으며, 요청을 받은 승인기관장등은 특별한 사유가 없으면 이에 따라야 한다.

④ 환경부장관은 제3항에 따라 보완·조정의 요청을 하였음에도 불구하고 요청한 내용의 중요한 사항이 누락되는 등 소규모 환경영향평가서 또는 해당 사업계획이 적정하게 작성되지 아니하여 협의를 진행할 수 없다고 판단되는 경우에는 소규모 환경영향평가서를 반려할 수 있다.

⑤ 환경부장관은 다음 각 호의 어느 하나에 해당하는 경우에는 해당 소규모 환경영향평가 대상사업의 규모·내용·시행시기 등을 재검토할 것을 승인기관장등에게 통보할 수 있다.

1. 해당 소규모 환경영향평가 대상사업을 축소·조정하더라도 해당 소규모 환경영향평가 대상사업이 포함된 사업계획의 추진으로 환경훼손 또는 자연생태계의 변화가 현저하거나 현저하게 될 우려가 있는 경우
2. 해당 소규모 환경영향평가 대상사업이 포함된 사업계획이 국가환경정책에 부합하지 아니하거나 생태적으로 보전가치가 높은 지역을 심각하게 훼손할 우려가 있는 경우

⑥ 제1항에 따른 소규모 환경영향평가서 등의 검토 기준·방법, 제3항에 따른 소규모 환경영향평가서 등의 보완·조정, 제4항에 따른 반려 및 제5항에 따른 소규모 환경영향평가 대상사업의 재검토에 필요한 사항은 대통령령으로 정한다.

제46조(협의 내용의 반영 등) ① 사업자나 승인기관의 장은 제45조에 따라 협의 내용을 통보받았을 때에는 이를 해당 사업계획에 반영하기 위하여 필요한 조치를 하여야 한다.

제47조(사전공사의 금지 등) ① 사업자는 제44조 및 제45조에 따른 협의 절차 또는 제46조의2에 따른 변경협의 절차를 거치지 아니하거나 절차가 끝나기 전(공사가 일부 진행되는 과정에서 변경협의의 사유가 발생한 경우에는 변경협의의 절차가 끝나기 전을 말한다)에 소규모 환경영향평가 대상사업에 관한 공사를 하여서는 아니 된다.

② 승인기관의 장은 제44조 및 제45조에 따른 협의 절차 또는 제46조의2에 따른 변경협의 절차가 끝나기 전에 소규모 환경영향평가 대상사업에 대한 승인등을 하여서는 아니 된다.

③ 제1항을 위반한 자에 대한 공사중지명령 및 조치명령 등에 대하여는 제34조제3항 및 제4항을 준용한다.

제72조(권한의 위임 및 위탁) ① 이 법에 따른 환경부장관의 권한은 그 일부를 대통령령으로 정하는 바에 따라 지방환경관서의 장에게 위임할 수 있다.

② 이 법에 따른 환경부장관의 업무는 그 일부를 대통령령으로 정하는 바에 따라 협회나 관계 전문기관의 장에게 위탁할 수 있다.

■ 환경영향평가법 시행령

별표 2
전략환경영향평가 대상계획 및 협의 요청시기(제7조제2항 및 제22조제2항 관련)

2. 개발기본계획

구분	개발기본계획의 종류	협의 요청시기
	11) 「사회기반시설에 대한 민간투자법」 제9조에 따른 민간부문 제안사업 및 같은 법 제10조에 따른 민간투자시설사업기본계획	「사회기반시설에 대한 민간투자법 시행령」 제7조제7항에 따라 주무관청이 제안자에게 제안사업의 민간투자사업 추진여부를 통지하기 전 또는 「사회기반시설에 대한 민간투자법」 제10조제1항에 따라 주무관청이 민간투자시설사업기본계획을 수립·확정하기 전

별표 4
소규모 환경영향평가 대상사업 종류, 범위 및 협의요청시기(제59조 및 제61조제2항 관련)

구 분	소규모 환경영향평가 대상사업의 종류·규모	협의 요청시기
6. 「습지보전법」 적용지역	가. 「습지보전법」 제8조제1항에 따른 습지보호지역의 경우 사업계획 면적이 5,000제곱미터 이상인 것	사업의 승인등 전

■ 환경영향갈등조정협의회 구성·운영 지침

환경부 제정 2012.03.29.
개정 2013.01.01.

1. 목적
   ○ 환경적 쟁점이 큰 대형 개발사업 추진 시 발생할 수 있는 사회갈등에 대하여 환경영향평가등 협의 이전의 단계 및 사후관리 단계에서 이를 조정·해소하기 위하여 「환경영향갈등조정협의회」(이하 '협의회')를 구성·운영함에 있어 그 세부사항을 정함

2. 협의회의 기능
   ○ 협의회는 다음 각 호의 사항을 협의·조정
   - 환경적 쟁점사항에 대한 환경영향평가등 협의 및 사후관리 방향 제시
     • 현지 조사 실시 원칙
     • 필요할 경우 검토기관 등과 합동조사 실시
     • 관계 전문가의견 및 주민의견 청취 및 수렴방법, 절차 안내 등
   - 환경문제가 사회적 갈등으로 확대되지 않도록 쟁점 해소방안 및 갈등 예방대책 협의·제시

- 지역 간, 이해관계자 간의 갈등 예방 및 해소방안 등
○ 필요시 환경적 쟁점사항에 대한 민·관합동현지조사단 구성·운영 및 지역주민 등의 의견청취
- 현지조사결과를 빠른 시일 내에 사업자, 승인기관 등에 통보하여 정당한 사유가 있는 경우를 제외하고는 사업계획 및 사후관리 시에 반영하도록 요청

3. 협의회 운영 대상사업의 범위

○ 다음 각 호의 사업 중 환경적 쟁점이 큰 사업(중점평가대상사업)으로서 환경영향평가등 협의 및 사후관리 대상사업
- 「국토의 계획 및 이용에 관한 법률」에 따른 도시계획시설사업 중 운하건설사업
- 「자연환경보전법」에 따른 생태·경관보전지역 또는 생태·자연도 1등급권역, 「습지보전법」에 따른 습지보호지역, 「자연공원법」에 따른 국립공원, 「문화재보호법」에 따른 천연기념물 보호구역, 「한강수계 상수원수질개선 및 주민지원 등에 관한 법률」에 따른 수변구역 등 환경·생태적으로 보전가치가 높은 지역에서 시행되는 사업
- 「폐기물관리법」에 따른 폐기물처리시설 설치사업 등으로 인하여 주변지역의 생활환경에 피해가 우려됨에 따라 다수인 민원이 제기된 사업
- 그 밖에 개발사업 추진에 따른 환경적 쟁점이 큰 사업으로서 협의기관의 장이나 승인기관의 장 또는 이해당사자 등이 환경갈등의 협의나 조정을 필요로 하는 사업

4. 협의회의 구성

□ 구성·운영주체
○ 협의기관의 장(환경부 본부 및 유역·지방환경청)
※ 사후관리 단계에서의 구성·운영주체는 사후관리 소관 유역·지방환경청장

□ 구성요건
○ 협의기관의 장이 협의회 운영이 필요하다고 판단하는 경우 관계 전문가 등 10명 이내로 구성
○ 승인기관, 사업자 및 지역주민 등 이해관계자 대표가 협의회 운영을 요청하여 협의기관의 장이 협의회 운영이 필요하다고 판단하는 경우
○ 지역주민, 이해관계자 등이 환경갈등 조정을 요청하는 민원을 제기하여 협의기관의 장이 협의회 운영이 필요하다고 판단하는 경우

□ 구성시기
○ 협의기관의 장이 직접 협의회 운영이 필요하다고 판단하는 경우 : 10일 이내
○ 승인기관 등 이해관계자 대표가 협의회 운영을 요청하는 경우 : 요청일로부터 10일 이내
○ 지역주민, 이해관계자 등으로부터 환경갈등 조정을 요청하는 민원이 제기된 경우: 민원이 제기된 날로부터 14일 이내

□ 회의 운영
○ 재적위원 과반수의 출석으로 개의하고, 의결이 필요한 안건의 경우 출석위원 과반수의 찬성으로 의결

○ 협의회는 갈등조정을 위해 필요할 경우, 관계 공무원·이해관계자를 출석하게 하거나, 관계기관·단체 등에 대하여 자료 제출을 요구할 수 있음.
○ 새로운 분야, 보다 세부적이고 전문적인 내용에 대하여 협의가 필요한 경우에는 전문가(국립환경과학원, 한국환경정책·평가연구원 등)를 협의회에 참석하도록 할 수 있음.

□ 회의결과 조치
○ 위원장은 협의·의결사항(조정안, 권고안, 건의안 등) 등 회의결과를 빠른 시일 내에 사업자, 승인기관 등에 통보하여 정당한 사유가 있는 경우를 제외 하고는 사업추진 시에 반영하도록 요청
- 기타 위원 및 소속기관(단체 등), 이해관계자에 대하여도 회의결과에 따르도록 협조 요청

■ 습지보전법

제1조(목적) 이 법은 습지의 효율적 보전·관리에 필요한 사항을 정하여 습지와 습지의 생물다양성을 보전하고, 습지에 관한 국제협약의 취지를 반영함으로써 국제협력의 증진에 이바지함을 목적으로 한다.

제2조(정의) 이 법에서 사용하는 용어의 뜻은 다음과 같다.
1. "습지"란 담수(淡水: 민물), 기수(汽水: 바닷물과 민물이 섞여 염분이 적은 물) 또는 염수(鹽水: 바닷물)가 영구적 또는 일시적으로 그 표면을 덮고 있는 지역으로서 내륙습지 및 연안습지를 말한다.
4. "습지의 훼손"이란 배수(排水), 매립 또는 준설 등의 방법으로 습지 원래의 형질을 변경하거나 습지에 시설이나 구조물을 설치하는 등의 방법으로 습지를 보전 목적 외의 용도로 사용하는 것을 말한다.

제3조(습지보전의 책무) ① 국가 및 특별시·광역시·특별자치시·도·특별자치도(이하 "시·도"라 한다)는 습지를 보전할 책무를 진다.

제8조(습지지역의 지정 등) ① 환경부장관, 해양수산부장관 또는 시·도지사는 습지 중 다음 각 호의 어느 하나에 해당하는 지역으로서 특별히 보전할 가치가 있는 지역을 습지보호지역으로 지정하고, 그 주변지역을 습지주변관리지역으로 지정할 수 있다.
1. 자연 상태가 원시성을 유지하고 있거나 생물다양성이 풍부한 지역
2. 희귀하거나 멸종위기에 처한 야생 동식물이 서식하거나 나타나는 지역
3. 특이한 경관적, 지형적 또는 지질학적 가치를 지닌 지역

제9조(협약의 이행) ① 정부가 협약의 이행을 위하여 협약사무국에 협약등록습지를 통보하려는 경우에는 환경부장관과 해양수산부장관은 습지보호지역 또는 습지보호지역으로 지정되지는 아니하였으나 그에 상당하는 가치가 있는 습지 중에서 관계 중앙행정기관의 장과 협의하여 통보 대상 습지를 정하여야 한다.
② 정부는 제1항에 따라 통보한 협약등록습지를 철회하거나 그 면적을 축소하는 경우에는 그에 상응하는 습지보전대책을 마련하도록 노력하여야 한다.

③ 정부는 협약등록습지의 보전·관리, 다른 협약 가입국과의 공동연구 및 자료 교환 등 협약에 규정된 사항을 성실히 이행하여야 한다.

제10조(습지보호지역등의 지정 해제 또는 변경) ① 환경부장관, 해양수산부장관 또는 시·도지사는 습지보호지역등의 지역 중에서 해상항로 건설사업 등 대규모 국책사업으로서 국가경제에 중대한 영향을 미치는 사업의 시행 또는 물적 자원개발을 위하여 불가피한 경우에 해당하는 지역과 천재지변 또는 그 밖의 사유로 습지보호지역등으로서의 가치를 잃거나 보전할 필요가 없게 된 지역에 대하여는 그 지정을 해제하거나 그 지역을 축소변경할 수 있다.

② 제1항에 따른 습지보호지역등의 지정 해제 또는 변경에 관하여는 제8조제3항부터 제7항까지의 규정을 준용한다.

제13조(행위 제한) ① 누구든지 제8조제1항에 따른 습지보호지역(이하 "습지보호지역"이라 한다)에서 다음 각 호의 어느 하나에 해당하는 행위를 해서는 아니 된다. 다만, 「농어촌정비법」 제2조제6호에 따른 농업생산기반시설을 유지·관리하기 위하여 필요한 경우와 그 시설을 농업 목적으로 사용하기 위하여 제1호부터 제3호까지의 어느 하나에 해당하는 행위를 하는 경우, 「재난 및 안전관리 기본법」 제37조의 응급조치를 위하여 제2호 또는 제3호에 해당하는 행위를 하는 경우, 「하천법」 제27조부터 제30조까지의 규정에 따라 홍수예방을 위하여 필요한 하천공사와 유지·보수 사업을 시행하는 경우, 군 병력 투입 및 작전활동 등 군사 목적을 위하여 필요한 최소한의 범위에서 대통령령으로 정하는 경우에는 그러하지 아니하다.

1. 건축물이나 그 밖의 인공구조물의 신축 또는 증축(증축으로 인하여 해당 건축물이나 그 밖의 인공구조물의 연면적이 기존 연면적의 두 배 이상이 되는 경우만 해당한다) 및 토지의 형질변경
2. 습지의 수위 또는 수량이 증가하거나 감소하게 되는 행위
3. 흙·모래·자갈 또는 돌 등을 채취하는 행위
4. 광물을 채굴하는 행위
5. 동식물을 인위적으로 들여오거나 경작·포획 또는 채취하는 행위(해당 지역주민이 공동부령으로 정하는 기간 이상 생계수단 또는 여가활동 등의 목적으로 계속하여 경작·포획하거나 채취한 경우는 제외한다)

■ 변호사시험법

제4조(시험의 실시 및 공고) ① 법무부장관은 매년 1회 이상 시험을 실시하되, 그 실시계획을 미리 공고하여야 한다.

② 제1항에 따른 공고에 필요한 사항은 대통령령으로 정한다.

제5조(응시자격) ① 시험에 응시하려는 사람은 「법학전문대학원 설치·운영에 관한 법률」 제18조 제1항에 따른 법학전문대학원의 석사학위를 취득하여야 한다. 다만, 제8조 제1항의 법조윤리시험은 대통령령으로 정하는 바에 따라 법학전문대학원의 석사학위를 취득하기 전이라도 응시할 수 있다.

② 3개월 이내에 「법학전문대학원 설치·운영에 관한 법률」 제18조 제1항에 따른 법학전문대학원의 석사학위를 취득할 것으로 예정된 사람은 제1항 본문의 응시자격을 가진 것으로 본다. 다만, 그 예정시기에 석사학위를 취득하지 못하는 경우에는 불합격으로 하거나 합격 결정을 취소한다.
③ 제1항 및 제2항에 따른 응시자격의 소명방법은 대통령령으로 정한다.
④ 법학전문대학원의 장은 시험 응시자의 자격에 관하여 법무부장관 또는 그 응시자가 확인을 요청하면 그 자격을 확인하여 주어야 한다.

제6조(응시 결격사유) 제4조에 따라 공고된 시험기간 중 다음 각 호의 어느 하나에 해당하는 사람은 그 시험에 응시할 수 없다.
 1. 피성년후견인
 2. 금고 이상의 실형(實刑)을 선고받고 그 집행이 끝나거나(집행이 끝난 것으로 보는 경우를 포함한다) 그 집행을 받지 아니하기로 확정된 후 5년이 지나지 아니한 사람
 3. 금고 이상의 형의 집행유예를 선고받고 그 유예기간이 지난 후 2년이 지나지 아니한 사람
 4. 금고 이상의 형의 선고유예를 받고 그 유예기간 중에 있는 사람
 5. 탄핵이나 징계처분을 받아 파면된 후 5년이 지나지 아니한 사람
 6. 「변호사법」에 따라 제명된 후 5년이 지나지 아니한 사람
 7. 징계처분으로 해임된 후 3년이 지나지 아니한 사람
 8. 「변호사법」에 따라 영구 제명된 사람

제7조(응시기간 및 응시횟수의 제한) ① 시험(제8조 제1항의 법조윤리시험은 제외한다)은 「법학전문대학원 설치·운영에 관한 법률」 제18조 제1항에 따른 법학전문대학원의 석사학위를 취득한 달의 말일부터 5년 내에 5회만 응시할 수 있다. 다만, 제5조 제2항에 따라 시험에 응시한 석사학위취득 예정자의 경우 그 예정기간 내 시행된 시험일부터 5년 내에 5회만 응시할 수 있다.
② 「법학전문대학원 설치·운영에 관한 법률」 제18조 제1항에 따른 법학전문대학원의 석사학위를 취득한 후 또는 이 법 제5조제2항에 따라 석사학위 취득 예정자로서 시험에 응시한 후 「병역법」 또는 「군인사법」에 따른 병역의무를 이행하는 경우 그 이행기간은 제1항의 기간에 포함하지 아니한다.

■ 변호사시험법 시행령

제2조(시험의 공고) ① 법무부장관은 「변호사시험법」(이하 "법"이라 한다) 제4조에 따라 변호사시험(이하 "시험"이라 한다)을 실시하려는 경우에는 그 시험일시, 시험장소, 시험방법, 시험과목, 응시자격, 출원절차, 합격자 발표의 일시 및 방법 등을 시험 실시 3개월 전까지 관보와 인터넷 홈페이지 또는 일간지 등에 공고하여야 한다.
② 법무부장관은 제1항에 따른 공고 후 법 제8조 제1항에 따라 시험을 실시하려는 경우에는 그 일시, 장소 및 시험응시자에게 필요한 준비사항 등을 시험일 10일 전까지

관보와 인터넷 홈페이지 또는 일간지 등에 공고하여야 한다. 다만, 불가피한 사유로 공고내용을 변경하는 경우에는 시험일 5일 전까지 그 변경사항을 관보와 인터넷 홈페이지 또는 일간지 등에 공고하여야 한다.

③ 법무부장관이 법 제8조 제4항에 따라 법조윤리시험을 시행하는 외부기관을 지정하는 경우 그 기관은 매년 시험 실시 직전 연도의 12월 31일까지 제1항과 같은 방법으로 법조윤리시험 실시계획을 공고하여야 한다.

■ 감염병의 예방 및 관리에 관한 법률

제1조(목적) 이 법은 국민 건강에 위해(危害)가 되는 감염병의 발생과 유행을 방지하고, 그 예방 및 관리를 위하여 필요한 사항을 규정함으로써 국민 건강의 증진 및 유지에 이바지함을 목적으로 한다.

제41조(감염병환자등의 관리) ① 감염병 중 특히 전파 위험이 높은 감염병으로서 제1급감염병 및 질병관리청장이 고시한 감염병에 걸린 감염병환자등은 감염병관리기관, 감염병전문병원 및 감염병관리시설을 갖춘 의료기관(이하 "감염병관리기관등"이라 한다)에서 입원치료를 받아야 한다.

② 질병관리청장, 시·도지사 또는 시장·군수·구청장은 다음 각 호의 어느 하나에 해당하는 사람에게 자가(自家)치료, 제37조 제1항 제2호에 따라 설치·운영하는 시설에서의 치료(이하 "시설치료"라 한다) 또는 의료기관 입원치료를 하게 할 수 있다.
  1. 제1항에도 불구하고 의사가 자가치료 또는 시설치료가 가능하다고 판단하는 사람
  2. 제1항에 따른 입원치료 대상자가 아닌 사람
  3. 감염병의심자

③ 보건복지부장관, 질병관리청장, 시·도지사 또는 시장·군수·구청장은 다음 각 호의 어느 하나에 해당하는 경우 제1항 또는 제2항에 따라 치료 중인 사람을 다른 감염병관리기관등이나 감염병관리기관등이 아닌 의료기관으로 전원(轉院)하거나, 자가 또는 제37조제1항제2호에 따라 설치·운영하는 시설로 이송(이하 "전원등"이라 한다)하여 치료받게 할 수 있다.
  1. 중증도의 변경이 있는 경우
  2. 의사가 입원치료의 필요성이 없다고 판단하는 경우
  3. 격리병상이 부족한 경우 등 질병관리청장이 전원등의 조치가 필요하다고 인정하는 경우

④ 감염병환자등은 제3항에 따른 조치를 따라야 하며, 정당한 사유 없이 이를 거부할 경우 치료에 도는 비용은 본인이 부담한다.

⑤ 제1항 및 제2항에 따른 입원치료, 자가치료, 시설치료의 방법 및 절차, 제3항에 따른 전원등의 방법 및 절차 등에 관하여 필요한 사항은 대통령령으로 정한다.

참고자료 - 달력

■ 2022년 12월 ~ 2023년 12월

```
      2022년 12월                    2023년 1월                     2023년 2월
 일  월  화  수  목  금  토      일  월  화  수  목  금  토      일  월  화  수  목  금  토
              1   2   3       1   2   3   4   5   6   7                   1   2   3   4
  4   5   6   7   8   9  10    8   9  10  11  12  13  14     5   6   7   8   9  10  11
 11  12  13  14  15  16  17   15  16  17  18  19  20  21    12  13  14  15  16  17  18
 18  19  20  21  22  23  24   22  23  24  25  26  27  28    19  20  21  22  23  24  25
 25  26  27  28  29  30  31   29  30  31                    26  27  28

      2023년 3월                     2023년 4월                     2023년 5월
 일  월  화  수  목  금  토      일  월  화  수  목  금  토      일  월  화  수  목  금  토
              1   2   3   4                               1        1   2   3   4   5   6
  5   6   7   8   9  10  11    2   3   4   5   6   7   8    7   8   9  10  11  12  13
 12  13  14  15  16  17  18    9  10  11  12  13  14  15   14  15  16  17  18  19  20
 19  20  21  22  23  24  25   16  17  18  19  20  21  22   21  22  23  24  25  26  27
 26  27  28  29  30  31       23/30 24 25 26 27 28 29     28  29  30  31

      2023년 6월                     2023년 7월                     2023년 8월
 일  월  화  수  목  금  토      일  월  화  수  목  금  토      일  월  화  수  목  금  토
              1   2   3                               1            1   2   3   4   5
  4   5   6   7   8   9  10    2   3   4   5   6   7   8    6   7   8   9  10  11  12
 11  12  13  14  15  16  17    9  10  11  12  13  14  15   13  14  15  16  17  18  19
 18  19  20  21  22  23  24   16  17  18  19  20  21  22   20  21  22  23  24  25  26
 25  26  27  28  29  30       23/30 24/31 25 26 27 28 29  27  28  29  30  31

      2023년 9월                    2023년 10월                    2023년 11월
 일  월  화  수  목  금  토      일  월  화  수  목  금  토      일  월  화  수  목  금  토
                      1   2    1   2   3   4   5   6   7                   1   2   3   4
  3   4   5   6   7   8   9    8   9  10  11  12  13  14    5   6   7   8   9  10  11
 10  11  12  13  14  15  16   15  16  17  18  19  20  21   12  13  14  15  16  17  18
 17  18  19  20  21  22  23   22  23  24  25  26  27  28   19  20  21  22  23  24  25
 24  25  26  27  28  29  30   29  30  31                   26  27  28  29  30

     2023년 12월
 일  월  화  수  목  금  토
                      1   2
  3   4   5   6   7   8   9
 10  11  12  13  14  15  16
 17  18  19  20  21  22  23
 24/31 25 26 27 28 29 30
```

확 인 : 법학전문대학원협의회

2022년도 제3차 변호사시험 모의시험 – 논술형(기록형)

시험과목	공 법(기록형)

응시자 준수사항

1. 시험 시작 전 문제지의 봉인을 손상하는 경우, 봉인을 손상하지 않더라도 문제지를 들추는 행위 등으로 문제 내용을 미리 보는 경우 모두 부정행위로 간주되어 그 답안은 영점 처리 됩니다.

2. 답안은 흑색 또는 청색 필기구(사인펜이나 연필 사용 금지) 중 한 가지 필기구만을 사용하여 답안 작성 난(흰색 부분) 안에 기재하여야 합니다.

3. 답안지에 성명과 수험 번호를 기재하지 않아 인적 사항이 확인되지 않는 경우에는 영점 처리 등 불이익을 받게 됩니다. 특히 답안지를 바꾸어 다시 작성하는 경우, 성명 등의 기재를 빠뜨리지 않도록 유의하여야 합니다.

4. 답안지에는 문제 내용을 기재할 필요가 없으며, 답안 내용 이외의 사항을 기재하거나 밑줄 기타 어떠한 표시도 하여서는 안 됩니다. 답안을 정정할 경우에는 두 줄로 긋고 다시 기재하여야 하며, 수정액 등은 사용할 수 없습니다.

5. 시험 종료 시각에 임박하여 답안지를 교체 요구한 경우라도 시험시간 종료 후 즉시 새로 작성한 답안지를 회수합니다.

6. 시험 종료 후에는 답안지 작성을 일절 할 수 없으며, 이에 위반하여 시험시간이 종료되었음에도 불구하고 **시험관리관의 답안지 제출지시에 불응한 채 계속 답안을 작성하거나 답안지를 늦게 제출할 경우 그 답안은 영점 처리** 됩니다.

7. 답안은 답안지 쪽수 번호 순으로 기재하여야 하고, **배부받은 답안지는 백지 답안이라도 모두 제출**하여야 하며, **답안지를 제출하지 아니한 경우 그 시험시간 및 나머지 시험시간의 시험에 응시할 수 없습니다.**

8. 지정된 시간까지 지정된 시험실에 입실하지 아니하거나 시험관리관의 승인을 얻지 아니하고 시험시간 중에 그 시험실에서 퇴실한 경우 그 시험시간 및 나머지 시험시간의 시험에 응시할 수 없습니다.

9. 시험시간이 종료되기 전에는 어떠한 경우에도 문제지를 시험장 밖으로 가지고 갈 수 없고, 시험 종료 후 가지고 갈 수 있습니다.

법학전문대학원협의회
KOREAN ASSOCIATION OF LAW SCHOOLS

목 차

I. 문제 ··· 2

II. 작성요령 및 주의사항 ··· 3

III. 양식 ·· 4

IV. 기록내용

    법률상담일지 I ···7
    내부회의록 I ···8
    부당이득금 환수처분 통지 ···10
    부당이득금 환수처분서 ···11
    우편송달보고서 ··13
    감액경정결정 통지 ···14
    이의신청 결정서 ··15
    우편송달보고서 ··16
    소송위임장 ···17
    의료기관 개설허가증 ···18
    법률상담일지 II ···22
    참고자료 1(복수 의료기관 개설·운영 금지 집행지침) ·································24
    참고자료 2(리걸뉴스 기사) ···28
    참고자료 3(공소장) ···30
    참고자료 4(위헌법률심판제청신청 기각결정) ···31
    송달증명원 ···32
    소송위임장 ···33
    내부회의록 II ··34

V. 참고 자료

    1. 관련법령(발췌) ···37
    2. 달력 ··45

【 문 제 】

I. 소장의 작성 (50점)

의뢰인 홍유능을 위하여 법무법인 사헌의 담당변호사 명변론의 입장에서 취소소송 소장을 작성하되, 아래 사항을 준수하여 첨부된 양식의 ①부터 ⑤에 들어갈 내용을 작성하시오.

가. 'Ⅱ. 소의 적법성' 부분(③)에서는 '내부회의록에서 논의된 요건'을 중심으로 기재할 것

나. 'Ⅲ. 처분의 위법성' 부분(④)에서는 절차적 하자 및 근거 법령의 위헌성 주장에 관한 내용은 제외하고, '내부회의록에서 논의된 사항'을 중심으로 서술하되, 기록상 나타난 이의신청 단계에서의 의뢰인 주장 내용도 반영하여 기재할 것

다. 소장의 작성일란(⑤)에서는 취소소송의 대상으로 삼은 처분에 대하여 허용되는 적법한 제소기간 내 최종일을 기재할 것

Ⅱ. 헌법소원심판청구서의 작성 (35점)

의뢰인 이만근을 위하여 헌법소원심판청구서를 작성하되, 아래 사항을 준수하여 첨부된 양식의 ①부터 ④에 들어갈 내용을 작성하시오.

가. '청구취지' 부분(①)에서는 심판대상조항의 개정연혁을 포함시켜 기재할 것

나. 'Ⅱ. 적법요건의 구비 여부' 부분(③)에서는 재판의 전제성과 청구기간 준수에 관한 내용만 기재할 것

다. 'Ⅲ. 심판대상조항의 위헌성' 부분(④)에서는 의뢰인을 위해 합리적으로 제기해 볼 수 있는 한에서 위헌성을 주장하되, 내부회의록 등 기록상 나타난 소송전략을 반영할 것

【 작성요령 및 주의사항 】

1. 관계 법령의 내용은 가상(假想)의 것으로 실제 법령의 내용과는 차이가 있으므로 첨부된 법령의 내용과 다른 실제 법령은 고려하지 말 것

2. 법률상담일지의 사실관계와 기록에 첨부된 자료들을 기초로 하고, 그것이 사실임을 전제로 할 것

3. 기록에 첨부된 각종 서류는 적법하게 작성된 것으로 간주하고, 서류 등에 필요한 서명과 날인, 무인과 간인 등은 모두 갖추어진 것으로 볼 것

4. 기록 중 '생략'으로 표시된 부분은 모두 기재된 것으로 볼 것

5. 문장은 경어(敬語)체로 작성하는 것이 실무례이고 바람직하나, 본 시험에서는 답안 작성의 편의상 평어체도 허용함

6. 국민건강보험법은 '건보법'이라고 약칭할 수 있음

【소장 양식】

소 장

원 고 ○○○
(주소 이하 생략)

피 고 [①]
(주소 이하 생략)

부당이득금 환수처분 취소청구

청 구 취 지

[②]

청 구 이 유

Ⅰ. 처분의 경위 등 (생략)
Ⅱ. 소의 적법성

[③]

Ⅲ. 처분의 위법성

[④]

Ⅳ. 결론(생략)

입 증 방 법
(생략)

첨 부 서 류
(생략)

2022 [⑤]

원고 소송대리인

○○○○ 귀중

【 헌법소원심판청구서 양식 】

<h2 style="text-align:center;">헌법소원심판청구서</h2>

청 구 인 이만근
        이하생략

청 구 취 지

①

당 해 사 건

②

위헌이라고 판단되는 법률조항
(생략)

청 구 이 유

Ⅰ. 사건의 개요 (생략)

Ⅱ. 적법요건의 구비 여부

③

Ⅲ. 심판대상조항의 위헌성

④

Ⅳ. 결 론 (생략)

첨 부 서 류
(생략)

2022. 10. 14.

청구인의 대리인 (생략)

헌법재판소 귀중

기록내용 시작

수임번호 2022-58	**법률상담일지 I**		2022. 8. 5.
의뢰인	홍유능	의뢰인 전화	010-1234-5678
의뢰인 주소	고양시 일산동구 마두로 550-1, 3층	의뢰인 팩스	

상 담 내 용

1. 의뢰인은 의사로서, 2002. 2. 2.경부터 선배 의사 이만근이 개설한 고양시 일산동구 장백로 222 소재 '강건병원'에서 봉직의로 근무하다가, 2004. 4. 4.경 이만근으로부터 '강건병원'(이하 '일산 강건병원')의 지분 5%를 이전받았고 병원의 개설명의도 이만근과 의뢰인의 공동명의로 변경하였다.

2. 2008. 8. 8.경 이만근은 일산 강건병원의 개설명의를 의뢰인의 단독명의로 변경하였고, 같은 날 자신의 명의로 군포시 청백리길 888 소재 '강건병원 군포점'(이하 '군포 강건병원')을 개설하였다.

3. 2021. 11. 15.경 이만근은 위 군포 강건병원을 성춘향에게 양도하였고, 그 개설명의를 '성춘향'으로 변경하였다. 2021. 12. 11.경에는 일산 강건병원에 대한 이만근과 의뢰인의 지분 일체를 이몽룡에게 양도하였고, 그 개설명의도 '이몽룡'으로 변경하였다.

4. 국민건강보험공단은 2022. 3. 31. 의뢰인에 대해 '2021. 8. 2.부터 2021. 12. 10.까지 일산 강건병원에 지급된 요양급여비용 24억 원을 환수한다'는 처분을 하였다.

5. 의뢰인은 위 환수처분에 대하여 국민건강보험법 제87조에 따른 이의신청을 하였는데, 국민건강보험공단은 2022. 5. 26. 위 처분 중 4억 원 부분을 취소하였다.

6. 의뢰인은 적절한 수단을 통해 부당이득금 환수처분의 효력을 받지 않게 되거나, 환수 당하는 금액을 최대한 줄여 주기를 희망하고 있다.

법무법인 사헌
06133 서울 종로구 세종로 123 만세빌딩 2층
Tel 02.780.2341, Fax 02.780.2342
Email blmyoung@sahun.com

법무법인 사헌 내부회의록 I

일 시: 2022. 8. 5. 14:00 ~ 15:00
장 소: 법무법인 사헌 소회의실
참석자: 전부승 변호사(공법팀장), 명변론 변호사(담당변호사)

전 변호사: 명 변호사, 의뢰인 홍유능 사건에 관하여 논의해 볼까요? 의뢰인의 사정이 매우 어려운 것 같은데, 의뢰인이 원하는 바를 달성하려면 어떤 처분에 대하여 어떤 내용을 다퉈야 하는 것인가요?

명 변호사: 네, 우선 국민건강보험공단(이하 '공단')이 이 사건 환수처분을 한 처분서를 보면 상세한 처분사유가 나와 있는데, 그 요지는 '이 사건 일산 강건병원이 의료법상 적법한 의료기관이 아니기 때문에, 요양급여를 실시 할 자격도, 그에 따른 요양급여비용을 청구할 자격도 없으므로, 해당 기간에 지급된 요양급여비용 전액을 부당이득금으로 환수한다'는 것입니다.

전 변호사: 먼저 처분이 여러 개이고, 당초 처분으로부터 이미 상당한 시일이 지났는데, 취소소송의 적법요건에서 몇 가지 쟁점이 있을 것 같습니다.

명 변호사: 네, 그렇습니다. 우선 소의 적법성 관련하여, 당초처분과 감액경정처분 중 어느 것을 소송대상으로 삼아야 하는지 대상적격의 문제가 있고, 또 당초 처분을 기준으로 이미 90일이 도과한 상태이므로, 이의신청에 대한 결정을 행정심판의 재결로 볼 수 있는지를 검토해야합니다.

전 변호사: 제소기간 문제는 법령에 명시적인 규정이 있다면 크게 문제되지는 않을 것입니다. 관련 법령 규정을 잘 검토해서 제소기간 준수의 근거가 될 만한 조문을 찾아서 그 규정을 중심으로 논리적으로 주장하면 되겠습니다.

명 변호사: 예, 잘 알겠습니다.

전 변호사: 다음으로, 본안과 관련해서 의뢰인이 이 사건의 사실관계는 전혀 다투지 않는다고 하는데, 어떻게 구제받을 수 있나요?

명 변호사: 의료법을 위반하여 중복개설·운영되는 의료기관이라고 해서 국민건강보험법상 요양급여비용을 수령할 지위가 반드시 인정되지 않는다고 단정할 수는 없다는 점을 주장하려고 합니다. 이를 위하여 의료법과 국민건강보험법 중 이 사건과 관련된 조문을 체계적으로 분석하여야 할 것 같습니다.

전 변호사: 한 마디로, 처분사유가 존재하지 않는다는 주장을 하려는 것이군요. 그럴려면, 관련 법령 규정을 잘 비교·분석하는 것이 중요하겠네요. 종래 우리 판례나 재판실무에서 불법적인 의료기관의 행위를 엄단하는 경향이 있었는데, 대표적인 불법사례인 '사무장 병원'과는 많은 차이점이 있으므로 이러한 점도 반영하면 좋을 것 같습니다. 예를 들면, 사무장 병원의 경우 의료인 자격이 없는 실제 개설·운영자(사무장)뿐만 아니라 그에게 고용되어 의료행위를 한 자(의사)에 대하여도 형사처벌 규정(의료법 제90조)을 두고 있는 데 반하여, 중복개설·운영되는 의료기관의 경우에는 '그에 고용되어 의료행위를 한 자'에 대한 형사처벌규정이 없고, 의료법 제4조 제2항 위반에 대해서도 따로 형사처벌규정이 마련되어 있지 않다는 점도 유념할 필요가 있어 보입니다.

명 변호사: 네, 감사합니다. 그리고 설령 처분사유가 인정된다고 하더라도 원고가 실제 운영자도 아닌데, 일산 강건병원에서 해당 기간에 수령한 요양급여비용 전액을 원고로부터 환수하겠다는 것은 너무 가혹하다는 주장도 하려 합니다.

전 변호사: 좋은 생각입니다. 의뢰인의 구체적인 사정을 잘 설명하면 좋을 것 같군요. 명 변호사가 우선 취소소송의 소장을 작성해 주시기 바랍니다. 이상으로 회의를 마치겠습니다. 끝.

국민건강보험공단

우 26464 /	강원도 원주시 건강로 32(반곡동)	전화 033-123-1234	전송 033-123-1235
처리과	통합징수실　부장 김정훈	계장 이을병	담당 박민원

문서번호　　제2022-징수-00777호
시행일자　　2022. 3. 31.
받　　음　　홍유능 (의료기관명: 강건병원) 귀하
제　　목　　부당이득금 환수처분 통지

1. 항상 공단 업무에 협조하여 주시는 귀하께 감사드립니다.

2. 귀하가 개설 운영하는 의료기관(강건병원)은 의료법 제4조 제2항, 제33조 제8항에 위반되어 국민건강보험법 제42조 제1항, 제47조 제1항에 따라 요양급여를 실시하고 공단에 요양급여비용의 지급을 청구할 수 있는 적법한 의료기관에 해당하지 아니하므로, 국민건강보험법 제57조 규정에 의하여 붙임과 같이 행정처분하오니 양지하시기 바랍니다.

3. 만약 이 처분에 불복이 있는 경우 처분이 있음을 안 날로부터 90일 이내에 국민건강보험법 제87조에 따른 이의신청이나 제88조에 따른 심판청구 또는 행정소송법에 의한 행정소송을 제기할 수 있음을 알려드립니다.

붙임: 행정처분서(강건병원)

국민건강보험공단 이사장

부당이득금 환수처분서

의료기관의 소재지	고양시 일산동구 장백로 222		
의료기관의 명칭	강건병원		
개설자의 성명	홍유능	주민등록번호	******-*******
위 반 사 항	의료기관 중복개설·운영		
행정처분 내역	2021. 8. 2. ~ 2021. 12. 10. 지급된 요양급여비용 24억 원을 부당이득금으로서 환수		

<처분사유>

 국민건강보험법 제42조 제1항, 제47조 제1항에 의하면 요양급여는 의료법에 따라 개설된 의료기관 등의 요양기관에서 실시하고 요양기관은 국민건강보험공단에 요양급여비용의 지급을 청구할 수 있는바, 여기서 '의료법에 따라 개설된 의료기관'이라 함은 '의료법에 따라 적법하게 개설·운영되는 의료기관'을 의미합니다.

 국민건강보험법 제57조 제1항에서 '속임수나 그 밖의 부당한 방법으로 보험급여 비용을 받은 경우'라 함은 요양기관이 요양급여비용을 받기 위하여 허위의 자료를 제출하거나 사실을 적극적으로 은폐하는 경우뿐만 아니라, 관련 법령에 의하여 요양급여비용으로 지급받을 수 없는 비용임에도 불구하고 이를 청구하여 지급받는 행위를 모두 포함하므로, 개정된 의료법 제4조 제2항, 제33조 제8항 본문을 위반하여 의료기관을 개설·운영하는 행위는 모두 '부당한 방법'에 해당합니다.

 귀하의 위 의료기관은 이만근이 다른 병원과 더불어 중복하여 운영하는 의료기관으로서, 의료법에 따라 적법하게 개설·운영되는 의료기관이 아니어서 요양급여 자체를 실시할 수 없고, 국민건강보험공단 및 건강보험의 가입자, 피부양자로부터 요양급여비용도 지급받을 수 없습니다.

   따라서 위 의료기관에서 요양급여비용을 지급받은 행위는 '속임수나 그 밖의 부당한 방법으로 보험급여비용을 받은 경우'로서 국민건강보험 법 제57조 제1항 에서 정한 부당이득 징수사유에 해당하므로, 이에 국민건강보험법 제57조 제1항 에 의하여 해당 기간에 지급된 요양급여비용 전액을 부당이득금으로 환수합니다.

2022년 3월 31일

국민건강보험공단 이사장 (인)

우편송달보고서

증서 2022년　제1337호　　　　2022년 3월 31일 발송

송달서류	부당이득금 환수처분 통지 및 행정처분서 1부 (제2022-징수-00777)
발 송 자	국민건강보험공단
송달받을 사람	홍유능귀하 고양시 일산동구 마두로 550-1, 3층

영수인	**홍유능** (서명)

영수인 서명날인 불능	

①	송달받을 자 본인에게 교부하였다.	
2	송달받을 자가 부재 중이므로 사리를 잘 아는 다음 사람에게 교부하였다.	
	사무원	
	피용자	
	동거자	
3	다음 사람이 정당한 사유 없이 송달받기를 거부하므로, 그 장소에 서류를 두었다.	
	송달받을 자	
	사무원	
	피용자	
	동거자	

송달연월일	2022. 4. 4. 16시 55분
송달장소	고양시 일산동구 마두로 550-1, 3층

위와 같이 송달하였다.

　　　　　　　　　　　　2022. 4. 5.
　　　　　　　　　일산동구 우체국 집배원　　우배달

국민건강보험공단

우 26464 /	강원도 원주시 건강로 32(반곡동)	전화 033-123-4567	전송 033-123-4686
처리과	이의심사실　부장 박종필	계장 최종두	담당 김소라

문서번호　　제2022-이의-00354호
시행일자　　2022. 5. 26.
받　　음　　홍유능 (의료기관명: 강건병원) 귀하
제　　목　　이의신청에 따른 감액경정결정 통지

1. 항상 공단 업무에 협조하여 주시는 귀하께 감사드립니다.

2. 귀하에 대한 2022. 3. 31.자 부당이득금 환수처분(문서번호 제2022-징수-00777호)에 대한 이의신청을 심사한 결과 국민건강보험법 제87조에 따라 붙임과 같이 감액 경정결정을 하오니 양지하시기 바랍니다.

3. 만약 이 처분에 불복이 있는 경우 처분이 있음을 안 날로부터 90일 이내에 국민건강보험법 제88조에 따른 심판청구 또는 행정소송법에 의한 행정소송을 제기할 수 있음을 알려드립니다.

붙임: 감액경정결정서(강건병원)

국민건강보험공단 이사장 [국민건강보험공단이사장인]

■ 국민건강보험법 시행규칙 [별지 제33호서식]

이 의 신 청 결 정 서

제2022-이의-00354호

신청인	성명 홍유능	주민등록번호(외국인등록번호) ******-*******
	주소 고양시 일산동구 마두로 550-1, 3층	

주문	피신청인이 2022. 3. 31. 신청인에 대하여 한 부당이득금 환수처분 중 2021. 11. 15.부터 2021. 12. 10.까지의 요양급여비용 총 4억 원 부분을 취소한다.
처분 요지	(생략)
이의신청 취지	1. 이만근이 개설·운영하던 군포 강건병원을 2021. 11. 15. 제3자에게 양도함으로써, 종래 이 사건 병원과 중복 개설·운영하던 의료법 위반 상태가 해소되었으므로, 당초의 처분기간 중 2021. 11. 15.부터 2021. 12. 10.까지 기간에 대한 환수처분은 위법하다. 2. 신청인은 해당 기간 동안 거의 매일 야근하며 수많은 환자를 진료하고, 매월 1,500만 원의 급여(약 5%의 성과급 포함)를 받았을 뿐이고, 이 사건 일산 강건병원의 운영에 전혀 관여하지 않아 관련 형사사건에서 참고인 조사도 받지 않았으며, 모든 수익은 실제 개설자인 이만근에게 귀속되었다. 그럼에도 해당 기간에 지급된 요양급여비용 전액을 원고로부터 환수하는 것은 지나치게 가혹하다.
결정 이유	1. 당초 처분기간 중 2021. 11. 15.부터 2021. 12. 10.까지 기간 동안은 이 사건 병원이 중복개설·운영되는 의료기관에 해당하지 아니하므로, 처분대상 기간에서 제외합니다. 2. 신청인의 나머지 주장은 받아들이지 않습니다.

2022년 5월 26일

국민건강보험공단 이사장 (인)

이 결정에 대하여 불복할 때에는 이 결정서를 받은 날부터 90일 이내에 보건복지부에 설치되어 있는 건강보험분쟁 조정위원회에 심판청구하거나, 관할법원에 행정소송을 제기할 수 있습니다.

우편송달보고서

증서 2022년 제3225호   2022년 5월 26일 발송

송달서류	이의신청에 따른 감액결정 통지 및 결정서 1부 (제2022-이의-00354)
발 송 자	국민건강보험공단
송달받을 사람	홍유능귀하 고양시 일산동구 마두로 550-1, 3층

영수인	**홍유능** (서명)
영수인 서명날인 불능	

①	송달받을 자 본인에게 교부하였다.	
2	송달받을 자가 부재 중이므로 사리를 잘 아는 다음 사람에게 교부하였다.	
	사무원	
	피용자	
	동거자	
3	다음 사람이 정당한 사유 없이 송달받기를 거부하므로, 그 장소에 서류를 두었다.	
	송달받을 자	
	사무원	
	피용자	
	동거자	

송달연월일	2022. 5. 30. 17시 50분
송달장소	고양시 일산동구 마두로 550-1, 3층

위와 같이 송달하였다.

2022. 6. 7.

일산동구 우체국 집배원   우배달

소 송 위 임 장

사 건	(생략)
원 고	홍유능
피 고	(생략)

위 사건에 관하여 다음 표시 수임인을 소송대리인으로 선임하고, 다음 표시 권한을 수여한다.

수 임 인	법무법인 사헌 (담당변호사 전부승, 명변론)	변호사 확인 (인)
수권사항	1. 일체의 소송행위 1. 반소의 제기 및 응소, 상소의 제기, 동 취하 1. 소의 취하, 화해, 청구의 포기 및 인락, 참가에 의한 탈퇴 1. 복대리인의 선임 1. 목적물의 수령 1. 공탁물의 납부, 공탁물 및 이자의 반환청구와 수령 1. 담보권의 행사 최고 신청, 담보 취소신청, 동 신청에 대한 동의, 담보 취소결정 정본의 수령, 동 취소 결정에 대한 항고권 포기 1. 강제집행신청, 대체집행신청, 가처분, 가압류 등 보전처분과 관련한 모든 소송행위 1. 인지환급금의 수령에 관한 행위, 소송비용액확정결정신청 등 1. 등록사항별 증명서, 주민등록증·초본, 기타 첨부서류 발급에 관한 행위 1. 위헌법률심판제청신청에 관한 행위	

2022. 8. 5.

위 임 인   홍유능 (인)

소속변호사회(인)

서울지방변호사회 (인)

제2021-3930162-00001호

의료기관 개설허가증

의료기관	명칭	강건병원	종류	병원
	소재지	경기 고양시 일산동구 장백로 222		
	진료과목	내과, 신경외과, 정형외과, 영상의학과		
개설자	성명(법인명)	이몽룡	생년월일 (법인번호)	1975년02월14일
	주소(소재지)	경기 고양시 일산동구 강석로 132		
	면허종류	의사	면허번호	제78901호
규모	입원실	21실	병상	81병상

의료법 제33조 제4항 및 같은 법 시행규칙 제27조 제2항에 따라 의료기관의 개설을 허가합니다.

2021년 12월 11일

경기도지사 [경기도 지사인]

변경 및 처분사항 등		
연월일	내용	담당자 서명 또는 날인
2001-01-11	개설 허가 개설자: 이만근	오미자
2002-02-02	의료인수 변경(의사) 변경 전 - 의사 1 / 간호사 3 변경 후 - 의사 2(이만근, 홍유능) / 간호사 7	오미자
2004-04-04	개설자 및 의료인수 변경(의사) 개설자: 변경 전 - 이만근 　　　　변경 후 - 이만근, 홍유능 의료인수: 변경 전 - 의사 2 / 간호사 7 　　　　변경 후 - 의사 6 / 간호사 15	한숙희
2006-06-26	의료기관 허가사항 변경(의료인 수, 시설) 변경 전 - 의사 6 / 간호사 15 　　　　시설- 15병실 65병상 변경 후 - 의사 10 / 간호사 24 　　　　시설 - 21병실 81병상	한숙희
2008-08-08	개설자 및 의료인수 변경 개설자: 변경 전 - 이만근, 홍유능 　　　　변경 후 - 홍유능 의료인수: 변경 전 - 의사 10 / 간호사 24 　　　　변경 후 - 의사 9 / 간호사 22	한숙희
2010-07-07	의료기관 허가사항 변경(의료인 수) 변경 전 - 의사 9 / 간호사 2 변경 후 - 의사 11 / 간호사 29	한숙희
2021-12-11	의료기관 허가사항 변경(개설자) 변경 전 - 홍유능 변경 후 - 이몽룡	박미경

제2021-375544-00008호

의료기관 개설허가증

의료기관	명칭	강건병원	종류	병원
	소재지	경기 군포시 청백리길 888		
	진료과목	내과, 신경외과, 정형외과, 영상의학과		
개설자	성명(법인명)	성춘향	생년월일(법인번호)	1979년12월31일
	주소(소재지)	경기 군포시 초막골길 216		
	면허종류	의사	면허번호	제95932호
규모	입원실	15실	병상	60병상

의료법 제33조 제4항 및 같은 법 시행규칙 제27조 제2항에 따라 의료기관의 개설을 허가합니다.

2021년 11월 15일

경기도지사 [경기도 지사인]

변경 및 처분사항 등		
연월일	내용	담당자 서명 또는 날인
2008-08-08	개설 허가 개설자: 이만근	양수창
2009-05-02	의료인수 변경(의사) 변경 전 - 의사 1 / 간호사 3 변경 후 - 의사 2 / 간호사 5	양수창
2016-03-04	의료기관 허가사항 변경(의료인 수, 시설) 변경 전 - 의사 2 / 간호사 5 　　　　　시설- 5병실 20병상 변경 후 - 의사 7 / 간호사 20 　　　　　시설 - 15병실 60병상	김희동
2021-11-15	의료기관 허가사항 변경(개설자) 변경 전 - 이만근 변경 후 - 성춘향	곽수진

수임번호 2022-76	법률상담일지 II		2022. 9. 30.
의뢰인	이만근	의뢰인 전화	02)337-6543
의뢰인 주소	서울 송파구 올림픽로 543	의뢰인 팩스	

상 담 내 용

1. 의뢰인은 의사로서, 2001. 1. 11. 경기 고양시 일산동구 장백로 222에 '강건병원'(이하 '일산 강건병원')을 개설하였다.

2. 위 병원이 번창하여 어느 정도 여유자금이 생기자, 의뢰인은 또 다른 병원을 개설하여 운영하기로 마음먹고, 2008. 8. 8.경 위 일산 강건병원의 개설명의를 후배 의사인 홍유능으로 변경한 다음, 경기 군포시 청백리길 888 소재 '강건병원 군포점'(이하 '군포 강건병원')을 자신의 명의로 개설하였다.

3. 그 후 2011. 11. 11. 후배 의사 오방자로부터 '강릉시에 병원을 개설하고자 하나, 자금이 부족하니, 의뢰인이 투자해 달라'라는 부탁을 받고, 의뢰인과 오방자가 각각 병원운영수익에 대하여 60:40의 지분을 가지는 조건으로 강원 강릉시 동해대로 11 소재 '강건병원 강릉점'(이하 '강릉 강건병원')에 투자 후, 그 지분만큼 경영에 참여하여 왔다.

4. 이후에도 의뢰인은 계속 위 3.항과 유사한 방식으로 투자를 늘려가 2021. 1.경까지 하남시, 세종시, 광주시, 대구시 등에 추가로 개설된 병원의 경영에 각각 60%의 지분을 가지고 참여하게 되었다.

5. 의뢰인은 위와 같이 전국적으로 총 7곳의 병원의 경영에 참여하였다. 하지만 기존 판례(대법원 2003. 10. 23. 선고 2003도256 판결)에 따르면, 이러한 경영참여는 의료법 위반이 아니었다. 그런데 2021. 2. 1. 의료법이 일부 개정됨에 따라, 의뢰인이 전술한 바와 같이 복수의 의료기관의 경영에 참여하는 것은 의료법 제33조 제8항에 위반되는 것으로 평가될 여지가 생겼다(말미에 첨부된 참고자료 1, 2 참조).

6. 의뢰인은 이러한 법적 불안에 대처하고자 변호사의 조언을 구하는 등 다각도로 노력하여 왔고, 2021. 6.경 그 최종 해결방안으로서 의료법인을 설립하고 전술한 병원들 전체에 대한 총 지분을 이 의료법인에 출연함과 함께 병원의 개설명의도 이 의료법인으로 변경하는 안을 추진하였다. 하지만 2021. 7. 7. 위 일산 강건병원을 주사무소로 하는 의료법인 설립 허가 신청은 받아들여지지 않았다. 의료법인의 설립요건 중 하나로 재정건전성이 인정되어야 하는데, 의뢰인은 일산 강건병원 건물을 단지 임차하고 있을 뿐, 소유하고 있지는 않은 점에서 재정건 전성이 의심된다는 이유에서였다. 의뢰인은 건물의 소유권 확보를 위해 노력했으나, 건물 소유주와 협상이 결렬되면서 이마저도 실패하였다.

7. 의뢰인은 2021. 8. 2.자로 위 개정 의료법이 시행되기 전까지 급히 전술한 강릉시, 하남시, 세종시, 광주시, 대구시 소재 병원들에 대한 지분을 처분하였으나, 그 외 나머지 군포 강건병원과 일산 강건병원은 개정법 시행 후인 2021. 11. 15.과 같은 해 12. 11.에서야 비로소 성춘향과 이몽룡에게 각각 처분할 수 있었다.

8. 2021. 9.경부터 10.경에 이른바 '네트워크 병원들'을 대상으로 의료법위반 단속이 행해졌는데, 그 과정에서 의뢰인은 의료법 제33조 제8항 위반으로 입건되어 2022. 3. 3.일자로 공소제기되었다(말미에 첨부된 참고자료 3 참조).

9. 의뢰인은 2022. 9. 9. 관할 법원에 관련 의료법 조항들에 대해 위헌법률심판제청을 신청하였으나, 법원은 이를 기각하였다(말미에 첨부된 참고자료 4 참조).

10. 이에 의뢰인은 위 형사사건 관계 조항에 대해 헌법소원을 하고자 한다.

법무법인 사헌
06133 서울 종로구 세종로 123 만세빌딩 2층
Tel 02.780.2341, Fax 02.780.2342
Email blmyoung@sahun.com

「복수의료기관 개설·운영 금지」 집행 지침

2021. 9.

보건복지부

참고자료 1

이 지침은 의료법 개정 이후 의료법 제33조 제8항(복수의료기관 개설·운영금지)에 대한 공무원들의 이해를 증진하기 위해 마련 배부한 것임을 참고하여 주시기 바랍니다.

I 의료법 개정 경위

□ "의료인의 1개 의료기관 개소 원칙"을 구체화하여 의료의 적정성과 공공성을 제고하기 위한 개정 「의료법」 시행 (2021. 8. 2.)

◆ (개정 전) "의료인은 하나의 의료기관만 개설할 수 있다."
◆ (개정 후) "의료인은 어떠한 명목으로도 둘 이상의 의료기관을 개설·운영할 수 없다."

※ (1인 1개소 제한의 취지) 의료인이 의료행위를 직접 수행할 수 있는 장소적 범위 내에서만 의료기관의 개설을 허용하여 진료책임과 의료의 적정성 확보

□ 의료법 개정 전 판례는 '타 의료인 명의로 개설한 의료기관의 경영상 관여만으로는 1인 1개소 원칙에 위배되지 않는다'고 판시

◆ 관련 판례
"자신의 명의로 의료기관을 개설하고 있는 의사가 다른 의사의 명의로 또다른 의료기관을 개설하여 그 소속의 직원들을 직접 채용하여 급료를 지급하고 그 영업에 따라 발생하는 이익을 취하는 등 새로 개설한 의료기관의 경영에 직접 관여한 점만으로는 다른 의사의 면허증을 대여받아 실질적으로 별도의 의료기관을 개설한 것이라고 볼 수 없으나, 다른 의사의 명의로 개설된 의료기관에서 자신이 직접 의료행위를 하거나 무자격자를 고용하여 자신의 주관하에 의료행위를 하게 한 경우는 비록 그 개설명의자인 다른 의사가 새로 개설한 의료기관에서 직접 일부 의료행위를 하였다고 하더라도 이미 자신의 명의로 의료기관을 개설한 위 의사로서는 중복하여 의료기관을 개설한 경우에 해당한 다고 할 것이다."(대법원 2003. 10. 23. 선고 2003도256 판결)

□ 개정 의료법 조항은 기존 판례의 「의료법」 해석에 대하여 입법적으로 '1인 1개소 원칙'을 보다 엄격하게 구체화

Ⅱ. 개정 의료법 집행 방향

□ **기본 방향**

◆ 어떠한 명목으로도 의료인의 복수 의료기관 개설·운영은 불허하되, 의료기관 개설 주체의 개설·운영권 보완·지원은 가능

□ **쟁점별 처리 방안**

◆ <쟁점1> 개정법상 '운영'의 범위를 명시하여 제시할 것인가?

- 네트워크 의료기관은 다양한 방식으로 운영되고 있어 '운영'에 대한 세부 범위 등을 제시하는 것은 사실상 어려움
- 개정법 위배 여부에 관한 예측가능성 제고를 위해 구체적인 판단기준을 정한 의료법 시행규칙 일부개정안을 아래와 같이 입법예고하였으나, 형사 처벌에 관한 중요 사항을 명시적인 입법위임도 없이 하위법령에 규정하는데 부정적인 의견이 있어서 입법절차 진행이 중단된 상태임

> ※ **의료법 시행규칙 일부개정안(보건복지부공고 제2021-543호로 입법예고)**
> 의료법 시행규칙 제31조의2를 다음과 같이 신설한다.
> 「제31조의2(둘 이상의 의료기관 개설·운영) 법 제33조 제8항에 따른 "둘 이상의 의료기관 개설·운영"은 의료인이 복수의 의료기관에 대해 개설·휴업·폐업, 의료행위의 결정·시행, 인력·시설·장비의 충원·관리 또는 운영성과의 배분 등에 관한 권한을 보유·행사하는지 여부를 고려하여 판단한다.」

◆ <쟁점2> 의료인의 타 의료기관에 대한 지분 투자는 가능한가?

- 지분 투자는 '운영'에 영향을 미칠 가능성이 크므로 불허함이 상당함

◆ <쟁점3> 병원경영지원회사의 경영지원은 가능한가?

- 의료기관 개설주체의 전속적인 개설·운영권을 단순히 보완·지원하기 위해 구매대행, 인력관리, 법률·회계 컨설팅 비용절감 등 경영지원서비스 제공을 하는 것은 가능하나, 외부 자본이 의료기관에 투자하고 경영지원을 빌미로 의료기관 개설·운영에 간여하는 것은 가능하지 않음

◆ <쟁점4> 의료기관 개설 의료인은 다른 의료법인의 이사 겸임이 가능한가?

- 이사는 법인이 설립한 의료기관의 운영 등에 관한 사항을 심의·결정하는 실질적 의사결정자인바, 개정 의료법 제33조 제8항 위반으로 볼 가능성이 크다고 할 것임. 다만, 그 직무수행 내용, 이해관계 등을 구체적으로 살펴 사안별로 검토할 필요 있음

◆ <쟁점5> 복수 의료기관 개설·운영시 제재

- 5년 이하의 징역이나 2천만 원 이하의 벌금(의료법 제87조 제1항 제2호)
- 자격정지 3개월(의료관계 행정처분규칙 제4조 [별표] 2. 가. 제22호)
- 지급된 요양급여비용을 환수(국민건강보험법 제57조 제1항)

http://www.legalnews.com/media/789012

1000여 개 네트워크 병원 '불법' 전락 위기, 지분 매각 골치
선진국은 장려하는데 한국은 왜 규제?

[리걸뉴스 / 정명란 / 입력 2021.07.30. 22:15]

같은 브랜드를 사용하며 분점이나 지점 형태로 하나의 네트워크를 이루고 공동 구매나 의료서비스의 규격화 등을 통해 효율적인 병원 경영을 추구하는 이른바 '네트워크 병원'은 이제 전국에 1,000여 곳에 달한다. 이처럼 세를 확장해 온 네트워크 병원들이 갑자기 불법화될 위기에 처했다. 오는 8월부터 시행되는 개정 의료법은 의료인이 둘 이상의 의료기관을 개설·운영하는 것을 엄격히 규제할 예정이다. 기존 대법원 판례는 의료인이 다른 의사 명의로 개설된 병원에 지분 투자하는 것은 합법이라고 보았다. 그러나 개정법은 이러한 판례의 태도를 변경시키는 것을 의도하고 있다.

이 때문에 둘 이상의 네트워크 병원에 투자하여 경영에 참여해 오던 원장들은 지분을 매각하려고 하지만, 지점 병원의 개설명의자는 그 지분을 매입할 자금이 없는 경우가 많고, 있더라도 개정법 시행일이 임박할수록 지분 가격이 폭락할 것으로 예상하여 눈치 보기에 바쁘다.

대한네트워크병의원협회 회장 강경모는 "의료법 제33조를 통해 의사에게 1개의 병원만 운영하게 강요하는 것은 문제의 소지가 있다."고 한다. "과잉 진료 등 부적절한 의료행위는 바로잡아야 하지만, 이것은 네트워크병원만의 고유한 문제가 아니며, 심지어 유명 대학병원에서도 비일비재하게 나타나는 행태"라는 것이다. 의료법은 부당경제이익 등의 취득을 금지하여 불법 리베이트 수수에 대처하고 있고(제23조의2), 환자의 무리한 유치행위도 규제하고 있으며(제27조 제3항), 보건의료 정책을 위해 필요하다면 보건당국이 의료인에 대해 지도·명령을 하거나 업무검사, 시정명령을 내릴 수 있어서 과잉진료로 인한 의료과소비에 대해서도 적절한 조치를 취할 수 있으므로(제59조 제1항, 제61조, 제63조), 개정 의료법 제33조 제8항과 같은 규제의 강화가 필수적인 것은 아니라고 한다. "최근 고가의 첨단 의료장비와 시설의 도입이 병원의 성쇠를 좌우하는 상황에서, 의료인이 다른 의료인의 병원에 투자하지 못하게 할 경우 자칫 의료기관의 영세화를 조장하는 결과를 가져올 수 있고, 이것은 의료서비스 발전이나 소비자 편익의 증진을 저해할 우려마저 있다"는 것이 강 회장의 지적이다.

전세계적으로 개정 의료법 규정과 같이 규제하는 예는 거의 없다. 획일적인 규제 정책은 의료기관의 해외진출이나 외국인의 의료관광 유치에도 걸림돌이 될 수 있다. 단독개원 중심에서 네트워크 형성이 오히려 변화하는 의료수요 충족에 기여할 수도 있다.

<복수 의료기관 개설·운영에 관한 외국의 입법례>

	미국	영국	독일	일본	대만
허용 여부	허용	허용	허용	허용	불허용

이에 대해 건강보험공단 소속 고순례 변호사는 "의료기관의 개설명의인과 실제 운영자가 분리되는 것은 비단 과다한 영리추구의 위험뿐만 아니라, 의료 기관 운영과 관련하여 어떤 의료법 위반의 문제가 생겼을 때 그에 대한 책임 소재를 불분명하게 할 여지도 있고, 자본력 있는 소수의 의료인이 의료시장을 독과점할 우려도 있는만큼 개정 의료법과 같은 규제는 꼭 필요하다"고 반박한다.

의료인의 복수 의료기관 개설·운영에는 양 측이 지적한 순기능과 역기능이 모두 공존한다. 우리나라의 공공보건의료기관의 비중이 다른 OECD국가들에 비하여 매우 작아 민간의료기관에 대한 의존이 그만큼 큰 상태이고, 국가는 어쨌든 국민에게 적정한 의료급여를 보장해야 할 의무가 있기 때문에, 이러한 특수한 배경 하에서 복수 의료기관 개설·운영을 규제하는 것이 정당화된다는 논리도 있다. 하지만 충분한 계도기간도 없이 해당 의료인을 중하게 제재하는 것만 능사로 여기는 것 같아 안타깝다는 사회 일각의 목소리에도 귀기울일 필요는 있지 않을까?

정명란 기자 <myoungran@legalnews.com>

http://www.legalnews.com/media/789012

서울동부지방검찰청

2022. 3. 3.

사건번호	2022년 형제29027호
수 신 자	서울동부지방법원
발 신 자	검　　사　　이상희　이상희 (인)

제　목　　공소장

아래와 같이 공소를 제기합니다.

Ⅰ. 피고인 관련사항

　　피 고 인　　이만근 (721208-1122334), 49세
　　　　　　　　직업　의사
　　　　　　　　주거　서울 송파구 올림픽로 543
　　　　　　　　등록기준지 (생략)
　　죄　　명　　의료법위반
　　적용법조　　의료법 제87조 제1항 제2호, 제33조 제8항
　　구속여부　　불구속

참고자료 3

Ⅱ. 공소사실

　의료인은 어떠한 명목으로도 둘 이상의 의료기관을 운영할 수 없다. 그럼에도 피고인은 2001. 1. 11.경부터 경기 고양시 일산동구 장백로 222에 강건병원을 개설·운영하다가 2008. 8. 8.경부터 2021. 12. 11.경까지 위 강건병원을 홍유능 명의로 운영하고, 2008. 8. 8.경부터 2021. 11. 15.경까지 경기 군포시 청백리길 888에 강건병원 군포점을 피고인의 명의로 개설·운영하였다. 이로써 피고인은 의료인으로서 둘 이상의 의료기관을 운영하였다.

Ⅲ. 첨부서류(각 첨부 생략)

서울동부지방법원
결정

사　　　건　　2022초기234 위헌법률심판제청
피　고　인　　이만근
　　　　　　　서울 송파구 올림픽로 543
신　청　인　　피고인
본 안 사 건　　서울동부지방법원 2022고단1434 의료법위반

주　문
이 사건 위헌법률심판제청신청을 기각한다.

신 청 취 지
(생략)

이　유

1. 사안의 개요
(생략)

2. 신청인의 주장 및 판단
가. 신청인 주장의 요지
(생략)
나. 판단
(생략)

3. 결론
그렇다면, 신청인의 이 사건 신청은 이유 없으므로 기각하기로 하여, 주문과 같이 결정한다.

2022. 9. 15.

판사　　　　민유영

참고자료 4

송달증명원

사 건 : 서울동부지방법원 2022초기234 위헌법률심판제청

신 청 인 : 이만근

증명신청인 : 신청인

위 사건에 관하여 결정정본이 신청인에게 2022. 9. 19. 자로 송달되었음을 증명합니다. 끝.

2022. 9. 20.

서울동부지방법원

법원주사 주 현 경   [직인]

소 송 위 임 장

사 건	(생략)
원 고	이만근

위 사건에 관하여 다음 표시 수임인을 소송대리인으로 선임하고, 다음 표시 권한을 수여한다.

수 임 인	법무법인 사헌 (담당변호사 전부승, 명변론)	변호사 확인 (인)
수권사항	1. 헌법소송에 관한 일체의 소송행위	

2022. 9. 30.

위 임 인   이만근 (인)

소속변호사회(인)

서울지방변호사회 (인)

법무법인 사헌 내부회의록 Ⅱ

일　시: 2022. 10. 2. 14:00 ~ 15:00
장　소: 법무법인 사헌 소회의실
참석자: 전부승 변호사(공법팀장), 명변론 변호사(담당변호사)

전 변호사: 의뢰인 이만근의 헌법소원 건에 관하여 논의하여 봅시다. 헌법소원으로 어떤 것들을 다룰 것인가요.

명 변호사: 먼저, 작년에 의료법 제4조 제2항이 신설되고 제33조 제8항이 개정된 결과, 의료인은 자신의 명의로 개설·운영되는 하나의 의료기관 이외에 가령 다른 의료인의 명의로 또 다른 의료기관을 추가 개설·운영하는 것이 불가능해졌습니다. 하지만 꼭 그렇게 규제해야만 하는 것인지는 의문이 있습니다. 의료인이 복수의 의료기관을 개설·운영할 경우 생길 수 있는 폐해로서 이익을 극대화하기 위한 환자유인행위, 과잉진료, 위임진료 등 불법적 의료행위가 자행될지도 모른다는 것이 들어지고 있는데, 그런 것들은 해당 행위를 규제하는 사유가 될 수 있을지언정 복수 의료기관의 개설·운영을 원천적으로 금지할 사유는 아니라고 할 것입니다. 그러므로 최우선적으로 이 점을 쟁점화해 보려고 합니다.

전 변호사: 의뢰인은 의료법 제33조 제8항 본문 중 '운영'이라는 법문의 의미가 정확히 무엇인지 모호하다는 점에서도 위헌성이 있다고 하는데, 이에 대해서는 어떤 의견이신가요.

명 변호사: 제 소견으로는, 의뢰인의 주장도 일리가 있지만, 그렇다고 불명확성을 주장하는 것이 헌법소원 승소에 그리 기여할 것 같지는 않다는 판단입니다. 그래서 명확성원칙 위반의 점을 주장하기보다, '운영'이라는 단어의 해석 여하에 따라 과도하게 광범위한 규제로 이어질 가능성이 잠재해 있어서 적어도 법원의 유권해석이 확립되기 전까지 당사자들의 자유를 불필요하게 위축시키는 결과를 가져올 수 있다는 식으로 접근해 볼까 합니다.

전 변호사: 예. 알겠습니다. 일단 그렇게 하기로 합시다. 이 사건의 경우 의뢰인은 의료법 개정 전에 이미 해당 병원들의 개설을 마친 상태였고, 새로이 개정법에 위반하여 병원을 '중복개설'한 사실은 없으므로, 단지 '중복운영' 부분만 문제된다고 볼 수도 있을 것 같은데, 어떤가요.

명 변호사: 예, 타당한 지적인 것 같습니다. 그럼, 심판청구대상에서 '개설'에 관한 부분은 빼고 '운영'에 관한 부분만 다투는 것으로 하겠습니다.

전 변호사: 그 외에 또 무슨 쟁점을 염두에 두고 있는가요.

명 변호사: 개정 의료법 규정에 따르면, 의료인이 복수의 의료기관을 개설·운영한 경우 5년 이하의 징역이나 2천만 원 이하의 벌금에 처하도록 규정하고 있습니다. 하지만 이러한 형사처벌은 너무 가혹합니다. 작년에 의료법이 개정되기 전까지는 의료인이 다른 의료인의 명의로 개설된 병원에 투자하여 경영에 참여하는 것 정도는 허용되었습니다. 또한 의료인의 복수 의료기관 설립을 우리나라처럼 무조건 금지하는 외국의 입법례도 거의 없습니다. 근본적으로 복수 의료기관 개설·운영 자체가 형사처벌을 당연시할 만큼 불법적인 것은 아니라는 반증입니다. 설령 질서유지 행정적 차원에서 규제를 가할 필요가 있다고 하더라도 그에 대해서는 형벌 이외에 다른 행정제재를 얼마든지 마련할 수 있고, 실제로 마련되어 있습니다. 예컨대 의료법 관련 규정에 따르면 복수 의료기관을 개설·운영한 의료인에 대해서는 면허자격정지 3개월 처분이 예정되어 있습니다. 그런데도 여기에 징역형까지 추가한다면, 그 의료인은 결국 의료법 제65조 제1항 제1호, 제8조 제4호에 의하여 의사면허가 취소됩니다. 질서행정법적으로는 면허자격정지 3개월이 적정한 제재라고 보고 있음에도, 형사처벌을 하는 결과 뜻하지 않게 그보다 훨씬 중한 제재를 하게 되는 형국입니다. 이러한 모순도 헌법소원심판청구 이유 중 하나로 삼을 생각입니다.

전 변호사: 의료법이 개정되기 전까지는 복수 의료기관 개설·운영이 허용되었다고 하였는데, 의뢰인과 같이 개정 전 의료법 체제 하에서 이미 복수 의료기관 개설·운영 상태에 들어간 경우에도 현행 개정 규정을 적용하여 형사처벌하는 것은 과도하지 않나 하는 의문도 드는데요.

명 변호사: 좋은 지적 감사합니다. 개정된 의료법은 공포 후 6개월이 경과한 날부터 시행하도록 하고 있었습니다. 하지만 6개월 내에 의뢰인이 관련 병원들의 지분을 처분하기란 거의 불가능에 가까웠습니다. 개설명의자 의사들이 그만한 재력을 가지고 있지도 않았고, 병원의 다른 적절한 인수 후보자를 그 6개월만에 구하기도 힘들었습니다. 따라서 기존의 법상황을 믿고 이미 투자를 행한 의뢰인한테 6개월이라는 경과기간 도과 후에는 자신의 명의로 개설·운영되는 하나의 병원 이외에는 추가적인 의료기관의 개설·운영을 더 이상 해서는 안 된다는 것은 한 마디로 투자 지분을 일시에 날려 버리라는 이야기나 다를 바 없습니다. 따라서 그 6개월이라는 경과기간 부분도 다투어 보려고 합니다.

전 변호사: 좋습니다. 그것만으로도 헌법소원을 제기하기에 충분할 것 같습니다. 그 외의 다른 쟁점들은 추후 헌법소원심판청구이유보충서를 제출하는 단계에서 주장하기로 하고, 이번에는 일단 오늘 논의된 내용을 위주로 헌법소원심판청구서를 작성하여 제출하는 것으로 합시다. 그럼, 이상으로 회의를 마치겠습니다. 끝.

참고자료 1 – 관련 법령(발췌)

▣ 구 의료법

[시행 1999. 5. 4.] [법률 제11111호, 1999. 5. 1. 일부개정]

제33조(개설) ① (생략)
② 다음 각 호의 어느 하나에 해당하는 자가 아니면 의료기관을 개설할 수 없다. 이 경우 의사는 종합병원·병원·요양병원 또는 의원을, 치과의사는 치과병원 또는 치과의원을, 한의사는 한방병원·요양병원 또는 한의원을, 조산사는 조산원만을 개설할 수 있다.
  1. 의사, 치과의사, 한의사 또는 조산사
⑧ 제2항 제1호의 의료인은 하나의 의료기관만 개설할 수 있다. 다만, 2 이상의 의료인 면허를 소지한 자가 의원급 의료기관을 개설하려는 경우에는 하나의 장소에 한하여 면허 종별에 따른 의료기관을 함께 개설할 수 있다.

▣ 의료법

[시행 2021. 8. 2.] [법률 제13579호, 2021. 2. 1. 일부개정]

제1조(목적) 이 법은 모든 국민이 수준 높은 의료 혜택을 받을 수 있도록 국민의료에 필요한 사항을 규정함으로써 국민의 건강을 보호하고 증진하는 데에 목적이 있다.

제4조(의료인과 의료기관의 장의 의무) ① 의료인과 의료기관의 장은 의료의 질을 높이고 병원감염을 예방하며 의료기술을 발전시키는 등 환자에게 최선의 의료서비스를 제공하기 위하여 노력하여야 한다.
② 의료인은 다른 의료인의 명의로 의료기관을 개설하거나 운영할 수 없다.

제8조(결격사유 등) 다음 각 호의 어느 하나에 해당하는 자는 의료인이 될 수 없다.
  1. ~ 3. (생략)
  4. 이 법 또는 「형법」 제233조, 제234조, 제269조, 제270조, 제317조제1항 및 제347조(허위로 진료비를 청구하여 환자나 진료비를 지급하는 기관이나 단체를 속인 경우만을 말한다), 「보건범죄단속에 관한 특별조치법」, 「지역보건법」, 「후천성면역결핍증예방법」, 「응급의료에 관한 법률」, 「농어촌 등 보건의료를 위한 특별 조치법」, 「시체해부 및 보존에 관한 법률」,

「혈액관리법」, 「마약류관리에 관한 법률」, 「약사법」, 「모자보건법」, 그밖에 대통령령으로 정하는 의료 관련 법령을 위반하여 금고 이상의 형을 선고 받고 그 형의 집행이 종료되지 아니하였거나 집행을 받지 아니하기로 확정되지 아니한 자

제23조의2(부당한 경제적 이익등의 취득 금지) ① 의료인, 의료기관 개설자(법인의 대표자, 이사, 그 밖에 이에 종사하는 자를 포함한다. 이하 이 조에서 같다) 및 의료기관 종사자는 「약사법」 제31조에 따른 품목허가를 받은 자 또는 품목신고를 한 자, 같은 법 제42조에 따른 의약품 수입자, 같은 법 제45조에 따른 의약품 도매상으로부터 의약품 채택·처방유도 등 판매촉진을 목적으로 제공되는 금전, 물품, 편익, 노무, 향응, 그 밖의 경제적 이익(이하 "경제적 이익등"이라 한다)을 받아서는 아니 된다. 다만, 견본품 제공, 학술대회 지원, 임상시험 지원, 제품설명회, 대금결제조건에 따른 비용할인, 시판 후 조사 등의 행위(이하 "견본품 제공 등의 행위"라 한다)로서 보건복지부령으로 정하는 범위 안의 경제적 이익등인 경우에는 그러하지 아니하다.

② 의료인, 의료기관 개설자 및 의료기관 종사자는 「의료기기법」 제6조에 따른 제조업자, 같은 법 제15조에 따른 의료기기 수입업자, 같은 법 제17조에 따른 의료기기 판매업자 또는 임대업자로부터 의료기기 채택·사용유도 등 판매촉진을 목적으로 제공되는 경제적 이익 등을 받아서는 아니 된다. 다만, 견본품 제공 등의 행위로서 보건복지부령으로 정하는 범위 안의 경제적 이익등인 경우에는 그러하지 아니하다.

제27조(무면허 의료행위 등 금지) ① ~ ② (생략)

③ 누구든지 「국민건강보험법」이나 「의료급여법」에 따른 본인부담금을 면제하거나 할인하는 행위, 금품 등을 제공하거나 불특정 다수인에게 교통편의를 제공하는 행위 등 영리를 목적으로 환자를 의료기관이나 의료인에게 소개·알선·유인하는 행위 및 이를 사주하는 행위를 하여서는 아니 된다. 다만, 다음 각 호의 어느 하나에 해당하는 행위는 할 수 있다.
  1. 환자의 경제적 사정 등을 이유로 개별적으로 관할 시장·군수·구청장의 사전승인을 받아 환자를 유치하는 행위
  2. 「국민건강보험법」 제93조에 따른 가입자나 피부양자가 아닌 외국인(보건복지부령으로 정하는 바에 따라 국내에 거주하는 외국인은 제외한다) 환자를 유치하기 위한 행위

④ (생략)

제33조(개설 등) ① (생략)
② 다음 각 호의 어느 하나에 해당하는 자가 아니면 의료기관을 개설할 수 없다. 이 경우 의사는 종합병원·병원·요양병원 또는 의원을, 치과의사는 치과병원 또는 치과의원을, 한의사는 한방병원·요양병원 또는 한의원을, 조산사는 조산원만을 개설할 수 있다.
　1. 의사, 치과의사, 한의사 또는 조산사
　2. 국가나 지방자치단체
　3. 의료업을 목적으로 설립된 법인(이하 "의료법인"이라 한다)
　4. 「민법」이나 특별법에 따라 설립된 비영리법인
　5. 「공공기관의 운영에 관한 법률」에 따른 준정부기관, 「지방의료원의 설립 및 운영에 관한 법률」에 따른 지방의료원, 「한국보훈복지의료공단법」에 따른 한국보훈복지의료공단
⑧ 제2항 제1호의 의료인은 어떠한 명목으로도 둘 이상의 의료기관을 개설·운영할 수 없다. 다만, 2 이상의 의료인 면허를 소지한 자가 의원급 의료기관을 개설하려는 경우에는 하나의 장소에 한하여 면허 종별에 따른 의료기관을 함께 개설할 수 있다.

제59조(지도와 명령) ① 보건복지부장관 또는 시·도지사는 보건의료정책을 위하여 필요하거나 국민보건에 중대한 위해(危害)가 발생하거나 발생할 우려가 있으면 의료기관이나 의료인에게 필요한 지도와 명령을 할 수 있다.
② ~ ③ (생략)

제61조(보고와 업무 검사 등) ① 보건복지부장관 또는 시장·군수·구청장은 의료기관이나 의료인에게 필요한 사항을 보고하도록 명할 수 있고, 관계 공무원을 시켜 그 업무 상황, 시설 또는 진료기록부·조산기록부·간호기록부 등 관계 서류를 검사하게하거나 관계인에게서 진술을 들어 사실을 확인받게 할 수 있다. 이 경우 의료인이나 의료기관은 정당한 사유 없이 이를 거부하지 못한다.
② ~ ③ (생략)

제63조(시정 명령 등) 보건복지부장관 또는 시장·군수·구청장은 의료기관이 제16조 제2항, 제23조 제2항, 제27조의2 제1항·제2항(외국인환자 유치업자를 말한다)·제3항(외국인환자 유치업자를 포함한다)·제5항, 제34조 제2항, 제35조 제2항, 제36조, 제37조 제1항·제2항, 제38조 제1항·제2항, 제41조부터 제43조까지, 제45조, 제46조, 제47조 제1항, 제56조 제2항부터 제4항까지, 제57조 제1항, 제58조 제5항, 제62조 제2항을 위반한 때 또는 종합병원·상급종합병원·전문병원이 각각 제3조의3 제1항·제3조의4 제1항·제3조의5 제2항에 따른

요건에 해당하지 아니하게 된 때에는 일정한 기간을 정하여 그 시설·장비 등의 전부 또는 일부의 사용을 제한 또는 금지하거나 위반한 사항을 시정하도록 명할 수 있다.

제65조(면허 취소와 재교부) ① 보건복지부장관은 의료인이 다음 각 호의 어느 하나에 해당할 경우에는 그 면허를 취소할 수 있다. 다만, 제1호의 경우에는 면허를 취소하여야 한다.
  1. 제8조 각 호의 어느 하나에 해당하게 된 경우
  2. ~ 5. (생략)

제66조(자격정지 등) ① 보건복지부장관은 의료인이 다음 각 호의 어느 하나에 해당하면 1년의 범위에서 면허자격을 정지시킬 수 있다. 이 경우 의료기술과 관련한 판단이 필요한 사항에 관하여는 관계 전문가의 의견을 들어 결정할 수 있다.
  1. ~ 9. (생략)
  10. 그 밖에 이 법 또는 이 법에 따른 명령을 위반한 때
② ~ ⑤ (생략)

제68조(행정처분의 기준) 제63조, 제64조 제1항, 제65조 제1항, 제66조 제1항에 따른 행정처분의 세부적인 기준은 보건복지부령으로 정한다.

제87조(벌칙) ① 다음 각 호의 어느 하나에 해당하는 자는 5년 이하의 징역이나 2천만 원 이하의 벌금에 처한다.
  1. 면허증을 대여한 자
  2. 제12조 제2항, 제18조 제3항, 제23조 제3항, 제27조 제1항, 제33조 제2항·제8항(제82조 제3항에서 준용하는 경우를 포함한다)을 위반한 자

제90조(벌칙) 제16조 제1항·제2항, 제17조 제3항·제4항, 제17조의2 제1항·제2항(처방전을 수령한 경우만을 말한다), 제18조 제4항, 제21조 제1항 후단, 제21조의2 제1항·제2항, 제22조 제1항·제2항, 제23조 제4항, 제26조, 제27조 제2항, 제33조 제1항·제3항(제82조제3항에서 준용하는 경우를 포함한다)·제5항(허가의 경우만을 말한다), 제35조 제1항 본문, 제41조, 제42조 제1항, 제48조 제3항·제4항, 제77조 제2항을 위반한 자나 제63조에 따른 시정명령을 위반한 자와 의료기관 개설자가 될 수 없는 자에게 고용되어 의료행위를 한 자는 500만 원 이하의 벌금에 처한다.

부 칙 [법률 제13579호, 2021. 2. 1.]

제1조(시행일) 이 법은 공포 후 6개월이 경과한 날부터 시행한다.

▣ 의료관계 행정처분 규칙

제4조(행정처분기준) 「의료법」 제68조와 「의료기사 등에 관한 법률」 제25조에 따른 행정처분기준은 별표와 같다.

[별표] 행정처분기준 (제4조 관련)
1. 공통기준
   (생략)
2. 개별 기준
   가. 의료인이 「의료법」(이하 이 표에서 "법"이라 한다) 및 「의료법 시행령」(이하 이 표에서 "영"이라 한다)을 위반한 경우

위반사항	근거법령	행정처분기준
22) 법 제33조 제1항을 위반하여 의료기관을 개설하지 아니하고 의료업을 하거나 의료기관 외에서 의료업을 한 경우, 법 제35조 제1항을 위반하여 부속 의료기관을 개설하지 아니하고 의료업을 한 경우, <u>법 제33조 제8항을 위반하여 의료기관을 개설·운영한 경우</u>	법 제66조 제1항 제10호	자격정지 3개월

▣ 국민건강보험법

제1조(목적) 이 법은 국민의 질병·부상에 대한 예방·진단·치료·재활과 출산·사망 및 건강증진에 대하여 보험급여를 실시함으로써 국민보건 향상과 사회보장 증진에 이바지함을 목적으로 한다.

제41조(요양급여) ① 가입자와 피부양자의 질병, 부상, 출산 등에 대하여 다음 각 호의 요양급여를 실시한다.
   1. 진찰·검사
   2. 약제(藥劑)·치료재료의 지급
   3. 처치·수술 및 그 밖의 치료
   4. 예방·재활
   5. 입원

6. 간호
7. 이송(移送)

제42조(요양기관) ① 요양급여(간호와 이송은 제외한다)는 다음 각 호의 요양기관에서 실시한다. 이 경우 보건복지부장관은 공익이나 국가정책에 비추어 요양기관으로 적합하지 아니한 대통령령으로 정하는 의료기관 등은 요양기관에서 제외할 수 있다.
　1. 「의료법」에 따라 개설된 의료기관

제47조(요양급여비용의 청구와 지급 등) ① 요양기관은 공단에 요양급여비용의 지급을 청구할 수 있다. 이 경우 제2항에 따른 요양급여비용에 대한 심사청구는 공단에 대한 요양급여비용의 청구로 본다.
② 제1항에 따라 요양급여비용을 청구하려는 요양기관은 심사평가원에 요양급여비용의 심사청구를 하여야 하며, 심사청구를 받은 심사평가원은 이를 심사한 후 지체 없이 그 내용을 공단과 요양기관에 알려야 한다.
③ 제2항에 따라 심사 내용을 통보받은 공단은 지체 없이 그 내용에 따라 요양급여비용을 요양기관에 지급한다. 이 경우 이미 낸 본인일부부담금이 제2항에 따라 통보된 금액보다 더 많으면 요양기관에 지급할 금액에서 더 많이 낸 금액을 공제하여 해당가입자에게 지급하여야 한다.

제57조(부당이득의 징수) ① 공단은 속임수나 그 밖의 부당한 방법으로 보험급여를 받은 사람이나 보험급여 비용을 받은 요양기관에 대하여 그 보험급여나 보험급여 비용에 상당하는 금액의 전부 또는 일부를 징수한다.
② 공단은 제1항에 따라 속임수나 그 밖의 부당한 방법으로 보험급여 비용을 받은 요양기관이 다음 각 호의 어느 하나에 해당하는 경우에는 해당 요양기관을 개설한 자에게 그 요양기관과 연대하여 같은 항에 따른 징수금을 납부하게 할 수 있다.
　1. 「의료법」 제33조제2항을 위반하여 의료기관을 개설할 수 없는 자가 의료인의 면허나 의료법인 등의 명의를 대여받아 개설·운영하는 의료기관
　2. 「약사법」 제20조제1항을 위반하여 약국을 개설할 수 없는 자가 약사 등의 면허를 대여받아 개설·운영하는 약국
⑤ 요양기관이 가입자나 피부양자로부터 속임수나 그 밖의 부당한 방법으로 요양급여 비용을 받은 경우 공단은 해당 요양기관으로부터 이를 징수하여 가입자나 피부양자에게 지체 없이 지급하여야 한다. 이 경우 공단은 가입자나 피부양자에게 지급하여야하는 금액을 그 가입자 및 피부양자가 내야 하는 보험료등과 상계할 수 있다.

제87조(이의신청) ① 가입자 및 피부양자의 자격, 보험료등, 보험급여, 보험급여비용에 관한 공단의 처분에 이의가 있는 자는 공단에 이의신청을 할 수 있다.
② 요양급여비용 및 요양급여의 적정성 평가 등에 관한 심사평가원의 처분에 이의가 있는 공단, 요양기관 또는 그 밖의 자는 심사평가원에 이의신청을 할 수 있다.
③ 제1항 및 제2항에 따른 이의신청(이하 "이의신청"이라 한다)은 처분이 있음을 안 날부터 90일 이내에 문서(전자문서를 포함한다)로 하여야 하며 처분이 있은 날부터 180일을 지나면 제기하지 못한다. 다만, 정당한 사유로 그 기간에 이의신청을 할 수 없었음을 소명한 경우에는 그러하지 아니하다.

제88조(심판청구) ① 이의신청에 대한 결정에 불복하는 자는 제89조에 따른 건강보험분쟁조정위원회에 심판청구를 할 수 있다. 이 경우 심판청구의 제기기간 및 제기방법에 관하여는 제87조제3항을 준용한다.
② 제1항에 따라 심판청구를 하려는 자는 대통령령으로 정하는 심판청구서를 제87조제1항 또는 제2항에 따른 처분을 한 공단 또는 심사평가원에 제출하거나 제89조에 따른 건강보험분쟁조정위원회에 제출하여야 한다.

제90조(행정소송) 공단 또는 심사평가원의 처분에 이의가 있는 자와 제87조에 따른 이의신청 또는 제88조에 따른 심판청구에 대한 결정에 불복하는 자는 「행정소송법」에서 정하는 바에 따라 행정소송을 제기할 수 있다.

■ 국민건강보험법 시행령

제53조(이의신청위원회) 법 제87조 제1항 및 제2항에 따른 이의신청을 효율적으로 처리하기 위하여 공단 및 심사평가원에 각각 이의신청위원회를 설치한다.

제54조(이의신청위원회의 구성 등) ① 제53조에 따른 이의신청위원회(이하 "이의신청위원회"라 한다)는 각각 위원장 1명을 포함한 25명의 위원으로 구성한다.
② 공단에 설치하는 이의신청위원회의 위원장은 공단의 이사장이 지명하는 공단의 상임이사가 되고, 위원은 공단의 이사장이 임명하거나 위촉하는 다음 각 호의 사람으로 한다.
  1. 공단의 임직원 1명
  2. 사용자단체 및 근로자단체가 각각 4명씩 추천하는 8명
  3. 시민단체, 소비자단체, 농어업인단체 및 자영업자단체가 각각 2명씩 추천하는 8명
  4. 변호사, 사회보험 및 의료에 관한 학식과 경험이 풍부한 사람 7명

③ 심사평가원에 설치하는 이의신청위원회의 위원장은 심사평가원의 원장이 지명하는 심사평가원의 상임이사가 되고, 위원은 심사평가원의 원장이 임명하거나 위촉하는 다음 각 호의 사람으로 한다.
  1. 심사평가원의 임직원 1명
  2. 가입자를 대표하는 단체(시민단체를 포함한다)가 추천하는 사람 5명
  3. 변호사, 사회보험에 관한 학식과 경험이 풍부한 사람 4명
  4. 의약 관련 단체가 추천하는 사람 14명
④ 제2항과 제3항에 따라 위촉된 위원의 임기는 3년으로 한다.

제55조(이의신청위원회의 운영) ① 이의신청위원회의 위원장은 이의신청위원회 회의를 소집하고, 그 의장이 된다. 이 경우 위원장이 부득이한 사유로 직무를 수행할 수 없을 때에는 위원장이 지명하는 위원이 그 직무를 대행한다.
② 이의신청위원회의 회의는 위원장과 위원장이 회의마다 지명하는 6명의 위원으로 구성한다.
③ 이의신청위원회의 회의는 제2항에 따른 구성원 과반수의 출석으로 개의하고, 출석위원 과반수의 찬성으로 의결한다.
④ 이의신청위원회의 회의에 출석한 위원장 및 소속 임직원을 제외한 나머지 위원에게는 예산의 범위에서 수당과 여비, 그 밖에 필요한 경비를 지급할 수 있다.
⑤ 이의신청위원회의 회의에 부치는 안건의 범위, 그 밖에 이의신청위원회의 운영에 필요한 사항은 이의신청위원회의 의결을 거쳐 위원장이 정한다.

▣ 행정소송법

제20조(제소기간) ① 취소소송은 처분등이 있음을 안 날부터 90일 이내에 제기하여야 한다. 다만, 제18조제1항 단서에 규정한 경우와 그 밖에 행정심판청구를 할 수 있는 경우 또는 행정청이 행정심판청구를 할 수 있다고 잘못 알린 경우에 행정심판청구가 있은 때의 기간은 재결서의 정본을 송달받은 날부터 기산한다.
② 취소소송은 처분등이 있은 날부터 1년(제1항 단서의 경우는 재결이 있은 날부터 1년)을 경과하면 이를 제기하지 못한다. 다만, 정당한 사유가 있는 때에는 그러하지 아니하다.
③ 제1항의 규정에 의한 기간은 불변기간으로 한다.

끝.

참고자료 2 - 달력

2021년 11월
일 월 화 수 목 금 토
1   2   3   4   5   6
7   8   9 10 11 12 13
14 15 16 17 18 19 20
21 22 23 24 25 26 27
28 29 30

2021년 12월
일 월 화 수 목 금 토
1   2   3   4
5   6   7   8   9 10 11
12 13 14 15 16 17 18
19 20 21 22 23 24 **25**
26 27 28 29 30 31

2022년 1월
일 월 화 수 목 금 토
1
2   3   4   5   6   7   8
9 10 11 12 13 14 15
16 17 18 19 20 21 22
23 24 25 26 27 28 29
30 **31**

2022년 2월
일 월 화 수 목 금 토
1 **2** 3   4   5
6   7   8   9 10 11 12
13 14 15 16 17 18 19
20 21 22 23 24 25 26
27 28

2022년 3월
일 월 화 수 목 금 토
1 2   3   4   5
6   7   8   **9** 10 11 12
13 14 15 16 17 18 19
20 21 22 23 24 25 26
27 28 29 30 31

2022년 4월
일 월 화 수 목 금 토
1   2
3   4   5   6   7   8   9
10 11 12 13 14 15 16
17 18 19 20 21 22 23
24 25 26 27 28 29 30

2022년 5월
일 월 화 수 목 금 토
1   2   3   4   **5**   6   7
8   9 10 11 12 13 14
15 16 17 18 19 20 21
22 23 24 25 26 27 28
29 30 31

2022년 6월
일 월 화 수 목 금 토
1 2   3   4
5   **6**   7   8   9 10 11
12 13 14 15 16 17 18
19 20 21 22 23 24 25
26 27 28 29 30

2022년 7월
일 월 화 수 목 금 토
1   2
3   4   5   6   7   8   9
10 11 12 13 14 15 16
17 18 19 20 21 22 23
24 25 26 27 28 29 30
31

2022년 8월
일 월 화 수 목 금 토
1   2   3   4   5   6
7   8   9 10 11 12 13
14 **15** 16 17 18 19 20
21 22 23 24 25 26 27
28 29 30 31

2022년 9월
일 월 화 수 목 금 토
1   2   3
4   5   6   7   8   **9** **10**
11 **12** 13 14 15 16 17
18 19 20 21 22 23 24
25 26 27 28 29 30

2022년 10월
일 월 화 수 목 금 토
1
2   **3**   4   5   6   7   8
9   **10** 11 12 13 14 15
16 17 18 19 20 21 22
23 24 25 26 27 28 29
30 31

□ 표시된 날은 평일 중 공휴일임.

확 인 : 법학전문대학원협의회

2022년도 제2차 변호사시험 모의시험-논술형(기록형)

시험과목	공 법(기록형)

응시자 준수사항

1. 시험 시작 전 문제지의 봉인을 손상하는 경우, 봉인을 손상하지 않더라도 문제지를 들추는 행위 등으로 문제 내용을 미리 보는 경우 모두 부정행위로 간주되어 그 답안은 영점 처리 됩니다.

2. 답안은 흑색 또는 청색 필기구(사인펜이나 연필 사용 금지) 중 한 가지 필기구만을 사용하여 답안 작성 난(흰색 부분) 안에 기재하여야 합니다.

3. 답안지에 성명과 수험 번호를 기재하지 않아 인적 사항이 확인되지 않는 경우에는 영점 처리 등 불이익을 받게 됩니다. 특히 답안지를 바꾸어 다시 작성하는 경우, 성명 등의 기재를 빠뜨리지 않도록 유의하여야 합니다.

4. 답안지에는 문제 내용을 기재할 필요가 없으며, 답안 내용 이외의 사항을 기재하거나 밑줄 기타 어떠한 표시도 하여서는 안 됩니다. 답안을 정정할 경우에는 두 줄로 긋고 다시 기재하여야 하며, 수정액 등은 사용할 수 없습니다.

5. 시험 종료 시각에 임박하여 답안지를 교체 요구한 경우라도 시험시간 종료 후 즉시 새로 작성한 답안지를 회수합니다.

6. 시험 종료 후에는 답안지 작성을 일절 할 수 없으며, 이에 위반하여 시험시간이 종료되었음에도 불구하고 **시험관리관의 답안지 제출지시에 불응한 채 계속 답안을 작성하거나 답안지를 늦게 제출할 경우 그 답안은 영점 처리** 됩니다.

7. 답안은 답안지 쪽수 번호 순으로 기재하여야 하고, **배부받은 답안지는 백지 답안이라도 모두 제출**하여야 하며, **답안지를 제출하지 아니한 경우 그 시험시간 및 나머지 시험시간의 시험에 응시할 수 없습니다.**

8. 지정된 시간까지 지정된 시험실에 입실하지 아니하거나 시험관리관의 승인을 얻지 아니하고 시험시간 중에 그 시험실에서 퇴실한 경우 그 시험시간 및 나머지 시험시간의 시험에 응시할 수 없습니다.

9. 시험시간이 종료되기 전에는 어떠한 경우에도 문제지를 시험장 밖으로 가지고 갈 수 없고, 시험 종료 후 가지고 갈 수 있습니다.

법학전문대학원협의회
KOREAN ASSOCIATION OF LAW SCHOOLS

목 차

I. 문제 2

II. 작성요령 및 주의사항 3

III. 양식 4

IV. 기록내용 7
    법률상담일지 I 8
    법무법인 진리 회의록 I (행정소송용) 9
    소송위임장 11
    담당변호사 지정서 12
    운전면허정지처분 결정통지서 13
    우편송달보고서(증서 2022년 제501호) 14
    중앙행정심판위원회 재결서 15
    우편송달보고서(증서 2022년 제522호) 16
    피의자신문조서 17
    약식명령서 22
    법률상담일지 II 24
    대리인선임서 25
    담당변호사지정서 26
    법무법인 진리 회의록 II (헌법소송용) 27

V. 참고 자료 29
    1. 관보 30
    2. 관련법령(발췌) 31
    3. 달력 45

【 문제 】

I. 행정소송 소장의 작성 (50점)

의뢰인 홍승환을 위하여 법무법인 진리의 담당변호사 입장에서 취소소송의 소장을 첨부된 양식에 따라 아래 사항을 준수하여 작성하시오.

가. 첨부된 행정소송 소장 양식의 ①부터 ⑦까지의 부분에 들어갈 내용만 기재할 것

나. "2. 이 사건 소의 적법성" 부분(④)에서는 <u>피고적격, 전심절차, 제소기간만</u> 기재할 것

다. 소장의 작성일(⑥)에는 제소기간 내 최종일을 기재할 것

II. 헌법소원심판청구서의 작성 (35점)

청구인 홍길동을 위하여 법무법인 진리의 담당변호사 입장에서 헌법소원심판청구서를 첨부된 양식에 따라 아래 사항을 준수하여 작성하시오.

가. 첨부된 헌법소원심판청구서 양식의 ①부터 ③까지의 부분에 들어갈 내용만 기재할 것

나. "청구취지" 부분(①)에서는 청구대상 법령의 입법연혁을 기재할 것

다. "II. 적법요건의 구비" 부분(②)에서는 <u>대상적격, 직접성, 보충성만</u> 기재할 것

III. 가처분신청서의 작성 (15점)

신청인 홍길동을 위하여 법무법인 진리의 담당변호사 입장에서 가처분신청서를 첨부된 양식에 따라 아래 사항을 준수하여 작성하시오.

가. 첨부된 가처분신청서 양식의 ①부터 ②까지의 부분에 들어갈 내용만 기재할 것

나. 헌법재판소에 접수되는 헌법소원심판사건의 사건번호는 2022헌마○○○로 할 것

【 작성요령 및 주의사항 】

1. 참고법령은 가상의 것으로, 현행 법령과 다른 부분이 있을 수 있으며 참고법령과 다른 내용의 현행 법령이 있다면 제시된 참고법령이 현행 법령에 우선하는 것으로 할 것

2. 「자립형 사립고등학교」는 '자사고'로 약칭할 수 있음

3. 기록에 나타난 사실관계만을 기초로 하고, 그것이 사실임을 전제로 할 것

4. 기록 내의 각종 서류에 필요한 서명, 날인, 무인, 간인, 정정인, 직인 등은 모두 적법하게 갖추어진 것으로 볼 것

5. 송달이나 접수, 통지, 결재가 필요한 서류는 모두 적법한 절차를 거친 것으로 볼 것

6. "(생략)"으로 표시된 부분은 모두 기재된 것으로 볼 것

7. 문장은 경어(敬語)체로 작성하는 것이 실무례이고 바람직하나, 본 시험에서는 답안 작성의 편의상 평어체도 허용함

【행정소장 양식】

소   장

원 고 (생략)

피 고   ①

②

청 구 취 지

③

청 구 이 유

1. 처분의 경위 등 (생략)
2. 소의 적법성

④

3. 처분의 위법성

⑤

4. 결론(생략)

입 증 방 법 (생략)
첨 부 서 류 (생략)

⑥ . . .

원고 소송대리인 (생략)

⑦ 귀중

【 헌법소원심판청구서 양식 】

헌법소원심판청구서

청 구 인

청 구 취 지

①

침 해 된 권 리

침 해 의 원 인

청 구 이 유

Ⅰ. 사건의 개요 (생략)

Ⅱ. 적법요건의 구비

②

Ⅲ. 위헌이라고 해석되는 이유

③

Ⅳ. 결 론 (생략)

첨 부 서 류 (생략)

2022. 8. 1.

청구인의 대리인 (생략)   (인)

헌법재판소 귀중

【 가처분신청서 양식 】

가 처 분 신 청 서

신 청 인 (생략)

본안사건

신 청 취 지

①

신 청 이 유

Ⅰ. 본안사건의 개요 (생략)

Ⅱ. 가처분 사유

②

1. 본안심판이 부적법하거나 이유 없음이 명백하지 아니할 것
2. 회복하기 어려운 손해의 예방
3. 긴급성
4. 이익형량

Ⅲ. 결 론 (생략)

첨 부 서 류 (생략)

2022. 8. 1.

신청인의 대리인 (생략)   (인)

헌법재판소 귀중

기록내용 시작

수임번호 2022-15	법률상담일지 I	2022. 7. 20.
의뢰인	홍승환	의뢰인 전화	010-5678-1111
의뢰인 주소	강원 강릉시 남대천로 123, 101-201	의뢰인 이메일	hongseunghwan7781@gmail.com

상 담 내 용

1. 의뢰인은 1종 보통 운전면허를 가지고 택배기사를 하고 있다.

2. 의뢰인은 2022. 4. 2. 술을 마시고 대리운전 기사를 불러 귀가했다. 의뢰인이 살고 있는 아파트 주차장에 주차공간이 없자 의뢰인은 대리운전 기사에게 요청하여 주차된 다른 차량 앞에 일렬주차를 하도록 하고 운전석으로 가서 잠시 앉아 있다가 잠이 들었다. 의뢰인은 다른 주민으로부터 차량을 이동해 달라는 요구를 받고 차를 운전하는 동안 시비가 붙어 출동한 경찰에 의해 음주 사실이 드러났다.

3. 의뢰인은 경찰의 요구에 따라 순순히 운전면허증을 제시하고 음주측정에 응하였다. 경찰은 혈중알코올농도 측정결과 0.07%가 나온 의뢰인에게 벌금과 1년 이내의 범위에서 운전면허정지처분이 나올 것이라고 구술로 알려 주었다.

4. 의뢰인은 도로교통법위반(음주운전)으로 벌금 500만 원에 약식 기소되었다. 강릉경찰서장은 의뢰인에게 운전면허정지 6개월의 처분을 하였다. 의뢰인에게 운전면허정지처분 통지서가 송달되었고, 의뢰인은 행정심판을 청구하였으나 기각되었다.

5. 의뢰인은 적절한 방법으로 자신의 운전면허가 회복되기를 희망한다.

법무법인 진리
전화 033-666-7777, 팩스 033-666-8888
강원도 강릉시 중앙로 500, 위너스빌딩 3층

법무법인 진리 내부회의록 I

일   시: 2022. 7. 21. 16:00 ~ 17:00
장   소: 법무법인 진리 회의실
참석자: 오승소 변호사(공법팀장), 김진실 변호사

오 변호사: 수임번호 2022-15호 음주운전으로 인한 운전면허정지처분사건에 대하여 논의를 해 봅시다. 의뢰인에 대해서는 형사사건에서 벌금 500만 원이 내려졌다고 하는데 그런가요.

김 변호사: 네, 그렇습니다.

오 변호사: 사건이 의뢰인이 거주하는 아파트 주차장 내에서 발생하였지요.

김 변호사: 네, 의뢰인은 아파트 단지 안에 있는 주차장에서 음주상태로 5미터를 운전하다가 경찰에 단속되었습니다. 아파트 주출입구에는 차단기가 설치되어 있고, 아파트 주민이나 그와 관련된 용건이 있는 사람만이 경비직원의 허락을 받고 주차장을 이용할 수 있어서 위 주차장이 도로에는 해당하지 않는 것으로 보입니다. 다만 2010. 7. 23. 법률 제10382호로 개정된 도로교통법에 따르면 음주운전에 관한 금지규정 및 형벌규정에서 '운전'에는 도로 외의 곳에서 한 운전도 포함됩니다.

오 변호사: 물론 개정 도로교통법의 내용에 대해서는 잘 알고 있습니다. 그렇게 형사처벌 대상은 된다고 하더라도 운전면허정지처분과 관련해서는 달리 해석·적용될 가능성은 없는지를 도로교통법 관련 규정을 면밀히 검토하여 주장해 보세요. 그리고 의뢰인에 대하여 운전면허정지 6개월이 내려졌는데 처분과 관련하여 고려할 사항이 있는가요.

김 변호사: 의뢰인은 가족으로 배우자와 아들(15세), 딸(9세)이 있습니다. 배우자가 류마티스를 앓고 있어서 밖에서 일을 할 수 없을 뿐만 아니라 가정생활에도 어려움이 많다고 합니다. 의뢰인이 택배기사로 일을 하여 가족을 부양하고 있는데 앞으로 6개월간 운전을 할 수 없다면 가정생활에 심각한 어려움이 있을 것으로 예상됩니다.

오 변호사 : 그 부분에 대해서도 면밀히 검토해서 의뢰인에게 유리한 주장을 정리해 주세요. 그 외에 행정처분과 관련한 절차적 문제에 대해서도 잘 검토해 보세요.

김 변호사 : 예, 알겠습니다.

오 변호사 : 의뢰인이 계속 택배기사로 일을 하려면 운전면허가 반드시 필요하므로 소장 외에 집행정지신청도 해야 할 것으로 보이는데 준비하고 있는가요.

김 변호사 : 그렇지 않아도 집행정지신청을 별도로 준비하여 운전면허 정지기간 개시 전에 제출하려고 합니다.

오 변호사 : 의뢰인의 형편이 몹시 딱한 상황이니 잘 준비해서 좋은 결과가 있었으면 합니다. 회의를 마치겠습니다. 끝.

위 임 장

사 건	(생략)
원 고	홍승환
피 고	강릉경찰서장

　위 사건에 관하여 다음 표시 수임인을 소송대리인으로 선임하고, 다음 표시에서 정한 권한을 수여합니다.

수 임 인	**법무법인 진리** 강원도 강릉시 중앙로 500, 위너스빌딩 3층 전화　033-666-7777 팩스　033-666-8888
수권사항	1. 소의 제기 2. 기일출석, 증거 신청 등 일체의 변론행위 3. 복대리인의 선임 4. 소의 취하 5. 인지환급금 수령에 관한 행위, 소송비용액확정결정신청 등 (이하 생략)

2022. 7. 20.

위 임 인	홍승환 (인)

강원도 변호사회(인)

담당변호사지정서

사 건	(생략)
원 고	홍승환
피 고	강릉경찰서장

위 사건에 관하여 법무법인 진리는 원고의 대리인으로서 변호사법 제50조 제1항에 의하여 그 업무를 담당할 변호사를 다음과 같이 지정합니다.

담당변호사	변호사 김 진 실

2022. 7. 20.

법무법인 　진 리
대표변호사 한상승   [법무법인 진리 인]

강원도 강릉시 중앙로 500, 위너스빌딩 3층
전화 033-666-7777   팩스 033-666-8888

(생략) 귀중

제123-253호

운전면허 (■정지·□취소)처분 결정통지서

① 성 명	홍승환	② 생년월일	******-*******
③ 주 소	강원 강릉시 남대천로 123, 101-201		
④ 면허번호	강원 19-09-932762-11(1종 보통)		
⑤ 행정처분 결정내용	정지처분	2022년 8월 9일부터 2023년 2월 8일(6개월)	
⑥ 사 유	2022. 4. 2. 23:00경 음주운전(도로교통법 제93조)		
⑦ 특별교통안전교육	[ ]반		

「도로교통법」 제93조에 따라 위와 같이 운전면허 행정처분(정지)가 결정되어 통지하오니, 2022년 6월 30일까지 강릉경찰서 교통관리계로 운전면허증을 반납하시기 바랍니다.

2022년 6월 15일

강릉경찰서장 [강릉경찰서장인]

※ 이의신청방법 안내

1. 위 운전면허 행정처분에 이의가 있는 사람은 처분 결정통지를 받은 날부터 60일 이내에 별지 제87호서식의 이의신청서에 처분결정통지서를 첨부하여 해당 시·도경찰청(경찰서)에 이의를 신청할 수 있습니다.

2. 위 이의신청에 관계없이 「행정심판법」에 따라 행정처분이 있음을 안 날부터 90일(위 이의신청을 한 경우에는 이의신청 결과를 통보 받은 날부터 90일) 이내에 해당 시·도경찰청(경찰서)을 경유하여 행정심판을 청구하거나, 행정심판 포털(www.simpan.go.kr)을 통하여 온라인으로 청구할 수 있습니다.

3. 다만, 위 운전면허 행정처분에 대한 행정소송은 행정심판의 재결을 거치지 아니하면 제기할 수 없습니다.

우편송달보고서

증서 2022년 제501호   2022년 6월 15일 발송

송달서류	운전면허취소처분통지서 1부
발 송 자	강릉경찰서장
송달받을 자	홍승환
	강원 강릉시 남대천로 123, 101-201

영수인	홍승환 (서명)

영수인 서명날인 불능

①	송달받을 자 본인에게 교부하였다.	
2	송달받을 자가 부재 중이므로 사리를 잘 아는 다음 사람에게 교부하였다.	
	사무원	
	피용자	
	동거자	
3	다음 사람이 정당한 사유 없이 송달받기를 거부하므로, 그 장소에 서류를 두었다.	
	송달받을 자	
	사무원	
	피용자	
	동거자	

송달연월일	2022. 6. 17. 14시 30분
송달장소	강원 강릉시 남대천로 123, 101-201

위와 같이 송달하였다.

2022. 6. 20.

우체국 집배원   김배달 ㊞

중앙행정심판위원회
재결서

사건	2022행심12345 운전면허정지처분 취소		
청구인	이름	홍승환	
	주소	강원 강릉시 남대천로 123, 101-201	
선정대표자·관리인·대리인	이름		
	주소		
피청구인	강릉경찰서장	참가인	
주문	청구인의 심판청구를 기각한다.		
청구취지	(생략)		
이유	(생략)		
근거 법조문	「행정심판법」 제46조		

위 사건에 대하여 주문과 같이 재결합니다.

2022. 7. 8.

중앙행정심판위원회

[중앙행정심판위원회인]

우편송달보고서

증서 2022년 제522호   2022년 7월 8일 발송

송달서류   재결서 1부
발 송 자   중앙행정심판위원회
송달받을 자   홍승환
         강원 강릉시 남대천로 123, 101-201

영수인	홍승환 (서명)	
영수인 서명날인 불능		
①.	송달받을 자 본인에게 교부하였다.	
2	송달받을 자가 부재 중이므로 사리를 잘 아는 다음 사람에게 교부하였다.	
	사무원	
	피용자	
	동거자	
3	다음 사람이 정당한 사유 없이 송달받기를 거부하므로, 그 장소에 서류를 두었다.	
	송달받을 자	
	사무원	
	피용자	
	동거자	
송달연월일	2022. 7. 12. 15시 00분	
송달장소	강원 강릉시 남대천로 123, 101-201	

위와 같이 송달하였다.

2022. 7. 13.

우체국 집배원   김배달 ㊞

피 의 자 신 문 조 서

피 의 자 : 홍승환

　위의 사람에 대한 도로교통법위반(음주운전) 피의사건에 관하여 2022. 4. 7. 강릉경찰서에서 사법경찰관 경위 김순찰은 사법경찰리 경사 이배석을 참여하게 하고, 아래와 같이 피의자임에 틀림없음을 확인하다.

문　피의자의 성명, 주민등록번호, 직업, 주거, 등록기준지 등을 말하십시오.

답　성명은　　　　홍승환 (생략)

　　주민등록번호는 ******-******* (만 45세)

　　직업은　　　　택배기사

　　주거는　　　　강원 강릉시 남대천로 123, 101동 201호

　　등록기준지는　생략

　　직장주소는　　강원 강릉시 남대천로 543, 강릉택배

　　연락처는　　　직장전화 033-321-1234　　휴대전화 010-5678-1111

　　입니다.

　사법경찰관은 피의사건의 요지를 설명하고 사법경찰관의 신문에 대하여 형사소송법 제244조의3에 따라 진술을 거부할 수 있는 권리 및 변호인의 참여 등 조력을 받을 권리가 있음을 피의자에게 알려 주고 이를 행사할 것인지 그 의사를 확인하다.

진술거부권 및 변호인 조력권 고지 등 확인

1. 귀하는 일체의 진술을 하지 아니하거나 개개의 질문에 대하여 진술을 하지 아니할 수 있습니다.

2. 귀하가 진술을 하지 아니하더라도 불이익을 받지 아니합니다.

3. 귀하가 진술을 거부할 권리를 포기하고 행한 진술은 법정에서 유죄의 증거로 사용될 수 있습니다.

4. 귀하가 신문을 받을 때에는 변호인을 참여하게 하는 등 변호인의 조력을 받을 수 있습니다.

문 피의자는 위와 같은 권리들이 있음을 고지 받았는가요.

답 예, 고지 받았습니다.

문 피의자는 진술거부권을 행사할 것인가요.

답 아닙니다.

문 피의자는 변호인의 조력을 받을 권리를 행사할 것인가요.

답 아닙니다. 혼자서 조사를 받겠습니다.

이에 사법경찰관은 피의사실에 관하여 다음과 같이 피의자를 신문하다.

문 피의자의 병역관계를 말하시오.

답 육군병장 만기제대 했습니다.

문 학력 관계를 말하시오.

답 강릉시 소재 강릉고등학교를 졸업했습니다.

문   가족관계를 말하시오.

답   2001년 결혼해서 배우자 이길자 사이에 아들 홍길동(15세), 딸 홍세나(9세)가 있습니다.

문   피의자의 경력은 어떠한가요.

답   저는 10년 동안 강릉택배 기사로 일을 하고 있고 그 외 특별한 경력은 없습니다.

문   재산관계를 말하시오.

답   제 소유의 부동산은 없고, 전세보증금 1억 원에 전세 들어 생활하고 있습니다. 월수입 300만 원 정도입니다.

문   피의자는 술과 담배를 어느 정도 하는가요.

답   술은 조금하지만 자주 마시지는 않고, 담배는 하지 않습니다.

문   피의자의 건강상태를 말하시오.

답   건강에는 별 이상 없습니다.

문   피의자는 믿는 종교가 있는가요.

답   없습니다.

문   피의자는 술을 먹고 운전을 하다가 단속된 사실이 있나요.

답   예, 그런 사실이 있습니다.

문   언제, 어디서 단속된 것인가요.

답   2022. 4. 2. 23:00경 강원 강릉시 남대천로 123 소재 아파트 지상 주차장에서 술을 먹고 운전을 하다가 단속이 되었습니다.

문   어떻게 단속되었는가요.

답   밤 9시경 택배 일을 마치고 오랜만에 친구를 만나 술을 먹고 대리운전 기사를 불러 귀가하였습니다. 아파트 단지 내 주차장에 빈자리가 없어서

대리운전 기사에게 주차구획선 가까이 차를 세워 달라고 한 뒤 운전석 쪽으로 가서 잠시 앉아 있다가 잠이 들었고, 다른 주민이 차량을 이동해 달라고 하여 5미터 가량 운전하던 중에 그 주민과 시비가 붙었습니다. 제가 주민과 실랑이를 하고 있던 중에 경찰이 도착하여 단속이 된 것입니다.

문 당시 어떤 차량을 운전하고 있었나요.

답 저의 소유인 11무1325 모닝 승용차를 운전하였습니다.

문 피의자는 술을 어느 정도 마셨는가요.

답 저와 친구 1명이 소주 2병을 나누어 마셨습니다. 단속경찰이 혈중알코올농도 측정결과가 0.07%라고 알려 주었습니다.

문 피의자는 이전에 음주운전으로 단속된 적이 있는가요.

답 예, 5년 전에 음주운전으로 벌금 150만 원을 받았고, 다른 죄를 범한 적은 없습니다. 이번에는 아파트 주차장에 도착하고 대리기사가 돌아가고 난 후 제가 피곤하여 잠시 눈을 붙였는데, 차량을 이동해 달라고 하면서 운전석 쪽 창문을 두드리는 소리에 놀라 엉겁결에 저의 모닝 차량을 운전하여 5미터 가량 이동하였던 것입니다.

문 더 하고 싶은 말이 있나요.

답 저는 가족으로 처와 자녀 2명이 있습니다. 처가 류마티스를 앓고 있어서 지속적으로 치료를 받아야 합니다. 아들이 자사고 입시를 준비하고 있습니다. 수입의 대부분을 처의 병원치료비와 아이들 교육비에 사용하고 있습니다. 이번 일로 택배기사를 하지 못한다면 앞으로 살아갈 일이 막막한 실정입니다. 부디 선처해 주시기 바랍니다.

문 이상의 진술내용에 대하여 이의나 의견이 있는가요.

답 없습니다.

위 조서를 진술자에게 열람하게 한 바, 진술한 대로 기재되어 있고 오기나 증감, 변경할 것이 전혀 없다고 말하므로 간인한 후 서명 날인케 하다.

진술자   홍승환 ㊞

2022년   4월   7일

강릉경찰서

사법경찰관 경위   **김 순 찰** ㊞

사법경찰리 경사   **이 배 석** ㊞

춘천지방법원 강릉지원

약식명령

사 건	2022고약123 도로교통법위반(음주운전) (2022형제123456)
피 고 인	홍승환 , 택배기사 주거 강원 강릉시 남대천로 123, 101-201 등록기준지 강원 강릉시 강문동 124

주 형 과   피고인을 벌금 5,000,000(오백만)원에 처한다.
부수처분   피고인이 위 벌금을 납입하지 아니하는 경우 금100,000(일십만)원을 1일로 환산한 기간 위 피고인을 노역장에 유치한다.
피고인에 대하여 위 벌금에 상당한 금액의 가납을 명한다.

범죄사실   별지 기재와 같다.

적용법령   도로교통법 제148조의2 제3항 제3호, 제44조 제1항(벌금형 선택), 형법 제70조 제1항, 제69조 제2항, 형사소송법 제334조 제1항

검사 또는 피고인은 이 명령등본을 송달받은 날로부터 7일 이내에 정식재판의 청구를 할 수 있습니다.

2022. 6. 30.
판사 김 공 평

범 죄 사 실

피고인은 11무1325호 모닝 승용차 운전업무에 종사하는 자로서,
혈중알콜농도 0.07퍼센트의 술에 취한 상태로, 2022. 4. 2. 23:00경 강원 강릉시 남대천로 123 지상 주차장에서 위 모닝 승용차를 운전하여 5미터를 운행하였다.

수임번호 2022-16	**법률상담일지 II**		2022. 7. 20.
의뢰인	홍길동 (법정대리인 부 홍승환, 모 이길자)	의뢰인 전화	010-5678-1111 (부) 010-6789-1111 (모)
의뢰인 주소	강원 강릉시 남대천로 123, 101-201	의뢰인 이메일	hongseunghwan7781@gmail.com

상 담 내 용

1. 의뢰인 홍길동은 현재 강릉시 소재 포남중학교 3학년에 재학 중인 만 15세의 학생으로, 2023학년도에 자율형 사립고등학교(이하 '자사고'라 한다)에 진학하고자 한다.

2. 2022학년도 고등학교 입학전형까지는 특목고·자사고가 전기학교에 포함되어 있었으나, 2021. 12. 29. 초·중등교육법 시행령이 개정되면서 2023학년도 입학전형부터 특목고·자사고가 후기학교에 편입되었고, 특목고와 자사고 지원자의 경우에는 일반고등학교에 중복지원하는 것을 금지하였다(이하 '중복지원금지규정'이라 한다).

3. 이에 의뢰인은 자사고에 입학하고자 오랫동안 준비해 온 노력이 중복지원금지규정으로 인해 수포로 돌아갈 것 같아, 헌법소송을 통하여 관계 법령의 위헌성을 다투어 주기를 원한다.

법무법인 진리

전화 033-666-7777, 팩스 033-666-8888
강원도 강릉시 중앙로 500, 위너스빌딩 3층

대 리 인 선 임 서

사 건	2022헌마○○○
청 구 인	홍 길 동 미성년자이므로 법정대리인 친권자 부 홍승환, 모 이길자

위 사건에 관하여 다음 표시 수임인을 대리인으로 선임하고, 다음 표시에서 정한 권한을 수여합니다.

수 임 인	**법무법인 진리** 강원도 강릉시 중앙로 500, 위너스빌딩 3층 전화 033-666-7777 팩스 033-666-8888
수권사항	1. 헌법소원심판청구와 관련된 모든 소송행위

2022. 7. 20.

위 임 인	홍승환 (인) 이길자 (인)

헌법재판소 귀중

담당변호사지정서

사 건	2022헌마○○○
청구인	홍 길 동 미성년자이므로 법정대리인 친권자 부 홍승환, 모 이길자
피청구인	

위 사건에 관하여 법무법인 진리는 청구인의 대리인으로서 변호사법 제50조 제1항에 의하여 그 업무를 담당할 변호사를 다음과 같이 지정합니다.

담당변호사	변호사 김 진 실

2022. 7. 20.

법무법인   진 리
대표변호사 한상승   [법무법인 진리 인]

강원도 강릉시 중앙로 500, 위너스빌딩 3층
전화 033-666-7777 팩스 033-666-8888

헌법재판소 귀중

법무법인 진리 내부 회의록(헌법소송용)

일   시: 2022. 7. 22. 16:00~17:00
장   소: 법무법인 진리 소회의실
참석자: 오승소 변호사(공법팀장), 김진실 변호사

오 변호사: 자사고 사건과 관련하여 논의하도록 합시다. 의뢰인의 주장이 무엇인가요?

김 변호사: 의뢰인은 현재 중학교 3학년에 재학 중인 학생입니다. 2021학년도까지의 고등학교 입학전형에서는 자사고가 전기학교에 포함되어 학생들이 전기에 자사고를 지원하고 불합격할 경우 후기학교를 지원하는 것이 가능하였습니다(초·중등교육법 시행령 제85조 제2항). 그러나 2021. 12. 29. 초·중등교육법 시행령을 개정하여 자사고 등의 우수학생 선점을 해소함으로써 고교 서열화 및 입시경쟁 심화를 완화할 목적으로 자사고를 후기학교로 정하고, 자사고를 지원한 학생에게는 일반고등학교(외국어고·국제고 및 자사고를 제외한 평준화지역의 후기학교)에 중복지원하는 것을 금지하였습니다. 이에 의뢰인은 평소에 원하였던 자사고 지원이 어려워졌다고 합니다. 이러한 개정 시행령 조항에 대하여 헌법재판소에 헌법소원심판을 청구하고자 한다는 것입니다.

오 변호사: 그렇군요. 의뢰인이 오랫동안 준비해 왔을 텐데 딱하게 되었네요. 관련하여 해당 시행령 조항에 어떤 헌법적 문제가 있는지 확인해 보았나요?

김 변호사: 먼저 검토해 보아야 할 것은 이와 같은 기본권 제한의 법적 근거가 있는지 여부입니다.

오 변호사: 예, 그 점은 잘 검토해 주시고, 그런데 현재 고등학교 진학률이 어느 정도인가요?

김 변호사: 교육부의 2021년 교육기본통계에 의하면 2021학년도 우리나라 전체 중학교 졸업자의 약 99.8%가 고등학교에 진학했다고 합니다. 비록 고등학교 교육이 의무교육은 아니지만 매우 보편화된 일반교육임을 알 수 있습니다.

오 변호사 : 그런데 앞으로는 자사고에 불합격하면 더 이상의 기회, 즉 일반고에 지원하는 기회가 원칙적으로 없다는 것이지요? 그럼, 처음부터 평준화지역 후기학교 중 일반고에 지원하는 학생의 경우는 어떤가요?

김 변호사 : 시·도별로 차이는 있을 수 있으나 일반고에 지원하는 학생들은 둘 이상의 일반고 지원이 가능하고, 내신성적을 기준으로 평준화지역 일반고 총 정원 내에 드는 학생들은 일반고 배정, 입학이 보장되는 것입니다.

오 변호사 : 그렇군요. 중복지원금지 원칙만 규정하고 자사고 불합격자에 대하여 아무런 고등학교 진학대책을 마련하지 않았다는 점은 문제가 있다고 보입니다. 그래서 기본권침해 주장은 어떻게 하려고 합니까?

김 변호사 : 의뢰인의 사안은 학교선택권 내지는 교육을 받을 권리의 침해 여부도 문제될 여지가 있으나, 고등학교 진학 기회에 있어서의 차별취급을 중점적으로 다투면 좋을 것 같습니다. 차별취급의 문제는 엄격심사의 척도에 의해 심사할 것을 주장하고, 다른 관련 기본권들에 관하여는 각각의 헌법적 근거를 명시하는 외에는 차별취급의 비례성 위반과 함께 일괄하여 논하는 것으로 하려고 합니다.

오 변호사 : 알겠습니다. 그리고 2023학년도 후기 고등학교 원서접수가 12월 8일부터 이루어져 그 구체적·현실적인 적용이 임박해 있으므로 중복지원금지규정에 대하여 효력정지 가처분신청을 하면 어떨까요?

김 변호사 : 네, 헌법소원심판청구서와 가처분신청서를 같은 날짜에 제출하도록 하겠습니다.

오 변호사 : 좋습니다. 헌법소원심판청구의 청구취지와 가처분신청의 신청취지 작성이 까다로우니까 잘 검토해 주세요. 그리고 가처분의 사유(필요성)에 대하여도 헌법재판소 선례에서 제시된 요건에 따라 설득력 있는 주장을 해 주시면 좋겠습니다. 다만 헌법소원심판절차에서도 가처분이 허용된다는 것은 헌법재판소의 확립된 판례이므로 그 부분은 언급하지 맙시다.

김 변호사 : 알겠습니다. 그렇게 하겠습니다.

오 변호사 : 이 사건과 관련하여 헌법소원심판청구서와 가처분신청서를 작성하되, 오늘 이야기하지 않은 적법요건 부분도 잘 정리해서 작성해 보시기 바랍니다. 이상으로 오늘 회의를 마치겠습니다. 끝.

기록이면표지

참고자료 1 - 관보

제37914호　　　　　　　관　　　보　　　　　　2021. 12. 29.

국무회의의 심의를 거친 초·중등교육법 시행령 일부개정령을 이에 공포한다.

대 통 령　문 ○ ○

2021년 12월 29일

　　　　　　　　국무총리　김 ◇ ◇

　　　　　　　국무위원 교육부장관　유 ◎ ◎

⊙대통령령 제38516호
초·중등교육법 시행령 일부개정령

초·중등교육법 시행령 일부를 다음과 같이 개정한다.

　　(중략)

제80조 제1항 제3호를 다음과 같이 하고, 같은 항 제5호를 삭제한다.

 3. 제90조에 따른 특수목적고등학교. 다만, 제90조 제1항 제6호에 해당하는 특수목적고등학교는 제외한다.

제81조 제5항 중 "후기학교"를 "후기학교(제90조 제1항 제6호에 해당하는 특수목적고등학교 및 제91조의3에 따른 자율형 사립고등학교는 제외한다)"로 한다.

　　(후략)

◇ 개정이유 및 주요내용

　현재 외국어·국제 계열의 특수목적고등학교와 자율형 사립고등학교를 전기학교로 분류하여 후기학교보다 입학전형을 먼저 실시하고 있으나, 앞으로는 외국어·국제 계열의 특수목적고등학교와 자율형 사립고등학교를 후기학교로 분류하고 그 입학전형의 실시 시기를 후기학교와 동일하게 하여 '우수학생 선점 해소 및 고교서열화를 완화'하고 '고등학교 입시경쟁을 완화'하려는 것임. (주요 내용은 생략)

참고자료 2 - 관련법령(발췌)

「도로교통법 시행령」

제86조(위임 및 위탁) ① 법 제147조제1항에 따라 특별시장·광역시장은 다음 각 호의 권한을 시·도경찰청장에게 위임하고, 시장·군수(광역시의 군수는 제외한다. 이하 이 항에서 같다)는 다음 각 호의 권한을 경찰서장에게 위탁한다. 다만, 광역교통신호체계의 구성을 위하여 필요하다고 인정되는 경우 관계 시장·군수는 상호 협의하여 제1호에 따른 권한을 시·도경찰청장에게 공동으로 위탁할 수 있다.

1. 법 제3조제1항에 따른 교통안전시설의 설치·관리에 관한 권한
2. 법 제3조제1항 단서에 따른 유료도로 관리자에 대한 지시 권한

② 법 제147조제2항에 따라 특별시장·광역시장은 다음 각 호의 권한을 관할 구역의 구청장 및 군수에게 위임한다.

1. 구 및 군 소속 단속담당공무원의 임면권
2. 법 제35조에 따른 주차위반 차에 대한 조치 권한
3. 법 제36조제1항에 따른 차의 견인·보관 및 반환 업무를 대행하게 하는 권한 및 같은 조 제3항에 따른 대행 업무 수행에 필요한 조치와 교육을 명하는 권한
4. 법 제161조제3호에 따른 과태료의 부과 및 징수 권한(법 제29조제4항·제5항 및 제32조부터 제34조까지의 규정을 위반한 경우만 해당한다)

③ 시·도경찰청장은 법 제147조제3항에 따라 다음 각 호의 권한을 관할 경찰서장에게 위임한다.

1. 법 제83조제1항 각 호 외의 부분 단서 및 이 영 제43조제1항에 따른 원동기장치자전거 운전면허시험
2. 법 제91조제1항제3호에 따른 임시운전증명서 발급
3. 법 제93조에 따른 운전면허효력 정지처분
4. 법 제93조제4항에 따른 운전면허 취소처분을 위한 사전 통지
5. 법 제97조에 따른 자동차등의 운전 금지
6. 법 제106조제4항제6호 및 제107조제4항제7호에 따른 자격정지처분
7. 법 제161조에 따른 과태료(법 제160조제1항에 따른 과태료는 제외한다)의 부과 및 징수

④ 시·도경찰청장은 법 제147조제3항에 따라 법 제76조제5항 및 제109조제1항에 따른 연수교육을 공단에 위탁한다.

⑤ 시·도경찰청장 또는 경찰청장은 법 제147조제5항 및 제6항에 따라 다음 각 호의 업무를 공단으로 하여금 대행하게 할 수 있다.
 1. 법 제85조제2항에 따른 운전면허증의 발급. 다만, 제3항제1호에 따라 관할 경찰서장이 실시하는 원동기장치자전거 운전면허시험에 따른 운전면허증 발급은 제외한다.
 2. 법 제86조에 따른 운전면허증의 재발급
 3. 법 제87조제1항에 따른 운전면허증의 갱신발급
 3의 2. 법 제87조의2에 따른 운전면허증 발급 대상자 본인 확인. 다만, 제3항제1호에 따라 관할 경찰서장이 실시하는 원동기장치자전거 운전면허시험에 따른 운전면허증 발급 시의 대상자 본인 확인은 제외한다.
 4. 법 제95조제1항제3호 또는 제4호에 따른 운전면허증의 반납 접수
 5. 법 제98조에 따른 국제운전면허증의 신청 접수 및 발급
 6. 법 제106조제2항에 따른 강사자격증 발급 및 법 제107조제2항에 따른 기능검정원자격증의 발급

「도로교통법 시행규칙」

제91조(운전면허의 취소·정지처분 기준 등) ① 법 제93조에 따라 운전면허를 취소 또는 정지시킬 수 있는 기준(교통법규를 위반하거나 교통사고를 일으킨 경우 그 위반 및 피해의 정도 등에 따라 부과하는 벌점의 기준을 포함한다)과 법 제97조제1항에 따라 자동차등의 운전을 금지시킬 수 있는 기준은 별표 28과 같다.
 ② 법 제93조제3항에 따른 연습운전면허의 취소기준은 별표 29와 같다.
 ③ 연습운전면허를 받은 사람에 대하여는 별표 28의 기준에 의한 벌점을 관리하지 아니한다.
 ④ 경찰서장 또는 도로교통공단은 운전면허를 받은 사람이 제1항 및 제2항에 따른 취소사유에 해당하는 경우에는 즉시 그 사람의 인적사항 및 면허번호 등을 전산입력하여 시·도경찰청장에게 보고하여야 한다.

제93조(운전면허의 정지·취소처분 절차) ① 시·도경찰청장 또는 경찰서장이 법 제93조에 따라 운전면허의 취소 또는 정지처분을 하려는 때에는 다음 각 호의 구분에 따른 사전통지서를 그 대상자에게 발송 또는 발급하여야 한다. 다만, 그 대상자의 주소 등을 통상적인 방법으로 확인할 수 없거나 발송이 불가능한 경우

에는 운전면허대장에 기재된 그 대상자의 주소지를 관할하는 경찰관서의 게시판에 14일간 이를 공고함으로써 통지를 대신할 수 있다.

1. 법 제93조제1항(같은 항 제20호는 제외한다)부터 제3항까지에 해당하는 경우: 별지 제81호서식의 운전면허 정지·취소처분 사전통지서

2. 법 제93조제1항제20호에 해당하는 경우: 별지 제81호의2서식의 운전면허 취소처분 사전통지서

② 제1항에 따라 통지를 받은 처분의 상대방 또는 그 대리인은 지정된 일시에 출석하거나 서면으로 이의를 제기할 수 있다. 이 경우 지정된 기일까지 이의를 제기하지 아니한 때에는 이의가 없는 것으로 본다.

③ 시·도경찰청장 또는 경찰서장은 법 제93조에 따라 운전면허의 정지 또는 취소처분을 결정한 때에는 다음 각 호의 구분에 따른 결정통지서를 그 처분의 대상자에게 발송 또는 발급하여야 한다. 다만, 그 처분의 대상자가 소재불명으로 통지를 할 수 없는 때에는 운전면허대장에 기재된 그 대상자의 주소지를 관할하는 경찰관서의 게시판에 14일간 이를 공고함으로써 통지를 대신할 수 있다.

1. 법 제93조제1항(같은 항 제20호는 제외한다)부터 제3항까지에 해당하는 경우: 별지 제82호서식의 운전면허 정지·취소처분 결정통지서

2. 법 제93조제1항제20호에 해당하는 경우: 별지 제82호의2서식의 운전면허 취소처분 결정통지서

④ 운전면허의 취소대상자 또는 정지대상자(1회의 법규위반 또는 교통사고로 운전면허가 정지되는 사람에 한한다)로서 법 제138조에 따라 법규위반의 단속현장이나 교통사고의 조사과정에서 경찰공무원으로부터 운전면허증의 제출을 요구받은 사람은 구술 또는 서면으로 이의를 제기할 수 있다. 다만, 운전면허의 취소 또는 정지처분이 결정된 사람의 경우에는 그러하지 아니하다.

⑤ 경찰공무원은 제2항 및 제4항에 따라 처분의 상대방 또는 그 대리인이 구두로 이의를 제기하는 때에는 그 내용을 별지 제83호서식의 진술서에 기재하고, 처분의 상대방 등으로 하여금 확인하게 한 후 서명 또는 날인하게 하여야 한다. 다만, 법 제44조의 규정을 위반하여 운전면허의 취소 또는 정지처분을 받아야 하는 사람이 이의를 제기하는 때에는 별지 제84호서식의 주취운전자정황진술보고서에 기재한 후 서명 또는 날인하게 하여야 한다.

⑥ 시·도경찰청장은 운전면허가 취소된 사람이 그 처분의 원인이 된 교통사고

또는 법규위반에 대하여 혐의없음의 불송치 또는 불기소(불송치 또는 불기소를 받은 이후 해당 사건이 다시 수사 및 기소되어 법원의 판결에 따라 유죄가 확정된 경우는 제외한다)를 받거나 무죄의 확정판결을 받은 경우 도로교통공단에 즉시 그 내용을 통보하고, 도로교통공단은 즉시 취소당시의 정기적성검사기간, 운전면허증 갱신기간 또는 연습운전면허의 잔여기간을 유효기간으로 하는 운전면허증을 새로이 발급해야 한다.

[별표 28]

운전면허 취소·정지처분 기준(제91조 제1항 관련)

1. (생략)
2. (생략)
3. 정지처분 개별기준(발췌)

가. 이 법이나 이 법에 의한 명령을 위반한 때

위반사항	적용법조 (도로교통법)	벌점
2. 술에 취한 상태의 기준을 넘어서 운전한 때(혈중알코올 농도 0.03퍼센트 이상 0.08퍼센트 미만)	제44조제1항	100

「교육기본법」

제9조(학교교육) ① 유아교육·초등교육·중등교육 및 고등교육을 하기 위하여 학교를 둔다.

④ 학교의 종류와 학교의 설립·경영 등 학교교육에 관한 기본적인 사항은 따로 법률로 정한다.

「고등교육법」

제2조(학교의 종류) 고등교육을 실시하기 위하여 다음 각 호의 학교를 둔다.
1. 대학
2. 산업대학
3. 교육대학
4. 전문대학
5. 방송대학·통신대학·방송통신대학 및 사이버대학(이하 "원격대학"이라 한다)
6. 기술대학
7. 각종학교

「초·중등교육법」

제2조(학교의 종류) 초·중등교육을 실시하기 위하여 다음 각 호의 학교를 둔다.
1. 초등학교·공민학교
2. 중학교·고등공민학교
3. 고등학교·고등기술학교
4. 특수학교
5. 각종학교

제45조(목적) 고등학교는 중학교에서 받은 교육의 기초 위에 중등교육 및 기초적인 전문교육을 하는 것을 목적으로 한다.

「초·중등교육법 시행령」(2021. 12. 29. 대통령령 제38516호로 개정된 것)

제76조의3(고등학교의 구분) 고등학교는 교육과정 운영과 학교의 자율성을 기준으로 다음 각 호의 학교로 구분한다.
1. 일반고등학교(특정분야가 아닌 다양한 분야에 걸쳐 일반적인 교육을 실시하는 고등학교를 말하되, 제2호부터 제4호까지의 규정에 따른 고등학교에 해당하지 않는 고등학교를 포함한다. 이하 같다)

2. 제90조에 따른 특수목적고등학교
3. 제91조에 따른 특성화고등학교
4. 자율고등학교(제91조의3에 따른 자율형 사립고등학교 및 제91조의4에 따른 자율형 공립고등학교를 말한다)

제77조(고등학교 입학전형의 실시권자) ① 고등학교의 입학전형은 당해 학교의 장이 실시한다. 이 경우 입학전형방법 등 입학전형에 관하여 필요한 사항은 교육감의 승인을 얻어 당해 학교의 장이 정한다.

② 제1항에도 불구하고 다음 각 호의 요건을 모두 충족하는 지역으로서 시·도 조례로 정하는 지역 안에 소재하는 제80조제1항에 따른 후기학교(제90조제1항제6호에 해당하는 특수목적고등학교 및 제91조의3에 따른 자율형 사립고등학교는 제외한다)의 입학전형은 교육감이 실시한다.

1. 학교 간 거리, 교통의 발달 정도 등에 비추어 학생의 통학에 불편이 없을 것
2. 중학교 졸업생 수와 고등학교 입학 정원이 적절한 균형을 이룰 것
3. 다음 각 목의 내용을 포함하는 타당성 조사 결과 교육감이 입학전형을 실시하는 것이 적합할 것
    가. 학교군 설정
    나. 학생배정방법
    다. 학교 간 교육격차 해소계획
    라. 비선호 학교 해소계획
    마. 단위학교 교육과정의 다양화·특성화 계획
4. 해당 지역에 거주하는 학생·학부모 등을 대상으로 실시한 여론조사 결과가 시·도 조례로 정하는 기준을 충족할 것. 이 경우 여론조사 내용에는 제3호 각 목의 사항이 포함되어야 한다.

③~④ (생략)

제80조(선발시기의 구분) ① 고등학교 신입생의 선발은 전기와 후기로 나누어 행하되, 전기에 선발하는 고등학교 또는 학과(이하 "전기학교"라 한다)는 다음 각 호의 고등학교 또는 학과를 말하며, 후기에 선발하는 고등학교 또는 학과(이하 "후기학교"라 한다)는 전기에 해당되지 아니하는 모든 고등학교 또는 학과로 한다.

1. 삭제
2. 일반고등학교 중 예·체능계고등학교(예술·체육 등의 전문교육을 주로 하는 고등학교를 말한다. 이하 같다)

3. 제90조에 따른 특수목적고등학교. 다만, 제90조 제1항 제6호에 해당하는 특수목적고등학교는 제외한다.

4. 제91조에 따른 특성화고등학교

5. ~~제91조의3에 따른 자율형 사립고등학교~~ 〈삭제, 2021.12.29.〉

6. 일반고등학교에 설치한 학과 중 교육감이 정하는 학과(예술인 및 체육인 양성을 목적으로 설치한 학과 또는 제91조에 따른 특성화고등학교에 상응하여 특정 분야의 인재양성을 목적으로 설치한 학과로 한정한다)

② 제1항에도 불구하고 교육부장관이 정하여 고시하는 지역의 학교는 선발시기를 달리하여 신입생을 선발할 수 있다.

제81조(입학전형의 지원) ① 고등학교 입학전형에 응시하고자 하는 자는 그가 재학한 중학교가 소재하는 지역의 1개 학교를 선택하여 해당 학교의 입학전형 실시권자에게 지원하여야 한다. 다만, 제1호부터 제3호까지에 해당하는 자는 제89조 제4항에 따른 거주지의 입학전형 실시권자에게 지원하여야 하고, 제4호 또는 제5호에 해당하는 자는 그가 재학한 중학교가 소재하는 지역의 1개 학교를 선택하여 해당 학교의 입학전형 실시권자에게 지원하거나 제89조 제4항에 따른 거주지의 입학전형 실시권자에게 지원할 수 있다.

1. 제97조 제1항 각호의 1에 해당하는 자
2. 중학교 학구로 인하여 다른 시·도에서 수학한 자
3. 중학교 졸업자로서 거주지가 이전된 자
4. 제76조에 따른 특성화중학교 졸업예정자 및 졸업자
5. 제105조 제1항에 따른 자율학교로 지정받아 제68조 제1항에 따른 지역별·학교군별 추첨 방법 이외의 방법으로 학생을 선발한 중학교 졸업예정자 및 졸업자

② 제1항의 규정에도 불구하고 고등학교 입학전형에 응시하고자 하는 자가 거리·교통이 통학상 불편하거나, 그가 재학한 중학교가 소재하는 지역에 지원하려는 전기학교가 소재하지 아니하는 등 교육상 특별한 사유로 인접 시·도에 소재한 고등학교에 입학하는 것이 적절하다고 인정되는 경우에는 관계교육감이 협의하여 정하는 바에 따라 그 인접한 고등학교의 입학전형 실시권자에게 지원할 수 있다.

③ 제1항의 규정에도 불구하고 전기학교 중 다음 각 호의 어느 하나에 해당하는 고등학교의 입학전형에 응시하려는 자는 그가 재학한 중학교가 소재하는

지역(제1항 각 호의 어느 하나에 해당하는 자는 그가 거주하는 지역)에 관계없이 1개 고등학교를 선택하여 해당 고등학교의 입학전형실시권자에게 지원하여야 한다.
　1. 제81조의2에 따른 고등학교
　2. 제90조 제1항 제7호 및 제10호에 해당하는 특수목적고등학교
　3. 제91조에 따른 특성화고등학교 중 교육부장관 또는 교육감이 정하는 학교
　④ 주간수업(이하 "주간부"라 한다)과 야간수업(이하 "야간부"라 한다)이 있는 고등학교에 입학하고자 하는 자는 동일학교에 한하여 주간부와 야간부를 동시에 지원할 수 있다.
　⑤ 제1항 본문에도 불구하고 제77조 제2항에 따라 시·도 조례로 정하는 지역의 후기학교(제90조 제1항 제6호에 해당하는 특수목적고등학교 및 제91조의3에 따른 자율형 사립고등학교는 제외한다) 주간부에 입학하고자 하는 자는 교육감이 정하는 방법 및 절차에 따라 2이상의 학교를 선택하여 지원할 수 있다. <개정, 2021.12.29.>

제85조(전기학교 지원자의 후기학교 지원) ① 전기학교의 신입생으로 선발된 자는 후기학교에 입학할 수 없다.
　② 전기학교에 지원하여 신입생으로 선발되지 아니한 자가 후기학교에 입학을 원할 때에는 제84조 제1항 내지 제4항의 규정에 의하여 교육감이 추첨·배정하거나 당해학교의 장이 선발한다.

제86조(추가 선발 및 배정) ① 교육감은 제52조에 따른 학생배치계획상 추가 선발·배정이 필요한 경우 제81조, 제81조의2, 제82조, 제82조의2 및 제83조부터 제85조까지의 규정에 따라 직접 입학전형을 실시하는 고등학교의 신입생을 추가로 선발·배정할 수 있다.
　② 학생모집 결과 선발인원이 모집정원에 미달하는 고등학교 또는 학과의 경우 해당 고등학교(학교의 장이 입학전형을 실시하는 고등학교로 한정한다)의 장은 제81조의2, 제82조, 제82조의2 및 제83조부터 제85조까지의 규정에 따라 신입생을 추가로 선발할 수 있다.
　③ 제1항 및 제2항에 따른 추가 선발·배정은 해당 학년도 고등학교 입학전형에 합격한 사람을 대상으로 할 수 없다.

제90조(특수목적고등학교) ① 교육감은 다음 각 호의 어느 하나에 해당하는 학교 중에서 특수분야의 전문적인 교육을 목적으로 하는 고등학교(이하 "특수목적

고등학교"라 한다)를 지정·고시할 수 있다. 다만, 제10호의 학교 중 국립의 고등학교는 교육부장관이 지정·고시한다.

6. 외국어에 능숙한 인재 양성을 위한 외국어계열의 고등학교와 국제 전문 인재 양성을 위한 국제계열의 고등학교

7. 예술인 양성을 위한 예술계열의 고등학교와 체육인 양성을 위한 체육계열의 고등학교

8. 삭제 〈2010. 6. 29.〉

9. 삭제 〈2010. 6. 29.〉

10. 산업계의 수요에 직접 연계된 맞춤형 교육과정을 운영하는 고등학교(이하 "산업수요 맞춤형 고등학교"라 한다)

제91조의3(자율형 사립고등학교) ① 교육감은 다음 각 호의 요건에 모두 해당하는 사립의 고등학교를 대상으로 법 제61조에 따라 학교 또는 교육과정을 자율적으로 운영할 수 있는 고등학교(이하 "자율형 사립고등학교"라 한다)를 지정·고시할 수 있다. 이 경우 미리 교육부장관의 동의를 받아야 한다.

1. 국가 또는 지방자치단체로부터 '지방교육재정교부금법 시행령' 별표 1에 따른 교직원 인건비(교원의 명예퇴직 수당은 제외한다) 및 학교·교육과정운영비를 지급받지 아니할 것

2. 교육부령으로 정하는 법인전입금기준 및 교육과정운영기준을 충족할 것

② 자율형 사립고등학교를 운영하려는 법인 또는 학교의 장은 다음 각 호의 사항이 포함된 신청서를 제출하여야 한다.

1. 건학이념 및 학교운영에 관한 계획

2. 교육과정 운영에 관한 계획

3. 입학전형실시에 관한 계획

4. 교원배치에 관한 계획

5. 그 밖에 자율형 사립고등학교의 운영 등에 관하여 교육감이 정하여 고시하는 사항

③ 자율형 사립고등학교는 입학정원의 20퍼센트 이상을 다음 각 호에 해당하는 사람을 대상으로 선발하여야 한다. 이 경우 교육부장관과 교육감은 제1항제1호에도 불구하고 전단에 따라 선발된 사람의 교육 활동에 필요한 비용을 지원하거나 전단에 따른 모집 정원이 미달된 학교의 재정을 지원할 수 있다.

1. 「국민기초생활 보장법」 제2조제1호에 따른 수급권자 또는 그 자녀

2. 「국민기초생활 보장법」 제2조제10호에 따른 차상위계층으로서 교육감이 정하는 사람 또는 그 자녀
3. 「국가보훈기본법」 제3조제2호의 국가보훈대상자 또는 그 자녀
4. 그 밖에 교육 기회의 균등을 위하여 교육감이 특별히 필요하다고 인정하는 사람

④ 교육감은 자율형 사립고등학교가 다음 각 호의 어느 하나에 해당하는 경우에는 그 지정을 취소할 수 있다.
1. 거짓이나 그 밖의 부정한 방법으로 회계를 집행한 경우
2. 부정한 방법으로 학생을 선발한 경우
3. 교육과정을 부당하게 운영하는 등 지정 목적을 위반한 중대한 사유가 발생한 경우
4. 지정 목적 달성이 불가능한 사유의 발생 등으로 인하여 학교의 신청이 있는 경우
5. 교육감이 5년마다 시·도 교육규칙으로 정하는 바에 따라 해당 학교 운영 성과 등을 평가하여 지정 목적의 달성이 불가능하다고 인정되는 경우

⑤ 교육감이 자율형 사립고등학교의 지정을 취소하는 경우에는 미리 교육부장관의 동의를 받아야 한다.

⑥ 교육부장관은 제1항 후단 또는 제5항에 따른 자율형 사립고등학교의 지정 또는 지정 취소에 대한 동의 여부를 결정하려는 경우에는 제105조의3에 따른 특수목적고등학교 등 지정위원회의 심의를 거쳐야 한다.

⑦ 교육감은 제4항에 따라 자율형 사립고등학교의 지정을 취소하는 경우 해당 학교의 장과 협의하여 지정 취소 당시 재학 중인 학생에 대해서는 해당 학교를 졸업할 때까지 당초 계획된 교육과정이 운영되도록 하여야 한다.

⑧ 제1항부터 제7항까지에서 규정한 사항 외에 자율형 사립고등학교의 지정, 지정 취소 및 운영에 필요한 사항은 교육부령으로 정한다.

부칙
제1조(시행일) 이 영은 공포한 날부터 시행한다.
제2조(고등학교 입학전형 실시권자 등에 관한 적용례) 제77조제2항, 제80조제1항, 제81조제5항, 제82조제2항·제7항 및 제84조의 개정규정은 2023학년도 고등학교 신입생 입학전형부터 적용한다.

「관공서의 공휴일에 관한 규정」

제1조(목적) 이 영은 「국가공무원법」 및 「공휴일에 관한 법률」에 따라 관공서의 공휴일에 관한 사항을 규정함을 목적으로 한다. <개정 2021.8.4>

제2조(공휴일) 관공서의 공휴일은 다음 각 호와 같다. 다만, 재외공관의 공휴일은 우리나라의 국경일 중 공휴일과 주재국의 공휴일로 한다.

1. 일요일
2. 국경일 중 3·1절, 광복절, 개천절 및 한글날
3. 1월 1일
4. 설날 전날, 설날, 설날 다음날 (음력 12월 말일, 1월 1일, 2일)
5. 삭제 <2005.6.30>
6. 부처님오신날 (음력 4월 8일)
7. 5월 5일 (어린이날)
8. 6월 6일 (현충일)
9. 추석 전날, 추석, 추석 다음날 (음력 8월 14일, 15일, 16일)
10. 12월 25일 (기독탄신일)
10의 2. 「공직선거법」 제34조에 따른 임기만료에 의한 선거의 선거일
11. 기타 정부에서 수시 지정하는 날

제3조(대체공휴일) ① 제2조제2호부터 제10호까지의 공휴일이 다음 각 호의 어느 하나에 해당하는 경우에는 그 공휴일 다음의 첫 번째 비공휴일(제2조 각 호의 공휴일이 아닌 날을 말한다. 이하 같다)을 대체공휴일로 한다.

1. 제2조제2호 또는 제7호의 공휴일이 토요일이나 일요일과 겹치는 경우
2. 제2조제4호 또는 제9호의 공휴일이 일요일과 겹치는 경우
3. 제2조제2호·제4호·제7호 또는 제9호의 공휴일이 토요일·일요일이 아닌 날에 같은 조 제2호부터 제10호까지의 규정에 따른 다른 공휴일과 겹치는 경우

② 제1항에 따른 대체공휴일이 같은 날에 겹치는 경우에는 그 대체공휴일 다음의 첫 번째 비공휴일까지 대체공휴일로 한다.

③ 제1항 및 제2항에 따른 대체공휴일이 토요일인 경우에는 그 다음의 첫 번째 비공휴일을 대체공휴일로 한다.

「각급 법원의 설치와 관할구역에 관한 법률」

제1조(목적) 이 법은 「법원조직법」 제3조제3항에 따라 각급 법원의 설치와 관할구역을 정함을 목적으로 한다.

제4조(관할구역) 각급 법원의 관할구역은 다음 각 호의 구분에 따라 정한다. 다만, 지방법원 또는 그 지원의 관할구역에 시·군법원을 둔 경우 「법원조직법」 제34조제1항제1호 및 제2호의 사건에 관하여는 지방법원 또는 그 지원의 관할구역에서 해당 시·군법원의 관할구역을 제외한다.

1. 각 고등법원·지방법원과 그 지원의 관할구역: 별표 3

2.-3. (생략)

4. 행정법원의 관할구역: 별표 6

5.-6. (생략)

7. 행정사건을 심판하는 춘천지방법원 및 춘천지방법원 강릉지원의 관할구역: 별표9

8. (생략)

[별표 3]

고등법원 · 지방법원과 그 지원의 관할구역

고등 법원	지방 법원	지 원	관 할 구 역
	서울 중앙		서울특별시 종로구·중구·강남구·서초구·관악구·동작구
	서울 동부		서울특별시 성동구·광진구·강동구·송파구
	서울 남부		서울특별시 영등포구·강서구·양천구·구로구·금천구
	서울 북부		서울특별시 동대문구·중랑구·성북구·도봉구·강북구·노원구
	서울 서부		서울특별시 서대문구·마포구·은평구·용산구
	의정부		의정부시·동두천시·양주시·연천군·포천시, 강원도 철원군. 다만, 소년보호사건은 앞의 시·군 외에 고양시·파주시·남양주시·구리시·가평군
		고 양	고양시·파주시
		남양주	남양주시·구리시·가평군
	인 천		인천광역시
		부 천	부천시·김포시
	춘 천		춘천시·화천군·양구군·인제군·홍천군. 다만, 소년보호사건은 철원군을 제외한 강원도
		강 릉	강릉시·동해시·삼척시
		원 주	원주시·횡성군
		속 초	속초시·양양군·고성군
		영 월	태백시·영월군·정선군·평창군
대 전	대 전		대전광역시·세종특별자치시·금산군
		홍 성	보령시·홍성군·예산군·서천군

	공 주	공주시・청양군
	논 산	논산시・계룡시・부여군
	서 산	서산시・당진시・태안군
	천 안	천안시・아산시
청 주		청주시・진천군・보은군・괴산군・증평군. 다만, 소년보호사건은 충청북도
	충 주	충주시・음성군
	제 천	제천시・단양군
	영 동	영동군・옥천군

[별표 6]

행정법원의 관할구역

고 등 법 원	행 정 법 원	관 할 구 역
서 울	서 울	서울특별시

[별표 9]

행정사건을 심판하는 춘천지방법원 및 춘천지방법원 강릉지원의 관할구역

명 칭	관 할 구 역
춘천지방법원	춘천지방법원의 관할구역 중 강릉시・동해시・삼척시・속초시・양양군・고성군을 제외한 지역
춘천지방법원 강릉지원	강릉시・동해시・삼척시・속초시・양양군・고성군

참고자료 3 - 달력

2021년 11월	2021년 12월	2022년 1월

일	월	화	수	목	금	토
	1	2	3	4	5	6
7	8	9	10	11	12	13
14	15	16	17	18	19	20
21	22	23	24	25	26	27
28	29	30				

일	월	화	수	목	금	토
			1	2	3	4
5	6	7	8	9	10	11
12	13	14	15	16	17	18
19	20	21	22	23	24	[25]
26	27	28	29	30	31	

일	월	화	수	목	금	토
						[1]
2	3	4	5	6	7	8
9	10	11	12	13	14	15
16	17	18	19	20	21	22
23	24	25	26	27	28	29
[30]	[31]					

2022년 2월	2022년 3월	2022년 4월

일	월	화	수	목	금	토
		[1]	[2]	3	4	5
6	7	8	9	10	11	12
13	14	15	16	17	18	19
20	21	22	23	24	25	26
27	28					

일	월	화	수	목	금	토
		[1]	2	3	4	5
6	7	8	[9]	10	11	12
13	14	15	16	17	18	19
20	21	22	23	24	25	26
27	28	29	30	31		

일	월	화	수	목	금	토
					1	2
3	4	5	6	7	8	9
10	11	12	13	14	15	16
17	18	19	20	21	22	23
24	25	26	27	28	29	30

2022년 5월	2022년 6월	2022년 7월

일	월	화	수	목	금	토
1	2	3	4	[5]	6	7
8	9	10	11	12	13	14
15	16	17	18	19	20	21
22	23	24	25	26	27	28
29	30	31				

일	월	화	수	목	금	토
			[1]	2	3	4
5	[6]	7	8	9	10	11
12	13	14	15	16	17	18
19	20	21	22	23	24	25
26	27	28	29	30		

일	월	화	수	목	금	토
					1	2
3	4	5	6	7	8	9
10	11	12	13	14	15	16
17	18	19	20	21	22	23
24	25	26	27	28	29	30
31						

2022년 8월	2022년 9월	2022년 10월

일	월	화	수	목	금	토
	1	2	3	4	5	6
7	8	9	10	11	12	13
14	[15]	16	17	18	19	20
21	22	23	24	25	26	27
28	29	30	31			

일	월	화	수	목	금	토
				1	2	3
4	5	6	7	8	[9]	[10]
11	[12]	13	14	15	16	17
18	19	20	21	22	23	24
25	26	27	28	29	30	

일	월	화	수	목	금	토
						1
2	[3]	4	5	6	7	8
9	[10]	11	12	13	14	15
16	17	18	19	20	21	22
23	24	25	26	27	28	29
30	31					

☐ 표시된 날은 평일 중 공휴일임.

확 인 : 법학전문대학원협의회

2022년도 제1차 변호사시험 모의시험 – 논술형(기록형)

| 시험과목 | 공 법(기록형) |

응시자 준수사항

1. 시험 시작 전 문제지의 봉인을 손상하는 경우, 봉인을 손상하지 않더라도 문제지를 들추는 행위 등으로 문제 내용을 미리 보는 경우 모두 부정행위로 간주되어 그 답안은 영점 처리 됩니다.

2. 답안은 흑색 또는 청색 필기구(사인펜이나 연필 사용 금지) 중 한 가지 필기구만을 사용하여 답안 작성 난(흰색 부분) 안에 기재하여야 합니다.

3. 답안지에 성명과 수험 번호를 기재하지 않아 인적 사항이 확인되지 않는 경우에는 영점 처리 등 불이익을 받게 됩니다. 특히 답안지를 바꾸어 다시 작성하는 경우, 성명 등의 기재를 빠뜨리지 않도록 유의하여야 합니다.

4. 답안지에는 문제 내용을 기재할 필요가 없으며, 답안 내용 이외의 사항을 기재하거나 밑줄 기타 어떠한 표시도 하여서는 안 됩니다. 답안을 정정할 경우에는 두 줄로 긋고 다시 기재하여야 하며, 수정액 등은 사용할 수 없습니다.

5. 시험 종료 시각에 임박하여 답안지를 교체 요구한 경우라도 시험시간 종료 후 즉시 새로 작성한 답안지를 회수합니다.

6. 시험 종료 후에는 답안지 작성을 일절 할 수 없으며, 이에 위반하여 시험시간이 종료되었음에도 불구하고 **시험관리관의 답안지 제출지시에 불응한 채 계속 답안을 작성하거나 답안지를 늦게 제출할 경우 그 답안은 영점 처리** 됩니다.

7. 답안은 답안지 쪽수 번호 순으로 기재하여야 하고, **배부받은 답안지는 백지 답안이라도 모두 제출**하여야 하며, **답안지를 제출하지 아니한 경우 그 시험시간 및 나머지 시험시간의 시험에 응시할 수 없습니다.**

8. 지정된 시간까지 지정된 시험실에 입실하지 아니하거나 시험관리관의 승인을 얻지 아니하고 시험시간 중에 그 시험실에서 퇴실한 경우 그 시험시간 및 나머지 시험시간의 시험에 응시할 수 없습니다.

9. 시험시간이 종료되기 전에는 어떠한 경우에도 문제지를 시험장 밖으로 가지고 갈 수 없고, 시험 종료 후 가지고 갈 수 있습니다.

법학전문대학원협의회
KOREAN ASSOCIATION OF LAW SCHOOLS

목 차

I. 문제 2

II. 작성요령과 주의사항 3

III. 서면 양식 4

IV. 기록내용
    법률상담일지(1) 7
    내부회의록(1) 9
    참고판결 11
    등기부등본(한국원자력) 14
    공정거래위원회 의결서 15
    청문통지서(백산전기) 20
    청문통지서(한산전기) 21
    입찰참가자격제한 및 공급자등록취소 통보(백산전기) 22
    우편송달보고서(백산전기) 23
    입찰참가자격제한 및 공급자등록취소 통보(한산전기) 24
    우편송달보고서(한산전기) 25
    사실확인서 26
    법률상담일지(2) 29
    내부회의록(2) 30

V. 참고자료
    1. 관련법령(발췌) 34
    2. 달력 39

【문 제】

1. 소장의 작성 (50점)

법무법인 백두의 담당변호사 김현태의 입장에서, 의뢰인 주식회사 백산전기와 주식회사 한산전기를 위하여 취소소송의 소장을 작성하되, 아래 사항을 준수하여 첨부된 양식의 ①부터 ⑤에 들어갈 내용을 작성하시오.

가. 'Ⅱ. 소의 적법성' 부분(③)에서는 제소기간에 관한 내용만 기재할 것

나. 'Ⅲ. 처분의 위법성' 부분(④)에서는 근거 법률 및 시행령의 위헌·위법성 주장에 관한 내용은 기재하지 말 것

다. 소장의 작성일란(⑤)에서는 취소소송의 대상으로 삼은 처분 전부에 대하여 허용되는 적법한 제소기간 내 최종일을 기재할 것

2. 위헌법률심판제청신청서의 작성 (50점)

위 취소소송에서 의뢰인들은 처분의 근거가 되는 관련 법령조항에 대해 위헌법률심판제청신청을 하려고 한다. 위 변호사 김현태의 입장에서 의뢰인들을 위한 위헌법률심판제청신청서 중 첨부된 양식의 ①부터 ③에 들어갈 내용을 작성하시오.

【작성요령과 주의사항】

1. 「원전비리 방지를 위한 원자력발전사업자등의 관리·감독에 관한 법률」 및 그 시행령의 내용은 가상(假想)의 것으로 실제 법령의 내용과는 차이가 있으므로 첨부된 법령의 내용과 다른 실제 법령은 고려하지 말 것

2. 「원전비리 방지를 위한 원자력발전사업자등의 관리·감독에 관한 법률」은 '원전감독법'으로 약칭할 수 있음(위헌법률심판제청신청서의 신청취지에서도 약칭을 사용할 수 있음)

3. 법률상담일지의 사실관계와 기록에 첨부된 자료들을 기초로 하고, 그것이 사실임을 전제로 할 것

4. 기록에 첨부된 각종 서류는 적법하게 작성된 것으로 간주하고, 서류 등에 필요한 서명과 날인, 무인과 간인 등은 모두 갖추어진 것으로 볼 것

5. 기록 중 '생략'으로 표시된 부분은 모두 기재된 것으로 볼 것

6. 문장은 경어(敬語)체로 작성할 것

【소장 양식】

소 장

원 고   (생략)
피 고   ①

입찰참가자격제한 등 취소 청구의 소

청 구 취 지
②

청 구 이 유

Ⅰ. 처분의 경위 등(생략)

Ⅱ. 소의 적법성
③

Ⅲ. 처분의 위법성
④

Ⅳ. 결론(생략)

입증방법 (생략)
첨부서류 (생략)
⑤

원고 소송대리인 (생략)

대구지방법원 귀중

【위헌법률심판제청신청서 양식】

위헌법률심판제청신청서

사　건　2022구합38764　입찰참가자격제한 등 취소
원　고　1. 주식회사 백산전기
　　　　　　(이하 생략)
　　　　2. 주식회사 한산전기
　　　　　　(이하 생략)
피　고　(생략)

　위 사건에 관하여 원고들(신청인들)은 아래와 같이 위헌법률심판제청을 신청합니다.

신 청 취 지

①

신 청 이 유

Ⅰ. 사건의 개요(생략)

Ⅱ. 적법요건

②

Ⅲ. 위헌이라고 해석되는 이유

③

Ⅳ. 결론(생략)

2022. 8. 10.

신청인들 대리인 (생략)

대구지방법원 제1행정부 귀중

기록내용 시작

수임번호 2022-17	**법률상담일지(1)**	2022. 5. 20.
의뢰인	1. 주식회사 백산전기 (대표이사 이철삼) 2. 주식회사 한산전기 (대표이사 박용수)	의뢰인 전화	1. 02-3465-3678 2. 02-3466-6453
의뢰인 주소	1. 서울 송파구 삼전로 10길 13-4 삼풍빌딩 304호 2. 서울 송파구 백제고분로 33길 15-2 성삼빌딩 705호	의뢰인 팩스	1. 02-3465-3670 2. 02-3466-6450

상 담 내 용

1. 의뢰인 주식회사 백산전기(이하 '백산전기')와 주식회사 한산전기(이하 '한산전기')는 전선의 제조, 판매, 설치 등의 사업을 영위하는 회사로서 한국원자력주식회사(이하 '한국원자력')에 원자력발전소 관련 케이블을 공급해 오고 있다.

2. 한국원자력은 2015. 8. 3. 영광·울진 1·2호기 계측제어부 전력케이블 구매입찰공고를 하였는데, 백산전기와 주식회사 삼산전기(이하 '삼산전기')는 2015. 8. 10. 백산전기가 주도하여 백산전기가 낙찰받도록 삼산전기가 협조하기로 하는 담합을 하였고, 그 결과 백산전기가 우선협상대상자로 선정되어 2015. 8. 24. 한국원자력과 계약을 체결하였다.

3. 한국원자력은 2017. 6. 15. 신고리 3·4호기 ICT부 전기케이블 구매입찰공고를 하였는데, 2016년에 신설된 회사인 한산전기와 백산전기는 2017. 6. 21. 한산전기가 주도하여 한산전기가 낙찰받도록 백산전기가 협조하기로 하는 담합을 하였고, 그 결과 한산전기가 우선협상대상자로 선정되어 2017. 6. 28. 한국원자력과 계약을 체결하였다.

4. 의뢰인들은 위 담합행위를 이유로 2021. 7. 2. 공정거래위원회로부터 「독점규제 및 공정거래에 관한 법률」에 따라 과징금을 부과받았고, 한국원자력은 원전감독법 제2조 제4호에서 정한 원자력발전공공기관으로서 원전감독법 제2조 제5호에서 정한 협력업체에 해당하는 의뢰인들에 대하여 원전감독법 제18조 제2항에 따라 입찰참가자격제한을 하였다(삼산전기는 장기간의 영업손실 누적으로 2020년경 폐업하여 과징금 및 입찰참가자격제한 대상에서 제외되었다).

5. 한국원자력은 청문일을 2022. 4. 12.로 하여 2022. 4. 4.에 청문통지서를 발송하여 의뢰인들은 2022. 4. 6. 청문통지서를 수령하였다. 이에 대하여 의뢰인 백산전기

는 2022. 4. 11. 청문준비기간이 촉박하고 공정거래위원회의 과징금부과처분에 대한 행정소송이 진행 중이므로 청문을 보류하거나 청문기일을 변경해 줄 것을 요청하면서 한국원자력에 청문불참사유서를 제출하였으나(의뢰인 한산전기는 청문기일에 출석하였음), 한국원자력 청문 주재자는 의뢰인들에 대한 청문을 종결하였다. 의뢰인 백산전기는 청문에서 다루어진 내용의 확인을 위하여 청문조서의 열람을 신청하였으나, 한국원자력은 청문 주재자가 의뢰인 백산전기에 대하여는 당사자의 불출석으로 청문에서 사실상 진행된 것이 없다는 이유로 청문조서를 작성하지 아니하였다고 회신하였다.

6. 의뢰인 백산전기는 자신이 주도하여 낙찰받은 2015년도의 사건은 이미 5년도 넘게 지났고, 그 이후 백산전기 내부적으로 담합을 근절하기 위한 자정노력을 기울이면서 담합 등 위법행위를 하지 않도록 하는 내부교육 프로그램을 운영하였는데, 그러한 상황에서 발생한 2017년도 담합은 백산전기 직원의 개인적인 일탈로서 그로 인하여 백산전기의 사업기회가 봉쇄되는 것은 부당하다는 입장이다.

7. 의뢰인 한산전기는 자신이 낙찰받은 신고리 3·4호기 ICT부 전기케이블을 발주기관인 한국원자력의 승인없이 다른 업체에 하도급하여 한국원자력으로부터 2018. 8. 17. 6개월의 입찰참가자격제한을 받은 전력이 참작되었어야 한다는 입장이다.

8. 의뢰인들의 매출액 중 약 50%는 한국원자력에 대한 물품공급에서 그리고 나머지 매출은 다른 발전사업자에 대한 물품공급에서 발생하는데, 2년간의 입찰참가자격제한으로 인하여 한국원자력 및 다른 발전사업자에 대하여 장기간 물품을 공급하지 못할 경우 도산을 피할 수 없을 것이라고 하면서, 한국원자력의 입찰참가자격제한에 대하여 취소소송을 통하여 다투어 주기를 희망한다.

법무법인 백두(담당변호사 김현태)
전화 02-540-1114, 팩스 02-540-1234, 이메일 htkim@backdu.com
서울 서초구 법원로3길 15 승소빌딩 3층

법무법인 백두 내부회의록 (1)

일   시 : 2022. 5. 24. 14:00 ~ 15:00
장   소 : 303호 회의실
참석자 : 박성식 변호사(행정소송팀장), 김현태 변호사(담당변호사)

박 변호사: 김 변호사, 한국원자력 사건에 관하여 논의하시지요. 우선 입찰참가자격 제한에 대하여는 어떻게 다툴 예정인가요?

김 변호사: 의뢰인들의 담합에 대하여는 이미 공정거래위원회에서 과징금부과처분이 있었고, 그에 대한 행정소송에서도 의뢰인들은 담합 자체는 다투지 않고 과징금이 과중하다는 점만 다투고 있는 상황입니다. 따라서 입찰참가자격제한에 대하여도 담합이 없었음을 별도로 다투기는 어렵고 제한기간 2년을 집중적으로 다투어야 할 것 같습니다.

박 변호사: 원전감독법에 따른 입찰참가자격제한은 그 제한기준을 시행령에서 규정하고 있네요. 그리고 시행령 별표 1의 개별기준에 의하면 담합을 주도하여 낙찰을 받은 경우 1차 위반에 대하여 제한기간을 2년으로 규정하고 있어, 한국원자력의 입찰참가자격제한 처분은 시행령을 준수한 것으로 볼 수 있을 것 같은데, 어떤 부분을 다툴 수 있는지요?

김 변호사: 일단 감경조항이 있음에도 한국원자력이 감경사유를 고려하지 않고 별표 1의 개별기준 그대로 제재기간을 산정한 부분을 다툴 수 있을 것 같습니다. 그리고 의뢰인 백산전기의 경우에는 2015년도 사유가 중한 사유인 '담합을 주도하여 낙찰을 받은 자'에 해당하고 2017년도 사유는 보다 가벼운 사유인 '특정인의 낙찰을 위하여 담합한 자'에 해당하는데, 2015년도의 사유를 기준으로 2년의 제재가 부과되었습니다. 그런데 최근 신설된 행정기본법에서 제재처분의 제척기간이 5년으로 도입되었습니다. 행정기본법의 제척기간은 행정기본법 시행일인 2021. 3. 23. 이후 발생하는 위반행위부터 적용한다고 되어 있어 이 사건에 행정기본법이 적용되기는 어렵기는 하지만, 위반행위일로부터 장기간 경과한 경우 입찰

참가자격제한을 할 수 있는지에 관하여 적용할 만한 법령 또는 법리를 검토해 보겠습니다. 만약 2015년도 사유를 제재사유에서 제외할 수 있다면, 2017년도 사유는 1차위반시 6개월이 적용되어 제재기간을 상당히 단축할 수 있습니다. 그렇지만 의뢰인 한산전기의 경우 2018년도에 6개월의 입찰참가자격제한을 받은 전력을 고려해 달라고 하는데 이 부분은 담합과는 별도의 사유로 인한 것이라서 어떻게 논리구성해야 할지가 쉽지 않습니다.

박 변호사: 그에 관하여는 여러 위반행위가 있는 상황에서 그 중 일부에 대하여 과징금 부과처분을 하고 나서 그 이후에 당초 과징금 부과처분 이전의 다른 위반행위에 대하여 다시 과징금 부과처분을 하는 경우에 관한 최신 대법원 판결을 참고해 보시면 좋을 것 같습니다. 그리고 입찰참가자격제한의 절차상 하자도 원전감독법, 행정절차법 및 그 시행령 규정을 면밀히 살펴서 잘 구성해 보시면 좋을 것 같네요. 아무래도 서면 작성 관련하여 검토할 사항이 많아 소장 제출 시기는 제소기간 마지막 날에 하는 것으로 하는 것이 좋을 것 같은데 별 문제는 없나요.

김 변호사: 의뢰인 백산전기에 대한 처분서는 당시 회사 사무실이 비어 있어서 우체국 집배원이 경비실에 두고 간 것을 경비원이 이를 나중에 백산전기에 전달하였다고 합니다. 의뢰인 한산전기의 경우에는 처분서가 송달된 날 대표이사 보고까지 이루어졌다고 합니다. 이러한 사정들을 모두 감안하여 제소기간을 잘 준수할 수 있도록 하겠습니다.

박 변호사: 알겠습니다. 김 변호사가 의뢰인들을 위하여 취소소송 소장을 잘 작성해 주시기 바랍니다. 이상으로 회의를 마치겠습니다. 끝.

참고판결 - 대법원 2021. 2. 4.선고 2020두48390 판결

【부당이득금환수고지처분취소】, [공2021상,548]

【판시사항】

관할 행정청이 여객자동차운송사업자가 범한 여러 가지 위반행위 중 일부만 인지하여 과징금 부과처분을 한 후 그 과징금 부과처분 시점 이전에 이루어진 다른 위반행위를 인지하여 이에 대하여 별도의 과징금 부과처분을 하게 되는 경우, 추가 과징금 부과처분의 과징금액을 산정하는 방법

【판결요지】

관할 행정청이 여객자동차운송사업자가 범한 여러 가지 위반행위 중 일부만 인지하여 과징금 부과처분을 하였는데 그 후 과징금 부과처분 시점 이전에 이루어진 다른 위반행위를 인지하여 이에 대하여 별도의 과징금 부과처분을 하게 되는 경우, 종전 과징금 부과처분의 대상이 된 위반행위와 추가 과징금 부과처분의 대상이 된 위반행위에 대하여 일괄하여 하나의 과징금 부과처분을 하는 경우와의 형평을 고려하여 추가 과징금 부과처분의 처분양정이 이루어져야 한다. 다시 말해, 행정청이 전체 위반행위에 대하여 하나의 과징금 부과처분을 할 경우에 산정되었을 정당한 과징금액에서 이미 부과된 과징금액을 뺀 나머지 금액을 한도로 하여서만 추가 과징금 부과처분을 할 수 있다. 행정청이 여러 가지 위반행위를 언제 인지하였느냐는 우연한 사정에 따라 처분상대방에게 부과되는 과징금의 총액이 달라지는 것은 그 자체로 불합리하기 때문이다.

【전문】

〈주문〉

원심판결 중 2018. 4. 19.자 과징금 부과처분 부분을 파기하고, 이 부분 사건을 수원고등법원에 환송한다.

〈이유〉

상고이유를 판단한다.
1. 원심의 판단
   원심은, 피고가 이 사건 제1 처분 외에도 2018. 2. 28. 원고에 대하여 미인가 노선 운행 등(이하 '종전 위반행위'라고 한다)을 이유로 5,000만 원의 과징금 부과처분을 이미 한 적이 있었으므로 종전 위반행위와 이 사건 제1 위반행위에 관하여는 총액이 5,000만

원을 초과하지 않는 범위에서 단 하나의 과징금을 부과하였어야 한다는 취지의 원고 주장에 대하여, 종전 위반행위와 이 사건 제1 위반행위는 위반노선과 위반기간, 위반행위의 태양 등을 달리할뿐더러 피고가 각 처분에 이르게 된 경위 역시 상이하므로 피고가 종전 위반행위와 이 사건 제1 위반행위를 묶어 하나의 처분을 하지 않았다고 하여 이를 위법하다고 볼 수 없다고 판단하였다.

2. 이 사건 제1 처분의 처분사유 인정 여부
(생략)

3. 과징금 산정·부과의 적법 여부
그러나 원고의 종전 위반행위에 대하여 이미 5,000만 원의 과징금 부과처분이 이루어졌음에도 이 사건 제1 위반행위에 대하여 5,000만 원의 한도 내에서 별도로 과징금을 부과할 수 있다는 취지로 원심이 판단한 부분은 다음과 같은 이유로 그대로 수긍하기 어렵다.

가. 구 여객자동차법 시행령에 의하면, 구 여객자동차법 제88조 제1항에 따라 과징금을 부과하는 위반행위의 종류와 위반 정도에 따른 과징금 액수는 [별표 5]와 같고 (제46조 제1항), 관할 행정청은 여객자동차 운수사업자의 사업규모, 사업지역의 특수성, 운전자 과실의 정도와 위반행위의 내용 및 횟수 등을 고려하여 제1항에 따른 과징금 액수의 2분의 1의 범위에서 가중하거나 경감할 수 있되, 다만 가중하는 경우에도 과징금의 총액은 5,000만 원을 초과할 수 없다(제46조 제2항).

나. 관할 행정청이 여객자동차운송사업자가 범한 여러 가지 위반행위 중 일부만 인지하여 과징금 부과처분을 하였는데 그 후 그 과징금 부과처분 시점 이전에 이루어진 다른 위반행위를 인지하여 이에 대하여 별도의 과징금 부과처분을 하게 되는 경우, 종전 과징금 부과처분의 대상이 된 위반행위와 추가 과징금 부과처분의 대상이 된 위반행위에 대하여 일괄하여 하나의 과징금 부과처분을 하는 경우와의 형평을 고려하여 추가 과징금 부과처분의 처분양정이 이루어져야 한다. 다시 말해, 행정청이 전체 위반행위에 대하여 하나의 과징금 부과처분을 할 경우에 산정되었을 정당한 과징금액에서 이미 부과된 과징금액을 뺀 나머지 금액을 한도로 하여서만 추가 과징금 부과처분을 할 수 있다고 보아야 한다(대법원 2014. 11. 27. 선고 2013두18964 판결 참조). 행정청이 여러 가지 위반행위를 언제 인지하였느냐는 우연한 사정에 따라 처분상대방에게 부과되는 과징금의 총액이 달라지는 것은 그 자체로 불합리하기 때문이다.

다. 기록에 의하면, 피고는 이 사건 제1 처분을 하기에 앞서 2018. 2. 28. 종전 위반행위에 대하여 구 여객자동차법 제85조 제1항 제6호, 제12호 등을 적용하여 원고에 대하여 5,000만 원의 과징금 부과처분을 하였다.

이러한 사정을 앞서 본 법리에 비추어 살펴보면, 피고는 2018. 2. 28. 과징금 부과처분을 할 당시에 원고의 종전 위반행위뿐만 아니라 이 사건 제1 위반행위에 대하여도 일괄하여 5,000만 원의 최고한도 내에서 하나의 과징금 부과처분을 하였어야 한다. 그럼에도 피고가 이와 달리 종전 위반행위에 대하여만 최고한도인 5,000만 원의 과징금 부과처분을 이미 한 이상 이 사건 제1 위반행위에 대하여 별도로 5,000만 원의 과징금 부과처분을 하는 것은 여러 가지 위반행위에 대하여 부과할 수 있는 과징금의 최고한도액을 정한 구 여객자동차법 시행령 제46조 제2항 에 위배되므로 원칙적으로 허용되지 않는다고 보아야 한다.

라. 그런데도 원심은 판시와 같은 이유만으로 피고가 위와 같은 종전 부과처분과는 별도로 이 사건 제1 처분을 한 것은 적법하다고 판단하였다. 이러한 원심판단에는 구 여객자동차법 시행령 제46조 제2항 에서 정한 과징금의 최고한도액에 관한 법리를 오해하여 판결에 영향을 미친 잘못이 있다. 이를 지적하는 상고이유 주장은 이유 있다.

4. 결론 (생략)

등기번호	0236508
등록번호	151102-0001234

등기사항전부증명서(현재 유효사항)

상 호	한국원자력 주식회사	일자 생략	변경
		일자 생략	등기
본 점	경상북도 경주시 문무대왕면 불국로 1654	일자 생략	변경
		일자 생략	등기

공고방법	이 회사의 공고는 회사 인터넷홈페이지(http://www.knp.co.kr)에 게재한다. 단, 전산장애 또는 그 밖의 부득이한 사유로 회사 인터넷 홈페이지에 공고할 수 없을 경우에는 서울시 내에서 발행되는 일간 매일경제 신문에 게재한다.	일자 생략	변경
		일자 생략	등기

1주의 금액	금 5,000원	일자 생략	변경
		일자 생략	등기

발행할 주식의 총수	500,000,000주	일자 생략	변경
		일자 생략	등기

발행주식의 총수와 그 종류 및 각각의 수	자본금의 액	변경연월일
		등기연월일
발행주식의 총수 243,000,000주 보통주식 243,000,000주	금 1,215,000,000,000원	생략
		생략

목 적

1. 전력자원의 개발
2. 원자력발전 및 이와 관련되는 사업
---
3. 제1호와 제2호에 관련되는 유무형 자산과 부산물을 활용하는 사업
   <2020. 5. 29. 추가   2020. 6. 4. 등기>
4. 제1호부터 제3호에 관련되는 사업에 관한 연구.개발
   <2020. 5. 29. 변경   2020. 6. 4. 등기>

임원에 관한 사항

대표이사 이재국 600414-1******
     (이하 생략)

사내이사 이혜수 620813-2******
     (이하 생략)

사외이사 한민수 630412-1******
     (이하 생략)

감사위원 송신수 650613-1******
     (이하 생략)

주식매수선택권
(생략)

회사성립연월일	2001년 4월 10일

등기기록의 개설 사유 및 연월일
2010년 7월 19일 서울 강남구 삼성동 167(으)로부터 본점이전
              2010년 7월 20일 등기

---이 하 여 백---

관할등기소 : 대구지방법원 경주지원 등기계 / 발행등기소 : 법원행정처 등기정보중앙관리소

공정거래위원회

제 1 소 회 의

의결 제 2021 - 074호   2021. 7. 2.

사 건 번 호	2020입담7864

사 건 명   한국원자력 발주 케이블 입찰 등 관련 2개 사업자의 부당한 공동행위에 대한 건

피 심 인   1. 주식회사 백산전기
　　　　　　　서울 송파구 삼전로 10길 13-4 삼풍빌딩 304호
　　　　　　　대표이사 이철삼
　　　　　　2. 주식회사 한산전기
　　　　　　　서울 송파구 백제고분로 33길 15-2 성삼빌딩 705호
　　　　　　　대표이사 박용수
　　　　　　피심인들 대리인 법무법인 백두
　　　　　　　　　　　담당변호사 김현태

심 의 종 결 일   2021. 6. 29.

주 문

1. 피심인 주식회사 백산전기, 주식회사 한산전기는 공공기관이 발주하는 물품 구매 입찰에 참가하면서 사전에 낙찰예정자, 형식적 입찰참여자 및 투찰가격을 합의하는 방법으로 부당하게 경쟁을 제한하는 행위를 다시 하여서는 아니 된다.
2. 피심인 주식회사 백산전기, 주식회사 한산전기는 다음 각 호에 따라 과징금을 국고에 납부하여야 한다.

가. 과징금액
 1) 주식회사 백산전기 : 15,000,000원
 2) 주식회사 한산전기 : 27,000,000원
나. 납부기한 : 과징금 납부고지서에 명시된 납부기한(60일) 이내
다. 납 부 처 : 한국은행 국고수납대리점 또는 우체국

이 유

1. 기초사실
가. 피심인들의 지위 및 일반현황

피심인 주식회사 백산전기, 주식회사 한산전기(이하 '주식회사'는 생략한다)는 전선의 제조, 판매, 설치 등의 사업을 영위하는 자로서, 각각 독점규제 및 공정거래에 관한 법률(이하 '법'이라 한다) 제2조 제1호에서 규정하고 있는 사업자에 해당한다.

피심인들의 일반현황은 다음 <표 1> 기재와 같다.

<표 1>   피심인들의 일반현황

(해당연도말 기준, 단위 : 백만 원, 명)

피심인	연도별	자본금	매출액	영업이익	당기순이익	종업원수	설립일
백산전기	2020	200	3,708	△153	△121	43	2011. 1. 4
	2019	200	3,356	△132	△103	47	
	2018	200	3,050	△108	△71	59	
한산전기	2020	100	2,170	△113	△75	21	2016. 6.10.
	2019	100	2,907	△94	△65	25	
	2018	100	2,611	△79	△47	30	

* 자료 출처 : 피심인 2개사 제출 자료

나. 입찰 개요 및 현황

이 사건 2건의 입찰의 진행 절차는 아래 <표 2>와 같으며, 입찰 현황은 아래 <표 3> 기재와 같다.

<표 2>　　　　　　　　　　　이 사건 입찰 절차

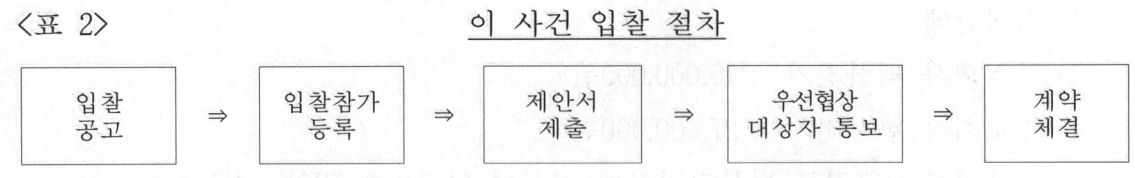

<표 3>　　　　　　　　　　　이 사건 입찰 내역

연번	입찰명	발주처	공고일	예정가격
1	영광·울진 1·2호기 계측제어부 전력케이블	한국원자력(주)	2015. 8. 3. ~ 8. 12.	227,466,846 원 (부가세 포함)
2	신고리 3·4호기 ICT부 전기케이블		2017. 6. 15. ~ 6. 26.	1,301,771,749 원 (부가세 포함)

2. 위법성 판단
 가. 인정사실 및 근거
  1) 합의배경 및 개요
　　한국원자력이 2015년 8월 발주한 영광·울진 1·2호기 계측제어부 전력케이블에 피심인 백산전기는 응찰하고자 하였으나 당시 해당 입찰에 관심을 보이는 사업자가 없는 점을 고려할 때 단독응찰로 유찰될 것이 우려되었다. 아울러, 발주처인 한국원자력도 위 케이블 입찰이 단독응찰로 유찰될 것을 우려하여 피심인 백산전기에 프로젝트 수행기간 내 사업이 정상적으로 완료될 수 있도록 유찰방지를 요청하였다. 이에 피심인 백산전기는 긴밀한 협력 관계에 있던 삼산전기에 수차례 지속적인 설득으로 위 입찰에 들러리로 참여해 줄 것을 요청하였고, 삼산전기는 피심인 백산전기의 들러리 입찰참여 요청을 수락하였다.
　　한국원자력이 2017년 6월 발주한 신고리 3·4호기 ICT부 전기케이블에 피심인 한산전기가 응찰하고자 하였으나, 마찬가지로 다른 사업자가 관심을 보이지 않고 있어 유찰이 우려되었고 발주처인 한국원자력도 피심인 한산전기에 유찰방지를 요청하여 긴밀한 협력 관계에 있던 피심인 백산전기에 들러리 참여를 요청하였고, 피심인 백산전기는 피심인 한산전기의 들러리 입찰참여 요청을 수락하였다.

2) 공동행위의 구체적 내용
가) 영광·울진 1·2호기 계측제어부 전력케이블 입찰
 (1) 합의 내용
  2015. 8. 10. 피심인 백산전기의 김○○ 부장은 삼산전기의 최○○ 대표에게 전화하여 이 사건 입찰에 들러리로 참여해 줄 것을 요청하였고, 이에 최○○ 대표는 들러리 입찰은 위법이고, 제안서를 작성할 수 있는 인력과 시간도 없고 사업적 이해도 없음을 이유로 거절하였으나, 피심인 백산전기에서 '삼산전기 이름으로 제안서를 대신 작성해 주고 투찰가격도 알려 줄테니 입찰에 참여만 해달라'고 재차 요청하자 최○○ 대표는 이를 수락하였다.
 (2) 합의 실행
  위의 구두 합의에 따라 피심인 백산전기의 김○○ 부장은 2015. 8. 12.자로 삼산전기의 최○○ 대표에게 이 사건 입찰의 제안일정, 입찰방식 및 준비서류에 대한 가이드가 기재된 이메일을 발송하면서 삼산전기가 투찰할 가격(216,150,000원)을 정하여 알려주면서 작성중인 제안서에 넣을 백산전기의 재무자료와 신용등급평가서가 포함된 회사소개서를 요청하고 같은 날 가격입찰을 완료해 줄 것을 요청하였고, 그에 따라 삼산전기는 입찰접수 및 제안서 제출을 완료하였다.

나) 신고리 3·4호기 ICT부 전기케이블 입찰
 (1) 합의 내용
  2017. 6. 21. 피심인 한산전기의 강○○ 이사는 평소 업무 협조관계에 있던 피심인 백산전기 김○○ 부장에게 전화하여 위 입찰에 들러리로 참여해 줄 것을 요청하였고, 이에 김○○ 부장은 강○○ 이사의 들러리 요청에 한산전기가 제안서를 만들어 준다면 형식적으로 입찰에 참여하겠다고 답변하였다.
 (2) 합의 실행
  이에 2017. 6. 24. 피심인 한산전기의 강○○ 이사는 이메일을 통해 피심인 백산전기의 김○○ 부장에게 백산전기가 입찰에 참가하기 위해 필요한 서류를 제공하면서 입찰가격(1,298,355,025원)을 알려주었고, 피심인 백산전기의 김○○ 부장은 2017. 6. 25. 전달받은 입찰가격에 따라 입찰접수 및 제안서 제출을 완료하였다.

다) 이 사건 합의결과

영광·울진 1·2호기 계측제어부 전력케이블 입찰 결과 피심인 백산전기가 우선협상대상자로 선정되었으며, 협상을 통해 2015. 8. 24. 발주처와 202,400,000원(부가가치세 포함)으로 계약을 체결하였다.

신고리 3·4호기 ICT부 전기케이블 입찰 결과, 피심인 한산전기가 우선협상대상자로 선정되었고, 2017. 6. 28. 발주처와 1,288,492,700 원(부가가치세 포함)으로 계약을 체결하였다.

나. 관련 법 규정 및 법리 (생략)

3. 처분
 가. 시정조치 및 과징금 부과 (생략)
 나. 과징금 산정 (생략)

4. 결론 (생략)

공정거래위원회는 위와 같이 의결하였다.

2021년 7월 2일

의 장 위 원 곽○○
위 원 박○○
위 원 윤○○

한국원자력 주식회사

수신자　주식회사 백산전기
시행일　2022. 4. 4.
제 목　처분사전통지서(청문실시통지)

「원전비리 방지를 위한 원자력발전사업자등의 관리·감독에 관한 법률」 제18조 제3항, 「행정절차법」 제21조 제2항에 따라 우리 기관이 하고자 하는 처분의 내용을 통지하오니 청문에 출석하여 주시기 바랍니다.

예정된 처분의 제목	입찰참가자격제한				
당사자	성명(명칭)	주식회사 백산전기 (대표이사 이철삼)			
	주 소	서울 송파구 삼전로 10길 13-4 삼풍빌딩 304호			
처분의 원인이 되는 사실	영광·울진 1·2호기 계측제어부 전력케이블 구매입찰 담합 신고리 3·4호기 ICT부 전기케이블 구매입찰 담합				
처분하고자 하는 내용	2년				
법적근거 및 조문내용	원전감독법 제18조 제1항 제5호, 제2항, 제4항 원전감독법 시행령 제8조 제1호, 제9조 제1항, [별표 1] 2. 마. 1)				
청문실시	기관명	한국원자력	부서명	준법경영실	담당자	노경호
	주소	경상북도 경주시 문무대왕면 불국로 1564		전화번호	054-704-2457
	일시	2022년 4월 12일 14시~15시(1시간)		장소	606호 회의실
	주재자	소속 및 직위	한국원자력 준법경영실장		
		성명	박익준		

<청문시 유의사항>
1. 귀하는 청문일에 출석하여 의견을 진술하고 증거를 제출할 수 있으며, 참고인·감정인 등에 대하여 질문할 수 있습니다. 만일, 청문일에 출석하지 아니 하는 경우에는 미리 별지 제11호서식에 따른 의견서를 제출할 수 있습니다.
2. 귀하께서 정당한 사유없이 청문일에 출석하지 아니하거나 별지 제11호서식에 의한 의견서를 제출하지 아니한 경우에는 청문을 마칠 수 있습니다. 다만, 정당한 사유로 출석하지 못하거나 의견서를 제출하지 못한 경우에는 행정청에 그 사유를 소명하여야 합니다.
3. 귀하는 청문이 끝날 때까지 「행정절차법」 제37조에 따라 당해 처분의 조사결과에 관한 문서 그 밖에 당해 처분과 관련되는 문서의 열람 또는 복사를 요청할 수 있습니다.
4. 그 밖에 궁금한 사항이 있으시면 청문실시기관으로 문의하시기 바랍니다. 끝.

한 국 원 자 력 ㈜   [한국원자력 직인]

한국원자력 주식회사

수신자　　주식회사 한산전기
시행일　　2022. 4. 4.
제　목　　처분사전통지서(청문실시통지)

「원전비리 방지를 위한 원자력발전사업자등의 관리·감독에 관한 법률」 제18조 제3항, 「행정절차법」 제21조 제2항에 따라 우리 기관이 하고자 하는 처분의 내용을 통지하오니 청문에 출석하여 주시기 바랍니다.

예정된 처분의 제목	입찰참가자격제한				
당사자	성명(명칭)	주식회사 한산전기 (대표이사 박용수)			
	주 소	서울 송파구 백제고분로 33길 15-2 성삼빌딩 705호			
처분의 원인이 되는 사실	신고리 3·4호기 ICT부 전기케이블 구매입찰 담합				
처분하고자 하는 내용	2년				
법적근거 및 조문내용	원전감독법 제18조 제1항 제5호, 제2항, 제4항 원전감독법 시행령 제8조 제1호, 제9조 제1항, [별표 1] 2. 마. 1)				
청문실시	기관명	한국원자력	부서명	준법경영실	담당자	노경호
	주소	경상북도 경주시 문무대왕면 불국로 1564		전화번호	054-704-2457
	일시	2022년 4월 12일 15시~16시(1시간)		장소	606호 회의실
	주재자	소속 및 직위	한국원자력 준법경영실장		
		성명	박익준		

<청문시 유의사항>
1. 귀하는 청문일에 출석하여 의견을 진술하고 증거를 제출할 수 있으며, 참고인·감정인 등에 대하여 질문할 수 있습니다. 만일, 청문일에 출석하지 아니 하는 경우에는 미리 별지 제11호서식에 따른 의견서를 제출할 수 있습니다.
2. 귀하께서 정당한 사유없이 청문일에 출석하지 아니하거나 별지 제11호서식에 의한 의견서를 제출하지 아니한 경우에는 청문을 마칠 수 있습니다. 다만, 정당한 사유로 출석하지 못하거나 의견서를 제출하지 못한 경우에는 행정청에 그 사유를 소명하여야 합니다.
3. 귀하는 청문이 끝날 때까지 「행정절차법」 제37조에 따라 당해 처분의 조사결과에 관한 문서 그 밖에 당해 처분과 관련되는 문서의 열람 또는 복사를 요청할 수 있습니다.
4. 그 밖에 궁금한 사항이 있으시면 청문실시기관으로 문의하시기 바랍니다. 끝.

한 국 원 자 력 ㈜　　[한국원자력 직인]

한국원자력 주식회사

수 신   주식회사 백산전기
제 목   입찰참가자격제한 및 공급자등록취소 통보

귀사에 대하여 아래와 같이 입찰참가자격제한 및 공급자등록취소를 통보합니다.

아 래

가. 업체명 : 주식회사 백산전기
나. 대표자 : 대표이사 이철삼
다. 처분내용 : 입찰참가자격제한 2년(2022. 5. 20~2024. 5. 19.)
라. 제재사유
  - 영광·울진 1·2호기 계측제어부 전력케이블 구매입찰 담합
   (담합을 주도하여 낙찰을 받은 자)
  - 신고리 3·4호기 ICT부 전기케이블 구매입찰 담합
   (특정인의 낙찰을 위하여 담합한 자)
마. 제재근거 : 원전감독법 제18조 제1항 제5호, 제2항, 제4항,
   원전감독법 시행령 제8조 제1호, 제9조 제1항, [별표 1] 2. 마. 1)

한 국 원 자 력 ㈜ [한국원자력 직인]

시행일 : 2022. 4. 28.
담당자 : 준법경영실 노경호
연락처 : 054-704-2457

우편송달보고서

증서 2022년-제536호   2022년 4월 28일   발송

송달서류	입찰참가자격제한 및 공급자등록취소 통보서 1 통
발송자	한국원자력 주식회사
송달받을 자	주식회사 백산전기(대표이사 이철삼)

영수인

영수인 서명날인 불능

1. 송달받을 자 본인에게 교부하였다.

2	송달받을 자가 부재 중이므로 사리를 잘 아는 다음 사람에게 교부하였다.
	사무원
	피용자
	동거자

③	다음 사람이 정당한 사유 없이 송달받기를 거부하므로, 그 장소에 서류를 두었다.
	송달받을 자
	사무원
	피용자
	동거자 박시원(경비원)

송달연월일 2022. 4. 29. 17시 30분

송달장소 서울 송파구 삼전로 10길 13-4 삼풍빌딩 경비실

위와 같이 송달하였다.

2022. 5. 3.
송파우체국 집배원   김택송

한국원자력 주식회사

수 신   주식회사 한산전기
제 목   입찰참가자격제한 및 공급자등록취소 통보

귀사에 대하여 아래와 같이 입찰참가자격 제한 및 공급자등록취소를 통보합니다.

아 래

가. 업체명 : 주식회사 한산전기

나. 대표자 : 대표이사 박용수

다. 처분내용 : 입찰참가자격제한 2년(2022. 5. 20~2024. 5. 19.)

라. 제재사유

- 신고리 3·4호기 ICT부 전기케이블 구매입찰 담합
  (담합을 주도하여 낙찰을 받은 자)

마. 제재근거 : 원전감독법 제18조 제1항 제5호, 제2항, 제4항,
원전감독법 시행령 제8조 제1호, 제9조 제1항, [별표 1] 2. 마. 1)

한 국 원 자 력 ㈜   [한국원자력 직인]

시행일 : 2022. 4. 29.
담당자 : 준법경영실 노경호
연락처 : 054-704-2457

우편송달보고서

증서 2022년-제537호   2022년 4월 29일   발송

송달서류	입찰참가자격제한 및 공급자등록취소 통보서 1통
발송자	한국원자력 주식회사
송달받을 자	주식회사 한산전기(대표이사 박용수)

영수인	**김삼경 (서명)**
영수인 서명날인 불능	

1.	송달받을 자 본인에게 교부하였다.	
②	송달받을 자가 부재 중이므로 사리를 잘 아는 다음 사람에게 교부하였다.	
	사무원	*김삼경*
	피용자	
	동거자	
3	다음 사람이 정당한 사유 없이 송달받기를 거부하므로, 그 장소에 서류를 두었다.	
	송달받을 자	
	사무원	
	피용자	
	동거자	

송달연월일	**2022. 5. 2. 14시 30분**
송달장소	서울 송파구 백제고분로 33길 15-2 성삼빌딩 705호

위와 같이 송달하였다.

2022. 5. 3.
송파우체국 집배원   *김택송*

사 실 확 인 서

이름: 김 민 석

주민등록번호 및 주소: (생략)

  진술인은 백산전기 주식회사의 부장으로 재직하면서 아래와 같이 직접 보고 들은 사실을 거짓 없이 진술하고자 합니다.

1. 진술인은 2011년 백산전기가 설립되던 당시 차장으로 입사하여 2015년 1월 부장으로 승진하면서 본격적으로 한국원자력 관련 영업업무를 담당하기 시작하였습니다.

2. 당시 백산전기는 한국원자력이 원자력 케이블을 국산화하는 과정에 적극 협조하면서 원자력 케이블에 관한 기술개발을 위한 노력을 다하고 있었고, 특히 한국원자력과의 협조 하에 계측제어부 전력케이블을 개발하여 여러 원전의 케이블 교체시 납품을 해 오고 있었습니다. 다만 당시 계측제어부 전력케이블을 생산할 기술적 능력을 가진 업체가 거의 없었던 상황에서 영광·울진 1·2호기 계측제어부 전력케이블 입찰 과정에서 한국원자력의 담당자로부터 해당 케이블 공급이 시급하므로 백산전기의 단독입찰로 인한 유찰이 되면 안 되니 백산전기가 이번에 꼭 낙찰을 받을 수 있도록 수단과 방법을 가리지 말라는 강한 압박을 받았습니다. 백산전기 입장에서는 한국원자력과 원만한 협조관계를 유지하여야 원자력 케이블 납품 실적을 높일 수 있었던 상황이었습니다. 그래서 백산전기에서는 한국원자력에 최대한 협조하는 방식으로 업무를 진행하되 당시 백산전기와 함께 한국원자력과의 관계에서 원자력 케이블 국산화에 관한 기술개발을 함께 진행하고 있던 삼산전기의 도움을 받는 것이 좋겠다고 의사결정이 되어 삼산전기를 들러리로 세워 위 전력케이블을 수주하게 되었습니다. 그렇지만 백산전기 입장에서는 케이블 개발 비용 등으로 인하여 실제로 투입한 비용에 미치지 못하는 가격으로 낙찰을 받았는데, 그로 인한 손실은 향후 한국원자력과의 협조관계에 따른 매출 확대를 위한 비용으로 감수해야 하는 것으로 인식하고 있었습니다.

3. 이후 원자력 케이블 시장에 다수의 중소기업 전기업체가 진입을 하는 한편 시험성적서 위조 및 담합 등이 사회적으로 크게 문제되어 그에 대한 단속 및 규제가 강화되었습니다. 그에 따라 백산전기 이철삼 대표님께서는 2017년도부터 '작은 수익을 얻고자 불법을 저지르면 그로 인한 사업리스크가 더 크게 된다'고 하시면서 백산전기는 한국원자력이나 다른 원자력 케이블 협력업체와 담합이나 불공정거래, 금품수수 등 여러 부정행위를 하면 안 된다는 청렴경영 원칙을 제시하고 사내에서도 관련 교육과 감사를 강화하는 정책을 시행하였습니다.

4. 그렇기는 하지만 장기간 한국원자력이나 다른 협력업체와 원자력 케이블 관련 영업을 해 온 저로서는 인간관계 때문에 종전의 위법한 영업 관행에서 곧바로 완전히 벗어나기는 좀 어려운 상황이었습니다. 그래서 2016년도에 신설된 한산전기와도 좋은 관계를 맺어 온 상황에서 한산전기가 신고리 3·4호기 ICT부 전기케이블 구매입찰에 참가하면서 들러리 요청을 해 온 것을 매몰차게 거절할 수는 없었습니다. 그래서 다른 임원들께는 별도로 보고하지 않고 제가 단독으로 한산전기에 협조를 해 주었습니다.

5. 사실 당시만 하더라도 백산전기가 담합을 주도하여 낙찰을 받는 것이 아니라 다른 업체를 도와주기만 하는 것이라서 이렇게 크게 문제가 될 것이라고는 생각하지 못한 것이 저의 큰 불찰로서, 저의 개인적인 실수로 회사에 피해가 가지 않았으면 하는 것이 저의 간절한 희망입니다. 저는 이번 일에 대하여 전적으로 책임을 통감하고 있으며 이번 사건으로 백산전기 감사팀에서 저에 대한 징계절차를 진행하고 있는데 어떠한 처벌이라도 달게 받고자 합니다.

6. 최근에 원자력발전을 둘러싼 여러 사정으로 인하여 백산전기를 비롯한 원자력 케이블 업체의 경영상황이 날로 악화되고 있습니다. 백산전기의 경우도 2018년 이후 계속 적자 상태로서 적자 폭이 날로 증가하고 있으며 종업원 수도 계속 감소 추세를 보이고 있습니다.

7. 백산전기에 대하여 2년의 입찰참가자격제한 처분이 내려진 경위에 관하여 한국원자력 직원에게 전해 듣기로는 한국원자력 내부에서 공정위에서 담합으로 의결된 이상 담합을 주도하여 낙찰된 경우 원전감독법 시행령 기준대로 일률적으로 2년의 처분을 하는 내부 방침이 정해져 있어서 감경사유에 대한 고려 없이 제재기간이 정해졌고, 그렇기 때문에 백산전기가 청문기일 보류 또는 변경을 요청하였음에도 참석 기회를 주지 않고 청문절차가 강행된 것이라고 합니다.

8. 한국원자력의 처분공문은 우체국 집배원이 2022. 4. 29. 당시 백산전기에 사람이 없어 이를 경비원에게 주려고 하였는데 경비원이 받기를 거절하여 경비실에 두고 간 것을 2022. 5. 3. 경비원이 백산전기 나승복 대리에게 전달한 것을 제가 건네받아 같은 날 대표님께 보고드렸습니다. 종전에도 회사 사무실에 직원이 없는 경우 경비원이 우편물을 수령하여 전달해 준 경우가 많이 있었는데, 처분공문의 경우에는 경비원도 이를 본인이 받기가 부담스러워서 직접 수령을 하지는 않았지만 집배원이 놓고 가자 이를 저희에게 전달해 준 것으로 생각됩니다.

이상의 진술은 모두 사실임을 확인하며, 진술인은 필요하다면 언제든지 법정에 출석하여 위와 같은 사실을 증언할 의사가 있습니다.

2022. 5. 31.

진술인 김민석 (인)

수임번호 2022-28	**법률상담일지(2)**		2022. 6. 10.
의뢰인	1. 주식회사 백산전기 (대표이사 이철삼) 1. 주식회사 한산전기 (대표이사 박용수)	의뢰인 전화	1. 02-3465-3678 2. 02-3466-6453
의뢰인 주소	1. 서울 송파구 삼전로 10길 13-4 삼풍빌딩 304호 2. 서울 송파구 백제고분로 33길 15-2 성삼빌딩 705호	의뢰인 팩스	1. 02-3465-3670 1. 02-3466-6450

상 담 내 용

1. 의뢰인들은 한국원자력 주식회사가 자신들에 대해 한 2년간의 입찰참가자격제한의 취소를 구하는 행정소송을 우리 법인에 의뢰하였고, 현재 행정소송팀에서 소장의 작성 등 필요한 검토를 하고 있다.

2. 의뢰인들은 입찰참가자격제한 처분의 실체적·절차적 위법성을 확인하는 것만으로는 입찰참가자격의 완전한 회복이 어렵다고 생각하여 위 처분에 대한 취소소송 과정에서 근거법령의 위헌성도 함께 다투려고 한다.

3. 의뢰인들은 입찰참가자격제한 처분으로 인해 2년간 한국원자력을 비롯하여 전기사업법에서 정하는 모든 발전사업자가 실시하는 물품 등의 공급과 관련한 입찰에 참가할 수 없게 되었으므로 그 근거법령 등에 대한 위헌결정을 통해 입찰참가자격을 완전히 회복시켜 줄 것을 희망한다.

법무법인 백두(담당변호사 김현태)
전화 02-540-1114, 팩스 02-540-1234, 이메일 htkim@backdu.com
서울 서초구 법원로3길 15 승소빌딩 3층

법무법인 백두 내부회의록(2)

일　시 : 2022. 6. 15.　14:00 ~ 15:00
장　소 : 303호 회의실
참석자 : 박정진 변호사(헌법소송팀장), 김현태 변호사(담당변호사)

박 변호사: 한국원자력이 한 입찰참가자격제한 등 처분의 취소소송과 관련한 위헌제청신청 사건에 대해 논의해 봅시다. 우선 의뢰인들이 받은 입찰참가자격제한 처분의 법적 근거는 무엇인가요?

김 변호사: 의뢰인들에 대한 입찰참가자격제한 처분의 법적 근거로 한국원자력 작성의 통보서에는 원전감독법 제18조 제1항 제5호, 제2항, 제4항, 원전감독법 시행령 제8조 제1호, 제9조 제1항, [별표 1] 2. 마. 1) 등 조항들이 기재되어 있습니다. 의뢰인들과 같은 협력업체가 원전감독법 제18조 제1항 각호에서 정하는 사유에 해당하는 행위를 한 경우 한국원자력이 일정기간 해당 협력업체의 입찰참가자격을 제한할 수 있음을 해당 조항들에서 규정하고 있습니다.

박 변호사: 의뢰인들은 어떤 사유로 처분을 받았는가요?

김 변호사: 담합을 주도하여 스스로 낙찰을 받고, 특정인의 낙찰을 위하여 담합을 한 행위가 원전감독법에서 정하는 행위제한의 사유에 해당된 것입니다. 그래서 2년간 입찰참가자격제한을 받게 되었습니다.

박 변호사: 그렇군요. 위헌제청신청과 관련하여 재판의 전제성 등 적법요건에는 특별한 문제가 없는지요. 헌법재판은 자주 하는 소송이 아니라서 적법요건에 익숙하지 않습니다.

김 변호사: 큰 쟁점은 없는 것 같은데 그래도 꼼꼼히 검토해 보겠습니다.

박 변호사: 의뢰인들과 같이 전기의 생산, 송전 등 발전사업과 관련한 부품사업을 운영하는 경우, 특히 원자력발전과 관련한 부품 등의 제조에 특화된 협력업체가 한국원자력이 실시하는 입찰에 참가자격을 박탈당하게 되면 경제적 타격이 매우 클 것으로 생각됩니다. 그런데 원전감독법 조항들을 살펴보니 자격제한의 기간에 상한의 정함이 없는 것으로 보입니다.

김 변호사: 그렇습니다. 행정상 의무 위반에 대한 제재조치를 규정하는 경우, 그 기간의 상한을 정하는 것이 일반적인 입법방식으로 볼 수 있습니다. 그런데 원전감독법은 기간의 상한을 명시적으로 정하지 않고 제한의 기준 등 필요한 사항을 대통령령에서 정하도록 위임하고 있습니다. 이와 관련하여 다투어 볼 쟁점들이 있을 것 같습니다.

박 변호사: 그리고 입찰참가자격제한의 사유가 입찰과정에서 의뢰인들의 담합행위라고 말씀하셨는데, 그렇다면 담합행위를 한 것이 '물품 등을 공급함에 있어 신의성실에 반하는 행위'에 해당한다는 것이겠지요?

김 변호사: 맞습니다. 담합행위가 한국원자력과 같은 공공기관의 건전하고 공정한 업무처리를 방해하고, 협력업체 간의 경쟁질서를 심각하게 훼손한다는 측면에서 제재할 필요가 있는 행위라고 보이지만, 그렇다고 하더라도 신의성실에 반하는 행위라는 원전감독법 조항의 문구로부터 바로 담합행위를 떠올리기는 쉽지 않을 것 같습니다. 물품 등의 공급과 관련한 신의성실에 반하는 행위가 구체적으로 어떤 행위를 말하는지 원전감독법 조항만으로는 선뜻 이해되지 않습니다. 물론 해당 조항에서 신의성실에 반하는 행위의 구체적인 내용을 대통령령에 위임하고는 있지만, 이처럼 무거운 제재조치의 사유를 대통령령에 위임하는 것은 규범체계상 문제가 있다고 생각됩니다.

박 변호사: 그 점도 또한 문제가 되겠군요. 제재의 사유나 제재 기간의 상한을 원전감독법에서 직접 정하지 않고 대통령령에 위임한 것과 관련한 위헌성의 쟁점을 설득력 있게 잘 정리하면 좋을 것 같습니다.

김 변호사: 알겠습니다. 말씀하신 내용들을 중심으로 정리해서 신청서를 작성해 보겠습니다. 담합행위의 구체적 내용이나 담합에 관여한 정도 등 위반행위의 경중이 매우 다양할 것으로 보이는데 위반행위가 있으면 필요적으로 참가자격을 제한하고, 그에 더해 다른 발전사업자들이 실시하는 입찰에도 전혀 참가할 수 없다면 매우 가혹하다고 생각됩니다. 또한 회사가 관리자로서 주의의무를 다하였음에도 사용인 등이 담합행위를 한 경우 회사가 그 책임에서 벗어날 수 있는 면책규정을 두지 않은 점도 문제가 될 것 같습니다.

박 변호사: 그렇군요. 그런데 면책규정을 두지 않은 것과 관련한 자기책임원칙 위반의 문제는 다른 쟁점의 내용과 일부 중복되는 측면이 있으므로 신청서에서는 제외하는 것이 소송전략 상 좋을 것 같습니다. 의뢰인들이 담합행위를 한 잘못은 있지만, 요즘처럼 발전산업의 환경이 어려운 상황에서 다시 사업에 복귀할 수 있도록 꼼꼼하게 해당 법령조항의 위헌성을 검토해 주시기 바랍니다. 이상으로 회의를 마치겠습니다. 끝.

기록이면 표지

참고자료 1 – 관련 법령(발췌)

■ 원전비리 방지를 위한 원자력발전사업자등의 관리·감독에 관한 법률

제1조(목적) 이 법은 원자력발전사업자 등이 사업을 영위하면서 준수하여야 하는 의무와 정부의 관리·감독에 관한 사항을 규정함으로써 원자력발전산업의 건전한 기반을 조성함을 목적으로 한다.

제2조(정의) 이 법에서 사용하는 용어의 뜻은 다음과 같다.
1. "원자력발전산업"이란 원자력발전소를 이용한 전기의 생산, 원자력발전소의 설계·건설·정비·해체·수출 또는 원자력발전연료의 제조·공급과 관련된 산업을 말한다.
2. "원자력발전사업자"란 「전기사업법」 제2조제4호에 따른 발전사업자 중 원자력발전소를 이용하여 전기를 생산하는 사업을 영위하는 자를 말한다.
4. "원자력발전공공기관"이란 원자력발전사업자와 관련사업자 중 「공공기관의 운영에 관한 법률」에 따라 공공기관으로 지정된 기관을 말한다.
5. "협력업체"란 원자력발전공공기관이 아닌 관련사업자로서 원자력발전공공기관에 물품·용역을 공급하거나 공사를 도급받아 수행하는 자를 말한다.

제18조(협력업체의 행위제한) ① 협력업체는 다음 각 호의 어느 하나에 해당하는 행위를 하여서는 아니 된다.
1. 원자력발전공공기관에 물품등을 공급함에 있어 뇌물을 약속, 공여하거나 공여의 의사를 표시하는 행위
2. 거짓이나 그 밖의 부정한 방법으로 원자력발전소의 건설·운영에 관한 정보를 취득하여 이용하는 행위
3. 원자력발전사업자등에 공급하는 물품등의 성능을 증명하는 문서를 위조 또는 변조하는 행위
4. 제15조제1항에 따라 취업이 금지된 원자력발전공공기관 퇴직자를 고용하는 행위
5. 그 밖에 원자력발전공공기관에 물품등을 공급함에 있어 신의성실에 반하는 행위로서 대통령령으로 정하는 사항

② 원자력발전공공기관은 협력업체가 제1항 각 호의 어느 하나에 해당하는 행위를 하는 경우에는 일정기간 입찰참가자격을 제한하여야 하고, 이를 즉시 다른 원자력발전공공기관 등 「전기사업법」 제2조제4호에 따른 발전사업자에게 통보하여야 한다. 이 경우 통보를 받은 발전사업자는 해당자의 입찰참가자격을 제한하여야 한다.

③ 원자력발전공공기관이 제2항에 따른 입찰참가자격을 제한하려면 청문을 실시하여야 한다.

④ 제2항의 규정에 따른 입찰참가자격의 제한기준 등에 관하여 필요한 사항은 대통령령으로 정한다.

⑤ 제2항에도 불구하고 원자력발전공공기관은 제1항 각 호의 행위가 종료된 때부터 5년이 지난 경우에는 입찰참가자격을 제한할 수 없다.

■ 원전비리 방지를 위한 원자력발전사업자등의 관리·감독에 관한 법률 시행령

제8조(협력업체의 행위제한) 법 제18조제1항제5호에서 "대통령령으로 정하는 사항"이란 다음 각 호의 행위를 말한다.

1. 원자력발전공공기관에 물품등을 공급하는 경우 협력업체 상호간 가격, 품질, 물량, 거래조건 등 공급계약의 중요 요소를 담합하거나 특정인의 낙찰 또는 납품대상자 선정을 위하여 담합하는 행위

2. 원자력발전공공기관에 물품등을 공급하는 경우 협력업체가 「건설산업기본법」·「전기공사업법」·「정보통신공사업법」 그 밖의 다른 법령에 따른 하도급의 제한규정을 위반(하도급통지의무위반의 경우는 제외한다)하여 하도급하는 행위 및 발주기관의 승인 없이 하도급을 하거나 발주기관의 승인을 얻은 하도급조건을 변경하는 행위

3. 원자력발전공공기관과 계약 체결 시 준수하여야 할 보안사항을 위반하여 사이버 침해 및 자료유출 사고의 발생 등으로 원자력발전공공기관에 피해를 입히는 행위

4. 원자력발전공공기관에 의해 낙찰자로 결정된 이후 계약을 체결하지 않거나 체결된 계약을 이행하지 않는 행위

제9조(협력업체에 대한 입찰제한 등) ① 원자력발전공공기관은 협력업체가 법 제18조제1항 각 호의 어느 하나에 해당하는 행위를 한 경우에는 법 제18조제2항에 따라 해당 업체에 대하여 별표 1의 기준에 따른 입찰제한을 한다.

② (생략)

원전비리 방지를 위한 원자력발전사업자등의 관리·감독에 관한 법률 시행령 [별표 1]
입찰제한의 세부 기준(제9조제1항 관련)

1. 일반기준

    가. 위반행위의 횟수에 따른 입찰제한의 기준은 최근 3년간 같은 위반행위로 입찰제한을 받은 경우에 적용한다. 이 경우 위반횟수는 같은 위반행위에 대하여 입찰제한을 한 날과 다시 같은 위반행위를 적발한 날을 각각 기준으로 하여 계산한다.

    나. 위반행위가 둘 이상인 경우로서 그에 해당하는 각각의 입찰제한 기준이 다른 경우에는 그 중 무거운 입찰제한 기준에 따른다.

    다. 제재권자는 위반행위의 동기·내용·횟수 및 위반 정도 등 다음 사유를 고려하여 제2호의 개별기준에 따른 제재조치를 해당 제재조치 기준의 2분의 1 범위에서 가중하거나 감경할 수 있다. 다만, 법 제18조제1항제3호에 해당하는 경우에는 2)가)에 해당하면서 원자력발전시설의 안전한 건설·운영에 영향이 없는 경우에만 2분의 1 범위에서 추가로 감경할 수 있다.

    1) 가중사유

        가) 위반행위가 사소한 부주의나 오류가 아닌 고의나 중대한 과실에 의한 것으로 인정되는 경우

        나) 위반내용·정도가 중대하여 공중에 미치는 피해가 크다고 인정되는 경우

    2) 감경사유

        가) 위반행위가 고의나 중대한 과실이 아닌 사소한 부주의나 오류에 의한 것으로 인정되는 경우

        나) 위반의 정도가 경미하여 단기간 내에 시정할 수 있다고 인정되는 경우

        다) 위반행위자가 해당 위반행위로 인하여 검사로부터 기소유예 처분을 받거나 법원으로부터 선고유예 판결을 받은 경우

        라) 위반행위자가 원자력발전산업이나 지역사회 발전 등에 기여한 사실이 인정되는 경우

        마) 최근 3년 이내에 법을 위반하여 입찰제한을 받은 사실이 없는 경우

        바) 원자력발전산업의 안정을 위하여 필요하다고 인정되는 경우

2. 개별기준

위반내용	근거 법조문	입찰제한의 기준		
		1차 위반	2차 위반	3차 이상 위반
마. 원자력발전공공기관에 물품등을 공급하는 경우 협력업체 상호간에 가격, 품질, 물량, 거래조건 등 공급계약의 중요 요소를 담합하거나 특정인의 낙찰 또는 납품대상자 선정을 위하여 담합한 경우	법 제18조 제1항제5호 및 이 영 제8조제1호			
1) 담합을 주도하여 낙찰을 받은 자		2년	2년 6개월	3년
2) 담합을 주도한 자		1년	1년 3개월	1년 6개월
3) 입찰자 또는 계약상대자 등 간에 상의하여 미리 입찰가격, 수주 물량 또는 계약의 내용 등을 담합하거나 특정인의 낙찰 또는 납품대상자 선정을 위하여 담합한 자		6개월	7개월	9개월
바. 원자력발전공공기관에 물품등을 공급하는 경우 협력업체가 「건설산업기본법」・「전기공사업법」・「정보통신공사업법」 그 밖의 다른 법령에 따른 하도급의 제한규정에 위반(하도급통지의무위반의 경우는 제외한다)하여 하도급한 경우 및 발주기관의 승인 없이 하도급을 하거나 발주기관의 승인을 얻은 하도급 조건을 변경한 경우	법 제18조 제1항제5호 및 이 영 제8조제2호			
2) 발주기관의 승인 없이 하도급한 자		6개월	7개월	9개월

■ **행정절차법 시행령**

제19조(청문조서의 열람등) ① 청문주재자는 청문조서를 작성한 후 지체없이 청문조서의 열람·확인의 장소 및 기간을 정하여 당사자등에게 통지하여야 한다. 이 경우 열람·확인의 기간은 청문조서를 행정청에 제출하기 전까지의 기간의 범위내에서 정하여야 한다.

② 법 제34조제2항의 규정에 의한 정정요구는 문서 또는 구술로 할 수 있으며, 구술로 정정요구를 하는 경우 청문주재자는 정정요구의 내용을 기록하여야 한다.

③ 청문주재자는 당사자등이 청문조서의 정정요구를 한 경우 그 사실관계를 확인한 후 청문조서의 내용을 정정하여야 한다.

■ **전기사업법**

제2조(정의) 이 법에서 사용하는 용어의 뜻은 다음과 같다.

1. "전기사업"이란 발전사업·송전사업·배전사업·전기판매사업 및 구역전기사업을 말한다.
2. "전기사업자"란 발전사업자·송전사업자·배전사업자·전기판매사업자 및 구역전기사업자를 말한다.
3. "발전사업"이란 전기를 생산하여 이를 전력시장을 통하여 전기판매사업자에게 공급하는 것을 주된 목적으로 하는 사업을 말한다.
4. "발전사업자"란 제7조제1항에 따라 발전사업의 허가를 받은 자를 말한다.

참고자료 2 - 달력

```
2022년    1월                    2022년    2월                    2022년    3월
일  월  화  수  목  금  토        일  월  화  수  목  금  토        일  월  화  수  목  금  토
                     1                    1   2   3   4   5                1   2   3   4   5
 2   3   4   5   6   7   8        6   7   8   9  10  11  12        6   7   8   9  10  11  12
 9  10  11  12  13  14  15       13  14  15  16  17  18  19       13  14  15  16  17  18  19
16  17  18  19  20  21  22       20  21  22  23  24  25  26       20  21  22  23  24  25  26
23  24  25  26  27  28  29       27  28                            27  28  29  30  31
30  31

2022년    4월                    2022년    5월                    2022년    6월
일  월  화  수  목  금  토        일  월  화  수  목  금  토        일  월  화  수  목  금  토
                 1   2            1   2   3   4   5   6   7                    1   2   3   4
 3   4   5   6   7   8   9        8   9  10  11  12  13  14        5   6   7   8   9  10  11
10  11  12  13  14  15  16       15  16  17  18  19  20  21       12  13  14  15  16  17  18
17  18  19  20  21  22  23       22  23  24  25  26  27  28       19  20  21  22  23  24  25
24  25  26  27  28  29  30       29  30  31                       26  27  28  29  30

2022년    7월                    2022년    8월                    2022년    9월
일  월  화  수  목  금  토        일  월  화  수  목  금  토        일  월  화  수  목  금  토
                     1   2            1   2   3   4   5   6                        1   2   3
 3   4   5   6   7   8   9        7   8   9  10  11  12  13        4   5   6   7   8   9  10
10  11  12  13  14  15  16       14  15  16  17  18  19  20       11  12  13  14  15  16  17
17  18  19  20  21  22  23       21  22  23  24  25  26  27       18  19  20  21  22  23  24
24  25  26  27  28  29  30       28  29  30  31                   25  26  27  28  29  30
31

2022년    10월                   2022년    11월                   2022년    12월
일  월  화  수  목  금  토        일  월  화  수  목  금  토        일  월  화  수  목  금  토
                         1            1   2   3   4   5                            1   2   3
 2   3   4   5   6   7   8        6   7   8   9  10  11  12        4   5   6   7   8   9  10
 9  10  11  12  13  14  15       13  14  15  16  17  18  19       11  12  13  14  15  16  17
16  17  18  19  20  21  22       20  21  22  23  24  25  26       18  19  20  21  22  23  24
23  24  25  26  27  28  29       27  28  29  30                   25  26  27  28  29  30  31
30  31
```

☐ 표시된 날은 평일 중 공휴일임.

확 인 : 법학전문대학원협의회

2021년도 제3차 변호사시험 모의시험 - 논술형(기록형)

시험과목	공 법(기록형)

응시자 준수사항

1. 시험 시작 전 문제지의 봉인을 손상하는 경우, 봉인을 손상하지 않더라도 문제지를 들추는 행위 등으로 문제 내용을 미리 보는 경우 모두 부정행위로 간주되어 그 답안은 영점 처리 됩니다.

2. 답안은 흑색 또는 청색 필기구(사인펜이나 연필 사용 금지) 중 한 가지 필기구만을 사용하여 답안 작성 난(흰색 부분) 안에 기재하여야 합니다.

3. 답안지에 성명과 수험 번호를 기재하지 않아 인적 사항이 확인되지 않는 경우에는 영점 처리 등 불이익을 받게 됩니다. 특히 답안지를 바꾸어 다시 작성하는 경우, 성명 등의 기재를 빠뜨리지 않도록 유의하여야 합니다.

4. 답안지에는 문제 내용을 기재할 필요가 없으며, 답안 내용 이외의 사항을 기재하거나 밑줄 기타 어떠한 표시도 하여서는 안 됩니다. 답안을 정정할 경우에는 두 줄로 긋고 다시 기재하여야 하며, 수정액 등은 사용할 수 없습니다.

5. 시험 종료 시각에 임박하여 답안지를 교체 요구한 경우라도 시험시간 종료 후 즉시 새로 작성한 답안지를 회수합니다.

6. 시험 종료 후에는 답안지 작성을 일절 할 수 없으며, 이에 위반하여 시험시간이 종료되었음에도 불구하고 **시험관리관의 답안지 제출지시에 불응한 채 계속 답안을 작성하거나 답안지를 늦게 제출할 경우 그 답안은 영점 처리** 됩니다.

7. 답안은 답안지 쪽수 번호 순으로 기재하여야 하고, **배부받은 답안지는 백지 답안이라도 모두 제출**하여야 하며, **답안지를 제출하지 아니한 경우 그 시험시간 및 나머지 시험시간의 시험에 응시할 수 없습니다.**

8. 지정된 시간까지 지정된 시험실에 입실하지 아니하거나 시험관리관의 승인을 얻지 아니하고 시험시간 중에 그 시험실에서 퇴실한 경우 그 시험시간 및 나머지 시험시간의 시험에 응시할 수 없습니다.

9. 시험시간이 종료되기 전에는 어떠한 경우에도 문제지를 시험장 밖으로 가지고 갈 수 없고, 시험 종료 후 가지고 갈 수 있습니다.

법학전문대학원협의회
KOREAN ASSOCIATION OF LAW SCHOOLS

목 차

Ⅰ. 문제 ··· 2

Ⅱ. 작성요령 및 주의사항 ··· 3

Ⅲ. 서면 양식 ·· 4

Ⅳ. 기록내용
    법률상담일지 ·· 8
    내부회의록 1 ··· 9
    내부회의록 2 ··· 11
    영업정지처분 통지 및 행정처분서 ····························· 13
    우편송달보고서 ·· 14
    단속결과보고서 ·· 16
    자술서(김복정) ··· 17
    자술서(이순영) ··· 18
    확인서 ·· 19
    영업신고증 ··· 20
    피의자신문조서 ·· 21

Ⅴ. 참고 자료
    1. 관련 법령(발췌) ·· 27
    2. 달력 ·· 36

【문 제】

1. 소장의 작성 (35점)

법무법인 승소의 담당변호사로서 의뢰인 김복정을 위하여 취소소송의 소장을 작성하되, 아래 사항을 준수하여 첨부된 양식의 ①부터 ⑦에 들어갈 내용을 작성하시오.

가. "Ⅱ. 소의 적법성" 부분(④)에서는 제소기간에 관한 내용만 기재할 것.

나. 소장의 작성일란(⑥)에서는 취소소송의 대상으로 삼은 처분에 대하여 허용되는 적법한 제소기간 내 최종일을 기재할 것.

2. 집행정지신청서의 작성 (15점)

문제1.의 소장과 함께 제출할 집행정지신청서를 작성하되, 첨부된 양식의 ①부터 ③에 들어갈 내용을 작성하시오.

3. 검토보고서의 작성 (50점)

법무법인 승소의 최고다 변호사가 공법팀장에게 제출하는 검토보고서를 작성하시오.

첨부된 양식의 ①부터 ③에 들어갈 내용을 작성하시오.

【작성요령 및 주의사항】

1. 첨부된 양식의 상자(⬚)에 들어갈 내용만 작성할 것.

2. 기록에서 제시된 사실관계, 인명(人名), 주소 등은 모두 가상의 것임.

3. 법률상담일지의 사실관계 및 기록에 첨부된 자료들을 기초로 그것이 사실임을 전제로 할 것.

4. 기록상 각종 서류는 적법하게 작성된 것으로 간주하고 서류 등에 필요한 서명과 날인, 또는 무인과 간인 등은 모두 적법하게 갖추어진 것으로 볼 것.

5. 참고자료에 수록된 관계법령(그중 일부 조문은 현행 법령과 차이가 있을 수 있음)이 이 사건 행위시 및 처분시와 소장 작성 및 제출시에 시행되고 있는 것으로 볼 것.

6. 소장 및 집행정지신청서, 검토보고서의 내용은 경어체로 작성할 것.

7. 기록 중 일부 생략된 것이 있을 수 있고, 오기나 탈자가 있을 수 있음.

【소장 양식】

소 장

원　고　김복정
　　　　소송대리인 법무법인 승소
　　　　(생략)

피　고　［　　　　①　　　　］

［　　　　②　　　　］

청 구 취 지

［　　　　　　③　　　　　　］

청 구 원 인

1. 처분의 경위 등(생략)
2. 소의 적법성

［　　　　　　④　　　　　　］

3. 처분의 위법성

［　　　　　　⑤　　　　　　］

4. 결론(생략)

입 증 방 법(생략)
첨 부 서 류(생략)

［⑥ 20 . . .］

원고 소송대리인 (생략)

［　　⑦　　］ 귀중

【집행정지신청서 양식】

집 행 정 지 신 청 서

신 청 인   ○○○
피신청인   ○○○

신 청 취 지

①

신 청 이 유

1. 처분의 경위 등(생략)
2. 집행정지의 요건
   가. 처분등의 존재(생략)
   나. 본안소송이 적법하게 계속 중임(생략)
   다. 본안청구가 이유 없음이 명백하지 않음(생략)
   라. 회복하기 어려운 손해를 예방하기 위한 긴급한 필요

②

   마. 공공복리에 중대한 영향을 미칠 우려가 없을 것

③

3. 결론(생략)

입 증 방 법 (생략)
첨 부 서 류 (생략)

0000. 00. 00.

신청인의 대리인
변호사 ○○○ (인)

○○○○ 귀중

【검토보고서 양식】

검토보고서

수신: 공법팀장
안건: 수임번호 2021-250 관련 (법률에 대한 위헌심사)

상기 안건에 대하여 다음과 같이 보고합니다.

- 다 음 -

I. 사건의 개요와 검토 사항(생략)

II. 본안의 인용가능성

①

III. 적법 여부

②

1. 위헌법률심판제청신청(재판의 전제성)
2. 헌법재판소법 제68조 제1항의 헌법소원
 가. 보충성
 나. 직접성
 다. 권리보호이익

IV. 헌법재판절차의 전략적 선택

③

V. 결론(생략)

2021. 10. 15.

최고다 변호사

기록내용 시작

수임번호 2021 - 250	법률상담일지		2021. 10. 6.
의뢰인	김복정	의뢰인 전화	031-2345-6789
의뢰인 주소	남양주시 퇴계원면 도제원로 21	의뢰인 팩스	

상 담 내 용

1. 의뢰인은 남양주시 퇴계원면 퇴계원로 25에서 '참참밥집'이라는 상호의 일반음식점을 운영하다가 청소년에게 주류를 제공하였다는 이유로 영업정지처분을 받고 본 법무법인을 방문하였다.

2. 의뢰인이 위 일반음식점을 운영하던 중 2021. 1. 8. 오후 7시쯤 손님 4명이 들어와서 의뢰인의 직원인 이순영이 손님들의 신분증을 확인한 다음 손님들이 주문하는 대로 술을 제공했는데, 알고보니 손님들 중 2명은 청소년이었고 그들이 제시한 신분증은 변조된 것이었다.

3. 의뢰인은 평소 직원들에게 손님들이 술을 주문하면 신분증을 확인하도록 교육을 시켰고, 그에 따라 이순영도 신분증 검사를 했음에도 영업정지처분을 받아 억울하다고 말한다. 더구나 이순영은 위와 같은 이유로 기소유예 처분밖에 받지 않은 것으로 알고 있다고 한다.

4. 또한 의뢰인은 2020. 12. 중순경 위 일반음식점을 개업하면서 대출도 1억 원이나 받았는데, 영업한지 얼마 되지도 않아 영업정지처분을 받아서 경제적으로도 너무나 어려운 상황이다.

5. 의뢰인은 이 일이 있은 이후에 시청으로부터 별다른 연락을 받지 못하다가 2021. 7. 19. 영업정지처분 통지서를 받았다.

6. 의뢰인은 위 영업정지처분을 다투는 소송을 수행해 줄 것을 의뢰하였다.

법무법인 승소(담당변호사 김전진)
전화 02-1234-5678, 팩스 02-1234-5677, 이메일 jjkim@lawwin.com
서울 서초구 강남대로 200 법조빌딩 2층

법무법인 승소 내부회의록 1

일　시: 2021. 10. 11. 14:00 ~ 15:00
장　소: 법무법인 승소 소회의실
참석자: 박송무 변호사(송무팀장), 김전진 변호사

박 변호사: 김 변호사님, 의뢰인 김복정 사건에 대해 논의해 봅시다. 이 사건에 대해 검토하신 사항을 말씀해주시겠어요?

김 변호사: 네, 의뢰인은 참참밥집이라는 일반음식점을 운영하고 있는데 직원이 청소년에게 주류를 제공하여 영업정지처분을 받았습니다. 청소년에게 주류를 제공한 것은 맞지만 의뢰인 입장에서는 평소 직원들에게 신분증을 확인하도록 교육을 하여 온데다가 직원인 이순영도 그에 따라 신분증 검사를 하였음에도 청소년들이 변조된 신분증을 제시하여 성인인 것으로 알고 주류를 제공한 것이어서 이 점을 주로 다투어 보려고 합니다.

박 변호사: 그렇군요. 위 주장 외에도 추가로 다투어볼 만한 부분은 또 없을까요?

김 변호사: 의뢰인은 배우자와 자녀 둘 외에도 여동생까지 부양해야 하는 상황에서 참참밥집을 영업하고 있는데, 이번 일로 인해 영업을 하지 못하게 되면 다른 수입도 없는 의뢰인은 경제적으로 너무나 어려워진다고 합니다. 의뢰인이 영업정지 2개월 처분을 받았는데 이러한 의뢰인의 사정을 고려하면 위 처분이 과도하다고 보입니다.

박 변호사: 예, 실체적인 부분 말고도 절차적으로 문제될 만한 사항은 없을까요?

김 변호사: 이 사건의 경우에는 청문이나 공청회를 하도록 규정되어 있지는 않지만 그 외에 다른 절차적 하자가 있는지 검토해서 이 부분도 다투어 볼 생각입니다.

박 변호사: 예, 좋습니다. 제소기간 등 소송요건도 신경 써서 소장을 작성해 주시기 바랍니다. 영업정지 사건인데 집행정지신청은 하지 않아도 되나요?

김 변호사: 소장을 제출하면서 집행정지신청도 하겠습니다. 신청인은 이 사건 외에는 영업자 준수사항을 위반한 적도 없는데 영업정지가 되면 생계가 어려워진다는 점을 들어 신청서를 작성해 보겠습니다.

박 변호사: 알겠습니다. 이상 회의를 마치겠습니다. 수고하셨습니다. 끝.

법무법인 승소 내부회의록 2

일   시: 2021. 10. 12. 14:00 ~ 15:00
장   소: 법무법인 승소 소회의실
참석자: 홍준수 변호사(공법팀장), 최고다 변호사

홍 변호사: 송무팀에서 문의한 내용이 무엇인가요.

최 변호사: 영업정지 처분의 근거되는 식품위생법 제44조 제2항 제4호에 대한 위헌 문제를 검토해 달라는 것입니다.

홍 변호사: 위헌법률심판제청을 신청하겠다는 것인가요?

최 변호사: 아직 제청을 신청할지를 결정한 상태는 아니고, 그 가능성을 검토하고 있는 단계라고 합니다. ① 헌법재판소에 가면 인용가능성은 있는지, 또, ② 위헌법률심판제청을 신청하거나, 제청신청을 안 하고 바로 헌법재판소법 제68조 제1항의 헌법소원을 제기하면 적법한지를 알고 싶어 합니다. 그리고 ③ 전략상 어느 쪽으로 가는 것이 좋을지도 알고 싶어 합니다.

홍 변호사: 송무팀은 아까 말한 식품위생법 조항의 어떤 점에 관심을 두고 있나요?

최 변호사: 의뢰인 가게의 근처에 공장이 있는데, 거기에 일하는 사람들이 자주 의뢰인 가게로 온다고 합니다. 와서 식사도 하고 술도 한 잔씩 하고 했답니다. 이번에 단속당한 이야기를 그 사람들에게 했더니, 사실 단골로 오던 사람들 중 한 명은 중학교를 졸업하고 그 공장에서 배우면서 일하는 중의 청소년이라고 합니다. 단속 대상이랍니다. 의뢰인은 전혀 몰랐다고 했습니다. 20살은 넘는 줄 알았답니다. 근로기준법에 따라 15세만 되면 취업도 할 수 있는데, 맥주 한 잔은 못 한다는 게 말이 되느냐고 한답니다. 법이 너무 학생 중심으로 만들어진 거 아니냐, 학교 안 다니는 청소년은 보이지 않느냐, 이런 말을 한답니다. 병역법에 따르면 18세에 병역준비역에 편입된다는 말도 하구요. 최근 정치권

에서는 18세가 되면, 선거권 뿐만 아니라, 피선거권도 부여하겠다는 논의를 한다고 합니다. 청소년이 보호의 대상이 아니라 공동체의 당당한 주체로 인정되어 가는 마당이라면 앞에서 말한 식품위생법 조항도 재고의 여지가 있는 것 아니냐, 이런 말을 했습니다.

홍 변호사: 예전에 비슷한 문제에 대해 위헌이 아니라는 결정이 있었지 않나요?

최 변호사: 예, 1999. 9. 16. 96헌마39 결정에서 헌재는 단란주점에 미성년자의 출입을 제한하고 미성년자에 대한 주류제공을 금지하는 것이 직업수행의 자유를 침해하는 것은 아니라고 판단하였습니다.

홍 변호사: 그러면, 이렇게 합시다. 먼저 처분의 근거되는 법률을 가지고 헌법재판소로 갔을 때 인용될 가능성을 검토해 주세요. 그리고, 위헌법률심판제청신청을 한다면 적법한지, 즉 재판의 전제성이 인정될 것인지를 검토해 주세요. 헌법재판소법 제68조 제1항의 헌법소원의 경우는 보충성, 직접성, 권리보호이익만 검토해 주세요.

최 변호사: 거기까지만 검토하면 될까요?

홍 변호사: 그럽시다. 어느 쪽이 전략상 유리할까요? 위헌법률심판제청을 하는 것이 나을까요? 아니면 바로 헌법재판소법 제68조 제1항의 헌법소원심판을 제기하는 것이 나을까요?

최 변호사: 당해 영업정지처분에 미치는 효력, 쟁송물과 관련된 이론적 인용 가능성, 또는 어느 절차에 따르느냐에 따른 사실상의 인용 가능성 이런 것들이 검토되어야 할 것 같습니다.

홍 변호사: 아 그래요? 그러면 그런 것들을 검토해서 나한테 보내보세요. 내가 먼저 검토해서 송무팀으로 보내지요.

최 변호사: 예, 잘 알겠습니다.

홍 변호사: 잘 검토해서 보고서를 써 주세요. 이상으로 회의를 마칩니다. 끝.

남 양 주 시

우 12230 / 경기 남양주시 경춘로 1000	전화 031-123-1234	전송 031-123-1235
처리과 환경위생과　　과장 김정훈	계장 이을병	담당 박민원

문서번호　환경위생 21-777
시행일자　2021. 7. 14.
받　　음　김복정 (상호: 참참밥집) 귀하
제　　목　일반음식점 영업정지처분 통지

1. 항상 시정발전에 협조하여 주시는 귀하께 감사드립니다.
2. 귀하께서는 식품위생법 제44조(영업자등의 준수사항) 제2항 제4호의 규정에 의하여 청소년에게 주류를 제공하는 행위를 하여서는 아니됨에도 불구하고 2021. 1. 8. 이를 위반하였으므로, 동법 제75조(허가취소 등) 제1항 제13호, 동법 시행령 제52조(허가취소 등) 제1항 제1호 및 동법 시행규칙 제89조(행정처분의 기준) [별표 23]의 규정에 의하여 붙임과 같이 행정처분하오니 양지하시기 바랍니다.
3. 만약 이 처분에 불복이 있는 경우 처분이 있음을 안 날로부터 90일 이내에 행정심판법에 의한 행정심판 또는 행정소송법에 의한 행정소송을 제기할 수 있음을 알려드립니다.

붙임: 행정처분서(참참밥집)

남 양 주 시 장

행정처분서

영업소의 소재지	남양주시 퇴계원면 퇴계원로 25		
영업소의 명칭	참참밥집		
영업자의 성명	김복정	주민등록번호	******-*******
위 반 사 항	청소년에게 주류를 제공하는 행위 (1차 위반)		
행정처분 내역	영업정지 2개월 (2021. 10. 21.~2021. 12. 20.)		
지시(안내)사항	생략		

귀 업소는 위 위반사항으로 적발되어 식품위생법 제44조 제2항 제4호, 동법 제75조 제1항 제13호, 동법 시행령 제52조 제1항 제1호 및 동법 시행규칙 제89조 [별표 23]에 의하여 위와 같이 행정처분합니다.

2021년 7월 14일

남 양 주 시 장

우편송달보고서

증서 2021년   제255호   2021년   7월   14일   발송

1. 송달서류   일반음식점 영업정지처분 통지 및 행정처분서 1부
   (환경위생 21-777)

                                              발송자   남양주시장

송달받을 자   김복정 귀하
남양주시 퇴계원면 도제원로 21

영수인	**김복정** (서명)		
영수인 서명날인 불능			
1 √	송달받을 자 본인에게 교부하였다.		
2	송달받을 자가 부재 중이므로 사리를 잘 아는 다음 사람에게 교부하였다.		
	사무원		
	피용자		
	동거자		
3	다음 사람이 정당한 사유 없이 송달받기를 거부하므로, 그 장소에 서류를 두었다.		
	송달받을 자		
	사무원		
	피용자		
	동거자		

송달연월일   2021. 7. 19. 14시 20분

송달장소   남양주시 퇴계원면 도제원로 21

위와 같이 송달하였다.

                              2021. 7. 20.
                        남양주우체국 집배원   우배달

단속결과보고서

제2021-150호

수신: 남양주시장
참조: 환경위생과장
제목: 식품위생법 위반업소 단속결과보고

일반음식점의 식품위생법 위반 신고에 따라 해당업소에 임장하여 단속한 결과를 아래와 같이 보고합니다.

단속일시	2021. 1. 8. 20:00경
단 속 반	1개반 2명
위반업소	남양주시 퇴계원면 퇴계원로 25 소재 일반음식점(참참밥집)
신고사항	청소년 주류 제공
단속결과	식품위생법 제44조(영업자등의 준수사항) 제2항 제4호의 규정에 의하여 청소년에게 주류를 제공하는 행위를 하여서는 아니됨에도 불구하고, 위 일반음식점 직원인 이순영이 2021. 1. 8. 19:00경 김복정이 운영하는 참참밥집에서 청소년인 윤혜은, 정수연에게 주류를 제공하였음을 확인하고, 김복정, 이순영, 윤혜은, 정수연으로부터 해당행위에 대한 자술서 및 확인서를 징구하였습니다.

위와 같이 단속결과를 보고합니다.

2021년 1월 11일

보고자 : 남양주시 6급 김단속 (인)
남양주시 7급 이위생 (인)

자 술 서

이름: 김복정(******-*******)

주소: 남양주시 퇴계원면 도제원로 21

  저는 남양주시 퇴계원면 퇴계원로 25에서 '참참밥집'을 운영하고 있는 김복정입니다.

  저녁 7시쯤에 손님 4명이 저희 식당으로 들어왔는데 저는 다른 손님들을 상대하느라 바빠 직원인 이순영에게 손님 응대를 지시하였습니다. 제가 바빠서 이순영이 어떻게 했는지 자세히 본 것은 아니지만 이순영은 평소 제가 교육한 대로 손님들이 술을 시키자 신분증을 일일이 확인한 다음에 술을 가져다 주었습니다. 그런데 어찐 일인지 시청에서 단속반이 나왔고 알고 보니 손님들 중에 윤혜은, 정수연이 만 17세였다는 것이었습니다.

  저는 참참밥집을 영업하는 동안 이번 일 말고는 청소년에게 술을 준 적이 없고 식품위생법을 어긴 적도 없습니다. 평소에 직원들한테 술을 시키는 손님이 있으면 신분증을 꼭 확인해야 한다고 교육까지 시켰는데도 이런 일이 생기고 나니 너무 억울합니다.

  앞으로는 나이 확인을 더 철저히 해서 절대로 법을 어기는 일이 없도록 할 테니 저의 어려운 처지를 생각해서 선처해 주실 것을 간절히 부탁드립니다.

2021년 1월 8일

김복정 (서명)

자 술 서

이름: 이순영(******-*******)

주소: 남양주시 퇴계원면 퇴계원로 100

저는 남양주시 퇴계원면 퇴계원로 25에 있는 '참참밥집' 직원인 이순영입니다.

저녁 7시쯤 손님 네 명이 들어와서 사장님 대신 제가 손님들을 응대했는데 그 손님들이 술을 시켰습니다. 그 손님들은 이미 술을 마시고 왔는지 술냄새가 꽤 났지만 그래도 저는 사장님으로부터 평소 교육받은 대로 신분증을 보여달라고 했습니다. 손님들 중 2명은 신분증을 보여주었고, 윤혜은, 정수연은 핸드폰에 신분증 사진을 찍어놨다면서 핸드폰을 보여줘 핸드폰 화면에 있는 신분증 사진과 윤혜은, 정수연의 얼굴을 대조해 보았는데 본인이 맞고 나이도 청소년이 아니라서 별 생각 없이 주문한대로 술을 가져다 주었습니다.

그런데 얼마 있다가 단속반이 와서 손님들의 나이를 조사해 보니 신분증을 보여준 손님 2명은 성인이 맞는데 윤혜은, 정수연은 만 17세라고 하였습니다. 겉모습으로 보면 모두다 성인처럼 보이는데다가 신분증까지 확인한 저로서는 황당한 일이었지만 단속반에서 그렇다고 하니 어쩔 수 없었습니다.

저는 살아오면서 지금까지 한 번도 법을 어긴 사실이 없었습니다. 이번 일로 처벌을 받을 수도 있다고 생각하니 겁이 나고 이제 막 영업을 시작한 사장님한테도 폐가 될 것 같아 걱정됩니다. 제발 선처해주세요.

2021년 1월 8일

이순영 (서명)

확　인　서

이　　　　름 : 윤혜은, 정수연

주민등록번호 : ******-*******, ******-*******

주　　　　소 : 남양주시 퇴계원면 퇴계원로 200, 남양주시 퇴계원면 퇴계원로 300

　저희는 아는 오빠들이랑 근처에 있는 고깃집에서 술을 마시고 취한 김에 평소에 수연이가 좋아하는 메뉴가 있는 참참밥집에 가서 술을 한 잔 더 하려고 했습니다. 거기에서 술을 시켰더니 종업원이 신분증을 보여달라고 해서 저희는 평소 하던대로 핸드폰에 찍어놓은 주민등록증 사진을 보여줬습니다.

　가끔씩 애들이랑 술을 마시기도 하는데 그때마다 신분증을 보여달라고 하는게 귀찮아서 미리 주민등록증을 핸드폰으로 사진을 찍은 다음에 생년월일만 좀 바꾼 것으로 보여주면 별 문제 없이 술을 마실 수 있어서 이번에도 그렇게 했는데 이렇게 큰 일이 날 줄은 몰랐습니다.

　앞으로 술을 마시지 않겠습니다. 한 번만 용서해주세요. 죄송합니다.

2021. 1. 8.

윤혜은, 정수연 (서명)

제 219303 호

영 업 신 고 증

○ 대 표 자 : 김복정 （생년월일 : xxxx.xx.xx.）

○ 영업소명칭 : 참참밥집

○ 소 재 지 : 남양주시 퇴계원면 퇴계원로 25

○ 영업장 면적 : 건물 내부 장소 [40㎡] 건물 외부 장소 [20㎡]

○ 영업의 종류 : 식품접객업 （영업의 형태 : 일반음식점 ）

○ 조 건 : 생략

「식품위생법」 제37조 제4항, 같은 법 시행령 제25조 및 같은 법 시행규칙 제42조 제8항에 따라 영업의 신고를 수리합니다.

2020 년 12 월 17 일

남 양 주 시 장

피 의 자 신 문 조 서

피 의 자 : 이순영

위의 사람에 대한 식품위생법위반 피의사건에 관하여 2021. 3. 22. 남양주북부경찰서에서 사법경찰관 경위 김순찰은 사법경찰리 경사 이배석을 참여하게 하고, 아래와 같이 피의자임에 틀림없음을 확인하다.

문   피의자의 성명, 주민등록번호, 직업, 주거, 등록기준지 등을 말하십시오.
답   성명은   이순영 (李順英)

　　　주민등록번호는 ******-******* (만 38세)

　　　직업은   식당 종업원

　　　주거는   남양주시 퇴계원면 퇴계원로 100

　　　등록기준지는   생략

　　　직장주소는   남양주시 퇴계원면 퇴계원로 25

　　　연락처는   직장전화 031-321-1234   휴대전화 ***-****-****

　　　입니다.

사법경찰관은 피의사건의 요지를 설명하고 사법경찰관의 신문에 대하여 형사소송법 제244조의3에 따라 진술을 거부할 수 있는 권리 및 변호인의 참여 등 조력을 받을 권리가 있음을 피의자에게 알려주고 이를 행사할 것인지 그 의사를 확인하다.

진술거부권 및 변호인 조력권 고지 등 확인

1. 귀하는 일체의 진술을 하지 아니하거나 개개의 질문에 대하여 진술을 하지 아니할 수 있습니다.

2. 귀하가 진술을 하지 아니하더라도 불이익을 받지 아니합니다.

3. 귀하가 진술을 거부할 권리를 포기하고 행한 진술은 법정에서 유죄의 증거로 사용될 수 있습니다.

4. 귀하가 신문을 받을 때에는 변호인을 참여하게 하는 등 변호인의 조력을 받을 수 있습니다.

문   피의자는 위와 같은 권리들이 있음을 고지 받았는가요.
답   예, 고지 받았습니다.
문   피의자는 진술거부권을 행사할 것인가요.
답   아닙니다.
문   피의자는 변호인의 조력을 받을 권리를 행사할 것인가요.
답   아닙니다. 혼자서 조사를 받겠습니다.

이에 사법경찰관은 피의사실에 관하여 다음과 같이 피의자를 신문하다.

문   피의자는 전과가 있나요.
답   없습니다.
문   피의자의 병역관계를 말하시오.
답   해당사항 없습니다.
문   학력 관계를 말하시오.
답   구리시 소재 구리여자고등학교를 졸업했습니다.

문　　가족관계를 말하시오.
답　　2010년 결혼해서 배우자 강민철과 사이에 아들 강지훈(5세)이 있습니다.
문　　피의자의 경력은 어떠한가요.
답　　저는 결혼 후 아이를 키우고 있었는데 배우자가 실직하고 나서는 생활이 어려워져 어쩔 수 없이 아이를 친정에 맡기고 이런저런 일을 하다가 얼마 전 새로 개업한 참참밥집에서 주방정리나 손님접대를 하는 등의 일을 하고 있고 그 외 특별한 경력은 없습니다.
문　　재산관계를 말하시오.
답　　제 소유의 부동산은 없고, 전세보증금 1억 원에 전세들어 생활하고 있습니다. 월수입 200만 원으로 그럭저럭 생활하고 있습니다.
문　　피의자는 술과 담배를 어느 정도 하는가요.
답　　술과 담배는 하지 않습니다.
문　　피의자의 건강상태를 말하시오.
답　　건강에는 별 이상 없습니다.
문　　피의자는 믿는 종교가 있는가요.
답　　없습니다.
문　　피의자는 청소년에게 주류를 제공하다가 단속에 걸린 사실이 있나요.
답　　예, 그런 사실이 있습니다.
문　　어떻게 단속에 걸린 것인가요.
답　　2021년 1월 8일 저녁 평소와 마찬가지로 식당일을 하고 있었는데, 저녁 7시경 손님 4명이 들어와서 비어 있는 테이블로 안내를 해 주었습니다. 손님들이 맥주를 주문해서 신분증을 확인하고 맥주를 내주었는데 저녁 8시경인가 시청 공무원들이 갑자기 식당으로 들어오더니 술을 마시던 손님들의 나이를 물어보고 신분증을 확인했습니다. 그 과정에서 손님들 중 윤혜은, 정수연은 만 17세인 사실이 밝혀졌습니다. 나중에 알고보니 식당에 있던 다른 손님들 중에서 윤혜은과 정수연의 친구가 있었는데 윤혜은, 정수연이 술을 마시는 것을 이상하게 여긴 그 친구가 신고를 했다고 들었습니다.

문 피의자는 평소 손님들의 나이를 어떻게 확인하고 있나요.

답 식당 사장님이 처음 일할 때부터 술을 시키는 손님이 있으면 신분증을 꼭 확인해야 한다고 여러 번 얘기했습니다. 그래서 손님이 술을 주문하면 먼저 신분증을 보여달라고 하고 사진이랑 얼굴이 맞는지 확인한 다음에 술을 내주었습니다.

문 그날 손님들의 나이는 어떻게 확인하였나요.

답 사실 그 손님들은 들어오면서부터 술냄새가 나고 시끄럽게 떠드는 것이 이미 술을 마신 것 같았습니다. 그래서 맥주를 주문했을 때 신분증을 확인하지 말까도 생각했지만 그래도 혹시나 하는 마음에 손님들에게 신분증을 보여달라고 했습니다. 손님들 중 2명은 신분증을 보여주었는데 윤혜은, 정수연은 핸드폰으로 촬영한 신분증을 보여주었고, 신분증을 제시하는 것을 기다리고 신분증에 있는 사진과 손님들의 얼굴을 대조하느라 한 1분 정도는 테이블 앞에서 대기하였습니다.

문 피의자는 참참밥집에서 일한지 얼마나 되었나요.

답 참참밥집이 작년 12월 중순 정도에 개업했고 제가 그때부터 일하기 시작했으니까 이제 한 3달 정도 된 거 같습니다.

문 더 하고 싶은 말이 있나요.

답 제가 이번 일 말고는 법을 어겨본 적이 없는 사람입니다. 부디 선처해 주시기 바랍니다.

문 이상의 진술내용에 대하여 이의나 의견이 있는가요.

답 없습니다. ㉑

위 조서를 진술자에게 열람하게 한 바, 진술한 대로 기재되어 있고 오기나 증감, 변경할 것이 전혀 없다고 말하므로 간인한 후 서명 날인케 하다.

진술자   이순영 ㊞

2021년   3월   22일

남양주북부경찰서

사법경찰관 경위   **김순찰** ㊞

사법경찰리 경사   **이배석** ㊞

기록이면 표지

참고자료 1 - 관련 법령 (발췌)

식품위생법

제1장 총칙

제1조(목적) 이 법은 식품으로 인하여 생기는 위생상의 위해를 방지하고 식품영양의 질적 향상을 도모하며 식품에 관한 올바른 정보를 제공하여 국민보건의 증진에 이바지함을 목적으로 한다.

제2조(정의) 이 법에서 사용하는 용어의 뜻은 다음과 같다.
   10. "영업자"란 제37조제1항에 따라 영업허가를 받은 자나 같은 조 제4항에 따라 영업신고를 한 자 또는 같은 조 제5항에 따라 영업등록을 한 자를 말한다.

제7장 영업

제33조(소비자식품위생감시원) ② 제1항에 따라 위촉된 소비자식품위생감시원(이하 "소비자식품위생감시원"이라 한다)의 직무는 다음 각 호와 같다.
   1. 제36조제1항제3호에 따른 식품접객업을 하는 자(이하 "식품접객영업자"라 한다)에 대한 위생관리 상태 점검

제36조(시설기준) ① 다음의 영업을 하려는 자는 총리령으로 정하는 시설기준에 맞는 시설을 갖추어야 한다.
   1. 식품 또는 식품첨가물의 제조업, 가공업, 운반업, 판매업 및 보존업
   2. 기구 또는 용기·포장의 제조업
   3. 식품접객업
② 제1항 각 호에 따른 영업의 세부 종류와 그 범위는 대통령령으로 정한다.

제37조(영업허가 등) ④ 제36조제1항 각 호에 따른 영업 중 대통령령으로 정하는 영업을 하려는 자는 대통령령으로 정하는 바에 따라 영업 종류별 또는 영업소별로 식품의약품안전처장 또는 특별자치시장·특별자치도지사·시장·군수·구청장에게 신고하여야 한다. 신고한 사항 중 대통령령으로 정하는 중요한 사항을 변경하거나 폐업할 때에도 또한 같다.

제44조(영업자 등의 준수사항) ② 식품접객영업자는 「청소년 보호법」 제2조에 따른 청소년(이하 이 항에서 "청소년"이라 한다)에게 다음 각 호의 어느 하나에 해당하는 행위를 하여서는 아니 된다.
   4. 청소년에게 주류(酒類)를 제공하는 행위

제11장 시정명령과 허가취소 등 행정 제재

제75조(허가취소 등) ① 식품의약품안전처장 또는 특별자치시장·특별자치도지사·시장·군수·구청장은 영업자가 다음 각 호의 어느 하나에 해당하는 경우에는 대통령령으로 정하는 바에 따라 영업허가 또는 등록을 취소하거나 6개월 이내의 기간을 정하여 그 영업의 전부 또는 일부를 정지하거나 영업소 폐쇄(제37조제4항에 따라 신고한 영업만 해당한다. 이하 이 조에서 같다)를 명할 수 있다.
  13. 제44조제1항·제2항 및 제4항을 위반한 경우
 ⑤ 제1항 및 제2항에 따른 행정처분의 세부기준은 그 위반 행위의 유형과 위반 정도 등을 고려하여 총리령으로 정한다.

식품위생법 시행령

제21조(영업의 종류) 법 제36조제2항에 따른 영업의 세부 종류와 그 범위는 다음 각 호와 같다.
  8. 식품접객업
    나. 일반음식점영업: 음식류를 조리·판매하는 영업으로서 식사와 함께 부수적으로 음주행위가 허용되는 영업

제25조(영업신고를 하여야 하는 업종) ① 법 제37조제4항 전단에 따라 특별자치시장·특별자치도지사 또는 시장·군수·구청장에게 신고를 하여야 하는 영업은 다음 각 호와 같다.
  8. 제21조제8호가목의 휴게음식점영업, 같은 호 나목의 일반음식점영업, 같은 호 마목의 위탁급식영업 및 같은 호 바목의 제과점영업

제52조(허가취소 등) ① 다음 각 호의 처분은 처분 사유 및 처분 내용 등이 기재된 서면으로 하여야 한다.
  1. 법 제75조에 따른 영업허가 취소, 등록취소, 영업정지 또는 영업소 폐쇄 처분

식품위생법 시행규칙

제89조(행정처분의 기준) 법 제71조, 법 제72조, 법 제74조부터 법 제76조까지 및 법 제80조에 따른 행정처분의 기준은 별표 23과 같다.

■ 식품위생법 시행규칙 [별표 23]

행정처분 기준(제89조 관련)

I. 일반기준

15. 다음 각 목의 어느 하나에 해당하는 경우에는 행정처분의 기준이, 영업정지 또는 품목·품목류 제조정지인 경우에는 정지처분 기간의 2분의 1 이하의 범위에서, 영업허가 취소 또는 영업장 폐쇄인 경우에는 영업정지 3개월 이상의 범위에서 각각 그 처분을 경감할 수 있다.

  가. 식품등의 기준 및 규격 위반사항 중 산가, 과산화물가 또는 성분 배합비율을 위반한 사항으로서 국민보건상 인체의 건강을 해할 우려가 없다고 인정되는 경우

  나. 삭제

  다. 식품 등을 제조·가공만 하고 시중에 유통시키지 아니한 경우

  라. 식품을 제조·가공 또는 판매하는 자가 식품이력추적관리 등록을 한 경우

  마. 위반사항 중 그 위반의 정도가 경미하거나 고의성이 없는 사소한 부주의로 인한 것인 경우

  바. 해당 위반사항에 관하여 검사로부터 기소유예의 처분을 받거나 법원으로부터 선고유예의 판결을 받은 경우로서 그 위반사항이 고의성이 없거나 국민보건상 인체의 건강을 해할 우려가 없다고 인정되는 경우

  사. 식중독을 발생하게 한 영업자가 식중독의 재발 및 확산을 방지하기 위한 대책으로 시설을 개수하거나 살균·소독 등을 실시하기 위하여 자발적으로 영업을 중단한 경우

  아. 식품등의 기준 및 규격이 정하여지지 않은 유독·유해물질 등이 해당 식품에 혼입여부를 전혀 예상할 수 없었고 고의성이 없는 최초의 사례로 인정되는 경우

  자. 별표 17 제7호 머목에 따라 공통찬통, 소형·복합 찬기, 국·찌개·반찬 등을 덜어먹을 수 있는 기구 또는 1인 반상을 사용하거나, 손님이 남은 음식물을 싸서 가지고 갈 수 있도록 포장용기를 비치하고 이를 손님에게 알리는 등 음식문화개선과 「감염병의 예방 및 관리에 관한 법률」 제49조에 따른 감염병의 예방 조치사항 준수를 위해 노력하는 식품접객업자인 경우. 다만, 1차 위반에 한정하여 경감할 수 있다.

  차. 삭제

  카. 그 밖에 식품 등의 수급정책상 필요하다고 인정되는 경우

Ⅱ. 개별기준
　3. 식품접객업
　　영 제21조제8호의 식품접객업을 말한다.

위반사항	근거 법령	행정처분기준		
		1차 위반	2차 위반	3차 위반
11. 법 제44조제2항을 위반한 경우 　라. 청소년에게 주류를 제공하는 행위 　　 (출입하여 주류를 제공한 경우 　　 포함)를 한 경우	법 제75조	영업정지 2개월	영업정지 3개월	영업허가 취소 또는 영업소 폐쇄

청소년보호법

제2조(정의) 이 법에서 사용하는 용어의 뜻은 다음과 같다.
　1. "청소년"이란 만 19세 미만인 사람을 말한다. 다만, 만 19세가 되는 해의 1월 1일을 맞이한 사람은 제외한다.

공무원임용시험령

제16조(응시연령) ① 공무원의 채용시험에 응시하려는 사람은 최종시험예정일이 속한 연도에 다음 각 호의 구분에 따른 응시연령에 해당하여야 한다.
　1. 7급 이상: 20세 이상
　2. 8급 이하: 18세(교정·보호 직렬은 20세) 이상
② 시험실시기관의 장은 결원을 신속하게 보충하여야 하거나 그 밖의 특별한 사정으로 제1항에 따른 응시연령을 적용하는 것이 곤란하거나 부적당하다고 인정되는 경우에는 인사혁신처장의 승인을 받아 6급 이하 공무원의 채용시험에 대해서만 응시연령을 따로 정할 수 있다.

도로교통법

제82조(운전면허의 결격사유) ① 다음 각 호의 어느 하나에 해당하는 사람은 운전면허를 받을 수 없다.
　1. 18세 미만(원동기장치자전거의 경우에는 16세 미만)인 사람

병역법

제8조(병역준비역 편입) 대한민국 국민인 남성은 18세부터 병역준비역에 편입된다.

민법

제807조(혼인적령) 만 18세가 된 사람은 혼인할 수 있다.

근로기준법

제64조(최저 연령과 취직인허증) ① 15세 미만인 사람(「초·중등교육법」에 따른 중학교에 재학 중인 18세 미만인 사람을 포함한다)은 근로자로 사용하지 못한다. 다만, 대통령령으로 정하는 기준에 따라 고용노동부장관이 발급한 취직인허증(就職認許證)을 지닌 사람은 근로자로 사용할 수 있다.

법원조직법

제3조(법원의 종류) ① 법원은 다음의 7종류로 한다.
1. 대법원
2. 고등법원
3. 특허법원
4. 지방법원
5. 가정법원
6. 행정법원
7. 회생법원

② 지방법원 및 가정법원의 사무의 일부를 처리하게 하기 위하여 그 관할구역에 지원(支院)과 가정지원, 시법원 또는 군법원(이하 "시·군법원"이라 한다) 및 등기소를 둘 수 있다. 다만, 지방법원 및 가정법원의 지원은 2개를 합하여 1개의 지원으로 할 수 있다.

③ 고등법원·특허법원·지방법원·가정법원·행정법원·회생법원과 지방법원 및 가정법원의 지원, 가정지원, 시·군법원의 설치·폐지 및 관할구역은 따로 법률로 정하고, 등기소의 설치·폐지 및 관할구역은 대법원규칙으로 정한다.

법원조직법 부칙

제2조(행정사건에 관한 경과조치)
부칙 제1조 제1항 단서의 규정에 의한 행정법원에 관한 사항의 시행당시 행정법원이 설치되지 않은 지역에 있어서의 행정법원의 권한에 속하는 사건은 행정법원이 설치될 때까지 해당 지방법원 본원 및 춘천지방법원 강릉지원이 관할한다.

각급 법원의 설치와 관할구역에 관한 법률

제1조(목적) 이 법은 「법원조직법」 제3조제3항에 따라 각급 법원의 설치와 관할구역을 정함을 목적으로 한다.

제4조(관할구역) 각급 법원의 관할구역은 다음 각 호의 구분에 따라 정한다. 다만, 지방법원 또는 그 지원의 관할구역에 시·군법원을 둔 경우 「법원조직법」 제34조제1항제1호 및 제2호의 사건에 관하여는 지방법원 또는 그 지원의 관할구역에서 해당 시·군법원의 관할구역을 제외한다.
  1. 각 고등법원·지방법원과 그 지원의 관할구역: 별표 3
  4. 행정법원의 관할구역: 별표 6
  7. 행정사건을 심판하는 춘천지방법원 및 춘천지방법원 강릉지원의 관할구역: 별표 9

[별표 3]

고등법원·지방법원과 그 지원의 관할구역

고등법원	지방법원	지원	관할구역
서울	서울중앙		서울특별시 종로구·중구·강남구·서초구·관악구·동작구
	서울동부		서울특별시 성동구·광진구·강동구·송파구
	서울남부		서울특별시 영등포구·강서구·양천구·구로구·금천구
	서울북부		서울특별시 동대문구·중랑구·성북구·도봉구·강북구·노원구
	서울서부		서울특별시 서대문구·마포구·은평구·용산구
	의정부		의정부시·동두천시·양주시·연천군·포천시, 강원도 철원군. 다만, 소년보호사건은 앞의 시·군 외에 고양시·파주시·남양주시·구리시·가평군
		고양	고양시·파주시
		남양주	남양주시·구리시·가평군
	인천		인천광역시
		부천	부천시·김포시

	춘천		춘천시·화천군·양구군·인제군·홍천군. 다만, 소년보호사건은 철원군을 제외한 강원도
		강릉	강릉시·동해시·삼척시
		원주	원주시·횡성군
		속초	속초시·양양군·고성군
		영월	태백시·영월군·정선군·평창군
대전	대전		대전광역시·세종특별자치시·금산군
		홍성	보령시·홍성군·예산군·서천군
		공주	공주시·청양군
		논산	논산시·계룡시·부여군
		서산	서산시·당진시·태안군
		천안	천안시·아산시
	청주		청주시·진천군·보은군·괴산군·증평군. 다만, 소년보호사건은 충청북도
		충주	충주시·음성군
		제천	제천시·단양군
		영동	영동군·옥천군
대구	대구		대구광역시 중구·동구·남구·북구·수성구·영천시·경산시·칠곡군·청도군
		서부	대구광역시 서구·달서구·달성군, 성주군·고령군
		안동	안동시·영주시·봉화군
		경주	경주시
		포항	포항시·울릉군
		김천	김천시·구미시
		상주	상주시·문경시·예천군
		의성	의성군·군위군·청송군
		영덕	영덕군·영양군·울진군
부산	부산		부산광역시 중구·동구·영도구·부산진구·동래구·연제구·금정구

		동 부	부산광역시 해운대구·남구·수영구·기장군
		서 부	부산광역시 서구·북구·사상구·사하구·강서구
	울 산		울산광역시·양산시
	창 원		창원시 의창구·성산구·진해구, 김해시. 다만, 소년보호사건은 양산시를 제외한 경상남도
		마 산	창원시 마산합포구·마산회원구, 함안군·의령군
		통 영	통영시·거제시·고성군
		밀 양	밀양시·창녕군
		거 창	거창군·함양군·합천군
		진 주	진주시·사천시·남해군·하동군·산청군
광 주	광 주		광주광역시·나주시·화순군·장성군·담양군·곡성군·영광군
		목 포	목포시·무안군·신안군·함평군·영암군
		장 흥	장흥군·강진군
		순 천	순천시·여수시·광양시·구례군·고흥군·보성군
		해 남	해남군·완도군·진도군
	전 주		전주시·김제시·완주군·임실군·진안군·무주군. 다만, 소년보호사건은 전라북도
		군 산	군산시·익산시
		정 읍	정읍시·부안군·고창군
		남 원	남원시·장수군·순창군
	제 주		제주시·서귀포시
수 원	수 원		수원시·오산시·용인시·화성시. 다만, 소년보호사건은 앞의 시 외에 성남시·하남시·평택시·이천시·안산시·광명시·시흥시·안성시·광주시·안양시·과천시·의왕시·군포시·여주시·양평군
		성 남	성남시·하남시·광주시
		여 주	이천시·여주시·양평군
		평 택	평택시·안성시
		안 산	안산시·광명시·시흥시
		안 양	안양시·과천시·의왕시·군포시

[별표 6]

행정법원의 관할구역

고 등 법 원	행 정 법 원	관 할 구 역
서 울	서 울	서울특별시

[별표 9]

행정사건을 심판하는 춘천지방법원 및 춘천지방법원 강릉지원의 관할구역

명 칭	관 할 구 역
춘천지방법원	춘천지방법원의 관할구역 중 강릉시·동해시·삼척시·속초시·양양군·고성군을 제외한 지역
춘천지방법원 강릉지원	강릉시·동해시·삼척시·속초시·양양군·고성군

참고자료 2 – 2021년 달력

2021년 1월						
일	월	화	수	목	금	토
					[1]	2
3	4	5	6	7	8	9
10	11	12	13	14	15	16
17	18	19	20	21	22	23
24	25	26	27	28	29	30
31						

2021년 2월						
일	월	화	수	목	금	토
	1	2	3	4	5	6
7	8	9	10	[11]	[12]	[13]
14	15	16	17	18	19	20
21	22	23	24	25	26	27
28						

2021년 3월						
일	월	화	수	목	금	토
	[1]	2	3	4	5	6
7	8	9	10	11	12	13
14	15	16	17	18	19	20
21	22	23	24	25	26	27
28	29	30	31			

2021년 4월						
일	월	화	수	목	금	토
				1	2	3
4	5	6	7	8	9	10
11	12	13	14	15	16	17
18	19	20	21	22	23	24
25	26	27	28	29	30	

2021년 5월						
일	월	화	수	목	금	토
						1
2	3	4	[5]	6	7	8
9	10	11	12	13	14	15
16	17	18	[19]	20	21	22
23	24	25	26	27	28	29
30	31					

2021년 6월						
일	월	화	수	목	금	토
		1	2	3	4	5
6	7	8	9	10	11	12
13	14	15	16	17	18	19
20	21	22	23	24	25	26
27	28	29	30			

2021년 7월						
일	월	화	수	목	금	토
				1	2	3
4	5	6	7	8	9	10
11	12	13	14	15	16	17
18	19	20	21	22	23	24
25	26	27	28	29	30	31

2021년 8월						
일	월	화	수	목	금	토
1	2	3	4	5	6	7
8	9	10	11	12	13	14
15	[16]	17	18	19	20	21
22	23	24	25	26	27	28
29	30	31				

2021년 9월						
일	월	화	수	목	금	토
			1	2	3	4
5	6	7	8	9	10	11
12	13	14	15	16	17	18
19	[20]	[21]	[22]	23	24	25
26	27	28	29	30		

2021년 10월						
일	월	화	수	목	금	토
					1	2
3	[4]	5	6	7	8	[9]
10	[11]	12	13	14	15	16
17	18	19	20	21	22	23
24	25	26	27	28	29	30
31						

2021년 11월						
일	월	화	수	목	금	토
	1	2	3	4	5	6
7	8	9	10	11	12	13
14	15	16	17	18	19	20
21	22	23	24	25	26	27
28	29	30				

2021년 12월						
일	월	화	수	목	금	토
			1	2	3	4
5	6	7	8	9	10	11
12	13	14	15	16	17	18
19	20	21	22	23	24	[25]
26	27	28	29	30	31	

□ 표시된 날은 평일 중 공휴일임.

확 인 : 법학전문대학원협의회

2021년도 제2차 변호사시험 모의시험-논술형(기록형)

시험과목	공 법(기록형)

응시자 준수사항

1. 시험 시작 전 문제지의 봉인을 손상하는 경우, 봉인을 손상하지 않더라도 문제지를 들추는 행위 등으로 문제 내용을 미리 보는 경우 모두 부정행위로 간주되어 그 답안은 영점 처리 됩니다.

2. 답안은 흑색 또는 청색 필기구(사인펜이나 연필 사용 금지) 중 한 가지 필기구만을 사용하여 답안 작성 난(흰색 부분) 안에 기재하여야 합니다.

3. 답안지에 성명과 수험 번호를 기재하지 않아 인적 사항이 확인되지 않는 경우에는 영점 처리 등 불이익을 받게 됩니다. 특히 답안지를 바꾸어 다시 작성하는 경우, 성명 등의 기재를 빠뜨리지 않도록 유의하여야 합니다.

4. 답안지에는 문제 내용을 기재할 필요가 없으며, 답안 내용 이외의 사항을 기재하거나 밑줄 기타 어떠한 표시도 하여서는 안 됩니다. 답안을 정정할 경우에는 두 줄로 긋고 다시 기재하여야 하며, 수정액 등은 사용할 수 없습니다.

5. 시험 종료 시각에 임박하여 답안지를 교체 요구한 경우라도 시험시간 종료 후 즉시 새로 작성한 답안지를 회수합니다.

6. 시험 종료 후에는 답안지 작성을 일절 할 수 없으며, 이에 위반하여 시험시간이 종료되었음에도 불구하고 **시험관리관의 답안지 제출지시에 불응한 채 계속 답안을 작성하거나 답안지를 늦게 제출할 경우 그 답안은 영점 처리** 됩니다.

7. 답안은 답안지 쪽수 번호 순으로 기재하여야 하고, **배부받은 답안지는 백지답안이라도 모두 제출**하여야 하며, **답안지를 제출하지 아니한 경우 그 시험시간 및 나머지 시험시간의 시험에 응시할 수 없습니다.**

8. 지정된 시간까지 지정된 시험실에 입실하지 아니하거나 시험관리관의 승인을 얻지 아니하고 시험시간 중에 그 시험실에서 퇴실한 경우 그 시험시간 및 나머지 시험시간의 시험에 응시할 수 없습니다.

9. 시험시간이 종료되기 전에는 어떠한 경우에도 문제지를 시험장 밖으로 가지고 갈 수 없고, 시험 종료 후 가지고 갈 수 있습니다.

법학전문대학원협의회
KOREAN ASSOCIATION OF LAW SCHOOLS

목 차

- I. **문제** ··· 2
- II. **작성요령과 주의사항** ·· 3
- III. **서면 양식** ·· 4
- IV. **기록내용**
  - 법률상담일지 I ··· 7
  - 내부회의록 I ·· 9
  - 인사발령통지서 ··· 11
  - 징계(정직) 처분사유 설명서 ··· 12
  - 경찰공무원 인사기록카드 ··· 15
  - 소청심사위원회 소청사건 심사결과 통지 ·· 16
  - 우편송달보고서 ··· 20
  - 공문[음주운전 등 의무위반 근절 추진계획 통보(하달)] ··················· 21
  - 공문(연말연시 음주운전 근절 계획) ·· 23
  - 법률상담일지 II ·· 24
  - 내부회의록 II ·· 26
  - 2022학년도 경찰대학 신입생모집요강 ·· 28
  - 주민등록표(등본) ·· 29

- V. **참고 자료**
  1. 관련법령(발췌) ··· 31
  2. 달력 ·· 38

【문　　제】

의뢰인 나경주와 나경대를 위하여, 법무법인 전승의 담당변호사 구대영의 입장에서 아래의 문서를 작성하시오.

1. 의뢰인 나경주에 대한 징계처분의 취소를 구하는 소장을 작성하되, 아래 사항을 준수하여 첨부된 양식의 ①부터 ⑦에 들어갈 내용을 작성하시오. (50점)

   가. ④에는 이 사건 소의 적법성 부분을 기재하되, 원고적격과 협의의 소의 이익은 기재하지 말 것.

   　또한, ⑥에는 법령상 허용되는 제소기간의 마지막 날을, ⑦에는 관할법원을 각 기재할 것.

   나. '이 사건 처분의 위법' 부분(⑤에 해당)에서는 <u>근거법령의 위헌·위법성에 관하여는 기재하지 말 것</u>.

2. 의뢰인 나경대를 위하여 헌법소원심판청구서를 작성하되, 아래 사항을 준수하여 첨부된 양식의 ①부터 ④에 들어갈 내용을 작성하시오. (50점)

   가. '청구취지' 부분(①)에서는 심판대상조항의 개정연혁을 기재할 것.

   나. '이 사건 심판청구의 적법성'부분(②)에서는 <u>공권력행사성, 기본권침해의 직접성, 보충성, 청구기간만</u> 기재할 것.

   다. 헌법소원심판청구서의 작성일(④, 제출일과 동일함)은 법령상 허용되는 청구기간의 마지막 날을 기재할 것.

【작성요령과 주의사항】

1. 첨부된 양식의 [　　　　　　] 에 들어갈 내용만 작성할 것.

2. 기록에 첨부된 각종 서류는 적법하게 작성된 것으로 간주하고, 서류 등에 필요한 서명과 날인, 무인과 간인 등은 모두 갖추어진 것으로 볼 것.

3. 기록에 첨부된 관련법령(일부 조문은 가상의 것으로 현행 법령과 차이가 있을 수 있음)은 이 사건의 모든 절차와 과정, 소장, 헌법소원심판청구서의 작성 및 제출 시 모두 시행되는 것으로 보고, 첨부된 관련법령과 다른 내용의 현행 법령은 고려하지 말 것.

4. 법률상담일지의 사실관계와 기록에 첨부된 자료들을 기초로 하고, 그것이 사실임을 전제로 할 것.

5. 기록 중 일부 생략된 것이 있을 수 있고, 오기(誤記)나 탈자(脫字)가 있을 수 있음.

6. 서면의 작성은 경어(敬語)로 할 것.

【소장 양식】

소 장

원 고 나경주
　　　(주소 생략)
　　　소송대리인 법무법인 전승
　　　담당변호사 구대영

피 고 ①

②

청 구 취 지

③

청 구 원 인

1. 이 사건 처분의 경위(생략)
2. 이 사건 소의 적법성

④

3. 이 사건 처분의 위법성

⑤

4. 결론(생략)

입 증 방 법(생략)
첨 부 서 류(생략)

⑥ ○○○○. ○○. ○○.

원고 소송대리인 법무법인 전승
담당변호사 구대영 (인)

⑦ 귀중

【헌법소원심판청구서 양식】

<h1 style="text-align:center;">헌법소원심판 청구서</h1>

청 구 인   (생략)

<h3 style="text-align:center;">청 구 취 지</h3>

①

<h3 style="text-align:center;">침 해 된 권 리</h3>

<h3 style="text-align:center;">침 해 의 원 인</h3>

<h3 style="text-align:center;">청 구 이 유</h3>

1. 사건개요와 심판대상 (생략)
2. 이 사건 심판청구의 적법성

②

3. 심판대상의 위헌성

③

4. 결론 (생략)

첨 부 서 류 (생략)

④ ○○○○. ○○. ○○.

청구인 대리인 (생략)

헌법재판소 귀중

기록내용 시작

수임번호 2021-0152	법률상담일지 I	2021. 6. 8.
의뢰인	나경주	의뢰인 전화	054) 853-5588
의뢰인 주소	경북 안동시 퇴계로 117	의뢰인 팩스	

상 담 내 용

1. 의뢰인 나경주는 2017. 3.경 경찰대학을 졸업하고 경위로 임관하였고, 2020. 7. 1.부터 경북안동경찰서 퇴계지구대 팀장으로 근무하였다.

2. 의뢰인은 2021. 1. 13. 19:30경부터 21:00경까지 경북 안동시 대안로 100에 있는 북문통닭에서 당구동호회원들과 맥주 두 잔을 마신 후 본인의 소렌토 차량을 운전하여 귀가하던 중, 2021. 1. 13. 21:06경 안동센트럴자이아파트 후문 앞 골목길에서 후진하던 그랜저 차량이 의뢰인의 차량 앞 범퍼를 충격한 교통사고가 발생하였다. 당시 사고신고를 받고 출동한 경찰관이 측정한 결과 의뢰인의 혈중알코올농도는 0.021%였다.

3. 당시 의뢰인은 상당 시간에 걸쳐 맥주 2잔만을 마셨으므로 술기운을 전혀 느끼지 못하였기 때문에 괜찮으리라 생각하고 운전을 하게 된 것이었다.

4. 경상북도경찰청장은 2021. 1. 28. 의뢰인에 대하여, 의뢰인이 위와 같이 음주운전을 함으로써 국가공무원법 제56조(성실 의무), 제57조(복종의 의무)를 위반하였다는 이유로 경북안동경찰서 보통징계위원회(이하 '징계위원회'라고만 함)의 의결을 거쳐 같은 법 제78조 제1항 제1, 2호에 따라 정직 2월의 징계처분을 하였다.

5. 당시 의뢰인은 위 징계처분을 위한 징계위원회의 개최사실을 통보받고 이에 대비하기 위하여 담당직원에게 징계조사보고서 등 징계 관련 서류의 열람·등사를 요청하였다. 그러나 위 담당직원은 무슨 이유에서인지 차일피일 시간을 끌다가 징계위원회 개최 이틀 전에야 열람·등사를 독촉하는 의뢰인에게 향후 징계위원회 일정이 촉박하고, 위 음주운전 외에는 별다른 징계사유나 특이한 내용의 조사사항이 없으므로 굳이 위 서류의 열람·복사를 허용할 필요가 없다는 이유로 이에 응하지 아니하였다.

이에 다급해진 의뢰인이 징계위원회 개최 당일 아침에 부랴부랴 안동지역에서 활동하는 변호사를 급히 선임하였고, 위 변호사가 원고와 함께 징계위원회에 출석하여 위 징계처분의 위법성에 관하여 의견진술을 하고자 하였다. 그러나 징계위원회에서는 징계위원회 개최 당일에야 선임된 변호사가 출석하여 의견을 진술하는 것이 징계위원회의 진행에 방해가 된다는 이유로 의뢰인 변호사의 출석을 불허하는 바람에 징계위원회에 참석하여 의견을 진술하지 못하였다.

6. 의뢰인은 위 징계처분에 불복하여 인사혁신처 소청심사위원회(이하 '소청심사위원회'라고만 함)에 위 징계처분의 취소를 구하였고, 소청심사위원회는 2021. 5. 27. 의뢰인이 그간 아무런 과오 없이 성실히 복무해온 점, 혈중알코올농도 수치가 낮고 의뢰인이 교통사고를 일으킨 것도 아니어서 사안이 경미한 점 등을 참작하여 위 정직 2월의 징계처분을 감봉 2월의 징계처분으로 감경하는 내용의 결정을 하였다.

7. 한편, 의뢰인은 2020. 11. 2. 제63주년 '112의 날'에 112 대응 우수 경찰관으로 선발되어 경찰청장으로부터 표창을 수여받는 등 총 4회에 걸쳐 표창을 받은 사실이 있는데, 소청심사위원회의 결정 이후 의뢰인이 징계 관련 기록을 열람해보니, 의뢰인이 위와 같이 경찰청장으로부터 표창을 받은 공적사항이 기재된 확인서가 징계위원회의 심의과정에 제출되지 아니하여 기록에 첨부되지 아니한 사실을 확인하였다.

8. 의뢰인의 희망사항

  의뢰인은 위 징계처분의 위법성을 다투어 자신의 억울함을 풀어줄 것을 희망한다.

법무법인 전승(담당변호사 구대영)
전화 02-555-2341, 팩스 02-555-2342, 이메일 9to0law@viclaw.com
서울 강남구 테헤란로 345

법무법인 전승 내부회의록 I

일 시 : 2021. 6. 10. 14:00 ~ 15:00
장 소 : 법무법인 전승 회의실
참석자 : 조용한 변호사(행정법팀장), 구대영 변호사

조 변호사: 지금부터 수임번호 2021-0152호 의뢰인 나경주에 대한 징계처분 사건에 관하여 논의해 보실까요. 어떠한 사건인가요?

구 변호사: 의뢰인은 경찰공무원으로서, 2020. 1. 13.경 근무를 마치고 당구동호회원들과 어울려 맥주 2잔을 마신 후 같은 날 21:06경 자신의 차량을 운전하여 귀가하던 중, 갑자기 후진하던 앞차로부터 충격당하는 사고를 당했습니다. 당시 의뢰인은 혈중알코올농도 0.021%에 불과하여 도로교통법상의 음주운전에 해당하지 아니함에도 2021. 1. 28. 경상북도경찰청장으로부터 정직 2월의 징계처분을 받았습니다. 이에 의뢰인이 소청심사를 청구하여 2021. 5. 27. 인사혁신처 소청심사위원회로부터 감봉 2월로 변경하는 내용의 결정을 받은 사건으로서, 위 징계처분의 위법성을 다투는 소송을 법원에 제기하고자 합니다.

조 변호사: 도로교통법상의 음주운전에 해당하지 아니함에도 경상북도경찰청장이 정직 2월의 징계처분을 한 사유가 무엇인가요.

구 변호사: 당시는 경찰청에서 경찰공무원의 음주운전 근절을 위해 지속적으로 모든 경찰관들에게 절대로 술을 먹고 운전을 하지 말라는 내용으로 음주운전 금지를 지시하였고, 특히 의뢰인의 음주운전 무렵에는 연말연시를 맞아 「연말연시 음주운전 등 의무위반 근절 추진계획 통보」 등 공문 발송, 그와 관련한 지속적인 교양 실시 및 문자메시지 발송 등을 통해 음주운전을 막고자 노력하고 있었음에도 불구하고 의뢰인이 술을 마시고 운전을 했다는 이유로 국가공무원법상의 성실 의무 위반, 복종의 의무 위반을 이유로 징계처분을 한 것입니다.

조 변호사: 일견 의뢰인의 혈중알코올농도 수치나 음주운전을 한 시간을 볼 때 징계사유가 있는지 여부에 의문이 드는데 어떤가요?

구 변호사: 네, 그렇습니다. 우선, 비록 의뢰인이 술을 마시기는 했지만, 그로 인한 혈중알코올농도가 최근 그 기준이 낮아진 도로교통법 상의 음주운전 최소수치인 0.03%에도 미치지 못하는 0.021%에 불과하므로 과연 이러한 행위를 징계할 수 있는지 의문입니다. 또한 음주운전 시점이 의뢰인의 근무시간이 아니었던 점도 고려되어야 할 것입니다.

조 변호사: 그렇군요. 이 사건 징계처분에 다른 실체상의 위법사유는 없던가요?

구 변호사: 설령 징계처분의 사유가 인정된다고 하더라도 위반행위의 내용 및 위반의 정도, 의뢰인의 성행 및 근무경력 등에 비해 지나치게 과중하다고 생각됩니다.

조 변호사: 저도 그렇게 생각되네요. 그 밖에 이 사건 징계처분에 절차상 하자는 없던가요?

구 변호사: 제가 의뢰인과 상담한 바로는 징계절차 중에 의뢰인의 방어권 보장을 위한 중요한 절차적 권리들이 침해된 것으로 파악됩니다. 기록과 법리를 면밀히 검토하여 필요한 주장을 소장에 개진하도록 하겠습니다.

조 변호사: 네, 고생 많으셨습니다. 오늘 논의한 사항들을 차분하게 잘 검토해서 소장을 작성하시기 바랍니다. 이상으로 회의를 마치겠습니다. 끝.

인사발령 통지서

경북안동경찰서
경위 **나 경 주**

국가공무원법 제78조 제1항 제1, 2호(징계사유)에 의하여 **정직 2월**에 처함.

2021년 1월 28일

경 상 북 도 경 찰 청 장

위와 같이 발령되었기에 알려드립니다.

2021년 1월 28일

경상북도경찰청 경무과장

징계(정직) 처분사유 설명서

계 급	성 명	소 속
경위	나경주	경북안동경찰서
주문	국가공무원법제78조제1항제1,2호에 의하여 **정직 2월**에 처함.	
이유	붙임 징계의결서 사본의 이유와 같음	
	위와 같이 처분하였음을 통지함 2021년 1월 28일 **경 상 북 도 경 찰 청 장** 나 경 주 귀하	

※ 이 처분에 불복 또는 이의가 있을 때에는 국가공무원법 제76조의 규정에 의하여, 30일 이내에 소청심사위원회에 심사 청구할 수 있음

이 유 서

경북안동서 경무과 대기
前, 경북안동서 퇴계지구대

경위 나 경 주

'2017. 03. 15. 임 경위
'2020. 07. 01. 현 부서

경찰공무원은 제반법령과 각종 지시명령을 준수하고 성실하게 복무해야 할 직무상의 의무가 있음에도 불구하고

○ 징계 혐의자는 '21. 1. 13. 19:30경부터 21:00경까지 경북 안동시 대안로 100에 있는 북문통닭에서 당구 동호회원들과 맥주 두 잔을 마신 후 본인의 소렌토 차량을 운전하여 귀가하던 중,

○ '21. 1. 13. 21:06경 안동센트럴자이아파트 후문 앞 골목길에서 후진하던 그랜저 차량이 의뢰인의 차량 앞 범퍼를 충격한 교통사고가 발생하는 등 음주상태(혈중알코올농도는 0.021%)에서 음주운전금지 지시를 위반한 비위

위와 같은 비위 사실은 국가공무원법 제56조(성실의무), 제57조(복종의 의무)에 위배하여 동법 제78조(징계사유) 제1항 제1,2호에 의한 징계사유라 하여
'21. 1. 28. 제1차 경북안동경찰서 경찰공무원 보통징계위원회에 회부

살피건대

○ 징계혐의자는 징계위원회에 출석하여 본인의 잘못을 깊이 뉘우치며 선처를 바란다고 진술함

심의결과

○ 징계혐의자는 음주운전 관련 의무위반 예방을 위해 그간 수차례에 걸쳐 평소 각급 상급자로부터 음주운전 금지 및 의무위반 발생시 엄중 문책한다는 사실을 지시·교양을 받고도 음주상태에서 운전을 하였고

○ 단속 주체로서의 경찰공무원에게 요구되는 고도의 윤리성을 고려하여 음주 정도에 관계없이 징계처분함이 상당하므로

주문과 같이 의결한다.

관리번호	220	경찰공무원 인사기록카드			(사진)
주민등록번호	(생략)				
성 명	나경주	주소	경상북도 안동시 퇴계로 117		
임용사항	2017. 3. 15. 경위 임용				

가족사항	(생략)				신체상태	(생략)
					학력	(생략)
상훈	17.09.20	경위	표창	민생치안업무유공	기동대장	교육훈련	(생략)
	18.12.19	경위	표창	중요피의자검거유공	경북청장		
	19.10.21	경위	표창	제**주년 경찰의날	경북청장		
	20.11.02	경위	표창	2020년 112대응우수	경찰청장		

(이하 생략)

소청심사위원회

수신 나경주 귀하
(경유)
제목 소청사건 심사결과 통지(2021-044)

　　　귀하가 청구한 소청사건에 대한 심사결과를 붙임과 같이 알려 드립니다.

붙임 결정문 1부. 끝.

소청심사위원회

（인사혁신처 소청심사위원회인）

행정주사	행정사무관	행정과장	전결 2021. 5. 27.
박민수	**이희수**		**윤경민**

협조자
시행   행정과-1234   (2021. 5. 27.)   접수
우 30102   세종특별자치시 도움5로 20 소청심사위원회   / www.mpm.go.kr
전화번호 044-201-8000   팩스번호 044-201-8001   /   비공개(6)

결 정

사　건　　2021-044 정직 처분 취소 청구
소청인　　성　명 : 나경주
　　　　　소　속 : 경찰청 경상북도경찰청 경북안동경찰서
　　　　　주　소 : 경상북도 안동시 퇴계로 117
피소청인　경상북도경찰청장

　　피소청인이 2021.01.28. 소청인 나경주에게 한 정직 2월 처분에 대하여 소청인으로부터 이의 취소를 구하는 소청이 있었으므로 우리 위원회는 이를 심사하여 다음과 같이 결정한다.

주　문

　　피소청인이 2021.01.28. 소청인에게 한 정직 2월 처분은 이를 감봉 2월로 변경한다.

이　유

1. 원 처분 사유 요지

   (생략)

2. 소청 이유 요지

   (생략)

3. 증거

   (생략)

4. 사실관계

   (생략)

5. 판단

   …(전략)… 등의 사정을 고려하면, 소청인의 책임이 매우 무겁다고 할 것이다.

   다만, 소청인이 그간 아무런 과오 없이 성실히 복무해온 점, 소청인의 혈중알코올농도 수치가 도로교통법이 정한 음주운전 최저기준인 0.03%보다 낮은 0.021%에 불과할 뿐만 아니라, 소청인이 음주운전으로 인해 교통사고를 일으킨 것이 아니라 오히려 소청인이 교통사고의 피해를 당하는 등의 사정에 비추어 사안이 경미한 점 등 심사결과 나타난 제반 사정을 종합하면, 정직 2월의 원 처분은 다소 과중하다.

6. 결정

   위와 같은 소청인의 행위는 「국가공무원법」 제56조(성실 의무), 제57조(복종의 의무)를 위배하여 같은 법 제78조 제1항 제1, 2호의 징계사유에 해당한다.

   이 사건의 징계양정에 있어 앞에서 살펴본 바와 같이 원 처분이 다소 과중하다고 판단되어 주문과 같이 결정한다.

   (이하 생략)

인사혁신처 소청심사위원회 2021.05.27.

(사건 2021-044)

위원장 　김 갑 을

위 원 　홍 을 병

위 원 　조 병 정

위 원 　오 정 무

위 원 　윤 무 경

위 원 　태 경 신

위 원 　김 신 임

위 원 　유 임 계

위 정본임.

2021. 5. 27.

인사혁신처 소청심사위원회

우편송달보고서

증서 2021년 제548호　　　　　　　　　2021년 5월 27일 발송

1. 송달서류　　소청심사 결정문
　　　　　　　(2021-044, 2021. 5. 27.)
　　　　　　　　　　　　발송자　인사혁신처 소청심사위원회 위원장

송달받을 자　나경주 귀하
　　　　　　　경북 안동시 퇴계로 117

영수인	나 경 주 (서명)	
①.	송달받을 자 본인에게 교부하였다.	
2	송달받을 자가 부재 중이므로 사리를 잘 아는 다음 사람에게 교부하였다.	
	사무원	
	피용자	
	동거자	
3	다음 사람이 정당한 사유 없이 송달받기를 거부하므로, 그 장소에 서류를 두었다.	
	송달받을 자	
	사무원	
	피용자	
	동거자	

송달연월일　2021. 5. 31.　11시 30분

송달장소　경북 안동시 퇴계로 117

위와 같이 송달하였다.
　　　　　　　　　　　　2021. 6. 1.
　　　　　　　　　우체국 집배원　김 택 송

법전협 2021년 2차 459

경상북도경찰청

수신   수신자 참조
(경유)
제목   음주운전 등 의무위반 근절 추진계획 통보(하달)

----

1. 관련근거
   연말연시 음주운전 근절 강조 지시(20. 12. 1. 경찰청장 지시)

2. 위 관련근거에 의거 연말연시 음주 및 사회적 비난행위 금지지시에도 불구 의무위반 행위가 지속적으로 발생하고 있어, 붙임과 같이 근절대책을 통보(하달)하니 각 과·관 및 경찰서장은 음주운전 등 의무위반 행위 근절에 노력하여 주시기 바랍니다.

붙임 : 음주운전 등 의무위반 근절 추진계획 1부. 끝.

경상북도경찰청장 [경상북도경찰청장의인]

수신자(생략)

| 경위 | 한호철 | 경장 | 한주봉 | 청문감사담당관 | 2020.12.1.
이성준 |

협조자

시행   청문감사담당관실-1958 (2020. 12. 1.)   접수 청문감사관-798   (2020. 12. 1.)

우 560-713 경상북도 안동시 풍천면 검무로 77(갈전리, 경북지방   / http://www.jbpolice.go.kr
          경찰청 청문감사담당관실)

전화 054)888-2116   팩스번호 2916   /   @police.go.kr   /비공개(6)

음주운전 등 의무위반 근절 추진계획

1. 추진 배경

   (생략)

2. 근절 대책

❑ 경찰서장 지구대·파출소 현장지도 방문

- 교대시간에 직접 지구대·파출소 직접 방문하여 조찬과 함께 간담회로 진행
- 교양내용: 음주운전 등 의무위반 근절 당부 및 현장애로사항 청취

❑ 음주(숙취) 여부 점검 및 음주운전 예방 교양 실시

- 기간: '20. 12. 1. ~ 지속
- 방법: 음주감지기 활용, 출근자 음주점검으로 경각심 고취, 퇴근자(비번·휴무) 대상으로 음주운전 예방 교양을 지속적으로 실시

❑ 술자리 '차 안가져가기 운동' 적극 추진

❑ 직무전념도 제고를 위한 '맞춤형 문자메시지' 발송(즉시)

- 밤늦게까지 과도한 술자리를 갖지 않도록 익일 근무자에 대하여 맞춤형 문자메시지 발송

  (예: 술자리 차 안 가져가셨죠?/ 익일 근무를 위하여 밤늦게까지 과도한 음주는 자제합시다/ 밤 9시 이전에 귀가하기 등)

(이하 생략)

경북안동경찰서

수신 수신자 참조
(경유)
제목 연말연시 음주운전 근절 계획

　　　　최근 연말연시를 맞아 잦은 음주로 인한 음주운전 등 의무위반이 우려됨에 따라 붙임과 같이 「연말연시 음주운전 근절 계획」을 통보(하달)하니 각 과장 및 지,파출소장은 시행에 만전을 기하기 바랍니다.

붙임 : 연말연시 음주운전 근절 계획 1부(생략). 끝.

경북안동경찰서장

수신자 각 과 및 지구대

(경상북도경찰청장 명의의 공문과 그 내용이 대동소이하므로 생략)

수임번호 2021-0162	**법률상담일지 II**	2021. 6. 11.
의뢰인	나경대	의뢰인 전화	02) 572-1966
의뢰인 주소	서울 성동구 독서당길 12, 101동 201호	의뢰인 팩스	

상 담 내 용

1. 의뢰인은 나경주의 동생으로, 현재 발해대학교 고고학과에 재학 중이다. 어린 시절 영화 '인디아나 존스'(Indiana Jones)를 보면서 고고학에 흥미를 가지게 된 의뢰인은 장래 한국의 인디아나 존스를 꿈꾸며 고고학과에 진학했다. 그러나 막상 대학에서 고고학을 공부하다보니, 고고학이 자신의 적성에 잘 맞지 않는다는 느낌을 가지게 되었다.

2. 대학생활에 흥미를 잃어가던 의뢰인은 군복무 후 휴학을 거듭했고, 자신의 진로에 대해서도 다시금 생각하게 되었다. 의뢰인은 이 무렵 현직 경찰인 형 나경주의 삶을 지켜보면서, 경찰로 살아가는 것의 매력과 보람에 관하여 알아가게 되었다. 의뢰인은 형처럼 경찰대학에 진학해 경찰이 되기로 결심했다. 대학 입시를 다시 준비하는 것을 가족에게 알리고 싶지 않았던 의뢰인은, 형에게도 비밀로 한 채 2022년 경찰대학에 입학하기 위해 입시준비에 박차를 가했다.

3. 그러던 의뢰인은 2021. 4. 5. 「2022년 경찰대학 신입생모집요강」을 확인하고 현행법상 입학 연도의 3월 1일 현재 21세 이상인 자는 경찰대학에 입학할 자격이 없음을 알게 되었다. 의뢰인은 형 나경주에게 연락해 이에 관하여 문의했는데, 형 나경주는 경찰조직의 특성상 나이가 많은 사람은 경찰대학에 입학할 수 없다고 했다.

4. 의뢰인은 좀 더 일찍 이러한 입학자격을 알아보지 않았던 것을 후회했지만, 생각해볼수록 연령을 기준으로 입학자격을 제한해 놓은 것이 부당하다는 확신을 가지게 되었다.

5. 의뢰인의 희망사항

   의뢰인은 경찰대학의 입학자격에 관한 이 같은 연령제한이 경찰대학에 진학해 경찰이 되고자 하는 자신의 기본권을 부당하게 침해한다는 측면에서 해당 조항에 대하여 헌법소원심판을 청구하고자 한다.

법무법인 전승(담당변호사 구대영)
전화 02-555-2341, 팩스 02-555-2342, 이메일 9to0law@viclaw.com
서울 강남구 테헤란로 345

법무법인 전승 내부회의록 Ⅱ

일　시 : 2021. 6. 14. 14:00 ~ 15:00
장　소 : 법무법인 전승 회의실
참석자 : 이진주 변호사(헌법팀장), 구대영 변호사

이 변호사: 의뢰인 나경대의 헌법소원심판 사건에 관하여 논의해 봅시다. 이 사건에서 다투어야 할 대상은 무엇인가요?

구 변호사: 의뢰인의 경우 현재 구체적 소송이 제기되어 있는 상태는 아닙니다. 따라서 의뢰인의 경찰대학 입학을 가로막는 규정을 심판대상으로 삼아 그것이 의뢰인의 기본권을 침해한다고 주장하면 어떨까 합니다.

이 변호사: 의뢰인의 경찰대학 입학제한과 관련한 규정으로는 경찰대학설치법과 행정안전부 고시가 있습니다. 모두 다 심판대상으로 삼기보다는, 의뢰인의 입학을 직접 제한하는 내용이 담긴 부분만을 심판대상으로 삼는 것이 좋아 보입니다.

구 변호사: 네, 저 역시 같은 생각입니다. 그렇다면 상위법인 경찰대학설치법이 아니라 행정안전부 고시를 심판대상으로 삼도록 하겠습니다.

이 변호사: 다만, 심판대상을 고시로 한정하더라도, 고시의 위헌성에 영향을 미치는 상위법(근거법률)의 위헌성은 함께 주장해야 할 것 같습니다. 자, 이제 심판청구의 적법성 부분으로 넘어갑시다. 기본권 침해를 다투는 헌법소원심판은 적법요건이 제법 까다롭습니다. 충실히 검토해 주시기를 부탁드립니다.

구 변호사: 잘 알겠습니다.

이 변호사: 본안판단과 관련하여, 의뢰인은 경찰대학에 입학할 수 없게 된 것을 다투고 있습니다. 그런데 의뢰인의 궁극적인 목적은 경찰대학에서 교육을 받는 것이 아니라, 경찰대학을 졸업해 경찰이 되는 데 있습

니다. 따라서 우리가 집중할 부분은 교육의 측면이 아니라, 직업의 측면이라고 봅니다. 그리고 경찰대학 입학자격에 관한 나이제한을 옹호하는 사람들은 젊은 인재 확보의 필요성, 졸업 전 현역병 징집으로 인한 학사운영의 공백 방지필요성 등을 주장한다고 하네요.

구 변호사: 네, 이 변호사님의 말씀, 잘 이해했습니다. 설사 그런 필요성이 있다고 해도 입학연령을 만 21세로 제한하는 것은 문제가 있어 보입니다. 또한 연령에 따른 입학상의 차별문제도 있을 것 같은데, 이것을 평등권 침해로 구성해 보면 어떨까요?

이 변호사: 그 역시 연령에 따른 입학제한 문제와 다르지 않으므로, 이 사건에서는 평등권보다는 더 직접적으로 문제되는 다른 기본권의 침해로 접근하는 것이 좋을 것 같습니다. 한편, 제 생각엔 의뢰인이 병역의무를 이행한 탓에 경찰대학 입학연령을 넘긴 것 같은데요, 이것이 '병역의무이행으로 인한 불이익한 처우'를 금지하는 헌법 제39조 제2항에 위반될 여지는 없는지요?

구 변호사: 저도 그 점을 의심했습니다만, 헌법재판소 판례를 조사해 보니 병역의무 이행으로 인해 결과적으로 입학이 어려워진 것은 헌법 제39조 제2항 위반으로 인정되지 않습니다.

이 변호사: 아, 그렇군요. 이 정도면 사건 파악이 잘 이루어진 것 같습니다. 이제 헌법소원심판청구서 작성에 만전을 기해 주시기 바랍니다. 이상으로 회의를 마치겠습니다. 끝.

2022학년도 경찰대학 신입생모집요강

1. 입학정원과 학과 진학
(생략)

2. 지원 자격
가. 일반·특별전형 공통
1) 학력: 고등학교를 졸업한 사람이나 2022년 2월까지 고등학교를 졸업할 예정인 사람 또는 법령에 따라 고등학교 졸업과 같은 수준 이상의 학력이 있다고 인정된 사람
2) 연령: 2001년 3월 1일 ~ 2005년 2월 28일 기간 중에 출생한 사람
3) 국적: 대한민국 국민(대한민국 국적을 가진 사람)

나. 특별전형 지원 자격
(생략)

3. 결격사유
가. 위에서 지원 자격으로 제시된 학력, 연령, 국적에 해당되지 않는 사람
나. 경찰공무원법 제8조 제2항의 결격사유에 해당되는 사람
다. 「경찰대학 학생모집 시험규칙」으로 정하는 신체기준(신체 조건과 체력 조건을 말한다.)에 미달하는 사람

주 민 등 록 표
(등 본)

이 등본은 세대별 주민등록표의 원본 내용과 틀림없음을 증명합니다.

2021년 6월 2일

세대주	나경대	세대구성 사유 및 일자	전입세대구성 ****-*-**
주 소		전입일 / 변동일 변 동 사 유	
현주소 전입	서울 성동구 독서당길 12, 101동 201호 2017-2-21/2017-2-21		전입
현주소	서울 성동구 독서당길 12, 101동 201호		

번호	세대주 관계	성 명 주민등록번호	전입일/변동일	변 동 사 유
1	본인	나경대 990205 - 1******		

= 이 하 여 백 =

서기 2021년 6월 2일

수입 증지
350원
인천광역시

서울특별시 성동구 옥수동장 (옥수동장의인)

서울특별시 성동구 옥수동장

기록이면표지

참고자료 1 – 관련 법령(발췌)

■ 경찰공무원법

제27조(징계의 절차) 경찰공무원의 징계는 징계위원회의 의결을 거쳐 징계위원회가 설치된 소속 기관의 장이 하되, 「국가공무원법」에 따라 국무총리 소속으로 설치된 징계위원회에서 의결한 징계는 경찰청장 또는 해양경찰청장이 한다. 다만, 파면·해임·강등 및 정직은 징계위원회의 의결을 거쳐 해당 경찰공무원의 임용권자가 하되, 경무관 이상의 강등 및 정직과 경정 이상의 파면 및 해임은 경찰청장 또는 해양경찰청장의 제청으로 행정안전부장관 또는 해양수산부장관과 국무총리를 거쳐 대통령이 하고, 총경 및 경정의 강등 및 정직은 경찰청장 또는 해양경찰청장이 한다.

■ 경찰공무원 징계령

제1조(목적) 이 영은 「경찰공무원법」 제26조 및 제27조에 따른 경찰공무원의 징계와 「국가공무원법」 제78조의2에 따른 징계부가금 부과에 필요한 사항을 규정함을 목적으로 한다.

제16조(징계등의 정도) 징계위원회는 징계등 사건을 의결할 때에는 징계등 심의 대상자의 평소 행실, 근무 성적, 공적(功績), 뉘우치는 정도와 징계등 의결을 요구한 자의 의견을 고려하여야 한다.

■ 경찰공무원 징계령 세부시행규칙 (경찰청예규)

제1조(목적) 이 규칙은 「경찰공무원 징계령」에서 위임된 사항과 그 시행에 필요한 사항을 규정함을 목적으로 한다.

제4조(행위자의 징계양정 기준) ① 징계의결요구권자 또는 징계위원회는 행위자에 대한 의무위반행위의 유형·정도, 과실의 경중, 평소의 행실, 근무성적, 공적, 뉘우치는 정도 또는 그 밖의 정상을 참작하여 별표 1, 별표 2, 별표 3, 별표 5, 별표 6의 징계양정기준에 따라 징계의결 요구 또는 징계의결하여야 한다. 단, 징계의결요구권자는 공금횡령·유용 및 업무상 배임의 금액이 300만원 이상일 경우에는 중징계 의결을 요구하여야 한다.

제8조(징계의 감경) ① 징계위원회는 징계의결이 요구된 자가 다음 각 호의 어느 하나에 해당하는 공적이 있는 경우 별표 9에 따라 징계를 감경할 수 있다.
1. 「상훈법」에 따라 훈장 또는 포장을 받은 공적
2. 「정부표창규정」에 따라 국무총리 이상의 표창을 받은 공적. 다만, 경감이하의 경찰공무원등은 경찰청장 또는 중앙행정기관 차관급 이상 표창을 받은 공적
3. 「모범공무원규정」에 따라 모범공무원으로 선발된 공적
② 경찰공무원등이 징계처분 또는 징계위원회의 권고에 의한 경고를 받은 사실이 있는 경우에는 그 징계처분 또는 경고처분 전의 공적은 제1항에 따른 감경대상 공적에서 제외한다.
③ 제1항에도 불구하고 의무위반행위의 내용이 다음 각 호의 어느 하나에 해당하는 경우에는 징계를 감경할 수 없다.
5. 「도로교통법」 제44조제1항에 따른 음주운전 또는 같은 조 제2항에 따른 음주측정에 대한 불응

제11조(변호인 등의 선임) 징계등 심의 대상자는 변호사를 변호인으로 선임하여 징계등 사건에 대한 보충진술과 증거제출을 하게 할 수 있다. 다만, 징계위원회의 허가를 받은 경우에는 변호사가 아닌 사람을 특별변호인으로 선임할 수 있다.

【별표1】 행위자의 징계양정 기준(제4조 관련)

의무위반행위 및 과실의 정도 의무위반행위유형	의무위반행위의 정도가 심하고 고의가 있는 경우	의무위반행위의 정도가 심하고 중과실이거나, 의무위반행위의 정도가 약하고 고의가 있는 경우	의무위반행위의 정도가 심하고 경과실이거나, 의무위반행위의 정도가 약하고 중과실인 경우	의무위반행위의 정도가 약하고 경과실인 경우
1. 성실의무 위반				
러. 기타	파면~해임	강등~정직	감봉	견책
2. 복종의무 위반				
나. 기타	파면~해임	강등~정직	감봉	견책

【별표 9】 징계양정 감경기준(제8조 관련)

제4조 및 제5조에 따라 인정되는 징계양정	제8조에 따라 감경된 징계양정
파 면	해 임
해 임	강 등
강 등	정 직
정 직	정직 처분 개월수 변경 또는 감봉
감 봉	감봉 처분 개월수 변경 또는 견책
견 책	불문경고

■ **행정절차법 시행령**

제2조(적용제외) 법 제3조 제2항 제9호에서 "대통령령으로 정하는 사항"이라 함은 다음 각 호의 어느 하나에 해당하는 사항을 말한다.
3. 공무원 인사관계법령에 의한 징계 기타 처분에 관한 사항

■ **각급 법원의 설치와 관할구역에 관한 법률**

제1조(목적) 이 법은 「법원조직법」 제3조제3항에 따라 각급 법원의 설치와 관할구역을 정함을 목적으로 한다.

제4조(관할구역) 각급 법원의 관할구역은 다음 각 호의 구분에 따라 정한다. <단서 생략>

1. 각 고등법원·지방법원과 그 지원의 관할구역: 별표 3
2. ~ 3. <생략>
4. 행정법원의 관할구역: 별표 6
5. ~ 6. <생략>
7. 행정사건을 심판하는 춘천지방법원 및 춘천지방법원 강릉지원의 관할구역: 별표 9
8. <생략>

[별표 3]

고등법원·지방법원과 그 지원의 관할구역

고등법원	지방법원	지원	관할구역
서울	서울중앙		서울특별시 종로구·중구·강남구·서초구·관악구·동작구
	서울동부		서울특별시 성동구·광진구·강동구·송파구
	서울남부		서울특별시 영등포구·강서구·양천구·구로구·금천구
	서울북부		서울특별시 동대문구·중랑구·성북구·도봉구·강북구·노원구
	서울서부		서울특별시 서대문구·마포구·은평구·용산구
	의정부		의정부시·동두천시·양주시·연천군·포천시, 강원도 철원군. 다만, 소년보호사건은 앞의 시·군 외에 고양시·파주시·남양주시·구리시·가평군
		고양	고양시·파주시
		남양주	남양주시·구리시·가평군 [시행일: 2022. 3. 1.]
	인천		인천광역시
		부천	부천시·김포시
	춘천		춘천시·화천군·양구군·인제군·홍천군. 다만, 소년보호사건은 철원군을 제외한 강원도
		강릉	강릉시·동해시·삼척시
		원주	원주시·횡성군
		속초	속초시·양양군·고성군
		영월	태백시·영월군·정선군·평창군
대전	대전		대전광역시·세종특별자치시·금산군
		홍성	보령시·홍성군·예산군·서천군
		공주	공주시·청양군
		논산	논산시·계룡시·부여군
		서산	서산시·당진시·태안군
		천안	천안시·아산시
	청주		청주시·진천군·보은군·괴산군·증평군. 다만, 소년보호사건은 충청북도

		충 주	충주시·음성군
		제 천	제천시·단양군
		영 동	영동군·옥천군
대 구	대 구		대구광역시 중구·동구·남구·북구·수성구·영천시·경산시·칠곡군·청도군
		서 부	대구광역시 서구·달서구·달성군, 성주군·고령군
		안 동	안동시·영주시·봉화군
		경 주	경주시
		포 항	포항시·울릉군
		김 천	김천시·구미시
		상 주	상주시·문경시·예천군
		의 성	의성군·군위군·청송군
		영 덕	영덕군·영양군·울진군

[별표 6]

행정법원의 관할구역

고 등 법 원	행 정 법 원	관 할 구 역
서 울	서 울	서울특별시

[별표 9]

행정사건을 심판하는 춘천지방법원 및 춘천지방법원 강릉지원의 관할구역

명 칭	관 할 구 역
춘천지방법원	춘천지방법원의 관할구역 중 강릉시·동해시·삼척시·속초시·양양군·고성군을 제외한 지역
춘천지방법원 강릉지원	강릉시·동해시·삼척시·속초시·양양군·고성군

■ 경찰대학설치법

제3조(입학자격) 대한민국 국민으로서 고등교육법 제33조에 규정된 학력이 있는 자는 경찰대학에 입학할 수 있다. 그 밖의 입학자격에 관하여는 행정안전부 장관이 고시로 정한다.

■ 고등교육법

제33조(입학자격) ① 대학(산업대학·교육대학·전문대학 및 원격대학을 포함하며, 대학원대학은 제외한다)에 입학할 수 있는 사람은 고등학교를 졸업한 사람이나 법령에 따라 이와 같은 수준 이상의 학력이 있다고 인정된 사람으로 한다.
② 학사학위과정과 석사학위과정의 통합과정에 입학할 수 있는 사람은 제1항에 따른 자격이 있거나 해당 대학에 재학 중인 사람으로서 학칙으로 정하는 기준을 충족하는 사람으로 한다.
③ 대학원의 석사학위과정, 석사학위과정과 박사학위과정의 통합과정에 입학할 수 있는 사람은 학사학위를 가지고 있는 사람이나 법령에 따라 이와 같은 수준 이상의 학력이 있다고 인정된 사람으로 한다.
④ 대학원의 박사학위과정에 입학할 수 있는 사람은 석사학위를 가지고 있는 사람이나 법령에 따라 이와 같은 수준 이상의 학력이 있다고 인정된 사람으로 한다.

■ 경찰공무원법

제8조(임용자격 및 결격사유) ① 경찰공무원은 신체 및 사상이 건전하고 품행이 방정(方正)한 사람 중에서 임용한다.
② 다음 각 호의 어느 하나에 해당하는 사람은 경찰공무원으로 임용될 수 없다.
  1. 대한민국 국적을 가지지 아니한 사람
  2. 「국적법」 제11조의2제1항에 따른 복수국적자
  3. 피성년후견인 또는 피한정후견인
  4. 파산선고를 받고 복권되지 아니한 사람
  5. 자격정지 이상의 형(刑)을 선고받은 사람
  6. 자격정지 이상의 형의 선고유예를 선고받고 그 유예기간 중에 있는 사람
  7. 공무원으로 재직기간 중 직무와 관련하여 「형법」 제355조 및 제356조에 규정된 죄를 범한 자로서 300만원 이상의 벌금형을 선고받고 그 형이 확정된 후 2년이 지나지 아니한 사람

8. 「성폭력범죄의 처벌 등에 관한 특례법」 제2조에 규정된 죄를 범한 사람으로서 100만 원 이상의 벌금형을 선고받고 그 형이 확정된 후 3년이 지나지 아니한 사람
9. 미성년자에 대한 다음 각 목의 어느 하나에 해당하는 죄를 저질러 형 또는 치료감호가 확정된 사람(집행유예를 선고받은 후 그 집행유예기간이 경과한 사람을 포함한다)
    가. 「성폭력범죄의 처벌 등에 관한 특례법」 제2조에 따른 성폭력범죄
    나. 「아동·청소년의 성보호에 관한 법률」 제2조제2호에 따른 아동·청소년 대상 성범죄
10. 징계에 의하여 파면 또는 해임처분을 받은 사람

■ 경찰대학 입학관리기준(2021. 1. 29. 행정안전부고시 제2021-3호)

경찰대학설치법 제3조에 따라 경찰대학에 입학할 수 없는 자는 다음과 같다.
 1. 입학 연도의 3월 1일 현재 17세 미만인 자와 21세 이상인 자
 2. 경찰공무원법 제8조 제2항 각 호의 1에 해당하는 자
 3. 사상이 건전하지 아니한 자
 4. 학칙에 규정된 신체기준에 미달한 자
 5. 본교 또는 다른 대학에서 퇴학 처분을 받은 자
부칙
 이 고시는 2021년 1월 29일부터 시행한다.

476

참고자료 2 - 달력

2020년 11월
일	월	화	수	목	금	토
1	2	3	4	5	6	7
8	9	10	11	12	13	14
15	16	17	18	19	20	21
22	23	24	25	26	27	28
29	30					

2020년 12월
일	월	화	수	목	금	토
		1	2	3	4	5
6	7	8	9	10	11	12
13	14	15	16	17	18	19
20	21	22	23	24	[25]	26
27	28	29	30	31		

2021년 1월
일	월	화	수	목	금	토
					[1]	2
3	4	5	6	7	8	9
10	11	12	13	14	15	16
17	18	19	20	21	22	23
24	25	26	27	28	29	30
31						

2021년 2월
일	월	화	수	목	금	토
	1	2	3	4	5	6
7	8	9	10	[11]	[12]	[13]
14	15	16	17	18	19	20
21	22	23	24	25	26	27
28						

2021년 3월
일	월	화	수	목	금	토
	[1]	2	3	4	5	6
7	8	9	10	11	12	13
14	15	16	17	18	19	20
21	22	23	24	25	26	27
28	29	30	31			

2021년 4월
일	월	화	수	목	금	토
				1	2	3
4	5	6	7	8	9	10
11	12	13	14	15	16	17
18	19	20	21	22	23	24
25	26	27	28	29	30	

2021년 5월
일	월	화	수	목	금	토
						1
2	3	4	[5]	6	7	8
9	10	11	12	13	14	15
16	17	18	[19]	20	21	22
23	24	25	26	27	28	29
30	31					

2021년 6월
일	월	화	수	목	금	토
		1	2	3	4	5
6	7	8	9	10	11	12
13	14	15	16	17	18	19
20	21	22	23	24	25	26
27	28	29	30			

2021년 7월
일	월	화	수	목	금	토
				1	2	3
4	5	6	7	8	9	10
11	12	13	14	15	16	17
18	19	20	21	22	23	24
25	26	27	28	29	30	31

2021년 8월
일	월	화	수	목	금	토
1	2	3	4	5	6	7
8	9	10	11	12	13	14
15	16	17	18	19	20	21
22	23	24	25	26	27	28
29	30	31				

2021년 9월
일	월	화	수	목	금	토
			1	2	3	4
5	6	7	8	9	10	11
12	13	14	15	16	17	18
19	[20]	[21]	[22]	23	24	25
26	27	28	29	30		

2021년 10월
일	월	화	수	목	금	토
					1	2
3	4	5	6	7	8	[9]
10	11	12	13	14	15	16
17	18	19	20	21	22	23
24	25	26	27	28	29	30
31						

□ 표시된 날은 평일 중 공휴일임.

확 인 : 법학전문대학원협의회

2021년도 제1차 변호사시험 모의시험 – 논술형(기록형)

| 시험과목 | 공 법(기록형) |

응시자 준수사항

1. 시험 시작 전 문제지의 봉인을 손상하는 경우, 봉인을 손상하지 않더라도 문제지를 들추는 행위 등으로 문제 내용을 미리 보는 경우 모두 부정행위로 간주되어 그 답안은 영점 처리 됩니다.

2. 답안은 흑색 또는 청색 필기구(사인펜이나 연필 사용 금지) 중 한 가지 필기구만을 사용하여 답안 작성 난(흰색 부분) 안에 기재하여야 합니다.

3. 답안지에 성명과 수험 번호를 기재하지 않아 인적 사항이 확인되지 않는 경우에는 영점 처리 등 불이익을 받게 됩니다. 특히 답안지를 바꾸어 다시 작성하는 경우, 성명 등의 기재를 빠뜨리지 않도록 유의하여야 합니다.

4. 답안지에는 문제 내용을 기재할 필요가 없으며, 답안 내용 이외의 사항을 기재하거나 밑줄 기타 어떠한 표시도 하여서는 안 됩니다. 답안을 정정할 경우에는 두 줄로 긋고 다시 기재하여야 하며, 수정액 등은 사용할 수 없습니다.

5. 시험 종료 시각에 임박하여 답안지를 교체 요구한 경우라도 시험시간 종료 후 즉시 새로 작성한 답안지를 회수합니다.

6. 시험 종료 후에는 답안지 작성을 일절 할 수 없으며, 이에 위반하여 시험 시간이 종료되었음에도 불구하고 **시험관리관의 답안지 제출지시에 불응한 채 계속 답안을 작성하거나 답안지를 늦게 제출할 경우 그 답안은 영점 처리** 됩니다.

7. 답안은 답안지 쪽수 번호 순으로 기재하여야 하고, **배부받은 답안지는 백지 답안이라도 모두 제출**하여야 하며, **답안지를 제출하지 아니한 경우 그 시험시간 및 나머지 시험시간의 시험에 응시할 수 없습니다.**

8. 지정된 시간까지 지정된 시험실에 입실하지 아니하거나 시험관리관의 승인을 얻지 아니하고 시험시간 중에 그 시험실에서 퇴실한 경우 그 시험시간 및 나머지 시험시간의 시험에 응시할 수 없습니다.

9. 시험시간이 종료되기 전에는 어떠한 경우에도 문제지를 시험장 밖으로 가지고 갈 수 없고, 시험 종료 후 가지고 갈 수 있습니다.

법학전문대학원협의회
KOREAN ASSOCIATION OF LAW SCHOOLS

목 차

I. **문제** 2

II. **작성요령과 주의사항** 3

III. **서면 양식** 4

IV. **기록내용**
  - 법률상담일지 8
  - 내부회의록(1) 10
  - 판결문 12
  - 강제퇴거명령서(레이 오취리) 14
  - 긴급보호서 15
  - 출입국사범 심사결정 통고서 16
  - 강제퇴거명령서(킴 오취리) 17
  - 보호명령서 18
  - 우편송달보고서 19
  - 탄원서 20
  - 소송위임장 (행정소송 등) 21
  - 변론조서 22
  - 내부회의록(2) 23
  - 보호명령제도의 실무와 해외사례 조사 보고 25

V. **참고 자료**
  1. 관련법령(발췌) 26
  2. 달력 31

【문 제】

1. 소장의 작성 (35점)

○○대학교 리걸클리닉센터의 개인 자문변호사 김공존의 입장에서, 의뢰인 킴 오취리를 위하여 취소소송의 소장을 작성하되, 아래 사항을 준수하여 첨부된 양식의 ①부터 ⑤에 들어갈 내용을 작성하시오.

가. 'Ⅱ. 소의 적법성' 부분(③)에서는 문제되는 요건을 중심으로 기재할 것

나. 'Ⅲ. 처분의 위법성' 부분(④)에서는 근거 법령의 위헌성 주장에 관한 내용 및 1. 원고의 아버지(레이 오취리)에 대한 처분에 관한 내용은 기재하지 말 것

다. 소장의 작성일란(⑤)에서는 취소소송의 대상으로 삼은 처분 전부에 대하여 허용되는 적법한 제소기간 내 최종일을 기재할 것

2. 집행정지신청서의 작성 (15점)

문제 1.의 소장과 함께 제기할 집행정지신청서를 작성하되, 첨부된 양식의 ①부터 ③에 들어갈 내용을 작성하시오.

3. 위헌법률심판제청신청서의 작성 (50점)

문제 1.에 따라 제기된 행정소송에서, 의뢰인 킴 오취리를 위하여 위헌법률심판제청신청서를 작성하되, 첨부된 양식의 ①부터 ⑤에 들어갈 내용을 작성하시오.

【작성요령과 주의사항】

1. 「출입국관리법」 및 그 시행령, 시행규칙의 내용은 가상(假想)의 것으로 실제 법령의 내용과는 차이가 있으므로 첨부된 법령의 내용과 다른 실제 법령은 고려하지 말 것.

2. 법률상담일지의 사실관계와 기록에 첨부된 자료들을 기초로 하고, 그것이 사실임을 전제로 할 것

3. 기록에 첨부된 각종 서류는 적법하게 작성된 것으로 간주하고, 서류 등에 필요한 서명과 날인, 무인과 간인 등은 모두 갖추어진 것으로 볼 것

4. 기록 중 '생략'으로 표시된 부분은 모두 기재된 것으로 볼 것

5. 문장은 경어(敬語)체로 작성할 것

【소장 양식】

소 장

원 고 ○○○
　　　　○○○
　　　　　소송대리인 ○○○

피 고 ┌─────────────┐
　　　　│   ①   │
　　　　└─────────────┘

(생략)

청 구 취 지
┌─────────────────────────────────────┐
│   ②   │
└─────────────────────────────────────┘

청 구 이 유

Ⅰ. 처분의 경위 등(생략)

Ⅱ. 소의 적법성
┌─────────────────────────────────────┐
│   ③   │
└─────────────────────────────────────┘

Ⅲ. 처분의 위법성
　1. 원고의 아버지에 대한 처분(생략)
　2. 원고에 대한 처분
┌─────────────────────────────────────┐
│   ④   │
└─────────────────────────────────────┘

Ⅳ. 결론(생략)

입증방법 (생략)
첨부서류 (생략)
┌─────────┐
│   ⑤   │
└─────────┘

　　　　　　　　　　　　　　　　원고 소송대리인
　　　　　　　　　　　　　　　　변호사 ○○○ (인)

○○○○ 귀중

【집행정지신청서 양식】

<h2 style="text-align:center;">집 행 정 지 신 청 서</h2>

신 청 인 ○○○
피신청인 ○○○

신 청 취 지

①

신 청 이 유

Ⅰ. 처분의 경위 등(생략)

Ⅱ. 집행정지의 요건
 1. 처분등의 존재(생략)
 2. 본안소송이 적법하게 계속 중임(생략)
 3. 본안청구가 이유 없음이 명백하지 않음(생략)
 4. 회복하기 어려운 손해를 예방하기 위한 긴급한 필요

②

 5. 공공복리에 중대한 영향을 미칠 우려가 없을 것

③

Ⅳ. 결론(생략)

입 증 방 법 (생략)
첨 부 서 류 (생략)

0000. 00. 00.

신청인의 대리인
변호사 ○○○ (인)

○○○○ 귀중

【위헌법률심판제청신청서 양식】

위헌법률심판제청신청서

사 건　①
원 고　○○○
피 고　○○○

위 사건에 관하여 원고는 아래와 같이 위헌법률심판제청을 신청합니다.

신 청 취 지

②

신 청 이 유

Ⅰ. 사건의 개요 (생략)

Ⅱ. 적법요건

③

Ⅲ. 위헌이라고 해석되는 이유

④

Ⅳ. 결론 (생략)

0000. 00. 00.

원고 소송대리인

변호사 ○○○ (인)

⑤　귀중

기록내용 시작

수임번호 2021-21	**법률상담일지 I**	2021. 5. 18.
의뢰인	킴 오취리 (KIM OCHIRI)	**의뢰인 전화**	대리인 010-2345-6789
의뢰인 주소	서울 용산구 한남동 685-43 이주민지원센터 3층	**의뢰인 팩스**	

상 담 내 용

※ 의뢰인 킴 오취리가 외국인보호소에 수용되어 있어서, 의뢰인을 대리하여 방문한 이주민 지원단체 활동가 장진영과 상담한 내용임

1. 의뢰인 킴 오취리는 가나 국적의 아버지 레이 오취리와 어머니 민디 오취리의 2남 1녀 중 첫째 아들로, 1999년 3월 24일 대한민국에서 출생하였다. 의뢰인의 아버지는 1997년 기업투자(D-8) 체류자격으로, 어머니는 동반(F-3) 체류자격으로 입국하였고, 의뢰인은 대한민국에서 출생한 이후 아버지의 체류자격을 주 체류자격으로 하여 동반(F-3) 체류자격으로 대한민국에 체류하였다.

2. 의뢰인은 대한민국에서 출생하여, 대한민국의 정규 교과과정을 고등학교까지 이수하였다. 그 후 2019년부터 서울 이태원 소재 아프리카 전문 음식점에서 종업원으로 근무하고 있다.

3. 의뢰인 아버지는 2020. 11. 4. 사업을 위하여 한국인 거래처 사람들과 회식하고 차를 몰고 돌아오던 중 음주운전으로 단속되어 단속경찰관과 다투었고, 이 혐의로 기소되어 2021. 3. 5. 음주운전 및 공무집행방해죄로 징역 1년에 집행유예 2년의 판결을 선고받아 확정되었다. 그 후 의뢰인의 아버지는 2021. 4. 2. 서울출입국·외국인청장으로부터 출국명령을 받았고, 이를 이행하지 않자 4. 18. 강제퇴거명령을 받아 출국하였다. 이에 따라 레이 오취리의 체류에 대한 동반체류자격으로 체류하던 의뢰인과 그의 어머니는 체류자격을 상실하였다.

4. 의뢰인은 2021. 5. 3. 오전 8시경 직장에 출근하던 중 서울출입국·외국인청의 불법체류자 단속을 당하여 긴급보호조치되었고, 5. 4. 서울출입국·외국인청장으로부터 강제퇴거명령(송환국 가나) 및 보호명령을 받아 현재 화성 외국인보호소에 보호중이다.

5. 의뢰인은 가나 공용어를 거의 하지 못하고, 한국어를 모국어처럼 사용하고 있다. 의뢰인은 아버지가 강제출국 될 때 공항에서 잠시 본 후 현재는 연락을 할 수 없는 상태이다. 현재 의뢰인 자신이 다른 가족들을 부양해야 하는 상황으로, 어머니는 남동생과 여동생과 같이 기존 거주지를 나와서 지인인 외국인들의 도움을 받아 생활하는 것으로 알고 있으나, 현재 불법체류자 신분이라 함부로 연락할 수 없다면서 연락처도 알려주지 않고 있다.

6. 의뢰인은 아버지가 대한민국에서 적법하게 사업(중고차량수출)을 하고 있었으나, 갑자기 아버지가 사소한 실수로 억울하게 강제퇴거까지 당하여 아버지는 5년간 재입국할 수 없고, 자신도 출국해야 하는 상황이 되었는바, 자신의 강제퇴거명령 및 보호명령은 물론 아버지에 대한 조치도 다투어서 다시 적법하게 대한민국에서 생활할 수 있기를 바라고 있다.

00대학교 리걸클리닉센터
06133 서울 종로구 세종로 123 공익법빌딩 6층
Tel 02.780.2341, Fax 02.780.2342
Email legalclinic@abcu.ac.kr legalclinic.abcu.ac.kr

리걸클리닉센터 내부회의록(1)

일　시 : 2021. 5. 18. 14:00 ~ 15:00
장　소 : ○○대학교 리걸클리닉 회의실
참석자 : 박인권 변호사(리걸클리닉센터장), 김공존 변호사(자문변호사)

박 변호사: 김 변호사, 의뢰인 킴 오취리 사건에 관하여 논의해 볼까요? 의뢰인의 사정이 매우 딱하긴 한데, 의뢰인이 원하는 바를 달성하려면 어떤 처분들에 대하여 다퉈야 하는 것인가요?

김 변호사: 네, 의뢰인은 동반(F-3) 체류자격으로 체류하고 있다가 아버지의 주 체류자격(D-8)이 상실됨으로써 자신의 체류자격도 상실된 것이므로, 우선 아버지에 대한 강제퇴거명령에 관하여 의뢰인이 다투어야 할 것 같습니다.

박 변호사: 의뢰인이 제3자인 아버지에 대한 처분을 다툴 수 있는가요? 또 아버지는 이미 출국하였는데도 가능한가요?

김 변호사: 일반적인 경우에는 출국한 이후에도 본인이 해외에서 수임하여 소송을 진행할 수 있습니다. 그러나 현재 의뢰인이 아버지와 연락할 수 없어서 아버지 명의로 소송을 제기하기가 곤란합니다. 더불어 아버지가 강제퇴거를 당하면 5년간 재입국이 금지되므로, 일단 다투어야 될 것 같습니다.

박 변호사: 알겠습니다. 소송요건과 관련하여 이 사건은 출입국관리법상 전형적인 처분이라 처분성은 특별히 문제가 안 될 것 같으니, 다른 요건을 잘 검토해 보시기 바랍니다. 다만, 의뢰인의 아버지에 관한 처분의 본안에 대해서는 현재 사정을 자세히 알기 어려우니 추후 보완하여 준비서면으로 제출하는 게 좋겠습니다. 현재 의뢰인의 상황은 어떤가요.

김 변호사: 의뢰인은 화성 외국인보호소에 수용되어 있습니다. 아직 정식으로 수임하기 전이니 의뢰인과 유일하게 면회가 가능한 장진영씨와 상의하여 소송위임장을 작성하고, 신속하게 강제퇴거명령 및 보호명령에 대한 집행정지신청을 해야 할 것 같습니다.

박 변호사: 알겠습니다. 외국인에 대한 강제퇴거 사건에서 특히 보호명령에 대하여는 출입국관리의 목적상 도주의 우려가 있으면 법원에서 집행정지신청을 잘 받아주지 않는 것 같으니, 이 부분에 대한 주장을 포함하여 집행정지의 요건을 잘 검토해서 주장해보기 바랍니다. 그럼, 본안에서 주장할만한 위법사유가 있을까요.

김 변호사: 네. 강제퇴거는 체류자격이 없다는 이유만으로 기계적으로 할 것이 아니라, 출입국관리법의 적용을 통해 달성하려는 공익과 외국인이 우리나라에서 체류하면서 가지게 된 구체적인 사정을 비교하여 인도적 관점에서 전향적으로 결정해야 한다고 주장하려고 합니다.

박 변호사: 좋은 생각입니다. 하급심 판결 중에 유사한 사안이 있었던 것 같은데, 잘 정리해서 주장해보기 바랍니다. 그밖에 주장할만한 처분의 하자는 없는가요?

김 변호사: 네. 장진영씨로부터 들은 바에 의하면, 사실 의뢰인에 대한 강제퇴거 명령서는 의뢰인이 임시로 거주하던 이주민 지원센터로 송달되었습니다. 일반적인 경우라면, 그런 서류는 의뢰인에게 직접 전달되는 것이라고 합니다.

박 변호사: 알겠습니다. 여러모로 의뢰인의 사정이 딱하고 시간적으로도 급박한 사건이군요. 김 변호사가 우선은 취소소송의 소장과 집행정지신청서를 잘 작성해 주시기 바랍니다. 추후 재판진행경과를 보면서 헌법적 쟁점에 대해서도 다툴지를 검토해 봅시다.

이상으로 회의를 마치겠습니다. 끝.

서울서부지방법원
판결

사　　　건　　2021고단15432　공무집행방해, 도로교통법위반(음주운전)

피　고　인　　레이 오취리 (700508-*******), 무역업

　　　　　　　주거, 등록기준지 (생략)

검　　　사　　윤성일(기소, 공판)

변　호　인　　변호사 김선행(국선)

판 결 선 고　　2021. 3. 5.

주　　문

피고인을 징역 1년에 처한다.

다만, 이 판결 확정일로부터 2년간 위 형의 집행을 유예한다.

이　　유

범죄사실

1. 도로교통법위반(음주운전)

피고인은 2020. 11. 4. 22:00경 서울 (주소 생략) 음식점 지상주차장에서부터 서울 용산구 한강로1가 24-9에 이르기까지 약 3.5km 구간에서 혈중알콜농도 0.066%의 술에 취한 상태로 (차량등록번호 생략) 소나타 승용차를 운전하였다.

2. 공무집행방해

피고인은 2020. 11. 4. 22:15경 위 1.항과 같은 장소에서 음주운전 단속을 하는

용산경찰서 이태원지구대 소속 순경 공소외 1로부터 음주측정을 요구받자 위 공소외 1에게 '헤이, 나 술 안 먹었어. 인종차별하지 마라. 이 나쁜 놈아'라고 말하며 왼손으로 공소외 1의 가슴 부위를 3회 때려 폭행하였다.
피고인은 위와 같이 경찰관 공소외 1의 음주운전 단속에 관한 정당한 직무집행을 방해하였다.

증거의 요지 (생략)

법령의 적용 (생략)

판사   정 한 준   _____

■ 출입국관리법 시행규칙 [별지 제110호서식] <개정 2018. 6. 12.>

강제퇴거명령서
DEPORTATION ORDER

Date 2021. 4. 18.

대상자 Subject of Deportation Order	성 명 Name in Full	레이 오취리 RAY OCHIRI		
	생년월일 Date of Birth	1970. 5. 8. May 8th, 1970	성 별 Sex	[√] 남 [ ] 여 [√] M [ ] F
	국적 Nationality	가나공화국 Republic of Ghana	직업 Occupation	무역업 trade business
	대한민국 내 주소 Address in Korea	서울 용산구 이태원1동 234-1 Seoul, Yongsan-Gu, Itaewon 1dong, 234-1		
강제퇴거 이유(적용 법규정) Reason for Deportation (Applicable Provision)		「출입국관리법」 제46조제1항제13호 Section 13 of Art.46 Para.1 of the Immigration Act		
집행방법 Mode of Execution				
송환국 Country of Repatriation		가나공화국 Republic of Ghana		

1. 「출입국관리법」 제50조에 따라 위와 같이 강제퇴거명령서를 발급합니다.
   In accordance with Article 50 of the Immigration Act, the deportation order is issued to the person above.

2. 귀하는 이 명령서를 받은 날부터 7일 이내에 법무부장관에게 이의신청을 하거나, 90일 이내에 행정심판 또는 행정소송을 제기할 수 있습니다.
   ※ 행정심판을 청구할 때에는 온라인행정심판(www.simpan.go.kr), 행정소송을 청구할 때에는 전자소송(ecfs.scourt.go.kr)을 통하여 온라인으로도 청구할 수 있습니다.

   A person who has an objection to the above disposition may file an objection with the Minister of Justice within 7 days after receipt of the deportation order or file an administrative appeal or an administrative litigation within 90 days from the date of receiving the deportation order.
   ※ You may file an administrative appeal online (www.simpan.go.kr) and an administrative litigation on the Internet (ecfs.scourt.go.kr)

서울출입국·외국인청장
CHIEF, SEOUL IMMIGRATION OFFICE

[직인]

집행결과 Result of Execution	집행자 Executing Official	서명 Signature
2021. 4. 18.	김외인	

210mm×297mm[백상지(80g/㎡) 또는 중질지(80g/㎡)]

492

■ 출입국관리법시행규칙 [별지 제98호서식] <개정 2016. 9. 29.>

번호(No.) :2021-5-3

긴급보호서
(IMMEDIATE DETENTION ORDER)

보호 대상자 (Person upon whom the Order is issued)	성명 (Full name) 킴 오취리 (Kim Ochiri)
	성별 (Sex) 남 Male[√] 여 Female[　]
	생년월일 (Date of Birth) 1999. 3. 24. (Mar. 24th 1999)
	국적 (Nationality) 가나공화국(Republic of Ghana)
	체류자격 (status of sojourn) 음식점 종업원 (A Restaurant Employee)
	대한민국 내 주소 (Address in Korea) 불명 (no fixed abode)

위 사람을 「출입국관리법」 제51조제2항의 규정에 따라 다음과 같이 긴급보호할 것을 명합니다.
The abovementioned person is ordered to be detained immediately as specified below, pursuant to the paragraph 2 of Article 51 of the Immigration Act.

긴급보호의 사유 (Reason for immediate detention)	출입국관리법 제46조 제1항 위반의 의심이 있고 도주의 우려 있음 (suspicion of violating Article paragarph 1 of Article 46 of the Immigration Act, for prevention of escape)
긴급보호 장소 (Place of immediate detention)	서울출입국·외국인청 (SEOUL IMMIGRATION OFFICE)
긴급보호 기간 (Period of immediate detention)	2021. 5. 3. 08:00 부터 2021. 5. 5. 07:59까지 (from) (to)
비 고 (Remarks)	

2021년   5월   3일
Date   (year) (month) (day)

출입국관리공무원 : 최애국   (서명 또는 인)
(Immigration Officer) : CHOI AE KOOK   (signature or seal)

210mm×297mm[백상지(80g/㎡) 또는 중질지(80g/㎡)]

■ 출입국관리법시행규칙 [별지 제142호서식] <개정 2020. 9. 25.> 사건번호 CU-SE-21-000120

출입국사범 심사결정 통고서

인적사항	성명 킴 오취리 (Kim Ochiri)		생년월일 1999. 3. 24.	
	국적 가나공화국 (Republic of Ghana)		성별 남[√] 여[ ]	
	직업 음식점 종업원(restaurant employee)		연락처	
	대한민국 내 주소(법인 또는 사업장 소재지) 서울 용산구 한남동 685-43 이주민지원센터 3층			

위반사실	체류자격	F-3	입국일자	1999. 3. 24.(출생)	입국목적	
	위반법조	출입국관리법 제46조제1항				
	위반기간	생략				
	과거 범법사실	0 회	위반사실 시인여부		시인[√] 부인[ ]	

위반내용	1. 위반사항 ○ 용의자는 1999. 3. 24. 한국출생 후 동반(F-3) 자격을 부여받아 체류하고 있는 자로 체류만료일인 2021. 4. 18. 전까지 기간연장을 받지 않고 불법체류중인 자임. ○ 동인은 불법체류상태에서 서울 이태원 소재 음식점 '헬로 아프리카'에 불법취업한 사실이 현장적발되었으므로, 법위반사실이 명백하여 강제퇴거함이 타당. 2. 적발경위: 2021. 5. 3. 08시경 우리청 집중단속에서 신병이 확보된 자임. 3. 불법체류기간: 생략 4. 규제사항: 생략

위의 내용을 진술자에게 열람하게 하였으며(읽어 주었으며) 오기나 증감 또는 변경할 것이 전혀 없다고 말하므로 서명(날인)하게 하다.
　　　　　　　　　　　　　2021 년 5 월 4 일　　　진술자 킴 오취리 *KIM OCHIRI* (서명 또는 인)
　　　　　　서울출입국·외국인청　　　　출입국관리주사(보)　　이국민　　　　(서명 또는 인)
　　　　　　　　　　　　　　　　　　　　출입국관리서기(보)　　정주민　　　　(서명 또는 인)

처분사항	주문 당사자 킴 오취리를 강제퇴거에 처한다.
	이유 불법체류 및 불법취업사실이 명백하므로 주문과 같이 결정한다.
	적용 법조 출입국관리법 제18조 제1항, 제17조 제1항, 제46조 제1항 제8호

위와 같이 강제퇴거 통고를 받았음을 확인함
　　　　　　　　　　　　　　　　　　2021 년 5 월 4 일
　　　　　　　　　　　　　　　　　　확인자 킴 오취리　　　　(서명 또는 인)

사건번호	CU-SE-21-000120	결재	청(소)장	전결
접수일자	2021. 5. 4.		국 장	전결
			과 장	김진철 (인)
담당자	정주민		실(팀)장	

210mm×297mm[백상지(80g/㎡) 또는 중질지(80g/㎡)]

494

■ 출입국관리법 시행규칙 [별지 제110호서식] <개정 2018. 6. 12.>

강제퇴거명령서
DEPORTATION ORDER

Date 2021. 5. 4.

대상자 Subject of Deportation Order	성 명 Name in Full	킴 오취리 KIM OCHIRI	성 별 Sex	[√] 남 [ ] 여 [√] M [ ] F
	생년월일 Date of Birth	1999. 3. 24. Mar. 24th, 1999		
	국적 Nationality	가나공화국 Republic of Ghana	직업 Occupation	음식점 종업원 restaurant employee
	대한민국 내 주소 Address in Korea	서울 용산구 한남동 685-43 이주민지원센터 3층 Seoul, Yongsan-Gu, Hannam-dong, 685-43, Center for Migrant's Welfare Bldg. 3rd Floor.		
강제퇴거 이유(적용 법규정) Reason for Deportation (Applicable Provision)	「출입국관리법」 제17조제1항, 제18조제1항, 제46조제1항제8호 Paragraph 1 of Article 17, Paragraph 1 of Article 18, Section 8 of Paragraph1 of Article 46 of the Immigration Act			
집행방법(Mode of Execution)				
송환국 Country of Repatriation	가나공화국 Republic of Ghana			

1. 「출입국관리법」 제50조에 따라 위와 같이 강제퇴거명령서를 발급합니다.
    In accordance with Article 50 of the Immigration Act, the deportation order is issued to the person above.

2. 귀하는 이 명령서를 받은 날부터 7일 이내에 법무부장관에게 이의신청을 하거나, 90일 이내에 행정심판 또는 행정소송을 제기할 수 있습니다.
   ※ 행정심판을 청구할 때에는 온라인행정심판(www.simpan.go.kr), 행정소송을 청구할 때에는 전자소송(ecfs.scourt.go.kr)을 통하여 온라인으로도 청구할 수 있습니다.

   A person who has an objection to the above disposition may file an objection with the Minister of Justice within 7 days after receipt of the deportation order or file an administrative appeal or an administrative litigation within 90 days from the date of receiving the deportation order.
   ※ You may file an administrative appeal online (www.simpan.go.kr) and an administrative litigation on the Internet (ecfs.scourt.go.kr)

서울출입국·외국인청장
CHIEF, SEOUL IMMIGRATION OFFICE

[직인]

집행결과 Result of Execution	집행자 Executing Official	서명 Signature

210mm×297mm[백상지(80g/㎡) 또는 중질지(80g/㎡)]

■ 출입국관리법시행규칙 [별지 제95호서식] <개정 2018. 5. 15.>

번호(No.) : 2021-5-4

보호명령서
(DETENTION ORDER)

보호 대상자 (Person upon whom the Order is issued)	성명 (Full name) 킴 오취리 (Kim Ochiri)
	성별 (Sex) 남 Male[√] 여 Female[ ]
	생년월일 (Date of Birth) 1999. 3. 24. (Mar. 24th 1999)
	국적 (Nationality) 가나공화국(Republic of Ghana)
	직업 (Occupation) 음식점 종업원 (A Restaurant Employee)
	대한민국 내 주소 (Address in Korea) 서울 용산구 한남동 685-43 이주민지원센터 3층 (Seoul, Yongsan-Gu, Hannam-dong, 685-43, Center for Migrant's Welfare Bldg. 3rd Floor)

위 사람을 「출입국관리법」 제○○조에 따라 다음과 같이 보호할 것을 명합니다. 보호된 자 또는 그 변호인, 법정대리인, 배우자, 직계친족, 형제자매나 가족은 법무부장관에게 보호에 대한 이의신청을 할 수 있습니다.

Pursuant to the Immigration Act, the abovementioned person is hereby ordered to be detained as specified below. A person detained or his/her lawyer, legal representative, spouse, lineal relative, sibling or family member on his/her behalf, may file an objection against the detention with the Minister of Justice.

보호의 사유 (Reason for Detention)	강제퇴거명령에 따른 보호
보호 장소 (Place of Detention)	화성외국인보호소
보호 기간 (Period of Detention)	2021. 5. 4.부터 (from) 강제퇴거집행 완료시까지 (to)
비 고 (Remarks)	

2021년   5월   4일

서울출입국·외국인청장
CHIEF, SEOUL IMMIGRATION OFFICE

직인

집행자: 이외인   (서명 또는 인)
Enforcement officer: LEE OE IN   (signature or seal)

210mm×297mm[백상지(80g/㎡) 또는 중질지(80g/㎡)]

우편송달보고서

1. 송달서류   강제퇴거명령서

　　　　　　　　　　　　　　　　　　　발송자   서울출입국•외국인청

송달받을 자   킴 오취리 (KIM OCHIRI) 귀하
　　　　　　　서울 용산구 한남동 685-43 이주민지원센터 3층

영수인	장진영 (서명)	
영수인		
1.	송달받을 자 본인에게 교부하였다.	
2	송달받을 자가 부재 중이므로 사리를 잘 아는 다음 사람에게 교부하였다.	
	사무원 (○)	
	피용자	
	동거자	
3	다음 사람이 정당한 사유 없이 송달받기를 거부하므로, 그 장소에 서류를 두었다.	
	송달받을 자	
	사무원	
	피용자	
	동거자	

송달연월일   2021. 5. 10. 17시 15분

송달장소   서울 용산구 한남동 685-43 이주민지원센터 3층

위와 같이 송달하였다.

　　　　　　　　　　　　　　　　　2021. 5. 11.
　　　　　　　　　　　　　　　　　우체국 집배원   김 택송 (인)

탄 원 서

사 건 : 킴 오취리에 대한 강제퇴거 사건
탄원인 : 이태원 복음교회 담임목사 김연철 외 52인

존경하는 판사님께!

저희는 이번에 출입국관리법위반으로 단속되어 강제퇴거관련 재판을 받고 있는 킴 오취리의 담임목사 및 성도들입니다. 킴 오취리는 1999년 출생하여 5살 때부터 부모님과 같이 저희 교회에 나오기 시작하였습니다.

오취리는 저희 교회 유아반을 시작으로 고등학교까지 모두 이태원 인근 한국학교를 졸업하였습니다. 오취리는 한국어를 사실상 모국어로 사용하고, 지인들도 대부분 교회에 나오는 한국 사람들입니다. 가나는 오취리 부모의 고국이지만, 오취리는 가나에 가본 적이 없고, 가나에 아는 친지도 전혀 없습니다.

오취리가 학교를 졸업한 후에는 이태원 소재 아프리카 음식점에서 근무를 하고 있었고, 곧 아버지의 사업도 도와줄 것이라고 하였습니다. 지금은 아버지 레이가 급작스럽게 가나로 귀국한 후 연락이 끊긴 것으로 알고 있습니다.

저희 교회와 성도들은 킴오취리가 한국 사회에서 잘 적응하여 성실한 공동체의 일원이 되었다고 믿고 있습니다. 제가 알기로 오취리는 개인적으로 범법행위나 비행을 저지른 적이 없습니다.

며칠 전 오취리를 면회하니 평소에 앓고 있던 천식이 악화되었다고 합니다. 만일 오취리가 강제로 출국하게 되면, 말도 못하는 한국 사람이 낯선 땅에서 혼자 살아가야 하는 셈입니다.

판사님께서 오취리의 구속을 풀어주신다면, 저희가 책임지고 관련 재판에 반드시 출석시키도록 하겠습니다.

주님의 가호가 판사님과 함께하시기를 기도합니다.

소 송 위 임 장

사 건	(생략)
원 고	킴 오취리 (KIM OCHIRI)
피 고	(생략)

위 사건에 관하여 다음 표시 수임인을 소송대리인으로 선임하고, 다음 표시 권한을 수여한다.

수 임 인	변호사 김공존	변호사 확인
		(인)

| 수 권 사 항 | 1. **일체의 소송행위**
1. 반소의 제기 및 응소, 상소의 제기, 동 취하
1. 소의 취하, 화해, 청구의 포기 및 인락, 참가에 의한 탈퇴
1. 복대리인의 선임
1. 목적물의 수령
1. 공탁물의 납부, 공탁물 및 이자의 반환청구와 수령
1. 담보권의 행사 최고 신청, 담보 취소신청, 동 신청에 대한 동의, 담보 취소결정 정본의 수령, 동 취소 결정에 대한 항고권 포기
1. 강제집행신청, 대체집행신청, 가처분, 가압류 등 보전처분과 관련한 모든 소송행위
1. 인지환급금의 수령에 관한 행위, 소송비용액확정결정신청 등
1. 등록사항별 증명서, 주민등록증·초본, 기타 첨부서류 발급에 관한 행위
1. **위헌법률심판제청신청에 관한 행위** |

2021. 5. 20. 위 임 인 킴 오취리 *KIM OCHIRI*	소속변호사회(인)
	서울지방변호사회 (인)

서 울 행 정 법 원
변 론 조 서

제 1 차
사　　　건　　2021구합3456 강제퇴거명령등 취소
재판장 판사　고행정　　　　　　　　　기　　일 : 생략
　　　　판사　이법치　　　　　　　　　장　　소 : 제305호 법정
　　　　판사　박준법　　　　　　　　　공개여부 : 공개
법원사무관　김배석　　　　　　　　　　고지된 다음기일 : 생략

사건과 당사자의 이름을 부름
원고 대리인　변호사 김공존　　　　　　　　　　　　　　　출석
피고대리인 정부법무공단 담당변호사　최국민　　　　　　　출석

원고 대리인
　소장 및 준비서면 각 진술
피고 대리인 답변서 진술

증거관계 별지와 같음 (쌍방 서증)
속행

　　　　　　　　　법원사무관　　김 배 석　㊞

　　　　　　　　　재판장 판사　　고 행 정　㊞

리걸클리닉센터 내부회의록(2)

일　시 : 생략
장　소 : ○○대학교 리걸클리닉 회의실
참석자 : 박인권 변호사(리걸클리닉센터장), 김공존 변호사(자문변호사)

박 변호사: 킴 오취리 사건은 현재 진행 중인 행정소송과는 별개로 헌법적으로도 다투어 볼 필요가 있어 보입니다. 의뢰인 입장에서 헌법적인 주장을 할 만한 사항은 뭐가 있을까요?

김 변호사: 헌법적인 측면에서는 강제퇴거보다는 의뢰인에 대한 보호명령에 대해서 다투어 볼 만하다고 생각합니다.

박 변호사: 보호명령에는 어떤 문제가 있나요?

김 변호사: 보통 강제퇴거명령의 경우 그 집행을 완료할 때까지 그 외국인을 보호시설에 수용하는 보호명령도 함께 이루어집니다. 그런데, 보호명령이라는 것이 사실상 구금과 같은 작용을 하는 것인데도, 그 결정을 출입국관리 업무를 수행하는 기관이 직접 결정합니다.

박 변호사: 출입국관리 기관이 보호 여부를 결정한다? 문제될 수 있겠네요. 그런데, 그러한 결정에 대해 다투는 절차가 있지 않나요?

김 변호사: 절차가 있기는 합니다만, 여전히 문제는 있어 보입니다.

박 변호사: 또 다른 문제는 없나요?

김 변호사: 무엇보다도, 보호의 기간이 정해져 있지 않습니다. 의뢰인의 경우에도 강제퇴거가 언제 집행될지 모르기 때문에, 보호시설에 수용된 채 하루하루 답답한 생활을 하고 있습니다.

박 변호사: 문제가 있네요. 그렇다면, 영장주의 위반이나 평등권 침해, 이런 주장을 하게 되는 건가요?

김 변호사: 영장주의 위반 주장은 쉽지 않아 보이고, 평등권 침해 주장도 별 실익이 없을 것 같습니다. 영장주의나 평등권침해 문제는 제외하려고 합니다. 다른 헌법적 쟁점들에 대해 검토해 보겠습니다.

박 변호사: 아, 그렇군요. 헌법은 김변호사께서 전문가니까 잘 검토하셔서 위헌법률심판제청신청서를 작성해 주시기 바랍니다.

김 변호사: 네, 잘 알겠습니다.

박 변호사: 참, 우리 리걸클리닉의 학생조교 오정의 학생에게 몇 가지 리서치를 시켰습니다. "보호명령제도의 실무와 해외사례에 관한 조사보고"인데, 급하게 작성하느라 부족한 부분은 많겠지만, 혹시 도움이 되실지 모르니 한번 읽어 보시기 바랍니다.

김 변호사: 네, 감사합니다. 쓸 만한 내용이 있는지 한 번 보겠습니다.

박 변호사: 늘 수고가 많으십니다.

보호명령제도의 실무와 해외사례에 관한 조사보고

작성자 : 리걸클리닉 조교 오정의

□ 보호명령제도의 실무

- 행정절차법 및 시행령 조항에 따르면 '외국인의 출입국에 관한 처분'은 행정절차법의 적용대상에서 제외하고 있으며, 이에 따라 보호명령에 행정절차법이 적용되지 않는 것으로 보는 것이 출입국관리의 실무임.

- 보호명령은 출입국관리공무원이 제출한 서류의 심사를 통해 이루어지고 있으며, 강제퇴거명령이 있으면 보호명령은 거의 자동적으로 발령되고 있음.

- 최근 5년간(2016년부터 2020년까지) 보호명령에 대한 이의신청이 인용된 사례는 한 건도 없고, 보호기간 연장에 대한 법무부장관의 사전승인 역시 거의 예외 없이 승인됨.

□ 해외 사례

- 국제연합(UN)의 "자의적 구금에 관한 실무그룹"(Working Group on Arbitrary Detention)은 '구금'의 경우에는 그 상한(上限)이 반드시 법률에 규정되어 있어야 한다고 함.

- 독일의 경우 강제퇴거 집행을 위한 구금에 대하여, 법관의 영장을 발부받을 것을 요건으로 하고 있음.

참고자료 1 – 관련 법령(발췌)

■ 출입국관리법

제1조(목적) 이 법은 대한민국에 입국하거나 대한민국에서 출국하는 모든 국민 및 외국인의 출입국관리를 통한 안전한 국경관리, 대한민국에 체류하는 외국인의 체류관리와 사회통합 등에 관한 사항을 규정함을 목적으로 한다.

제2조(정의) 이 법에서 사용하는 용어의 뜻은 다음과 같다.
11. "보호"란 출입국관리공무원이 제46조제1항 각 호에 따른 강제퇴거 대상에 해당되는 사람을 출국시키기 위하여 외국인보호실, 외국인보호소 또는 그 밖에 법무부장관이 지정하는 장소에 인치(引致)하고 수용하는 집행활동을 말한다.
12. "외국인보호실"이란 이 법에 따라 외국인을 보호할 목적으로 지방출입국·외국인관서에 설치한 장소를 말한다.
13. "외국인보호소"란 지방출입국·외국인관서 중 이 법에 따라 외국인을 보호할 목적으로 설치한 시설로서 대통령령으로 정하는 곳을 말한다.

제10조(체류자격) 입국하려는 외국인은 다음 각 호의 어느 하나에 해당하는 체류자격을 가져야 한다.
1. 일반체류자격: 이 법에 따라 대한민국에 체류할 수 있는 기간이 제한되는 체류자격
2. 영주자격: 대한민국에 영주(永住)할 수 있는 체류자격

제10조의2(일반체류자격) ① 제10조제1호에 따른 일반체류자격(이하 "일반체류자격"이라 한다)은 다음 각 호의 구분에 따른다.
1. 단기체류자격: 관광, 방문 등의 목적으로 대한민국에 90일 이하의 기간(사증면제협정이나 상호주의에 따라 90일을 초과하는 경우에는 그 기간) 동안 머물 수 있는 체류자격
2. 장기체류자격: 유학, 연수, 투자, 주재, 결혼 등의 목적으로 대한민국에 90일을 초과하여 법무부령으로 정하는 체류기간의 상한 범위에서 거주할 수 있는 체류자격
② 제1항에 따른 단기체류자격 및 장기체류자격의 종류, 체류자격에 해당하는 사람 또는 그 체류자격에 따른 활동범위는 체류목적, 취업활동 가능 여부 등을 고려하여 대통령령으로 정한다.

제11조(입국의 금지 등) ① 법무부장관은 다음 각 호의 어느 하나에 해당하는 외국인에 대하여는 입국을 금지할 수 있다.
6. 강제퇴거명령을 받고 출국한 후 5년이 지나지 아니한 사람

제17조(외국인의 체류 및 활동범위) ① 외국인은 그 체류자격과 체류기간의 범위에서 대한민국에 체류할 수 있다.

제18조(외국인 고용의 제한) ① 외국인이 대한민국에서 취업하려면 대통령령으로 정하는 바에 따라 취업활동을 할 수 있는 체류자격을 받아야 한다.

제46조(강제퇴거의 대상자) ① 지방출입국·외국인관서의 장(이하 "출입국관서의 장"이라 한다)은 이 장에 규정된 절차에 따라 다음 각 호의 어느 하나에 해당하는 외국인을 대한민국 밖으로 강제퇴거시킬 수 있다.
8. 제17조제1항·제2항, 제18조, 제20조, 제23조, 제24조 또는 제25조를 위반한 사람
13. 금고 이상의 형을 선고받고 석방된 사람

제49조(심사결정) 지방출입국·외국인관서의 장은 출입국관리공무원이 용의자에 대한 조사를 마치면 지체 없이 용의자가 제46조제1항 각 호의 어느 하나에 해당하는지를 심사하여 결정하여야 한다.

제50조(심사 후의 절차) ① 지방출입국·외국인관서의 장은 심사 결과 용의자가 제46조제1항 각 호의 어느 하나에 해당하지 아니한다고 인정하면 지체 없이 용의자에게 그 뜻을 알려야 하고, 용의자가 보호되어 있으면 즉시 보호를 해제하여야 한다.
② 지방출입국·외국인관서의 장은 심사 결과 용의자가 제46조제1항 각 호의 어느 하나에 해당한다고 인정되면 강제퇴거명령을 할 수 있다.
③ 지방출입국·외국인관서의 장은 제2항에 따라 강제퇴거명령을 하는 때에는 강제퇴거명령서를 용의자에게 송부하여야 한다.

제51조(심사를 위한 보호) ① 출입국관리공무원은 외국인이 제46조제1항 각 호의 어느 하나에 해당된다고 의심할 만한 상당한 이유가 있고 도주하거나 도주할 염려가 있으면 출입국관서의 장으로부터 보호명령서를 발급받아 그 외국인을 보호할 수 있다.
② 출입국관리공무원은 외국인이 제46조제1항 각 호의 어느 하나에 해당된다고 의심할 만한 상당한 이유가 있고 도주하거나 도주할 염려가 있는 긴급한 경우에 출입국관서의 장으로부터 보호명령서를 발급받을 여유가 없을 때에는 그 사유를 알리고 긴급히 보호할 수 있다.

③ 출입국관리공무원은 제2항에 따라 외국인을 보호한 경우에는 48시간 이내에 보호명령서를 발급받아 외국인에게 내보여야 하며, 보호명령서를 발급받지 못한 경우에는 즉시 보호를 해제하여야 한다.
④ 제1항에 따라 보호된 외국인의 강제퇴거 대상자 여부를 심사·결정하기 위한 보호기간은 10일 이내로 한다. 다만, 부득이한 사유가 있으면 출입국관서의 장의 허가를 받아 10일을 초과하지 아니하는 범위에서 한 차례만 연장할 수 있다.
⑤ 보호할 수 있는 장소는 외국인보호실, 외국인보호소 또는 그 밖에 법무부장관이 지정하는 장소(이하 "보호시설"이라 한다)로 한다.

제52조(강제퇴거를 위한 보호) ① 출입국관서의 장은 대통령령이 정하는 강제퇴거 대상자를 대한민국 밖으로 송환할 때까지 보호할 것을 명할 수 있다.
② 제1항에 따른 보호기간이 6개월을 넘는 경우에는 6개월마다 미리 법무부장관의 승인을 받아야 한다.

제53조(보호명령서의 집행) 출입국관리공무원이 보호명령서를 집행할 때에는 보호명령서를 제시하여야 한다.

제55조(보호에 대한 이의신청) ① 보호명령서에 따라 보호된 사람이나 그의 법정대리인등은 출입국관서의 장을 거쳐 법무부장관에게 보호에 대한 이의신청을 할 수 있다.
② 법무부장관은 제1항에 따른 이의신청을 받은 경우 지체 없이 관계 서류를 심사하여 그 신청이 이유 없다고 인정되면 결정으로 기각하고, 이유 있다고 인정되면 결정으로 보호된 사람의 보호해제를 명하여야 한다.
③ 법무부장관은 제2항에 따른 결정에 앞서 필요하면 관계인의 진술을 들을 수 있다.

제62조(강제퇴거명령서의 집행) ① 강제퇴거명령서는 출입국관리공무원이 집행한다.
② 출입국관서의 장은 사법경찰관리에게 강제퇴거명령서의 집행을 의뢰할 수 있다.
③ 강제퇴거명령서를 집행할 때에는 그 명령을 받은 사람에게 강제퇴거명령서를 내보이고 지체 없이 그를 제64조에 따른 송환국으로 송환하여야 한다.

제64조(송환국) ① 강제퇴거명령을 받은 사람은 국적이나 시민권을 가진 국가로 송환된다.
② 제1항에 따른 국가로 송환할 수 없는 경우에는 다음 각 호의 어느 하나에 해당하는 국가로 송환할 수 있다.
1. 대한민국에 입국하기 전에 거주한 국가

2. 출생지가 있는 국가
3. 대한민국에 입국하기 위하여 선박등에 탔던 항(港)이 속하는 국가
4. 제1호부터 제3호까지에서 규정한 국가 외에 본인이 송환되기를 희망하는 국가

제91조(문서 등의 송부) ① 문서 등의 송부는 이 법에 특별한 규정이 있는 경우를 제외하고는 본인, 가족, 신원보증인, 소속 단체의 장의 순으로 직접 내주거나 우편으로 보내는 방법에 따른다.
② 출입국관서의 장은 제1항에 따른 문서 등의 송부가 불가능하다고 인정되면 송부할 문서 등을 보관하고, 그 사유를 청사(廳舍)의 게시판에 게시하여 공시송달(公示送達)한다.
③ 제2항에 따른 공시송달은 게시한 날부터 14일이 지난 날에 그 효력이 생긴다.

■ 출입국관리법 시행령

제9조(강제퇴거를 위한 보호) 법 제52조제1항에서 말하는 대통령령이 정하는 사유란 다음 각 호의 하나에 해당하는 경우를 말한다.
1. 도주의 우려가 있는 경우
2. 여권을 소지하지 않은 경우
3. 송환국으로의 교통편이 없는 경우

제14조(보호에 대한 이의신청) ① 법 제55조제1항에 따라 이의신청을 하려는 사람은 이의신청서에 이의의 사유를 소명하는 자료를 첨부하여 출입국관서의 장 또는 외국인보호소장에게 제출하여야 한다.
② 출입국관서의 장 또는 외국인보호소장은 제1항에 따라 이의신청서를 제출받은 때에는 의견을 붙여 지체 없이 법무부장관에게 보내야 한다.

■ **출입국관리법 시행규칙**
제18조의3(체류자격별로 부여하는 체류기간의 상한) 법 제10조의2제1항제2호에 따른 장기체류자격의 체류자격별 체류기간의 상한은 별표 1과 같다.

출입국관리법 시행규칙 [별표 1]

체류자격별 체류기간의 상한(제18조의3 관련)

체류자격(기호)	체류기간의 상한	체류자격(기호)	체류기간의 상한
기업투자(D-8)	영 별표 1의2 11. 기업투자(D-8)란의 가목에 해당하는 사람 : 5년	거주(F-2)	5년
		동반(F-3)	동반하는 본인에 정하여진 기간
		재외동포(F-4)	3년
	영 별표 1의2 11. 기업투자(D-8)란의 나목·다목에 해당하는 사람 : 2년	결혼이민(F-6)	3년
		기타(G-1)	1년
		관광취업(H-1)	협정 상의 체류기간

참고자료 2 - 달력

2021년 1월						
일	월	화	수	목	금	토
					1	2
3	4	5	6	7	8	9
10	11	12	13	14	15	16
17	18	19	20	21	22	23
24	25	26	27	28	29	30
31						

2021년 2월						
일	월	화	수	목	금	토
	1	2	3	4	5	6
7	8	9	10	11	12	13
14	15	16	17	18	19	20
21	22	23	24	25	26	27
28						

2021년 3월						
일	월	화	수	목	금	토
	1	2	3	4	5	6
7	8	9	10	11	12	13
14	15	16	17	18	19	20
21	22	23	24	25	26	27
28	29	30	31			

2021년 4월						
일	월	화	수	목	금	토
				1	2	3
4	5	6	7	8	9	10
11	12	13	14	15	16	17
18	19	20	21	22	23	24
25	26	27	28	29	30	

2021년 5월						
일	월	화	수	목	금	토
						1
2	3	4	5	6	7	8
9	10	11	12	13	14	15
16	17	18	19	20	21	22
23	24	25	26	27	28	29
30	31					

2021년 6월						
일	월	화	수	목	금	토
		1	2	3	4	5
6	7	8	9	10	11	12
13	14	15	16	17	18	19
20	21	22	23	24	25	26
27	28	29	30			

2021년 7월						
일	월	화	수	목	금	토
				1	2	3
4	5	6	7	8	9	10
11	12	13	14	15	16	17
18	19	20	21	22	23	24
25	26	27	28	29	30	31

2021년 8월						
일	월	화	수	목	금	토
1	2	3	4	5	6	7
8	9	10	11	12	13	14
15	16	17	18	19	20	21
22	23	24	25	26	27	28
29	30	31				

2021년 9월						
일	월	화	수	목	금	토
			1	2	3	4
5	6	7	8	9	10	11
12	13	14	15	16	17	18
19	20	21	22	23	24	25
26	27	28	29	30		

2021년 10월						
일	월	화	수	목	금	토
					1	2
3	4	5	6	7	8	9
10	11	12	13	14	15	16
17	18	19	20	21	22	23
24	25	26	27	28	29	30
31						

2021년 11월						
일	월	화	수	목	금	토
	1	2	3	4	5	6
7	8	9	10	11	12	13
14	15	16	17	18	19	20
21	22	23	24	25	26	27
28	29	30				

2021년 12월						
일	월	화	수	목	금	토
			1	2	3	4
5	6	7	8	9	10	11
12	13	14	15	16	17	18
19	20	21	22	23	24	25
26	27	28	29	30	31	

□ 표시된 날은 평일 중 공휴일임.

확 인 : 법학전문대학원협의회

2020년도 제3차 변호사시험 모의시험-논술형(기록형)

| 시험과목 | 공 법(기록형) |

응시자 준수사항

1. 시험 시작 전 문제지의 봉인을 손상하는 경우, 봉인을 손상하지 않더라도 문제지를 들추는 행위 등으로 문제 내용을 미리 보는 경우 모두 부정행위로 간주되어 그 답안은 영점 처리 됩니다.

2. 답안은 흑색 또는 청색 필기구(사인펜이나 연필 사용 금지) 중 한 가지 필기구만을 사용하여 답안 작성 난(흰색 부분) 안에 기재하여야 합니다.

3. 답안지에 성명과 수험 번호를 기재하지 않아 인적 사항이 확인되지 않는 경우에는 영점 처리 등 불이익을 받게 됩니다. 특히 답안지를 바꾸어 다시 작성하는 경우, 성명 등의 기재를 빠뜨리지 않도록 유의하여야 합니다.

4. 답안지에는 문제 내용을 기재할 필요가 없으며, 답안 내용 이외의 사항을 기재하거나 밑줄 기타 어떠한 표시도 하여서는 안 됩니다. 답안을 정정할 경우에는 두 줄로 긋고 다시 기재하여야 하며, 수정액 등은 사용할 수 없습니다.

5. 시험 종료 시각에 임박하여 답안지를 교체 요구한 경우라도 시험시간 종료 후 즉시 새로 작성한 답안지를 회수합니다.

6. 시험 종료 후에는 답안지 작성을 일절 할 수 없으며, 이에 위반하여 시험시간이 종료되었음에도 불구하고 **시험관리관의 답안지 제출지시에 불응한 채 계속 답안을 작성하거나 답안지를 늦게 제출할 경우 그 답안은 영점 처리** 됩니다.

7. 답안은 답안지 쪽수 번호 순으로 기재하여야 하고, **배부받은 답안지는 백지 답안이라도 모두 제출**하여야 하며, **답안지를 제출하지 아니한 경우 그 시험시간 및 나머지 시험시간의 시험에 응시할 수 없습니다.**

8. 지정된 시간까지 지정된 시험실에 입실하지 아니하거나 시험관리관의 승인을 얻지 아니하고 시험시간 중에 그 시험실에서 퇴실한 경우 그 시험시간 및 나머지 시험시간의 시험에 응시할 수 없습니다.

9. 시험시간이 종료되기 전에는 어떠한 경우에도 문제지를 시험장 밖으로 가지고 갈 수 없고, 시험 종료 후 가지고 갈 수 있습니다.

법학전문대학원협의회
KOREAN ASSOCIATION OF LAW SCHOOLS

목 차

I. 문제 ·· 2

II. 작성요령과 주의사항 ·· 3

III. 서면 양식 ·· 4

IV. 기록내용
  법률상담일지 I ··· 7
  내부회의록(행정소송용) ··· 9
  옥외집회(시위·행진) 신고서 ·· 12
  옥외집회(시위·행진) 신고서 접수증 ·· 16
  옥외집회 제한 통고 ·· 17
  시위금지 통고 ··· 19
  광화문광장 사용허가신청서 ·· 21
  광화문광장 사용허가신청에 대한 회신 ··· 22
  법률상담일지 II ··· 23
  내부회의록(헌법소송용) ·· 24
  국가인권위원회 결정서 ··· 28
  신문기사 ·· 33

V. 참고 자료
  관련 법령(발췌) ·· 36

【문 제】

I. 행정소송 소장의 작성 (50점)

의뢰인 정혁수를 위하여 법무법인 전승 담당변호사 입장에서 취소소송의 소장을 첨부된 양식에 따라 작성하되, 아래 사항을 준수하여 작성하시오.

가. 첨부된 소장 양식의 ①부터 ④까지의 부분에 들어갈 내용만 기재할 것

나. ④에서는 <u>근거 법률의 위헌성에 관하여는 기재하지 말 것</u>

II. 헌법소원심판청구서의 작성 (50점)

의뢰인 이수진을 위하여 법무법인 전승 담당변호사 입장에서 헌법소원심판청구서를 첨부된 양식에 따라 작성하되, 아래 사항을 준수하여 작성하시오.

가. 첨부된 청구서 양식의 ①부터 ③까지의 부분에 들어갈 내용만 기재할 것

나. ②에서는 적법요건 중 대상적격, 보충성, 권리보호이익만을 기재할 것

【작성요령과 주의사항】

1. 첨부된 양식의 ☐에 들어갈 내용만 작성할 것.

2. 기록에 첨부된 각종 서류는 적법하게 작성·송달된 것으로 간주하고, 서류 등에 필요한 서명과 날인, 무인과 간인 등은 모두 갖추어진 것으로 볼 것.

3. 「집회 및 시위에 관한 법률」은 '집시법'으로, 「서울특별시 광화문광장의 사용 및 관리에 관한 조례」는 '광장조례'로 약칭할 수 있음.

4. 기록에 첨부된 관련법령(일부 조문은 가상의 것으로 현행 법령과 차이가 있을 수 있음)은 이 사건의 모든 절차와 과정, 소장, 헌법소원심판청구서의 작성 및 제출 시 모두 시행되는 것으로 보고, 첨부된 관련 법령과 다른 내용의 현행 법령은 고려하지 말 것.

5. 법률상담일지의 사실관계와 기록에 첨부된 자료들을 기초로 하고, 그것이 사실임을 전제로 할 것.

6. 기록 중 일부 생략된 것이 있을 수 있고, 오기(誤記)나 탈자(脫字)가 있을 수 있음.

7. 서면의 작성은 경어(敬語)로 할 것.

【소장 양식】

소　장

원　고　　정혁수
피　고　　[①]

[②]

청 구 취 지

[③]

청 구 원 인

1. 이 사건 처분의 경위 (생략)

2. 이 사건 소의 적법성 (생략)

3. 이 사건 처분의 위법성

[④]

4. 결론 (생략)

입증방법 (생략)

첨부서류 (생략)

2020. 9. 23.

원고 소송대리인 (생략)

서울행정법원 귀중

【헌법소원심판청구서 양식】

헌법소원심판청구서

청 구 인   이수진
피청구인   서울지방경찰청장

청 구 취 지(①)

침 해 된 권 리

침 해 의 원 인

청 구 이 유

1. 사건개요와 심판대상 (생략)
2. 이 사건 심판청구의 적법성(②)

---

3. 심판대상의 위헌성(③)

---

4. 결론 (생략)

침 부 서 류 (생략)

제출일 (생략)

청구인 대리인 (생략)

헌법재판소 귀중

기록내용 시작

수임번호 2020-352	**법률상담일지 I**	2020. 9. 17.
의뢰인	정혁수	**의뢰인 전화**	생략
의뢰인 주소	생략	**의뢰인 팩스**	생략

상 담 내 용

1. 의뢰인 정혁수는 서울특별시 일반직 6급 공무원으로, 평소 공무원의 정치적 기본권 신장에 큰 관심을 가지고 있다. 의뢰인은 친분 있는 공무원들과 함께 친목·연구를 목적으로 '정치참여권 신장을 위한 공무원연대'라는 소모임을 구성하여 그 대표로 활동하고 있다.

2. 의뢰인은 개천절을 맞아 광화문광장에서 '공무원의 정치참여권 신장을 위한 결의대회'를 개최하기로 계획하고, 2020. 9. 4. 서울지방경찰청장에게 집회·시위신고를 하였다. 신고의 내용은 다음과 같다.

   ○ 집회·시위 일시: 2020. 10. 3. 토. 10:00-17:00

   ○ 집회 장소 및 시위의 방법·진로 등

   - 10:00-12:00 서울역에서 서울특별시청까지 약 1.7km 행진(세종대로)

   - 12:00-15:00 광화문광장에서 옥외집회 개최

   - 15:00-17:00 광화문광장에서 청와대 분수대 앞까지 약 1.7km 행진[세종대로(약 500m), 사직로(약 300m), 효자로(약 900m) 이용]

   - 17:00 행진 후 청와대 분수대 앞 광장에서 해산(별도의 옥외집회 없음)

3. 의뢰인은 옥외집회를 개최하기 위하여 광화문광장 사용이 가능한지 서울특별시청에 문의하였고, 담당 공무원으로부터 서울특별시 조례에 따라 시장의 사용허가를 받아야만 광장을 사용할 수 있다는 답변을 받았다. 의뢰인은 2020. 9. 8. 서울특별시장에게 사용허가신청을 하였다.

4. 서울지방경찰청 담당 경찰관은 의뢰인의 집회·시위신고서를 접수한 후, 관련 법령에 정한 집회·시위의 금지 또는 제한 사유가 있는지를 검토하였다. 담당

경찰관은 광화문광장에서의 옥외집회는 공무원의 집단행위를 금지한 「국가공무원법」에 위반되는 것으로 판단하고, 집회의 위법 소지를 없애기 위하여 "깃발, 피켓, 현수막 등의 사용금지", "함께 노래를 부르는 행위 금지", "단체복장 금지"라는 제한조건을 부과하였고, 또한 광화문광장 주변을 통행하는 시민들에게 소음 피해를 주지 않도록 "대형 앰프 및 스피커 사용금지"라는 제한조건을 부과하여 2020. 9. 11. 의뢰인에게 집회 제한 통고를 하였다. 또한, 담당 경찰관은 평소에 효자로에 인접한 주택가 주민들과 주변 학교의 학부모들로부터 집회·시위로 인한 소음 피해 등의 민원이 자주 제기되고 있음을 이유로, 같은 날 의뢰인에게 광화문광장에서 청와대까지의 행진에 대하여 시위금지 통고를 하였다.

5. 서울특별시장은 2020. 9. 15. 의뢰인이 계획한 집회는 "국가 또는 지방자치단체의 정책을 반대하는 내용의 집회"라는 이유로 광화문광장 사용허가 신청에 대하여 불허가 결정을 통지하였다. 의뢰인이 확인한 바에 따르면, 서울특별시장은 최근 광화문광장 또는 서울광장에서 국가 또는 지방자치단체의 정책을 찬성하는 내용으로 개최된 집회는 계속하여 허가한 사실이 있다고 한다.

6. 의뢰인의 희망사항

의뢰인은 계획된 집회·시위를 성공적으로 개최하기를 원하고 있어, 집회에 대한 제한통고와 시위에 대한 금지통고에 대하여 취소소송을 통하여 다투어 주기를 원하고, 아울러 서울특별시장을 상대로 광화문광장사용 불허가 결정에 대한 취소소송을 제기하여 주기를 희망하고 있다.

법무법인 전승 내부회의록 (행정소송용)

일   시: 2020. 9. 18. 14:00 ~ 15:00
장   소: 법무법인 회의실
참석자: 손혁민 변호사(송무팀장), 이민호 변호사

손변호사: 정혁수 씨 사건에 대하여 살펴볼까요? 의뢰인의 요청사항은 집회와 시위를 계획대로 개최할 수 있게 해달라는 것이지요? 무엇이 문제인가요?

이변호사: 의뢰인은 광화문광장에서의 집회 및 서울역에서 서울특별시청까지와 광화문광장에서 청와대까지의 시위를 개최하고자 집회·시위신고와 광장 사용허가신청을 하였습니다. 그런데 관할 경찰청장은 집회에 대한 제한 통고와 일부 구간의 시위에 대한 금지 통고를 하였습니다. 또한, 서울특별시장은 광화문광장의 사용을 허가하지 않았습니다.

손변호사: 그렇군요. 집회·시위신고부터 살펴볼까요? 제한 통고와 금지 통고는 어떤 내용인가요?

이변호사: 서울지방경찰청장은 광화문광장에서의 옥외집회에 대하여, 깃발·피켓·현수막 등을 사용하지 말 것, 함께 노래를 부르는 행위를 하지 말 것, 대형 앰프와 스피커를 사용하지 말 것 등을 내용으로 하는 집회 제한 통고를 하였습니다. 그리고 광화문광장에서 청와대까지 행진하는 시위에 대하여는 금지 통고를 하였습니다.

손변호사: 집회 제한 통고를 받은 이유는 무엇인가요?

이변호사: 의뢰인이 계획하고 있는 집회의 내용·방법 등이 국가공무원법을 위반할 소지가 있다는 것이라고 합니다. 의뢰인이 확인해 보니, 담당 경찰관이 법학 전문석사 학위를 취득한 변호사 자격 소지자인데 국가공무원법상 집단행위 금지와 관련된 대법원 판례 등을 잘 알고 있어서 아예 위법 소지를 없애려고 몇 가지 제한조건을 둔 것이라고 합니다. 그리고 집회가 예정된 주말에는 광화문광장에 시민들이나 외국인 관광객들이 많은데 소음으로 불편을 줄 우려가 있어서 대형 앰프와 스피커 사용을 금지했다고 합니다.

손변호사: 그렇군요. 다음으로, 광화문광장에서 청와대까지 행진하면서 시위를 하는 것을 흔하게 볼 수 있는데, 왜 시위금지 통고를 받았다고 하는가요?

이변호사: 광화문광장에서 청와대 사이에 거주하는 주민들의 사생활이 침해될 우려가 있고, 인근 학교 학생들의 학습권도 침해될 우려가 있다는 것이 이유라고 합니다.

손변호사: 시위 장소 주변에 주택가나 학교가 있다면 사생활 침해나 학습권 침해의 문제가 있을 수 있다고 보이는데요?

이변호사: 광화문광장에서 청와대로 이어지는 길 중 효자로 인접 지역은 「국토의 계획 및 이용에 관한 법률」상 주거지역에 해당하고 학교도 몇 개 있는 것으로 확인하였습니다. 평소에도 집회·시위가 많아서 주민들과 자영업자들, 그리고 학부모들이 경찰서나 구청 등에 항의 전화를 자주 한다고 합니다.

손변호사: 그렇겠네요. 의뢰인이 계획하고 있는 시위와 관련해서도 주민들이나 자영업자들, 학부모들로부터 어떤 민원이나 요청이 있었다고 하는가요?

이변호사: 평소에는 민원이 많이 있는데, 의뢰인이 개최하려고 하는 집회·시위에 대하여는 민원을 제기하거나 서류를 제출한 사실은 없었다고 합니다.

손변호사: 그렇군요. 그러한 사정 외에도 집회·시위가 언제 개최되는지에 따라서도 사정이 다를 수 있어서 일률적으로 판단할 수 있는 사항은 아닌 것으로 보이네요. 이러한 점들을 잘 검토해서 주장하기 바랍니다. 그런데 청와대까지 행진하는 것이 금지되었다고 해도 광화문광장에서 집회를 개최하는 것 자체는 큰 문제가 없는 것 아닌가요?

이변호사: 집회 제한 통고의 내용을 모두 따른다면 사실상 집회로서 의미가 없게 되고, 요구사항을 따르지 않는다면 관계 법령에 따라 불법 집회가 되어 해산명령을 받게 되는 문제가 있습니다. 무엇보다도, 서울특별시로부터 광화문광장 사용허가를 받지 못하였기 때문에 집회를 개최할 수 없는 상황입니다.

손변호사: 광화문광장에서 집회를 개최하려면 관할 경찰청장에게 집회 신고한 것만으로는 부족하고 시장의 허가까지 받아야 한다는 것인가요? 법적 근거가 무엇인가요?

이변호사: 서울특별시장이 광화문광장에 대한 조례를 근거로 불허가 결정을 하였다고 합니다.

손변호사: 그렇군요. 조례를 근거로 집회 목적의 광장 사용을 불허가해도 되는지 면밀하게 검토하기 바랍니다. 그리고 집회를 개최할 수 있게 된다고 해도, 피켓이나 현수막 등을 사용하지 못하고 함께 노래를 부르는 행위도 할 수 없게 된다면 실제로 집회를 금지하는 것과 다를 바 없어 보이는데요. 이 부분도 잘 검토하기 바랍니다.

이변호사: 예, 잘 알겠습니다. 그런데 집회 개최를 위해서는 집행정지 결정을 신청해야 할 것 같은데, 함께 준비할까요?

손변호사: 아직 집회 개최 예정일까지 시간적 여유가 있으니 일단 소장만 작성하기 바랍니다. 이상으로 회의를 마치겠습니다. 끝.

■ 집회 및 시위에 관한 법률 시행규칙 [별지 제1호서식]

옥외집회(시위·행진) 신고서

(앞 쪽)

접수번호	2020-98789	접수일자	2020. 9. 4. 14:30	처리기간	즉시

신고인	성 명 **정혁수**	생년월일 생략
	주 소 생략	(전화 : 생략)

집회 (시위·행진) 개요	집회(시위·행진) 명칭
	공무원의 정치참여권 신장을 위한 결의대회
	개최일시
	2020년 10월 3일 (토) 10시 00분 ~ 2020년 10월 3일 17시 00분
	개최장소
	1. 서울역-서울특별시청(세종대로, 1.7km) **2. 광화문광장(옥외집회)** **3. 광화문광장-청와대(세종대로-사직로-효자로, 1.7km)**
	개최목적
	공무원의 정치참여권 신장을 위한 결의대회 및 행진

관련자 정보	주최자	성명 또는 단체명 **정치참여권 신장을 위한 공무원연대**	생년월일	생략
			직업	생략
		주소 생략	(전화번호 : 생략)	
	주관자	성명 또는 단체명 **정혁수**	생년월일	생략
			직업	생략
		주소 생략	(전화번호 : 생략)	
	주최 단체의 대표자	성명 또는 단체명 **정혁수**	생년월일	생략
			직업	생략
		주소 생략	(전화번호 : 생략)	
	연락 책임자	성명 또는 단체명 **정혁수**	생년월일	생략
			직업	생략
		주소 생략	(전화번호 : 생략)	
	질서 유지인	**손진정 등 10명**		

참가 예정 단체·인원	참가예정단체
	정치참여권 신장을 위한 공무원연대
	참가예정인원
	100명

210mm×297mm[백상지 80g/㎡(재활용품)]

(뒤 쪽)

시위 방법 및 진로	시위 방법(시위 대형, 구호제창 여부, 그 밖에 시위방법과 관련되는 사항 등) 보도를 이용한 행진, 민원요구 관련 깃발·피켓·현수막 등 이용, 구호 제창 및 노래 합창 등, 집회시 대형 앰프 및 스피커 이용 등
	시위 진로(출발지, 경유지, 중간 행사지, 도착지, 차도·보도·교차로의 통행방법 등) 1. 서울역에서 서울특별시청까지 보도를 통행하여 시위 2. 광화문광장에서 집회 개최 3. 광화문광장에서 청와대 분수대 앞까지 보도를 통행하여 시위 ※ 별첨 행사계획 및 약도 참조
참고 사항	준비물(차량, 확성기, 입간판, 주장을 표시한 시설물의 이용여부와 그 수 등) 깃발·피켓·현수막, 무대용 차량, 대형 앰프 및 스피커 등

「집회 및 시위에 관한 법률」 제6조제1항 및 같은 법 시행규칙 제2조제1항에 따라 위와 같이 신고합니다.

2020년 9월 4일

신고인 정혁수 (인)

서울지방경찰청장 귀하

첨부서류	시위·행진의 진행방향 등을 표시한 약도	수수료 없음

유의사항

1. 참고사항에는 아래의 사항도 기재하여 주시기 바랍니다.
   가. 「집회 및 시위에 관한 법률」 제6조제5항 단서, 제9조제3항 단서에 따라 인용재결 또는 금지통고의 효력 상실 후 재신고 하는지 여부
   나. 집회시위의 제한·금지에 대한 행정소송 승소 후 재신고 하는지 여부
2. 이 신고서의 기재사항에 미비한 점이 있는 경우에는 보완통고를 받게 되므로 정확히 기재하시기 바랍니다.
3. 신고한 집회를 개최하지 않을 경우에는 사전에 관할 경찰관서장에게 통지해 주시기 바랍니다.

처리절차

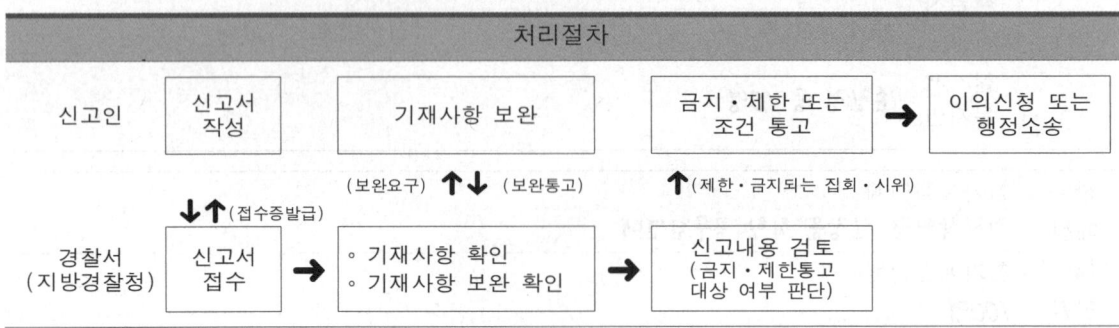

[첨부]

행사계획 및 약도

1 행사계획

- 10:00-12:00 서울역에서 서울특별시청까지 약 1.7km 행진(세종대로 보도 이용)
- 12:00-15:00 광화문광장에서 옥외집회 개최(행사명: 공무원의 정치참여권 신장을 위한 결의대회)
- 15:00-17:00 광화문광장에서 청와대 분수대 앞까지 약 1.7km 행진[세종대로(약 500m), 사직로(약 300m), 효자로(약 900m) 이용]
- 17:00 행진 후 청와대 분수대 앞 광장에서 해산(별도의 옥외집회 없음)

2 약도

① 10:00-12:00 시위 진로

② 15:00-17:00 시위 진로

[별지 제3호서식]

제 2020-98789호 옥외집회(시위·행진) 신고서 접수증	
① 명 칭	공무원의 정치참여권 신장을 위한 결의대회
② 개 최 일 시	2020년 10월 3일 10:00 ~ 17:00 소요시간(7시간)
③ 개 최 장 소 (시위·행진의 진로)	1. 서울역-서울특별시청(세종대로, 1.7km) 2. 광화문광장(옥외집회) 3. 광화문광장-청와대(세종대로-사직로-효자로, 1.7km)
④ 주최자 주 소	생략
④ 주최자 성 명(단체명)	정혁수 (정치참여권 신장을 위한 공무원연대)
⑤ 접 수 일 시	2020년 9월 4일 14시 30분
⑥ 참 고 사 항	생략

위와 같이 접수하였습니다.

2020 년 9 월 4 일

서울지방경찰청장 [인]

정혁수 귀하

190mm×268mm
(신문용지 54g/㎡)

■ 행정 효율과 협업 촉진에 관한 규정 시행규칙 [별지 제1호서식]

서울지방경찰청

수 신   정혁수

제 목   옥외집회 제한 통고

1. 우리청의 발전에 협조하여 주시는 귀하께 감사드립니다.

2. 귀하가 2020. 9. 4. 우리청에 접수한 옥외집회(시위·행진)신고서(2020-98789호) 중, "광화문광장에서 집회 개최"를 내용으로 하는 옥외집회에 대하여 「집회 및 시위에 관한 법률」 제8조 제5항에 따라 제한 통고합니다.

3. 위의 조건을 위반하여 질서유지에 직접적인 위험을 명백하게 초래한 경우에는 「집회 및 시위에 관한 법률」 제20조 제1항 제3호에 따라 해산명령을 받게 되며, 해산명령을 받고도 자진 해산하지 않을 경우, 같은 법 제23조 및 제24조에 따라 참가자 전원이 사법조치될 수 있음을 알려드립니다.

붙임: 옥외집회 제한통고서 1부. 끝.

서 울 지 방 경 찰 청 장   [서울지방 경찰청장]

기안자 경감 최진성   검토자 경정 배수종   전결 정보1과장 황희윤

협조자   정보2과장 김하준

시행   정보1과-34567 (2020.9.11)

우   도로명주소 생략   / 홈페이지 주소 생략

전화번호 생략   팩스번호 생략   / 전자우편주소 생략   / 공개

210mm×297mm(백상지 80g/m²)

[별지 제8호서식]

제2020-13235호

옥외집회(시위·행진) 제한 통고서

귀하가 2020년 9월 4일, 접수번호 제2020-98789호로 신고한 옥외집회에 대해서 「집회 및 시위에 관한 법률」 제8조제5항에 따라 다음과 같이 제한을 통보하니 준수하여 주시기 바랍니다.

〈제한 내용〉
ㅇ 집회 신고한 개최장소(2. 광화문광장)에서의 옥외집회시,
  1. 깃발, 피켓, 현수막 등의 사용금지.
  2. 함께 노래를 부르는 행위 금지.
  3. 단체 복장 금지.
  4. 대형 앰프 및 스피커 사용금지.

〈제한 이유〉
ㅇ 제한 내용 1.~3.: 「국가공무원법」 제66조 제1항 위반을 방지하기 위함
ㅇ 제한 내용 4.: 소음 발생시 광장 주변을 통행하는 사람들에게 피해 우려

귀하가 개최한 집회가 위의 조건을 위반하여 질서유지에 직접적인 위험을 명백하게 초래한 경우에는 「집회 및 시위에 관한 법률」 제20조제1항제3호에 따라 해산명령을 받게 됩니다.

2020년 9월 11일

서울지방경찰청장 [인]

정혁수 귀하

210mm×297mm
[신문용지 54g/㎡(재활용품)]

■ 행정 효율과 협업 촉진에 관한 규정 시행규칙 [별지 제1호서식]

서울지방경찰청

수신 정혁수

제목 시위금지 통고

1. 우리청의 발전에 협조하여 주시는 귀하께 감사드립니다.

2. 귀하가 2020. 9. 4. 접수한 옥외집회(시위·행진)신고서(2020-98789호) 중, "광화문광장에서 청와대 분수대 앞까지 행진"을 내용으로 하는 시위에 대하여 「집회 및 시위에 관한 법률」 제8조 제5항 제1호 및 제2호에 따라 금지 통고합니다.

3. 금지 통고에도 불구하고 귀하가 집회(시위·행진)를 강행할 경우 「집회 및 시위에 관한 법률」 제22조 및 제23조에 따라 주최자는 처벌받게 되며, 제20조의 해산명령을 받고도 자진 해산하지 않을 경우, 같은 법 제23조 및 제24조에 따라 참가자 전원이 사법조치될 수 있음을 알려 드립니다.

붙임: 시위금지 통고서 1부. 끝.

서 울 지 방 경 찰 청 장

[서울지방경찰청장 인]

기안자 경감 최진성   검토자 경정 배수종   전결 정보1과장 황희윤

협조자 정보2과장 김하준

시행   정보1과-34568 (2020.9.11)

우   도로명주소 생략   / 홈페이지 주소 생략

전화번호 생략   팩스번호 생략   / 전자우편주소 생략   / 공개

210mm×297mm(백상지 80g/m²)

[별지 제6호서식]

제2020-13236호 옥외집회(시위·행진) 금지 통고서			
① 신고서 접수번호		제 2020-98789호	
② 명 칭		공무원의 정치참여권 신장을 위한 결의대회	
③ 개 최 일 시		2020년 10월 3일 15:00 ~ 17:00 소요시간(2시간)	
④ 개 최 장 소		광화문광장-청와대(세종대로-사직로-효자로, 1.7km)	
⑤주최자	주 소	생 략	
	성 명 (단체명)	정혁수 (정치참여권 신장을 위한 공무원연대)	
위 옥외집회(시위·행진)는 다음의 사유로 「집회 및 시위에 관한 법률」 제8조 제5항에 따라 금지함을 통고합니다.			
⑥ 금지의 근거 및 사유 인근 주민들의 사생활 침해 및 학교 학생들의 학습권 침해 우려(「집회 및 시위에 관한 법률」 제8조 제5항 제1호 및 제2호)			
이 금지 통고에 대하여 이의가 있으면 이 금지 통고를 받은 날부터 10일 이내에 금지 통고를 한 경찰관서의 바로 위의 상급경찰관서의 장에게 이의를 신청할 수 있습니다. 2020 년 9 월 11 일 서울지방경찰청장 [인]			

210mm×297mm
[신문용지 54g/㎡(재활용품)]

[별지 서식]

광화문광장 사용허가신청서				
행 사 명 칭	공무원의 정치참여권 신장을 위한 결의대회			
사 용 목 적	집회 개최			
사 용 일 시	2020년 10월 3일(토요일) 12시 00분 ~ 15시 00분 (3시간 00분)			
신 청 자	주 소	생략	전화번호	생략
	성 명 (단체명)	정혁수	생년월일	생략
			직 업	생략
신청단체의 대표자	주 소	생략	전화번호	생략
	성 명 (단체명)	정혁수	생년월일	생략
			직 업	생략
연락 책임	주 소	생략	전화번호	생략
	성 명 (단체명)	정혁수	생년월일	생략
			직 업	생략
사 용 인 원	100명		사용면적	광장 일대
행 사 내 용	공무원의 정치참여권 신장을 위한 결의대회			

『서울특별시 광화문광장의 사용 및 관리에 관한 조례』 제5조에 따라 위와 같이 사용허가를 신청합니다.

2020년 9월 8일

신청자 정혁수 (인)

서울특별시장 귀하

☞ 구비서류
1. 행사계획서(사용장비, 시간계획 등 구체적으로 정확하게 기재)
2. 사용 위치도(현장답사 후 평면도 표시)
3. 시설물설치내역 및 원상복구계획서(무대, 천막, 현수막, 의자 등 기타시설물 설치시)
4. 안전관리계획서(시설물 설치 및 이용, 광장사용자, 기타 행사참여자 등 대상)

■ 행정 효율과 협업 촉진에 관한 규정 시행규칙 [별지 제1호서식]

서 울 특 별 시

수신　정혁수

제목　광화문광장 사용허가신청에 대한 회신

1. 우리시의 시정 발전에 협조하여 주시는 귀하께 감사드립니다.

2. 귀하의 2020. 9. 8. 광화문광장 사용허가신청에 대하여「서울특별시 광화문광장 사용에 관한 조례」제5조, 제6조에 따라 불허가 결정하여 이를 회신합니다.

신 청 인	정혁수
사용 목적	공무원의 정치참여권 신장을 위한 결의대회 개최
허가 여부	불허가
이 유	신청한 사용 목적은 국가의 정책에 반대하는 내용의 집회를 개최하기 위한 것이므로,「서울특별시 광화문광장 사용에 관한 조례」제5조 제1항 제1호 및 제2호에 정한 사유에 해당하여 불허가 결정함.

3. 불복이 있는 경우 처분이 있음을 안 날로부터 90일 이내에 행정심판법에 의한 행정심판 또는 행정소송법에 의한 행정소송을 제기할 수 있습니다.　끝.

서 울 특 별 시 장

[서울특별시장직인]

기안자 주무관 김가나　　검토자 사무관 이다라　　　전결 역사도심관리과장 박권

협조자

시행　역사도심관리과-56789 (2020.9.15)　　　접수

우　도로명주소 생략　　　　　　　　　　　/ 홈페이지 주소 생략

전화번호 생략　　팩스번호 생략　　　　/ 공무원의 전자우편주소　　/ 공개

210mm×297mm(백상지 80g/㎡)

수임번호 2020-452	**법률상담일지 II**	2020. 10. 6.

의뢰인	이수진	의뢰인 전화	생략
의뢰인 주소	생략	의뢰인 팩스	생략

상 담 내 용

1. 의뢰인은 서울시 공무원으로 같은 서울시 공무원인 정혁수가 대표자로 있는 '정치참여권 신장을 위한 공무원연대'의 회원으로 활동하고 있다.

2. 의뢰인을 비롯한 위 공무원연대(이하 '공무원연대'라고 함)의 회원들은 공무원의 정치참여권 신장을 목적으로 하는 집회 및 시위를 계획하여 2020. 10. 3. 10:00부터 12:00까지, 시위의 진로를 "서울역에서 서울특별시청"으로 하는 내용의 집회(시위)신고서를 서울지방경찰청장에게 제출하였다.

3. 의뢰인을 포함한 집회참가자들은 집회신고서에 기재한 내용대로 구호의 제창과 함께 보도를 이용하여 행진하였고, 이어 공무원연대 주최의 옥외집회 장소인 광화문광장 방향으로 행진하였다.

4. 의뢰인 등이 서울시청을 지나 광화문광장 방향으로 계속 행진하자 종로경찰서장은 해산명령과 함께 행진을 저지하였다. 그리고 그 과정 및 그 이후에 종로경찰서 소속의 경찰들이 카메라 등을 이용하여 집회참가자들과 당시의 상황을 촬영하였다.

5. 의뢰인의 희망사항

   의뢰인은 경찰의 촬영행위로 인해 자신의 기본권이 침해되었고, 향후 반복적으로 행해지는 경찰의 촬영행위로 인해 공무원의 정치활동 확대를 요구하는 공무원연대의 활동이 위축될 수 있다고 주장하면서 그 위헌성을 다투어 주기를 희망한다.

법무법인 전승 내부회의록 (헌법소송용)

일 시: 2020. 10. 8. 14:00 ~ 15:00
장 소: 법무법인 회의실
참석자: 이민형 변호사(헌법팀장), 김진정 변호사

이 변호사: 의뢰인의 주장에 대해 간단히 정리해 주시지요.

김 변호사: 의뢰인은 공무원의 정치참여권 신장을 목표로 조직된 단체인 '정치참여권 신장을 위한 공무원연대'의 회원으로 서울시 소속의 공무원입니다. 의뢰인을 비롯한 위 단체의 회원들은 공무원의 정치적 활동을 과도하게 규제하는 국가공무원법 조항 등 악법 폐지를 목적으로 2020. 10. 3. 10:00 서울역을 출발하여 옥외집회 장소인 광화문광장까지 구호를 외치면서 행진을 하였습니다. 그런데 12:05경 서울시청을 지나 광화문광장으로 가는 도중에 종로경찰서장이 행진을 가로막고 참가자들에게 해산을 명령하면서, 위 경찰서 소속의 경찰인 채증요원들로 하여금 카메라, 휴대폰 등을 사용하여 참가자들의 행위와 당시의 상황을 촬영하도록 하였다고 합니다.

이 변호사: 경찰의 촬영행위로 인해 공무원연대의 활동이 방해를 받았고, 의뢰인을 비롯한 시위참가자들의 얼굴이 무단으로 경찰에 의해 촬영된 것을 다투는 취지로 보이는군요.

김 변호사: 그렇습니다. 의뢰인들은 경찰의 촬영행위로 인해 자신들의 신원이 노출되고, 시위에 참석한 사실이 알려지지 않을까 불안감을 느끼고 있습니다. 공무원 신분이다 보니 당시 사진이나 영상 등을 근거로 징계나 형사책임을 추궁당할 수 있다는 걱정을 하고 있습니다. 그리고 그 때문인지는 몰라도 그날 이후로 공무원연대의 정기모임이나 활동에 참여하는 회원의 숫자가 확연히 줄어들었다고 합니다.

이 변호사: 집회나 시위의 현장에서 경찰의 무분별한 사진촬영 등 채증활동으로 인해 시민들의 참여가 현저하게 줄어들었다는 신문기사를 본 적이 있습니다. 의뢰인과 같은 공무원의 경우에는 시위참가로 인해 신분상의 불이익을 받을 수도 있어 더욱 불안감이 클 것으로 생각되는군요. 경찰이 의뢰인 등을 촬영한 이유는 무엇인가요.

김 변호사: 공무원연대는 집시법에서 정하는 바에 따라 시위의 진로를 서울역에서 서울시청까지로 하여 옥외집회신고서를 서울지방경찰청장에게 제출하였고, 시위 당일에도 의뢰인을 비롯한 30여 명의 회원들이 신고서에 기재된 신고사항을 엄격히 지키면서 행진을 하였다고 합니다. 공무원연대의 대표인 정혁수의 인솔에 따라 경찰의 안내에 적극적으로 협조하였고, 시민들의 불편을 고려하여 차도를 피해 보도만을 이용하였다고 합니다.

이 변호사: 사전에 신고한 대로 행진이 이루어졌다면 경찰이 참가자들이나 당시 상황을 촬영할 이유가 없었을 것으로 보이는데요?

김 변호사: 미리 신고한 행진의 경로인 서울시청까지는 아무런 문제가 없었는데, 집회장소인 광화문광장 쪽으로 진행하는 과정에서 경찰이 행진을 차단하고 촬영행위를 하였다고 합니다. 그 사유나 근거에 대해 경찰로부터 어떠한 설명도 없었지만, 종로경찰서장이 행진을 차단하면서 애초 신고한 범위를 벗어난 불법적인 행진임을 수차례 경고하였다고 합니다. 경고 내용에 비추어 보면 예정된 진로인 서울시청을 지난 광화문광장으로의 이동은 신고의 범위를 벗어난 위법한 행진으로 이에 대한 증거수집의 차원에서 촬영행위를 한 것으로 보입니다. 시위행렬과 경찰이 대치하다가 12:15경 의뢰인을 비롯한 참가자들이 개별적으로 광화문광장 방향으로 이동하자 경찰도 촬영행위를 중단하였다고 합니다.

이 변호사: 사전에 신고를 하지 않았거나 신고한 범위를 넘어 시위를 하였다는 것만으로 위법한 시위로 평가할 수 있는지요? 만약 위법한 행위로 평가할 수 있다면, 그에 대한 촬영행위는 범죄수사를 위한 것으로 그 요건이나 방법상의 한계를 넘지 않는 한 허용될 수 있을 것으로 보입니다. 그러나 위법한 행위로 평가할 수 없다면, 애당초 수사의 필요성이 없을 것이므로 촬영행위는 허용되지 않을 것으로 보입니다.

김 변호사: 저도 그게 궁금해서 판례를 찾아보니 대법원이 2011도6294판결에서, 사전에 신고를 하지 않았다는 이유만으로 그 옥외집회나 시위를 헌법의 보호범위를 벗어나 개최가 허용되지 않는 집회 내지 시위라고 단정할 수 없고, 집시법 제6조 제1항에서 정하는 사전신고제의 규범력은 신고의무를 이행하지 아니한 옥외집회 등의 주최자를 처벌하는 것으로 충분히 확보할 수 있다고 판시한 바 있습니다.

이 변호사: 그렇군요. 경찰이 시위현장을 촬영한 행위의 법적 근거는 무엇인가요? 언제부턴가 경찰이 시위현장에서 참가자들의 얼굴 등을 촬영하는 행위가 일상적으로 이루어지는 것 같은데 그 법적 근거는 분명하지 않은 것 같습니다.

김 변호사: 이 사건에서 경찰의 촬영행위는 집회신고서의 신고범위를 넘는 위법한 시위행위에 대한 수사목적으로 이루어진 것으로 보이고, 따라서 그 법적 근거는 일차적으로 형사소송법 제196조, 제199조라고 보아야 할 것 같습니다. 물론 수사목적이 아니더라도 경찰관직무집행법에 근거하여 -공공의 안녕과 질서유지를 위한 경찰의 정보취득 차원에서 촬영행위가 이루어지기도 하지만, 종로경찰서장이 사전신고의 범위를 넘는 미신고 불법시위를 이유로 행진을 차단하고 해산명령과 함께 촬영행위를 시작하였다고 하므로 이 사건에서는 수사목적의 촬영행위에 국한하여 그 위헌성을 검토하면 될 것으로 보입니다.

이 변호사: 방금 법제처 국가법령정보센터에서 검색해보니 집회·시위 현장 등에서 불법행위자의 증거자료 확보를 위한 사진촬영 등의 기준을 정한 '채증활동규칙'이라는 것이 있군요. 이 규칙 제2조 제1호에서 채증을 "집회 또는 시위 현장 등에서 불법행위 또는 이와 밀접한 행위를 촬영, 녹화 또는 녹음하는 것을 말한다."라고 정의하고 있는 것으로 보아 경찰은 이에 근거하여 촬영행위를 한 것으로 보입니다. 채증의 범위를 매우 광범위하게 정의하고 있는 것으로 보아 위 규칙조항으로 인한 기본권 침해도 우려가 됩니다.

김 변호사: 제가 미처 확인하지 못했습니다. 검토해서 위 규칙조항도 심판대상으로 삼아야 할 것인지, 심판대상으로 삼는 경우 적법요건에는 문제가 없는지를 검토해 보겠습니다.

이 변호사: 경찰의 촬영행위는 시위행렬이 개별적으로 광화문광장 방향으로 이동하자 종료되었습니다. 헌법소원의 적법요건과 관련해서 문제가 될 것 같은데, 이에 대해서도 검토 바랍니다.

김 변호사: 촬영행위의 법적 성격에 비추어 적법요건과 관련하여 다양한 문제가 제기될 것 같습니다. 꼼꼼히 검토해서 준비하겠습니다.

이 변호사: 신고범위를 넘는 행진 외에 도로점거나 집회장소 이탈 등의 행위, 경찰과 시위참가자들 간의 물리적 마찰이 있지는 않았는지요.

김 변호사: 저도 그 부분이 우려되어 자세히 알아보았는데, 이번 행사의 경우 의뢰인을 비롯하여 공무원연대 소속의 30여 명의 공무원들만이 참여한 소규모의 집회였고, 신고범위를 벗어나 행진한 거리가 약 20~30m 정도에 불가하였으며, 통상적인 정도의 구호를 외치면서 행진한 것 외에 피켓이나 현수막 등을 사용하지도 않았으므로 다른 사람들에게 피해를 주었거나 공공의 안녕질서에 직접적이고 명백한 위험이 발생하였다고 볼 여지는 없다고 보입니다.

이 변호사: 범죄행위에 대한 증거수집으로서 사진, 영상 등의 촬영행위는 다른 수사행위와 마찬가지로 목적달성에 필요한 범위에서 적법절차에 따라 이루어져야 합니다. 불법행위가 진행 중이거나 그 직후에 증거자료를 확보할 필요성과 긴급성이 있어야 하며, 그 방식도 과도한 제한을 초래해서는 안 될 것입니다. 그런데 언제부턴가 경찰이 불법적인 집회나 시위를 사전에 방지한다는 명분으로 시위참가자들의 얼굴 또는 시위장면을 광범위하게 촬영함으로써 시위문화를 위축시키고 있다고 보입니다. 민주주의 사회에서 허용되지 않는 국가 활동으로 경종이 필요하다고 보입니다.

김 변호사: 알겠습니다. 변호사님 말씀을 반영해서 청구서를 작성해 보겠습니다.

이 변호사: 수고하셨습니다. 이상으로 오늘 회의를 마치겠습니다. 끝.

국가인권위원회

침해구제제1위원회

결 정

제 목   집회 및 시위현장에서 경찰의 채증관련 제도개선 권고

주 문

국가인권위원회는 경찰청장에게 집회 및 시위현장에서의 경찰의 채증관련 제도 개선을 위하여,

1. 집회 및 시위참가자의 불법행위가 행하여지고 있거나 행하여진 직후, 증거보전의 필요성 및 긴급성이 인정되는 경우에 한해 채증활동을 하도록 할 것,
2. 채증요원의 채증활동 및 채증장비 사용과 관련하여 인권침해적 요인이 발생하지 않도록 관리·감독을 철저히 할 것,
3. 채증자료의 수집·사용·보관·폐기와 관련하여 절차의 객관성과 투명성을 제고할 수 있도록 외부전문가가 참여하는 채증자료 관리 절차를 마련할 것을 권고한다.

이 유

Ⅰ. 권고배경

집회·시위현장에서의 경찰의 채증활동과 관련하여, 채증활동의 범위가 지나치게 광범위하고, 채증자료에 대한 관리가 투명하지 못하여 집회 참가자의 집회의 자유, 개인정보자기결정권, 초상권을 침해할 수 있다는 우려가 제기되어 왔으며,

관련된 다수의 진정이 국가인권위원회(이하 "위원회"라고 한다.)에 접수되기도 하였다. 이에 위원회는 집회·시위 현장에서의 경찰의 채증활동으로 인한 인권 침해를 예방하고 바람직한 기준을 마련하기 위하여 「국가인권위원회법」 제25조 제1항에 따라 제도개선을 검토하였다.

Ⅱ. 판단기준 및 참고기준

「헌법」 제10조, 제17조를 판단기준으로 삼았고, 「채증활동규칙」(경찰청예규 재125호), 헌법재판소 2013. 10. 30. 2000헌바67·83(병합) 결정, 헌법재판소 2005. 5. 26. 99헌마513 결정, 대법원 1999. 9. 3. 99도2317 판결, 대법원 2006. 10. 13. 2004다16280 판결 등을 참고하였다.

Ⅲ. 판단

1. 채증범위에 대한 엄격한 제한 필요

경찰청 예규인 「채증활동규칙」은 집회·시위 현장에서의 경찰의 채증활동과 관련한 전반적인 사항을 규정하고 있다. 위 규칙 제1조에 따르면 "이 규칙은 각종 집회·시위 및 치안현장에서 불법행위자의 증거자료 확보를 위해 채증 활동에 필요한 기준을 마련하는 것을 목적으로 한다."고 규정하고, 제2조 제1호는 "채증"이란 용어의 정의에 대하여, "각종 집회·시위 및 치안현장에서 불법 또는 불법이 우려되는 상황을 촬영, 녹화 또는 녹음하는 것을 말한다"고 규정하고 있다.

그런데 위 규정에서 정한 '불법이 우려되는 상황'을 확대해석하여 채증활동을 할 경우, 집회 참가자의 기본권과 관련한 문제점들을 야기할 수 있다. 우선, 경찰의 광범위한 채증은 집회 참가자들에게 집회에 참석한 사실과 집회에서의 행위로 인하여 이후 형사소추될 수도 있다는 심리적 위축을 가하여 자유롭게 집회에 참여하고 자신의 의사를 표현할 권리를 사실상 제한하는 결과가 될 수 있다.

또한 불법행위를 하지 않은 경우에도 동의 없이 집회 참가자의 모습을 채증하는 것은 「헌법」 제10조가 보장하는 초상권을 침해할 소지가 있고, 나아가 채증자료의 열람, 판독, 보관, 폐기 과정에 정보주체가 참여하여 열람, 정정, 삭제를 요청할 수 있는 권리가 주어지지 않는 점에서 「헌법」 제17조가 보장하는 개인정보자기결정권을 침해할 소지가 있다.

범죄수사 과정에서 영장 없이 이루어질 수 있는 채증의 범위와 관련하여 대법원은 "누구든지 자기의 얼굴 기타 모습을 함부로 촬영당하지 않을 자유를 가지나 이러한 자유도 국가권력의 행사로부터 무제한으로 보호하는 것은 아니고 국가의 안전보장·질서유지·공공복리를 위하여 필요한 경우에는 상당한 제한이 따르는 것이고, 수사기관이 범죄를 수사함에 있어 현재 범행이 행하여지고 있거나 행하여진 직후이고, 증거보전의 필요성 및 긴급성이 있으며 일반적으로 허용되는 상당한 방법에 의하여 촬영을 한 경우라면 위 촬영이 영장 없이 이루어졌다하여 이를 위법하다고 단정할 수 없다."라고 판시(대법원 1999. 09. 03. 선고 99도2317 판결)한바 있다. 따라서, 집회·시위 현장에서 '불법이 우려되는 상황'과 관련하여 영장 없이 채증을 하는 때에도 위 판례가 판시한 적법한 증거수집의 한계에 준하여 현재 불법행위가 행하여지고 있거나 행하여진 직후, 증거보전의 필요성 및 긴급성이 인정되는 경우에 제한적으로 채증활동을 하도록 함으로써 집회·시위의 자유가 위축되거나 집회·시위 참가자의 권리가 사실상 침해되는 일이 없도록 하는 것이 바람직한다.

2. 채증방법의 적정화

집회 현장에서 종종 경찰의 사복 채증요원에 의해 비공개적으로 채증이 이루어져 경찰에 의한 정당한 채증인지 확인이 어려움으로 인해 경찰과 집회참가자간의 불필요한 충돌이 발생하는 경우가 있다. 또한, 채증의 대상자가 경찰이 자신을 채증하고 있다는 사실을 인지하지 못하므로 채증활동에 대한 적정성 감시가 어렵다는 문제가 제기된다. 나아가, 경찰이 채증활동을 하면서 정식으로 등록된 채증장비가 아닌 개인 휴대폰을 사용하는 경우가 있는데, 이 경우 해당 자료를 사적으로 활용할 수 있어 채증자료의 체계적 관리가 어려워지는 문제가 있다. 반면에, 경찰이 채증활동을 수행함에 있어 경찰임을 알 수 있는 복장을 하거나 등록된 장비만을 사용하도록 한정한다면 현실적으로 채증이 불가능하거나 채증 활동 행위가 노출되어 안전상의 위험이 발생할 수 있다는 점도 수긍할 바가 있다. 그러므로, 경찰은 채증의 필요성과 함께 인권보호의 요구가 조화될 수 있도록 집회 및 시위 현장에서 채증요원의 채증활동 및 채증장비 사용의 적정성에 대한 관리·감독을 철저히 할 것이 요청된다.

3. 채증자료 관리절차의 객관성 및 투명성

위 「채증활동규칙」은 채증된 불법행위 사진 중 인적사항이 확인되지 않은 행위자의 사진은 채증판독프로그램에 정보를 입력하여 판독하고, 판독을 통해 인적사항이 확인된 경우 해당 판독 결과를 수사기능에 통보한 후 채증판독프로그램에서 해당 사진을 삭제하며, 수사목적을 달성한 채증자료는 폐기하고, 이적사항이 확인되지 않아 보관이 필요한 채증사진은 공소시효 만료일까지 보관하고 폐기하도록 규정하고 있다. 또한, 불법행위의 증거자료로 사용하기 위한 본연의 목적에 반하여 채증자료를 임의로 외부에 유출시키는 것을 금지하고 있다.

그러나, 채증업무를 담당하는 경찰관이 집회·시위 현장에서 채증한 사진을 자신의 소셜네트워크서비스 공간에 게시한 사례(위원회는 2013. 9. 30. 이를 「헌법」 제10조가 보장하는 인격권을 침해한 것이라고 판단하고 해당 경찰관에 대한 주의조치를 권고, 13진정0261600)나, 2011. 특정 지방경찰청에서 집회·시위 현장에서 채증한 사진을 들어 채증업무를 담당한 경찰관을 포상하고 전시회도 열어 논란이 있었던 사례와 같이, 현실적으로 위 채증자료 관리절차가 엄격하게 준수되지 않고 채증자료가 외부에 유출되거나 목적 외로 사용되고 있다는 우려가 제기되어 왔다.

따라서, 이러한 우려를 불식시키고 채증자료의 관리를 강화하기 위한 하나의 방안으로서, 채증자료 관리 절차에 외부전문가를 참여하도록 하여 절차의 객관성과 투명성을 제고할 필요가 있다 할 것이다.

Ⅳ. 결론

이상과 같은 이유로 「국가인권위원회법」 제25조 제1항에 따라 주문과 같이 결정한다.

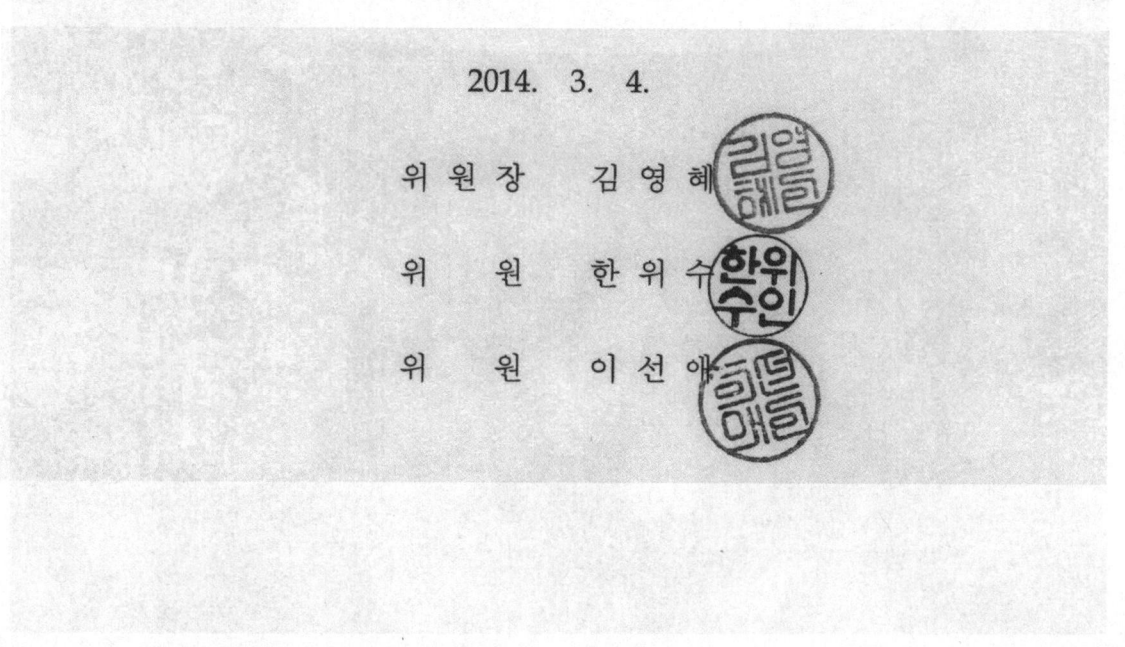

2014. 3. 4.

위 원 장   김영혜

위   원   한위수

위   원   이선애

[신문기사]

불법채증하다 딱 걸린 경찰

시청 옥상서 사진기자 틈에 섞여
취재방해감시단이 묻자
"폴리스라인 찍고 있었다"

과잉진압도 폭력집회도 없었지만, 5일 '백남기 농민 쾌유 기원과 민주회복 민생살리기 범국민대회'에서 경찰이 불법 채증을 시도하다 '취재방해감시단'(감시단)에게 현장에서 발각되는 오점을 남겼다. 감시단은 전국언론노조와 한국기자협회, 방송기자연합회 등 현업언론단체와 시민단체들이 공권력의 언론 취재 방해와 시민들에 대한 인권침해를 감시하겠다는 취지로 지난 1일 출범했다.
6일 감시단의 말을 종합하면, 범국민대회가 한창 진행 중이던 이날 오후 3시30분께 '서울시청 옥상에 경찰이 기자보다 더 많다'는 제보가 접수됐다. 확인을 위해 감시단 두 명과 기자협회보 기자 한 명이 시청 옥상에 도착했을 때 현장에는 사진기자와 경찰 등 30여명이 있었다. 감시단은 경찰로 의심되는 사람이 집회현장을 동영상으로 촬영하며 불법 채증하는 모습을 목격했다. 사진기자들은 옥상에서 동영상을 찍는 경우가 드물고, 여기저기 옮겨다니며 촬영을 하는 데 비해 그는 한 자리에서 지속적으로 촬영을 하고 있어 쉽게 눈에 띄었다. 결국 서초경찰서 소속 송아무개라고 신분을 밝힌 경찰은 "불법 채증 아니냐?"는 감시단의 추궁에 "채증 아니다, 촬영 준비중이었다"라고 답했다. 그러나 카메라는 시청광장을 겨눈 채 시민들을 촬영하고 있었다. 이미 채증중 아니었냐고 재차 묻자 "집회 참가자가 아니라 폴리스라인을 찍고 있었다"고 그는 말을 바꿨다. 서초서 정보과 소속 송아무개(38) 경장은 〈한겨레〉와의 전화통화에서도 "폴리스라인을 찍고 있었다"는 해명을 되풀이했다. 경찰청 예규인 채증활동 규칙을 보면, 채증은 "집회 현장에서 불법 또는 불법이 우려되는 상황을 촬영"하는 것을 말한다. 그러나 당시 현장은 평온했고 집회가 끝날 때까지 불법행위로 연행된 일은 단 1건도 없었다. 송 경장 이외에도 시청 옥상에선 또다른 남성이 채증을 하다 감시단의 질문을 받자 황급히 자리를 뜨기도 했다.

고한솔 기자 sol@hani.co.kr

기록이면표지

참고자료 – 관련 법령(발췌)

■ **집회 및 시위에 관한 법률**[법률 제13834호, 2016. 1. 27, 일부개정]

제1조(목적) 이 법은 적법한 집회(集會) 및 시위(示威)를 최대한 보장하고 위법한 시위로부터 국민을 보호함으로써 집회 및 시위의 권리 보장과 공공의 안녕질서가 적절히 조화를 이루도록 하는 것을 목적으로 한다.

제2조(정의) 이 법에서 사용하는 용어의 뜻은 다음과 같다.
1. "옥외집회"란 천장이 없거나 사방이 폐쇄되지 아니한 장소에서 여는 집회를 말한다.
2. "시위"란 여러 사람이 공동의 목적을 가지고 도로, 광장, 공원 등 일반인이 자유로이 통행할 수 있는 장소를 행진하거나 위력(威力) 또는 기세(氣勢)를 보여, 불특정한 여러 사람의 의견에 영향을 주거나 제압(制壓)을 가하는 행위를 말한다.
3. "주최자(主催者)"란 자기 이름으로 자기 책임 아래 집회나 시위를 여는 사람이나 단체를 말한다. 주최자는 주관자(主管者)를 따로 두어 집회 또는 시위의 실행을 맡아 관리하도록 위임할 수 있다. 이 경우 주관자는 그 위임의 범위 안에서 주최자로 본다.
4. ~ 6. (생략)

제5조(집회 및 시위의 금지) ① 누구든지 다음 각 호의 어느 하나에 해당하는 집회나 시위를 주최하여서는 아니 된다.
1. 헌법재판소의 결정에 따라 해산된 정당의 목적을 달성하기 위한 집회 또는 시위
2. 집단적인 폭행, 협박, 손괴(損壞), 방화 등으로 공공의 안녕 질서에 직접적인 위협을 끼칠 것이 명백한 집회 또는 시위

제6조(옥외집회 및 시위의 신고 등) ① 옥외집회나 시위를 주최하려는 자는 그에 관한 다음 각 호의 사항 모두를 적은 신고서를 옥외집회나 시위를 시작하기 720시간 전부터 48시간 전에 관할 경찰서장에게 제출하여야 한다. 다만, 옥외집회 또는 시위 장소가 두 곳 이상의 경찰서의 관할에 속하는 경우에는 관할 지방경찰청장에게 제출하여야 하고, 두 곳 이상의 지방경찰청 관할에 속하는 경우에는 주최지를 관할하는 지방경찰청장에게 제출하여야 한다.
1. 목적
2. 일시(필요한 시간을 포함한다)

3. 장소
4. 주최자(단체인 경우에는 그 대표자를 포함한다), 연락책임자, 질서유지인에 관한 다음 각 목의 사항
    가. ~ 라. (생략)
5. 참가 예정인 단체와 인원
6. 시위의 경우 그 방법(진로와 약도를 포함한다)

② 관할 경찰서장 또는 지방경찰청장(이하 "관할경찰관서장"이라 한다)은 제1항에 따른 신고서를 접수하면 신고자에게 접수 일시를 적은 접수증을 즉시 내주어야 한다.

③ 주최자는 제1항에 따라 신고한 옥외집회 또는 시위를 하지 아니하게 된 경우에는 신고서에 적힌 집회 일시 24시간 전에 그 철회사유 등을 적은 철회신고서를 관할경찰관서장에게 제출하여야 한다.

④ 제3항에 따라 철회신고서를 받은 관할경찰관서장은 제8조제3항에 따라 금지 통고를 한 집회나 시위가 있는 경우에는 그 금지 통고를 받은 주최자에게 제3항에 따른 사실을 즉시 알려야 한다.

⑤ 제4항에 따라 통지를 받은 주최자는 그 금지 통고된 집회 또는 시위를 최초에 신고한 대로 개최할 수 있다. 다만, 금지 통고 등으로 시기를 놓친 경우에는 일시를 새로 정하여 집회 또는 시위를 시작하기 24시간 전에 관할경찰관서장에게 신고서를 제출하고 집회 또는 시위를 개최할 수 있다.

제8조(집회 및 시위의 금지 또는 제한 통고) ① 제6조제1항에 따른 신고서를 접수한 관할경찰관서장은 신고된 옥외집회 또는 시위가 다음 각 호의 어느 하나에 해당하는 때에는 신고서를 접수한 때부터 48시간 이내에 집회 또는 시위를 금지할 것을 주최자에게 통고할 수 있다. 다만, 집회 또는 시위가 집단적인 폭행, 협박, 손괴, 방화 등으로 공공의 안녕 질서에 직접적인 위험을 초래한 경우에는 남은 기간의 해당 집회 또는 시위에 대하여 신고서를 접수한 때부터 48시간이 지난 경우에도 금지 통고를 할 수 있다.
  1. 제5조제1항, 제10조 본문 또는 제11조에 위반된다고 인정될 때
  2. 제7조제1항에 따른 신고서 기재 사항을 보완하지 아니한 때
  3. 제12조에 따라 금지할 집회 또는 시위라고 인정될 때

② 관할경찰관서장은 집회 또는 시위의 시간과 장소가 중복되는 2개 이상의 신고가 있는 경우 그 목적으로 보아 서로 상반되거나 방해가 된다고 인정되면 각 옥외집회 또는 시위 간에 시간을 나누거나 장소를 분할하여 개최하도록 권유하는 등 각 옥외집회 또는 시위가 서로 방해되지 아니하고 평화적으로 개최·진행될 수 있도록 노력하여야 한다.

③ 관할경찰관서장은 제2항에 따른 권유가 받아들여지지 아니하면 뒤에 접수된 옥외집회 또는 시위에 대하여 제1항에 준하여 그 집회 또는 시위의 금지를 통고할 수 있다.

④ 제3항에 따라 뒤에 접수된 옥외집회 또는 시위가 금지 통고된 경우 먼저 신고를 접수하여 옥외집회 또는 시위를 개최할 수 있는 자는 집회 시작 1시간 전에 관할경찰관서장에게 집회 개최 사실을 통지하여야 한다.

⑤ 다음 각 호의 어느 하나에 해당하는 경우로서 그 거주자나 관리자가 시설이나 장소의 보호를 요청하는 경우에는 집회나 시위의 금지 또는 제한을 통고할 수 있다. 이 경우 집회나 시위의 금지 통고에 대하여는 제1항을 준용한다.

1. 제6조제1항의 신고서에 적힌 장소(이하 이 항에서 "신고장소"라 한다)가 다른 사람의 주거지역이나 이와 유사한 장소로서 집회나 시위로 재산 또는 시설에 심각한 피해가 발생하거나 사생활의 평온(平穩)을 뚜렷하게 해칠 우려가 있는 경우
2. 신고장소가 「초·중등교육법」 제2조에 따른 학교의 주변 지역으로서 집회 또는 시위로 학습권을 뚜렷이 침해할 우려가 있는 경우
3. 신고장소가 「군사기지 및 군사시설 보호법」 제2조제2호에 따른 군사시설의 주변 지역으로서 집회 또는 시위로 시설이나 군 작전의 수행에 심각한 피해가 발생할 우려가 있는 경우

⑥ 집회 또는 시위의 금지 또는 제한 통고는 그 이유를 분명하게 밝혀 서면으로 주최자 또는 연락책임자에게 송달하여야 한다.

제9조(집회 및 시위의 금지 통고에 대한 이의 신청 등) ① 집회 또는 시위의 주최자는 제8조에 따른 금지 통고를 받은 날부터 10일 이내에 해당 경찰서의 바로 위의 상급경찰관서의 장에게 이의를 신청할 수 있다.

② 제1항에 따른 이의 신청을 받은 경찰관서의 장은 접수 일시를 적은 접수증을 이의 신청인에게 즉시 내주고 접수한 때부터 24시간 이내에 재결(裁決)을 하여야 한다. 이 경우 접수한 때부터 24시간 이내에 재결서를 발송하지 아니하면 관할경찰관서장의 금지 통고는 소급하여 그 효력을 잃는다.

③ 이의 신청인은 제2항에 따라 금지 통고가 위법하거나 부당한 것으로 재결되거나 그 효력을 잃게 된 경우 처음 신고한 대로 집회 또는 시위를 개최할 수 있다. 다만, 금지 통고 등으로 시기를 놓친 경우에는 일시를 새로 정하여 집회 또는 시위를 시작하기 24시간 전에 관할경찰관서장에게 신고함으로써 집회 또는 시위를 개최할 수 있다.

제12조(교통 소통을 위한 제한) ① 관할경찰관서장은 대통령령으로 정하는 주요 도시의 주요 도로에서의 집회 또는 시위에 대하여 교통 소통을 위하여 필요하다고 인정하면 이를 금지하거나 교통질서 유지를 위한 조건을 붙여 제한할 수 있다.
② 집회 또는 시위의 주최자가 질서유지인을 두고 도로를 행진하는 경우에는 제1항에 따른 금지를 할 수 없다. 다만, 해당 도로와 주변 도로의 교통 소통에 장애를 발생시켜 심각한 교통 불편을 줄 우려가 있으면 제1항에 따른 금지를 할 수 있다.

제14조(확성기등 사용의 제한) ① 집회 또는 시위의 주최자는 확성기, 북, 징, 꽹과리 등의 기계·기구(이하 이 조에서 "확성기 등"이라 한다)를 사용하여 타인에게 심각한 피해를 주는 소음으로서 대통령령으로 정하는 기준을 위반하는 소음을 발생시켜서는 아니 된다.
② 관할경찰관서장은 집회 또는 시위의 주최자가 제1항에 따른 기준을 초과하는 소음을 발생시켜 타인에게 피해를 주는 경우에는 그 기준 이하의 소음 유지 또는 확성기등의 사용 중지를 명하거나 확성기 등의 일시보관 등 필요한 조치를 할 수 있다.

제16조(주최자의 준수 사항) ① 집회 또는 시위의 주최자는 집회 또는 시위에 있어서의 질서를 유지하여야 한다.
② 집회 또는 시위의 주최자는 집회 또는 시위의 질서 유지에 관하여 자신을 보좌하도록 18세 이상의 사람을 질서유지인으로 임명할 수 있다.
③ 집회 또는 시위의 주최자는 제1항에 따른 질서를 유지할 수 없으면 그 집회 또는 시위의 종결(終結)을 선언하여야 한다.
④ 집회 또는 시위의 주최자는 다음 각 호의 어느 하나에 해당하는 행위를 하여서는 아니 된다.
  1. 총포, 폭발물, 도검(刀劍), 철봉, 곤봉, 돌덩이 등 다른 사람의 생명을 위협하거나 신체에 해를 끼칠 수 있는 기구(器具)를 휴대하거나 사용하는 행위 또는 다른 사람에게 이를 휴대하게 하거나 사용하게 하는 행위
  2. 폭행, 협박, 손괴, 방화 등으로 질서를 문란하게 하는 행위
  3. 신고한 목적, 일시, 장소, 방법 등의 범위를 뚜렷이 벗어나는 행위
⑤ 옥내집회의 주최자는 확성기를 설치하는 등 주변에서의 옥외 참가를 유발하는 행위를 하여서는 아니 된다.

제18조(참가자의 준수 사항) ①집회나 시위에 참가하는 자는 주최자 및 질서유지인의 질서 유지를 위한 지시에 따라야 한다.
② 집회나 시위에 참가하는 자는 제16조제4항제1호 및 제2호에 해당하는 행위를 하여서는 아니 된다.

제20조(집회 또는 시위의 해산) ① 관할경찰관서장은 다음 각 호의 어느 하나에 해당하는 집회 또는 시위에 대하여는 상당한 시간 이내에 자진(自進) 해산할 것을 요청하고 이에 따르지 아니하면 해산(解散)을 명할 수 있다.
  1. 제5조제1항, 제10조 본문 또는 제11조를 위반한 집회 또는 시위
  2. 제6조제1항에 따른 신고를 하지 아니하거나 제8조 또는 제12조에 따라 금지된 집회 또는 시위
  3. 제8조제5항에 따른 제한, 제10조 단서 또는 제12조에 따른 조건을 위반하여 교통 소통 등 질서 유지에 직접적인 위험을 명백하게 초래한 집회 또는 시위
  4. 제16조제3항에 따른 종결 선언을 한 집회 또는 시위
  5. 제16조제4항 각 호의 어느 하나에 해당하는 행위로 질서를 유지할 수 없는 집회 또는 시위

② 집회 또는 시위가 제1항에 따른 해산 명령을 받았을 때에는 모든 참가자는 지체 없이 해산하여야 한다.
③ 제1항에 따른 자진 해산의 요청과 해산 명령의 고지(告知) 등에 필요한 사항은 대통령령으로 정한다.

제22조(벌칙) ① 제3조제1항 또는 제2항을 위반한 자는 3년 이하의 징역 또는 300만원 이하의 벌금에 처한다. 다만, 군인·검사 또는 경찰관이 제3조제1항 또는 제2항을 위반한 경우에는 5년 이하의 징역에 처한다.
② 제5조제1항 또는 제6조제1항을 위반하거나 제8조에 따라 금지를 통고한 집회 또는 시위를 주최한 자는 2년 이하의 징역 또는 200만원 이하의 벌금에 처한다.
③ 제5조제2항 또는 제16조제4항을 위반한 자는 1년 이하의 징역 또는 100만원 이하의 벌금에 처한다.
④ 그 사실을 알면서 제5조제1항을 위반한 집회 또는 시위에 참가한 자는 6개월 이하의 징역 또는 50만원 이하의 벌금·구류 또는 과료에 처한다.

제24조(벌칙) 다음 각 호의 어느 하나에 해당하는 자는 6개월 이하의 징역 또는 50만원 이하의 벌금·구류 또는 과료에 처한다.
  1. 제4조에 따라 주최자 또는 질서유지인이 참가를 배제했는데도 그 집회 또는 시위에 참가한 자
  2. 제6조제1항에 따른 신고를 거짓으로 하고 집회 또는 시위를 개최한 자
  3. 제13조에 따라 설정한 질서유지선을 경찰관의 경고에도 불구하고 정당한 사유 없이 상당 시간 침범하거나 손괴·은닉·이동 또는 제거하거나 그 밖의 방법으로 그 효용을 해친 자

4. 제14조제2항에 따른 명령을 위반하거나 필요한 조치를 거부·방해한 자
5. 제16조제5항, 제17조제2항, 제18조제2항 또는 제20조제2항을 위반한 자

■ 형사소송법

제196조(사법경찰관리) ① 수사관, 경무관, 총경, 경정, 경감, 경위는 사법경찰관으로서 모든 수사에 관하여 검사의 지휘를 받는다.

② 사법경찰관은 범죄의 혐의가 있다고 인식하는 때에는 범인, 범죄사실과 증거에 관하여 수사를 개시·진행하여야 한다.

제199조(수사와 필요한 조사) ① 수사에 관하여는 그 목적을 달성하기 위하여 필요한 조사를 할 수 있다. 다만, 강제처분은 이 법률에 특별한 규정이 있는 경우에 한하며, 필요한 최소한도의 범위 안에서만 하여야 한다.

② 수사에 관하여는 공무소 기타 공사단체에 조회하여 필요한 사항의 보고를 요구할 수 있다.

■ 경찰관직무집행법

제2조(직무의 범위) 경찰관은 다음 각 호의 직무를 수행한다.
1. 국민의 생명·신체 및 재산의 보호
2. 범죄의 예방·진압 및 수사
2의2. 범죄피해자 보호
3. 경비, 주요 인사(人士) 경호 및 대간첩·대테러 작전 수행
4. 치안정보의 수집·작성 및 배포
5. 교통 단속과 교통 위해(危害)의 방지
6. 외국 정부기관 및 국제기구와의 국제협력
7. 그 밖에 공공의 안녕과 질서 유지

■ 채증활동규칙[경찰청예규 제495호, 2015. 1. 26., 전부개정]

제1조(목적) 이 규칙은 집회 또는 시위 현장 등에서 불법행위자의 증거자료 확보를 위해 채증활동에 필요한 기준을 마련하는 것을 목적으로 한다.

제2조(정의) 이 규칙에서 사용하는 용어의 뜻은 다음과 같다.
1. "채증"이란 집회 또는 시위 현장 등에서 불법행위 또는 이와 밀접한 행위를 촬영, 녹화 또는 녹음하는 것을 말한다.
2. "채증요원"이란 채증 또는 이와 관련된 업무를 담당하는 경찰공무원(경찰공무원의 지시를 받는 의무경찰을 포함한다)을 말한다.

3. "주관부서"란 채증요원을 관리·운용하는 정보 또는 경비 부서를 말한다.
4. "채증판독프로그램"이란 인적사항이 확인되지 않은 불법행위자의 인적사항 확인을 위하여 채증된 자료를 입력, 열람, 판독하기 위한 전산 프로그램을 말한다.

제3조(채증의 원칙) 채증요원은 불법행위의 증거확보에 필요한 경우에 채증을 하며, 채증·판독 및 자료 관리 과정에서 대상자의 인권을 존중하여야 한다.

제4조(채증요원 편성) ① 주관부서의 장은 집회 또는 시위에 대비하기 위해 채증요원을 둔다.
② 채증요원은 사진 촬영담당, 동영상 촬영담당, 신변보호원 등 3명을 1개조로 편성하는 것을 원칙으로 하되, 현장 상황 등을 고려하여 증감 편성할 수 있다.

제5조(채증계획) 주관부서의 장은 집회·시위 상황 등을 미리 파악하여 채증 필요성 여부를 결정하여 별표1에 따라 채증계획을 수립한다. 다만, 긴급한 경우 구두 지시로 갈음할 수 있다.

제6조(채증요원 관리) ① 주관부서의 장은 채증활동 전에 인원·장비 및 복장 등을 점검하고, 채증계획에 따른 유의사항 등을 교육하여야 한다.
② 의무경찰은 소속 부대 지휘요원의 사전 교육 및 지시를 받아 채증활동을 할 수 있다.

제7조(채증장비) 채증장비는 원칙적으로 경찰관서에서 지급한 장비를 사용한다. 다만, 지급한 장비를 사용할 수 없는 부득이한 경우 개인소유 기기를 사용할 수 있다.

제8조(채증판독프로그램 설치 및 입력) ① 정보부서의 장은 채증판독프로그램(이하 "프로그램"이라 한다)이 정보부서에서만 설치·이용할 수 있도록 프로그램을 관리하여야 한다.
② 주관부서의 장은 불법 집회·시위 과정에서 채증한 불법행위 사진 중 인적사항이 확인되지 않은 행위자의 사진을 열람·판독할 수 있도록 신속히 프로그램에 입력하여야 한다.
③ 제1항에 따라 프로그램에 불법행위 사진을 입력할 때에는 다음 각 호의 사항을 함께 입력하여야 한다.
1. 집회의 명칭, 일시, 장소, 참가인원 등 집회·시위 상황 개요
2. 불법행위 사진의 채증시간, 장소, 행위내용, 채증자

제9조(채증자료 조회) ① 정보부서의 장은 효율적인 프로그램 운영을 위해 정보부서 채증요원 중에 프로그램 관리 및 조회권자를 지정하여야 하고, 관리 및 조회권자 이외에는 프로그램에 접속하지 못하도록 관리하여야 한다.

② 정보부서의 장은 인사이동 등으로 프로그램 관리 및 조회권자가 교체된 경우 상급 정보 부서의 장에게 이를 보고하여야 한다.

제10조(채증자료 열람·판독) ① 정보부서의 장은 채증사진을 열람·판독할 때에는 현장 근무자 등을 참여시킬 수 있다.
② 판독결과는 프로그램에 입력하여야 한다.
③ 지방청 프로그램 관리 및 조회권자는 경찰서에서 입력한 불법행위 사진 등의 적정 여부를 검토하여 판독 절차가 진행될 수 있도록 조치하여야 한다.

제11조(채증자료 파기 등) ① 정보부서의 장은 채증자료가 수사 등 목적을 달성한 경우에는 지체 없이 파기하여야 한다.
② 정보부서의 장은 프로그램에 입력된 불법행위 사진에 대한 판독을 통해 인적사항이 확인된 경우에는 해당 판독 결과를 수사기능에 통보한 후 해당 불법행위 사진은 프로그램에서 파기하여야 한다.
③ 정보부서의 장은 판독에도 불구하고 불법행위자의 인적사항이 확인되지 않아 수사를 위해 보관이 필요한 채증사진은 해당 범죄의 공소시효 완성일까지 보관하고, 공소시효가 완성된 때에는 파기하여야 한다.<2015. 1. 26. 개정>
④ 누구든지 제1조의 목적에 반하여 프로그램에 입력된 채증자료를 임의로 외부에 유출시켜서는 아니 된다.
⑤ 경찰청 정보1과장은 정보통신 부서와 합동으로 연1회 채증자료 관리의 적절성 여부를 점검하여야 한다.

■ **서울특별시 광화문광장의 사용 및 관리에 관한 조례** (서울특별시 조례)

제1조(목적) 이 조례는 시민의 건전한 여가선용과 문화활동 등을 위한 광화문광장의 사용 및 관리에 필요한 사항을 규정함을 목적으로 한다.

제2조(정의) 이 조례에서 사용하는 용어는 다음과 같다.
1. "광화문광장"이란 세종로 중앙의 차도와 구분되는 장소를 말한다.
2. "사용"이란 광화문광장(이하 "광장"이라 한다)의 일부 또는 전부를 이용함으로써 불특정 다수 시민의 자유로운 광장 이용을 제한하는 행위를 말한다.
3. "신청자"란 자신의 명의와 책임하에 광장을 사용하려는 사람 또는 단체를 말한다.
4. "사용자"란 광장 사용허가 신청을 하여 사용허가 통보를 받은 사람 또는 단체를 말한다.

제3조(관리) 서울특별시장(이하 "시장"이라 한다)은 시민이 평화롭게 활동할 수 있도록 광장환경을 조성하고, 시민의 건전한 여가선용과 문화활동 등을 지원하는 공간으로 이용될 수 있도록 광장을 관리하여야 한다.

제4조(사용허가 신청) 신청자는 사용목적과 일시, 신청자의 성명과 주소, 사용인원, 안전관리계획 등을 적은 별지 제1호서식의 광화문광장 사용허가신청서를 사용하고자 하는 날(이하 "사용일"이라 한다)의 60일 전부터 7일 전까지 시장에게 제출하여야 한다.

제5조(사용허가 및 사용제한) ① 시장은 다음 각 호의 어느 하나에 해당하는 경우에는 광장사용을 허가하지 아니할 수 있다.
 1. 광장의 조성목적에 위배되는 경우
 2. 국가 또는 지방자치단체의 정책에 찬성·반대하는 의견을 나타내기 위한 집회를 목적으로 하는 경우
 3. 다른 법령 등에 따라 이용이 제한되는 경우
② 제1항의 규정에 의하여 사용을 허가하는 경우에 사용일이 중복된 경우에는 신청순위에 따라 허가하되, 다음 각 호의 어느 하나에 해당하는 행사를 우선하여 허가할 수 있다.
 1. 공익을 목적으로 국가 또는 지방자치단체가 주관하는 행사
 2. 공연 또는 전시회 등 문화·예술행사
 3. 어린이·청소년 또는 여성 관련행사

제6조(사용신청 결과통지) ① 시장은 광장 사용허가 신청에 대하여 허가 여부를 결정하여 신청자에게 통지하여야 한다.
② 사용허가를 하지 아니할 경우에는 신청자에게 그 사유를 분명하게 적은 서면으로 알려야 한다.

제7조(사용허가의 취소·정지) 시장은 다음 각 호의 어느 하나에 해당하는 경우에는 광장 사용허가를 취소하거나 사용정지 등 필요한 조치를 할 수 있다.
 1. 허가된 사용목적 이외의 용도로 사용하는 경우
 2. 사용인의 준수사항을 위반하는 경우

확 인 : 법학전문대학원협의회

2020년도 제2차 변호사시험 모의시험-논술형(기록형)

시험과목	공 법(기록형)

응시자 준수사항

1. 시험 시작 전 문제지의 봉인을 손상하는 경우, 봉인을 손상하지 않더라도 문제지를 들추는 행위 등으로 문제 내용을 미리 보는 경우 모두 부정행위로 간주되어 그 답안은 영점 처리 됩니다.

2. 답안은 흑색 또는 청색 필기구(사인펜이나 연필 사용 금지) 중 한 가지 필기구만을 사용하여 답안 작성 난(흰색 부분) 안에 기재하여야 합니다.

3. 답안지에 성명과 수험 번호를 기재하지 않아 인적 사항이 확인되지 않는 경우에는 영점 처리 등 불이익을 받게 됩니다. 특히 답안지를 바꾸어 다시 작성하는 경우, 성명 등의 기재를 빠뜨리지 않도록 유의하여야 합니다.

4. 답안지에는 문제 내용을 기재할 필요가 없으며, 답안 내용 이외의 사항을 기재하거나 밑줄 기타 어떠한 표시도 하여서는 안 됩니다. 답안을 정정할 경우에는 두 줄로 긋고 다시 기재하여야 하며, 수정액 등은 사용할 수 없습니다.

5. 시험 종료 시각에 임박하여 답안지를 교체 요구한 경우라도 시험시간 종료 후 즉시 새로 작성한 답안지를 회수합니다.

6. 시험 종료 후에는 답안지 작성을 일절 할 수 없으며, 이에 위반하여 시험 시간이 종료되었음에도 불구하고 **시험관리관의 답안지 제출지시에 불응한 채 계속 답안을 작성하거나 답안지를 늦게 제출할 경우 그 답안은 영점 처리** 됩니다.

7. 답안은 답안지 쪽수 번호 순으로 기재하여야 하고, **배부받은 답안지는 백지 답안이라도 모두 제출**하여야 하며, **답안지를 제출하지 아니한 경우 그 시험시간 및 나머지 시험시간의 시험에 응시할 수 없습니다.**

8. 지정된 시간까지 지정된 시험실에 입실하지 아니하거나 시험관리관의 승인을 얻지 아니하고 시험시간 중에 그 시험실에서 퇴실한 경우 그 시험시간 및 나머지 시험시간의 시험에 응시할 수 없습니다.

9. 시험시간이 종료되기 전에는 어떠한 경우에도 문제지를 시험장 밖으로 가지고 갈 수 없고, 시험 종료 후 가지고 갈 수 있습니다.

법학전문대학원협의회
KOREAN ASSOCIATION OF LAW SCHOOLS

목 차

I. 문제 ··· 2

II. 작성요령과 주의사항 ··· 3

III. 서면 양식 ··· 4

IV. 기록내용
    법률상담일지 ··· 7
    내부회의록 ··· 9
    법인등기부등본 ·· 13
    중소기업확인서 ·· 15
    직접생산확인증명서 ·· 16
    조달물자(물품)구매입찰공고 ··· 17
    2020레미콘 연간단가계약서(추가조건) ······························ 19
    중소기업자 입찰 참가자격 취소 통보 ································ 20
    우편송달보고서 ·· 21
    물량배정중지통보 ··· 22
    우편송달보고서 ·· 23
    소송위임장 (행정소송 등) ·· 24
    담당변호사 지정서 (행정소송 등) ···································· 25

V. 참고 자료
    1. 관련법령(발췌) ·· 26
    2. 달력 ·· 33

【문 제】

1. 소장의 작성 (50점)

법무법인 한라의 담당변호사로서 의뢰인 해피레미콘 주식회사를 위하여 취소소송의 소장을 작성하되, 아래 사항을 준수하여 첨부된 양식의 ①부터 ⑤에 들어갈 내용을 작성하시오.

가. "Ⅱ. 소의 적법성"부분(③)에서는 대상적격, 피고적격, 제소기간에 관한 내용만 기재할 것

나. "Ⅲ. 처분의 위법성"부분(④)에서 근거 법률의 위헌성 주장에 관한 내용을 기재하지 말 것

다. 소장의 작성일란(⑤)에서는 취소소송의 대상으로 삼은 처분 전부에 대하여 허용되는 적법한 제소기간 내 최종일을 기재할 것

2. 위헌법률심판제청신청서의 작성 (50점)

문제 1.에 따라 제기된 행정소송에서, 법무법인 한라의 담당변호사로서 의뢰인 해피레미콘 주식회사를 위하여 위헌법률심판제청신청서를 작성하되, 아래 사항을 준수하여 첨부된 양식의 ①부터 ⑤에 들어갈 내용을 작성하시오.

가. 「중소기업제품 구매촉진 및 판로지원에 관한 법률」제8조 제2항 중 의뢰인 해피레미콘 주식회사에 적용된 부분을 신청의 대상으로 할 것

나. 문제 1.에 따라 제기된 행정소송의 사건번호는 2020구합1234이고, 담당재판부는 서울행정법원 제2부라고 가정할 것

【작성요령과 주의사항】

1. 「중소기업제품 구매촉진 및 판로지원에 관한 법률」은 '판로지원법'으로 「중소기업제품 구매촉진 및 판로지원에 관한 법률 시행령」은 '판로지원법 시행령'으로, 「중소기업제품 구매촉진 및 판로지원에 관한 법률 시행규칙」은 '판로지원법 시행규칙'으로 약칭할 수 있음

2. 기록에 첨부된 관련법령은 일부 조문이 가상의 것으로 현행 법령과 차이가 있으므로 첨부된 관련법령과 다른 내용의 현행법령은 고려하지 말고 첨부된 관련법령에 근거하여 작성할 것

3. 관련법령 중 판로지원법령은 「정부조직법」(2020. 5. 1. 법률 제14839호로 일부개정된 것)에 의하여 개정되기 이전의 것으로 법률상담일지 1~5항 기재 사실관계가 있던 당시에 시행되던 법령임

4. 법률상담일지의 사실관계와 기록에 첨부된 자료들을 기초로 하고, 그것이 사실임을 전제로 할 것

5. 기록에 첨부된 각종 서류는 적법하게 작성된 것으로 간주하고, 서류 등에 필요한 서명과 날인, 무인과 간인 등은 모두 갖추어진 것으로 볼 것

6. 기록 중 (생략)으로 표시된 부분은 모두 기재된 것으로 볼 것

7. 문장은 경어(敬語)체로 작성할 것

【소장 양식】

소　　장

원　　고　　해피레미콘 주식회사
　　　　　　공주시 반포면 송곡로 584
　　　　　　대표이사 공미래
　　　　　　소송대리인 법무법인 한라
　　　　　　담당변호사 정윤주, 남백두

피　　고　　[①]

(생략)

청　구　취　지

[②]

청　구　이　유

Ⅰ. 처분의 경위 등(생략)
Ⅱ. 소의 적법성

[③]

Ⅲ. 처분의 위법성

[④]

Ⅳ. 결론(생략)

입　증　방　법(생략)
첨　부　서　류(생략)

2020.　[⑤]

원고 소송대리인 법무법인 한라
담당변호사 정윤주 (인)
남백두 (인)

서울행정법원 귀중

【위헌법률심판제청신청서 양식】

위헌법률심판제청신청서

사 건 　[①]
원 고 　해피레미콘 주식회사
피 고 　(생략)

위 사건에 관하여 원고는 아래와 같이 위헌법률심판제청을 신청합니다.

신 청 취 지

[②]

신 청 이 유

Ⅰ. 사건의 개요(생략)

Ⅱ. 적법요건

[③]

Ⅲ. 위헌이라고 해석되는 이유

[④]

Ⅳ. 결론(생략)

2020. (생략)

원고 소송대리인 법무법인 한라
담당변호사 정윤주 (인)
남백두 (인)

[⑤]　귀중

기록내용 시작

수임번호 2020-152	법률상담일지		2020. 7. 15.
의뢰인	해피레미콘 주식회사 (대표이사 공미래)	의뢰인 전화	041) 333-1588
의뢰인 주소	충남 공주시 반포면 송곡로 584	의뢰인 팩스	

상 담 내 용

1. 의뢰인 해피레미콘 주식회사(이하 '의뢰인 회사')는 「중소기업기본법」 제2조에 따른 중소기업자로서, 대기업 소유의 레미콘 생산설비를 임차하여 레미콘 생산 및 판매업을 하고 있는 회사이다. 의뢰인 회사는 주로 공공기관이 중소기업자간 경쟁입찰의 방식으로 발주하는 레미콘 공급계약 입찰에 참여하여 왔다.

2. 의뢰인 회사는 조달청장이 2020. 5. 31. 입찰공고한 중소기업자간 경쟁입찰 방식의 '2020년 레미콘 연간 단가계약을 위한 입찰'에 참가하여 낙찰받았다. 의뢰인 회사와 조달청장은 이에 따라 계약기간을 2021. 5. 31.까지로 하는 '2020년도 레미콘 연간 단가계약'을 체결하였다(이하 '이 사건 계약').

3. 한편, 중소기업청장은 2020. 4.경부터 중소기업자간 경쟁입찰에 참여했던 기업들을 대상으로 실태조사를 한 후, 의뢰인 회사를 비롯한 몇몇 중소기업이 「중소기업제품 구매촉진 및 판로지원에 관한 법률」(이하 '판로지원법')상 중소기업자간 경쟁입찰에 참여가 제한되는 '대기업과 지배 또는 종속의 관계에 있는 기업집단에 포함되는 기업'(이하 '참여제한 대상 기업')이라고 판단하였다.

4. 중소기업청장은 2020. 6. 25. 의뢰인 회사를 포함한 참여제한 대상 기업들에 대하여 중소기업자간 경쟁입찰 참여자격을 취소하였다. 의뢰인 회사의 대표이사는 해외출장 때문에 중소기업청장의 입찰참가자격 취소처분통지서를 직접 받지 못하고, 2020. 6. 29. 23:30경에 공항에 도착하여 사무원이 남긴 문자와 통지서 사진을 보고서 입찰참가자격이 취소되었음을 알게 되었다.

5. 중소기업청장은 2020. 6. 25. 조달청장 등에게 의뢰인 회사를 포함한 참여제한 대상 업체들의 명단과 함께 '향후 발주되는 중소기업자간 경쟁제도를 통한 입찰에서 대상 업체들의 참여를 제한하여 주시기 바란다'는 내용의

공문을 송부하였고, 이에 따라 참여제한 대상 기업들의 명단을 통보받은 조달청장은 2020. 7. 10. 의뢰인 회사가 참여제한 대상기업에 해당한다는 이유로 입찰 공고 및 이 사건 계약의 추가특수조건 제4조의2를 근거로 하여 이 사건 계약에 따른 레미콘 물량배정을 중지한다는 통보를 하였다. 의뢰인 회사의 대표이사는 물량배정 중지 통보서를 수령한 사무원이 바로 전달해 주어 2020. 7. 15. 16:20경 물량배정이 중지되었음을 알게 되었다.

6. 의뢰인 회사는 주로 중소기업자간 경쟁입찰에 참여하여 체결한 계약으로 레미콘 판매를 하여 왔는데, 중소기업자간 경쟁입찰 참여자격이 취소되면 앞으로 회사의 존립이 어려우므로 중소기업자간 경쟁입찰 참여자격 취소처분에 대해 취소소송을 제기하고 싶고, 조달청장과 체결한 이 사건 계약의 이행을 원하므로 조달청장의 물량배정 중지통보에 대해서도 취소소송을 제기하고 싶다.

7. 의뢰인 회사는 판로지원법 제8조 제2항 중 의뢰인 회사에 적용된 부분에 대하여 위헌법률심판제청신청을 하고 싶다.

법무법인 한라
06133 서울 강남구 봉은사로 119 빅토리빌딩 6층
Tel 02.335.2341, Fax 02.335.2342
Email hanralaw@hanra.co.kr   www.hanralaw.co.kr

법무법인 한라 내부회의록

일　시 : 2020. 7. 16. 14:00 ~ 15:00
장　소 : 법무법인 한라 회의실
참석자 : 정윤주 변호사, 남백두 변호사

정 변호사: 남 변호사, 의뢰인 해피레미콘 주식회사 사건에 관하여 논의해 볼까요?

남 변호사: 네, 의뢰인 해피레미콘 주식회사는 레미콘을 생산, 판매하는 중소기업입니다. 중소기업자들만 참여할 수 있는 중소기업자간 경쟁입찰에서 주로 조달계약을 따내어 레미콘을 판매해 왔습니다. 그런데 이번에 대기업으로부터 자본금을 초과하는 금액의 자산을 대여받았다는 이유로 중소기업청장으로부터 중소기업자간 경쟁입찰 참여자격을 취소당하였습니다. 그리고 2020년 레미콘 공급을 위한 연간단가계약을 체결한 조달청도 같은 이유로 그 계약에 따른 레미콘 물량배정을 중지하겠다고 통보하였습니다.

정 변호사: 의뢰인 회사가 중소기업자가 아닌데 중소기업자간 경쟁입찰에 참여했다는 말인가요?

남 변호사: 아닙니다. 의뢰인 회사의 매출규모로 보면 중소기업기본법상 중소기업자가 맞습니다. 그런데 판로지원법에서 대기업이 그 중소기업의 자본금 또는 출자총액을 초과하는 금액에 해당하는 자산을 대여하는 경우는 대기업과 중소기업이 지배 또는 종속관계라고 보고, 그 중소기업의 입찰참여를 제한하고 있습니다.

정 변호사: 아, 그럼 의뢰인 회사가 자본금 또는 출자총액을 초과하는 자산을 대기업으로부터 대여받았던 거군요.

남 변호사: 네, 그렇습니다. 의뢰인 회사는 대기업인 대서양 주식회사 소유의 배치플랜트를 임차하여 사용하고 있습니다. 배치플랜트는 시멘트, 자갈,

모래, 물 등을 자동이송 장치를 통해 운송하고 자동으로 혼합되도록 하는 기계설비인데, 의뢰인은 회사 설립 시부터 대서양 주식회사 소유의 배치플랜트를 임차하여 사용해왔습니다. 이 시설의 금액이 7천만원으로 평가되기 때문에 의뢰인 회사의 자본금인 5천만원을 초과합니다.

정 변호사: 음....의뢰인 회사는 대서양 주식회사의 사실상 자회사나 뭐 특수한 그런 관계인 것 아닌가요?

남 변호사: 아닙니다. 의뢰인 회사는 대서양 주식회사와는 전혀 별개로 설립된 회사입니다. 두 회사의 직책을 겸직하거나 특수 관계에 있는 사람도 없어 인적으로도 아무런 관련이 없습니다. 의뢰인 회사의 대표이사는 대기업의 설비를 대여받아 사용하는 것이 중소기업자 경쟁입찰 참가에 결격사유가 되는지를 몰랐다고 합니다.

정 변호사: 그래요? 그런데 중소기업자간 경쟁입찰에 참여할 수 없는 결격사유가 있다는 점이 그 입찰에 참가할 자격을 취소할 사유가 되나요? 아, 그리고 조달청도 의뢰인 회사에 대해 물량배정을 취소했다고 했지요?

남 변호사: 네, 조달청으로부터 물량배정을 중지하겠다는 통지를 받았습니다.

정 변호사: 조달청과 의뢰인 회사가 체결한 계약은 어떤 계약이죠? 물량배정을 중지한다는 것이 어떤 의미인가요?

남 변호사: 의뢰인 회사와 조달청이 체결한 계약은 레미콘 공급에 대한 중소기업자간 경쟁입찰에서 의뢰인 회사가 낙찰받아 체결한 연간단가계약인데, 1년간 공급할 물량의 단가를 정한 것입니다. 1년 동안의 가격을 정해놓고 배정받은 물량을 공급하기 때문에 1년간은 레미콘을 공급할 수 있는 물량과 수익을 확보할 수 있습니다. 계약만 체결한 상태이고 아직 물량을 배정받지 못했는데 이번에 물량배정중지통보를 받아서 레미콘을 공급하지 못하고 있습니다.

정 변호사: 물량배정을 중지한 것도 대서양 주식회사로부터 대여받은 그 배치 플랜트인가 하는 설비 때문인가요?

남 변호사: 네, 그렇습니다. 대기업으로부터 자본금을 상회하는 자산을 대여받았다는 이유입니다. 사실 당초 입찰공고문에서 판로지원법령상 중소기업자간 경쟁입찰 참여 자격이 있을 것을 요구했고, 판로지원법 제8조 제2항에 해당하면 계약해지 및 물량회수를 한다고 되어 있었습니다. 낙찰 이후에 체결한 계약조건에서도 자격요건 부적격자에 대한 물량배정 중지에 관한 내용이 명시되어 있었습니다. 의뢰인 회사가 대기업하고 지배 또는 종속관계에 있다고 인정되어 판로지원법상의 중소기업자간 경쟁입찰 참여 자격이 없다는 점 때문에 공급 물량을 배정하지 않겠다고 한 것입니다.

정 변호사: 그렇군요....그런데 계약조건에 그렇게 되어 있었다면 조달청의 물량배정 중지는 계약에 따른 조치이지 처분이라고 보기는 어렵지 않나요?

남 변호사: 그렇게 볼 수도 있지만 조달청장이 한 물량배정중지는 결국 원고에게 판로지원법상 중소기업자간 경쟁입찰에 참여 자격이 없다는 이유로 한 것입니다. 판로지원법에서는 물품구매계약을 체결하기 전 입찰 단계에서 참여할 자격이 없는 업체의 참여를 제한하도록 하고 있는데, 입찰 단계에서 참여 제한을 못하고 입찰이 진행되어 물품구매계약이 체결되어 버려서 물량배정의 중지를 하는 것이니 본질적으로 판로지원법에 따라 처분으로 행한 것으로 봐야 하지 않나 합니다.

정 변호사: 쉽지는 않겠는데요? 소장에서 그 부분을 잘 정리해서 주장해보시지요. 의뢰인 회사 입장에서는 이미 체결된 레미콘 공급계약에 따른 레미콘 판매도 막히고, 앞으로도 중소기업자간 경쟁입찰에는 참여할 자격이 없어진 것이네요. 그렇게 참가자격이 취소되면 아마 일정 기간 자격취득제한도 당할 겁니다.
참, 사전에 통지는 다 받았나요? 처분을 받기 전에 의뢰인 회사가 몰랐다는 사정을 좀 설명했나요?

남 변호사: 의뢰인 회사는 2020. 6. 5. 중소기업청장으로부터 공공기관으로 하여금 의뢰인 회사가 중소기업자간 경쟁입찰에 참여하는 것을 제한하도록 하는 내용을 통보할 계획이라는 취지의 사전통지를 받았는데, 이에 대한 의견을 따로 제출하지는 않았다고 합니다. 물량 배정 중지 통보는 사전통지가 없었습니다.

정 변호사: 그래요? 그 부분도 확인해서 문제가 있으면 주장해보시지요.
참...법이 그렇다고는 하지만 자본금보다 비싼 설비를 임차하였다는 사정만으로 대기업과 지배·종속관계라고 볼 수 있는지 의문이네요.

남 변호사: 의뢰인 회사는 자본금은 적어도 매출이나 영업이익은 괜찮은 편이었습니다. 실제로는 대기업과 관련도 없는데, 고가의 설비를 대여받았다는 이유만으로 대기업과 지배 또는 종속관계에 있다고 판단하는 것은 문제가 있는 것 같습니다. 의뢰인 회사는 다른 사업도 안하고 오로지 레미콘 제조·공급 사업만을 하는데, 중소기업자간 경쟁입찰을 통해서만 공급을 해 와서 다른 판매처도 별로 없다고 합니다. 사실상 당장 판매할 길이 막혀 회사문을 닫아야 할지도 모른다고 합니다.

정 변호사: 의뢰인 회사의 사정이 딱하군요. 남 변호사가 의뢰인 회사를 위해서 소장과 위헌법률심판제청신청서를 잘 작성해주시기 바랍니다. 이상으로 회의를 마치겠습니다. 끝.

등기번호	0*****
등록번호	0*****-0001234

등기사항전부증명서(현재사항)[제출용]

상 호	해피레미콘 주식회사
본 점	공주시 반포면 송곡로 584

공고방법 서울특별시에서 발행하는 매일경제신문에 게재한다.

1주의 금액   금 5,000 원

발행할 주식의 총수   100,000 주

발행주식의 총수와 그 종류 및 각각의 수	자본의 총액	변경연월일
		등기연월일
발행주식의 총수 10,000 주 보통주식 10,000 주	금 50,000,000 원	. . . .

목 적
레미콘 생산 및 판매, 공급과 이를 효율적으로 수행하기 위한 연계 운송사업, 건설사업 등과 같은 부대사업의 영위를 목적으로 한다.

임원에 관한 사항

이사 박현미 570803-2****** 생략

이사 강우석 570318-1****** 생략

감사 김영건 520812-1****** 생략

이사 박현수 511215-1****** 생략

이사 이순화 801123-2****** 생략

대표이사 공미래 670126-1****** 서울특별시 종로구 사직로8길 4, 111동 1607호(사직동, 광화문풍림스 페이스본)
       2015 년 07 월 15 일 취임   2015 년 09 월 28 일 등기

기 타 사 항
1. 생략

회사성립연월일	2015. 9. 30.

--- 이 하 여 백 ---

관할등기소 : 대전지방법원 공주지원 / 발행등기소 : 법원행정처 등기정보중앙관리소

이 증명서는 등기기록의 내용과 틀림없음을 증명합니다.

서기 2020년 07월 18일
법원행정처 등기정보중앙관리소   전산운영책임관

발급번호: (생략)

중소기업 확인서

기 업 명 : 해피레미콘 주식회사

사업자등록번호 : 307-81-***** 　　　　법인등록번호 : 161211-*******

대표자명 : 공미래

주　　소 : 충남 공주시 반포면 송곡로 584

주 업 종 : (C23322)레미콘 제조업

유효기간 : 2020. 4. 1.~ 2021. 3. 31.

용　　도 : 공공기관 입찰용

위 기업은 「중소기업기본법」 제2조에 의한 중소기업임을 확인합니다.

2020년 4월 1일

중 소 기 업 청 장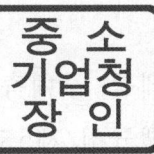

발급사실 및 발급취소 등 변동사항은 중소기업현황정보시스템(sminfo. mss.go.kr)을 통해 확인 가능. 유효기간 중이라도 발급일 이후 합병, 분할 및 관계기업 변동시 중소기업 지위를 상실할 수 있음. 거짓 자료를 통해 발급받은 경우 중소기업기본법 제28조에 따라 500만 원 이하의 과태료 및 시책기관의 지원무효 등의 조치가 취해질 수 있음.
"주업종"은 중소기업기본법 시행령 제4조에 따라 직전 3개년 사업연도내의 평균매출액등의 비중이 가장 큰 업종이며, 현재 영위하는 업종과 다를 수 있음.

발급번호: (생략)

직접생산확인증명서

○대 분 류 : (생략)
○제 품 명 : 레미콘
 * 동 제품의 직접 생산 가능범위 : 붙임의 세부품명별 '필수특이사항'에 따름.
○생산업체명 : 해피레미콘 주식회사
　　사업자번호 307-81-*****
　　대표자 성명 : 공미래
　　소재지(본사) : 충남 공주시 반포면 송곡로 584
○공　　장 : 상동
○유효기간 : (생략)

「중소기업제품 구매촉진 및 판로지원에 관한 법률」 제9조 제4항 본문 및 같은 법 시행규칙 제5조제3항에 따라 위와 같이 직접생산을 증명합니다.

출력일자 : 2020년 5월 6일

중소기업중앙회 [중소기업중앙회장인]

조달물자(물품) 구매입찰 공고

조달청 물품공고 제20200535339-00호
입찰에 부치고자 다음과 같이 공고합니다.

2020. 05. 29.
대전지방조달청 조달물자계약관

1. 입찰에 부치는 사항

구매관리번호: 25-13-4-0587-00
수요기관: 각 수요기관
계약방법: 제한경쟁
품명: 레미콘
입찰건명: 2020년 레미콘 연간단가계약
입찰(개찰)일시: 2020/06/20. 15:00.
(생략)

2. 세부 품명 및 수량

(생략)

3. 입찰방법

* 입찰금액(투찰금액)은 규격별 단가의 합계금액으로 하며, 각 규격별 예정가격에 낙찰율을 적용하여 계약단가를 산정(원단위 이하는 절사)합니다.
* 입찰(투찰)수량은 규격별 합계수량으로 하여야 하며, 규격별 계약수량은 규격별 공고물량비율을 적용합니다.
* 업체별 최대 입찰수량은 생산능력의 범위이내이여야 하며, 산정기준은 아래와 같습니다.

(생략)

4. 입찰장소
 * 대전지방조달청 입찰실

5. 제출서류
(생략)

6. 입찰참가자격
* 「중소기업제품 구매촉진 및 판로지원에 관한 법률시행령」제9조 제1항에 따라 중소기업자간 경쟁입찰 참가자격 조건을 갖춘 중소기업으로서 아래 항의 자격을 모두 갖추어야 합니다.
    ① ~ ② (생략)
    ③ 중·소기업, 소상공인 및 장애인기업 확인 요령(중소벤처기업부 고시 제2019-1호, 2019.1.1.)에 의한 "중·소기업·소상공인 확인서"를 입찰(개찰)일 전일까지 소지한 업체

* 중소기업제품 구매촉진 및 판로지원에 관한 법률 제8조 제2항에 해당하는 자는 본 입찰에 참여할 수 없으며, 계약체결 후에 해당기업으로 확인될 경우 계약해지 및 기 배정한 물량을 회수하니 착오 없기 바랍니다.

(이하 생략)

대전지방조달청 조달 물자 계약관

2020년도 레미콘 연간 단가계약(추가조건)

제1조~제3조
(생략)

제4조 (물량배정)
① 계약된 조합의 참여 조합원사인 경우에는 관련 조합이, 공동수급체인 경우 공동수급체 대표사가, 개별 계약업체는 조달청에서 실시한다.
② (생략)

제4조의 3 (자격요건 부적격자 등에 대한 처리)
① 계약상대자가 다음 각 호의 어느 하나에 해당하는 경우에는 물량배정 중지 또는 기 배정된 물량을 회수한다.
1. 계약상대자가 관련 규정의 개정 및 신규 적용 등의 이유로 중소기업자간 경쟁입찰에 참여할 수 없는 경우에는 중소기업자간 경쟁입찰에 참여할 수 있는 자격을 획득할 때까지 배정중지
2. 조합을 통해 참여한 조합원사가 조합을 탈퇴한 경우 배정중지 및 기배정된 물량 회수
3. 계약상대자가 계약기간 중 부정당업자 제재를 받은 경우 제재기간 동안 물량배정 중지. 다만 당해 조합이 배제됨에 따라 공급이 불가능한 것으로 판단될 경우에는 물량배정(원인을 야기한 조합원사는 제외)
② 제1항제2호에 의하여 물량배정중기 등의 처분을 받은 자로서 계약기간동안 조합을 탈퇴한 업체는 조합의 관할지역변경 등 불가피한 사유가 없는 한 국가계약법 시행령 제76조에 따라 입찰참가자격 제한

제5조
(이하 생략)

중소기업청

수 신   수신자 참조
(경유)
제 목   입찰참가자격 취소 처분 통보

귀사에 대하여 「중소기업제품 구매촉진 및 판로지원에 관한 법률」 제8조 제3항 제1호에 따라 아래와 같이 입찰 참가자격을 취소함을 통보합니다.

아 래

가. 업체명 : 해피레미콘 주식회사
나. 대표자 : 공미래
다. 계약입찰명
   : 중소기업자 경쟁입찰의 방식으로 진행되는 입찰
라. 제재사유
   : 중소기업제품 구매촉진 및 판로지원에 관한 법률 제8조 제2항 제2호 다목에 해당 (대상 업체의 자본금을 초과하는 금액의 대기업 소유의 자산 대여)
마. 제재기간 : 해당 없음
바. 1년간 참가자격 취득이 제한됨

중소기업청장 [중소기업청장인]

시행: 2020. 6. 25.
주소: 대전광역시 서구 청사로 189, 1동
대표전화 : 국번없이 1357 / (042)481-4114   팩스 :(042)472-6083

우편송달보고서

증서 2020년-제548호　　　　　　　　2020년　6월　25일　　발송

송달서류	입찰참가자격 취소 처분 통보서 1 통
발송자	중소기업청장
송달받을 자	해피레미콘 주식회사(대표이사 공미래)

영수인	*김이박 (서명)*

영수인 서명날인 불능	

1.	송달받을 자 본인에게 교부하였다.	
②	송달받을 자가 부재 중이므로 사리를 잘 아는 다음 사람에게 교부하였다.	
	사무원	*김이박*
	피용자	
	동거자	
3	다음 사람이 정당한 사유 없이 송달받기를 거부하므로, 그 장소에 서류를 두었다.	
	송달받을 자	
	사무원	
	피용자	
	동거자	

송달연월일	*2020. 6. 29. 15시 30분*
송달장소	공주시 반포면 송곡로 584

위와 같이 송달하였다.

　　　　　　　　　　2020. 6. 30.
　　　　　　　　공주우체국 집배원　　*김택송*

조달청장

수 신   해피레미콘 주식회사
제 목   물량배정중지 통보

귀사에 대하여 2020 레미콘 연간단가계약에 따른 물량 배정을 중지함을 통보함

○ 판로지원법 제8조제2항제2호다목에 해당하는 귀사를 중소기업자간 경쟁입찰의 참여를 제한하도록 하라는 공문을 받았음.

○ 귀사가 현재와 같이 중소기업자 간 경쟁입찰 참여제한 대상기업에 해당하는 경우에는 입찰공고 및 2020년도 레미콘 연간 단가계약 추가조건에 따라 관급레미콘 물량 배정을 중지할 수밖에 없음을 알려드림.

조달청장 [조달청장 인]

시행: 2020. 7. 10.
주소: 35208 대전광역시 서구 청사로 189 정부대전청사 3동
대표전화 : (042) 610-1200   팩스 : (042) 472-2270

우편송달보고서

증서 2020년-제548호　　　　　　　2020년　7월　10일　　발송

송달서류	물량배정중지 통보서 1 통
발송자	조달청장
송달받을 자	해피레미콘 주식회사(대표이사 공미래)

영수인	*김이박 (서명)*

영수인 서명날인 불능

1.	송달받을 자 본인에게 교부하였다.	
②	송달받을 자가 부재 중이므로 사리를 잘 아는 다음 사람에게 교부하였다.	
	사무원	김이박
	피용자	
	동거자	
3	다음 사람이 정당한 사유 없이 송달받기를 거부하므로, 그 장소에 서류를 두었다.	
	송달받을 자	
	사무원	
	피용자	
	동거자	

송달연월일	*2020. 7. 15. 16시 00분*
송달장소	공주시 반포면 송곡로 584

위와 같이 송달하였다.

　　　　　　　　　　　2020. 7. 16.
　　　　　　　　　　공주우체국 집배원　　김택송

소 송 위 임 장

사 건	(생략)
원 고	해피레미콘 주식회사
피 고	(생략)

위 사건에 관하여 다음 표시 수임인을 소송대리인으로 선임하고, 다음 표시 권한을 수여한다.

수 임 인	법무법인 한라	변호사 확인 (인)
수 권 사 항	1. **일체의 소송행위** 1. 반소의 제기 및 응소, 상소의 제기, 동 취하 1. 소의 취하, 화해, 청구의 포기 및 인락, 참가에 의한 탈퇴 1. 복대리인의 선임 1. 목적물의 수령 1. 공탁물의 납부, 공탁물 및 이자의 반환청구와 수령 1. 담보권의 행사 최고 신청, 담보 취소신청, 동 신청에 대한 동의, 담보 취소결정 정본의 수령, 동 취소 결정에 대한 항고권 포기 1. 강제집행신청, 대체집행신청, 가처분, 가압류 등 보전처분과 관련한 모든 소송행위 1. 인지환급금의 수령에 관한 행위, 소송비용액확정결정신청 등 1. 등록사항별 증명서, 주민등록증·초본, 기타 첨부서류 발급에 관한 행위 1. **위헌법률심판제청신청에 관한 행위**	
2019. 7. 15. 위 임 인 해피레미콘 주식회사 대표이사 공미래 (인)	소속변호사회(인) 서울지방변호사회 (인)	

담 당 변 호 사 지 정 서

사건	(생략)
원고	해피레미콘 주식회사
피고	(생략)

위 사건에 관하여 당 법인은 원고의 소송대리인으로서 변호사법 제50조 제1항에 의하여 그 업무를 담당할 변호사를 다음과 같이 지정합니다.

담당 변호사	변호사 정윤주, 남백두

2020. 8.

법무법인 한라
06133 서울 강남구 봉은사로 119 빅토리빌딩 6층
Tel 02.335.2341, Fax 02.335.2342
Email hanralaw@hanra.co.kr www.hanralaw.co.kr

서울행정법원 귀중

참고자료 1 - 관련 법령(발췌)

■ 중소기업제품 구매촉진 및 판로지원에 관한 법률 (약칭: 판로지원법)

제1조(목적) 이 법은 중소기업제품의 구매를 촉진하고 판로를 지원함으로써 중소기업의 경쟁력 향상과 경영안정에 이바지함을 목적으로 한다.

제2조(정의) 이 법에서 사용하는 용어의 뜻은 다음과 같다.
1. "중소기업자"란 다음 각 목의 어느 하나에 해당하는 자를 말한다.
가. 「중소기업기본법」 제2조에 따른 중소기업자
나. (생략)
2. "공공기관"이란 다음 각 목의 어느 하나에 해당하는 기관 또는 법인을 말한다.
가. 국가기관
나. 지방자치단체
다. 특별법에 따라 설립된 법인 중 대통령령으로 정하는 자
라. 「공공기관의 운영에 관한 법률」 제5조에 따른 공공기관 중 대통령령으로 정하는 자
마. 「지방공기업법」에 따른 지방공사 및 지방공단
바. 「지방의료원의 설립 및 운영에 관한 법률」에 따른 지방의료원

제6조(중소기업자간 경쟁 제품의 지정) ① 중소기업청장은 중소기업자가 직접 생산·제공하는 제품으로서 판로 확대가 필요하다고 인정되는 제품을 중소기업자간 경쟁 제품(이하 "경쟁제품"이라 한다)으로 지정할 수 있다.
② ~③ (생략)

제7조(경쟁제품의 계약방법) ① 공공기관의 장은 경쟁제품에 대하여는 대통령령으로 정하는 특별한 사유가 없으면 중소기업자만을 대상으로 하는 제한경쟁 또는 중소기업자 중에서 지명경쟁(이하 "중소기업자간 경쟁"이라 한다) 입찰에 따라 조달계약을 체결하여야 한다.
② 공공기관의 장은 제1항에 따른 중소기업자간 경쟁입찰에서 적정한 품질과 납품가격의 안정을 위하여 중소기업자의 계약이행능력을 심사하여 계약상대자를 결정

하여야 한다. 다만, 구매의 효율성을 높이거나, 중소기업제품의 구매를 늘리기 위하여 필요한 경우에는 대통령령으로 정하는 방법에 따라 계약상대자를 결정할 수 있다.
③~⑤ (생략)

제8조(경쟁입찰 참여자격) ① 제7조에 따른 중소기업자간 경쟁입찰에 참여할 수 있는 중소기업자의 자격(이하 이 조에서 "참여자격"이라 한다)은 규모와 경영실적 등을 고려하여 대통령령으로 정한다.
② 다음 각 호의 어느 하나에 해당하는 경우 중소기업자간 경쟁입찰에 참여할 수 없고, 공공기관의 장은 중소기업자간 경쟁입찰의 공정한 경쟁을 위하여 다음 각 호의 어느 하나에 해당하는 중소기업을 영위하는 자의 참여를 제한하여야 한다.
1. 생략
2. 대기업과 다음 각 목의 어느 하나에 해당하는 지배 또는 종속의 관계에 있는 기업들의 집단에 포함되는 중소기업
　가.~나. 생략
　다. 대기업이 중소기업에 그 중소기업의 자본금 또는 출자총액(개인사업자의 경우에는 자산총액을 말한다)을 초과하는 금액에 해당하는 자산을 대여하거나 채무를 보증하고 있는 경우
③ 중소기업청장은 중소기업자간 경쟁입찰에 참여하는 중소기업자가 다음 각 호의 어느 하나에 해당하는 경우 참여자격을 취소하거나 1년 이내의 범위에서 정지할 수 있다.
1. 거짓이나 그 밖의 부정한 방법으로 참여자격을 취득한 경우
2. 참여자격을 상실한 경우
3. 담합 등 부당한 행위를 한 경우
4. 그 밖에 중소기업자간 경쟁입찰 참여가 부적당하다고 대통령령으로 정하는 경우
④ 중소기업청장은 제3항에 따라 참여자격을 취소 또는 정지하려면 청문을 하여야 한다.
⑤ 중소기업청장은 참여자격을 취소한 경우에는 취소한 날부터 1년 이내의 범위에서 참여자격 취득을 제한할 수 있다.
⑥ 제3항에 따른 참여자격 정지 기간과 제5항에 따른 참여자격 취득 제한 기간은 산업통상자원부령으로 정한다.

제9조(직접생산의 확인 등) ① 공공기관의 장은 중소기업자간 경쟁의 방법으로 제품조달계약을 체결하거나, 다음 각 호의 어느 하나에 해당하는 경우로서 대통령령으로 정하는 금액 이상의 제품조달계약을 체결하려면 그 중소기업자의 직접생산 여부를 확인하여야 한다. 다만, 제4항에 따라 중소기업청장이 직접생산을 확인한 서류를 발급한 경우에는 그러하지 아니하다.
1.~2. 생략
② 중소기업청장은 생산설비 기준 등 대통령령으로 정하는 바에 따라 제1항에 따른 직접생산 여부의 확인기준을 정하여 고시하여야 한다.
③ 공공기관의 장이나 공공기관에 제품을 납품하려는 중소기업자는 필요한 경우 중소기업청장에게 해당 제품에 대한 직접생산 여부의 확인을 신청할 수 있다.
④ 중소기업청장은 제3항에 따른 신청을 받은 때에는 직접생산 여부를 확인하고 그 결과를 해당 중소기업자에게 통보하여야 하고, 직접생산을 하는 것으로 확인된 중소기업자에 대하여는 유효기간을 명시하여 이를 증명하는 서류(이하 "직접생산확인증명서"라 한다)를 발급할 수 있다. 다만, 해당 중소기업자에 대하여 제11조제2항 각 호의 사유로 인하여 조사가 진행 중인 경우에는 직접생산 여부 확인을 보류할 수 있다.
⑤~⑥ (생략)
⑦ 직접생산 여부의 확인 절차와 직접생산확인증명서의 유효기간 및 발급 등에 필요한 사항은 산업통상자원부령으로 정한다.

■ **중소기업제품 구매촉진 및 판로지원에 관한 법률 시행령 (약칭: 판로지원법 시행령)**

제9조(중소기업자간 경쟁입찰의 참여자격 등) ① 법 제8조제1항에 따라 중소기업자간 경쟁입찰에 참여하는 중소기업자는 다음 각 호의 요건을 모두 갖추어야 한다.
1. 경쟁제품을 직접 생산·제공할 수 있는 설비
2. 생략

제9조의2(경쟁입찰 참여자격의 취소 또는 정지 요건) ① 법 제8조제3항제4호에서 "중소기업자간 경쟁입찰 참여가 부적당하다고 대통령령으로 정하는 경우"란 중소기업자간 경쟁입찰에 참여하는 중소기업자가 다음 각 호의 어느 하나에 해당하는 경우를 말한다.

1. 제9조제2항 각 호의 요건을 모두 갖춘 조합(이하 "적격조합"이라 한다)이 중소기업자간 경쟁입찰에 참여하는 소속 조합원(이하 "소속 조합원"이라 한다)에게 하도급 행위를 하도록 조장하거나, 소속 조합원이 하도급 행위를 하는 것을 알면서도 적절한 조치를 하지 아니한 경우
2. 적격조합이 중소기업자간 경쟁입찰에 참여할 때 제9조제1항 각 호의 요건을 갖추지 못한 소속 조합원을 포함시킨 사실이 적발된 경우
3. 「국가를 당사자로 하는 계약에 관한 법률 시행령」 제76조제1항 각 호 또는 「지방자치단체를 당사자로 하는 계약에 관한 법률」 제31조제1항 각 호에 해당하는 행위를 하여 중앙관서의 장 또는 지방자치단체의 장으로부터 입찰참가자격 제한을 받은 경우

■ 중소기업제품 구매촉진 및 판로지원에 관한 법률 시행규칙 (약칭: 판로지원법 시행규칙)

제4조(경쟁입찰 참여자격의 정지 기간과 취득 제한 기간) 법 제8조제6항에 따른 참여자격 정지 기간과 참여자격 취득 제한 기간은 별표 1과 같다.

[별표 1]

참여자격 정지 기간과 참여자격 취득 제한 기간(제4조 관련)

위반행위	처분 기준	참여자격 정지 기간	참여자격 취득 제한 기간
1. 법 제8조제3항제1호에 따른 거짓이나 그 밖의 부정한 방법으로 참여자격을 취득한 경우	참여자격 취소		1년
2. 법 제8조제3항제2호에 따른 참여자격을 상실한 경우	참여자격 취소		-
3. 법 제8조제3항제3호에 따른 담합 등 부당한 행위를 한 경우	참여자격 취소		6개월
4. 영 제9조의2제1항제1호에 해당하는 경우			
가. 하도급 행위를 하도록 조장한 경우	참여자격 정지	6개월	
나. 하도급 행위를 하는 것을 알면서도 적절한 조치를 하지 않은 경우	참여자격 정지	3개월	

584

| 5. 영 제9조의2제1항제2호에 해당하는 경우 | 참여자격 정지 | 6개월 | |
| 6. 영 제9조의2제1항제3호에 해당하는 경우 | 참여자격 정지 | 1년 이내 | |

비고: 1. 위반행위가 2 이상인 경우로서 그에 해당하는 각각의 처분기준이 다른 경우에는 그 중 무거운 처분기준에 따른다.
2. 제6호에 따른 참여자격 정지 기간은 중앙관서의 장 또는 지방자치단체의 장으로부터 입찰 참여자격 제한을 받은 기간으로 한다. 다만, 제4호에 따른 위반행위로 중앙관서의 장 또는 지방자치단체의 장으로부터 입찰 참여자격 제한을 받은 경우에는 제4호에서 정한 참여자격 정지 기간으로 한다.

■ **정부조직법**
[시행 2020. 7. 15.] [법률 제14839호, 2020. 5. 1., 일부 개정]

제44조(중소벤처기업부) 중소벤처기업부장관은 중소기업 정책의 기획·종합, 중소기업의 보호·육성, 창업·벤처기업의 지원, 대·중소기업 간 협력 및 소상공인에 대한 보호·지원에 관한 사무를 관장한다.

부칙
제1조 (생략)
제2조(조직폐지 및 신설 등에 따른 소관사무 및 공무원 등에 관한 경과조치) ① 이 법 시행 당시 다음 표의 왼쪽 란에 기재된 행정기관의 장의 사무는 같은 표의 오른쪽 란에 기재된 행정기관의 장이 각각 승계한다.

이전 생략	이전 생략
중소기업청장의 소관사무 중 이 법 제44조에 규정된 사무	중소벤처기업부장관
이하 생략	이하 생략

③ 이 법 시행 당시 제1항의 표의 왼쪽 란에 기재된 사무와 관련된 총리령 또는 부령은 같은 표의 오른쪽 란에 기재된 기관의 소관 사무에 관한 부령으로 본다.

제3조(종전의 법률에 따른 고시·처분 및 계속 중인 행위에 관한 경과조치) 이 법 시행 전에 부칙 제5조에서 개정되는 법률에 따라 행정기관이 행한 고시·행정처분, 그 밖의 행정기관의 행위와 행정기관에 대한 신청·신고, 그 밖의 행위는 각각 부칙 제5조에서 개정되는 법률에 따라 해당 사무를 승계하는 행정기관의 행위 또는 행정기관에 대한 행위로 본다.

제5조(다른 법률의 개정) ①부터 <172>까지 생략
<173> 중소기업제품 구매촉진 및 판로지원에 관한 법률 일부를 다음과 같이 개정한다.
..생략.. 제6조제1항, 같은 조 제2항 전단 및 후단, 제7조제4항 전단, 같은 조 제5항, 제7조의2제1항, 제8조제3항제4항부터 제5항까지, 제8조의2제1항제1호나목, 같은 항 제3호, 같은 조 제2항, 같은 조 제3항 전단, 같은 조 제4항, 같은 조 제6항 전단 및 후단, 제8조의3제2항부터 제5항까지, 제9조제1항 각 호 외의 부분 단서, 같은 조 제2항·제3항, 같은 조 제4항 본문, 같은 조 제5항제4호, ...생략.....중 "중소기업청장"을 각각 "중소벤처기업부장관"으로 한다.
제7조의2제2항 각 호 외의 부분, 제8조제6항, 제8조의2제7항, 제9조제5항 각 호 외의 부분, 같은 조 제7항, 제10조제3항, 제11조제4항, 같은 조 제5항제2호·제4호, 같은 조 제7항, 제13조제5항, 제15조제1항·제4항·제8항, 제18조제2항 전단 및 제26조의2제2항 중 "산업통상자원부령"을 각각 "중소벤처기업부령"으로 한다.
(이하 생략)

■ 중소기업기본법

제2조(중소기업자의 범위) ①중소기업을 육성하기 위한 시책(이하 "중소기업시책"이라 한다)의 대상이 되는 중소기업자는 다음 각 호의 어느 하나에 해당하는 기업 또는 조합 등(이하 "중소기업"이라 한다)을 영위하는 자로 한다.
1. 다음 각 목의 요건을 모두 갖추고 영리를 목적으로 사업을 하는 기업
가. 업종별로 매출액 또는 자산총액 등이 대통령령으로 정하는 기준에 맞을 것
나. 지분 소유나 출자 관계 등 소유와 경영의 실질적인 독립성이 대통령령으로 정하는 기준에 맞을 것
2. ~생략

■ 중소기업기본법 시행령

제3조(중소기업의 범위) ① 「중소기업기본법」(이하 "법"이라 한다) 제2조제1항 제1호에 따른 중소기업은 다음 각 호의 요건을 모두 갖춘 기업으로 한다.
1. 다음 각 목의 요건을 모두 갖춘 기업일 것
가. 해당 기업이 영위하는 주된 업종과 해당 기업의 평균매출액 또는 연간매출액(이하 "평균매출액등"이라 한다)이 별표 1의 기준에 맞을 것
나. 자산총액이 5천억원 미만일 것
2. 생략

참고자료 2 - 달력

2020년 1월
일	월	화	수	목	금	토
			[1]	2	3	4
5	6	7	8	9	10	11
12	13	14	15	16	17	18
19	20	21	22	23	[24]	[25]
26	27	28	29	30	31	

2020년 2월
일	월	화	수	목	금	토
						1
2	3	4	5	6	7	8
9	10	11	12	13	14	15
16	17	18	19	20	21	22
23	24	25	26	27	28	29

2020년 3월
일	월	화	수	목	금	토
1	2	3	4	5	6	7
8	9	10	11	12	13	14
15	16	17	18	19	20	21
22	23	24	25	26	27	28
29	30	31				

2020년 4월
일	월	화	수	목	금	토
			1	2	3	4
5	6	7	8	9	10	11
12	13	14	[15]	16	17	18
19	20	21	22	23	24	25
26	27	28	29	[30]		

2020년 5월
일	월	화	수	목	금	토
					1	2
3	4	[5]	6	7	8	9
10	11	12	13	14	15	16
17	18	19	20	21	22	23
24	25	26	27	28	29	30
31						

2020년 6월
일	월	화	수	목	금	토
	1	2	3	4	5	[6]
7	8	9	10	11	12	13
14	15	16	17	18	19	20
21	22	23	24	25	26	27
28	29	30				

2020년 7월
일	월	화	수	목	금	토
			1	2	3	4
5	6	7	8	9	10	11
12	13	14	15	16	17	18
19	20	21	22	23	24	25
26	27	28	29	30	31	

2020년 8월
일	월	화	수	목	금	토
						1
2	3	4	5	6	7	8
9	10	11	12	13	14	[15]
16	17	18	19	20	21	22
23	24	25	26	27	28	29
30	31					

2020년 9월
일	월	화	수	목	금	토
		1	2	3	4	5
6	7	8	9	10	11	12
13	14	15	16	17	18	19
20	21	22	23	24	25	26
27	28	29	[30]			

2020년 10월
일	월	화	수	목	금	토
				[1]	[2]	[3]
4	5	6	7	8	[9]	10
11	12	13	14	15	16	17
18	19	20	21	22	23	24
25	26	27	28	29	30	31

2020년 11월
일	월	화	수	목	금	토
1	2	3	4	5	6	7
8	9	10	11	12	13	14
15	16	17	18	19	20	21
22	23	24	25	26	27	28
29	30					

2020년 12월
일	월	화	수	목	금	토
		1	2	3	4	5
6	7	8	9	10	11	12
13	14	15	16	17	18	19
20	21	22	23	24	[25]	26
27	28	29	30	31		

□ 표시된 날은 일요일이 아닌 공휴일임.

확 인 : 법학전문대학원협의회

2020년도 제1차 변호사시험 모의시험-논술형(기록형)

시험과목	공 법(기록형)

응시자 준수사항

1. 시험 시작 전 문제지의 봉인을 손상하는 경우, 봉인을 손상하지 않더라도 문제지를 들추는 행위 등으로 문제 내용을 미리 보는 경우 모두 부정행위로 간주되어 그 답안은 영점 처리 됩니다.

2. 답안은 흑색 또는 청색 필기구(사인펜이나 연필 사용 금지) 중 한 가지 필기구만을 사용하여 답안 작성 난(흰색 부분) 안에 기재하여야 합니다.

3. 답안지에 성명과 수험 번호를 기재하지 않아 인적 사항이 확인되지 않는 경우에는 영점 처리 등 불이익을 받게 됩니다. 특히 답안지를 바꾸어 다시 작성하는 경우, 성명 등의 기재를 빠뜨리지 않도록 유의하여야 합니다.

4. 답안지에는 문제 내용을 기재할 필요가 없으며, 답안 내용 이외의 사항을 기재하거나 밑줄 기타 어떠한 표시도 하여서는 안 됩니다. 답안을 정정할 경우에는 두 줄로 긋고 다시 기재하여야 하며, 수정액 등은 사용할 수 없습니다.

5. 시험 종료 시각에 임박하여 답안지를 교체 요구한 경우라도 시험시간 종료 후 즉시 새로 작성한 답안지를 회수합니다.

6. 시험 종료 후에는 답안지 작성을 일절 할 수 없으며, 이에 위반하여 시험시간이 종료되었음에도 불구하고 **시험관리관의 답안지 제출지시에 불응한 채 계속 답안을 작성하거나 답안지를 늦게 제출할 경우 그 답안은 영점 처리** 됩니다.

7. 답안은 답안지 쪽수 번호 순으로 기재하여야 하고, **배부받은 답안지는 백지 답안이라도 모두 제출**하여야 하며, **답안지를 제출하지 아니한 경우 그 시험시간 및 나머지 시험시간의 시험에 응시할 수 없습니다.**

8. 지정된 시간까지 지정된 시험실에 입실하지 아니하거나 시험관리관의 승인을 얻지 아니하고 시험시간 중에 그 시험실에서 퇴실한 경우 그 시험시간 및 나머지 시험시간의 시험에 응시할 수 없습니다.

9. 시험시간이 종료되기 전에는 어떠한 경우에도 문제지를 시험장 밖으로 가지고 갈 수 없고, 시험 종료 후 가지고 갈 수 있습니다.

법학전문대학원협의회
KOREAN ASSOCIATION OF LAW SCHOOLS

목 차

I. 문제 2

II. 작성요령 및 주의사항 3

III. 양식 4

IV. 기록내용 6

    법률상담일지 7
    내부회의록 9
    수용대상 부동산 목록 11
    시행자 지정 고시 12
    시행자 지정 신청서 14
    사업계획서(발췌) 16
    실시계획 승인 고시 18
    재결서 20
    우편송달보고서 22
    내부회의록 2 23

V. 참고 자료

    1. 관련법령(발췌) 26
    2. 달력 37

【문   제】

법무법인 공익의 담당변호사 나승소의 입장에서 아래의 문서를 작성하시오.

1. 의뢰인 허성태를 위하여 항고소송의 소장 중 첨부된 양식의 상자(☐) 부분을 작성하시오. (50점)
   가. 첨부된 소장 양식의 ①부터 ⑦까지의 부분에 들어갈 내용만 기재할 것
   나. 청구취지는 별지(기록 11면)를 활용하여 작성하되 별지 첨부는 생략할 것
   다. '2. 소의 적법성' 부분(④에 해당)에서는 **원고적격 및 제소기간에 관한 내용만 기재할 것**
   라. '3. 처분의 위법(무효)' 부분(⑤에 해당)에서는 **근거법령의 위헌·위법성에 관하여는 기재하지 말 것**
   마. 소장의 작성일(⑥에 해당, 제출일과 동일함)은 **수용재결의 취소를 구할 수 있는 제소기간 내 최종일을 기재할 것**

2. 의뢰인 허성태를 위하여 법령의 위헌심판을 구하는 헌법소원심판청구서 중 첨부된 양식의 상자(☐) 부분을 작성하시오. (50점)
   가. 첨부된 헌법소원심판청구서 양식의 ①부터 ④까지의 부분에 들어갈 내용만 기재할 것
   나. '3. 적법요건에 관한 주장' 부분(②에 해당)에서는 **재판의 전제성과 청구기간 준수에 관한 내용만 기재할 것**
   다. 헌법소원심판청구서의 작성일(④에 해당, 제출일과 동일함)은 **적법한 청구기간 내의 일자를 기재할 것**

【작성요령 및 주의사항】

1. 기록에 첨부된 각종 서류는 적법하게 작성된 것으로 간주하고, 서류 등에 필요한 서명과 날인, 또는 무인과 간인 등은 모두 갖추어진 것으로 볼 것.

2. 법률상담일지의 사실관계 및 기록에 첨부된 자료들을 기초로 하고, 그것이 사실임을 전제로 할 것.

3. 첨부된 관련 법령과 다른 내용의 현행 법령은 고려하지 말 것.

4. '지역균형개발 및 지방중소기업 육성에 관한 법률'은 '지역개발법'으로, '공익사업을 위한 토지 등의 취득 및 보상에 관한 법률'은 '토지보상법'으로 약칭할 수 있음.

5. 기록 중 일부 생략된 것이 있을 수 있고, 오기나 탈자가 있을 수 있음.

6. 기록 중 "(생략)"으로 표시된 부분은 모두 적법하게 기재된 것으로 볼 것.

7. 헌법소원심판청구서, 소장의 작성은 경어(敬語)로 할 것.

【양식】

소 장

원　고　　허성태
　　　　　　소송대리인 법무법인 공익
　　　　　　(생략)

피　고　　　　①

　　　　　　②

청 구 취 지

③

청 구 이 유

1. 처분의 경위 등(생략)
2. 소의 적법성

④

3. 처분의 위법(무효)

⑤

4. 결론(생략)

　　　　　　입 증 방 법(생략)
　　　　　　첨 부 서 류(생략)

⑥ 20 . . .

원고 소송대리인 (생략)

⑦　　귀중

헌법소원심판청구서

청 구 인   허성태
         (이하 생략)

청구취지

①

당해사건
(생략)

위헌이라고 판단되는 법률조항
(생략)

청구이유

Ⅰ. 사건의 개요(생략)

Ⅱ. 적법요건의 구비 여부

②

Ⅲ. 심판대상조항의 위헌성

③

Ⅳ. 결론(생략)

첨부서류
(생략)

④ 20. . .

청구인 대리인 (생략)

헌법재판소 귀중

기록내용 시작

수임번호 2020-11	**법률상담일지**		2020. 3. 2.
의뢰인	허성태	**의뢰인 전화**	055)333-4444
의뢰인 주소	경남 남해군 하선면 신동리 7	**의뢰인 팩스**	

상 담 내 용

1. 의뢰인은 경남 남해군 하선면 신동리에서 양어장 및 펜션을 운영하면서 펜션에서 거주하는 주민이다. 그런데 2018. 10. 26. ㈜ 보물섬이라는 서울에 있는 개발회사가 남해·하동 개발촉진지구에 포함된 신동리 일대에 대규모의 회원제 골프장 및 고급 콘도시설을 설치하는 내용의 남해 보물섬클럽 조성사업 시행자로 지정되고, 2019. 5. 28. 남해군수로부터 같은 내용의 실시계획을 승인받았다.

2. ㈜ 보물섬은 사업시행자로 지정되기 전부터 고급 골프장 및 콘도 사업으로 지역 일자리를 창출하겠다며 신동리 일대 부동산을 소유한 주민들과 외지인들을 설득하고 다녔다. 소유자들 중 일부는 그 설득에 넘어가 ㈜ 보물섬에 부동산 소유권을 넘겼고, 일부는 사업시행 동의서를 ㈜ 보물섬에 써 주었다고 들었다. 그러나 의뢰인을 포함한 지역주민 25명은 위 사업에 반대하였다.

3. ㈜ 보물섬은 의뢰인 등과의 매수협상이 실패로 돌아가자 경상남도지방토지수용위원회에 수용재결을 신청하였고, 토지수용위원회는 2019. 12. 20. 양어장 및 펜션 부지와 건물 등 의뢰인 소유 부동산을 2,338,953,360원에 수용하는 내용의 수용재결을 하였다. 의뢰인을 포함하여 사업에 반대한 주민 25명에 대한 보상금 총액은 18,850,432,960원에 달한다. ㈜ 보물섬이 보상금을 공탁하여 부동산의 소유권은 보물섬에 넘어간 상태이나, 의뢰인은 계속하여 부동산 인도를 거부하고 있는 중이다.

4. ㈜ 보물섬은 위 사업 시행으로 지역경제의 활성화에 기여한다고 하지만 믿음이 가지 않는다. 300명 정도의 일자리가 직·간접적으로 창출된다고 하

지만, 그 정도의 일자리를 위해 지역 주민들이 재산을 강제로 수용당할 가치가 있다고 보지 않는다. 골프장 및 콘도 이용객들이 근처의 식당 등 서비스 업체를 이용하게 됨으로써, 지역인구가 증가하고 경제가 활성화될 것이라고 하지만, 골프장 이용객들이 콘도를 두고 근처에 다른 숙소를 잡을 것 같지도 않고, 클럽하우스나 티하우스를 두고 근처 식당으로 식사하러 나올 것 같지도 않다. 오히려 위 사업으로 의뢰인과 같은 사람들이 일터와 주거지를 잃고 다른 곳으로 이주해야 하는 상황에 처해버렸다.

5. 의뢰인은 위 부동산에서 양식장과 펜션을 운영하면서 신동리 마을을 지키고 싶다. 이를 위해 행정소송으로 수용재결을 다투고 싶다. 남해군수가 ㈜보물섬을 사업시행자로 지정하고 실시계획을 승인한 시점으로부터 시간이 상당히 지났으나, 이 부분도 소송으로 다투어 보물섬클럽 조성사업 시행을 없던 것으로 돌리고 싶다.

법무법인 공익(담당변호사 나승소)
전화 055-263-1234, 팩스 055-264-1234, 이메일 ssNa@gongic.com
창원시 성산구 창이대로 689번길 공익빌딩 3층

법무법인 공익 내부회의록 1.

일 시: 2020. 3. 6. 14:00 ~ 15:00
장 소: 법무법인 공익 회의실
참석자: 박 변호사(공법팀장), 나승소 변호사

박 변호사: 나 변호사님, 의뢰인 허성태 씨 사건에 대해 논의해 봅시다. 기본적인 내용은 법률상담일지를 통해 확인했습니다만, 의뢰인이 다투고자 하는 처분이 무엇인가요.

나 변호사: 남해군수가 2018. 10. 26. ㈜ 보물섬을 남해·하동 개발촉진지구 개발사업(남해 보물섬클럽 조성사업)의 시행자로 지정하고, 같은 날 공보에 그 내용을 고시하였습니다. 남해군수는 그 다음 단계로 2019. 5. 28. ㈜ 보물섬이 작성한 위 사업 실시계획을 승인하고, 같은 날 공보에 그 내용을 고시하였습니다. 위 실시계획 승인으로 ㈜ 보물섬에 수용권이 인정됨에 따라, 경상남도지방토지수용위원회가 2019. 12. 20. 의뢰인의 부동산(별지로 정리하였습니다)을 수용하는 내용의 수용재결을 하였습니다. 의뢰인은 위 세 처분 모두를 소송으로 다투기를 원하고 있습니다.

박 변호사: 수용보상금 증액을 요구하는 취지는 아닌 것이군요.

나 변호사: 예. 그렇습니다. 제소기간이 도과한 두 처분에 대하여는 무효확인을 구하고, 수용재결에 대하여는 취소를 구하는 방식을 취하면 될 것 같습니다. 그런데 수용재결에 고유한 하자를 발견하지는 못하였습니다.

박 변호사: 그렇군요. 다른 두 처분에 대하여는 어떤 주장을 제기할 생각인가요.

나 변호사: 우선 사업시행자 지정에 앞서 ㈜ 보물섬이 제출한 지정 신청서를 보다가 근거법령상 토지 소유 요건에 문제가 있는 것을 발견하였습니다. ㈜ 보물섬은 사업시행에 동의한 토지소유자들의 토지도 회사 소유 토지에 포함시켰는데, 사업시행에 동의한 토지소유자들 토지 소유권이 이전된 시점은 사업시행자 지정 고시 이후였습니다.

박 변호사: 실시계획 승인은 어떤가요.

나 변호사: 「국토의 계획 및 이용에 관한 법률」에 따른 도시계획시설사업에 관한 실시계획 인가 처분이 "해당 사업을 구체화하여 현실적으로 실현하기 위한 형성행위로서 이에 따라 토지수용권 등이 구체적으로 발생"하게

되므로, 행정청이 실시계획인가처분을 하기 위해서는 그 실시계획으로 구체화된 "사업의 내용과 방법에 대하여 인가처분에 관련된 자들의 이익을 공익과 사익 간에서는 물론, 공익 상호 간 및 사익 상호 간에도 정당하게 비교·교량하여야 하며, 그 비교·교량은 비례의 원칙에 적합"하도록 하여야 한다는 판례가 있습니다(대법원 2018. 7. 24. 선고 2016두48416 판결). 이 사건 실시계획 승인도 성격이 동일하므로 위 판례를 원용하여 다툴 수 있을 것으로 생각됩니다.

박 변호사: 결국 수용을 정당화할 만한 공공필요성이 있는지가 문제되겠군요.

나 변호사: 그렇습니다. 관광휴양지 조성사업은 어디까지나 사업 운영자의 영리적 활동을 우선적 목적으로 하고 부수적으로 그 활동을 통해 공익적 성과를 얻고자 하는 것입니다. 그런데 회원제골프장 및 고급리조트 사업은 넓은 면적의 부지에 많은 설치비용을 들여 조성됨에도 불구하고 평균 고용인원은 적고, 골프경기 특성상 하루에 이용가능한 인원의 제한이 있는데다, 골프장과 리조트에서 모든 소비행위가 이루어지는 자족적 영업형태를 보이고 있어 지역상권에서 소비행위를 하는 경우가 매우 드물다는 문제가 있습니다. 보물섬클럽 사업도 위와 같은 성격이 전형적으로 드러나는 사업이라는 점을 부각하여 주장할 계획입니다.

박 변호사: 그런데 위와 같은 위법성 주장이 받아들여진다고 하더라도 법원이 이를 들어 처분이 무효라고 인정해 줄지 걱정이군요.

나 변호사: 사업시행자 지정 처분에 대한 무효확인청구가 인용된다 하더라도 현재는 토지 소유 요건이 충족된 상태입니다. 남해군수가 다시 ㈜보물섬을 사업시행자로 지정한다면 이를 막을 방법이 없습니다. 반면에, 법원에서 실시계획 승인의 위법사유가 무효에 이를 정도의 사유가 아니라 판단하더라도, 공공필요성에 대한 남해군수의 판단에 잘못이 있다는 결론을 내려준다면 위 사업을 저지할 수 있을 것입니다. 법원이 그 위법성을 인정한 마당에 남해군수가 다시 동일한 처분을 하지는 못할 것이기 때문입니다. 다만 소장에서는 공공필요성에 대한 남해군수의 판단에 하자가 있다는 점을 중점적으로 다투고 위 하자가 처분을 무효로 돌릴 정도의 하자라는 점은 간단하게만 주장하고 넘어가고자 합니다.

박 변호사: 좋은 생각입니다. 제소기간 등 소송요건도 신경 써서 소장을 작성해 주시기 바랍니다. 이상으로 회의를 마치겠습니다. 수고하셨습니다. 끝.

[별지]   부동산 목록

1. 경남 남해군 하선면 신동리 1 양어장 2,387㎡
2. 같은 리 1-1 대 2,610㎡
3. 같은 리 7 대 2,382㎡
4. 같은 리 11 창고용지 1,276㎡
5. 같은 리 1 제가동호
   파이프조 스레이트지붕 단층 육상어류 축양장
   2,220.40㎡
6. 같은 리 1 제나동호
   철근콘크리트조 스레이트지붕 단층 관리사 및 기계실
   1층 68.32㎡
   2층 68.32㎡
7. 같은 리 1 제다동호
   조적조 슬래브지붕 단층 관리사 98.58㎡
8. 같은 리 7, 11
   철근콘크리트조 (철근)콘크리트지붕 단층 숙박시설
   소매점, 일반음식점, 관광농원(관리사)
   1,139.68㎡
9. 같은 리 11
   철근콘크리트조 슬래브지붕 단층
   냉동창고
   198.00㎡
   부속건물 블록조적조 슬래브지붕 단층 기계실
   20.52㎡. 끝.

남해군 고시 제2018 - 86호

개발촉진지구 개발사업(남해 보물섬클럽 조성사업) 시행자 지정 고시

남해·하동 개발촉진지구 개발사업 "남해 보물섬클럽 조성사업"에 대하여「지역균형개발 및 지방중소기업 육성에 관한 법률」제16조 및 같은 법 시행령 제20조, 제21조의 규정에 의거 남해 보물섬클럽 조성사업 시행자를 지정하고 다음과 같이 고시합니다.

2018. 10. 26.

남 해 군 수 (남해군수 인)

1. 사업시행자

    ○ 회사명 : ㈜ 보물섬 (대표이사 강보석)

    주　소 : 서울특별시 강남구 테헤란로 518

2. 사업의 명칭 : 남해 보물섬클럽 조성사업

3. 사업시행지의 위치 및 면적

    ○ 위 치 : 경상남도 남해군 하선면 신동리 일원

    ○ 면 적 : 1,932,710㎡

4. 사업의 개요

    ○ 체육시설(회원제 골프장 18홀) : 1,332,815㎡

    ○ 관광휴양시설(휴양콘도미니엄) : 599,895㎡

5. 사업 시행기간 : 2018. 10. ~2020. 12. 31.

6. 주요시설

   ○ 체육시설

   - 건축면적 21,445.36㎡

   ○ 관광휴양시설

   - 휴양콘도미니엄 4개동, 건축면적 44,135.27㎡, 159세대

7. 사업시행기간

   ○ 착공예정일 : 실시계획 인가일로부터 1개월 이내

   ○ 준공예정일 : 2021년 6월

개발촉진지구 개발사업 시행자 지정 신청서				
신청사업	위 치	경상남도 남해군 하선면 신동리 일원		
	명 칭	남해·하동 개발촉진지구 개발사업(남해 보물섬클럽)		
신청인	법인	법 인 명	주식회사 보물섬	
		주 소	서울특별시 강남구 테헤란로 518	
		법인등록번호	******-*******	전화번호	02) ***-****
	대표자	대표자성명	강보석	
		주 소	서울특별시 강남구 영동대로 138길 12	
		주민등록번호	660101-1******	전화번호	010-****-****

(법인등록번호 row) 법인등록번호 | ******-******* | 전화번호 | 02) ***-****

시행자 지정 신청내용	
사업계획	사업목적	지속적으로 늘어나는 골프수요를 적극 수용하고, 4계절 연중 관광객이 찾을 수 있는 골프리조트 조성으로 관광객들에게 편의를 제공함은 물론 지역사회의 고용 및 소득증대를 통한 지역경제의 활성화에 기여하기 위해 신동리 일대에 체육시설 및 관광휴양시설을 조성하여 남해군의 미래상에 부응하고자 함
	사업착수 및 준공	실시계획인가일로부터 1개월 이내 ~ 2021. 6.
	투자사업비 및 자금투자 계획	2,275억 원(자기자본 1,500억 원 + 회원권 분양 775억 원)

지역균형개발 및 지방중소기업 육성에 관한 법률 제16조 및 시행령 제20조의 규정에 의하여 위와 같이 개발촉진지구 개발사업 시행자 지정을 신청합니다.

2018년 8월 일

신청인 ㈜ 보물섬
대표이사 강보석 (직인)

남해군수 귀하

※ 첨부서류
1. 위치도
2. 사업계획서
3. 자금조달계획 및 연차별 투자계획

Ⅰ. 사업의 종류 및 명칭(생략)

Ⅱ. 사업시행자의 성명 및 주소(생략)

Ⅲ. 편입토지조서 및 시행자 지정 요건(생략)

1. 총괄표(생략)

2. 편입토지조서(생략)

3. 토지 소유율 및 토지소유자 동의율

■ 총괄

구 분	합 계	국·공유지	사유지
면적(㎡)	1,932,710	269,325	1,663,385
소유자수	55	4	51

■ 토지 소유율 및 토지소유자 동의율

구 분	소 유 율		동 의 율	
	면적(㎡)	구성비(%)	소유자수	구성비(%)
합 계	1,663,385	100.0	51	100.0
소 계	1,230,945	74.0	26	52.4
소 유	983,061	59.1	1	4.8
동 의	247,884	14.9	25	47.6
미동의	432,440	26.0	25	47.6

※ 토지조서(소유권 및 소유권 이외의 권리의 명세) 첨부(생략)

4. 시행자 지정 요건 검토

■ 근 거 : 지역균형개발 및 지방중소기업 육성에 관한 법률 제16조 제5항, 같은 법 시행령 제20조 제6항

■ 지정요건 : 사업 대상 토지면적(국·공유지제외) 3분의 2 이상 소유, 토지소유자의 2분의 1 이상 동의

Ⅳ. 사업의 착수예정일 및 준공예정일(생략)

남해·하동 개발촉진지구
남해 보물섬클럽 조성사업 사업계획서(발췌)

Ⅰ. 사업의 개요

Ⅱ. 계획여건 및 현황분석

Ⅲ. 기본구상

1. 개발방향 및 전략

- 골프리조트의 명품화를 구현하여 국내외 관광객뿐만 아니라 국내 최고 명사들이 가장 선호하는 휴식처 조성
- 지역에서 생산되는 친환경 농산물과 청정해역의 해산물 등 지역특산품을 리조트 고객층에게 직접 제공해 고급 소비자에게 직송 판매하는 계기를 마련
- 운영직원의 지역민 우선 고용으로 주민의 소득증대 이바지

Ⅳ. 기본계획

4. 시설배치계획

- 체육시설

  - 골프코스(18홀), 클럽하우스(건축면적 7,690.47㎡, 지하2층 지상2층), 티하우스(2개동 건축면적 206.76㎡, 964.20㎡), 경비실(건축면적 58.29㎡), 직원 및 캐디 숙소(건축면적 6,611.64㎡, 지상3층)
  - 승마장: 마사동(건축면적 270.30㎡), 시설관리동(건축면적 122.40㎡), 실내마장(건축면적 1,535.25㎡)

- 관광휴향시설

  - 휴양콘도미니엄 123평형 42동, 134평형 61동, 167평형 27동, 39~67평형 29실

Ⅴ. 사업계획 및 사업효과

2. 사업효과

(1) 골프 리조트 조성시 효과

○ 지역건설업체 등 연관 산업의 효과

- 대규모 공사수주는 대기업이 추진하지만 지역협력업체와 공동추진
  - 소규모 공사는 지역업체에서 추진
○ 지역의 장비업체 등 효과
  - 덤프트럭, 포크레인 등 일일 평균 50-80대의 장비투입
  - 공사자재 구입 등으로 지역경제 효과
○ 지역의 숙박(민박) 및 식당 등의 효과
  - 2년간 일일 500-700명의 작업 인력투입
  - 장포 지역을 중심으로 하선면 지역에 숙박(민박) 및 식당이용
○ 기타 서비스 산업의 효과
  - 업체 종사원들이 농협 등 금융기관, 주유소, 택시, 노래방 등을 이용

2. 지역경제 파급효과
○ 고용효과
  - 직간접으로 200-300명 정도의 새로운 일자리 창출
○ 지역경제 효과
  - 일일 이용객 600명 예상 1억2천만 원 지출 예상
  - 횟집 등 식당, 노래방, 기타 서비스업체 이용으로 지역경제 활성화
○ 인구증대 등 효과
  - 전문관리인력의 하선면 지역거주(100명)로 인구증대와 지역경제 활성화 기대
○ 경기부양 효과
  - 잠재적인 관광홍보로 남해군 전체에 경기부양효과 기대

남해군 고시 제2019 - 31호

개발촉진지구 개발사업 실시계획 승인 고시

　남해·하동 개발촉진지구 개발사업 "남해 보물섬클럽 조성사업"에 대하여 「지역균형개발 및 지방중소기업 육성에 관한 법률」 제17조 제1항 및 같은 법 시행령 제22조에 따라 실시계획을 승인하고, 같은 법 제17조 제3항 및 같은 법 시행령 제23조의 규정에 따라 다음과 같이 개발촉진지구 개발사업 실시계획을 고시합니다.

2019. 5. 28.

남 해 군 수 [남해군수인]

1. 사업의 명칭 : 남해 보물섬클럽 조성사업

2. 사업의 위치 : 남해군 하선면 신동리 산243번지 일원

3. 사업의 면적 : 1,932,710㎡

4. 사업시행자의 성명 및 주소

　　○ 회사명 : 주식회사 보물섬 (대표이사 강보석)

　　　주　소 : 서울특별시 강남구 테헤란로 518

5. 사업의 목표 및 개요

　　○ 사업의 목표 : 골프리조트를 포함한 종합 레저 휴양 관광지의 조성으로 4계절 연중 관광객이 찾을 수 있는 체류형 관광지로서의 면모를 갖추어 지역주민의 소득증대 및 지역경제 활성화에 기여코자 함.

　　○ 사 업 개 요 : 회원제 골프장업 18홀 1,332,815㎡, 휴양콘도미니엄 599,895㎡

6. 주요시설

  ○ 체육시설

   - 건축연면적 21,445.36㎡

  ○ 관광휴양시설

   - 휴양콘도미니엄 4개동, 건축면적 44,135.27㎡, 159세대

7. 사업시행기간

  ○ 착공예정일 : 실시계획 인가일로부터 1개월 이내

  ○ 준공예정일 : 2021년 6월

7. 수용 또는 사용할 토지·건물 및 소유권 이외의 권리의 명세(생략)

8. 토지 또는 건물 등의 소유자 명세(생략)

재 결 서

사 업 명 : 남해 보물섬클럽 조성사업
사업시행자 : ㈜ 보물섬 대표이사 강보석
소 유 자 : 경상남도 남해군 하선면 신동리 7 허성태
관 계 인 : 경상남도 남해군 미조면 미조리 161-8 남해수협
재 결 일 : 2019. 12. 20.

이 건 수용재결신청에 대하여 다음과 같이 재결한다.

주 문

1. 사업시행자는 위 사업을 위하여 별지 기재 토지 및 물건을 수용하고 손실보상금은 금 2,338,953,360원(개별 보상내역은 별지 기재와 같이 함)으로 한다.
2. 수용의 개시일은 2020. 2. 1.로 한다.

이 유

(생략)

경상남도지방토지수용위원회

위 원 민○○
위 원 장○○

위　　　원　　김○○

위　　　원　　이○○

위　　　원　　박○○

위　　　원　　최○○

위　　　원　　안○○

[별지] 보상금 조서(생략)

※ 경상남도지방토지수용위원회 소재지는 경상남도청 소재지와 동일함(창원시 의창구 중앙대로 300)

우편송달보고서

증서 2019년　　제465호　　　　　　2019년　12월　20일　　　발송

1. 송달서류　　　수용재결서　　　　　　　　　　　발송자　경상남도지방토지수용위원회 송달받을 자　　허성태 귀하 경남 남해군 하선면 신동리 7	
영수인　　허성태 (서명)	
영수인 서명날인 불능	
①　송달받을 자 본인에게 교부하였다.	

2	송달받을 자가 부재 중이므로 사리를 잘 아는 다음 사람에게 교부하였다.
	사무원
	피용자
	동거자
3	다음 사람이 정당한 사유 없이 송달받기를 거부하므로, 그 장소에 서류를 두었다.
	송달받을 자
	사무원
	피용자
	동거자

송달연월일　2019. 12. 23.　10시 30분

송달장소　경남 남해군 하선면 신동리 7

위와 같이 송달하였다.

　　　　　　　　　　　　2019. 12. 24.
　　　　　　　　　　　　우체국 집배원　　김택송 (인)

법무법인 공익 내부회의록 2.

일   시: 2020. 6. 15. 14:00 ~ 15:00
장   소: 법무법인 공익 회의실
참석자: 박 변호사(공법팀장), 나승소 변호사

나 변호사: 저희가 행정소송 본안 제기한 뒤에 위헌제청신청을 했는데 기각됐다는 결정을 지난 주 금요일(6월 12일) 송달받았습니다. 위헌제청신청이 기각됐으니 이제 헌법소원심판청구 준비할까요.

박 변호사: 예. 의뢰인에게 기각 사실 알려주고 상의한 뒤에 헌법소원심판청구서 제출하시지요. 위헌제청신청서 준비할 때 관련 법령의 위헌성은 이미 리서치하시고 메모도 작성한 바 있으니 헌법소원심판청구서 작성은 별 문제 없겠지요.

나 변호사: 예. 그렇습니다. 기본적으로 그 때 쓴 신청서와 메모를 바탕으로 준비하되 위헌의 이유 등을 좀 보강하면 될 것 같습니다.

박 변호사: 그렇게 하시지요. 헌법소원을 제기함에 있어서 제소기간 마감일에 늦지 않게 준비해서 내면 청구기간 준수의 문제는 없을 것이고, 재판의 전제성 문제는 어떤가요.

나 변호사: 예. 관련된 헌법재판소의 판례들을 볼 때 재판의 전제성은 구비된 것으로 보여서 별 문제 없을 것 같습니다. 하여간 헌법소원심판청구서에 관련 선례들을 언급하고 재판의 전제성 부분 잘 작성해 보도록 하겠습니다.

박 변호사: 예. 그렇게 하는 게 좋을 것 같네요. 제가 사실 위헌제청신청할 때 신청서를 자세히 보지 않아서 잘 모르겠는데 이번에 헌법소원심판청구서 작성하실 때 심판 대상 조항과 청구취지 정확하게 잘 기재해 보시기 바랍니다. 청구인이 될 만한 모든 조항을 투망식으로 심판 대상 조항으로 주장하여도 헌법재판소는 당해 사건과 관련이 있는 부분으로 한정해서 위헌 여부 판단을 해 오고 있으니 우리도 그 점에 유의해서 가능한 한 심판 대상 조항을 특정하는 게 좋겠습니다.

나 변호사: 예. 가능한 한 이 사건과 관련이 있는 부분으로 심판 대상을 한정하여 심판 대상 조항과 청구취지 특정하여 기재해 보겠습니다.

박 변호사: 그러시지요. 이 사건에서 의뢰인 주장의 요지는 국가나 지방자치단체가 아닌 민간 기업에 토지 등의 수용권을 부여하는 것이 위헌이라는 것과 고급 골프장 사업과 같이 공익성이 약한 사업에 대해서까지도 사업 시행 민간 기업에게 수용권을 부여하는 것은 위헌이라는 취지이지요.

나 변호사: 예. 맞습니다. 정확하게 파악하셨습니다.

박 변호사: 무엇보다 위헌의 근거나 이유를 설득력 있게 제시하는 것이 제일 중요할 것 같은데 이 사건에서 원용할만한 헌법재판소 결정이 있지요.

나 변호사: 예. 그렇습니다. 이 사건에서 원용할까 합니다.

박 변호사: 예. 그러시지요. 어쨌든 심판 대상 조항의 위헌성을 주장함에 있어서 심판 대상 조항으로 인해 침해되는 기본권이 있다면 먼저 그것을 잘 밝히고, 그러한 기본권 침해가 헌법에 위반되는 헌법상의 근거들을 모두 찾아서 주장하는 것이 중요할 것 같습니다. 한 가지 사유로 위헌이 될 수도 있겠지만 위헌에 이르는 사유가 여러 개일 수도 있으니까요.

나 변호사: 물론입니다. 관련 법령의 위헌을 주장하는 우리 입장에서는 위헌 사유를 모두 주장해야겠지요.

박 변호사: 마지막으로 헌법소원심판청구서의 청구취지는, 헌법재판소가 헌법불합치의 주문을 내는 경우도 왕왕 있기는 하지만 우리가 청구서 작성 단계에서 청구취지로 헌법불합치를 쓸 일은 아니니 위헌으로 씁시다.

나 변호사: 예. 물론입니다.

박 변호사: 이상으로 오늘 회의를 마치겠습니다. 수고하셨습니다.

끝.

기록이면표지

참고자료 1 - 관련 법령 (발췌)

지역균형개발 및 지방중소기업 육성에 관한 법률

제1조(목적) 이 법은 국토를 합리적으로 이용·개발·보전하기 위하여 지방의 발전 잠재력을 개발하고 민간부문의 자율적인 참여를 유도하여 지역개발사업이 효율적으로 시행될 수 있도록 하며 아울러 지방중소기업을 적극적으로 육성함으로써 인구의 지방정착을 유도하고 지역경제를 활성화시켜 국토의 균형 있는 발전에 이바지함을 목적으로 한다.

제2조(정의) 이 법에서 사용하는 용어의 뜻은 다음과 같다.
1. "지역개발계획"이란 계획적인 지역개발을 유도하기 위하여 수립·시행하는 다음 각 목의 계획을 말한다.
    가. 「국토기본법」 제6조제2항제2호 및 제3호에 따라 수립하는 도종합계획과 시·군종합계획
    나. 「국토의 계획 및 이용에 관한 법률」 제18조 및 제30조에 따라 수립하는 도시·군기본계획과 도시·군관리계획
    다. 제5조, 제14조, 제26조의4 및 제38조의3에 따른 광역개발사업계획, 개발촉진지구 개발계획, 특정지역개발계획 및 지역종합개발지구 개발계획
2. "지역개발사업"이란 지역개발계획을 시행하기 위한 개발사업을 말한다.
3. "민간개발자"란 개인, 「상법」 또는 「민법」에 따라 설립된 법인 및 제30조에 따른 지역개발법인을 말한다.
4. "민자유치사업"이란 제27조에 따른 민자유치계획에 따라 민간개발자가 그의 자본과 기술 등을 제공하여 시행하는 지역개발사업을 말한다.
5. "지방중소기업"이란 다음 각 목의 어느 하나에 해당하는 자로서 본사·주사무소 또는 사업장 중 어느 하나가 특별시·광역시 또는 도(이하 "시·도"라 한다)의 관할구역에 있는 자를 말한다.
    가. 「중소기업기본법」 제2조제1항 또는 제2항에 따른 중소기업자
    나. 「중소기업협동조합법」 제3조제1항제1호부터 제3호까지의 규정에 따른 중소기업협동조합

제9조(개발촉진지구의 지정) ① 국토교통부장관은 개발수준이 다른 지역에 비하여 현저하게 낮은 지역 등의 개발을 촉진하기 위하여 필요하다고 인정하면 직접 또는 광역시장 또는 도지사의 요청을 받아 개발촉진지구를 지정할 수 있다.
② 광역시장 또는 도지사는 제1항에 따라 개발촉진지구의 지정을 요청할 때에는 미리 관계 시장·군수 또는 구청장(자치구의 구청장을 말한다. 이하 같다)과 협의하여야 한다.
③ 시장·군수·구청장, 제16조제1항제2호 및 제3호에 해당하는 자 또는 지역개발사업에 참여하려는 민간개발자는 대통령령으로 정하는 바에 따라 국토교통부장관에게 개발촉진지구의 지정을 제안할 수 있다.

제10조(개발촉진지구의 지정기준) ① 국토교통부장관은 개발촉진지구를 지정할 때에는 다음 각 호의 요건을 고려하여 그 지정목적 달성에 필요한 최소한의 범위에서 지정하여야 한다.
1. 지역총생산 또는 재정자립도가 다른 지역에 비하여 현저하게 낮을 것
2. 지역의 인구가 일정 기간 지속적으로 감소하거나 정체되어 있을 것
3. 경제적 여건 변화로 종래의 지역산업이 급격히 쇠퇴하여 새로운 소득기반의 조성이 필요할 것
4. 그 밖에 지역 간의 균형 있는 개발을 위하여 생산 및 생활 환경의 정비가 필요할 것
② 제1항에 따른 개발촉진지구 지정의 구체적인 요건은 대통령령으로 정한다.

제14조(개발계획의 수립 등) ① 시장·군수 또는 구청장은 제11조에 따라 개발촉진지구가 지정·고시되면 대통령령으로 정하는 바에 따라 개발촉진지구 개발계획(이하 "개발계획"이라 한다)을 작성하여야 한다. 다만, 둘 이상의 시·군 또는 구(자치구를 말한다. 이하 같다)에 걸쳐 개발촉진지구가 지정된 경우에는 광역시장 또는 도지사가 시장·군수 또는 구청장과 협의하여 개발계획을 작성하여야 한다.
② 광역시장·도지사 또는 시장·군수·구청장은 제1항에 따라 개발계획을 작성하면 관계 행정기관의 장과 협의하여 이를 확정하여야 하며, 개발계획을 변경하려는 경우에도 같다. 다만, 지형 등으로 인하여 개발사업을 하려는 위치를 변경하는 경우 등 대통령령으로 정하는 경미한 사항의 변경은 예외로 한다.

③-④ <생략>

⑤ 광역시장·도지사 또는 시장·군수·구청장은 제1항부터 제3항까지의 규정에 따라 개발계획을 작성할 때에는 대통령령으로 정하는 바에 따라 주민 및 관계 전문가의 의견을 듣고 그 의견이 타당하다고 인정하면 이를 반영하여야 한다.

⑥ 광역시장·도지사 또는 시장·군수·구청장은 제1항부터 제3항까지의 규정에 따라 개발계획을 수립하거나 국토교통부장관으로부터 국가지원사업계획을 승인받으면 대통령령으로 정하는 바에 따라 그 내용을 고시하여야 한다.

⑦ 개발계획에는 다음 각 호의 사업의 시행에 관한 내용이 포함되어야 한다.
1. 생산기반의 조성 및 이에 부대되는 사업
2. 주민생활환경 개선을 위한 시설의 설치·개량 사업
3. 교통시설, 용수공급시설 등 지역발전을 위한 기반시설 정비사업
4. 관광휴양지 조성, 지역특화산업의 육성 등 주민소득 증대에 이바지할 수 있는 사업
5. 자연환경 보전 등에 필요한 환경 관련 사업
6. 그 밖에 해당 개발촉진지구의 지정목적 달성을 위하여 필요하다고 인정되어 국토교통부장관이 관계 중앙행정기관의 장과 협의하여 선정한 사업

⑧ 광역시장·도지사 또는 시장·군수·구청장은 제6항에 따른 개발계획의 고시일부터 3년 이내에 시행자가 제17조에 따른 실시계획의 승인을 신청하지 아니하면 사업추진 현황 및 지연 사유 등을 조사하여 향후 처리계획을 국토교통부장관에게 제출하여야 한다. 이 경우 국토교통부장관은 향후 처리계획 등을 고려하여 필요하다고 인정하면 광역시장·도지사 또는 시장·군수·구청장으로 하여금 개발계획을 변경하게 하거나 제3항에 따른 국가지원사업계획의 승인을 취소할 수 있다.

제16조(시행자) ① 개발촉진지구에서 시행되는 지역개발사업(이하 "지구개발사업"이라 한다)은 다른 법률의 규정에도 불구하고 다음 각 호의 자가 시행할 수 있다.
1. 국가, 지방자치단체
2. 대통령령으로 정하는 공공기관
3. 「지방공기업법」에 따른 지방공사(이하 "지방공사"라 한다)
4. 제1호부터 제3호까지의 자 외의 자로서 지구개발사업의 시행자로 지정받은 자

② 지구개발사업(국가나 지방자치단체가 직접 시행하는 경우는 제외한다)에 대하여는 관할 시장·군수 또는 구청장이 다음 각 호의 사항을 고려하여 대통령령으로 정하는 바에 따라 시행자를 지정하여야 한다. 이 경우 지구개발사업에 필요한 재원의 조달 또는 개발기술의 활용을 위하여 필요하다고 인정되는 경우에는 둘 이상의 시행자를 공동시행자로 지정할 수 있으며, 지구개발사업이 둘 이상의 시·군·구에 걸쳐 있는 경우로서 시장·군수 또는 구청장 간에 협의가 이루어지지 아니할 때에는 광역시장 또는 도지사가 시행자를 지정할 수 있다.
1. 개발계획에 따른 사업 내용 및 규모
2. 재원의 조달능력
3. 지역개발사업 시행 능력 및 경험
4. 다른 지역개발사업과의 연계성 등
③ 제2항에 따라 시행자를 지정할 때 제9조제3항에 따른 개발촉진지구 지정의 제안에 따라 시행되는 지구개발사업에 대하여는 그 지정을 제안한 자를 우선적으로 시행자로 지정할 수 있다.
④ 광역시장·도지사 또는 시장·군수·구청장(이하 "지정권자"라 한다)이 제2항에 따라 시행자를 지정하였을 때에는 대통령령으로 정하는 바에 따라 그 내용을 고시하여야 한다.
⑤ 제1항 제4호에 해당하는 자가 제2항에 따라 지구개발사업의 시행자로 지정을 받으려면 지구개발사업의 대상인 토지(국·공유지를 제외한다)의 소유 면적 및 토지 소유자의 동의 비율에 관하여 대통령령으로 정하는 요건을 갖추어야 한다.

제17조(실시계획의 승인) ① 시행자는 대통령령으로 정하는 바에 따라 실시계획을 작성하여 지정권자의 승인을 받아야 한다. 다만, 국가나 지방자치단체의 장이 직접 실시계획을 작성한 경우에는 시장·군수 또는 구청장과 협의하여야 하며, 이를 실시계획에 대한 승인으로 본다.
② 지정권자가 제1항에 따라 실시계획을 승인할 때에는 미리 관계 행정기관의 장과 협의하여야 한다. 국가나 지방자치단체의 장이 직접 실시계획을 작성한 경우에도 같다.
③ 지정권자가 제1항의 실시계획을 승인한 경우에는 대통령령으로 정하는 바에 따라 그 내용을 고시하여야 한다. 국가나 지방자치단체의 장이 직접 실시계획을 작성한 경우에도 같다.

④ 지정권자가 제3항에 따라 실시계획을 고시하는 경우 토지, 건물 또는 토지에 정착한 물건이나 이에 관한 소유권 외의 권리, 광업권, 어업권, 물의 사용에 관한 권리(이하 "토지등"이라 한다)의 수용이 필요한 계획이 포함되어 있을 때에는 시행자의 주소, 성명, 사업의 종류, 수용할 토지, 건물 등의 세목(細目)을 함께 고시하고 그 토지등의 소유자 및 권리자에게 통지하여야 한다. 다만, 시행자가 실시계획 승인 신청 시 토지 등의 소유자 및 권리자와 미리 협의한 경우에는 통지를 생략할 수 있다.

⑤ 시행자는 지구개발사업의 시행과 관련하여 환지(換地)를 할 필요가 있을 때에는 「도시개발법」의 환지에 관한 규정을 준용할 수 있다.

⑥ 실시계획의 변경에 관하여는 제1항부터 제3항까지의 규정을 준용한다. 다만, 대통령령으로 정하는 경미한 사항의 변경은 예외로 한다.

제18조(인·허가등의 의제) ① 지정권자, 국가 또는 지방자치단체의 장이 제17조에 따라 실시계획을 승인하거나 작성할 때 그 실시계획에 대한 다음 각 호의 결정·허가·신고·인가·지정·승인·협의 등(이하 "인·허가등"이라 한다)에 관하여 제3항에 따라 관계 행정기관의 장과 협의한 사항에 대하여는 해당 인·허가등을 받은 것으로 보며, 제17조제3항에 따라 실시계획이 고시되었을 때에는 관계 법률에 따른 인·허가등의 고시·공고가 된 것으로 본다.

1. 「국토의 계획 및 이용에 관한 법률」 제30조에 따른 도시·군관리계획의 결정, 같은 법 제56조에 따른 개발행위의 허가, 같은 법 제86조에 따른 시행자의 지정, 같은 법 제88조에 따른 실시계획의 인가, 같은 법 제118조에 따른 토지거래계약의 허가
2. 「문화재보호법」 제35조제1항제1호·제2호·제4호에 따른 허가, 같은 법 제66조 단서에 따른 국유지의 사용 허가
3. 「산지관리법」 제14조 및 제15조에 따른 산지전용허가 및 산지전용신고, 같은 법 제15조의2에 따른 산지일시사용허가·신고, 「산림자원의 조성 및 관리에 관한 법률」 제36조제1항·제4항에 따른 입목벌채등의 허가·신고
4.-24. 〈생략〉

② 제1항에 따른 인·허가 등의 의제를 받으려는 시행자는 실시계획의 승인을 신청할 때 해당 법률에서 정하는 관련 서류를 함께 제출하여야 한다.

③ 지정권자, 국가 또는 지방자치단체의 장이 제1항 각 호의 사항이 포함되어 있는 실시계획을 승인하거나 작성할 때에는 미리 관계 행정기관의 장과 협의하여야 한다. 이 경우 관계 행정기관의 장은 부득이한 사유가 있는 경우를 제외하고는 협의를 요청받은 날부터 20일 이내에 의견을 제출하여야 하며, 그 기간 이내에 의견 제출이 없으면 의견이 없는 것으로 본다.
④ 시·도지사는 제17조에 따라 실시계획을 승인하거나 작성하는 경우 제1항 각 호의 사항을 처리하기 위하여 관계 행정기관이 참여하는 인·허가 의제 협의회를 개최할 수 있다.
⑤ 제4항에 따른 인·허가 의제 협의회의 구체적인 구성·기능 및 운영, 그 밖의 세부사항은 대통령령으로 정한다.

제19조(토지수용 등) ① 시행자는 지구개발사업의 시행에 필요한 토지등을 수용하거나 사용할 수 있다.
② 제17조제3항에 따라 실시계획이 고시되었을 때에는「공익사업을 위한 토지 등의 취득 및 보상에 관한 법률」제20조제1항에 따른 사업인정 및 같은 법 제22조에 따른 사업인정의 고시가 된 것으로 본다.
③ 토지등에 대한 재결(裁決) 신청은「공익사업을 위한 토지 등의 취득 및 보상에 관한 법률」제23조제1항 및 제28조제1항에도 불구하고 제17조에 따른 실시계획에서 정한 사업기간 이내에 할 수 있다.
④ 제1항에 따른 수용 또는 사용에 관하여는 이 법에 특별한 규정이 있는 경우를 제외하고는「공익사업을 위한 토지 등의 취득 및 보상에 관한 법률」을 준용한다.

제20조(공공시설 및 토지등의 귀속) 시행자가 지구개발사업의 시행으로 새로 공공시설(주차장, 운동장, 그 밖에 대통령령으로 정하는 시설은 제외한다)을 설치하거나 기존의 공공시설을 대체하는 시설을 설치한 경우 그 귀속에 관하여는「국토의 계획 및 이용에 관한 법률」제65조를 준용한다.

제26조(개발사업의 준공인가) ① 시행자는 지구개발사업의 전부 또는 일부를 마치면 대통령령으로 정하는 바에 따라 제16조제2항에 따른 지정권자의 준공인가를

받아야 한다. 다만, 국가나 지방자치단체의 장이 시행자인 경우에는 시장·군수 또는 구청장과 협의하여야 하며, 이를 준공인가로 본다.

② 제1항에 따른 준공인가 신청을 받은 지정권자는 준공을 위한 검사를 한 후 해당 지구개발사업이 제17조에 따른 실시계획대로 완료되었다고 인정하는 경우에는 준공인가확인증을 시행자에게 발급하고 이를 공고하여야 한다.

③ 시행자가 제1항에 따른 준공인가를 받았을 때에는 제18조에 따라 의제된 준공검사 또는 준공인가를 받은 것으로 본다.

④ 시행자는 제1항에 따른 준공인가 전에는 지구개발사업으로 조성된 토지나 시설을 사용할 수 없다. 다만, 지구개발사업에 지장이 없는 경우에는 그러하지 아니하다.

지역균형개발 및 지방중소기업 육성에 관한 법률 시행령

제20조(사업시행자) ① <생략>

③ 제2항에 따른 시행자 지정신청서에는 다음 각 호의 서류 및 도면을 첨부하여야 한다.

1. 위치도
2. 사업계획서
3. 자금조달계획 및 연차별 투자계획

④-⑤ 생략

⑥ 법 제16조제5항 중 "대통령령으로 정하는 요건"이란 지구개발사업의 대상인 토지(국·공유지를 제외한다. 이하 이 항에서 같다)면적의 3분의 2 이상에 해당하는 토지를 소유하고, 토지소유자 총수의 2분의 1 이상에 해당하는 자의 동의를 얻는 것을 말한다.

제21조(시행자 지정의 고시) 지정권자는 법 제16조제4항에 따라 시행자를 지정하였을 때에는 다음 각 호의 사항을 관보나 해당 광역시·도 또는 시·군·구에서 발행하는 공보에 고시하여야 한다.

1. 시행자의 성명(법인인 경우에는 법인의 명칭 및 대표자의 성명)·주소
2. 사업의 명칭

3. 사업시행지의 위치 및 면적
4. 사업의 개요 및 시행기간

제22조(실시계획의 승인) ① 시행자는 법 제17조제1항에 따라 실시계획의 승인을 받으려는 경우에는 다음 각 호의 사항을 적은 실시계획 승인신청서를 지정권자에게 제출하여야 한다.
1. 시행자의 성명(법인인 경우에는 법인의 명칭 및 대표자의 성명)·주소
2. 사업의 명칭
3. 사업시행지의 위치 및 면적
4. 사업시행기간
5. 사업시행지의 토지이용현황 및 토지이용계획

② 제1항에 따른 실시계획 승인신청서에는 다음 각 호의 서류 및 도면을 첨부하여야 한다.
1. 위치도
2. 계획평면도 및 실시설계도서
3. 사업비 및 자금 조달계획(연차별 투자계획을 포함한다)
4. 개발되는 토지 또는 시설물의 관리·처분에 관한 계획서
5. 토지·건물 또는 토지에 정착한 물건이나 이에 관한 소유권 외의 권리, 광업권, 어업권, 물의 사용에 관한 권리(이하 "토지등"이라 한다)를 수용하거나 사용하려는 경우에는 수용하거나 사용할 토지등의 소재지·지번·지목·면적·소유권 및 소유권 외의 권리의 명세와 그 소유자 및 권리자의 성명·주소를 적은 서류
6. 주민의 이주대책이 필요한 경우 그에 관한 서류
7. 공공시설(「국토의 계획 및 이용에 관한 법률」 제2조제13호에 따른 공공시설을 말한다. 이하 같다) 및 토지등의 무상귀속과 대체에 관한 계획서
8. 도시·군관리계획의 결정 또는 변경이 필요한 경우 관계 서류 및 도면
9. 「환경영향평가법」에 따른 환경영향평가 대상사업인 경우에는 환경영향평가서
10. 공구(工區) 분할계획(분할계획이 있는 경우만 해당한다)

제23조(실시계획 승인의 고시 등) ① 지정권자는 법 제17조제3항에 따라 실시계획을 승인하거나 작성하였을 때에는 다음 각 호의 사항을 관보나 해당 광역시·도 또는 시·군·구에서 발행하는 공보에 고시하여야 한다.
 1. 사업의 명칭·위치 및 면적
 2. 시행자의 성명(법인인 경우에는 법인의 명칭 및 대표자의 성명) 및 주소
 3. 사업의 목표 및 개요
 4. 사업시행기간
 5. 법 제17조제4항에 따른 건물 세목(細目) 등의 고시사항
 6. 조성된 토지 또는 시설의 매수 신청기간 등 매수 신청에 관한 사항
② 〈생략〉

각급 법원의 설치와 관할구역에 관한 법률

제1조(목적) 이 법은 「법원조직법」 제3조제3항에 따라 각급 법원의 설치와 관할구역을 정함을 목적으로 한다.

제4조(관할구역) 각급 법원의 관할구역은 다음 각 호의 구분에 따라 정한다. 〈단서 생략〉
 2.-3. 〈생략〉
 4. 행정법원의 관할구역: 별표 6
 5.-6. 〈생략〉
 7. 행정사건을 심판하는 춘천지방법원 및 춘천지방법원 강릉지원의 관할구역: 별표 9
 8. 〈생략〉

[별표 3]

고등법원·지방법원과 그 지원의 관할구역

고등법원	지방법원	지원	관할구역
	서울중앙		서울특별시 종로구·중구·강남구·서초구·관악구·동작구
	서울동부		서울특별시 성동구·광진구·강동구·송파구
	서울남부		서울특별시 영등포구·강서구·양천구·구로구·금천구
	서울북부		서울특별시 동대문구·중랑구·성북구·도봉구·강북구·노원구
	서울서부		서울특별시 서대문구·마포구·은평구·용산구
	의정부		의정부시·동두천시·양주시·연천군·포천시, 강원도 철원군. 다만, 소년보호사건은 앞의 시·군 외에 고양시·파주시·남양주시·구리시·가평군
		고양	고양시·파주시
		남양주	남양주시·구리시·가평군
	인천		인천광역시
		부천	부천시·김포시
	춘천		춘천시·화천군·양구군·인제군·홍천군. 다만, 소년보호사건은 철원군을 제외한 강원도
		강릉	강릉시·동해시·삼척시
		원주	원주시·횡성군
		속초	속초시·양양군·고성군
		영월	태백시·영월군·정선군·평창군
부산	부산		부산광역시 중구·동구·영도구·부산진구·동래구·연제구·금정구

-35-

		동 부	부산광역시 해운대구·남구·수영구·기장군
		서 부	부산광역시 서구·북구·사상구·사하구·강서구
	울 산		울산광역시·양산시
	창 원		창원시 의창구·성산구·진해구, 김해시. 다만, 소년보호사건은 양산시를 제외한 경상남도
		마 산	창원시 마산합포구·마산회원구, 함안군·의령군
		통 영	통영시·거제시·고성군
		밀 양	밀양시·창녕군
		거 창	거창군·함양군·합천군
		진 주	진주시·사천시·남해군·하동군·산청군

[별표 6]

행정법원의 관할구역

고 등 법 원	행 정 법 원	관 할 구 역
서 울	서 울	서울특별시

[별표 9]

행정사건을 심판하는 춘천지방법원 및 춘천지방법원 강릉지원의 관할구역

명 칭	관 할 구 역
춘천지방법원	춘천지방법원의 관할구역 중 강릉시·동해시·삼척시·속초시·양양군·고성군을 제외한 지역
춘천지방법원 강릉지원	강릉시·동해시·삼척시·속초시·양양군·고성군

참고자료 2 - 달력

【2019년 7월 ~ 2020년 6월 달력】

```
2019년    8월                    2019년    9월                    2019년   10월
일  월  화  수  목  금  토        일  월  화  수  목  금  토        일  월  화  수  목  금  토
              1   2   3          1   2   3   4   5   6   7                   1   2  [3]  4   5
 4   5   6   7   8   9  10       8   9  10  11 [12][13][14]       6   7   8  [9] 10  11  12
11  12  13  14 [15] 16  17      15  16  17  18  19  20  21       13  14  15  16  17  18  19
18  19  20  21  22  23  24      22  23  24  25  26  27  28       20  21  22  23  24  25  26
25  26  27  28  29  30  31      29  30                           27  28  29  30  31


2019년   11월                   2019년   12월                    2020년    1월
일  월  화  수  목  금  토        일  월  화  수  목  금  토        일  월  화  수  목  금  토
                    1   2        1   2   3   4   5   6   7                  [1]  2   3   4
 3   4   5   6   7   8   9       8   9  10  11  12  13  14       5   6   7   8   9  10  11
10  11  12  13  14  15  16      15  16  17  18  19  20  21      12  13  14  15  16  17  18
17  18  19  20  21  22  23      22  23  24 [25] 26  27  28      19  20  21  22  23 [24][25]
24  25  26  27  28  29  30      29  30  31                      26 [27] 28  29  30  31


2020년    2월                   2020년    3월                    2020년    4월
일  월  화  수  목  금  토        일  월  화  수  목  금  토        일  월  화  수  목  금  토
                        1.       1   2   3   4   5   6   7                    1   2   3   4
 2   3   4   5   6   7   8       8   9  10  11  12  13  14       5   6   7   8   9  10  11
 9  10  11  12  13  14  15      15  16  17  18  19  20  21      12  13  14 [15] 16  17  18
16  17  18  19  20  21  22      22  23  24  25  26  27  28      19  20  21  22  23  24  25
23  24  25  26  27  28  29      29  30  31                      26  27  28  29 [30]


2020년    5월                   2020년    6월                    2020년    7월
일  월  화  수  목  금  토        일  월  화  수  목  금  토        일  월  화  수  목  금  토
                    1   2            1   2   3   4   5  [6]                   1   2   3   4
 3   4  [5]  6   7   8   9       7   8   9  10  11  12  13       5   6   7   8   9  10  11
10  11  12  13  14  15  16      14  15  16  17  18  19  20      12  13  14  15  16  17  18
17  18  19  20  21  22  23      21  22  23  24  25  26  27      19  20  21  22  23  24  25
24  25  26  27  28  29  30      28  29  30                      26  27  28  29  30  31
31
```

☐ 표시된 날은 평일 중 공휴일임.

확 인 : 법학전문대학원협의회

2026 대비
2020~2024 법전협 모의문제 수록

Rainbow
변시 모의해설

공법 기록형 Ⅲ
[해설편]

전병주 편저

해 설 목 차

2024년도 제3차 변호사시험 모의시험 해설 ·· 629
2024년도 제2차 변호사시험 모의시험 해설 ·· 642
2024년도 제1차 변호사시험 모의시험 해설 ·· 652
2023년도 제3차 변호사시험 모의시험 해설 ·· 667
2023년도 제2차 변호사시험 모의시험 해설 ·· 681
2023년도 제1차 변호사시험 모의시험 해설 ·· 696
2022년도 제3차 변호사시험 모의시험 해설 ·· 713
2022년도 제2차 변호사시험 모의시험 해설 ·· 721
2022년도 제1차 변호사시험 모의시험 해설 ·· 735
2021년도 제3차 변호사시험 모의시험 해설 ·· 746
2021년도 제2차 변호사시험 모의시험 해설 ·· 754
2021년도 제1차 변호사시험 모의시험 해설 ·· 762
2020년도 제3차 변호사시험 모의시험 해설 ·· 770
2020년도 제2차 변호사시험 모의시험 해설 ·· 780
2020년도 제1차 변호사시험 모의시험 해설 ·· 791

Rainbow 변시 모의해설

공법 기록형
제2부 해설편

2024년도 제3차 변호사시험 모의시험 해설

행정소장

① 원고 노태양

② 피고 교육부장관

③ 사건명 사업비환수처분 등 취소청구의 소

④ 청구취지

⑤ 이 사건 처분의 위법성

1. 각 처분의 재량행위 해당여부

가. 법리

나. 각 처분의 경우

1) 사업비 환수처분

2) 학술지원 대상사 선정 제외처분

3) 제재부가금처분

2. 3개 처분의 공통위법사유

가. 처분사유 부존재

나. 재량의 일탈, 남용(비례원칙 위반)

1) 법리

2) 포섭

3. 사업비 환수처분, 제재부가금 처분의 공통위법사유

가. 재량권 불행사

1) 법리

2) 포섭

4. 제재부가금 부과기준에 대한 위법(법 적용의 기준)

가. 법리

나. 포섭

5. 소결

⑥ 2024. 10. 21.

⑦ 대전지방법원

위헌법률심판제청신청서

① 사건의 표시 2024구합12345 출석정지처분등 취소

② 신청취지

③ 재판의 전제성

  1. 주위적 주장

    가. 법리

    나. 포섭

  2. 예비적 주장 : 시간의 경과에 따라 재판의 전제성이 인정되기 어려운 경우

    가. 법리

    나. 포섭

④ 이 사건 제재조항의 위헌성

  1. 제한되는 기본권

    가. 법리

    나. 포섭

  2. 과잉금지원칙 위반

    가. 법리

    나. 포섭

    1) 목적의 정당성, 수단의 적정성

    2) 침해의 최소성

    3) 법익의 균형성

⑤ 이 사건 위임조항의 위헌성

  1. 의회유보원칙 위반 여부

    가. 법리

    나. 포섭

2. 포괄위임금지원칙 위반 여부

　가. 법리

　나. 포섭

⑥ 서울행정법원 제11부 귀중

행정소장

① **원고 노태양**

② **피고 교육부장관**

③ **사건명 사업비환수처분 등 취소청구의 소**

④ **청구취지**[1]

1. 피고가 2024. 7. 19. 원고에게 한 금 71,976,426원의 사업비 환수처분, 3년의 학술 지원대상자 선정 제외 처분 및 금 57,964,639원의 제재부가금 처분을 각 취소한다.
2. 소송비용은 피고가 부담한다

라는 판결을 구합니다.

⑤ **이 사건 처분의 위법성**

1. 각 처분의 재량행위 해당여부

가. 법리

대법원은 "행정행위가 그 재량성의 유무 및 범위와 관련하여 이른바 기속행위 내지 기속재량행위와 재량행위 내지 자유재량행위로 구분된다고 할 때, 그 구분은 당해 행위의 근거가 된 법규의 체재·형식과 그 문언, 당해 행위가 속하는 행정 분야의 주된 목적과 특성, 당해 행위 자체의 개별적 성질과 유형 등을 모두 고려하여 판단하여야 하고"라는 입장입니다(대법원 2001. 2. 9. 선고 98두17593 판결).

나. 각 처분의 경우

1) 사업비 환수처분

교육부장관은 사업비를 지원받은 연구자 및 대학등이 사업비를 용도 외에 사용한 경우에는 사업비 지급을 중지하거나 이미 지급한 사업비의 전부 또는 일부를 환수할 수 있습니다(학술진흥법 제19조 제2항 제1호).

사업비의 전부 또는 일부를 환수할 수 있다고 규정하므로 문언상 교육부장관의 재량이 인정되어 재량행위에 해당합니다.

2) 학술지원 대상사 선정 제외처분

교육부장관은 연구자나 대학등이 제19조제1항 각 호 또는 제2항 각 호의 어느 하나에 해당

---

[1] 각 처분명은 12면 2. 처분내용의 소목차를 인용했다.

하여 사업비 지급이 중지되거나 지급한 사업비의 전부 또는 일부가 환수되는 경우에는 대통령령으로 정하는 바에 따라 1년 이상 10년 이하의 범위에서 제6조제1항에 따른 학술지원 대상자 선정에서 제외합니다(법 제20조 제1항). 사업비를 의도적으로 부정 집행한 경우에는 사업비를 용도 외로 사용한 경우로서 3년 간 학술지원 대상자 선정 제외 기간에 해당합니다(동 시행령 제20조 제3호 (나)목).

교육부장관이 기간을 정하여 처분할 수 있으므로 문언상 교육부장관의 재량이 인정되어 재량행위에 해당합니다.

3) 제재부가금처분

교육부장관은 학술진흥법 제19조제2항제1호에 해당하는 행위가 있을 때에는 연구자나 대학 등에 대하여 그 연구용도 외의 용도로 사용한 금액의 5배 이내의 범위에서 제재부가금을 부과·징수합니다(학술진흥법 제20조의2 제1항).

연구용도 외의 용도로 사용한 금액의 5배 이내의 범위에서 제재부가금을 부과·'징수할 수 있다고 규정하므로 문언상 교육부장관의 재량이 인정되어 재량행위에 해당합니다.

2. 3개 처분의 공통위법사유

가. 처분사유 부존재[2]

이 사건 사업 협약서상 연구사업에 참여하는 연구자가 준수하여야 하여야 하는 지침이 있는데, 거기에도 '이 사건 각 사업에 참여하는 대학원생에게 연구장학금 등의 명목으로 지급되는 학생인건비는 대학원생 개인에게 지급되는 금전이므로, 연구기관이나 연구책임자가 그중 일정 금액을 회수하여 공동관리하거나 각 개인의 통장이나 도장을 일괄 관리하는 행위는 금지된다'고 기재되어 있습니다.

처분사유는 대학원생 연구장학금 부적정 집행(학생연구원 인건비 공동관리 사실 확인)으로 사업비 용도 외 사용하였고, 한국연구재단이 지원하는 BK21 플러스사업에서 책임연구자로 참여하여 사업비를 지급받으면서 2020. 5.경부터 2024. 4.경까지 지급된 학생인건비(총 268,650,000원) 중 71,976,426원을 회수하여 공동관리하는 등으로 사업비를 부정집행하였다는 것입니다.

그러나 이 사건에서 공동계좌에 이체된 금액은 학생연구원들이 산학협력단으로부터 학생연구원의 개인계좌로 이체받은 학생인건비를, 주로 연구실 비용으로 사용하기 위한 공동경비 형성 목적으로 일정한 인건비를 초과하는 금액을 공동계좌로 자발적으로 이체한 것이므로, "연구기관이나 연구책임자"가 그 주체로 규정된 위 처분사유에 해당하지 않습니다. 원고가 공동비용 금액에 대해 보고는 받았지만 직접 관리하지는 않아서 사용내역까지 자세히 알지는 못한 점을 고려하여도 위와 같은 주장이 이유 있습니다.

또한, 학업과 연구를 위하여 하루의 대부분을 연구실에서 보내는 학생연구원들이 자발적으로 공동계좌를 개설하여 연구실에서 공동으로 사용하는 생수 등 간식 구입, 정수기 유지관리 등의

---

[2] 처분사유가 모두 동일하다는 취지의 발언에 관하여 내부회의록 9면 참조. 결론적으로 학생연구원들이 사용하였으므로 용도 외 사용이 아니라는 것은 부족하므로 추가적인 논증이 필요하다는 점에 관하여는 내부회의록 9~10면 참조.

공동비용 목적으로 입금한 것으로 보이므로 이는 기관이나 책임연구자가 이를 회수한 것으로 보이고 어렵습니다. 따라서 처분사유가 존재하지 않습니다.

나. 재량의 일탈, 남용(비례원칙 위반)

1) 법리

행정작용은 ① 행정목적을 달성하는 데 유효하고 적절할 것(적정성), ② 행정목적을 달성하는 데 필요한 최소한도에 그칠 것(필요성), ③ 행정작용으로 인한 국민의 이익 침해가 그 행정작용이 의도하는 공익보다 크지 아니할 것(상당성)의 각 원칙에 따라야 합니다(행정기본법 제10조).

2) 포섭

사업비 환수처분 등 이 사건의 처분이 사업비의 부정집행 등을 방지하기 위한 것이므로 그 적정성이 인정됩니다. 그러나 환수금에 제재부가금까지 납부하게 되면 실질적으로 2배가 넘는 금액을 부과받게 되고 이는 행정제재로서 엄격한 절차적 제한도 거치지 않으므로 필요성이 인정되지 않습니다. 또한 침해되는 사익에 비해 달성할 수 있는 공익이 현저히 낮으므로 상당성도 인정되지 않습니다. 따라서 비례의 원칙에 위반합니다.

3. 사업비 환수처분, 제재부가금 처분의 공통위법사유

가. 재량권 불행사

1) 법리

대법원은 "처분의 근거 법령이 행정청에 처분의 요건과 효과 판단에 일정한 재량을 부여하였는데도, 행정청이 자신에게 재량권이 없다고 오인한 나머지 처분으로 달성하려는 공익과 그로써 처분상대방이 입게 되는 불이익의 내용과 정도를 전혀 비교형량 하지 않은 채 처분을 하였다면, 이는 재량권 불행사로서 그 자체로 재량권 일탈·남용으로 해당 처분을 취소하여야 할 위법사유가 된다."라는 입장입니다(대법원 2019. 7. 11. 선고 2017두38874 판결).

2) 포섭

(1) 사업비 환수처분[3]

사업비를 용도 외에 사용한 경우에는 용도 외 사용이 있었던 해당 연도의 출연금 전액 이내에서 사업비를 환수하여야 합니다(학술진흥법 시행령 제19조의2 [별표 1] 4항).

그러나 피고가 이 사건에서 사업비 전액에 대하여 환수처분을 하였으므로 재량권 불행사의 위법이 인정됩니다.

(2) 제재부가금 부과처분

부과권자는 제재부가금 부과대상자가 그 밖에 연구용도 외로 사용한 동기, 방법 및 그 결과 등을 고려하여 제재부가금을 줄일 필요가 있다고 인정되는 경우에는 산정된 제재부가금(나목에 따라 용도 외 사용금액을 일부만 자발적으로 반납한 경우에는 반납한 금액에 대한 제재부가금을 말한다)의

---

[3] 재량권 행사의 기준이 규정되어 있지 않으므로 사실 다소 모호한 주장이긴 하다.

2분의 1의 범위에서 그 금액을 줄일 수 있습니다(학술진흥법 시행령 제20조의2 제1항 [별표1의2] 3. 다.항).

그러나 피고가 이 사건에서 감경조항을 적용하지 않고 제재부가금 부과처분을 하였으므로 재량권 불행사의 위법이 인정됩니다.

4. 제재부가금 부과기준에 대한 위법(법 적용의 기준)

가. 법리

법령등을 위반한 행위의 성립과 이에 대한 제재처분은 법령등에 특별한 규정이 있는 경우를 제외하고는 법령등을 위반한 행위 당시의 법령등에 따릅니다. 다만, 법령등을 위반한 행위 후 법령등의 변경에 의하여 그 행위가 법령등을 위반한 행위에 해당하지 아니하거나 제재처분 기준이 가벼워진 경우로서 해당 법령등에 특별한 규정이 없는 경우에는 변경된 법령등을 적용합니다(행정기본법 제14조 제3항).

나. 포섭

제재부가금 부과처분 기준 중 5천만원 초과 1억원 이하의 경우 2천 5백만원에 더하여 용도 외 사용금액 중 5천만원 초과금액에 대해서, 개정 후 조항은 해당 금액의 150%에 해당하는 금액을, 개정 전 조항은 해당 금액의 100%에 해당하는 금액을 산정기준으로 적용합니다.

처분사유는 2020. 5.경부터 2024. 4.경까지 총 71,976,426원에 대하여 법령위반사유가 있다는 것이고, 제재부가금 부과기준의 경우 2024. 6. 8. 개정되었는데[4] 피고는 제재부가금에 대하여 1.5배 기준을 적용하였으므로 개정 후 산정기준을 적용한 것으로 보입니다. 그러나 행위 시인 개정 전 조항이 적용되어야 하므로 법 적용의 기준을 위반하였습니다.

5. 소결

이 사건 처분의 위법성이 인정됩니다.

⑥ 2024. 10. 21.

⑦ 대전지방법원

---

4) 참조조문 38면, 39면 참조

위헌법률심판제청신청서

① 사건의 표시 2024구합12345 출석정지처분등 취소

② 신청취지

"학교폭력예방 및 대책에 관한 법률(2019. 8. 20. 법률 제16441호로 개정된 것) 제17조 제1항 중 '수 개의 조치를 동시에 부과하는 경우를 포함한다' 및 '출석정지'에 관한 부분, '각 조치별 적용 기준은 대통령령으로 정한다' 부분에 대한 위헌 여부 심판을 제청한다."
라는 결정을 구합니다.

③ 재판의 전제성

1. 주위적 주장

가. 법리

헌법재판소는 "'재판의 전제성'이라 함은, 첫째 구체적인 사건이 법원에 계속 중이어야 하고, 둘째 위헌 여부가 문제되는 법률이 당해 소송사건의 재판에 적용되는 것이어야 하며, 셋째 그 법률이 헌법에 위반되는지 여부에 따라 당해사건을 담당하는 법원이 다른 내용의 재판을 하게 되는 경우를 말한다."라는 입장입니다(헌법재판소 2018. 7. 3.자 2018헌바234 결정).

나. 포섭

'학교폭력예방 및 대책에 관한 법률'에 근거한 출석정지처분 등에 대한 서울행정법원 2024구합12345 사건이 적법하게 계속중이고 그 근거조항이 위 소송사건의 재판에 적용되는 것이며 근거조항이 위헌으로 판단되면 취소가 인용될 것이므로 다른 내용의 재판을 하게 됩니다. 따라서 재판의 전제성이 인정됩니다.

2. 예비적 주장 : 시간의 경과에 따라 재판의 전제성이 인정되기 어려운 경우[5]

가. 법리

헌법재판소는 "법률에 대한 헌법소원심판에 있어서 "침해행위가 이미 종료되어서 이를 취소할 여지가 없기 때문에 헌법소원이 주관적 권리구제에 별 도움이 안되는 경우라도 그러한 침해행위가 앞으로도 반복될 위험이 있거나 당해 분쟁의 해결이 헌법질서의 수호·유지를 위하여 긴요한 사항이어서 그 해명이 헌법적으로 중대한 의미를 지니고 있는 경우에는 헌법소원의 이익을 인정하여야 할 것이다."(헌법재판소 1992.4.14. 선고 90헌마82 결정 등 참조)라고 판시한 바 있다. 이러한 법리는 구체적 규범통제로서의 법원의 제청에 의한 법률의 위헌여부심판절차에

---

[5] 예비적 주장을 한다는 취지에 관하여는 내부회의록Ⅱ 34면 참조

서도 존중되어야 할 것이다. 따라서 위헌여부심판이 제청된 법률조항에 의하여 침해된다는 기본권이 중요하여 동 법률조항의 위헌 여부의 해명이 헌법적으로 중요성이 있는데도 그 해명이 없거나, 동 법률조항으로 인한 기본권의 침해가 반복될 위험성이 있는데도 좀처럼 그 법률조항에 대한 위헌여부심판의 기회를 갖기 어려운 경우에는 설사 그 심리기간 중 그 후의 사태진행으로 당해 소송이 종료되었더라도 헌법재판소로서는 제청 당시 전제성이 인정되는 한 예외적으로 객관적인 헌법질서의 수호·유지를 위하여 심판의 필요성을 인정하여 적극적으로 그 위헌 여부에 대한 판단을 하는 것이 헌법재판소의 존재이유에도 부합하고 그 임무를 다하는 것이 될 것이다."라는 입장입니다(헌법재판소 1993. 12. 23. 선고 93헌가2 전원재판부 결정).

나. 포섭

당해사건(1심) 계속 중 곧 다시 학교에 출석할 수 있게 되고, 졸업하더라도 그 후 2년까지는 그 출석정지조치가 학교생활세부사항기록부에 남는 경우가 대부분이며, 그렇게 기록 남는 것이 법률상 불이익이 됩니다. 설령 1심 계속 중 학교를 졸업하고 학폭기록 역시 삭제된다 하더라도 동 법률조항으로 인한 기본권의 침해가 반복될 위험성이 있는데도 불구하고 좀처럼 그 법률조항에 대한 위헌여부심판의 기회를 갖기 어려운 경우에 해당하므로 재판의 전제성을 인정하여 그 위헌 여부를 살펴보아야 할 것입니다.

④ 이 사건 제재조항의 위헌성

1. 제한되는 기본권[6]

가. 법리

모든 국민은 인간으로서의 존엄과 가치를 가지며, 행복을 추구할 권리를 가집니다(헌법 제10조).

헌법재판소는 "헌법 제10조의 행복추구권은 일반적인 행동의 자유와 인격의 자유로운 발현권을 포함하는바, 학습자로서의 청소년은 교육을 받음에 있어서 자신의 인격, 특히 성향이나 능력을 자유롭게 발현할 수 있는 권리가 있다. 청소년은 인격의 발전을 위하여 어느 정도 부모와 학교의 교사 등 타인에 의한 결정을 필요로 하는 아직 성숙하지 못한 인격체이지만, 부모와 국가에 의한 교육의 단순한 대상이 아닌 독자적인 인격체이며, 그의 인격권은 성인과 마찬가지로 인간의 존엄성 및 행복추구권을 보장하는 헌법 제10조에 의하여 보호되어야 한다. 따라서 청소년은 국가의 교육권한과 부모의 교육권의 범주 내에서 자신의 교육에 관하여 스스로 결정할 권리, 즉 자유롭게 교육을 받을 권리를 가진다"라는 입장입니다(헌법재판소 2019. 4. 11. 선고 2017헌바140, 141(병합) 전원재판부 결정).

나. 포섭

심의위원회는 피해학생의 보호와 가해학생의 선도·교육을 위하여 가해학생에 대하여 다음 각 호의 어느 하나에 해당하는 조치(수 개의 조치를 병과하는 경우를 포함한다)를 할 것을 교육장에게 요청하여야 하며, 각 조치별 적용 기준은 대통령령으로 정합니다(학교폭력예방법 제17조 제1항).

---

[6] 하나의 기본권 제한으로 묶어서 주장하라는 취지에 관하여는 내부회의록Ⅱ 33면 참조

3개 처분이 한꺼번에 병과될 수 있도록 규율된 점, 출석정지 기간에 상한이 없는 점을 종합하면, 가해학생은 위 조치에 의하여 기간 제한 없이 학습을 제한 받게 됩니다. 따라서 심판대상조항은 학습의 자유를 제한합니다.

2. 과잉금지원칙 위반

가. 법리

국민의 모든 자유와 권리는 국가안전보장·질서유지 또는 공공복리를 위하여 필요한 경우에 한하여 법률로써 제한할 수 있으며, 제한하는 경우에도 자유와 권리의 본질적인 내용을 침해할 수 없습니다(헌법 제37조 제2항).

헌법재판소는 "헌법 제37조 제2항에 의하면 국민의 기본권을 법률로써 제한하는 것이 가능하다고 하더라도 그 본질적인 내용을 침해할 수 없고 또한 과잉금지의 원칙에도 위배되어서는 아니되는바, 과잉금지의 원칙이라 함은 국민의 기본권을 제한함에 있어서 국가작용의 한계를 명시한 것으로서 목적의 정당성·방법의 적정성·피해의 최소성·법익의 균형성 등을 의미하며 그 어느 하나에라도 저촉이 되면 위헌이 된다는 헌법상의 원칙을 말한다."라는 입장입니다(헌법재판소 1997. 3. 27. 선고 95헌가17 전원재판부 결정).

나. 포섭

1) 목적의 정당성, 수단의 적정성

심판대상조항은 이 법은 학교폭력의 예방과 대책에 필요한 사항을 규정함으로써 피해학생의 보호, 가해학생의 선도·교육 및 피해학생과 가해학생 간의 분쟁조정을 통하여 학생의 인권을 보호하고 학생을 건전한 사회구성원으로 육성함을 목적으로 하므로, 그 목적이 정당하고 그 수단이 적정합니다.

2) 침해의 최소성

학교폭력에 대한 다양한 형태의 조치를 경중에 따라 차등적용하거나, 출석정지 기간에 상한을 두거나, 피해학생이 가해학생의 사과를 받아들이는 등의 경우에는 그 조치를 감경하는 등의 침해를 최소화할 수 있는 수단이 있는데도 불구하고, 3개 처분이 한꺼번에 병과될 수 있고 출석정지 기간에 상한이 없는 등 심판대상조항은 사익을 현저히 침해하여 침해의 최소성에 위배됩니다.

3) 법익의 균형성

침해되는 사익에 비해 달성할 수 있는 공익이 현저히 낮으므로 법익의 균형성도 위배됩니다.

⑤ 이 사건 위임조항의 위헌성

1. 의회유보원칙 위반 여부[7]

---

[7] 내부회의록Ⅱ에서 주어졌다고 보긴 다소 모호하나, "학부모위원들 발언 내용"을 참고하여 헌법 원칙 위반을 주장하도록 하고 있고(33면), 학부모위원6이 "그러한 제한의 본질적인 사항", "이렇나 내용이 법률조항에 전혀 규율되어 있지 않다니요"라고 하는 등 의회유보원칙에 관한 키워드를 발언하였으므로 포함하였다.

가. 법리

헌법재판소는 "헌법 제37조 제2항은 "국민의 모든 자유와 권리는 국가안전보장·질서유지 또는 공공복리를 위하여 필요한 경우에 한하여 법률로써 제한할 수 있으며, 제한하는 경우에도 자유와 권리의 본질적인 내용을 침해할 수 없다."라고 규정하고 있다. 헌법상 법치주의는 법률유보원칙, 즉 행정작용에는 국회가 제정한 형식적 법률의 근거가 요청된다는 원칙을 핵심적 내용으로 한다. 나아가 오늘날의 법률유보원칙은 단순히 행정작용이 법률에 근거를 두기만 하면 충분한 것이 아니라, 국가공동체와 그 구성원에게 기본적이고도 중요한 의미를 갖는 영역, 특히 국민의 기본권 실현에 관련된 영역에 있어서는 행정에 맡길 것이 아니고 국민의 대표자인 입법자 스스로 그 본질적 사항에 대하여 결정하여야 한다는 요구, 즉 의회유보원칙까지 내포하는 것으로 이해되고 있다. 여기서 어떠한 사안이 국회가 형식적 법률로 스스로 규정하여야 하는 본질적 사항에 해당되는지는, 구체적 사례에서 관련된 이익 내지 가치의 중요성, 규제 또는 침해의 정도와 방법 등을 고려하여 개별적으로 결정하여야 하지만, 규율대상이 국민의 기본권과 관련한 중요성을 가질수록 그리고 그에 관한 공개적 토론의 필요성 또는 상충하는 이익 사이의 조정 필요성이 클수록, 그것이 국회의 법률에 의하여 직접 규율될 필요성은 더 증대된다. 따라서 국민의 권리·의무에 관한 기본적이고 본질적인 사항은 국회가 정하여야 하고, 헌법상 보장된 국민의 자유나 권리를 제한할 때에는 적어도 그 제한의 본질적인 사항에 관하여 국회가 법률로써 스스로 규율하여야 한다"라는 입장입니다(대법원 2020. 9. 3. 선고 2016두32992 전원합의체 판결).

나. 포섭

출석정지조치(제6호)로 가해학생이 해당기간 동안 학교에서 학습을 전혀 못 하게 되고, 출석정지 기간이 길어질수록 그 학생에게 치명적일 수 있으므로 더 중한 조치인 학급교체(제7호)나 전학(제8호)이 가해학생에게 나을 수 있습니다. 출석정지조치를 가할 수 있는지, 없는지 그 적용기준이라든지 그 각 기준별 정지기간의 상한이라는 요소들이 그러한 제한의 본질적인 사항이라는 건 누가 봐도 분명합니다. 따라서 이는 국민의 권리·의무에 관한 기본적이고 본질적인 사항은 국회가 정하여야 하고, 헌법상 보장된 국민의 자유나 권리를 제한할 때에는 적어도 그 제한의 본질적인 사항에 관하여 국회가 법률로써 스스로 규율하여야 하는데도 불구하고 그렇지 않으므로 이 사건 위임조항은 의회유보원칙을 위반하였습니다.

2. 포괄위임금지원칙 위반 여부[8]

가. 법리

헌법재판소는 "전문적·기술적 사항이나 경미한 사항으로서 업무의 성질상 고시와 같은 행정규칙의 형식으로 입법위임을 할 필요성이 인정되는 경우라도, 그러한 위임은 헌법 제75조의 포괄위임금지 원칙을 위반하여서는 안 되고 반드시 구체적·개별적으로 한정된 사항에 대하여

---

[8] 내부회의록Ⅱ 33면 참조

행하여져야 한다. 여기에서 '구체적으로 범위를 정하여'라 함은 하위규범에 규정될 내용 및 범위의 기본사항이 가능한 한 구체적이고도 명확하게 법률에 규정되어 있어서 그 법률 자체로부터 대통령령 등에 규정될 내용의 대강을 예측할 수 있어야 함을 의미한다. 이때 예측가능성의 유무는 당해 특정조항 하나만을 가지고 판단할 것은 아니고 관련 법조항 전체를 유기적·체계적으로 종합하여 판단하여야 한다"라는 입장입니다(헌법재판소 2016. 3. 31. 선고 2014헌바382 결정).

나. 포섭

징계조치별 효과 등은 전문적·기술적인 사항에 해당하므로 학교폭력예방법이 징계조치별 적용기준을 시행령에 위임할 필요성이 인정됩니다.

그러나 학교폭력예방법은 징계조치별 적용기준에 관한 내용을 전혀 규정하지 않고 그 적용기준을 대통령령으로 정하도록 포괄적으로 위임하였습니다. 정지기간에 결정기준에 해당할 수 있는 "심각성", "지속성" 등와 같은 부분 역시 법률이 아닌 시행령에서 다 정하고 있습니다. 결국 시행령으로 정할 징계조치별 적용기준이 무엇인지 알 수 있도록 법률조항에서 그 내용의 대강을 예측할 수 없으므로 예측 가능성이 인정되지 않습니다. 따라서 이 사건 위임조항은 포괄위임금지원칙에 위반됩니다.

⑥ 서울행정법원 제11부 귀중

2024년도 제2차 변호사시험 모의시험 해설

행정소장

① 피고 부산광역시 해운대구청장

② 청구취지

③ 처분의 위법성

1. 표시기간 연장신청 거부처분(이하 "이 사건 거부처분")

가. 절차의 하자

1) 법리

2) 포섭

나. 내용의 하자

1) 법률유보원칙 위반

2) 재량권의 일탈, 남용

2. 옥외광고물 자진정비 처분(이하 "이 사건 처분")

가. 절차의 하자

1) 법리

2) 포섭

나. 내용의 하자 : 처분사유 부존재

다. 소결

④ 2024. 8. 12.

⑤ 부산지방법원 귀중

헌법소원심판청구서

① 청구취지

② 적법요건의 구비

1. 직접성
가. 법리

나. 포섭

2. 청구기간
가. 법리

나. 포섭

③ 심판대상조항들의 기본권 침해

1. 심판대상법률조항의 위헌성
가. 포괄위임금지원칙 위반

1) 법리

2) 포섭

2. 심판대상조항들의 위헌성
가. 제한되는 기본권

1) 법리

2) 포섭

나. 과잉금지원칙 위반 여부

1) 법리

2) 포섭

다. 소결

행정소장

① 피고 부산광역시 해운대구청장

② 청구취지

1. 피고가 원고에 대하여 2024. 5. 13.에 한 특정구역 옥외광고물등(옥상간판) 표시기간 연장 신청 불가처분 및 2024. 7. 29.에 한 불법 옥외광고물(옥상간판) 자진정비(철거) 처분을 각 취소한다.
2. 소송비용은 피고가 부담한다.

라는 판결을 구합니다.

③ 처분의 위법성

1. 표시기간 연장신청 거부처분(이하 "이 사건 거부처분")

가. 절차의 하자

1) 법리

　행정청이 처분을 할 때에는 다른 법령등에 특별한 규정이 있는 경우를 제외하고는 문서로 하여야 하며, ① 당사자 등의 동의가 있는 경우, ② 당사자가 전자문서로 처분을 신청한 경우에는 전자문서로 할 수 있습니다(행정절차법 제24조 제1항). 정보통신망을 이용한 송달은 송달받을 자가 동의하는 경우에만 합니다. 이 경우 송달받을 자는 송달받을 전자우편주소 등을 지정하여야 합니다(행정절차법 제14조 제3항). 정보통신망을 이용하여 전자문서로 송달하는 경우에는 송달받을 자가 지정한 컴퓨터 등에 입력된 때에 도달된 것으로 봅니다(행정절차법 제15조 제2항).

2) 포섭

　원고는 이전에 관할 행정청과 사이의 일부 소통을 이메일로 한 적이 있었으나 이를 정보통신망을 이용한 송달에 동의한 것으로 보기는 어렵습니다. 따라서 전자문서로 한 이 사건 처분에 절차의 하자가 인정됩니다.

나. 내용의 하자

1) 법률유보원칙 위반

가) 법리

　대법원은 "법령의 규정이 특정 행정기관에게 법령 내용의 구체적 사항을 정할 수 있는 권한을 부여하면서 권한행사의 절차나 방법을 특정하지 아니한 경우에는 수임 행정기관은 행정규칙이나 규정 형식으로 법령 내용이 될 사항을 구체적으로 정할 수 있다. 이 경우 행정규칙 등은 당해 법령의 위임한계를 벗어나지 않는 한 대외적 구속력이 있는 법규명령으로서 효력을 가지게 되지만, 이는 행정규칙이 갖는 일반적 효력이 아니라 행정기관에 법령의 구체적 내용을 보충할 권한을 부여한 법령 규정의 효력에 근거하여 예외적으로 인정되는 것이다. 따라서 그 행정규칙이나 규정이 상위법령의 위임범위를 벗어난 경우에는 법규명령으로서 대외적 구속력을 인정할 여지는 없다. 이는 행정규칙이나 규정 '내용'이 위임범위를 벗어난 경우뿐 아니라 상위법령의 위임규정에서 특정하여 정한 권한행사의 '절차'나 '방식'에 위배되는 경우도 마찬가지이므로, 상위법령에서 세부사항 등을 시행규칙으로 정하도록 위임하였음에도 이를 고시 등 행정규칙으로 정하였다면 그 역시 대외적 구속력을 가지는 법규명령으로서 효력이 인정될 수 없다."라는 입장입니다(대법원 2012. 7. 5. 선고 2010다72076 판결).

나) 포섭

옥외광고물법 제4조는 광고물의 금지와 제한을 구별하여 광고물 금지는 제1항에, 특정구역에서의 광고물의 허가 기준 강화 등 광고물 제한에 관해서는 제2항에 규정하고 있습니다. 옥외광고물법 시행령도 마찬가지로 광고물이 전면 금지되는 장소는 제24조에서, 특정구역에서의 옥외광고물의 표시방법에 대한 기준 강화에 관해서는 제25조에 규정하고 있습니다.

이 사건 건물은 표시방법에 대한 제한이 강화되는 특정구역 내에 위치하고 있습니다. 이 사건 옥상간판의 규격 등은 법령상 요건을 만족하는데, 단지 이 사건 건물의 위치가 이 사건 고시에서 정한 특정구역 안에 있고, 이 사건 고시는 특정구역 안에서 옥상간판 설치를 못하도록 규정하고 있습니다.

이는 특정구역의 옥상간판의 표시방법에 대한 기준 강화를 벗어나 옥상간판 설치 자체를 금지하는 것이므로[1] 위 고시에 대외적 구속력이 인정되지 않습니다. 따라서 이 사건 거부처분은 위법합니다.

2) 재량권의 일탈, 남용

가) 신뢰보호원칙 위반

(1) 법리

행정청은 공익 또는 제3자의 이익을 현저히 해칠 우려가 있는 경우를 제외하고는 행정에 대한 국민의 정당하고 합리적인 신뢰를 보호하여야 합니다(행정기본법 제12조 제1항).

대법원은 "일반적으로 행정상의 법률관계에 있어서 행정청의 행위에 대하여 신뢰보호의 원칙이 적용되기 위하여는, 첫째 행정청이 개인에 대하여 신뢰의 대상이 되는 공적인 견해표명을 하여야 하고, 둘째 행정청의 견해표명이 정당하다고 신뢰한 데에 대하여 그 개인에게 귀책사유가 없어야 하며, 셋째 그 개인이 그 견해표명을 신뢰하고 이에 어떠한 행위를 하였어야 하고, 넷째 행정청이 위 견해표명에 반하는 처분을 함으로써 그 견해표명을 신뢰한 개인의 이익이 침해되는 결과가 초래되어야 하며, 어떠한 행정처분이 이러한 요건을 충족할 때에는 공익 또는 제3자의 정당한 이익을 현저히 해할 우려가 있는 경우가 아닌 한, 신뢰보호의 원칙에 반하는 행위로서 위법하게 된다고 할 것이다."라는 입장입니다(대법원 1999. 5. 25. 선고 99두

---

[1] 내부회의록 10면 참조

1052 판결).

(2) 포섭

관할 행정청은 이 사건 고시가 제정된 이후에도 원고에 대하여 계속 옥외광고물 표시 연장허가를 해주었기 때문에, 의뢰인으로서는 이번에도 연장허가가 될 것이라고 믿었으므로,[2] 이는 공적인 견해표명에 해당하고 원고가 이를 신뢰한 것에 귀책사유가 인정되지 않습니다. 그러나 어떠한 사정변경 없이[3] 이 사건 거부처분을 하였으므로 이는 위 견해표명에 반하는 처분으로서 원고의 정당한 이익을 현저히 해할 우려가 있는 경우에 해당합니다. 따라서 이 사건 처분은 신뢰보호원칙을 위반하였습니다.

나) 비례원칙 위반

(1) 법리

행정작용은 ① 행정목적을 달성하는 데 유효하고 적절할 것(적정성), ② 행정목적을 달성하는 데 필요한 최소한도에 그칠 것(필요성), ③ 행정작용으로 인한 국민의 이익 침해가 그 행정작용이 의도하는 공익보다 크지 아니할 것(상당성)의 각 원칙에 따라야 합니다(행정기본법 제10조).

(2) 포섭

이 사건 거부처분은 법령의 목적을 달성하는데 유효하고 적절할 수 있으나, 위에서 살펴본 바와 같이 법률유보원칙을 위반한 것이므로 그 행정목적을 달성하는 데 필요한 최소한도에 그쳤다고 보기 어렵고, 원고는 피고가 특정구역을 지정하기 이전부터 옥외광고 영업을 하고 있었고 그 매출의 대부분을 이 사건 옥상간판에 의존하고 있는데, 거부처분에 따라 설치 비용이 수억 원에 이르는 이 사건 옥상간판을 철거하여야 한다면, 원고로서는 사실상 폐업을 할 수밖에 없어 심히 가혹하다 할 것입니다. 따라서 비례의 원칙을 위반하였습니다.

다) 소결

이 사건 거부처분에 신뢰보호원칙, 비례원칙을 각 위반한 재량의 일탈, 남용이 인정됩니다.

2. 옥외광고물 자진정비 처분(이하 "이 사건 처분")

가. 절차의 하자[4]

1) 법리

행정청은 당사자에게 의무를 부과하거나 권익을 제한하는 처분을 하는 경우에는 당사자 등에게 이에 관하여 사전통지하여야 합니다(행정절차법 제21조 제1항).

2) 포섭

이 사건 처분은 옥외간판을 자진정비하도록 하는 의무를 부과하는 것이므로 사전통지의 대상입니다. 그러나 원고는 이 사건 처분에 관한 사전통지를 받은 사실이 없습니다. 따라서

---
[2] 내부회의록 10면 참조
[3] 내부회의록 11면 참조
[4] 내부회의록 11면 참조

이 사건 처분에 절차의 하자가 인정됩니다.

나. 내용의 하자 : 처분사유 부존재5)

위에서 살펴본 바와 같이 이 사건 거부처분이 위법하여 이유 없으므로 이 사건 거부처분을 처분사유로 하는 이 사건 처분에 대해서는 처분사유가 부존재합니다. 따라서 이 사건 처분에 내용의 하자가 인정됩니다.

다. 소결

이 사건 처분에 절차상 하자, 내용상 하자가 인정되므로, 이 사건 처분은 위법하여 취소되어야 합니다.

④ 2024. 8. 12.

⑤ **부산지방법원 귀중**

---

5) 내부회의록 11면 참조

헌법소원심판청구서

① 청구취지[6]

"옥외광고물 등의 관리와 옥외광고산업 진흥에 관한 법률 제15조 제3항 및 옥외광고물 등의 관리와 옥외광고산업 진흥에 관한 법률 시행령 제36조 제3호는 모두 헌법에 위반된다"
라는 결정을 구합니다.

② 적법요건의 구비

1. 직접성

가. 법리

헌법재판소는 "법률 또는 법률조항 자체에 대하여 헌법소원심판을 청구하려면 그 법률 또는 법률조항에 의하여 구체적인 집행행위를 기다리지 아니하고 직접, 현재, 자기의 기본권을 침해받아야 한다. 여기서 말하는 기본권 침해의 직접성이란 집행행위에 의하지 아니하고 법률 그 자체에 의하여 자유의 제한, 의무의 부과, 권리 또는 법적 지위의 박탈이 생긴 경우를 뜻하므로, 구체적인 집행행위를 통하여 비로소 당해 법률 또는 법률조항에 의한 기본권 침해의 법률효과가 발생하는 경우에는 직접성 요건이 결여된다. 다만 법령에 대한 법규범이 집행행위를 예정하고 있더라도, 첫째, 법령이 일의적이고 명백한 것이어서 집행기관이 심사와 재량의 여지 없이 그 법령에 따라 일정한 집행행위를 하여야 하는 경우와 둘째, 당해 집행행위를 대상으로 하는 구제절차가 없거나, 구제절차가 있다고 하더라도 권리구제의 기대가능성이 없고 다만 기본권 침해를 당한 청구인에게 불필요한 우회절차를 강요하는 것밖에 되지 않는 경우에는 예외적으로 당해 법령의 직접성을 인정할 수 있다"라는 입장입니다(헌법재판소 2018. 7. 3.자 2018헌마627 결정).

---

[6] 법률상담일지 4항 : 의뢰인은 자동차 광고를 통해 광고수입을 올리려는 것이 아니라 족발집을 새로 개업한 아버지를 도우려는 것인데 아버지에 대한 감사의 마음을 표현하는 것까지 법으로 금지하는 것은 심하다고 생각한다. 동네 장사를 하시는 아버지와 같은 소상공인 입장에서는 비사업용 자동차를 이용한 광고가 효과적인데 이것을 금지하는 것은 너무하고, 비사업용 자동차에 광고를 허용해도 광고를 붙이고 다닐 차가 많지는 않을 것이다. 또한 자동차 소유자라면 다들 자기 차를 보기 좋게 꾸미려고 할 것이니 설령 광고를 붙이고 다닌다 해도 미관상 좋지 않은 광고를 하고 다닐 차는 별로 없을 것이다. 따라서 비사업용 자동차에 타인에 관한 광고를 허용해도 아무런 문제가 없다고 생각한다.
내부회의록Ⅱ : 이샛별 씨가 자신의 아버지가 개업한 족발집 광고를 자신 소유 자동차에 부착하는 내용의 광고를 주식회사 광고대장에 의뢰하였으나, 현행법령상 자기 소유의 자동차에는 타인에 관한 광고를 할 수 없게 되어 있어서 위 법령에 의한 기본권 침해를 주장하고자 합니다. / 시행령에 표시 위치와 면적에 관한 규제도 있습니다. 다만, 의뢰인이 다투고자 하는 것은 광고의 내용이니 그 부분에 한정하여 청구취지를 특정하고자 합니다.
법률 : 1항 및 제2항에 규정된 교통수단 외의 교통수단(이하 '비사업용 자동차'라 한다) 외부에는 대통령령으로 정하는 기준에 따라 광고물을 표시하여야 한다(옥외광고물 등의 관리와 옥외광고산업 진흥에 관한 법률 제15조 제3항).
시행령 : 법 제15조 제3항에 따른 비사업용 자동차의 외부 광고물 표시 기준은 다음 각 호와 같다.
3. 표시 내용 : 비사업용 자동차 소유자의 성명·명칭·주소·업소명·전화번호, 자기의 상표 또는 상징형 도안(동 시행령 제36조 제3호)

나. 포섭

　심판대상법률조항은 비사업용 자동차 외부에 대통령령으로 정하는 기준에 따라 광고물을 표시하도록 하고, 심판대상시행령조항은 그 표시위치와 표시면적을 규정하므로, 집행행위에 의하지 아니하고 심판대상조항들에 의하여 의무를 부과받습니다. 따라서 직접성이 인정됩니다.

2. 청구기간

가. 법리

　헌법재판소법 제68조 제1항에 의한 헌법소원심판은 그 사유가 있음을 안 날부터 90일 이내에, 그 사유가 있는 날부터 1년 이내에 청구하여야 합니다(헌법재판소법 제69조 제1항).

나. 포섭

　심판대상조항들은 1991년에 제정되어 시행되었고 청구인은 옥외광고에 관하여 8. 1. 검토 요청 하여 8. 3. 그 결과를 알았습니다. 이 사건 청구는 2024. 8. 20.에 있으므로 안 날로부터 90일 이내인 청구기간 내에 이루어져 청구기간을 준수하였습니다.

③ 심판대상조항들의 기본권 침해

1. 심판대상법률조항의 위헌성

가. 포괄위임금지원칙 위반

1) 법리

　국무총리 또는 행정각부의 장은 소관사무에 관하여 법률이나 대통령령의 위임 또는 직권으로 총리령 또는 부령을 발할 수 있습니다(헌법 제95조).

　헌법재판소는 "전문적·기술적 사항이나 경미한 사항으로서 업무의 성질상 고시와 같은 행정규칙의 형식으로 입법위임을 할 필요성이 인정되는 경우라도, 그러한 위임은 헌법 제75조의 포괄위임금지 원칙을 위반하여서는 안 되고 반드시 구체적·개별적으로 한정된 사항에 대하여 행하여져야 한다. 여기에서 '구체적으로 범위를 정하여'라 함은 하위규범에 규정될 내용 및 범위의 기본사항이 가능한 한 구체적이고도 명확하게 법률에 규정되어 있어서 그 법률 자체로부터 대통령령 등에 규정될 내용의 대강을 예측할 수 있어야 함을 의미한다. 이때 예측가능성의 유무는 당해 특정조항 하나만을 가지고 판단할 것은 아니고 관련 법조항 전체를 유기적·체계적으로 종합하여 판단하여야 한다"라는 입장입니다(헌법재판소 2016. 3. 31. 선고 2014헌바382 결정).

2) 포섭

　비사업용 자동차에 관한 광고규제의 내용은 전문적·기술적 사항에 해당하여 위임의 필요성이 인정될 수 있습니다. 그러나 사업용 자동차나 선박과 달리 법률에서 표시 부위나 내용에 관하여 단지 "대통령령으로 정하는 기준에 따라 광고물을 표시"하라고만 규정하여 그 법률 자체로부터 대통령령 등에 규정될 내용의 대강을 예측하기 어렵습니다. 그 시행령을 포함하여 관련 법조항 전체를 유기적·체계적으로 종합하여 판단하더라도 그 표시 부위나 면적 등의 제한 기준을 파악하기가 어려우므로, 심판대상조항은 포괄위임금지원칙을 위반합니다.

2. 심판대상조항들의 위헌성

가. 제한되는 기본권[7]

1) 법리

모든 국민은 언론·출판의 자유와 집회·결사의 자유를 가집니다(헌법 제21조 제1항).

모든 국민은 직업선택의 자유를 가집니다(헌법 제15조).

헌법재판소는 ""직업"이란 생활의 기본적 수요를 충족시키기 위해서 행하는 계속적인 소득활동을 의미하며, 이러한 내용의 활동인 한 그 종류나 성질을 묻지 않는다"라는 입장입니다(헌법재판소 1998. 3. 26. 선고 97헌마194 전원재판부 결정).

헌법재판소는 "직업선택의 자유는 자신이 원하는 직업을 자유롭게 선택하는 좁은 의미의 직업선택의 자유와 그가 선택한 직업을 자기가 원하는 방식으로 자유롭게 수행할 수 있는 직업수행의 자유를 포함하는 직업의 자유를 뜻한다"라는 입장입니다(헌법재판소 1998. 3. 26. 선고 97헌마194 전원재판부 결정).

헌법재판소는 "헌법은 제21조 제1항에서 "모든 국민은 언론·출판의 자유 … 를 가진다."라고 규정하여 현대 자유민주주의의 존립과 발전에 필수불가결한 기본권으로 언론·출판의 자유를 강력하게 보장하고 있는바, 광고물도 사상·지식·정보 등을 불특정다수인에게 전파하는 것으로서 언론·출판의 자유에 의한 보호를 받는 대상이 된다. 한편 헌법 제15조는 직업수행의 자유 내지 영업의 자유도 보장하고 있는바, 상업광고를 제한하는 입법은 직업수행의 자유도 동시에 제한하게 된다"라는 입장입니다(헌법재판소 2005. 10. 27. 선고 2003헌가3 전원재판부 결정).

2) 포섭

비사업용 자동차에 대하여 타인에 대한 광고를 허용하지 않는 것은 광고 등을 통한 직업수행을 제한합니다.

나. 과잉금지원칙 위반 여부

1) 법리

헌법재판소는 "헌법 제37조 제2항에 의하면 국민의 자유와 권리는 국가안전보장, 질서유지 또는 공공복리를 위하여 필요한 경우에 한하여 법률로써 제한할 수 있으므로 기본권을 제한하는 입법은 비례의 원칙에 따라 입법목적의 정당성과 그 목적달성을 위한 방법의 적정성, 피해의 최소성, 그리고 그 입법에 의해 보호하려는 공공의 필요와 제한되는 기본권 사이의 균형성을 모두 갖추어야 한다.

---

[7] 문제에서 평등권, 기본권경합 논의는 제외하였고 기본권은 가장 중대하게 침해되는 것 1건으로 한정하도록 지시하였다(내부회의록 II 33면 참조).

그런데 상업광고는 표현의 자유의 보호영역에 속하지만 사상이나 지식에 관한 정치적, 시민적 표현행위와는 차이가 있고, 한편 직업수행의 자유의 보호영역에 속하지만 인격발현과 개성신장에 미치는 효과가 중대한 것은 아니다. 그러므로 상업광고 규제에 관한 비례의 원칙 심사에 있어서 '피해의 최소성' 원칙은 같은 목적을 달성하기 위하여 달리 덜 제약적인 수단이 없을 것인지 혹은 입법목적을 달성하기 위하여 필요한 최소한의 제한인지를 심사하기 보다는 '입법목적을 달성하기 위하여 필요한 범위 내의 것인지'를 심사하는 정도로 완화되는 것이 상당하다."라는 입장입니다(헌법재판소 2005. 10. 27. 선고 2003헌가3 전원재판부 결정).

2) 포섭

가) 목적의 정당성, 수단의 적정성

심판대상조항들은 옥외광고물의 표시·설치 등에 관한 사항과 옥외광고물의 질적 향상을 위한 기반 조성에 필요한 사항을 정함으로써 안전하고 쾌적한 생활환경을 조성하고 옥외광고산업의 경쟁력을 높이는 데 이바지함을 목적으로 하므로(법률 제1조), 그 목적이 정당하고 그 수단이 적정합니다.

나) 침해의 최소성

비사업용 자동차의 경우 표시 위치나 면적에 관한 규제가 있어 그 침해가 중대합니다. 미국과 같이 비사업용 자동차 광고에 제한을 두지 않아도 교통사고 증가 등의 문제가 없는 점, 규제 샌드박스를 통하여 비사업용 자동차에 대한 광고규제 완화를 검증하는 점, 비사업용 자가용에 광고물 표시 부위 및 내용을 제한하지 않도록 하는 입법안이 발의된 점 등을 종합하면, 위와 같은 침해는 필요최소한도에 그치는 침해에 해당하지 않는다 할 것이므로 침해의 최소성에 위배됩니다.

다) 법익의 균형성

위와 같은 사익 침해의 중대성에 비하여 달성할 수 있는 공익은 현저히 낮으므로 법익의 균형성도 위배됩니다.

다. 소결

심판대상조항들은 과잉금지원칙을 위반하였습니다.

2024년도 제1차 변호사시험 모의시험 해설

행정소장

① 원고 김유석

② 피고 중앙노동위원회위원장

③ 청구취지

④ 2. 소의 적법성(소의 이익)

  1. 법리

  2. 포섭

⑤ 3. 재심판정의 위법성

  1. 절차의 하자

    가. 법리

    나. 포섭

    다. 소결

  2. 내용의 하자

    가. 제1징계사유의 부존재

      1) 법리

      2) 포섭

    나. 제2징계사유의 부존재

      1) 법리

      2) 포섭

다. 추가 징계사유의 하자

1) 법리

2) 포섭

라. 비례의 원칙 위반 여부

1) 법리

2) 포섭

마. 소결

3. 소결

⑥ 2024. 6. 24.

⑦ 서울행정법원

헌법소원심판청구서

① **청구취지**

② **이 사건 심판청구의 적법성**

  1. 자기관련성

   가. 법리

   나. 포섭

  2. 직접성

   가. 법리

   나. 포섭

  3. 청구기간

   가. 법리

   나. 포섭

③ **심판대상의 위헌성**

  1. 제한되는 기본권

   가. 청구인 김의성의 경우

   1) 법리

   2) 포섭

   나. 청구인 이환우의 경우

   1) 법리

   2) 포섭

  2. 의회유보원칙 위반 여부

   가. 법리

   나. 포섭

3. 포괄위임금지원칙 위반

가. 법리

나. 포섭

4. 과잉금지원칙 위반 여부

가. 법리

나. 사안의 경우

1) 목적의 정당성, 수단의 적정성

2) 침해의 최소성

3) 법익의 균형성

다. 소결

④ 2024. 7. 22.

행정소장

① 원고 김유석

② 피고 중앙노동위원회위원장[1]

③ 청구취지

1. 중앙노동위원회가 2024. 6. 4. 원고와 주식회사 은파 사이의 중앙2024부해510호 부당해고구제 재심신청 사건에 관하여 한 재심판정을 취소한다.
2. 소송비용은 피고가 부담한다.

라는 판결을 구합니다.

④ 2. 소의 적법성(소의 이익)

1. 법리

취소소송은 처분등의 취소를 구할 법률상 이익이 있는 자가 제기할 수 있습니다. 처분등의 효과가 기간의 경과, 처분등의 집행 그 밖의 사유로 인하여 소멸된 뒤에도 그 처분등의 취소로 인하여 회복되는 법률상 이익이 있는 자의 경우에는 또한 같습니다(행정소송법 제12조).

대법원은 "부당해고 구제명령제도에 관한 근로기준법의 규정 내용과 목적 및 취지, 임금 상당액 구제명령의 의의 및 법적 효과 등을 종합적으로 고려하면, 근로자가 부당해고 구제 신청을 하여 해고의 효력을 다투던 중 정년에 이르거나 근로계약기간이 만료하는 등의 사유로 원직에 복직하는 것이 불가능하게 된 경우에도 해고기간 중의 임금 상당액을 지급받을 필요가 있다면 임금 상당액 지급의 구제명령을 받을 이익이 유지되므로 구제신청을 기각한 중앙노동위원회의 재심판정을 다툴 소의 이익이 있다고 보아야 한다."라고 판시하였습니다(대법원 2020. 2. 20. 선고 2019두52386 전원합의체 판결[2]).

2. 포섭[3]

근로기준법은 상시 5명 이상의 근로자를 사용하는 모든 사업 또는 사업장에 적용합니다(근로기준법 제11조 제1항). 노동위원회는 부당해고 등이 성립한다고 판정하면 근로자가 해고기간 동안 근로를 제공하였더라면 받을 수 있었던 임금 상당액에 해당하는 금품(해고 이외의 경우에는 원상회복에 준하는 금품을 말한다)을 사업주가 근로자에게 지급하도록 명할 수 있습니다(제30조 제4항).

---

[1] 노동위원회법 제27조 제1항 중앙노동위원회의 처분에 대한 소송은 중앙노동위원회 위원장을 피고로 하여 처분의 송달을 받은 날부터 15일 이내에 제기하여야 한다.
[2] 내부회의록에 표시된 판결이다.
[3] 포섭에 있는 법령은 참조조문의 그것이다. 이하 같다.

주식회사 은파의 종업원은 그 정년이 만 62세가 되는 달의 말일로 하고, 종업원은 정년이 만료되었을 때 당연퇴직합니다(주식회사 은파 취업규칙 제40조).

원고는 1962. 2. 3.생이므로 경우 만 62세가 되는 달의 말일인 2024. 2. 29.에 정년이 도래합니다. 원고는 2023. 10. 6.자 해고되었고 같은 해 10. 23. 재심인사위원회 의결이 있었는데, 정년퇴직일 이후인 2024. 6. 4. 재심신청 기각이 있었습니다. 부당해고등이 성립한다고 판정하면 근로자가 해고기간 동안 근로를 제공하였더라면 받을 수 있었던 임금 상당액에 해당하는 금품을 재심판정에 따라 받을 수 있습니다.

원고는 해고의 효력을 다투던 중 정년에 이르게 되어 원직 복직이 불가능하게 되었으나 해고기간 중의 임금 상당액을 지급받을 필요가 있으므로, 임금 상당액 지급의 구제명령을 받을 이익이 유지됩니다. 따라서 소의 이익이 인정됩니다.

3. 재심판정의 위법성[4]

1. 절차의 하자

가. 법리

대법원은 "단체협약이나 취업규칙 또는 이에 근거를 둔 징계규정에서 징계위원회의 구성에 관하여 정하고 있는 경우 이와 다르게 징계위원회를 구성한 다음 그 결의를 거쳐 징계처분을 하였다면, 그 징계처분은 징계사유가 인정되는지 여부와 관계없이 원칙적으로 절차상 중대한 하자가 있어 무효이다."라는 입장입니다(대법원 2020. 11. 26. 선고 2017두70793 판결).[5]

나. 포섭[6]

재심인사위원회 위원은 대표이사가 위촉하는 5인 이상의 임직원으로 구성하되, 징계대상자가 노동조합원일 경우 반드시 노동조합이 추천하는 근로자 측 위원이 1명 이상 포함되어야 하며, 징계사유와 관련이 있는 임직원은 배제되어야 합니다(취업규칙 제30조 제2항).

재심인사위원회는 6인으로 구성되었습니다. 조합장 박두홍에 의하면 원고에 대한 징계절차 과정에서 사용자 측으로부터 근로자 측 위원의 추천 의뢰를 받은 적이 없고, 징계사유와 관련이 있는 재무이사 박준영이 위원으로 포함되었습니다.

따라서 재심인사위원회가 4인으로 구성되어 취업규칙의 5인의 요건을 충족하지 못한 하자가 있으므로, 주체의 하자가 인정됩니다.

다. 소결

징계에 관한 재심인사위원회의 구성에 하자가 있으므로 재심은 무효입니다.

---

[4] 재심판정이 항고소송의 대상이므로 취소소송에서 의뢰인이 부당해고라고 생각하는 것을 다툴 수 있다(내부회의록 10면).
[5] 해당 대법원의 입장은 재심인사위원회에 관한 것은 아니나, 주체의 하자에 관한 부분이라는 점에서 인용하였다. 주체의 하자는 무효로 포섭한다.
[6] 내부회의록 11면 참조

2. 내용의 하자

가. 제1징계사유의 부존재[7]

1) 법리

대법원은 "근로자가 뚜렷한 자료도 없이 사실을 허위로 기재하거나 왜곡하여 소속 직장의 대표자, 관리자나 동료 등을 수사기관 등에 고소·고발하거나 진정하는 행위는 징계규정에서 정한 징계사유가 될 수 있다. 다만 범죄에 해당한다고 의심할 만한 행위에 대해 처벌을 구하고자 고소·고발 등을 하는 것은 합리적인 근거가 있는 한 적법한 권리행사라고 할 수 있으므로 수사기관이 불기소처분을 하였다는 이유만으로 고소·고발 등이 징계사유에 해당하지 않는다. 위와 같은 고소·고발 등이 징계사유에 해당하는지는 고소·고발 등의 내용과 진위, 고소·고발 등에 이르게 된 경위와 목적, 횟수 등에 따라 신중하게 판단하여야 한다."라는 입장입니다(대법원 2020. 8. 20. 선고 2018두34480 판결).

2) 포섭

직원으로서 법령 또는 사규를 위반하여 회사의 직장질서를 문란하게 하였을 때에는 이를 징계받습니다(취업규칙 제20조 제2호).

원고는 1996. 9. 11. ㈜은파에 정규직 과장으로 입사하였고, 2013. 1. 1.부터는 회계, 감사를 담당하는 부서의 부장으로 근무하여 왔습니다. 이 사건 근로자는 2023. 2.경 주요 거래처인 ㈜월명의 직원 소병산으로부터 '은파와 월명이 2021년부터 수차례 대금을 부풀려 자재구매계약을 체결한 다음 은파의 재무이사인 소외 박준영(대표이사 안일찬의 사촌동생)이 개인계좌를 통해 월명으로부터 과다 지급된 대금을 돌려받고 있다.'는 제보를 듣게 되었습니다. 원고는 2023. 4.경 소병산의 제보 내용을 토대로 월명의 경쟁업체들이 제출한 견적서, 매출전표와 법인통장 등 회계자료를 검토해 본 결과 박준영이 위와 같은 방식으로 은파의 법인자금을 횡령하였다고 의심하게 되었습니다. 이에 원고는 박준영을 횡령으로 고발하였습니다.[8]

따라서 원고의 위 고발은 범죄에 해당한다고 의심할 만한 행위에 대해 처벌을 구하는 것이므로 합리적인 근거가 있는 한 적법한 권리행사입니다. 수사기관이 불기소처분을 하였다는 이유만으로 고소·고발 등이 징계사유에 해당하지 않아 제1징계사유가 존재하지 않습니다.

나. 제2징계사유의 부존재[9]

1) 법리

대법원은 "유인물로 배포된 문서에 기재되어 있는 문언에 의하여 타인의 인격, 신용, 명예 등이 훼손 또는 실추되거나 그렇게 될 염려가 있고, 또 그 문서에 기재되어 있는 사실관계의 일부가 허위이거나 그 표현에 다소 과장되거나 왜곡된 점이 있다고 하더라도, 그 문서를 배포한 목적이 타인의 권리나 이익을 침해하려는 것이 아니라 근로조건의 유지·개선과 근로자의

---

[7] 제1징계사유를 인정할 수 없다는 취지로, 내부회의록 11면 마지막 줄~12면 참조.
[8] 재심판정서 22면 참조.
[9] 제2징계사유를 인정할 수 없다(내부회의록 12면).

복지증진 기타 경제적·사회적 지위의 향상을 도모하기 위한 것으로서 그 문서의 내용이 전체적으로 보아 진실한 것이라면 이는 근로자의 정당한 활동 범위에 속한다"라고 판시하였습니다 (대법원 1998. 5. 22. 선고 98다2365 판결).

2) 포섭

원고로서는 박준영의 횡령 사실을 충분히 의심할 만한 합리적인 근거가 있었고, 애초에 회사 게시판에 허위사실을 적시한다는 인식과 의사는 전혀 없었습니다. 댓글 내용은 기본적으로 근로자의 정당한 활동 범위에 속한다고 봄이 타당하므로 제2징계사유가 존재하지 않습니다.

다. 추가 징계사유의 하자[10]

1) 법리

대법원은 "회사의 취업규칙이나 징계규정에서 근로자에 대한 징계를 징계위원회의 의결을 거쳐 행하도록 규정하고 있는 경우에 그 징계처분의 당부는 징계위원회에서 징계사유로 삼은 사유에 의하여 판단하여야 하고 징계위원회에서 거론되지 아니한 징계사유를 포함시켜 징계처분의 당부를 판단할 수 없다."라는 입장입니다(대법원 1988. 12. 13. 선고 86다204,86다카1035 판결).

2) 포섭

징계의결의 요구는 징계사유가 발생한 날로부터 3년이 경과한 때에는 이를 행하지 못합니다 (취업규칙 제23조).

원고는 2020. 6. 10. 22:30경 서울 마포구 마포대로 200 소재 지에스자이아파트 앞 도로에서 위 아파트 105동 앞 지상 주차장까지 약 50m 구간을 혈중알코올농도 0.05%의 술에 취한 상태로 17주8282호 쏘나타 승용차를 운전하였습니다. 이는 징계의결이 있던 2023. 10. 4.부터 3년이 도과하였음이 역수상 명백하여 취업규칙상 이를 징계사유로 할 수 없고 인사위원회에서 이를 징계사유로 포함시키지도 않았으므로 그 당부를 판단할 수 없습니다.

라. 비례의 원칙 위반 여부

1) 법리[11]

대법원은 "피징계자에게 징계사유가 있어서 징계처분을 하는 경우, 어떠한 처분을 할 것인지는 징계권자의 재량에 맡겨져 있다. 다만 징계권자의 징계처분이 사회통념상 현저하게 타당성을 잃어 징계권자에게 맡겨진 재량권을 남용하였다고 인정되는 경우에 한하여 그 처분이 위법하다고 할 수 있다. 징계처분이 사회통념상 현저하게 타당성을 잃어 재량권의 범위를 벗어난 위법한 처분이라고 할 수 있으려면 구체적인 사례에 따라 징계의 원인인 비위사실의 내용과 성질, 징계로 달성하려는 목적, 징계양정의 기준 등 여러 요소를 종합하여 판단할 때에 징계 내용이 객관적으로 명백히 부당하다고 인정되어야 한다(대법원 2005. 4. 29. 선고 2004두10852 판결 등 참조). 한편 해고처분은 사회통념상 고용관계를 계속할 수 없을 정도로 근로자에게

---

10) 논리에 관하여 내부회의록 12면 참조
11) 재심판정서 26면에 표시된 판례

책임 있는 사유가 있는 경우에 정당성이 인정되고, 사회통념상 근로자와 고용관계를 계속할 수 없을 정도인지는 사용자의 사업 목적과 성격, 사업장의 여건, 근로자의 지위와 담당직무의 내용, 비위행위의 동기와 경위, 근로자의 행위로 기업의 위계질서가 문란하게 될 위험성 등 기업질서에 미칠 영향, 과거의 근무태도 등 여러 가지 사정을 종합적으로 검토하여 판단하여야 한다(대법원 2002. 5. 28. 선고 2001두10455 판결 등 참조)"라고 판시하였습니다.

2) 포섭

당시 회사는 2021년 하반기부터 자금난을 겪고 있었고 2022. 12.경부터는 대규모 감원이 있을 것이라는 소문이 회사 내에 돌 정도로 어려웠습니다. 그 와중에 박준영의 횡령 혐의에 관한 내사가 진행되고 있었고, 그 사실이 일간지에 기사화되기까지 하여 회사는 대외적인 신용도에 엄청난 타격을 입게 되었습니다. 그런데도 대표이사는 아무런 조치를 하지 않고 사태를 방치하였습니다. 저는 오로지 수사기관을 통해서라도 진상이 규명됨으로써 위기에 빠진 회사가 정상화되고, 이를 통해 실직 위험에 처해 있던 우리 근로자들의 고용 안정이 이루어지기를 바라는 마음뿐이었습니다. 회사 임원들을 괴롭히거나 제 개인의 사적 이익을 도모하려는 의도는 전혀 없었습니다.

이미 박준영의 횡령 혐의 내사 사실이 일간지에 기사화되어 외부에 널리 알려진 상태였으므로, 저의 행위로 인해 회사의 신용이나 임원들의 명예가 추가로 훼손될 여지가 없었고, 오히려 수사기관을 통해 진상이 규명됨으로써 회사의 투명성 제고 및 대외적 신용 회복에 이바지한 측면이 있습니다.

원고는 당시 회계, 감사 업무를 담당하였으므로, 박준영을 수사기관에 고발한 것은 오히려 원고 직무에 충실한 것이었습니다.

원고는 과거 회사에서 징계받은 전력이 없었고, 오히려 2002년과 2010년에 모범사원으로 선정될 정도로 성실히 근무해 왔습니다.

마. 소결

내용의 하자가 인정됩니다.

3. 소결

위에서 살펴본 바와 같이 이 사건 해고는 무효이므로 이와 다른 결론을 내린 재심판정은 위법하여 취소되어야 합니다.

⑥ **2024. 6. 24.**

⑦ **서울행정법원**

헌법소원심판청구서

① 청구취지
"의료법 제45조의2 제1항 중 '비급여 진료비용'에 관한 부분은 헌법에 위반된다."
라는 결정을 구합니다

② 이 사건 심판청구의 적법성[12]

1. 자기관련성

가. 법리

　　헌법재판소는 "헌법재판소법 제68조 제1항의 헌법소원은 공권력의 행사 또는 불행사로 인하여 자기의 기본권을 현재 그리고 직접적으로 침해받고 있는 자가 청구할 수 있는바, 이는 공권력의 행사 또는 불행사에 있어 청구인 자신이 스스로 법적으로 관련되어 있어야 한다는 것을 뜻한다(헌재 2006. 12. 28. 2006헌마312 참조). 따라서 헌법소원에 있어서는 원칙적으로 공권력의 행사 또는 불행사의 직접적인 상대방만이 자기관련성이 인정되고, 공권력의 작용에 단지 간접적이나 사실적 또는 경제적인 이해관계가 있을 뿐인 제3자의 경우에는 자기관련성이 인정되지 않는다(헌재 1993. 7. 29. 89헌마123 참조). 다만 공권력 작용의 직접적인 상대방이 아닌 제3자라고 하더라도, 공권력 작용이 그 제3자의 기본권을 직접적이고 법적으로 침해하고 있는 경우에는 예외적으로 그 제3자에게 자기관련성이 있다고 할 것이다"라는 입장입니다.

나. 포섭

　　의료기관의 장은 보건복지부령으로 정하는 바에 따라 비급여 진료비용 및 제45조 제2항에 따른 제증명수수료(이하 이 조에서 "비급여 진료비용 등"이라 한다)의 항목, 기준, 금액 및 진료내역 등에 관한 사항을 보건복지부장관에게 보고하여야 합니다(의료법 제45조의2 제1항).
　　보고되는 구체적인 사항은 국민건강보험 요양급여의 기준에 관한 규칙 별표 2에 따라 비급여 대상이 되는 행위, 약제 및 치료재료이고, 그 중 환자의 수요 등이 포함됩니다(의료법 시행규칙 제42조의3 제1항 제1호 (다)목).
　　청구인 김의성은 A 치과 원장이고, 위 심판대상조항이 의료기관의 장의 의무를 규율하므로 그 직접적인 상대방에 해당하여 자기관련성이 인정됩니다.
　　환자인 청구인 이환우는 그 직접적인 상대방에 해당하지 않습니다. 그러나 청구인의 진료과정에서 비급여 진료비용이 발생한 경우 의료기관의 장에 의하여 그 행위, 약제 및 치료재료에 관한 내용이 국가에 보고됩니다. 이는 청구인의 개인정보자기결정권이나 사생활의 비밀과 자유를 직접적인 법적으로 침해하고 있으므로 예외적으로 청구인에게 자기관련성이 인정됩니다.

---

[12] 법령헌법소원에서 주로 살펴보는 적법요건에 관한 문제이다.

2. 직접성

가. 법리

헌법재판소는 "법률 또는 법률조항 자체에 대하여 헌법소원심판을 청구하려면 그 법률 또는 법률조항에 의하여 구체적인 집행행위를 기다리지 아니하고 직접, 현재, 자기의 기본권을 침해받아야 한다. 여기서 말하는 기본권 침해의 직접성이란 집행행위에 의하지 아니하고 법률 그 자체에 의하여 자유의 제한, 의무의 부과, 권리 또는 법적 지위의 박탈이 생긴 경우를 뜻하므로, 구체적인 집행행위를 통하여 비로소 당해 법률 또는 법률조항에 의한 기본권 침해의 법률 효과가 발생하는 경우에는 직접성 요건이 결여된다. 다만 법령에 대한 법규범이 집행행위를 예정하고 있더라도, 첫째, 법령이 일의적이고 명백한 것이어서 집행기관이 심사와 재량의 여지없이 그 법령에 따라 일정한 집행행위를 하여야 하는 경우와 둘째, 당해 집행행위를 대상으로 하는 구제절차가 없거나, 구제절차가 있다고 하더라도 권리구제의 기대가능성이 없고 다만 기본권 침해를 당한 청구인에게 불필요한 우회절차를 강요하는 것밖에 되지 않는 경우에는 예외적으로 당해 법령의 직접성을 인정할 수 있다"라는 입장입니다(헌법재판소 2018. 7. 3.자 2018헌마627 결정).

나. 포섭

심판대상조항은 의료기관의 장에게 보고의무를 일의적이고 명백하게 규정하고 있으므로 당해 법령의 직접성을 인정할 수 있습니다.

3. 청구기간

가. 법리

헌법재판소법 제68조 제1항에 의한 헌법소원심판은 그 사유가 있음을 안 날부터 90일 이내에, 그 사유가 있는 날부터 1년 이내에 청구하여야 합니다(헌법재판소법 제69조 제1항).

헌법재판소는 "법령에 대한 헌법소원심판은 법령의 시행과 동시에 기본권의 침해를 받은 자는 그 법령이 시행된 사실을 안 날로부터 90일 이내에, 그 법령이 시행된 날로부터 1년 이내에 청구하여야 하고, 법령이 시행된 후에 비로소 그 법령에 해당하는 사유가 발생하여 기본권의 침해를 받게된 경우에는 그 사유가 발생하였음을 안 날로부터 90일 이내에, 그 사유가 발생한 날로부터 1년 이내에 청구하여야 한다."라는 입장입니다(헌법재판소 2004. 4. 29. 선고 2003헌마484 전원재판부 결정).

나. 포섭

청구인 김의성은 2024. 4. 22. 평소 구독하는 「신세계일보」를 읽다가 심판대상조항에 관한 내용을, 청구인 이환우는 같은 날 오후에 A 치과를 방문해 일부 비급여 진료에 해당하는 치료를 받았고, 김의성으로부터 위와 같은 내용을 확인하였습니다. 따라서 이로부터 90일 후인 7. 21.(일)의 다음날인 7. 22.가 청구기한에 해당합니다.

③ 심판대상의 위헌성

1. 제한되는 기본권13)

가. 청구인 김의성의 경우

1) 법리

모든 국민은 직업선택의 자유를 가집니다(헌법 제15조).

헌법재판소는 ""직업"이란 생활의 기본적 수요를 충족시키기 위해서 행하는 계속적인 소득활동을 의미하며, 이러한 내용의 활동인 한 그 종류나 성질을 묻지 않는다"라는 입장입니다(헌법재판소 1998. 3. 26. 선고 97헌마194 전원재판부 결정).

헌법재판소는 "직업선택의 자유는 자신이 원하는 직업을 자유롭게 선택하는 좁은 의미의 직업선택의 자유와 그가 선택한 직업을 자기가 원하는 방식으로 자유롭게 수행할 수 있는 직업수행의 자유를 포함하는 직업의 자유를 뜻한다"라는 입장입니다(헌법재판소 1998. 3. 26. 선고 97헌마194 전원재판부 결정).

2) 포섭

청구인 김의성은 의료기관의 장으로서 의료기관을 원하는 방식으로 자유롭게 수행할 수 있어야 하나 심판대상조항으로 인하여 강제적인 보고의무를 부여받게 됩니다. 따라서 직업수행의 자유가 제한됩니다.

나. 청구인 이환우의 경우

1) 법리

헌법재판소는 "개인정보자기결정권은 자신에 관한 정보가 언제 누구에게 어느 범위까지 알려지고 또 이용되도록 할 것인지를 그 정보주체가 스스로 결정할 수 있는 권리로서, 헌법 제10조 제1문에서 도출되는 일반적 인격권 및 헌법 제17조의 사생활의 비밀과 자유에 의하여 보장된다. 이와 같이 개인정보의 공개와 이용에 관하여 정보주체 스스로가 결정할 권리인 개인정보자기결정권의 보호대상이 되는 개인정보는 개인의 신체, 신념, 사회적 지위, 신분 등과 같이 개인의 인격주체성을 특징짓는 사항으로서 그 개인의 동일성을 식별할 수 있게 하는 일체의 정보라고 할 수 있다. 또한, 그러한 개인정보를 대상으로 한 조사·수집·보관·처리·이용 등의 행위는 모두 원칙적으로 개인정보자기결정권에 대한 제한에 해당한다"라는 입장입니다(헌법재판소 2015. 6. 25. 선고 2014헌마463 결정).

2) 포섭

심판대상조항은 의료기관의 장으로 하여금 청구인의 비급여 대상이 되는 행위, 약제 및 치료재료를 보고하도록 하고 이는 개인의 신체 등 개인의 동일성을 식별할 수 있게 하는 일체의 정보에 해당합니다. 따라서 개인정보자기결정권이 제한됩니다.

---

13) 청구인별로 제한되는 기본권이 달라 청구인을 기준으로 목차를 작성하였다.

2. 의회유보원칙 위반 여부

가. 법리

헌법재판소는 "헌법은 법치주의를 그 기본원리의 하나로 하고 있고, 법치주의는 법률유보원칙, 즉 행정작용에는 국회가 제정한 형식적 법률의 근거가 요청된다는 원칙을 그 핵심적 내용으로 하고 있다. 나아가 오늘날의 법률유보 원칙은 단순히 행정작용이 법률에 근거를 두기만 하면 충분한 것이 아니라, 국가공동체와 그 구성원에게 기본적이고도 중요한 의미를 갖는 영역, 특히 국민의 기본권 실현에 관련된 영역에 있어서는 행정에 맡길 것이 아니라 국민의 대표자인 입법자 스스로 그 본질적 사항에 대하여 결정하여야 한다는 요구, 즉 의회유보 원칙까지 내포하는 것으로 이해되고 있다"라는 입장입니다(헌법재판소 2009. 12. 29. 선고 2008헌바48 전원재판부).

나. 포섭

의료법 제45조 제1항과 제45조의2 제1항에 의하면 의료기관 개설자는 보건복지부령으로 정하는 바에 따라서 의료기관의 장에게 비급여 진료비용의 구체적인 내용을 보고할 의무를 부과하고 있습니다. 의료기록은 개인의 병력으로서 민감한 개인정보에 해당하므로, 비급여 진료비용에 관한 정보의 범위와 그 내용은 의료법에서 직접 규정해야 합니다. 따라서 이는 국민의 기본권 실현에 관련된 영역으로서 의회유보원칙에 따라 법률에 규정하여야 하나, 그러하지 않았으므로 의회유보원칙에 위반됩니다.

3. 포괄위임금지원칙 위반

가. 법리

국무총리 또는 행정각부의 장은 소관사무에 관하여 법률이나 대통령령의 위임 또는 직권으로 총리령 또는 부령을 발할 수 있습니다(헌법 제95조).

헌법재판소는 "전문적·기술적 사항이나 경미한 사항으로서 업무의 성질상 고시와 같은 행정규칙의 형식으로 입법위임을 할 필요성이 인정되는 경우라도, 그러한 위임은 헌법 제75조의 포괄위임금지 원칙을 위반하여서는 안 되고 반드시 구체적·개별적으로 한정된 사항에 대하여 행하여져야 한다. 여기에서 '구체적으로 범위를 정하여'라 함은 하위규범에 규정될 내용 및 범위의 기본사항이 가능한 한 구체적이고도 명확하게 법률에 규정되어 있어서 그 법률 자체로부터 대통령령 등에 규정될 내용의 대강을 예측할 수 있어야 함을 의미한다. 이때 예측가능성의 유무는 당해 특정조항 하나만을 가지고 판단할 것은 아니고 관련 법조항 전체를 유기적·체계적으로 종합하여 판단하여야 한다"라는 입장입니다(헌법재판소 2016. 3. 31. 선고 2014헌바382 결정).

나. 포섭

진료내역은 '누가 언제 어디서 어떠한 내용의 진료를 받았는지'에 관한 정보를 의미하는데,

너무나 다양한 정보들이 여기에 해당할 수 있습니다. 따라서 그 위임 필요성은 인정되나, 의료법 시행규칙이나 비급여 진료비용 등의 공개에 관한 기준에 의하여도 그 대강의 내용조차도 예상이 되지 않습니다. 따라서 심판대상조항은 포괄위임금지원칙을 위반하였습니다.

4. 과잉금지원칙 위반 여부

가. 법리

국민의 모든 자유와 권리는 국가안전보장·질서유지 또는 공공복리를 위하여 필요한 경우에 한하여 법률로써 제한할 수 있으며, 제한하는 경우에도 자유와 권리의 본질적인 내용을 침해할 수 없습니다(헌법 제37조 제2항).

헌법재판소는 "직업의 자유에 대한 제한이라고 하더라도 그 제한사유가 직업의 자유의 내용을 이루는 직업수행의 자유와 직업선택의 자유 중 어느 쪽에 작용하느냐에 따라 그 제한에 대하여 요구되는 정당화의 수준이 달라진다. 그리하여 직업의 자유에 대한 법적 규율이 직업수행에 대한 규율로부터 직업선택에 대한 규율로 가면 갈수록 자유제약의 정도가 상대적으로 강해져 입법재량의 폭이 좁아지게 되고, 직업선택의 자유에 대한 제한이 문제되는 경우에 있어서도 일정한 주관적 사유를 직업의 개시 또는 계속수행의 전제조건으로 삼아 직업선택의 자유를 제한하는 경우보다는 직업의 선택을 객관적 허가조건에 걸리게 하는 방법으로 제한하는 경우에 침해의 심각성이 더 크므로 보다 엄밀한 정당화가 요구된다."라는 입장입니다(헌법재판소 2003. 9. 25. 선고 2002헌마519 전원재판부 결정).

헌법재판소는 "헌법 제37조 제2항에 의하면 국민의 기본권을 법률로써 제한하는 것이 가능하다고 하더라도 그 본질적인 내용을 침해할 수 없고 또한 과잉금지의 원칙에도 위배되어서는 아니되는바, 과잉금지의 원칙이라 함은 국민의 기본권을 제한함에 있어서 국가작용의 한계를 명시한 것으로서 목적의 정당성·방법의 적정성·피해의 최소성·법익의 균형성 등을 의미하며 그 어느 하나에라도 저촉이 되면 위헌이 된다는 헌법상의 원칙을 말한다."라는 입장입니다(헌법재판소 1997. 3. 27. 선고 95헌가17 전원재판부 결정).

나. 사안의 경우

1) 목적의 정당성, 수단의 적정성

비급여 진료란 건강보험의 혜택을 받지 않고, 개인이 진료비 전액을 부담하는 진료를 의미합니다. 즉, 급여 진료비용은 건강보험공단(정부)과 본인(환자)가 나누어 부담하지만, 비급여 진료는 본인(환자)이 100%를 부담합니다.[14] 일부 의료기관에서 환자에게 비급여 진료를 받을 것을 사실상 강요하여 환자에게 과도한 진료비용을 부담하게 하는 사례가 발생하고 있어 이에 대한 감독이 필요한 상황입니다.[15] 따라서 이러한 비급여 진료내역을 보고 받는 것은 향후 건강보험 정책 등을 설계하는데 필요할 수 있으므로 그 목적이 정당하고 그 수단이 적정합니다.

---

14) 법률상담일지Ⅱ 2항 참조
15) 신문기사 36면 참조

2) 침해의 최소성[16]

급여 진료에 관한 정보는 다른 사람에게 알리고 싶지 않은 민감한 의료정보에 해당합니다.[17] 국민건강보험법에 의하면 위와 같은 정보는 공개되거나 직무상 목적 외의 용도로 이용되는 경우 5년 이하의 징역 또는 5천만원 이하의 벌금에 처해지거나(제115조 제1항, 제2항 제2호 등) 개인정보 보호법상 개인정보처리자에게 보호의무가 부여되는 등 보호법익이 중대한 정보입니다. 이와 같은 정보를 일률적으로 보고하게 하는 것은 의료기관의 장 입장에서는 정보누설 등의 위험성을 부담하게 되는 것이고 환자의 입장에서는 민감한 정보[18]를 본인의 판단이나 개입 없이 보고되게 되는 것이므로 침해되는 사익이 중대하여 침해의 최소성에 위배됩니다.

3) 법익의 균형성

침해되는 사익에 비하여 달성할 수 있는 공익은 현저히 낮으므로 법익의 균형성도 위배됩니다.

다. 소결

심판대상조항은 과잉금지원칙을 위반하였습니다.

④ 2024. 7. 22.

---

16) 메모 등도 현행 입법에 관한 내용으로 이해되고, 침해의 최소성에 포함할 만한 내용을 찾지 못하여 참조조문의 내용을 중심으로 침해의 최소성을 검토하였다.
17) 내부회의록Ⅱ 32면 참조
18) 병력 등은 개인정보 보호법상 민감정보에 해당하는데 문제에서는 해당 조문이 없어 문제에서 사용한 '민감한 개인정보' 취지로 기재하였다.

2023년도 제3차 변호사시험 모의시험 해설

소 장

I. 형식적 기재사항

① 원고

② 피고

③ 사건명

④ 청구취지

⑦ 제출일

⑧ 관할법원

II. 청구원인

⑤ 이 사건 소의 적법성

1. 결함가공제품의 사실공개 명령

가. 대상적격

1) 법리

2) 포섭

나. 협의의 소의 이익

1) 법리

2) 포섭

2. 수거조치명령

가. 대상적격

1) 법리

2) 포섭

나. 협의의 소의 이익

⑥ 이 사건 처분의 위법성

1. 절차의 하자

가. 사전통지의무 위반

1) 법리

2) 포섭

나. 이유제시의무 위반

1) 법리

2) 포섭

다. 소결

2. 내용의 하자

가. 처분사유 부존재

1) 법리

2) 포섭

나. 재량의 일탈, 남용

1) 재량행위 해당 여부

가) 법리

나) 포섭

2) 재량의 일탈, 남용 여부

3) 비례의 원칙 위반

가) 법리

나) 포섭

다. 소결

헌법소원심판청구서

① **청구취지**

② **당해사건**

⑤ 2023. 10. 5.

③ **적법요건**

1. 대상적격

가. 법리

나. 포섭

2. 재판의 전제성

가. 법리

나. 포섭

3. 위헌법률심판제청신청에 대한 기각결정

4. 청구기간

가. 법리

5. 변호사강제주의

④ **3. 이 사건 조항의 위헌성**

1. 명확성원칙 위반

가. 법리

나. 포섭

2. 제한되는 기본권

가. 법리

3. 과잉금지원칙 위반 여부

가. 법리

1) 단계이론

2) 1단계 적용 시 심사기준

나. 포섭

1) 목적의 정당성 및 수단의 적절성

2) 침해의 최소성

3) 법익의 균형성

다. 소결

소 장

I. 형식적 기재사항

① 원고

㈜이편한라텍스

서울 서초구 동광로12길 14, 청광빌딩 401호

대표이사 이돈수

② 피고

원자력안전위원회

대표자 위원장 민병수

③ 사건명

결함가공제품의 사실공개 및 수거 조치명령 취소 청구

④ 청구취지

1. 피고가 2023. 8. 11. 원고에게 한 결함가공제품의 사실공개 및 수거 조치명령을 각 취소한다.
2. 소송비용은 피고가 부담한다.

라는 판결을 구합니다.

⑦ 제출일

2023. 11. 9.

⑧ 관할법원

서울행정법원

II. 청구원인

⑤ 이 사건 소의 적법성

1. 결함가공제품의 사실공개 명령

가. 대상적격

1) 법리

취소소송은 처분등의 취소를 구할 법률상 이익이 있는 자가 제기할 수 있습니다(행정소송법 제12조 본문).

행정청의 행위가 '처분'에 해당하는지가 불분명한 경우에는 그에 대한 불복방법 선택에 중대한 이해관계를 가지는 상대방의 인식가능성과 예측가능성을 중요하게 고려하여 규범적으로 판단하여야 합니다(대법원 2022. 9. 7. 선고 2022두42365 판결).

2) 포섭

결함가공제품의 사실공개 명령은 의뢰인과 같은 침구류 제조업체로 하여금 생활방사선법상 의무이행을 간접적으로 강제하기 위한 목적으로 행하여지는 일종의 법위반 사실의 공표를 강제하는 행정명령으로서, 공개대상자의 명예와 신용 등에 대한 침해를 가져오므로 침익적 행정행위에 해당한다고 볼 수 있습니다.

나. 협의의 소의 이익

1) 법리

취소소송은 처분등의 취소를 구할 법률상 이익이 있는 자가 제기할 수 있습니다. 처분등의 효과가 기간의 경과, 처분등의 집행 그 밖의 사유로 인하여 소멸된 뒤에도 그 처분등의 취소로 인하여 회복되는 법률상 이익이 있는 자의 경우에는 또한 같습니다(행정소송법 제12조).

2) 포섭

원자력안전위원회는 제1항에 따른 명령을 받은 자가 그 명령을 이행하지 아니하는 때에는 해당 가공제품과 관련된 내용을 대통령령으로 정하는 바에 따라 제조업자의 성명 등을 신문, 방송 또는 인터넷 홈페이지 등에 공표하고 행정대집행법에 따라 대집행을 할 수 있습니다(생활주변방사선 안전관리법 제17조 제2항, 동 시행령 제8조 제4항).

관련법령에 따르면 의뢰인 회사가 사실 공표 명령을 이행하지 아니하면 원자력안전위원회가 직접 외부 언론 등에 공표할 수 있도록 규정하고 있는 점 등에서 원고에게 취소소송을 제기할 소의 이익이 있습니다.

2. 수거조치명령

가. 대상적격

1) 법리

대법원은 "행정청의 어떤 행위가 항고소송의 대상이 될 수 있는지의 문제는 추상적·일반적으로 결정할 수 없고, 관련 법령의 내용과 취지, 그 행위의 주체·내용·형식·절차, 그 행위와 상대방 등 이해관계인이 입는 불이익과의 실질적 견련성, 그리고 법치행정의 원리와 당해 행위에 관련한 행정청 및 이해관계인의 태도 등을 참작하여 개별적으로 결정"하여야 한다는 입장입니다(대법원 2016. 8. 30. 선고 2015두60617 판결).

2) 포섭

수거조치 명령은 행정상 즉시강제와 하명이 결합된 것으로 그 처분성을 인정할 수 있습니다.

나. 협의의 소의 이익

제조업자는 가공제품이 안전기준에 적합하지 아니한 사실을 알게 된 때에는 그 사실을 공개하고 대통령령으로 정하는 바에 따라 보완, 교환, 수거 및 폐기 등의 조치를 하여야 합니다(생활주변방사선 안전관리법 제16조 제1항, 동 시행령 제4항).

비록 이미 수거조치가 완료되었더라도 그 폐기가 아직 완료되지 않은 이상 폐기처분을 막기 위하여 수거조치 명령의 취소를 구할 이익이 존재합니다.

⑥ 이 사건 처분의 위법성

1. 절차의 하자

가. 사전통지의무 위반

1) 법리

행정청은 당사자에게 의무를 부과하거나 권익을 제한하는 처분을 하는 경우에는 처분하려는 원인이 되는 사실과 처분의 내용 및 법적 근거를 포함하여 사전통지를 하여야 합니다(행정절차법 제21조 제1항).

2) 포섭

사전통지상 처분근거가 피폭선량을 산출한 결과만 첨부되어 있고 처분근거 역시 "생활방사선법 등"이라고만 기재되어 있어 행정절차법상 규정된 내용을 포함하여 사전통지를 한 것으로 보기 어렵습니다.

나. 이유제시의무 위반

1) 법리

행정청은 처분을 할 때에는 예외적인 경우를 제외하고는 당사자에게 그 근거와 이유를 제시하여야 합니다(동 법 제23조 제1항).

면허의 취소처분에는 그 근거가 되는 법령이나 취소권 유보의 부관 등을 명시하여야 함은 물론 처분을 받은 자가 어떠한 위반사실에 대하여 당해 처분이 있었는지를 알 수 있을 정도로 사실을 적시할 것을 요하며 이와 같은 취소처분의 근거와 위반사실의 적시를 빠뜨린 하자는 피처분자가 처분 당시 그 취지를 알고 있었다거나 그 후 알게 되었다하여도 치유될 수 없다고 할 것입니다(대법원 1990. 9. 11. 선고 90누1786 판결).

2) 포섭

이 사건 처분은 "처분의 원인이 되는 사실"에 관하여도 단지 '안전기준 위반', 즉 법령위반이라는 취지로만, "법적 근거" 역시 '생활방사선법 및 동법 시행령, 고시'라고만 각 기재되어 있습니다. 이로부터 원고가 어떠한 위반사실에 대하여 처분이 있었는지 여부를 알 수 있을 정도로 적시하였다고 보기 어렵습니다.

다. 소결

사전통지의무, 이유제시의무를 각 위반하였으므로 절차의 위법이 인정됩니다.

2. 내용의 하자

가. 처분사유 부존재

1) 법리

제조업자는 가공제품에 포함된 방사능 농도와 수량이 원자력안전위원회가 정하여 고시하는 기준을 초과하지 않는 제품을 제조하여야 합니다(생활방사선법 제15조 제1항 제4호). 안전기준에 적합하지 않은 경우에는 조치계획을 수립하여 원자력안전위원회에 보고하여야 합니다(동 시행령 제7조 제1항).

2) 포섭

생활방사선법은 피고에게 생활주변방사선 피폭방사선량 기준에 관하여만 위임하였을 뿐, 피폭방사선량의 측정 방식 및 산출과 그에 관한 평가를 할 권한까지 따로 위임하지 않았습니다. 그럼에도, 원자력안전위원회는 이른바 라돈침대 사태가 터지자 황급히 자체 전문위원회를 구성한 다음 생활주변방사선 피폭방사선량의 측정 및 산출에 관한 기준을 임의로 설정하여 그에 따라 측정한 결과 의뢰인의 이 사건 제품이 그 기준을 초과하였다고 단정한 다음 이 사건 각 명령을 하였으므로, 이는 법적 근거 없이 내려진 처분에 해당합니다.

또한, 피고가 문제 삼고 있는 생활주변방사선 피폭방사선량의 안전 기준치는 관계 법령에서는 전혀 정해진 바 없고, 원자력안전위원회 산하 전문위원회에서 정한 측정기준 역시 임의로 설정한 것에 불과하여 이 사건 제품이 그 기준을 위반하였다는 판단 자체가 어불성설이라고 생각됩니다. 따라서 처분사유가 존재하지 않습니다.

나. 재량의 일탈, 남용

1) 재량행위 해당 여부

가) 법리

행정청은 행정권한을 남용하거나 그 권한의 범위를 넘어서는 안 됩니다(행정기본법 제11조 제2항).

행정행위가 그 재량성의 유무 및 범위와 관련하여 이른바 기속행위 내지 기속재량행위와 재량행위 내지 자유재량행위로 구분된다고 할 때, 그 구분은 당해 행위의 근거가 된 법규의 체재·형식과 그 문언, 당해 행위가 속하는 행정 분야의 주된 목적과 특성, 당해 행위 자체의 개별적 성질과 유형 등을 모두 고려하여 판단하여야 하고, 이렇게 구분되는 양자에 대한 사법심사는, 전자의 경우 그 법규에 대한 원칙적인 기속성으로 인하여 법원이 사실인정과 관련 법규의 해석·적용을 통하여 일정한 결론을 도출한 후 그 결론에 비추어 행정청이 한 판단의 적법 여부를 독자의 입장에서 판정하는 방식에 의하게 되나, 후자의 경우 행정청의 재량에 기한 공익판단의 여지를 감안하여 법원은 독자의 결론을 도출함이 없이 당해 행위에 재량권의 일탈·남용이 있는지 여부만을 심사하게 되고, 이러한 재량권의 일탈·남용 여부에 대한 심사는 사실오인, 비례·평등의 원칙 위배, 당해 행위의 목적 위반이나 동기의 부정 유무 등을 그 판단 대상으로 합니다(대법원 2001. 2. 9. 선고 98두17593 판결).

나) 포섭

원자력안전위원회는 가공제품이 안전기준에 적합하지 아니하거나 제15조제2항 각 호에 해당하는 경우에는 대통령령으로 정하는 절차에 따라 해당 제조업자에게 제16조제1항에 따른 사실 공개 및 보완, 교환, 수거 및 폐기 등의 조치를 명할 수 있습니다(생활방사선법 제17조 제1항).

문언 등에 의하면 이 사건 처분은 재량행위에 해당합니다.

2) 재량의 일탈, 남용 여부

재량행위에 해당하는 행정행위에 대한 사법심사는 기속행위에 대한 사법심사와는 달리 행정청의 재량에 기초한 공익 판단의 여지를 감안하여 법원이 독자적인 결론을 내리지 않고 해당 행위에 재량권의 일탈·남용이 있는지 여부만을 심사하게 되고, 이러한 재량권의 일탈·남용 여부에 대한 심사는 사실오인, 비례·평등의 원칙 위배 등을 그 판단 대상으로 합니다(대법원 2016. 10. 27. 선고 2015두41579 판결).

3) 비례의 원칙 위반

가) 법리

행정작용은 ① 행정목적을 달성하는 데 유효하고 적절할 것(적절성), ② 행정목적을 달성하는 데 필요한 최소한도에 그칠 것(필요성), ③ 행정작용으로 인한 국민의 이익 침해가 그 행정작용이 의도하는 공익보다 크지 아니할 것(상당성)의 원칙(비례의 원칙)에 따라야 합니다(행정기본법 제10조).

나) 포섭

안전기준을 위반한 가공제품을 생산한 제조업자에 대하여 위반사실 공개, 수거조치 등의 목적을 달성하는 데 유효하고 적절한 수단입니다.

그러나 ① 원자력안전위원회에게 위반 여부 평가권한이 없는 점, ② 안전기준 작성권한이 없는 점, ③ 전문위원회가 마련한 피폭선량 측정 및 산출기준이 객관적으로 합리성이나 구체적 타당성이 있다고 보이지 않는 점, ④ 더욱이, 원자력안전위원회는 이 사건 제품에 대한 실제 연간 피폭선량 산출과정에서도, 천연라텍스가 들어간 침구류의 고유한 특성과 사용 형태에 따른 이용자와의 밀접성, 사용장소(위치) 등을 고려하지 않은 채 단지 위원회가 임의로 만든 시나리오에 따라 형식적인 측정을 한 것에 불과하여 이 사건 제품에 대한 측정 결과는 공신력도 없는 점, ⑤ 외부 대학 원자력 관련 연구소에 의뢰하여 받은 측정 결과는 이 사건 제품에서 측정된 방사성 피폭량이 0.983밀리시버트(mSv)에 불과하여 인체에 해가 되지 않는 안전한 것으로 밝혀지기도 한 점 등을 종합하면, 필요성에 위반한 것으로 판단됩니다.

위와 같이 사익의 침해가 극대화된 반면, 달성할 수 있는 공익은 전시행정 정도에 불과하므로 상당성도 인정되기 어렵습니다. 따라서 이 사건 처분은 비례의 원칙을 위반하였습니다.

다. 소결

이 사건 처분에 처분사유 부존재, 재량권 일탈, 남용 등이 존재하므로 내용의 하자가 인정되어 취소되어야 합니다.

헌법소원심판청구서

① 청구취지

"식품위생법(2011. 6. 7. 법률 제10787호로 개정된 것) 제96조 중 '제52조 제2항을 위반한 자'에 관한 부분은 헌법에 위반된다."

라는 결정을 구합니다.

② 당해사건

서울중앙지방법원 2022노7266 식품위생법 위반

피고인 홍길동

⑤ 2023. 10. 5.

③ 적법요건

1. 대상적격

가. 법리

나. 포섭

2. 재판의 전제성

가. 법리

　헌법재판소는 "법률에 대한 위헌여부심판의 제청이나 헌법재판소법 제68조 제2항의 규정에 의한 헌법소원심판청구가 적법하기 위하여는 문제된 법률 또는 법률조항이 헌법에 위반되는 여부가 재판의 전제가 되어야 한다는 요건을 갖추어야 한다. 그리고 법률의 위헌여부에 대한 재판의 전제성이라 함은, 첫째 구체적인 사건이 법원에 현재 계속 중이어야 하고, 둘째 위헌여부가 문제되는 법률 또는 법률조항이 당해 소송사건의 재판과 관련하여 적용되는 것이어야 하며, 셋째 그 법률이 헌법에 위반되는지의 여부에 따라 당해 사건을 담당한 법원이 다른 내용의 재판을 하게 되는 경우를 말한다. 여기에서 법원이 "다른 내용의" 재판을 하게 되는 경우라 함은 원칙적으로 법원에 계속 중인 당해 사건의 재판의 주문이나 결론에 어떠한 영향을 주는 것이어야 하나, 비록 재판의 주문 자체에는 아무런 영향을 주지 않는다고 하더라도 문제된 법률의 위헌 여부에 따라 재판의 결론을 이끌어 내는 이유를 달리 하는 데 관련되어 있거나 재판의 내용과 효력에 관한 법률적 의미가 달라지는 경우이어야 한다"라는 입장입니다(헌법재판소 1993. 11. 25. 선고 92헌바39 전원재판부 결정).

나. 포섭

청구인의 사건이 서울중앙지방법원 2022노7266 사건으로 법원에 계속 중이고, 처벌의 근거조항인 식품위생법 제52조 제2항, 제96조에 관한 부분(이하 "심판대상조항")이 재판에 적용 중이며, 심판대상조항에 대하여 위헌결정 되면 주문이 달라져 결과가 달라지는 경우에 해당합니다. 따라서 재판의 전제성이 인정됩니다.

3. 위헌법률심판제청신청에 대한 기각결정

위헌법률심판제청신청이 기각된 때에는 그 신청을 한 당사자는 헌법재판소에 헌법소원심판을 청구할 수 있습니다(헌법재판소법 제68조 제2항).

법원은 항소를 기각하며 청구인의 위헌법률심판제청신청도 기각하였습니다.

4. 청구기간

가. 법리

헌바소원은 위헌 여부 심판의 제청신청을 기각하는 결정을 통지받은 날부터 30일 이내에 청구하여야 합니다(헌법재판소법 제68조 제2항).

헌법재판소는 "이 사건에서 청구인의 위헌제청신청을 담당한 당해 사건 법원이 2019. 5. 30. 공판정에서 청구인이 출석한 가운데 재판서에 의하여 위헌법률심판제청신청을 기각하는 취지의 주문을 낭독하는 방법으로 재판을 선고한 것은 헌법재판소법 제69조 제2항의 규정이 정한 위헌법률심판제청신청에 대한 기각 결정의 통지로 볼 수 있다."라는 입장입니다(헌법재판소 2021. 5. 27. 선고 2019헌바227 전원재판부 결정).

의뢰인은 2023. 9. 5. 항소심 선고기일에 출석하여 공판정에서 위헌법률심판제청신청을 기각하는 취지의 주문을 직접 들었습니다. 이는 낭독하는 방법으로 기각 결정의 통지를 받은 것에 해당합니다. 따라서 청구기간은 이로부터 30일 이후인 10. 5.까지입니다. 청구기간을 준수하였습니다.

5. 변호사강제주의

각종 심판절차에서 당사자인 사인은 변호사를 대리인으로 선임하지 아니하면 심판청구를 하거나 심판 수행을 하지 못합니다(헌법재판소법 제25조 제3항).

변호사가 대리하므로 본 요건을 충족하였습니다.

④ 3. 이 사건 조항의 위헌성

1. 명확성원칙 위반

가. 법리

죄형법정주의는 범죄와 형벌이 법률로 정하여져야 함을 의미하는 것으로 이러한 죄형법정주의에서 파생되는 명확성의 원칙은 누구나 법률이 처벌하고자 하는 행위가 무엇이며, 그에 대한 형벌이 어떠한 것인지를 예견할 수 있고, 그에 따라 자신의 행위를 결정할 수 있도록 구성요건이 명확할 것을 의미하는 것입니다(헌법재판소 2001. 1. 18. 선고 99헌바112 전원재판부 결정).

나. 포섭

집단급식소에 근무하는 영양사는 ① 집단급식소에서의 식단 작성, 검식(檢食) 및 배식관리, ② 구매식품의 검수(檢受) 및 관리, ③ 급식시설의 위생적 관리, ④ 집단급식소의 운영일지 작성, ⑤ 종업원에 대한 영양 지도 및 식품위생교육의 직무를 수행합니다. 제52조를 위반한 자는 3년 이하의 징역 또는 3천만 원 이하의 벌금에 처하거나 이를 병과할 수 있습니다(식품위생법 제52조 제2항, 제96조).

위 규정은 집단급식소 영양사의 업무를 포괄적으로 규정하여 사실상 집단급식소 영양사가 이행할 수 있는 모든 직무를 규정한 것과 같습니다. 위 처벌규정의 수범자인 청구인의 입장에서 어떠한 행위가 형사처벌의 대상이 되는지, 예컨대 어느 정도의 행위가 직무를 수행한 것이고 어느 정도의 행위가 직무를 수행하지 않은 것인지, 그 구체적 기준을 알기 어렵습니다. 따라서 심판대상조항은 명확성원칙에 위반됩니다.

2. 제한되는 기본권

가. 법리

모든 국민은 직업선택의 자유를 가집니다(헌법 제15조).

헌법 제15조가 말하는 직업선택의 자유는 직업수행 내지 행사의 자유까지 포괄하는 직업의 자유를 뜻합니다. 여기서 "직업"이란 생활의 기본적 수요를 충족시키기 위한 계속적인 소득활동을 의미하며 그러한 내용의 활동인 한 그 종류나 성질을 묻지 않습니다(헌법재판소 2013. 10. 24. 선고 2012헌바431 전원재판부 결정).

3. 과잉금지원칙 위반 여부

가. 법리

1) 단계이론

직업의 자유에 대한 제한이라고 하더라도 그 제한사유가 직업의 자유의 내용을 이루는 직업수행의 자유와 직업선택의 자유 중 어느 쪽에 작용하느냐에 따라 그 제한에 대하여 요구되는 정당화의 수준이 달라집니다. 그리하여 직업의 자유에 대한 법적 규율이 직업수행에 대한 규율(1단계)로부터 직업선택에 대한 규율(2, 3단계)로 가면 갈수록 자유제약의 정도가 상대적으로 강해져 입법재량의 폭이 좁아지게 되고, 직업선택의 자유에 대한 제한이 문제되는 경우에 있어서도 일정한 주관적 사유를 직업의 개시 또는 계속수행의 전제조건으로 삼아 직업선택의 자유를 제한하는 경우(2단계)보다는 직업의 선택을 객관적 허가조건에 걸리게 하는 방법으로 제한하는 경우(3단계)에 침해의 심각성이 더 크므로 보다 엄밀한 정당화가 요구됩니다(헌법재판소 2003. 9. 25. 선고 2002헌마519 전원재판부 결정).

2) 1단계 적용 시 심사기준

헌법재판소는 "직업의 선택 혹은 수행의 자유는 각자의 생활의 기본적 수요를 충족시키는 방편이 되고, 또한 개성신장의 바탕이 된다는 점에서 주관적 공권의 성격이 두드러진 것이기는 하나, 다른 한편으로는 국민 개개인이 선택한 직업의 수행에 의하여 국가의 사회질서와 경제질서가 형성된다는 점에서 사회적 시장경제질서라고 하는 객관적 법질서의 구성요소이기도 하다. 따라서, 각 개인이 향유하는 직업에 대한 선택 및 수행의 자유는 공동체의 경제사회질서에 직접적인 영향을 미치는 것이기 때문에 공동체의 동화적 통합을 촉진시키기 위하여 필요불가결한 경우에는 헌법 제37조 제2항 전문규정에 따라 이에 대하여 제한을 가할 수 있다. 즉, 국가의 안전보장·질서유지 또는 공공복리를 위한 목적의 정당성이 인정되는 경우에는 그러한 목적을 달성하는데 필요한 범위 내에서 법률로써 국민의 기본권을 제한할 수 있다. 특히 직업결정의 자유나 전직의 자유에 비하여 직업종사(직업수행)의 자유에 대하여서는 공익을 위하여 상대적으로 더욱 넓은 법률상의 규제가 가능하다"라는 입장입니다(헌법재판소 2002. 9. 19. 선고 2000헌바84 전원재판부 결정).

나. 포섭

1) 목적의 정당성 및 수단의 적절성

영양사의 직무에 관하여 법률에 규율하고 이를 위반하는 경우 처벌하는 것은 집단급식소의 위생, 안전 등을 보호하기 위한 목적으로 정당하고 적절한 수단입니다.

2) 침해의 최소성

심판대상조항은 영양사의 직무에 관하여 포괄적으로 규율함과 동시에 위반 시 행정제재나 교육 등의 수단 없이 일률적으로 형사처벌을 하고 있으므로, 이와 같은 광범위한 형사제재에 의해 청구인의 기본권이 침해될 수 있어 침해의 최소성에 위반됩니다.

3) 법익의 균형성

위와 같이 사익 침해가 극대화되는 반면, 이로 인하여 달성할 수 있는 공익은 미미하므로 법익의 균형성에도 위반됩니다.

다. 소결

심판대상조항은 과잉금지원칙에 위반됩니다.

2023년도 제2차 변호사시험 모의시험 해설

소 장

I. 형식적 기재사항

① 원고

② 피고

③ 사건명

④ 청구취지

⑦ 제출일

⑧ 관할법원

II. 청구원인

⑤ 이 사건 소의 적법성

 1. 원고적격

  가. 법리

  나. 포섭

 2. 제소기간

 3. 소결

⑥ 이 사건 처분의 위법성

 1. 절차의 하자

  가. 법리

나. 포섭

다. 소결

2. 내용의 하자

가. 재량행위 해당 여부

1) 법리

2) 포섭

나. 재량의 일탈, 남용 여부

1) 법리

2) 재량권의 불행사 여부

3) 비례의 원칙 위반 여부

   가) 법리

   나) 포섭

   다) 소결

다. 소결

위헌법률심판제청신청서

I. 형식적 기재사항

① 사건명

② 신청취지

⑤ 제출법원

II. 신청원인

③ 2. 재판의 전제성

④ 3. 이 사건 조항의 위헌성

 1. 제한되는 기본권

 가. 공무담임권

 나. 직업공무원제도

 다. 이 사건 조항의 경우

 2. 과잉금지원칙 위반 여부

 가. 법리

 1) 공무담임권 제한 시의 심사기준

 2) 직업공무원제도 위반 시의 심사기준

 3) 심사기준의 정리

 나. 포섭

 1) 목적의 정당성 및 수단의 적절성

 2) 침해의 최소성

 3) 법익의 균형성

 3. 평등원칙 위반 여부

가. 기본 법리
2) 차별취급의 존재
3) 판단기준
4) 평등권 침해 여부

4. 소결

소 장

I. 형식적 기재사항

① 원고
이경대

② 피고
가나읍장

③ 사건명
건축신고수리처분 취소 청구의 소

④ 청구취지
1. 피고가 2022. 9. 23. 소외 박철수에게 한 건축신고수리처분을 취소한다.
2. 소송비용은 피고가 부담한다.
라는 판결을 구합니다.

⑦ 제출일
2023. 3. 6.

⑧ 관할법원
대구지방법원

II. 청구원인

⑤ 이 사건 소의 적법성

1. 원고적격

가. 법리

취소소송은 처분등의 취소를 구할 법률상 이익이 있는 자가 제기할 수 있습니다(행정소송법 제12조 본문).

대법원은 "행정처분의 직접 상대방이 아닌 제3자라 하더라도 당해 행정처분으로 인하여 법률상 보호되는 이익을 침해당한 경우에는 그 처분의 무효확인을 구하는 행정소송을 제기하여 그 당부의 판단을 받을 자격이 있다 할 것이며, 여기에서 말하는 법률상 보호되는 이익이라 함은 당해 처분의 근거 법규 및 관련 법규에 의하여 보호되는 개별적·직접적·구체적 이익이 있는 경우를 말하고, 공익보호의 결과로 국민 일반이 공통적으로 가지는 일반적·간접적·추상적 이익이 생기는 경우에는 법률상 보호되는 이익이 있다고 할 수 없다"는 입장입니다(대법원 2006. 3. 16. 선고 2006두330 전원합의체 판결).

"공유수면매립과 농지개량사업시행으로 인하여 직접적이고 중대한 환경피해를 입으리라고 예상되는 환경영향평가 대상지역 안의 주민들이 전과 비교하여 수인한도를 넘는 환경침해를 받지 아니하고 쾌적한 환경에서 생활할 수 있는 개별적 이익까지도 이를 보호하려는 데에 있다고 할 것이므로, 위 주민들이 공유수면매립면허처분 등과 관련하여 갖고 있는 위와 같은 환경상의 이익은 주민 개개인에 대하여 개별적으로 보호되는 직접적·구체적 이익으로서 그들에 대하여는 특단의 사정이 없는 한 환경상의 이익에 대한 침해 또는 침해우려가 있는 것으로 사실상 추정되어 공유수면매립면허처분 등의 무효확인을 구할 원고적격이 인정된다"는 입장입니다(위 같은 판례).

나. 포섭

5호 이상의 주거밀집지역의 최근접 가구부지와 축사부지(예정포함) 경계로부터 직선거리로 돼지, 개, 닭, 오리, 메추리는 1,000m 이내, 젖소는 500m 이내, 소, 말, 양, 사슴은 300m 이내 지역은 주거 밀집지역으로 생활환경의 보호가 필요하다고 시장이 정하는 지역으로서 가축사육 제한지역 안에 해당합니다(가축사육법 제8조 제1항, 근거 조례 제4조 제1항 제2호 (가)목).

신축예정건물은 우사에 해당하고, 원고는 신축 예정지로부터 직선거리 220m 이내에 거주하므로, 원고는 주거 밀집지역으로 생활환경의 보호가 필요한 가축사육 제한지역 내에 있는 자입니다. 원고는 이 사건 수리처분과 관련하여 전과 비교하여 수인한도를 넘는 환경침해를 받지 아니하고 쾌적한 환경에서 생활할 수 있는 개별적 이익까지도 보호받는 직접적·구체적 이익을 가지므로 특단의 사정이 없는 한 환경상의 이익에 대한 침해 또는 침해우려가 있는 것으로 사실상 추정됩니다. 원고에게 이 사건 수리처분의 취소를 구할 원고적격이 인정됩니다.

2. 제소기간

취소소송은 처분 등이 있음을 안 날부터 90일 이내에 제기하여야 합니다(행정소송법 제20조 제1항 본문).

원고는 2022. 12. 4. 축사 신축 반대 목적으로 '주민 동의 없는 우사 신축 허가 취소' 취지의 서면을 제출하였으므로 이때 처분등이 있음을 알았습니다. 따라서 이로부터 90일 이내인 2023. 3. 6.까지 제소기한입니다.

3. 소결

원고가 환경상 이익에 대한 침해 또는 침해가 우려되는 자로서 원고적격이 인정되고, 이 사건 청구가 2023. 3. 6. 있었으므로 제소기간을 충족합니다. 따라서 이 사건 청구는 적법합니다.

⑥ 이 사건 처분의 위법성

1. 절차의 하자[1]

가. 법리

대법원은 "개발행위허가에 관한 사무를 처리하는 행정기관의 장이 일정한 개발행위를 허가하는 경우에는 국토계획법 제59조 제1항에 따라 도시계획위원회의 심의를 거쳐야 할 것이나, 개발행위허가의 신청 내용이 허가 기준에 맞지 않는다고 판단하여 개발행위허가신청을 불허가하였다면 이에 앞서 도시계획위원회의 심의를 거치지 않았다고 하여 이러한 사정만으로 곧바로 그 불허가처분에 취소사유에 이를 정도의 절차상 하자가 있다고 보기는 어렵다. 다만 행정기관의 장이 도시계획위원회의 심의를 거치지 아니한 결과 개발행위 불허가처분을 함에 있어 마땅히 고려하여야 할 사정을 참작하지 아니하였다면 그 불허가처분은 재량권을 일탈·남용한 것으로서 위법하다고 평가할 수 있을 것이다."라는 입장입니다(대법원 2015. 10. 29. 선고 2012두28728 판결).

나. 포섭

건축신고 대상인 건축물의 경우에도 건축허가를 받으면 국토계획법 제56조에 따른 개발행위허가를 받은 것으로 봅니다(건축법 제14조 제1항, 제2항, 제11조 제5항 제3호).

인허가의제 요건과 관련하여, 건축물의 건축 또는 공작물의 설치, 토지의 형질 변경 등 개발행위를 하려는 자는 개발행위허가를 받아야 합니다(국토계획법 제56조 제1항 제1호, 제2호). 그 기준으로 주변지역의 토지이용실태 또는 토지이용계획, 건축물의 높이, 토지의 경사도, 수목의 상태,

---

[1] '건축허가절차상 심사누락한 건축허가처분이 위법하여 직권취소사유에 해당한다'는 점을 들어 이 사건 수리처분에 취소사유가 인정된다는 취지로 작성한 경우도 있을 것으로 보인다. 내부회의록 10면에서 '절차상 하자'에 관한 쟁점에 의하면, 본문에 작성한 부분의 법리만을 쟁점으로 한 것이 명확해보이는 반면, 위 판례는 직권취소가 가능하다는 취지이므로 위와 같이 기재한 경우 문제의 취지를 벗어난 답일 수 있다. 다만, 같은 면에서 행정청이 '박철수의 신청은 특별한 사정이 없으면 수리하여야 하는 건축신고'라고 답변한 점을 고려하면 단지 '경주시계획위원회의 심의'가 누락된 것에 그치지 않고 심사 자체를 누락한 것으로 평가할 여지도 있어 보인다. 또한, '위법성'은 직권취소와 쟁송취소의 각 사유로 공통적으로 인정되는 것이므로 위와 같은 취지의 주장을 병기하였다고 하여 오답으로 보기는 어려울 것으로 판단된다. 아래는 관련 판례의 요지를 간단히 적어두었다.

> **대법원 2020. 7. 23. 선고 2019두31839 판결**
> 건축주가 건축물을 건축하기 위해서는 건축법상 건축허가와 국토계획법상 개발행위(건축물의 건축) 허가를 각각 별도로 신청하여야 하는 것이 아니라, 건축법상 건축허가절차에서 관련 인허가 의제 제도를 통해 두 허가의 발급 여부가 동시에 심사·결정되도록 하여야 한다. 즉, 건축주는 건축행정청에 건축법상 건축허가를 신청하면서 국토계획법상 개발행위(건축물의 건축) 허가 심사에도 필요한 자료를 첨부하여 제출하여야 하고, 건축행정청은 개발행위허가권자와 사전 협의절차를 거침으로써 건축법상 건축허가를 발급할 때 국토계획법상 개발행위(건축물의 건축) 허가가 의제되도록 하여야 한다.
> 이를 통해 건축법상 건축허가절차에서 건축주의 건축계획이 국토계획법상 개발행위 허가기준을 충족하였는지가 함께 심사되어야 한다. 건축주의 건축계획이 건축법상 건축허가기준을 충족하더라도 국토계획법상 개발행위 허가기준을 충족하지 못한 경우에는 해당 건축물의 건축은 법질서상 허용되지 않는 것이므로, 건축행정청은 건축법상 건축허가를 발급하면서 국토계획법상 개발행위(건축물의 건축) 허가가 의제되지 않은 것으로 처리하여서는 안 되고, 건축법상 건축허가의 발급을 거부하여야 한다. 건축법상 건축허가절차에서 국토계획법상 개발행위 허가기준 충족 여부에 관한 심사가 누락된 채 건축법상 건축허가가 발급된 경우에는 그 건축법상 건축허가는 위법하므로 취소할 수 있다. 이때 건축허가를 취소한 경우 건축행정청은 개발행위허가권자와의 사전 협의를 통해 국토계획법상 개발행위 허가기준 충족 여부를 심사한 후 건축법상 건축허가 발급 여부를 다시 결정하여야 한다.

물의 배수, 하천·호소·습지의 배수 등 주변환경이나 경관과 조화를 이룰 것이 규정되어 있습니다(동 법 제58조 제1항 제4호).

위 허가 시에는 지방도시계획위원회의 심의를 거쳐야 합니다(동 법 제59조 제1항).

이 사건 토지는 면적 2,975㎡의 답이고 국토계획법상 농림지역, 가축법상 가축사육제한구역, 농지법상 농업진흥구역에 해당합니다. 위 건축신고 시 개발행위허가가 의제되므로 이는 경주시도시계획위원회의 심의를 거쳐야 하나, 이를 거치지 않은 하자가 있습니다. 다만 이는 대법원의 입장에 따르면, 독자적 취소사유에 이르지는 않고 재량의 일탈, 남용에 따라 판단하여야 합니다.

다. 소결

이 사건 수리처분에 절차상 재량의 일탈, 남용이 인정될 수 있습니다. 이는 후술할 재량의 일탈, 남용 판단에 포함하여 판단합니다.

2. 내용의 하자

가. 재량행위 해당 여부

1) 법리

행정청은 행정권한을 남용하거나 그 권한의 범위를 넘어서는 안 됩니다(행정기본법 제11조 제2항).

대법원은 "행정행위가 그 재량성의 유무 및 범위와 관련하여 이른바 기속행위 내지 기속재량행위와 재량행위 내지 자유재량행위로 구분된다고 할 때, 그 구분은 당해 행위의 근거가 된 법규의 체재·형식과 그 문언, 당해 행위가 속하는 행정 분야의 주된 목적과 특성, 당해 행위 자체의 개별적 성질과 유형 등을 모두 고려하여 판단하여야 하고, 이렇게 구분되는 양자에 대한 사법심사는, 전자의 경우 그 법규에 대한 원칙적인 기속성으로 인하여 법원이 사실인정과 관련 법규의 해석·적용을 통하여 일정한 결론을 도출한 후 그 결론에 비추어 행정청이 한 판단의 적법 여부를 독자의 입장에서 판정하는 방식에 의하게 되나, 후자의 경우 행정청의 재량에 기한 공익판단의 여지를 감안하여 법원은 독자의 결론을 도출함이 없이 당해 행위에 재량권의 일탈·남용이 있는지 여부만을 심사하게 되고, 이러한 재량권의 일탈·남용 여부에 대한 심사는 사실오인, 비례·평등의 원칙 위배, 당해 행위의 목적 위반이나 동기의 부정 유무 등을 그 판단 대상으로 한다."라는 입장입니다(대법원 2001. 2. 9. 선고 98두17593 판결).

또한, "구 국토의 계획 및 이용에 관한 법률(2013. 7. 16. 법률 제11922호로 개정되기 전의 것, 이하 '국토계획법'이라 한다) 제56조에 따른 개발행위허가 및 구 농지법(2013. 3. 23. 법률 제11690호로 개정되기 전의 것, 이하 '농지법'이라 한다) 제34조에 따른 농지전용허가·협의는 그 각 요건이 불확정개념으로 되어 있어 그 각 요건에 해당하는지 여부의 판단에 관하여 행정청에 재량권이 부여되어 있으므로, 국토계획법에 따른 토지의 형질변경행위 및 농지법에 따른 농지의 전용행위를 수반하는 건축허가는 재량행위에 해당한다."라는 입장입니다(대법원 2016. 10. 27. 선고 2015두41579 판결).

2) 포섭

이 사건에서 허가기준은 위 절차상 하자에서 살펴본 법리에 더하여, 구체적으로 ① 주변지역과의 관계에서 개발행위로 건축 또는 설치하는 건축물 또는 공작물이 주변의 자연경관 및 미관을 훼손하지 아니하고, 그 높이·형태 및 색채가 주변건축물과 조화를 이루어야 하며, 도시·군계획으로 경관계획이 수립되어 있는 경우에는 그에 적합할 것, 개발행위로 인하여 당해 지역 및 그 주변지역에 대기오염·수질오염·토질오염·소음·진동·분진 등에 의한 환경오염·생태계파괴·위해발생 등이 발생할 우려가 없을 것이 있고, ② 농림지역의 경우 개발보다 보전이 필요한 지역으로서 입지타당성, 기반시설의 적정성, 개발이 환경이 미치는 영향, 경관 보호·조성 및 미관훼손의 최소화를 고려할 것으로 규정되어 있습니다(동 시행령 제56조 제1항 [별표 1의2] 개발행위허가기준(제56조 관련)).

이에 따르면, 개발행위허가기준이 수질 오염, 악취 발생, 농지 손실 등의 부분에서 불확정개념으로 규정되어 그 각 요건에 해당하는지 여부의 판단에 관하여 행정청에 재량권이 부여되어 있습니다. 따라서 토지형질변경을 수반하는 이 사건 수리처분은 재량행위에 해당합니다.

나. 재량의 일탈, 남용 여부

1) 법리

대법원은 "재량행위에 해당하는 행정행위에 대한 사법심사는 기속행위에 대한 사법심사와는 달리 행정청의 재량에 기초한 공익 판단의 여지를 감안하여 법원이 독자적인 결론을 내리지 않고 해당 행위에 재량권의 일탈·남용이 있는지 여부만을 심사하게 되고, 이러한 재량권의 일탈·남용 여부에 대한 심사는 사실오인, 비례·평등의 원칙 위배 등을 그 판단 대상으로 하며"라는 입장입니다(대법원 2016. 10. 27. 선고 2015두41579 판결).

2) 재량권의 불행사 여부

피고는 소외 박철수의 건축신고를 특별한 사정이 없는 한 수리하여야 한다고 판단하였으므로, 이 사건 수리처분에 재량권 불행사의 위법이 있습니다.

3) 비례의 원칙 위반 여부

가) 법리

행정작용은 ① 행정목적을 달성하는 데 유효하고 적절할 것(적절성), ② 행정목적을 달성하는 데 필요한 최소한도에 그칠 것(필요성), ③ 행정작용으로 인한 국민의 이익 침해가 그 행정작용이 의도하는 공익보다 크지 아니할 것(상당성)의 원칙(비례의 원칙)에 따라야 합니다(행정기본법 제10조).

나) 포섭

이 사건 수리처분은 건축신고에 대한 것이므로 적절합니다. 그러나 측정된 악취가 경상북도 보건환경연구원의 분석에 의하면 이미 기준치의 10배로 축사 신축 시 행정제재기준인 15배를 초과할 가능성이 높은 점, 이 사건 신청지와 기존 축사로부터 80m 정도 떨어진 곳에는 수로가 있고 그 수로는 1.3km 거리에 있는 경주천으로 연결되어 수질오염이 우려되는데 이는 오염 방지 대책을 추진하는 정부의 취지에도 반하는 점, 소외 박철수가 신청한 이 사건 축사는 예정 사육두수 95마리로서, 2022년 기준 농장당 사육두수(약 35.8마리)의 2.6배 가량 많아 그 규모가 상당한 점을 종합하면, 이 사건 수리처분이 의도하는 공익이 이로 인하여 침해되는 사익보다 높다고 보기 어렵습니다.

다) 소결

이 사건 수리처분은 비례의 원칙을 위반하였습니다.

다. 소결

이 사건 수리처분에 재량권 불행사 또는 비례원칙의 위반에 의한 재량의 일탈, 남용이 인정되므로 내용상 하자가 있어 위법취소되어야 합니다.

위헌법률심판제청신청서

I. 형식적 기재사항

① 사건명

    2022구합12345 임금 청구의 소

② 신청취지

    "국가공무원법(2014. 1. 17. 법률 제11222호로 개정된 것) 제69조 제1호 중 제33조 제1호에 관한 부분에 대한 위헌 여부 심판을 제청한다."라는 결정을 구합니다.

⑤ 제출법원

    서울행정법원 제13부 귀중

II. 신청원인

③ 2. 재판의 전제성

    헌법재판소는 "법률에 대한 위헌여부심판의 제청이나 헌법재판소법 제68조 제2항의 규정에 의한 헌법소원심판청구가 적법하기 위하여는 문제된 법률 또는 법률조항이 헌법에 위반되는 여부가 재판의 전제가 되어야 한다는 요건을 갖추어야 한다. 그리고 법률의 위헌여부에 대한 재판의 전제성이라 함은, 첫째 구체적인 사건이 법원에 현재 계속 중이어야 하고, 둘째 위헌여부가 문제되는 법률 또는 법률조항이 당해 소송사건의 재판과 관련하여 적용되는 것이어야 하며, 셋째 그 법률이 헌법에 위반되는지의 여부에 따라 당해 사건을 담당한 법원이 다른 내용의 재판을 하게 되는 경우를 말한다. 여기에서 법원이 "다른 내용의" 재판을 하게 되는 경우라 함은 원칙적으로 법원에 계속 중인 당해 사건의 재판의 주문이나 결론에 어떠한 영향을 주는 것이어야 하나, 비록 재판의 주문 자체에는 아무런 영향을 주지 않는다고 하더라도 문제된 법률의 위헌 여부에 따라 재판의 결론을 이끌어 내는 이유를 달리 하는 데 관련되어 있거나 재판의 내용과 효력에 관한 법률적 의미가 달라지는 경우이어야 한다"라는 입장입니다(헌법재판소 1993. 11. 25. 선고 92헌바39 전원재판부 결정).

    청구인의 사건이 서울행정법원 2022구합12345 사건으로 법원에 계속 중이고, 당연퇴직된 근거조항인 국가공무원법 제69조 제1호 중 제33조 제1호에 관한 부분(이하 "심판대상조항")이 재판에 적용 중이며, 심판대상조항에 대하여 위헌결정 되면 당연퇴직사유가 소멸하여 주문이 달라져 결과가 달라지는 경우에 해당합니다. 따라서 재판의 전제성이 인정됩니다.

④ 3. 이 사건 조항의 위헌성

1. 제한되는 기본권

가. 공무담임권

모든 국민은 법률이 정하는 바에 의하여 공무담임권을 가집니다(헌법 제25조).

헌법재판소는 "헌법 제25조는 "모든 국민은 법률이 정하는 바에 의하여 공무담임권을 가진다."고 하여 공무담임권을 기본권으로 보장하고 있다. 공무담임권이란 입법부, 집행부, 사법부는 물론 지방자치단체 등 국가, 공공단체의 구성원으로서 그 직무를 담당할 수 있는 권리를 말한다. 여기서 직무를 담당한다는 것은 모든 국민이 현실적으로 그 직무를 담당할 수 있다는 의미가 아니라, 국민이 공무담임에 관한 자의적이지 않고 평등한 기회를 보장받음을 의미하는 바, 공무담임권의 보호영역에는 공직취임 기회의 자의적인 배제뿐 아니라, 공무원 신분의 부당한 박탈이나 권한(직무)의 부당한 정지도 포함된다고 할 것이다"라는 입장입니다(헌법재판소 2007. 6. 28. 선고 2005헌마1179 전원재판부 결정).

나. 직업공무원제도

공무원의 신분과 정치적 중립성은 법률이 정하는 바에 의하여 보장됩니다(헌법 제7조 제2항).

헌법재판소는 공무원의 신분 보장에 관한 헌법적 의의를 보건대, "헌법 제7조 제2항은 공무원의 신분과 정치적 중립성을 법률로써 보장할 것을 규정하고 있다. 위 조항의 뜻은 공무원이 정치과정에서 승리한 정당원에 의하여 충원되는 엽관제를 지양하고, 정권교체에 따른 국가작용의 중단과 혼란을 예방하며 일관성 있는 공무수행의 독자성과 영속성을 유지하기 위하여 공직구조에 관한 제도적 보장으로서의 직업공무원제도를 마련해야 한다는 것이다. 직업공무원제도는 바로 그러한 제도적 보장을 통하여 모든 공무원으로 하여금 어떤 특정 정당이나 특정 상급자를 위하여 충성하는 것이 아니라 국민 전체에 대한 봉사자로서 법에 따라 그 소임을 다할 수 있게 함으로써 공무원 개인의 권리나 이익을 보호함에 그치지 아니하고 나아가 국가기능의 측면에서 정치적 안정의 유지에 기여하도록 하는 제도이다."라는 입장입니다(헌법재판소 2014. 3. 27. 선고 2011헌바42 전원재판부 결정).

다. 이 사건 조항의 경우

심판대상조항은 단지 성년후견이 개시되었다는 이유만으로 곧바로 공직에서 당연퇴직되도록 규정하므로 공무원 신분의 부당한 박탈이나, 신분이 법률에 의하여 보장되기 어렵습니다. 따라서 공무담임권과 직업공무원제도에 대한 부분이 제한됩니다.

2. 과잉금지원칙 위반 여부

가. 법리

1) 공무담임권 제한 시의 심사기준

대법원은 "헌법 제37조 제2항은 국민의 자유와 권리는 국가안전보장·질서유지 또는 공공복리를 위하여 필요한 경우에 한하여 법률로써 제한할 수 있으며, 그 경우에도 자유와 권리의 본질적인 내용을 침해할 수 없다고 규정하여 국가가 국민의 기본권을 제한하는 내용의 입법을 함에 있어서 준수하여야 할 기본원칙을 천명하고 있다. 따라서 기본권을 제한하는 입법을 함에 있어서는 입법목적의 정당성과 그 목적달성을 위한 방법의 적정성, 피해의 최소성, 그리고 그 입법에 의해 보호하려는 공공의 필요와 침해되는 기본권 사이의 균형성을 모두 갖추어야 하며, 이를 준수하지 않은 법률 내지 법률조항은 기본권제한의 입법한계를 벗어난 것으로서 헌법에 위반된다"라는 입장입니다(헌법재판소 1998. 8. 27. 선고 96헌가22,97헌가2·3·9,96헌바81,98헌바24·25(병합) 전원재판부 결정).

또한, "헌법 제25조는 "모든 국민은 법률이 정하는 바에 의하여 공무담임권을 갖는다."라고 규정하고 있으므로, 공무담임권의 내용에 관하여는 입법자에게 넓은 입법형성권이 인정된다고 할 것이지만, 그렇다고 하더라도 헌법 제37조 제2항의 기본권제한의 입법적 한계를 넘는 지나친 것이어서는 아니된다"라는 입장입니다(헌법재판소 2002. 8. 29. 선고 2001헌마788, 2002헌마173(병합) 전원재판부 결정).

또한, "공무담임권의 제한의 경우 주로 평등의 원칙이나 목적과 수단의 합리적인 연관성여부가 심사대상이 될 것이며, 법익형량에 있어서도 상대적으로 다소 완화된 심사를 하게 된다"라는 입장입니다(헌법재판소 2005. 9. 29. 선고 2003헌마127 전원재판부).

2) 직업공무원제도 위반 시의 심사기준

헌법재판소는 "제도적 보장은 기본권 보장의 경우와는 달리 그 본질적 내용을 침해하지 아니하는 범위 안에서 입법자에게 제도의 구체적인 내용과 형태의 형성권을 폭넓게 인정한다는 의미에서 '최소한 보장의 원칙'이 적용될 뿐인 것이다. 이 사건에서 문제된 직업공무원제도는 바로 헌법이 보장하는 제도적 보장중의 하나임이 분명하므로 입법자는 직업공무원제도에 관하여 '최소한 보장'의 원칙의 한계안에서 폭넓은 입법형성의 자유를 가진다"라는 입장입니다(헌법재판소 1997. 4. 24. 선고 95헌바48 전원재판부 결정).

3) 심사기준의 정리

공무담임권 제한에 대하여 광범위한 입법형성권이 보장되고 심판대상조항이 직업공무원제도에 관한 내용을 포함하고 있으므로, 심판대상조항은 완화된 기준의 과잉금지원칙에 따라 심사합니다.[2]

---

[2] 헌법재판소 2013. 2. 28. 선고 2012헌마131 전원재판부 결정의 법리 구성을 참고하였음을 알린다(아래 결정례). 헌법재판소의 몇몇 입장을 고려하면 형식적으로는, 과잉금지원칙 위반 시 완화된 비례심사, 본질내용침해금지원칙에서 최소보장원칙으로 각각 판단하는 것도 가능할 것으로 보인다.

> 법 제118조 제1항 및 제2항은 지방의회의 설치와 지방의회의원선거를 규정함으로써 주민들이 지방의회의원을 선출할 수 있는 선거권 및 주민들이 지방의회의원이라는 선출직공무원에 취임할 수 있는 공무담임권을 기본권으로 보호하고 있으므로 이 사건 부칙조항 역시 헌법 제37조 제2항의 기본권제한의 입법적 한계를 넘는 지나친 것이어서는 아니 된다. 다만, 지방자치단체 폐지·분합의 경우 입법자는 지방자치단체 기관구성에 대하여 광범위한 입법형성권을 가진다고 할 것이고(헌재 2010. 6. 24. 2010헌마167, 판례집 22-1하, 656, 667-668 참조), 이 사건 부칙조항 또한 지방자치단체의 폐지·분합에 관한 내용을 포함하고 있다는 점에서, 이 사건 부칙조항은 완화된 기준의 과잉금지원칙에 따라 심사한다.

나. 포섭

1) 목적의 정당성 및 수단의 적절성

성년후견 개시는 질병, 장애, 노령, 그 밖의 사유로 인한 정신적 제약으로 사무를 처리할 능력이 지속적으로 결여된 자에게 이루어지는 것이어서 공무원에게 성년후견이 개시되면 공무원으로서의 직무수행능력에 결함이 있다는 점이 추단됩니다. 심판대상조항은 이러한 공무원이 당연퇴직하도록 규정하므로 그 목적이 정당하고 수단이 적절합니다.

2) 침해의 최소성

심판대상조항은 이미 정상적으로 임용된 공무원이 사후적으로 질병 등에 기인한 장애로 피성년후견인이 된 경우 이를 당연퇴직사유로 합니다. 이는 공무원의 신분이 보장되어야 함에도 불구하고 공무원의 성년후견 개시시 질병휴직 등을 우선 하도록 하는 등 경과를 지켜보는 등의 다른 수단을 고려하지 않고 공무원이 일률적으로 당연퇴직되도록 합니다. 이는 침해의 최소성에 위반됩니다.

3) 법익의 균형성

심판대상조항에 의하여 공무원은 종국적으로 퇴직되어 그 사익의 침해가 중대한 반면, 이로 달성할 수 있는 공익은 크지 않습니다. 따라서 법익의 균형성이 인정되기 어렵습니다.

3. 평등원칙 위반 여부

가. 기본 법리

모든 국민은 법 앞에 평등합니다. 누구든지 성별·종교 또는 사회적 신분에 의하여 정치적·경제적·사회적·문화적 생활의 모든 영역에 있어서 차별을 받지 않습니다(헌법 제11조 제1항).

헌법상 평등은 본질적으로 같은 것은 같게, 본질적으로 다른 것은 다르게 취급할 것을 요구하는 것이며 합리적 근거가 있는 차별은 평등의 원칙에 반하지 않습니다(헌법재판소 2001. 6. 28. 선고 99헌마516 전원재판부 결정).

2) 차별취급의 존재

심판대상조항은 성년후견이 개시된 자를 당연퇴직하도록 하므로, 피성년후견인을 성년후견 개시심판을 신청하지 않아 성년후견이 개시되지 않은 자와 차별취급합니다.

3) 판단기준

합리적 이유의 존재 여부 판단 기준으로 자의금지 원칙을 들고 있으나, 성별·종교 또는 사회적 신분에 의하여 차별을 받는 경우, 또는 헌법에서 특별히 평등을 요구하는 경우, 기본권에 중대한 제약이 가해지는 경우에는 예외적으로 비례의 원칙에 의하여 엄격하게 판단합니다.

사안에서는 공무담임권에 대한 부분이므로 자의금지 원칙에 의하여 판단합니다.

4) 평등권 침해 여부

성년후견 개시는 질병, 장애, 노령, 그 밖의 사유로 인한 정신적 제약으로 사무를 처리할 능력이 지속적으로 결여된 자에게 이루어지는 것인데, 심판청구 여부에 따라 당연퇴직의 결과가 좌우되는 것은 합리적인 차별로 보기 어렵습니다. 따라서 평등권을 침해합니다.

4. 소결

심판대상조항은 과잉금지원칙에 위반하여 청구인들의 공무담임권을 침해합니다.

2023년도 제1차 변호사시험 모의시험 해설

소 장

I. 형식적 기재사항

① 원고

② 피고

③ 사건명

④ 청구취지

⑦ 제출일

II. 청구원인

⑤ 이 사건 소의 적법성

1. 대상적격

 가. 법리

 나. 포섭

2. 원고적격

 가. 법리

 나. 포섭

3. 소결

⑥ 이 사건 처분의 위법성

1. 절차의 하자

 가. 이유미제시 하자

나. 환경영향갈등조정협의회(이하 "협의회") 미구성의 하자

1) 법리

2) 포섭

다. 소결

2. 내용의 하자

가. 처분사유 부존재

1) 법리

2) 포섭

나. 재량권 일탈, 남용 여부

1) 재량행위 해당 여부 및 판단대상

2) 비례의 원칙 위반

3) 평등의 원칙 위반

4) 소결

다. 소결

가처분신청서

① **신청취지**

② **가처분 신청사유**

1. 가처분 요건

2. 가처분 필요성

가. 회복하기 어려운 손해의 발생

나. 긴급한 필요성

헌법소원심판청구서

① **청구취지**

② **2. 적법요건의 구비**

  1. 대상적격

    가. 법리

    나. 포섭

  2. 자기관련성

    가. 법리

    나. 포섭

  3. 청구기간

  4. 소결

③ **3. 위헌이라고 생각되는 이유**

  1. 제한되는 기본권

  2. 과잉금지원칙 위반 여부

    가. 법리

    1) 단계이론

    2) 2단계 적용 시 심사기준

    나. 포섭

    1) 이 사건의 심사기준

    2) 목적의 정당성 및 수단의 적절성

    3) 침해의 최소성

    4) 법익의 균형성

  3. 소결

소 장

I. 형식적 기재사항

① 원고
시흥시장[1]

② 피고
한강유역환경청장[2]

③ 사건명
전략 및 소규모 환경영향평가서 재검토 의견 통보 취소 청구의 소[3]

④ 청구취지
1. 피고가 2022. 12. 14. 원고에게 한 전략 및 소규모 환경영향평가서 재검토 의견 통보를 취소한다.[4]
2. 소송비용은 피고가 부담한다.

라는 판결을 구합니다.

⑦ 제출일
2023. 3. 20.[5]

II. 청구원인

⑤ 이 사건 소의 적법성

1. 대상적격

가. 법리

취소소송은 처분 등을 대상으로 합니다(행정소송법 제19조). "처분 등"이라 함은 행정청이 행하는 구체적 사실에 관한 법집행으로서의 공권력의 행사 또는 그 거부와 그밖에 이에 준하는 행정작용 및 행정심판에 대한 재결을 말합니다(제2조 제1항 제1호).

---

1) 통보상(14면) 수신인을 원고로 특정하였다. 대법원은 "행정기관"에 대하여 원고적격을 인정한다는 입장이므로 행정주체에 해당하는 시흥시청이 원고가 되기는 어려울 것으로 판단된다.
2) 통보상(14면) 발신인을 피고로 특정하였다.
3) 청구취지에서 특정한 취소 대상처분 뒤에 "취소청구의 소"를 붙이면 된다.
4) 통보상(14면) 제목을 대상처분으로, 시행일을 처분일로 하여 작성하였다.
5) 우편송달보고서상(25면) 송달일 2022. 12. 19.로부터 90일 후인 2023. 3. 19.가 일요일이므로 그 다음날인 2023. 3. 20.

행정청의 어떤 행위가 항고소송의 대상이 될 수 있는지의 문제는 추상적·일반적으로 결정할 수 없고, 구체적인 경우 행정처분은 행정청이 공권력의 주체로서 행하는 구체적 사실에 관한 법집행으로서 국민의 권리의무에 직접적으로 영향을 미치는 행위라는 점을 염두에 두고, **관련 법령**의 내용과 취지, 그 **행위**의 주체·내용·형식·절차, 그 행위와 상대방 등 이해관계인이 입는 **불이익**과의 실질적 견련성, 그리고 **법치행정의 원리**와 당해 행위에 관련한 행정청 및 이해관계인의 태도 등을 참작하여 **개별적으로 결정**하여야 합니다(대법원 2010. 11. 18. 선고 2008두167 전원합의체 판결).

행정청의 행위가 '처분'에 해당하는지가 불분명한 경우에는 그에 대한 불복방법 선택에 중대한 이해관계를 가지는 상대방의 인식가능성과 예측가능성을 중요하게 고려하여 규범적으로 판단하여야 합니다(대법원 2022. 9. 7. 선고 2022두42365 판결).

나. 포섭

피고는 원고의 배곧대교 설치에 관한 전략 및 소규모 환경영향평가에 대한 협의 요청에 관하여 이 사건 통보를 하였습니다.[6] 원고는 위 협의절차가 끝나기 전에는 공사를 시작할 수 없고, 이를 위반할 경우에 피고로부터 공사중지와 원상복구 등의 조치명령을 받을 수 있으므로(환경영향평가법 제47조), 사업을 추진 또는 시행할 수 없게 되는 직접적인 불이익을 받게 됩니다.[7] 원고는 피고를 상대로 이 사건 통보를 다투는 것 말고는 달리 구제방법도 없으므로 이 사건 통보에 처분성이 인정된다고 인식하거나, 사업 추진 여부에 관한 예측 가능성을 부여 받을 수 있습니다.[8] 따라서 이 사건 통보는 대상적격이 인정되는 처분에 해당합니다.

2. 원고적격

가. 법리

취소소송은 처분등의 취소를 구할 법률상 이익이 있는 자가 제기할 수 있습니다(행정소송법 제12조 본문).

국가기관 등 행정기관(이하 '행정기관 등'이라 한다) 사이에 권한의 존부와 범위에 관하여 다툼이 있는 경우에 이는 통상 내부적 분쟁이라는 성격을 띠고 있어 상급관청의 결정에 따라 해결되거나 법령이 정하는 바에 따라 '기관소송'이나 '권한쟁의심판'으로 다루어집니다.

그런데 법령이 특정한 행정기관 등으로 하여금 다른 행정기관을 상대로 제재적 조치를 취할 수

---

[6] 2008두167 법리의 '공권력의 주체로서 행하는 구체적 사실에 관한 법집행' 부분의 포섭으로, 법률상담일지의 내용을 요약하여 작성하였다.
[7] 위 법리의 '국민의 권리의무에 직접적으로 영향을 미치는 행위' 이하 부분의 포섭으로, 내부회의록의 내용을 일부 변형하여 작성하였다(10면).
[8] 2022두42365 법리의 상대방의 인식 가능성, 예측 가능성에 대한 부분의 포섭으로, 내부회의록의 내용을 일부 변형하여 작성하였다. 다만, 대법원 판결은 '인식 가능성'에 관하여서는 행정청이 행정심판법 또는 소송법에 따른 불복절차 등을 명시한 부분을 들어 '처분 상대방이 처분으로 인식하였을 가능성이 높다'는 취지로 판시하지만, 예측 가능성 여부에 대하여는 그 외의 사정을 뭉뚱그릴 뿐, '예측 가능성' 표현 자체를 판시한 경우를 찾기가 어렵다. 사안에서는 공문만으로는 '처분으로의 인식 가능성'을 명확히 판단하기 어려워 예측 가능성에 관한 부분까지 고려하여 포섭하였다. 예측 가능성 부분은 '법적 예측 가능성'의 취지와 내부회의록상 '구제절차가 없다'는 취지를 종합하여 "사업 추진 여부에 관한 예측 가능성을 부여 받을 수 있습니다"라는 표현을 창작 삽입하였음을 알린다(머리말 참조).

있도록 하면서, 그에 따르지 않으면 그 행정기관에 대하여 과태료를 부과하거나 형사처벌을 할 수 있도록 정하는 경우가 있습니다. 이러한 경우에는 단순히 국가기관이나 행정기관의 내부적 문제라거나 권한 분장에 관한 분쟁으로만 볼 수 없습니다. 행정기관의 제재적 조치의 내용에 따라 '구체적 사실에 대한 법집행으로서 공권력의 행사'에 해당할 수 있고, 그러한 조치의 상대방인 행정기관이 입게 될 불이익도 명확합니다. 그런데도 그러한 제재적 조치를 기관소송이나 권한쟁의심판을 통하여 다툴 수 없다면, 제재적 조치는 그 성격상 단순히 행정기관 등 내부의 권한 행사에 머무는 것이 아니라 상대방에 대한 공권력 행사로서 항고소송을 통한 주관적 구제 대상이 될 수 있다고 보아야 합니다. 기관소송 법정주의를 취하면서 제한적으로만 이를 인정하고 있는 현행 법령의 체계에 비추어 보면, 이 경우 항고소송을 통한 구제의 길을 열어주는 것이 법치국가 원리에도 부합합니다. 따라서 이러한 권리구제나 권리보호의 필요성이 인정된다면 예외적으로 그 제재적 조치의 상대방인 행정기관 등에게 항고소송 원고로서의 당사자능력과 원고적격을 인정할 수 있습니다(대법원 2018. 8. 1. 선고 2014두35379 판결).

나. 포섭

이 사건 통보에 처분성이 인정되므로 이로 인하여 원고가 사업 추진을 할 수 없어 입게 될 불이익이 명확합니다.9) 그러나 이를 환경영향평가법에 의한 기관소송이나 권한쟁의심판을 통하여 다툴 수 없으므로 원고의 권리구제나 권리보호의 필요성이 인정되어 예외적으로 그 제재적 조치의 상대방인 원고에게 항고소송 원고로서의 당사자능력과 원고적격을 인정할 수 있어야 합니다.10) 따라서 원고에게 원고적격이 인정됩니다.

3. 소결11)

이 사건 통보에 대상적격이, 원고에게 원고적격이 인정되므로, 이 사건 청구가 적법요건을 충족하였다.

⑥ 이 사건 처분의 위법성

1. 절차의 하자

가. 이유미제시 하자12)

행정청은 처분을 할 때에는 당사자에게 그 근거와 이유를 제시하여야 합니다(행정절차법 제23조 제1항).

---

9) 2014두35379 법리의 '제재적 조치로 인한 불이익을 입는 상대방' 부분의 포섭으로, 대상적격의 내용을 인용하여 짧게 작성하였다.
10) 위 법리의 '원고적격의 예외 인정요건' 부분의 포섭으로, 대상적격에 의한 전제 외 구체적 포섭을 할 필요가 없다고 판단하여 법리 내용을 그대로 따서 작성하였다. 내부회의록의 내용도 이와 유사하다(10면). 헌법 논의가 아니므로 권한쟁의심판 청구인으로서의 당사자능력, 적격 등은 건너뛰었다.
11) 묻는 것이 '적법성'이므로 '적법하다'는 취지로 작성하였다.
12) 원고는 이 사건 통보를 처분으로 주장하고, 이유제시는 '행정청이 처분을 하는 경우 당사자에 대하여' 하는 것이므로, 처분 근거법령 미제시를 절차상 하자로 주장하는 것이 타당할 것으로 판단되어 작성하였다.

피고는 이 사건 통보 시 이 사건 통보가 환경영향평가법 제17조 제5항, 제45조 제5항에 근거한 것인데도 불구하고 그 근거법령을 기재하지 않았으므로, 이는 그 근거를 제시하지 않은 절차상 하자에 해당합니다.

나. 환경영향갈등조정협의회(이하 "협의회") 미구성의 하자

1) 법리

피고는 전략 및 소규모 환경영향평가서의 검토를 위하여 필요하면 정부출연연구기관 등의 설립·운영 및 육성에 관한 법률에 따라 설립된 한국환경연구원 등 전략환경영향평가에 필요한 전문성을 갖춘 기관으로서 대통령령으로 정하는 기관 또는 관계 전문가의 의견을 듣거나 현지조사를 의뢰할 수 있습니다(환경영향평가법 제17조 제2항, 제45조 제2항, 제72조).[13]

습지보전법에 따른 습지보호지역에서 시행되는 사업 중 환경적 쟁점이 큰 사업(중점평가대상사업)으로서 환경영향평가등 협의 및 사후관리 대상사업에서 협의회를 운영할 수 있습니다(지침 제3조). 승인기관, 사업자 및 지역주민 등 이해관계자 대표가 협의회 운영을 요청하여 협의기관의 장이 협의회 운영이 필요하다고 판단하는 경우 협의기관의 장이 구성운영주체로서 요청일로부터 10일 이내에 구성하여야 합니다(제4조). 협의회는 현지 조사를 원칙으로 하고, 필요할 경우 합동현지조사를 실시할 수 있습니다(제2조). 현지조사결과를 빠른 시일 내에 사업자, 승인기관 등에 통보하여 정당한 사유가 있는 경우를 제외하고는 사업계획 및 사후관리 시에 반영하도록 요청하여야 합니다(제4조).[14]

2) 포섭

피고에게 지역주민이 참여한 합동현지조사 및 환경영향갈등조정협의회 구성을 통한 갈등조정을 요청하였으나, 피고는 협의회 구성없이 인천과 시흥시 주민 각 1인만 합동현지조사에 참여할 수 있게 하는 등 주민 참여기회를 제대로 부여하지 아니하였습니다. 특히 관계법령상 환경영향평가의 협의는 이 사건과 같이 중점평가대상사업의 경우 환경에 미치는 영향을 검토하기 위해 갈등조정협의회를 구성·운영할 수 있으며, 위원은 최소 10인 이상 위원으로 구성하도록 되어 있습니다. 그런데, 피고는 이 사건 사업이 시흥시와 인천시민 및 환경단체 등의 이해관계가 서로 첨예하게 대립하는 상황임에도 위 갈등조정협의회를 구성하지 아니한 채 독단적으로 이 사건 협의 내용을 결정하고 말았습니다.[15] 사업계획 및 사후관리 시 그 결과를 반영할 수도 없게 되었습니다. 이는 위 지침을 위반한 절차상 하자에 해당합니다.

다. 소결

이 사건 통보 시 이유미제시의 하자, 협의회 미구성의 하자가 있으므로, 절차상 하자가 인정됩니다.

---

13) 현지조사에 관한 근거법령, 현지조사 실시 등 권한위임에 관한 근거법령을 법리 전개의 전제로서 작성하였다.
14) 지침의 경우, 전부 삽입하기는 어려울 것 같고 내부회의록에서 언급된 10인 이상 위원으로 구성되어야 하는 부분 위주로 적절히 삽입하면 될 것으로 판단된다.
15) 내부회의록 내용을 거의 변형 없이 그대로 작성하였다(12 내지 13면).

2. 내용의 하자

가. 처분사유 부존재

1) 법리

전략환경영향평가 대상은 사회기반시설에 대한 민간투자법 제9조에 따른 민간부문 제안사업 및 같은 법 제10조에 따른 민간투자시설사업기본계획에 해당하고(환경영향평가법 시행령 별표 2), 소규모 환경영향평가 대상은 습지보전법 제8조제1항에 따른 습지보호지역의 경우 사업계획 면적이 5,000제곱미터 이상인 것에 해당합니다(동 시행령 별표 4). 희귀하거나 멸종위기에 처한 야생 동식물이 서식하거나 나타나는 지역은 습지보호지역으로 지정될 수 있습니다(습지보호법 제8조 제1항 제2호).

피고는 해당 전략 및 소규모 환경영향평가 대상계획을 축소·조정하더라도 그 계획의 추진으로 환경훼손 또는 자연생태계의 변화가 현저하거나 현저하게 될 우려가 있는 경우에는 그 규모·내용·시행시기 등을 재검토할 것을 원고에게 통보할 수 있습니다(환경영향평가법 제17조 제5항 제1호, 제45조 제5항 제1호, 제72조).

2) 포섭

이 사건 사업은 배곧신도시와 송도국제도시를 연결하는 배곧대교 건설사업이므로 사회기반시설에 관한 것이어서 전략환경영향평가 대상입니다. 또한, 사업계획면적이 61,567.0㎡, 습지보호지역 면적이 23,052.0㎡이므로 사업계획 면적이 5,000제곱미터 이상인 경우에 해당하여 소규모 환경영향평가 대상입니다. 따라서 피고는 배곧대교 건설사업의 추진으로 환경훼손 또는 자연생태계의 변화가 현저하거나 현저하게 될 우려가 있는 경우에 한하여 이 사건 통보를 할 수 있습니다.[16]

그러나 ① 이 사건 사업은 교각들이 습지보호지역의 극히 일부인 167㎡(약 50평)를 점유하므로, 의뢰인이 배곧대교를 건설하여도 습지로서의 가치가 충분히 보존될 수 있는 점, ② 동 사업이 습지 환경에 미치는 영향을 최소화하기 위하여 토공을 배제하고, 교각 개수를 최소화하는 등의 방안을 마련한 점, ③ 조류전문가 등의 조사 결과, 이 사건 사업 시행으로 조류의 서식환경 변화가 크지 않을 것이라는 의견이 나온 점, ④ 한강유역환경청장이 제시한 관계 전문기관의 사업 반대의견은 실증적 연구에 기반한 것이 아니라 환경보호에 대한 원론적 의견에 불과한 점, ⑤ 람사르 협약은 '습지의 이용·개발 배제'가 아니라 '현명한 이용'을 전제로 하고 있고, 상실되는 습지의 보상을 전제로 개발도 허용하고 있으며, 이에 의뢰인은 관할 시흥시 인접 습지 중 약 1.6㎢(약 50만평)을 새롭게 습지보호지역으로 지정하는 방안도 제시하였는바, 이를 통해 기존 서식지 대체 장소를 마련할 수 있는 점 등을 모두 고려하면, 이 사건 사업이 법령에서 정한 습지 환경 및 생태에 대한 영향이 심각하거나 현저한 경우에 해당한다고 보기 어렵습니다.[17]

---

[16] 본항에서 처분사유의 부존재는 처분 대상사업이 아니거나, 처분 대상사업에 해당하지만 처분사유가 없다는 취지의 2가지로 전개할 수 있을 것으로 판단하였다. 처분 대상사업이라는 취지를 포함시켜 후자로 다툼을 한정하였다. 포섭은 배곧대교 건설사업 실시계획의 내용에 의하였다(16 내지 17면).

[17] 내부회의록 내용을 거의 변형 없이 그대로 작성하였다(10 내지 11면).

나. 재량권 일탈, 남용 여부

1) 재량행위 해당 여부 및 판단대상[18]

가) 법리

행정청은 행정권한을 남용하거나 그 권한의 범위를 넘어서는 안 됩니다(행정기본법 제11조 제2항).

행정행위가 그 재량성의 유무 및 범위와 관련하여 이른바 기속행위 내지 기속재량행위와 재량행위 내지 자유재량행위로 구분된다고 할 때, 그 구분은 당해 행위의 근거가 된 법규의 체재·형식과 그 문언, 당해 행위가 속하는 행정 분야의 주된 목적과 특성, 당해 행위 자체의 개별적 성질과 유형 등을 모두 고려하여 판단하여야 하고, 이렇게 구분되는 양자에 대한 사법심사는, 전자의 경우 그 법규에 대한 원칙적인 기속성으로 인하여 법원이 사실인정과 관련 법규의 해석·적용을 통하여 일정한 결론을 도출한 후 그 결론에 비추어 행정청이 한 판단의 적법 여부를 독자의 입장에서 판정하는 방식에 의하게 되나, 후자의 경우 행정청의 재량에 기한 공익판단의 여지를 감안하여 법원은 독자의 결론을 도출함이 없이 당해 행위에 재량권의 일탈·남용이 있는지 여부만을 심사하게 되고, 이러한 재량권의 일탈·남용 여부에 대한 심사는 사실오인, 비례·평등의 원칙 위배, 당해 행위의 목적 위반이나 동기의 부정 유무 등을 그 판단 대상으로 합니다(대법원 2001. 2. 9. 선고 98두17593 판결).

나) 포섭

환경영향평가법은 전략 및 소규모환경영향평가 대상계획의 규모·내용·시행시기 등을 재검토할 것을 주관 행정기관의 장에게 통보할 수 있다고 규정하므로(제17조 제5항, 제45조 제5항), 이 사건 처분의 근거가 된 법령의 문언, 행정의 목적, 당해 행위의 개별적 성질 등을 고려하면, 이 사건 처분은 재량행위에 해당합니다. 따라서 법원은 이 사건 처분에 재량권의 일탈, 남용이 있는지 여부를 판단합니다.

2) 비례의 원칙 위반

가) 법리

행정작용은 ① 행정목적을 달성하는 데 유효하고 적절할 것(적절성), ② 행정목적을 달성하는 데 필요한 최소한도에 그칠 것(필요성), ③ 행정작용으로 인한 국민의 이익 침해가 그 행정작용이 의도하는 공익보다 크지 아니할 것(상당성)의 원칙(비례의 원칙)에 따라야 합니다(행정기본법 제10조).

나) 포섭

환경영향평가의 목적을 달성하는 데 재검토 통보는 유효하고 적절한 수단입니다.[19] 그러나 피고가 원고가 제시한 5가지 대안 모두를 거부하며, 습지보호지역이 아닌 다른 노선으로 전면

---

[18] 최 변호사가 권한남용의 점이 없는지 질의하는 부분을 재량권 일탈, 남용의 쟁점으로 파악하였다(11면). 또한, 통상 검토하는 재량행위 해당 여부와 행정기본법 제11조 부분을 함께 포섭하기 위하여 목차를 이와 같이 작성하였다.
[19] 적절성 부분을 한 줄로 간단히 포섭하였다.

재검토하라고 통보한 행위는 사실상 사업을 중단하라는 명령으로서 행정목적을 달성하는데 필요한 최소한도에 그친 것으로 보기 어렵습니다.[20]

이 사건 통보에 의하여 각 지역에 위치한 산업단지, 학교, 연구소, 주거지를 연결하고, 4,038억 원의 생산유발효과 등의 경제효과를 발생시키며, 두 도시의 대중교통 활성화를 통해 현재 우회로 인해 지·정체가 극심해진 주변도로 교통량을 23.6% 감소시킴으로써 대기오염물질의 발생량도 30년간 1,250톤 절감하는 등 이 사건 사업에 의한 공익이 달성되지 못하고, 배곧대교 건설을 전제로 지역발전사업을 추진해 온 원고와 새로운 교통로를 이용하지 못하게 되는 지역 주민과 기업의 피해는 갈수록 심각해져 이 사건 통보가 의도하는 공익보다 크게 되어 상당성을 충족하지 못하였습니다.[21]

다) 소결

이 사건 통보는 비례의 원칙을 위반하였습니다.

3) 평등의 원칙 위반[22]

가) 법리

행정청은 합리적 이유 없이 국민을 차별하여서는 안 됩니다(행정기본법 제9조).

나) 포섭

유네스코 세계자연유산으로 등재된 전라남도 신안군 갯벌에도 다수의 연륙·연도교가 완공되었거나 추진 예정이고, 경제자유구역 내 신도시 발달로 인해 그 필요성이 대두된 2005년 낙동강 하구의 습지보호지역에 을숙도대교(구 명지대교)가 건설되었으나, 이 사건 사업은 이 사건 통보에 의하여 사업 추진이 어려우므로 양자 간 차별이 존재합니다.

그러나 그동안 습지보호지역 내 교량 건설을 허가한 다수의 사례가 있는 점, 위 사례들에서 습지보호지역에서 교량 건설과 습지 생물의 종·개체수의 변화는 무관한 것으로 드러난 점, 그러한 사례들과 비교할 때 이 사건 사업 시행으로 인한 부정적 환경영향이 더 크다고 볼 수 없는 점 등을 고려하면 이 사건 재검토 통보는 합리적인 이유가 없습니다. 따라서 이 사건 통보는 합리적 이유 없이 국민을 차별하는 것으로서 평등의 원칙에 위반됩니다.[23]

다) 자기구속의 원칙에 따랐다는 예상 항변에 대한 반박[24]

피고는 이 사건 사업으로 인한 이익은 이동시간 단축에 불과한 반면, 그로 인한 송도갯벌의

---

20) 필요성 부분을 내부회의록 내용 중 일부를 인용하여 간단히 작성하였다(11면).
21) 상당성 부분을 내부회의록 내용 중 위 각주에서 인용한 부분 외의 부분을 인용하여 간단히 작성하였다(11면).
22) 을숙도대교, 신안군 사업 건의 경우에는 이 사건과 동일, 유사한 다른 건이면서 신안군 사업의 경우에는 시간적(時間的)으로 동일하게 진행되는 건이어서 2개를 묶어서 평등의 원칙 쟁점으로 파악하였다(11 내지 12면).
23) 차별취급의 존재, 합리적 이유가 없다는 부분 전부 내부회의록 내용 일부를 변형하여 작성하였다(11 내지 12면).
24) 최 변호사가 반론 여지가 있는 부분을 언급할 때, 그동안의 사례를 포괄하는 취지로 말하거나, 2022. 5. 14.자 과거 사례를 들어 행정청이 이번 건의 처분을 정당화할 여지가 있다고 말한 점을 고려하여 자기구속의 원칙 쟁점으로, 상대방의 반론 여지에 대한 재반박 형태이므로 목차를 예상 항변에 대한 반박으로 파악하였다(12면). 다만, 반론 여지에 대한 재반박임을 고려하면 '자기구속의 원칙'이라는 표현을 삭제하고 평등의 원칙 쟁점으로 고려하여도 좋을 것으로 판단된다. 자기구속의 원칙 역시 그 근거가 행정기본법 제9조로 판단되어 소목차로 포섭하였다.

직접 훼손 및 멸종위기종인 저어새를 비롯한 다수의 법정보호 조류의 서식지 훼손이 우려되고, 환경부도 2022. 5. 14. 송도갯벌을 관통하는 수도권 제2순환 고속도로(안산~인천) 사업에 대한 국토교통부와의 협의에서 같은 이유로 습지보호지역은 사업계획에서 제외토록 협의한 점 등을 고려하면, 이 사건 통보가 적정하다는 취지로 항변할 것이 예상됩니다.

갯벌 훼손 항변과 관련하여, 이미 저어새의 서식지와 관련하여, 저어새가 배곧대교를 가로질러 이동하는 데에 어려움이 없을 것으로 보이는 점, 방해요인을 학습하여 영향이 최소화될 것인 점, 조류의 월등한 시력을 고려하면 해상구조물을 피하여 활동할 것인 점, 부산 을숙도대교 및 신안 천사대교 사례를 고려하면 악영향이 적을 것으로 보이는 점을 종합하면, 서식지 훼손 우려는 기우에 불과할 것으로 판단됩니다.[25]

4) 소결

이 사건 통보에 비례의 원칙, 평등의 원칙을 위반한 재량의 일탈, 남용이 인정됩니다.

다. 소결

이 사건 통보의 처분사유가 존재하지 않고, 이 사건 통보에 재량의 일탈, 남용이 인정되므로 이 사건 통보에 내용상 하자가 있어 위법취소되어야 합니다.

---

[25] 내부회의록에서 별도 답변이 없던 부분이어서 18 내지 21면의 내용 중 유리한 부분을 발췌하여 작성하였다.

가처분신청서

① 신청취지

"피신청인이 2023. 11. 24.에 한 '제13회 변호사시험 일시·장소 및 응시자준수사항 공고'(법무부 공고 제2023-360호) 제4의 나.항 중 "코로나 22확진자*는 시험에 응시할 수 없습니다." 부분, 신청기간 중 "2024. 1. 7.(일) 18:00" 부분, "사전신청마감을 2024. 1. 7.(일) 18:00까지로 제한" 부분은 헌법재판소 2023헌마○○○ 헌법소원심판청구사건의 종국결정 선고 시까지 이를 정지한다."[26]라는 결정을 구합니다.

② 가처분 신청사유

1. 가처분 요건[27]

권한쟁의심판 및 헌법소원심판의 경우에는 행정소송법을 함께 준용합니다. 이 경우에 형사소송에 관한 법령 또는 행정소송법이 민사소송에 관한 법령에 저촉될 때에는 민사소송에 관한 법령은 준용하지 않습니다(헌법재판소법 제40조 제2항, 제1항 후단).

가처분은 다툼이 있는 권리관계에 대하여 임시의 지위를 정하기 위하여도 할 수 있습니다. 이 경우 가처분은 특히 계속하는 권리관계에 끼칠 현저한 손해를 피하거나 급박한 위험을 막기 위하여, 또는 그 밖의 필요한 이유가 있을 경우에 하여야 합니다(민사집행법 제300조 제2항).

취소소송이 제기된 경우에 처분등이나 그 집행 또는 절차의 속행으로 인하여 생길 회복하기 어려운 손해를 예방하기 위하여 긴급한 필요가 있다고 인정할 때에는 본안이 계속되고 있는 법원은 당사자의 신청 또는 직권에 의하여 처분등의 효력이나 그 집행 또는 절차의 속행의 전부 또는 일부의 정지를 결정할 수 있습니다(행정소송법 제23조 제2항).

헌법재판소법 제40조 제1항에 따라 준용되는 행정소송법 제23조 제2항의 집행정지규정과 민사소송법 제714조[28]의 가처분규정에 비추어 볼 때, 이와 같은 가처분결정은 헌법소원심판에서 다투어지는 '공권력 행사 또는 불행사'의 현상을 그대로 유지시킴으로 인하여 생길 ① 회복하기 어려운 손해를 예방할 필요가 있어야 하고 ② 그 효력을 정지시켜야 할 긴급한 필요가 있어야 한다는 것 등이 그 요건이 된다 할 것이므로, ③ 본안심판이 부적법하거나 이유없음이 명백하지 않는 한, 위와 같은 가처분의 요건을 갖춘 것으로 인정되고, 이에 덧붙여 ④ 가처분을 인용한 뒤 종국결정에서 청구가 기각되었을 때 발생하게 될 불이익과 가처분을 기각한 뒤 청구가 인용되었을

---

26) 아래 청구취지 각주 참조. "~은 헌법재판소 2023헌마○○○ 헌법소원심판청구사건의 종국결정 선고 시까지 이를 정지한다." 부분을 암기하고, 각자 기록형 교재에 따라 정리하면 좋겠다.
27) 주어진 세부 목차 중 1항의 가처분 요건 내 2항의 필요성이 포함되어 본항에서는 요건만 설시하고, 2항에서 포섭을 하는 형태로 작성하였다. 학습 목적으로 근거조항 등을 전부 삽입하였으나 <u>실제 시험 시에는 본항에 삽입한 판례에 번호로 매긴 부분만 작성하여도 될 것으로 판단된다.</u>
28) 현행 민사집행법 제300조

때 발생하게 될 불이익에 대한 비교형량을 하여 후자의 불이익이 전자의 불이익보다 크다면 가처분을 인용할 수 있는 것입니다(헌법재판소 2000. 12. 8. 선고 2000헌사471 전원재판부 결정).

2. 가처분 필요성[29][30]

가. 회복하기 어려운 손해의 발생

2023. 11. 24.자 공고에 의하면, 코로나 22 확진자는 시험에 응시할 수 없고, 자가격리자는 2024. 1. 7. 18:00까지 사전에 신청하여야 시험에 응시할 수 있습니다(4항 나). 따라서 제13회 변호사시험 응시 전 또는 변호사시험 응시 도중 코로나22 확진 판정을 받거나 2024. 1. 7.(일) 18:00 이후 자가격리대상자가 되는 등으로 위 일시까지 '응시 사전 신청'을 하지 못한 경우에는 제13회 변호사시험에 응시할 수 없게 됩니다.

변호사시험은 1년에 한 번 치러지는 자격시험으로 변호사시험법 제7조에 따라 5년 내에 5회만 응시할 수 있는 상황에서 이러한 제한은 너무나 큰 불이익이 될 수 있습니다.[31]

나. 긴급한 필요성

시험시행일이 2024. 1. 9.이므로 이 사건 공고일로부터 약 1달 반 정도 남은 점을 고려하면, 긴급한 필요성이 인정된다고 봄이 타당합니다.

---

[29] 보전의 필요성 취지로 회복하기 어려운 손해의 발생, 긴급한 필요성에 관하여만 작성하였다. 소극요건을 작성하여야 하는 경우에는 그 내용에 따라 간단히 작성하면 된다(~이므로 본안의 이유 없음이 명백하지 않고, 인용에 따른 공익이 기각에 따른 사익보다 높다는 취지).
[30] 필자는 작성 시간의 단축 등 이유로 본안의 비례원칙(과잉금지원칙) 위반 여부 부분을 작성한 후 해당 내용을 최대한 베껴 쓸 것을 추천한다. 본 해설도 그와 같이 본안 부분을 가처분 필요성 목차에 따라 다소 변형하는 형태로 작성하였다.
[31] 과잉금지원칙 중 침해의 최소성 목차 내 내용이다.

헌법소원심판청구서

① **청구취지**

"피청구인이 2023. 11. 24.에 한 '제13회 변호사시험 일시·장소 및 응시자준수사항 공고'(법무부 공고 제2023-360호) 제4의 나.항 중 "코로나 22확진자*는 시험에 응시할 수 없습니다." 부분, 신청기간 중 "2024. 1. 7.(일) 18:00" 부분, "사전신청마감을 2024. 1. 7.(일) 18:00까지로 제한" 부분은 청구인들의 직업선택의 자유를 침해한 것이므로 이를 취소한다.32)"

라는 결정을 구합니다.

② **2. 적법요건의 구비**

1. 대상적격

가. 법리

　공권력의 행사 또는 불행사로 인하여 헌법상 보장된 기본권을 침해받은 자는 법원의 재판을 제외하고는 헌법재판소에 헌법소원심판을 청구할 수 있습니다(헌법재판소법 제68조 제1항).

　'공권력'이란 입법권·행정권·사법권을 행사하는 모든 국가기관·공공단체 등의 고권적 작용을 말하고, 그 행사 또는 불행사로 국민의 권리와 의무에 대하여 직접적인 법률효과를 발생시켜 청구인의 법률관계 내지 법적 지위를 불리하게 변화시키는 것이어야 합니다. 한편, 공고나 계획 등의 형식으로 이루어지는 공권력의 작용들은 그것이 헌법소원의 대상이 되는 공권력의 행사에 해당하는지를 일률적으로 말할 수 없고, **개별적인 내용과 관련 법령의 규정에 따라 구체적으로 판단하여야 합니다. 즉 공고 등이 법령에 근거하여 법령의 내용을 구체적으로 보충하거나 세부적인 사항을 확정하는 것일 때에는 이는 공권력의 행사에 해당하지만, 그것이 법령에 정해지거나 이미 다른 공권력 행사를 통하여 결정된 사항을 단순히 알리는 것 또는 대외적 구속력이 없는 행정관청 내부의 해석지침에 불과한 것인 때에는 공권력의 행사에 해당하지 않습니다** (헌법재판소 2019. 5. 30. 선고 2018헌마1208·1227(병합) 전원재판부 결정).

나. 포섭

　법무부장관은 매년 1회 이상 시험을 실시하되, 그 실시계획을 미리 공고하여야 하고, 위 공고에 필요한 사항은 대통령령으로 정합니다(변호사시험법 제4조).

　법무부장관은 시험을 실시하려는 경우에는 그 시험일시, 시험장소, 시험방법, 시험과목, 응시자격, 출원절차, 합격자 발표의 일시 및 방법 등을 시험 실시 3개월 전까지 관보와 인터넷

---

32) 형식은 행정행위에 대한 헌마소원의 청구취지 예시를 참고하여 "~를 취소한다."로 작성하였다(헌법재판실무제요 185면). 내용은 내부회의록의 취지에 따라 코로나 확진 및/또는 감염병 의심으로 자가격리된 자에 대한 응시제한을 배제하여야 하므로, 확진자에 대한 부분, 신청기간의 종기가 배제되도록 하였다(27면).

"제13회 변호사시험 응시 전 또는 변호사시험 응시 도중 [코로나22 확진 판정]을 받거나 2024. 1. 7.(일) 18:00 이후 자가격리대상자가 되는 등으로 [위 일시까지 '응시 사전 신청'을 하지 못한 경우에는 제13회 변호사시험에 응시할 수 없게 됩니다."

홈페이지 또는 일간지 등에 공고하여야 합니다. 위 공고 후 법 제8조 제1항에 따라 시험을 실시하려는 경우에는 그 일시, 장소 및 시험응시자에게 필요한 준비사항 등을 시험일 10일 전까지 관보와 인터넷 홈페이지 또는 일간지 등에 공고하여야 합니다(변호사시험법 시행령 제2조 제1항, 제2항).

위 법령만으로는 응시자격이 정해져 있다고 볼 수 없고, 이 사건 공고에 의하여 응시자격이 확정됩니다. 따라서 이 사건 공고는 법령의 내용을 구체적으로 보충하고 세부적인 사항을 확정함으로써 대외적 구속력을 가진다고 할 것이므로, 헌법소원의 대상이 되는 공권력의 행사에 해당합니다.

2. 자기관련성

가. 법리

어떤 공권력행사가 헌법소원을 청구하고자 하는 사람의 법적 지위에 영향을 미치지 아니하는 경우라면 애당초 기본권침해의 가능성이나 위험성이 없으므로 그 공권력의 행사를 대상으로 헌법소원을 청구하는 것은 허용되지 않습니다(헌법재판소 2019. 5. 30. 선고 2018헌마1208·1227(병합) 전원재판부 결정).

나. 포섭

시험에 응시하려는 사람은 법학전문대학원 설치·운영에 관한 법률 제18조 제1항에 따른 법학전문대학원의 석사학위를 취득하여야 합니다. 3개월 이내에 위 석사학위를 취득할 것으로 예정된 사람은 위 응시자격을 가진 것으로 봅니다. 다만, 그 예정시기에 석사학위를 취득하지 못하는 경우에는 불합격으로 하거나 합격 결정을 취소합니다(변호사시험법 제5조 제1항, 제2항).

청구인들에게 자기관련성이 인정되기 위하여서는 석사학위를 취득하였거나 3개월 이내에 석사학위를 취득할 예정인 자에 해당하여 응시자격을 인정받아야 합니다. 청구인들은 졸업하고 변호사시험에 응시할 것이므로 석사학위를 취득하였거나 3개월 이내에 석사학위 취득 예정자에 해당하여 자기관련성이 인정됩니다. 설령 석사학위를 취득하지 못하더라도 이는 변호사시험 이후의 문제이므로 여전히 자기관련성이 인정된다 할 것입니다.

3. 청구기간

헌법재판소법 제68조 제1항에 의한 헌법소원의 심판은 그 사유가 있음을 안 날부터 90일 이내에, 그 사유가 있는 날부터 1년 이내에 청구하여야 합니다(헌법재판소법 제69조 제1항).

이 사건 공고일은 2023년 11월 24일이고 제출일은 2023. 12. 20.이므로 이 사건 청구는 청구기간을 준수하였습니다.[33]

4. 소결

이 사건 청구는 대상적격, 자기관련성, 청구기간이 인정되므로 적법요건을 구비하였습니다.

---

[33] 제공된 달력상 청구기간의 종기를 특정할 수 없어서 특정하지 않았다.

③ 3. 위헌이라고 생각되는 이유

1. 제한되는 기본권

모든 국민은 직업선택의 자유를 가집니다(헌법 제15조). '직업'은 '생활의 기본적 수요를 충족시키기 위한 계속적 소득활동'을 의미하며 그러한 내용의 활동인 한 그 종류나 성질을 묻지 않습니다(헌법재판소 2003. 9. 25. 선고 2002헌마519 전원재판부 결정).

청구인들은 이 사건 공고에 의하여 변호사시험 응시자격을 제한받아 변호사 자격을 취득하지 못하게 될 여지가 있으므로 직업선택의 자유를 제한받습니다.

2. 과잉금지원칙 위반 여부

가. 법리[34]

1) 단계이론

직업의 자유에 대한 제한이라고 하더라도 그 제한사유가 직업의 자유의 내용을 이루는 직업수행의 자유와 직업선택의 자유 중 어느 쪽에 작용하느냐에 따라 그 제한에 대하여 요구되는 정당화의 수준이 달라집니다. 그리하여 직업의 자유에 대한 법적 규율이 직업수행에 대한 규율(1단계)로부터 직업선택에 대한 규율(2, 3단계)로 가면 갈수록 자유제약의 정도가 상대적으로 강해져 입법재량의 폭이 좁아지게 되고, 직업선택의 자유에 대한 제한이 문제되는 경우에 있어서도 일정한 주관적 사유를 직업의 개시 또는 계속수행의 전제조건으로 삼아 직업선택의 자유를 제한하는 경우(2단계)보다는 직업의 선택을 객관적 허가조건에 걸리게 하는 방법으로 제한하는 경우(3단계)에 침해의 심각성이 더 크므로 보다 엄밀한 정당화가 요구됩니다(헌법재판소 2003. 9. 25. 선고 2002헌마519 전원재판부 결정).

2) 2단계 적용 시 심사기준

과잉금지의 원칙을 적용함에 있어서도, 어떠한 직업분야에 관한 자격제도를 만들면서 그 자격요건을 어떻게 설정할 것인가에 관하여는 국가에게 **폭넓은 입법재량권**이 부여되어 있는 것이므로 다른 방법으로 직업선택의 자유를 제한하는 경우에 비하여 보다 **유연하고 탄력적인 심사가 필요합니다**(헌법재판소 2003. 9. 25. 선고 2002헌마519 전원재판부 결정).

나. 포섭

1) 이 사건의 심사기준

이 사건 공고는 변호사시험 응시자격을 제한하여 변호사 자격 취득을 제한하는 것이므로 주관적 사유를 직업의 개시 또는 계속수행의 전제조건으로 삼아 직업선택의 자유를 제한하는 경우에 해당합니다. 따라서 과잉금지원칙에 따라 판단하되, 폭넓은 입법재량권이 부여되는 경우에 해당하여 유연하고 탄력적인 심사를 하여야 합니다.

---

[34] 이 사건에서는 자격제 자체보다는 응시자격에 대한 부분이므로 단계이론을 논의하는 것이 타당한지 고민하였고, 제한되는 기본권을 직업선택의 자유로 포섭하였으므로 단계이론을 포함하여 판단하였다. 이러한 취지를 알리기 위하여 포섭 목차의 1)항에 심사기준 선택 시 위와 같은 취지를 포섭하였다.

2) 목적의 정당성 및 수단의 적절성

이 사건 공고는 코로나22의 신종변이 바이러스 확산이 심각한 단계에 있어서 사회적 거리두기를 엄격하게 적용하는 상황에[35] 변호사시험을 적절히 시행하기 위하여 응시자격을 일부 제한하는 것으로서 그 목적이 정당하고 그 수단이 적절합니다.

3) 침해의 최소성

2023. 11. 24.자 공고에 의하면, 코로나 22 확진자는 시험에 응시할 수 없고, 자가격리자는 2024. 1. 7. 18:00까지 사전에 신청하여야 시험에 응시할 수 있습니다(4항 나). 따라서 제13회 변호사시험 응시 전 또는 변호사시험 응시 도중 코로나22 확진 판정을 받거나 2024. 1. 7.(일) 18:00 이후 자가격리대상자가 되는 등으로 위 일시까지 '응시 사전 신청'을 하지 못한 경우에는 제13회 변호사시험에 응시할 수 없게 됩니다.[36]

변호사시험은 1년에 한 번 치러지는 자격시험으로 변호사시험법 제7조에 따라 5년 내에 5회만 응시할 수 있는 상황에서 이러한 제한은 너무나 큰 불이익이 될 수 있습니다.[37]

4) 법익의 균형성

이 사건 공고에 의하여 응시가 제한되는 자는 5회의 기회 중 1회의 기회를 영구히 잃게 되므로 그 사익의 침해가 중대한 반면, 전염병 확산을 방지하고 시험을 안정적으로 운영한다는 공익은 크지 않습니다. 따라서 법익의 균형성이 인정되기 어렵습니다.[38]

3. 소결

이 사건 공고는 과잉금지원칙에 위반하여 청구인들의 직업선택의 자유를 침해합니다.

---

[35] 작성요령 및 주의사항에 있는 내용이다.
[36] 내부회의록 내용을 거의 변형 없이 그대로 작성하였다(27면).
[37] 내부회의록 내용을 거의 변형 없이 그대로 작성하였다(27면).
[38] 침해의 최소성 내용과 목적의 정당성 내용을 '~반면'으로 연결하여 작성하면 쉽게 작성할 수 있다.

2022년도 제3차 변호사시험 모의시험 해설

소 장

청구취지

II. 소의 적법성

1. 대상적격

2. 제소기간

III. 처분의 위법성

1. 처분사유 부존재

2. 재량의 일탈, 남용

가. 재량행위 해당 여부

나. 일탈, 남용 여부(비례의 원칙 위반 여부)

1) 심사기준

2) 사안의 경우

헌법소원심판청구서

청구취지

당해사건

II. 적법요건의 구비 여부

1. 재판의 전제성

2. 청구기간

III. 심판대상조항의 위헌성

1. 의료법 제33조 제8항 본문 중 "운영" 부분

가. 제한되는 기본권

나. 과잉금지원칙 위반 여부

1) 심사기준

2) 위반 여부

3. 의료법 제87조 제1항 제2호 중 제33조 제8항 중 '운영' 부분

가. 책임과 형벌 간 비례원칙

나. 위반 여부

4. 부칙 제1조 중 제33조 제8항 본문 및 제87조 제1항 제2호의 각 해당 부분

가. 신뢰보호원칙

나. 심사기준

다. 위반 여부

소 장

피고   국민건강보험공단

청구취지

1. 피고가 2022. 3. 31. 원고에게 한 요양급여비용 2,000,000,000원 환수처분을 취소한다.
2. 소송비용은 피고가 부담한다.

라는 판결을 구합니다.

II. 소의 적법성

1. 대상적격

취소소송은 처분등을 대상으로 합니다(행정소송법 제19조). "처분등"이라 함은 행정청이 행하는 구체적 사실에 관한 법집행으로서의 공권력의 행사 또는 그 거부와 그밖에 이에 준하는 행정작용 및 행정심판에 대한 재결을 말합니다(제2조 제1항 제1호).

행정심판에 따른 감액경정처분이 있는 경우, 대상적격은 취소되지 않고 남은 부분인 변경된 원처분에 인정합니다.[1]

사안에서 원고는 2022. 3. 31. 피고로부터 2,400,000,000원(2021. 8. 2.~12. 10.)의 요양급여비용을 환수하라는 처분을 받고, 4. 4. 16:55 송달받았습니다. 이에 대한 이의신청 결과, 5. 26. 400,000,000원을 감경 받아 2,000,000,000원(2021. 11. 15.~12. 10.)의 환수분을 취소받아 5. 30. 17:50 이를 송달 받았습니다(환수처분 통지, 환수처분서, 우편송달보고서, 감액경정결정 통지, 이의신청 결정서, 우편송달보고서 각 참조).

이에 취소소송의 대상은 이의신청에 따른 감액경정처분 결과 취소되지 않고 남아있는 2,000,000,000원의 2022. 3. 31.자 원처분에 해당합니다.

2. 제소기간

취소소송은 처분등이 있음을 안 날부터 90일 이내에 제기하여야 합니다. 다만, 행정심판청구가 있은 때의 기간은 재결서의 정본을 송달받은 날부터 기산합니다(행정소송법 제20조 제1항).

사안에서 원처분은 3. 31.에 있었으므로 제소기간 도과 여부가 문제되어, 이의신청에 대한 결정서 송달일인 5. 31.(초일불산입)로부터 90일 후를 제소기한으로 할 수 있는지 여부가 문제됩니다.

보험급여 비용에 관한 피고의 처분에 이의가 있는 자는 피고에게 이의신청을 할 수 있고(건보법 제87조), 이의신청에 대한 결정에 불복하는 자는 행정소송법에 따라 행정소송을 제기할 수 있습니다(제90조).

---

[1] 대법원 1996. 7. 30. 선고 95누6328 판결

위 규정에 의하면 이의신청은 행정소송의 전심절차로서 특별행정심판으로 볼 수 있다 할 것입니다.[2]

설령 그렇지 않더라도,[3] 건보법이 이의신청과 별개로 행정심판을 규정하고 있기는 하나 이의신청 역시 행정소송의 전심절차에 해당하는 점, 그 결정서 송달일을 기준으로 제소기간을 산정하지 않을 경우 기간을 예측할 수 없는 이의신청에 의하여 행정소송 가능 여부가 달라지는 점, 이는 국민의 재판권을 침해하는 점, 제정된 행정기본법은 비록 2022. 3. 24.부터 시행되긴 하나 이의신청서 결정일로부터 90일 내에 행정소송을 제기할 수 있도록 규정하는 점(제36조 제4항)을 종합하면, 이의신청 결정서 송달일을 제소기간 기산점으로 유추적용하여 행정소송을 제기할 수 있다 할 것입니다.

따라서 5. 31.로부터 90일 후인 8. 28.이 만료점인데, 이는 일요일이므로 그 다음 날인 8. 29.이 제소기한이라 할 것입니다. 원고는 2022. 8. 29. 제소하였으므로 제소기간을 준수하였습니다.

III. 처분의 위법성

1. 처분사유 부존재

피고는 원고가 속임수나 그 밖의 부당한 방법으로 보험급여를 받은 요양기관에 해당한다는 이유로 이 사건 처분을 하였습니다(건보법 제57조 제1항). 그 근거로 건보법은 요양기관을 의료법에 따라 개설된 의료기관으로 규정하는데(제42조 제1항 제1호), 원고 명의의 의료기관은 명의 차용을 통하여 설립된 것이어서(의료법 제4조 제2항) 실질적으로 둘 이상의 의료기관을 개설, 운영하는 경우에 해당하는 것이어서(제33조 제8항), 건보법상 요양기관으로 볼 수 없다는 취지를 들었습니다.

그러나 의료법에 의하면 위와 같은 피고의 주장은 부당합니다.

의료법은 의사가 의료기관을 개설할 수 있다고 규정할 뿐이므로(제33조 제2항 제1호), 의사가 개설한 의료기관이면 의료법에 따라 개설된 의료기관에 해당합니다. 제4조 제2항과 제33조 제8항에 의한 문제는 의료법 위반에 관한 것에 불과하고, 공정력을 고려하면 이는 무효사유가 아니므로 이를 위반한 의료기관 역시 여전히 의료법상 개설된 의료기관으로 봄이 타당하다 할 것입니다. 의료법은 제4조 제2항, 제33조 제8항을 위반한 경우에 대한 형벌조차 규정하고 있지 않는 점, 의료기관 개설자가 될 수 없는 자가 개설한 경우나 그에게 고용되어 의료행위를 한 자에 대하여만 형벌을 규정하는 점도 원고에게 유리하게 고려될 수 있을 것입니다.

건보법은 보험급여 실시를 통해 국민보건 향상과 사회보장 증진에 이바지함을 목적으로 하는 점, 부당이득 징수 규정에 의하면 요양기관이 보험급여를 부당하게 편취하는 점을 제재

---

[2] 문제의 취지로 판단된다.
[3] 건보법에서 행정심판에 관하여 별도로 규정하고 있는 점, 사안에서 문제되는 것은 제소기간이므로 '이의신청 결정서 송달일'을 '재결서 정본 송달일로' 유추적용할 수 있으면 되는 점, 언어유희에 불과할 수 있으나 이의신청 절차를 행정심판 절차로 보는 것보다 '송달일'만 유추적용하는 것이 법원 입장에서도 받아들이기 쉬운 주장일 것으로 판단되는 점을 고려하여 이와 같이 작성하였다.

하려는 목적으로 보이는 점, 사안에서 원고 명의 의료기관에서 요양급여는 가입자와 피부양자에게 지급되었고 원고나 의료기관이 편취하지 않은 점을 종합하면, 여전히 의료법 위반 사실로 건보법상 부당이득을 하였다고 보기는 어렵습니다.

따라서 처분사유가 부존재하여 피고의 처분은 취소되어야 합니다.

2. 재량의 일탈, 남용

가. 재량행위 해당 여부

행정행위가 그 재량성의 유무 및 범위와 관련하여 이른바 기속행위 내지 기속재량행위와 재량행위 내지 자유재량행위로 구분된다고 할 때, 그 구분은 당해 행위의 근거가 된 법규의 체재·형식과 그 문언, 당해 행위가 속하는 행정 분야의 주된 목적과 특성, 당해 행위 자체의 개별적 성질과 유형 등을 모두 고려하여 판단하여야 합니다. 재량행위에 대하여 위법취소 시에는 전부 취소하여야 합니다.

사안에서 건보법은 부당이득 징수 시 "징수한다"라고 규정하고 있으나 그 내용에 관하여 "일부"를 징수할 수 있도록 하고 있으므로(제57조 제1항) 이는 재량행위에 해당한다고 봄이 타당합니다.

나. 일탈, 남용 여부(비례의 원칙 위반 여부)

1) 심사기준

재량의 일탈, 남용 판단 시 법원은 당해 행위에 재량권의 일탈·남용이 있는지 여부만을 심사하게 되고, 이러한 재량권의 일탈·남용 여부에 대한 심사는 사실오인, 비례·평등의 원칙 위배, 당해 행위의 목적 위반이나 동기의 부정 유무 등을 그 판단 대상으로 합니다(판례).

2) 사안의 경우[4]

보험급여 실시를 통해 국민보건 향상과 사회보장 증진에 이바지함을 목적으로 건보법 취지상 보험급여를 부당편취한 자에 대한 부당이득 징수는 적절한 수단입니다. 그러나 원고가 처분에 관련된 기간 동안 매일 야근하며 수많은 환자를 직접 진료하여 과로하였고, 실질적으로 봉직의에 불과하였으며, 형사사건에서도 참고인 조사조차 받은 바가 없는 점을 고려하면 원고에 대한 2,000,000,000원의 처분은 사익을 과도하게 침해하여 필요성을 이탈하였습니다. 또한, 처분으로 달성할 수 있는 공익이 부당이득의 징수인데 요양급여 비용과 병원 수익이 이만근에게 귀속되었고 원고가 부당이득을 하였다고 보기 어려우므로 그 침해는 과다하여 상당성 역시 부정됩니다.

이는 재량권 불행사 또는 재량의 일탈, 남용에 해당하여 전부 취소되어야 합니다.

2022. 8. 29.

---

[4] 법률상담일지, 내부회의록은 통상 증거로 제출하지 않으므로 작성하지 않았다.

헌법소원심판청구서

청구취지

"의료법(2021. 2. 1. 법률 제13579호로 개정된 것) 제33조 제8항 본문 중 '운영' 부분, 제87조 제1항 제2호 중 제33조 제8항 본문 가운데 '운영'에 관한 부분, 같은 법 부칙(2021. 2. 1. 법률 제13579호) 제1조 중 위 제33조 제8항 본문 및 제87조 제1항 제2호의 각 해당 부분은 헌법에 위반된다."라는 결정을 구합니다.

당해사건

서울동부지방법원 2022고단1434 의료법위반

II. 적법요건의 구비 여부

1. 재판의 전제성

재판의 전제성이란 구체적 사건이 법원에 계속중이고 위헌 여부가 문제되는 법률이 당해 소송사건의 재판에 적용되며 그 법률의 위헌 여부에 따라 당해 소송사건의 결과가 달라지는 경우를 의미합니다. 결과가 달라지는 경우란 주문이 달라지는 경우, 이유가 달라지는 경우, 재판의 내용과 효력에 관한 법률적 의미가 달라지는 경우를 포함합니다.

사안에서 서울동부지방법원 2022고단1434 의료법위반 사건이 계속중이고, 공소장에 의료법 제87조제1항 제2호, 제33조 제8항이 기재되어 판단 시 적용되고(위헌법률심판제청신청 기각결정, 공소장 각 참조), 부칙 조항은 경과규정이므로 위 각 심판대상조항이 당해 사건에 직접적 또는 간접적으로 적용되고, 심판대상조항의 위헌 판단 시 무죄판결을 선고하여야 하므로 주문이 달라지는 경우로서, 재판의 전제성이 인정됩니다.

2. 청구기간

헌법재판소법 제68조 제2항 헌법소원심판은 위헌 여부 심판의 제청신청을 기각하는 결정을 통지받은 날부터 30일 이내에 청구하여야 합니다(헌법재판소법 제69조 제2항).

사안에서 청구인은 2022. 9. 19. 기각결정을 송달받았으므로 그로부터 30일 이내인 10. 14.에 청구하는 이 사건 헌법소원심판 청구는 제소기간을 준수하였습니다(위헌법률심판제청신청 기각결정, 송달증명원 각 참조).

III. 심판대상조항의 위헌성

1. 의료법 제33조 제8항 본문 중 "운영" 부분

가. 제한되는 기본권

모든 국민은 직업선택의 자유를 가집니다(헌법 제15조). 직업선택의 자유는 직업결정의 자유,

직업수행의 자유, 영업의 자유 등을 포함하는데 사안에서는 의료인이 의료기관을 개설하지 못하게 하므로 직업수행의 자유를 제한한다고 봄이 타당합니다.

나. 과잉금지원칙 위반 여부

1) 심사기준

국민의 모든 자유와 권리는 국가안전보장·질서유지 또는 공공복리를 위하여 필요한 경우에 한하여 법률로써 제한할 수 있으며, 제한하는 경우에도 자유와 권리의 본질적인 내용을 침해할 수 없습니다(헌법 제37조 제2항). 위 제한은 목적의 정당성, 수단의 적절성, 침해의 최소성, 법익의 균형성을 충족하여야 합니다.

2) 위반 여부

의료법은 모든 국민이 수준 높은 의료 혜택을 받을 수 있도록 국민의료에 필요한 사항을 규정하여 국민의 건강을 보호하고 증진하는 데에 목적이 있고(의료법 제1조), 의료기관 중복 운영은 의료기관 개설자인 의료인이 개설한 의료기관의 운영에만 집중할 수 있도록 하기 위한 1인 1개소 제한 목적으로서 정당합니다(보건복지부 집행지침 참조). 의료기관 중복 운영 제한은 위 목적을 달성하기 위한 수단으로서 적절합니다.

그러나 '운영'을 일률적으로 금지하는 것은 단순 지분투자, 경영지원, 이사 겸임까지 불가하게 할 수 있어 그 침해가 과다합니다. 보건복지부가 네트워크 의료기관이 다양한 방식으로 운영되고 있다는 이유로 그 범위를 명시하지 않으면서 하위법령 개정안도 입법하지 않는 행위는 그 범위를 제한하지 않아 그 피해를 예상할 수 없는 점, 단순 지분투자, 경영지원, 이사 겸임까지 부정적인 결과만을 고려하여 '운영'에 포함된다고 보는 것 역시 스스로 제한을 포기하여 의료기관에 대한 침해를 확대시키는 행위인 점, 외국 입법례는 복수 의료기관을 운영을 조건적으로 제한하는 것으로 보이는 점, 벌금에 의하여 기존에 자격정지형에 불과한 질서행정법상 제재가 자격취소로 이어져 평등의 측면에서 문제가 되는 점을 종합하면, 이는 최소침해성을 위반하였습니다.

이로 달성할 수 있는 공익은 단지 1인 1개소 원칙에 충실하는 것에 불과한 반면, 침해되는 사익은 의료기관 폐업부터 의료인의 자격취소까지 과다하므로 법익의 균형성에도 위반됩니다.

따라서 과잉금지원칙에 위반됩니다.

3. 의료법 제87조 제1항 제2호 중 제33조 제8항 중 '운영' 부분

가. 책임과 형벌 간 비례원칙

책임과 형벌 간 비례원칙은 형법상 책임원칙의 하나로서 책임을 초과하는 형벌을 과할 수 없다는 것입니다. 법정형은 책임의 정도에 비례하도록 규정되어야 합니다(현재).

나. 위반 여부

심판대상조항에 의하면 의료인은 의료기관 중복 운영 시 5년 이하의 징역이나 2천만원 이하의 벌금에 처해집니다(제87조 제1항 제2호). 의료법은 의료법을 위반하여 금고 이상의 형을 선고받고 그 형의 집행이 종료되지 아니하였거나 집행을 받지 아니하기로 확정되지 아니한 자에 대하여(제8조 제4호), 필요적 면허취소를 규정합니다(제65조 제1항 제1호).

즉, 기존에는 재량으로 자격정지에 불과하였던 제재가 개정으로 인하여 필요적 자격취소로 가중되는데, 후자는 양형이나 재량이 개입할 여지가 없는 것으로서 책임을 초과하는 형벌에 해당하여 책임과 형벌 간 비례원칙에 위반된다 할 것입니다.

특히 대법원이 단순 지분투자에 대하여 중복 운영으로 보지 않은 점, 의료법 개정 전까지 투자 경영이 허용된 점, 복수 의료기관 설립을 무조건 금지하는 외국의 입법례도 없는 점, 종합하면 복수 의료기관 운영 자체가 형사처벌을 당연시할 만큼 불법적인 것은 아닌 점을 종합하면, 여전히 책임과 형벌 간 비례원칙에 위반된다고 봄이 타당합니다.

4. 부칙 제1조 중 제33조 제8항 본문 및 제87조 제1항 제2호의 각 해당 부분

가. 신뢰보호원칙

헌법상 신뢰보호원칙은 법치국가 원칙으로부터 도출되어, 입법으로 기존의 법질서에 대한 당사자의 합리적이고 정당한 신뢰가 무너져 사익을 침해하는 경우, 입법이 목적한 공익이 위 침해를 정당화할 수 없다면 그러한 입법은 허용될 수 없다는 것을 의미합니다.

나. 심사기준

신뢰보호원칙 위반은 침해받은 이익의 보호가치, 침해의 중한 정도, 신뢰의 손상 정도, 신뢰 침해의 방법 등과 개정 법령을 통하여 실현하고자 하는 공익을 종합적으로 비교, 형량하여야 합니다.

다. 위반 여부

구 의료법상 복수 의료기관 운영이 가능한 점, 대법원이 지분투자를 통한 복수 의료기관 운영이 가능하다고 판시한 점을 고려하면 복수 의료기관 운영이라는 사익에 대하여 보호가치가 인정됩니다.

개정법은 기존에 인정되던 복수 의료기관 운영을 경과규정 없이 바로 시행하여 개정 후 복수 의료기관을 운영하게 되는 경우가 아니라 개정 전부터 운영하고 있는 경우도 형사처벌 및 자격 취소되도록 하므로 그 침해 정도가 과중합니다.

의료법 개정은 2021. 2. 1.에, 시행은 8. 2.에 있어 단지 6개월의 경과기간 밖에 주어지지 않았습니다. 청구인은 의료법 개정에 관한 소식을 듣고 지분을 처분하고 의료기관을 매도하려고 하였으나 지분이 물권이나 비유동자산에 가까워 이에 대한 처분에 시간이 걸리면서 결과적으로 개정 의료법을 침해한 자가 되었습니다. 또한, 위와 같이 복수 의료기관 운영이 불법화되어 이에 대한 판매처를 찾기도 어렵게 되었습니다. 이는 개설자인 의료인이 방법적으로 개정법에 따른 행위를 하기 어렵도록 하고 시간적으로도 곤란하게 하여 모든 책임을 지도록 하는 것으로서 그 신뢰의 손상 정도가 과도하고 그 방법 역시 부당합니다.

한편 이를 통하여 달성할 수 있는 공익은 기존 1인 1개소 원칙을 재확인하고, 합법이던 의료 기관 중복 운영을 불법화하여 개설자인 의료인을 처벌하는 것에 불과하여 실질적으로 전무합니다. 따라서 신뢰보호원칙을 위반하였습니다.

2022년도 제2차 변호사시험 모의시험 해설

소 장

운전면허정지처분취소 청구의 소

청 구 취 지

청 구 원 인

1. 처분의 경위 등 (생략)

2. 소의 적법성

가. 피고적격

나. 전심절차

1) 필요적 전심절차인지 여부

2) 전심절차를 적법하게 거쳤는지 여부

다. 제소기간

3. 처분의 위법성

가. 절차적 하자

1) 사전통지 부존재 하자

2) 이유제시 하자

3) 소결

나. 내용상 하자

1) 도로교통법 위반 여부

2) 재량권의 일탈, 남용

3) 소결

4. 결론 (생략)

입증방법

춘천지방법원 강릉지원 귀중

헌법소원심판청구서

청구취지

청구이유

I. 사건의 개요 (생략)

II. 적법요건의 구비

  1. 대상적격(공권력의 행사 등)

  2. 직접성

  3. 보충성

III. 위헌이라고 해석되는 이유

  1. 제한되는 기본권

    가. 중복지원금지규정의 내용

    나. 제한되는 기본권

    1) 교육제도 법정주의

    2) 교육을 받을 권리

    3) 자기결정권

    4) 평등권

    5) 기본권의 경합

  2. 법률유보원칙 위반 여부

    가. 차별 취급의 존재

    나. 판단기준

    다. 비례의 원칙 위반 여부

  3. 소결

IV. 결론(생략)

첨부서류

헌법재판소 귀중

가처분신청서

신 청 취 지

신 청 이 유

I. 본안사건의 개요 (생략)

II. 가처분 사유

  1. 본안심판이 부적법하거나 이유 없음이 명백하지 아니할 것

  2. 회복하기 어려운 손해의 예방

  3. 긴급성

  4. 이익형량

III. 결론(생략)

첨부서류

헌법재판소 귀중

소 장

원고   (생략)
피고   강릉경찰서장

운전면허정지처분취소 청구의 소

청 구 취 지

1. 피고가 2022. 6. 15. 원고에게 한 운전면허정지 6개월의 처분을 취소한다.
2. 소송비용은 피고가 부담한다.
라는 판결을 구합니다.

청 구 원 인

1. 처분의 경위 등 (생략)

2. 소의 적법성

가. 피고적격

　　취소소송은 다른 법률에 특별한 규정이 없는 한 그 처분등을 행한 행정청을 피고로 합니다(행정소송법 제13조 제1항). 강릉경찰서장이 운전면허정지처분(이하 "이 사건 처분")을 하였으므로(운전면허정지처분 결정통지서) 강릉경찰서장에게 피고적격이 인정됩니다.

나. 전심절차

1) 필요적 전심절차인지 여부

　　다른 법률에 당해 처분에 대한 행정심판의 재결을 거치지 아니하면 취소소송을 제기할 수 없다는 규정이 있는 때에는 재결을 거쳐야 취소소송을 제기할 수 있습니다(행정소송법 제18조 제1항 단서).
　　도로교통법에 따른 처분으로서 해당 처분에 대한 행정소송은 행정심판의 재결을 거치지 아니하면 제기할 수 없습니다(도로교통법 제142조).
　　이 사건 처분에 대한 행정소송은 도로교통법에 따른 처분이므로 행정심판의 재결을 거쳐야만 제기할 수 있으므로, 이는 필요적 전심절차에 해당합니다.

2) 전심절차를 적법하게 거쳤는지 여부

　　행정심판은 처분이 있음을 알게 된 날부터 90일 이내에 청구하여야 합니다(행정심판법 제27조 제1항).

운전면허정지처분에 대하여 이의가 있는 사람은 그 처분을 받은 날부터 60일 이내에 시·도경찰청장에게 이의를 신청할 수 있습니다. 이 경우 행정심판은 이의신청 결과를 통보받은 날부터 90일 이내에 행정심판법에 따른 행정심판을 청구할 수 있습니다(도로교통법 제94조 제1항, 제3항). 이의신청과 관계없이 행정심판법에 따라 행정심판도 청구할 수 있습니다(도로교통법 제94조 제3항).

원고는 2022. 6. 17. 14:30 이 사건 처분을 송달 받았고[우편송달보고서(증서 2022년 제501호)], 이의신청 없이 행정심판을 청구하여 2022. 7. 12. 15:00 이 사건 처분에 대한 기각 재결서를 송달 받았습니다[중앙행정심판위원회 재결서, 우편송달보고서(증서 2022년 제522호)]. 따라서 행정심판을 처분이 있음을 알게 된 날부터 90일 이내에 청구하였음이 역수상 명백합니다.

따라서 전심절차를 적법하게 거쳤습니다.

다. 제소기간

행정심판에 따른 재결이 있는 경우, 취소소송은 재결서의 정본을 송달받은 날부터 기산합니다(행정소송법 제20조 제1항 단서).

원고는 2022. 7. 12. 15:00 이 사건 처분에 대한 재결서를 송달 받았으므로[우편송달보고서(증서 2022년 제522호)] 제소 만료점은 2022. 7. 13.부터 90일 후인 10. 10.이어야 하나, 10. 10.은 공휴일이므로 10. 11.입니다.

이 사건 처분에 대한 본 취소소송 청구(이하 "이 사건 청구")는 2022. 10. 11.에 하였으므로 제소기간을 준수하였습니다.

3. 처분의 위법성

가. 절차적 하자

1) 사전통지 부존재 하자

행정청은 당사자에게 의무를 부과하거나 권익을 제한하는 처분을 하는 경우에는 당사자에게 사전통지를 하여야 합니다(행정절차법 제21조 제1항).

시·도경찰청장은 운전면허정지처분을 하려면 그 처분을 하기 전에 미리 처분의 당사자에게 처분 내용과 의견제출 기한 등을 통지하여야 하며, 그 처분을 하는 때에는 행정안전부령으로 정하는 바에 따라 처분의 이유와 행정심판을 제기할 수 있는 기간 등을 통지하여야 합니다(도로교통법 제93조 제4항).

시·도경찰청장 또는 경찰서장이 법 제93조에 따라 운전면허의 취소 또는 정지처분을 하려는 때에는 다음 각 호의 구분에 따른 사전통지서를 그 대상자에게 발송 또는 발급하여야 합니다(동 시행규칙 제93조 제1항).

강릉경찰서장은 권익을 제한하는 처분인 운전면허정지처분 시 사전통지를 하지 않았습니다. 이는 도로교통법, 행정절차법상 사전통지 규정에 위반되는 것으로서 절차의 하자에 해당합니다.

2) 이유제시 하자[1]

행정청은 처분을 할 때에는 당사자에게 그 근거와 이유를 제시하여야 합니다(행정절차법 제23조 제1항). 다만, 신청 내용을 모두 그대로 인정하는 처분인 경우, 단순·반복적인 처분 또는 경미한 처분으로서 당사자가 그 이유를 명백히 알 수 있는 경우, 긴급히 처분을 할 필요가 있는 경우에는 그러하지 않습니다(동 법 동 조 각호).

도로교통법 제93조는 4개의 항으로 구성되어 있고, 제1항의 경우에는 20개의 호로 구성되어 있습니다. 그런데 운전면허정지처분 결정통지서에는 근거조항에 도로교통법 제93조라고만 기재되어 있습니다(운전면허정지처분 결정통지서). 이는 이유제시의 하자로 봄이 타당합니다.

3) 소결

위 사전통지 부존재 및 이유제시 하자를 고려하면 이는 절차적 하자로서 위법하여 취소사유에 해당한다고 봄이 타당합니다.

나. 내용상 하자

1) 도로교통법 위반 여부

도로교통법 제44조 제1항을 위반하여 술에 취한 상태에서 자동차 등을 운전한 경우에는 1년 이내의 범위에서 운전면허의 효력을 정지할 수 있습니다(도로교통법 제93조 제1항).

대법원은 도로교통법 제2조 제26호에서 "운전"에 제44조, 제45조, 제54조 제1항, 제148조, 제148조의2를 포함하고 있으나, 제93조를 포함하고 있지 않으므로, 도로 외의 곳에서의 음주운전 시 형사처벌은 가능하나 행정처분은 부과할 수 없다는 입장입니다.

대법원은 아파트 단지 내 도로가 도로교통법상 도로에 해당하는지 여부에 관하여, 아파트 단지와 주차장의 규모, 단지 내 차단시설 유무, 경비원 등에 의한 출입통제 여부, 외부인의 주차장 이용 가능성을 종합하여, 도로에 해당하는지 여부를 판단하여야 한다는 입장입니다.

이 사건에서 아파트 주출입구에 차단기가 설치되어 있고, 아파트 주민이나 그와 관련된 용건이 있는 사람만이 경비직원의 허락을 받고 주차장을 이용할 수 있어서 위 주차장은 도로에 해당한다고 보기 어렵습니다.

원고는 도로 외에서 음주를 하였으므로 원고에게 도로교통법 제93조 제1항 제1호를 위반하여 운전면허정지처분을 하여야 하는 사유가 부존재합니다.

따라서 이 사건 처분은 그 사유가 부존재하여 위법합니다.

---

[1] 절차적 하자로 인정하지 않는 아래 판례 참조. 본 해설에서는 이유제시 하자로 판단할 여지가 있다고 판단하여 작성하였음.
[대법원 2019. 12. 13. 선고 2018두41907 판결] 행정절차법 제23조 제1항은 "행정청은 처분을 할 때에는 다음 각호의 어느 하나에 해당하는 경우를 제외하고는 당사자에게 그 근거와 이유를 제시하여야 한다."라고 정하고 있다. 이는 행정청의 자의적 결정을 배제하고 당사자로 하여금 행정구제절차에서 적절히 대처할 수 있도록 하는 데 그 취지가 있다. 따라서 처분서에 기재된 내용, 관계 법령과 해당 처분에 이르기까지 전체적인 과정 등을 종합적으로 고려하여, 처분 당시 당사자가 어떠한 근거와 이유로 처분이 이루어진 것인지를 충분히 알 수 있어서 그에 불복하여 행정구제절차로 나아가는 데 별다른 지장이 없었던 것으로 인정되는 경우에는 처분서에 처분의 근거와 이유가 구체적으로 명시되어 있지 않았더라도 이를 처분을 취소하여야 할 절차상 하자로 볼 수 없다.

2) 재량권의 일탈, 남용

가) 재량행위 해당 여부

행정행위가 재량행위에 해당하는지 여부는 행위의 근거가 된 법규의 형식, 문언, 당해 행위가 속하는 행정 분야의 주된 목적과 특성, 행위 자체의 개별적 성질과 유형 등을 모두 고려하여 판단하여야 합니다(판례).

도로교통법 제44조 제1항을 위반하여 술에 취한 상태에서 자동차 등을 운전한 경우에는 1년 이내의 범위에서 운전면허의 효력을 정지할 수 있습니다(도로교통법 제93조 제1항).

위 문언에 의하면 운전면허정지처분은 재량행위에 해당한다고 봄이 타당합니다.

나) 일탈, 남용 여부(비례의 원칙 위반 여부)

행정작용은 ① 행정목적을 달성하는 데 유효하고 적절할 것(적합성), ② 행정목적을 달성하는 데 필요한 최소한도에 그칠 것(필요성), ③ 행정작용으로 인한 국민의 이익 침해가 그 행정작용이 의도하는 공익보다 크지 아니할 것(상당성)이라는 비례의 원칙에 따라야 합니다(행정기본법 제10조).

음주운전자에 대한 운전면허정지처분은 적합성 면에서 인정될 수 있습니다. 그러나 원고는 가족으로 배우자와 아들(15세), 딸(9세)이 있습니다. 배우자가 류마티스를 앓고 있어 지속적으로 치료를 받아야 하고, 밖에서 일을 할 수 없을 뿐만 아니라 가정생활에도 어려움이 많다고 합니다. 원고가 택배기사로 일을 하여 가족을 부양하고 있고, 수입의 대부분을 이미 배우자의 병원치료비와 아이들 교육비에 사용하고 있습니다. 이런 상황에서 앞으로 6개월간 운전을 할 수 없다면 가정생활에 심각한 어려움이 있을 것으로 예상되어 필요성 면을 심대하게 위반합니다(피의자신문조서). 반면 원고가 위와 같이 운전을 하게 된 계기는 원고가 차량 내에서 잠시 잠들었다가 다른 주민의 요청으로 이동해달라고 하던 차였을 뿐이고, 그전에 원고는 대리운전기사를 불러 주차까지 요청하여 음주운전의 목적도 없었던 점도 인정되어(피의자신문조서), 이 사건 처분이 달성하고자 하는 공익이 위 침해보다 크다고 보기 어려우므로 상당성 면 역시 위반합니다.

따라서 이 사건 처분은 비례의 원칙에 위반하여 재량권을 일탈, 남용한 처분으로서 취소되어야 합니다.

3) 소결

이 사건 처분은 위법하여 취소되어야 합니다.

4. 결론 (생략)

입증방법

(생략)

첨부서류

(생략)

2022. 10. 11.

원고 소송대리인 (생략)

춘천지방법원 강릉지원 귀중

헌법소원심판청구서

청구인   홍 길 동
         강릉시 남대천로 123, 101-201
         미성년자이므로 법정대리인 친권자 부 홍승환, 모 이길자
         대리인 법무법인 정의
         담당변호사 김진실

청구취지

"「초·중등교육법 시행령」(2021. 12. 29. 대통령령 제38516호로 개정된 것) 제81조 제5항 중 '제91조의3에 따른 자율형 사립고등학교는 제외한다' 부분은 헌법에 위반된다."라는 결정을 구합니다.

청 구 이 유

I. 사건의 개요 (생략)

II. 적법요건의 구비

1. 대상적격(공권력의 행사 등)

헌법재판소는 입법부·행정부·사법부에서 제정한 규칙이 별도의 집행행위를 기다리지 않고 직접 기본권을 침해하는 것일 때에는 모두 헌법소원심판의 대상이 될 수 있다는 입장입니다.

후술하는 바와 같이 초·중등교육법 시행령(이하 "이 사건 시행령") 제81조 제5항은 후기학교 주간부에 입학하고자 하는 자를 대상으로 하여 직접적으로 2 이상의 학교를 선택하여 지원할 수 없도록 하고 있습니다(이하 "중복지원금지규정"). 이는 행정부에서 제정한 규칙인 대통령령이 별도의 집행행위를 기다리지 않고 직접 기본권을 침해하는 것에 해당합니다. 따라서 중복지원금지규정에 헌법소원심판 대상적격이 인정됩니다.

2. 직접성

위에서 살펴본 바와 같이 중복지원금지규정은 별도의 집행행위 없이 직접 중복지원을 금지하므로 직접성이 인정됩니다.

3. 보충성

헌법재판소법 제68조 제1항 헌법소원심판 청구 시, 다른 법률에 구제절차가 있는 경우에는 그 절차를 모두 거친 후에 청구할 수 있습니다(헌법재판소법 제68조 제1항 단서).

헌법재판소는 행정규칙 형식의 법규명령에 대하여 그 자체를 직접 다툴 수 있는 방법이 없으므로 다른 구제절차를 거치지 않고 바로 헌법소원심판을 청구할 수 있다는 입장입니다.

사안에서 중복지원금지규정은 대통령령에 해당하여 법규명령에 해당하고, 법규명령에 대하여 직접 다툴 수 있는 방법이 없으므로 보충성의 예외로서 다른 구제절차를 거치지 않은 청구가 인정된다 할 것입니다.

Ⅲ. 위헌이라고 해석되는 이유

1. 제한되는 기본권

가. 중복지원금지규정의 내용

중복지원금지규정은 후기학교 주간부에 입학하고자 하는 자 중 특수목적고등학교와 자율형 사립고등학교에 입학하고자 하는 자를 대상으로 하여 직접적으로 2 이상의 학교를 선택하여 지원할 수 없도록 하고 있습니다(이 사건 시행령 제81조 제5항).

나. 제한되는 기본권

1) 교육제도 법정주의

학교교육 및 평생교육을 포함한 교육제도와 그 운영, 교육재정 및 교원의 지위에 관한 기본적인 사항은 법률로 정하여야 합니다(헌법 제31조 제6항).

2) 교육을 받을 권리

모든 국민은 능력에 따라 균등하게 교육을 받을 권리를 가집니다(헌법 제31조 제1항).

3) 자기결정권

모든 국민은 인간으로서의 존엄과 가치를 가지며, 행복을 추구할 권리를 가집니다(헌법 제10조). 헌법재판소는 교육과 관련하여 부모와 교사의 교육권이 우선할 수 있으나, 학생의 자기결정권 역시 인격 발현을 위하여 인정된다는 입장입니다.

4) 평등권

모든 국민은 법 앞에 평등합니다. 누구든지 성별·종교 또는 사회적 신분에 의하여 정치적·경제적·사회적·문화적 생활의 모든 영역에 있어서 차별을 받지 않습니다(헌법 제11조 제1항).

헌법재판소는 평등에 대하여, 같은 것은 같게 다른 것은 다르게 대하는 상대적, 실질적 평등이라는 입장입니다.

5) 기본권의 경합

심판대상조항은 청구인의 중복지원을 금지하는 하나의 규제로 위 서술한 수개의 제한권을 동시에 제한합니다. 기본권 경합의 경우 사안과 가장 밀접한 관계가 있고 침해의 정도가 큰 주된 기본권을 중심으로 하여 그 한계를 따져 보아야 하므로, 평등권을 중심으로 하여 검토하도록 하겠습니다.[2]

---

2) 문제에서 주어짐.

2. 법률유보원칙 위반 여부

가. 차별 취급의 존재

중복지원금지규정은 후기학교 중 자율형 사립고등학교 주간부에 입학하고자 하는 자를, 자율형 사립고등학교나 특수목적고등학교 주간부에 입학하지 않고 그 외 고등학교 주간부에 입학하려는 자와의 관계에서, 전자는 중복지원을 금지하고, 후자는 중복지원을 가능하게 하고 있으므로, 차별 취급이 존재합니다.

나. 판단기준

헌법재판소는 차별적 취급으로 인하여 관련 기본권에 중대한 제한을 초래하는 경우에 해당하는 경우에는 비례의 원칙에 따라 심사하여야 한다는 입장입니다.

사안에서 원고는 중복지원금지규정으로 인하여 자율형 사립고등학교 입학을 하지 못하면 1년을 쉬어야 합니다. 이는 중학교 졸업자의 99.8%가 고등학교에 진학하는 상황에서 원고의 기본권에 중대한 제한을 초래하는 경우에 해당합니다. 따라서 비례의 원칙에 의하여 심사하는 것이 타당합니다.

다. 비례의 원칙 위반 여부

국민의 모든 자유와 권리는 국가안전보장·질서유지 또는 공공복리를 위하여 필요한 경우에 한하여 법률로써 제한할 수 있으며, 제한하는 경우에도 자유와 권리의 본질적인 내용을 침해할 수 없습니다(헌법 제37조 제2항).

위 제한은 목적의 정당성, 수단의 적절성, 침해의 최소성, 법익의 균형성을 충족하여야 합니다 (헌재).

중복지원금지규정은 '우수학생 선점 해소 및 고교서열화를 완화'하고 '고등학교 입시경쟁을 완화'하기 위한 목적으로서 그 차별의 목적이 정당하고, 중복지원을 금지하는 것 역시 수단으로서 적절합니다.

그러나 자율형 사립고등학교에 입학하지 못하는 경우, 1년을 쉬어야 하는데 중학교 졸업자의 99.8%가 고등학교에 진학하는 상황을 고려하면 그 차별로 인한 침해가 심대하다 할 것입니다. 특히 입법취지에 의하면 자율형 사립고등학교에 입학하고자 하는 자는 우수학생에 해당하는데 이러한 학생을 1년간 쉬게 하는 것은 상대적, 실질적 평등에도 부합하지 않는다 판단됩니다. 따라서 그 침해를 최소화하는 수단을 선택했다 보기 어렵습니다.

위 차별로 달성할 수 있는 공익 역시 위 침해보다 우월하지 않으므로 차별에 의한 법익의 균형성 역시 달성하였다고 보기 어렵습니다.

3. 소결

중복지원금지규정에 의한 차별 취급은 비례의 원칙에 위반됩니다.

Ⅳ. 결론(생략)

첨부서류

(생략)

2022. 8. 1.

청구인의 대리인 (생략) (인)

헌법재판소 귀중

가처분신청서

신 청 인   (생략)
본안사건   헌법재판소 2022헌마○○○

신 청 취 지

"초·중등교육법 시행령(2021. 12. 29. 대통령령 제38516호로 개정된 것) 제81조 제5항 중 '제91조의3에 따른 자율형 사립고등학교는 제외한다' 부분의 효력은 헌법재판소 2022헌마○○○ 헌법소원심판 청구사건의 종국결정 선고 시까지 이를 정지한다."라는 결정을 구합니다.

신 청 이 유

Ⅰ. 본안사건의 개요 (생략)

Ⅱ. 가처분 사유

1. 본안심판이 부적법하거나 이유 없음이 명백하지 아니할 것

전술한 헌법소원심판 청구서에 의하면, 본안심판이 적법요건을 구비하여 본안판단을 할 것으로 판단되고, 이유 없음이 명백한 경우에도 해당하지 않습니다.

2. 회복하기 어려운 손해의 예방

대법원은 회복하기 어려운 손해에 관하여, 금전으로 보상할 수 없는 손해로서 이는 금전보상이 불능인 경우 내지는 금전보상으로는 사회 관념상 행정처분을 받은 당사자가 참고 견딜 수 없거나 또는 참고 견디기가 현저히 곤란한 경우의 유형, 무형의 손해라는 입장입니다.

자율형 사립고등학교에 입학하지 못하는 경우, 1년을 쉬어야 하는데 이는 시간에 관한 것으로 금전보상이 불능인 경우에 해당합니다. 또한 중학교 졸업자의 99.8%가 고등학교에 진학하는 점, 청구인이 자율형 사립고등학교에 입학하고자 하는 자로서 이 사건 시행령의 입법취지에 의하여 우수학생인 점을 이는 청구인이 참고 견딜 수 없거나 참고 견디기가 현전히 곤란한 경우의 유형, 무형의 손해에 해당합니다.

3. 긴급성

대법원은 긴급성에 관하여, 회복하기 어려운 손해의 발생이 시간적으로 절박하여 손해를 회피하기 위하여 본안판결을 기다릴 여유가 없는 것이라는 입장입니다.

이 사건 시행령은 중복지원금지규정을 추가하는 방향으로 일부개정되어 2021. 12. 29.

공포되어 시행됩니다. 청구인은 2023년 특수목적고등학교, 자율형 사립고등학교에 진학하고자 하고, 헌법소원심판 청구서 제출일이 2022. 8. 1.이므로, 회복하기 어려운 손해의 발생이 시간적으로 절박하여 손해를 회피하기 위하여 본안판결을 기다릴 여유가 없는 경우에 해당합니다.

4. 이익형량

헌법재판소는 이익형량에 관하여, 가처분 인용 후 청구 기각 시 발생할 불이익과 가처분 기각 후 청구 인용 시의 불이익을 비교형량하여, 후자가 전자보다 클 경우 가처분을 인용할 수 있다는 입장입니다(헌재 2000. 12. 8. 선고 2000헌사471 전원재판부 결정).

가처분 인용 후 청구 기각 시 청구인은 이 사건 시행령 개정 전과 마찬가지로 중복지원을 할 수 있는 상황에 놓입니다.

가처분 기각 후 청구 인용 시 청구인은 이 사건 시행령이 위헌으로 결정됨에도 불구하고 중복지원을 할 수 없는 상황에 놓입니다.

후자가 전자보다 크므로 가처분을 인용하여야 합니다.

III. 결론(생략)

첨부서류

(생략)

2022. 8. 1.

신청인의 대리인 (생략) (인)

헌법재판소 귀중

2022년도 제1차 변호사시험 모의시험 해설

소 장

입찰참가자격제한 등 취소 청구의 소

청 구 취 지

청 구 원 인

I. 처분의 경위 등 (생략)

II. 소의 적법성

  1. 제소기간

III. 처분의 위법성

  1. 절차적 하자

  (1) 청문통지 기한 위반

  (2) 원고 백산전기에 대한 부분 : 청문조서 미작성, 열람·확인 미진행

  2. 실체적 하자

  (1) 원고 백산전기에 대한 부분 : 처분사유 부존재(2015년 담합)

  (2) 원고 한산전기에 대한 부분 : 제재한도위반

  (3) 재량권 불행사

IV. 결론 (생략)

입증방법

첨부서류

대구지방법원 귀중

위헌법률심판제청신청서

사　　　건

신　청　취　지

신　청　이　유

I. 사건의 개요 (생략)

II. 적법요건

　1. 심판의 대상성

　2. 재판의 전제성

　3. 소결

III. 위헌이라고 해석되는 이유

　1. 제한되는 기본권

　　가. 심판대상조항의 내용

　　나. 제한되는 기본권

　2. 법률유보원칙 위배 여부

　　가. 의회유보원칙 위배 여부

　　나. 포괄위임금지원칙 위배 여부

　　1) 관련 법리

　　2) 사안의 경우

　　다. 명확성의 원칙 위배 여부

　3. 과잉금지원칙 위배 여부

　　가. 관련 법리

　　나. 판단

　　1) 목적의 정당성, 수단의 적절성

　　2) 침해의 최소성

　　3) 법익의 균형성

　4. 소결

소 장

원 고　　1. 주식회사 백산전기
　　　　　　서울 송파구 삼전로 10길 13-4 삼풍빌딩 304호
　　　　　　대표이사 이철삼
　　　　2. 주식회사 한산전기
　　　　　　서울 송파구 백제고분로 33길 15-2 성삼빌딩 705호
　　　　　　대표이사 박용수
　　　　원고들 소송대리인 법무법인 백두
　　　　담당변호사 김현태
　　　　전화 : 02) 540-1114　팩스 : 02) 540-1234
　　　　전자우편 : htkim@backdu.com

피 고　　한국원자력 주식회사
　　　　경주시 문무대왕면 불국로 1654
　　　　대표이사 이재국

입찰참가자격제한 등 취소 청구의 소

청 구 취 지

1. 피고가 원고 주식회사 백산전기에 대하여 2022. 4. 28.에 한 2년의 입찰참가자격제한 처분을 취소한다.
2. 피고가 원고 주식회사 한산전기에 대하여 2022. 4. 29.에 한 2년의 입찰참가자격제한 처분을 취소한다.
3. 소송비용은 피고가 부담한다.

라는 판결을 구합니다.

청 구 원 인

I. 처분의 경위 등 (생략)

II. 소의 적법성

1. 제소기간

취소소송은 처분등이 있음을 안 날부터 90일 이내에 제기하여야 합니다.(행정소송법 제20조 제1항) 제소기간의 기산점과 관련하여 처분 등이 있음을 안 날이란 당사자가 통지 공고 기타의 방법으로 당해 처분이 있었다는 사실을 현실적으로 안 날이며, 대법원은 아파트 경비원에게 처분서가 송달된 사례에서 당사자가 처분 등이 있음을 안 것으로 볼 수는 없다고 판시하였습니다.

백산전기는 입찰참가자격제한 처분(이하 "이 사건 백산전기 처분")을 2022. 4. 29. 송달 받았습니다.(우편송달보고서, 박시원(경비원) 송달 참조) 위 처분은 5. 3. 경비원이 소외 나승복에게 전달하여 소외 김민석이 같은 날 대표이사에게 보고되었습니다. 따라서 원고 백산전기가 이 사건 백산전기 처분을 안 날은 2022. 5. 3.입니다.

한산전기는 입찰참가자격제한 처분(이하 "이 사건 한산전기 처분")을 동년 5. 2.(우편송달보고서, 사무원 김삼경 송달) 각 송달 받았습니다. 따라서 원고 한산전기가 이 사건 한산전기 처분을 안 날은 2022. 5. 2.입니다.

따라서 제소기간의 기산점은 한산전기에 대한 우편송달일인 2022. 5. 2.의 다음날인 2002. 5. 3.입니다. 이로부터 90일이 되는 날은 2022. 7. 31. 일요일이므로 그 다음날인 2022. 8. 1.이 제소기간의 마지막 날에 해당합니다.

III. 처분의 위법성

1. 절차적 하자

(1) 청문통지 기한 위반

원자력발전공공기관이 원전감독법에 의한 입찰참가자격을 제한하려면 청문을 실시하여야 합니다.(원전감독법 제18조 제3항)

행정청은 청문을 하려면 청문이 시작되는 날부터 10일 전까지 행정절차법 제21조 제1항 각 호의 사항을 당사자등에게 통지하여야 합니다.(행정절차법 제21조 제2항)

이 사건에서 원고들에 대한 각 청문일은 2022. 4. 12.인데, 피고는 8일 전인 4. 4. 원고들에게 각 통지서를 발송하였으므로, 위 통지는 역수상 통지기간을 준수하지 못한 위법이 명백합니다.

(2) 원고 백산전기에 대한 부분 : 청문조서 미작성, 열람·확인 미진행

청문주재자는 청문조서를 작성하여야 하고, 당사자 등은 청문조서의 내용을 열람·확인할 수 있으며, 이의가 있을 때에는 그 정정을 요구할 수 있습니다.(행정절차법 제34조 제1항, 제2항) 청문주재자는 청문을 마쳤을 때에 청문조서를 행정청에 지체 없이 제출하여야 합니다.(제35조 제4항) 청문주재자는 청문조서를 작성한 후 지체없이 청문조서의 열람·확인의 장소 및 기간을 정하여 당사자등에게 통지하여야 합니다. 이 경우 열람·확인의 기간은 청문조서를 행정청에 제출하기 전까지의 기간의 범위내에서 정하여야 합니다.(동 시행령 제19조 제1항) 당사자는 구술 또는 문서로 정정요구를 할 수 있습니다.(제3, 4항)

이 사건에서 피고는 원고 백산전기의 청문조서 열람 요구에 대하여 원고의 불출석으로 인하여 청문조서를 작성하지 않았다는 취지로 주장하는바, 이는 청문조서 작성의무, 청문조서의 열람·확인의 장소 및 기간 통지의무, 열람·확인의무를 이행하지 않았고, 이로 인하여 원고 백산전기의 청문조사 열람·확인 및 정정요구권이 침해되었으므로 위법합니다.

2. 실체적 하자

(1) 원고 백산전기에 대한 부분 : 처분사유 부존재(2015년 담합)

원자력발전공공기관은 협력업체의 입찰참가자격제한 사유 행위가 종료된 때로부터 5년이 지난 경우에는 입찰참가자격을 제한할 수 없습니다.(원전감독법 제18조 제5항) 행정기본법 역시 유사한 취지의 규정을 두고 있습니다.(행정기본법 제23조 제1항)

원고 백산전기에 대한 처분사유는 ① 영광·울진 1·2호기 계측제어부 전력케이블 구매입찰 담합에 의한 2015. 8. 24.자 계약,(담합 주도) ② 2017년 신고리 3·4호기 ICT부 전기케이블 구매입찰 담합에 의한 2017. 6. 28.자 원고 한산전기의 계약(타인을 위한 담합) 2건입니다. ①의 경우, 소장 작성년도가 2022년이므로 위 행위가 종료된 때로부터 5년이 도과하였음이 역수상 명백하므로 이는 입찰참가자격제한 사유에 포함될 수 없습니다. 따라서 해당 부분에 처분사유 부존재의 하자가 인정됩니다.

(2) 원고 한산전기에 대한 부분 : 제재한도위반

입찰제한 시 위반행위가 둘 이상인 경우로서 그에 해당하는 각각의 입찰제한 기준이 다른 경우에는 그 중 무거운 입찰제한 기준에 따릅니다.(원전감독법 시행령 [별표 1] 1. 나.)

대법원은 "관할 행정청이 여객자동차운송사업자가 범한 여러 가지 위반행위 중 일부만 인지하여 과징금 부과처분을 한 후 그 과징금 부과처분 시점 이전에 이루어진 다른 위반행위를 인지하여 이에 대하여 별도의 과징금 부과처분을 하게 되는 경우, 추가 과징금 부과처분의 과징금액을 산정하는 방법"에 관하여, "종전 과징금 부과처분의 대상이 된 위반행위와 추가 과징금 부과처분의 대상이 된 위반행위에 대하여 일괄하여 하나의 과징금 부과처분을 하는 경우와의 형평을 고려하여 추가 과징금 부과처분의 처분양정이 이루어져야 한다."는 입장입니다.(판례)

피고는 원고에 대하여 2018. 8. 17. 6개월의 입찰참가자격제한 처분을 하였습니다. 본 건에 대하여서는 "담합을 주도하여 낙찰을 받은 자" 2년의 범위 내에서 입찰참가자격을 제한할 수 있습니다.(동 시행령 [별표 1] 2. 마. 1)) 그러나 이는 2018. 8. 18.자 처분과 일괄하여 하나의 과징금 부과처분을 하는 경우와 형평을 고려하여 처분양정을 하여야 하는 경우에 해당합니다. 따라서 이미 부과한 6개월의 기간을 제외한 1년 6개월의 기간을 한도로 하여서만 추가 입찰참가자격제한 처분을 할 수 있다고 봄이 타당합니다. 그럼에도 불구하고 피고는 이 사건 위반행위에 대하여 입찰참가자격을 2년 간 제한하였으므로 이는 원전감독법 시행령 [별표 1] 1. 나.에 위반하여 위법합니다.

(3) 재량권 불행사

	기속행위와 재량행위의 구별은 입법취지, 문언, 법률의 종합적인 해석에 따릅니다.(판례) 사안에서 행정청은 입찰참가자격제한처분 시 제한기간 등을 재량 판단할 수 있으므로 이는 재량행위에 해당한다고 봄이 타당합니다.

	행정청에 입찰참가자격의 제한기간을 선택하도록 한 것은 재량 행사의 한계를 규정한 것으로 봄이 타당하고, 처분 시 상대방에게 감경에 관한 참작 사유가 있음에도 이를 전혀 고려하지 않거나 감경사유에 해당하지 않는다고 오인하여 제한기간을 감경하지 아니한 것은 재량권 불행사로서 재량권을 일탈, 남용한 것으로 위법하여 취소되어야 합니다.(판례)

	제재권자는 위반행위의 동기·내용·횟수 및 위반 정도 등을 고려하여 제재조치 기준의 2분의 1 범위에서 가중하거나 감경할 수 있고,(원전감독법 시행령 [별표 1] 1. 다). 최근 3년 이내에 법을 위반하여 입찰제한을 받은 사실이 없는 경우는 시행령에서 감경사유로 열거하고 있으므로,(원전감독법 시행령 [별표 1] 1. 다. 2) 마) 이를 고려함이 타당합니다.

	사안에서 원고들은 ① 원고들은 최근 3년 이내에 입찰제한을 받은 사실이 없고, ② 원자력케이블 국산화 과정에서 원고들의 단독입찰로 인한 유찰을 방지하기 위한 한국원자력의 요청으로 부득이하게 담합에 이르게 되었음, ③ 백산전기의 경우 담합으로 케이블을 발주하였으나 계약금액이 실제 투입 비용에 미치지 못하였고, 2017년 담합은 백산전기 내부적으로 담합을 근절하기 위한 내부교육 및 감사 등 자정노력을 기울이고 있던 와중에 백산전기 직원의 개인적인 일탈로 발생한 점, ④ 원고들은 2018년 이후 회사의 재무적 상황이 어려운 점을 종합하면, 피고는 원전감독법 시행령 기준대로 일률적으로 2년의 처분을 하는 내부 방침에 따라 원고들에 대하여 감경사유에 대한 고려 없이 제재기간을 2년으로 정하였으므로,[1] 재량권 불행사의 위법이 있다 할 것입니다.

IV. 결론 (생략)

---

[1] 사실확인서 7항

입증방법

(생략)

첨부서류

(생략)

2022. 8. 1.

원고 소송대리인 (생략)

대구지방법원 귀중

위헌법률심판제청신청서

사 건

(대구지방법원) 2022구합3011 입찰참가자격제한처분등 취소

신 청 취 지

"원전비리 방지를 위한 원자력발전사업자등의 관리·감독에 관한 법률(원전감독법) 제18조 제1항 제5호, 제2항 중 제1항 제5호에 관한 부분, 제4항에 대한 위헌 여부 심판을 제청한다."
라는 결정을 구합니다.

신 청 이 유

I. 사건의 개요 (생략)

II. 적법요건

1. 심판의 대상성

위헌법률심판제청신청의 심판 대상은 형식적 의미의 법률에 해당합니다.(판례)
원전감독법 제18조 제1항 제5호, 제2항 중 제1항 제5호에 관한 부분, 제4항은 모두 형식적 의미의 법률이므로 심판의 대상에 해당합니다.

2. 재판의 전제성

재판의 전제성이란, ① 구체적 사건이 법원에 계속 중이고, ② 위헌 여부가 문제되는 법률이 당해 소송사건의 재판에 적용되며, ③ 그 법률의 위헌 여부에 따라 당해 소송사건의 결과가 달라지는 경우를 의미합니다. 결과가 달라지는 경우란 ㉠ 주문이 달라지는 경우, ㉡ 주문을 이끌어내는 이유가 달라지는 경우, ㉢ 재판의 내용의 효력에 관한 법률적 의미가 달라지는 경우를 포함합니다.
신청인들이 청구한 입찰참가자격제한등 취소소송이 대구지방법원 2022구합3011 사건으로 적법하게 계속 중이고, 신청대상조항은 위 입찰참가자격제한 처분의 근거가 된 원전감독법 조항들로서 위 취소소송에 적용되며, 신청대상조항에 대해 위헌결정이 선고되면 신청인들에 대한 입찰참가자격제한은 위헌인 법률조항에 근거한 처분으로 담당법원이 해당 처분을 취소하는 판결을 선고할 수밖에 없으므로 신청대상조항의 위헌 여부에 따라 재판의 주문이 달라져 결과가 달라지는 경우에 해당합니다. 따라서 재판의 전제성이 충족됩니다.

3. 소결

이 사건 위헌법률심판제청신청은 적법요건을 모두 갖추어 적법합니다.

III. 위헌이라고 해석되는 이유

1. 제한되는 기본권

가. 심판대상조항의 내용

심판대상조항은 협력업체가 원자력발전공공기관에 물품등을 공급함에 있어 신의성실에 반하는 행위로서 대통령령으로 정하는 사항의 행위를 하는 것을 금지하고,(원전감독법 제18조 제1항) 이를 위반한 경우 일정기간 입찰참가자격을 제한하도록 규정하고 있습니다.(제2항)

나. 제한되는 기본권

모든 국민은 직업선택의 자유를 가집니다.(헌법 제15조) 영업의 자유는 직업선택의 자유로서 자유롭게 경쟁에 참여할 자유가 있습니다.(결정례)

신청인들은 입찰참가자격제한 처분에 의하여 입찰에 참가하여 영업을 할 자유, 즉 영업의 자유를 제한당하였습니다.

2. 법률유보원칙 위배 여부

가. 의회유보원칙 위배 여부

행정작용은 형식적 법률에 유보되어야 할 뿐만 아니라 국민의 기본권 실현에 관한 영역인 경우에는 입법자 스스로 그 본질적인 영역에 관하여 규율한 것에 의하여야 합니다.(결정례)

원전감독법은 입찰참가자격제한 사유로서 원자력발전공공기관에 물품등을 공급함에 있어 뇌물을 약속·공여하거나 공여의 의사를 표시하는 행위, 거짓이나 그 밖의 부정한 방법으로 원자력발전소의 건설·운영에 관한 정보를 취득하여 이용하는 행위, 원자력발전사업자등에 공급하는 물품등의 성능을 증명하는 문서를 위조 또는 변조하는 행위, 취업이 금지된 원자력발전공공기관 퇴직자를 고용하는 행위를 규정하고, 그 밖에 원자력발전공공기관에 물품등을 공급함에 있어 신의성실에 반하는 행위로서 대통령령으로 정하는 사항을 규정하고 있습니다.(제18조 제1항 제1호 내지 제5호)

위 심판대상조항은 다른 입찰참가자격제한사유와 달리 그 상세한 내용을 위임입법에 의하여 규정하고 있습니다. 위 규정은 협력업체의 영업의 자유, 즉 기본권 실현에 관한 것이고, 협력업체는 제한 시 입찰한 공공기관 외에도 입찰참가자격을 제한당하므로 그 제한 정도 중대하여 본질적인 영역으로서 입법자가 스스로 규율하여야 할 영역에 해당한다고 봄이 타당합니다.

따라서 심판대상조항이 그 구체적 제한 사유를 대통령령에 위임한 것은 의회유보원칙에 위배된 것으로서 헌법에 위반됩니다.

나. 포괄위임금지원칙 위배 여부

1) 관련 법리

대통령은 법률에서 구체적으로 범위를 정하여 위임받은 사항과 법률을 집행하기 위하여 필요한 사항에 관하여 대통령령을 발할 수 있습니다.(헌법 제75조)

법령 위임 시에는 법률에 위임 내용 및 범위를 구체적이고 명확하게 규정하여 누구든지 위임 내용 및 범위를 예측할 수 있도록 하여야 합니다. 이는 행정부에 입법을 위임하는 수권법률의 명확성원칙에 관한 것으로서 법률의 명확성원칙이 행정입법에 관하여 구체화된 특별규정이라고 할 수 있습니다.(결정례)

2) 사안의 경우

심판대상조항에서 규정한 "신의성실에 반하는 행위"는 일반적, 추상적인 개념으로서 해당 위임 내용 및 범위를 누구든지 명확하게 예측할 수 있는 정도로 보기 어렵습니다. 민법의 경우에도 위 신의칙을 바로 적용하기 곤란하여 구체화된 하부 원칙을 대법원에서 판시하고 있는 바, 법률 전문가가 아닌 이상에는 위 행위를 알기는 어렵다 할 것입니다.

설령 다른 제한 사유를 고려하여 보더라도, 제1호 내지 제3호는 수뢰죄, 비밀침해, 사문서 위조 등 형사처벌 사유와 관련된 내용이고, 제4호는 동법에서 금지한 행위에 관한 것이므로 위 각 사유가 입찰 또는 계약의 자유에 관한 제한 법리인 '신의성실의 원칙'과 어떠한 관련이 있다고 보기 어려워 그 위임 내용이나 범위를 예측하기 어려운 경우에 해당합니다. 따라서 심판대상조항은 포괄위임금지원칙에 위배된 것으로서 헌법에 위반됩니다.

다. 명확성의 원칙 위배 여부

위에서 살펴본 바와 같이 포괄위임금지원칙은 위임입법에 관한 명확성의 원칙의 특별규정에 해당하므로, 원칙적으로 명확성의 원칙을 별도 검토할 필요는 없으나, 위임규정이 하위법령에 위임하고 있는 내용과는 무관하게 해당 부분을 완결적으로 정하고 있는 경우 포괄위임금지원칙과는 별도로 명확성원칙이 문제될 수 있습니다.(결정례)

심판대상조항은 대통령령에 위임한 제한 사유에 관한 것이므로 위임규정이 위임 내용과 무관하게 해당 부분을 완결적으로 정하고 있는 경우에 해당하지 않으므로 명확성의 원칙이 별도로 문제되는 경우에 해당한다 보기 어렵습니다. 따라서 명확성의 원칙은 별도로 살펴보지 않습니다.

3. 과잉금지원칙 위배 여부

가. 관련 법리

국민의 모든 자유와 권리는 국가안전보장·질서유지 또는 공공복리를 위하여 필요한 경우에 한하여 법률로써 제한할 수 있으며, 제한하는 경우에도 자유와 권리의 본질적인 내용을 침해할 수 없습니다.(헌법 제37조 제2항)

위 제한은 목적의 정당성, 수단의 적절성, 침해의 최소성, 법익의 균형성을 충족하여야 합니다.(결정례)

영업의 자유에 대한 제한에 관하여서는 직업수행의 자유 제한에 대한 심사원칙인 완화된 비례원칙을 적용합니다. 이는 침해의 최소성, 법익의 균형성에 대한 판단을 완화하는 것입니다.(결정례)

나. 판단

1) 목적의 정당성, 수단의 적절성

원전감독법은 원자력발전사업자 등이 사업을 영위하면서 준수하여야 하는 의무와 정부의 관리·감독에 관한 사항을 규정함으로써 원자력발전산업의 건전한 기반을 조성함을 목적으로 하므로, 입찰 및 국가계약 과정의 투명성을 도모하기 위한 목적으로 입찰참가자격을 제한하고, 그 제한 사유를 규정한 것은 그 목적이 정당합니다.

입찰참가자격을 제한하는 것은 수뢰, 비밀침해, 사문서위조 등 건전한 기반을 침해할 우려가 있거나 침해하는 행위를 한 협력업체의 입찰참가를 제한하여 공정한 입찰 및 계약 이행 과정을 담보하는 것이므로, 그 수단이 적절합니다.

2) 침해의 최소성

다만, 위에서 살펴본 바와 같이 수범자 입장에서 제한 사유를 명확히 알기 어렵고, 법률상 기간의 상한이 규정되어 있지 않으며, 제한 사유 발생 시 입찰 관련된 공공기관 외의 공공기관과의 관계에 대하여도 입찰참가자격에 제한되므로 실질적으로 관련 사업을 진행할 수 없게 되어 그 사익의 침해가 막대합니다. 특히 심판대상조항은 계약의 자유의 제한 원칙인 신의성실의 원칙을 규정하고 있을 뿐인데도 불구하고 위반 시 필요적으로 입찰참가자격을 제한하므로 침해의 최소성을 고려한 입법으로 보기 어렵습니다.

3) 법익의 균형성

비록 심판대상조항으로 달성할 수 있는 공익이 입찰과정의 공정성, 원자력산업의 기반조성이라 하더라도 그 구성원인 협력업체를 경제적으로 말살하게 될 우려가 있으므로 주식회사의 설립 목적이 통상 영리 목적임을 고려하면 그 사익 침해 정도가 막대하여 법익의 균형성에 위배된다 할 것입니다.

4. 소결

자격제한조항은 과잉금지원칙을 위반하여 영업의 자유를 침해합니다.

2021년도 제3차 변호사시험 모의시험 해설

소 장

1. 피고

2. 사건명

3. 청구취지

4. 소의 적법성

5. 처분의 위법성

  가. 절차적 하자

  나. 내용적 하자

  1) 처분사유 부존재

  2) 재량의 일탈·남용

6. 소장 제출일

집행정지신청서

1. 신청취지

2. 회복하기 어려운 손해를 예방하기 위한 긴급한 필요

3. 공공복리에 중대한 영향을 미칠 우려가 없을 것

검토보고서

1. 본안의 인용 가능성

가. 제한되는 기본권

1) 영업의 자유

2) 평등권

나. 과잉금지원칙 위반 여부

다. 평등권 침해 여부

2. 적법 여부

가. 위헌법률심판제청신청(재판의 전제성)

나. 헌법재판소법 제68조 제1항의 헌법소원

1) 보충성

2) 직접성

3) 권리보호이익

3. 헌법재판절차의 전략적 선택

가. 적법요건

나. 본안인용 가능성

다. 소결

소 장

1. 피고
남양주시장

2. 사건명
영업정지처분취소 청구의 소

3. 청구취지
피고가 2021. 7. 14. 원고에게 한 영업정지 2개월(2021. 10. 21.~2021. 12. 20.)의 처분을 취소한다.
소송비용은 피고가 부담한다.
라는 판결을 구합니다.

4. 소의 적법성
　　취소소송은 처분등이 있음을 안 날부터 90일 이내에 제기하여야 하고(행정소송법 제20조), 기간을 일, 주, 월 또는 연으로 정한 때에는 기간의 초일은 산입하지 아니합니다(민법 제157조). 피고의 원고에 대한 영업정지 처분 통지서가 2021. 7. 19. 송달되었으므로, 그로부터 90일이 되는 날은 2021. 10. 17.인데, 해당 일은 공휴일이므로, 취소소송을 2021. 10. 18.까지 제기하면 적법합니다.

5. 처분의 위법성

가. 절차적 하자
　　식품의약품안전처장 또는 특별자치시장·특별자치도지사·시장·군수·구청장은 영업자가 식품위생법 제44조 제2항 제4호에 위반하여 청소년에게 주류를 제공하는 행위를 한 경우에는 대통령령으로 정하는 바에 따라 영업허가 또는 등록을 취소하거나 6개월 이내의 기간을 정하여 그 영업의 전부 또는 일부를 정지하거나 영업소 폐쇄를 명할 수 있습니다(식품위생법 제75조 제1항 제13호).
　　행정청이 위와 같이 당사자에게 권익을 제한하는 처분을 하는 경우에는 미리 일정한 사항을 당사자등에게 통지하여야 합니다(행정절차법 제21조 제1항). 당사자등은 처분 전에 그 처분의 관할 행정청에 서면이나 말로 또는 정보통신망을 이용하여 의견제출을 할 수 있습니다(행정절차법 제27조 제1항).
　　대법원은 절차적 하자가 있는 경우 취소사유라는 입장입니다(판례).

영업정지는 원고에게 불이익한 처분에 해당하므로 행정청은 행정절차법에 따라 원고에게 사전통지를 하고, 원고로부터 의견진술을 들어야 하는데, 이를 하지 않았습니다. 이는 절차적 위법으로 취소사유에 해당합니다. 따라서 이 사건 처분은 취소되어야 합니다.

나. 내용적 하자

1) 처분사유 부존재

행정법규 위반에 대하여 가하는 제재조치는 위반자의 고의·과실을 요하지는 아니하나 위반자의 의무 해태를 탓할 수 없는 정당한 사유가 있는 경우까지 부과할 수 있는 것은 아닙니다 (판례).

원고가 ① 평소 이순영을 비롯한 직원들에게 신분증 확인을 철저히 하도록 교육한 점, ② 윤혜은, 정수연이 이미 술에 취한 상태여서 청소년이라고 의심하기 어려웠던 점, ③ 그럼에도 불구하고 이순영은 신분증 확인을 하였던 점, ④ 윤혜은, 정수연이 변조된 주민등록증 사본을 보여주어 이순영으로 하여금 본인들이 성년인 것으로 착오하도록 기망한 점, ⑤ 이순영은 위와 같은 기망에 의하여 이들을 성년으로 착오하여 주류를 제공한 점을 종합하면, 원고의 의무 해태를 탓할 수 없는 정당한 사유가 있는 경우라 할 것입니다. 따라서 이 사건에서 원고에게 의무 해태를 탓하는 것은 부당합니다.

2) 재량의 일탈·남용

위에서 살펴본 바와 같이 원고에게 의무 해태를 탓할 수 없는 정당한 사유가 있는 경우에 해당하므로 이 사건 처분에 방법의 적정성이 인정되기 어렵습니다. 그러나 미성년자에게 주류를 판매하였다는 점을 들어 방법의 적정성이 인정된다고 볼 여지도 있을 것입니다.

원고가 ① 원고가 1억 원을 대출하여 개업한지 1달 밖에 되지 않았는데 영업정지를 당하여 그 피해가 과도할 것으로 보이는 점, ② 영업하는 동안 식품위생법 위반 사실이 없는 점, ③ ②의 이유로 기소유예 처분에 그친 점, ③ 배우자, 2인의 자녀 외 여동생까지 부양하여야 하는 점을 종합하면, 이 사건 처분은 최소침해성을 달성하지 못하였습니다.

위와 같은 점을 고려하면 이 사건 처분으로 달성할 수 있는 공익은 제한적인 반면, 침해되는 사익이 과도하므로 법익의 균형성도 인정된다 하기 어렵습니다.

따라서 이 사건 처분은 비례의 원칙을 위반하여 재량의 일탈·남용이 인정되므로 위법합니다.

6. 소장 제출일

2021. 10. 18.

집행정지신청서

1. 신청취지

2. 회복하기 어려운 손해를 예방하기 위한 긴급한 필요

집행정지가 인용되기 위하여서는 집행 또는 절차 속행으로 회복되기 어려운 손해가 발생할 것, 위 손해를 예방하기 위한 긴급하게 필요할 것이 각 인정되어야 합니다(행정소송법 제23조 제2항).

회복하기 어려운 손해는 금전으로 보상할 수 없는 손해로서 유무형의 손해를 의미하고, 긴급한 필요성은 처분의 내용, 처분 상대방의 손해의 정도, 원상회복 난이도, 본안청구 승소가능성을 종합하여 구체적개별적으로 판단하여야 합니다(판례).

회복하기 어려운 손해와 관련하여, 1억원의 대출을 받아 개업하였는데 개업 시작일로부터 1년이 채 되지 않아 영업을 정지 당하여 손해가 극심하고, 배우자와 두 자녀 외에 여동생까지 부양하고 있는데 영업정지로 인하여 피부양자가 시의적절한 보호를 받지 못하여 발생하는 손해는 금전으로 보상할 수 없는 손해라 할 것입니다.

긴급 필요성과 관련하여, 이 사건 처분이 제재적 처분으로 현재 원고가 영업정지로 인하여 위 회복하기 어려운 손해를 겪고 있어 이를 원상회복하기 어려우며, 원고의 기 식품위생법 위반 사실이 없는 점, 기소유예 처분을 받은 점, 평소 신분증을 확인하도록 교육을 하여온 점 등을 종합하면 본안 승소 가능성이 높을 것으로 판단되므로 긴급 필요성 역시 인정된다 할 것입니다.

따라서 회복하기 어려운 손해 및 위 손해를 예방하기 위한 긴급한 필요성이 인정된다 할 것입니다.

3. 공공복리에 중대한 영향을 미칠 우려가 없을 것

집행정지는 공공복리에 중대한 영향을 미칠 우려가 있을 때에는 허용되지 않습니다(행정소송법 제23조 제3항).

이는 당해 처분의 집행과 관련되어 공공복리에 구체적개별적으로 중대한 영향을 미칠 개연성에 관한 것으로서 그 주장, 소명책임은 행정청에게 있는 것이 원칙입니다(판례).

신청인이 청소년에게 1회 주류를 제공한 점, 신청인은 법규 위반을 하지 않기 위하여 평소 신분증 확인 교육에 신경을 쓴 점, 청소년들이 이순영을 속인 것을 인정한 점을 종합하면, 집행을 정지한다고 하여 신청인이 법규를 준수하지 않는 등 공공복리에 중대한 영향을 미칠 것으로 보기는 어렵습니다. 따라서 공공복리에 중대한 영향을 미칠 우려가 없다 할 것입니다.

검토보고서

1. 본안의 인용 가능성

가. 제한되는 기본권

1) 영업의 자유

영업의 자유는 직업의 자유에 포함되는 것으로서 다른 기업과의 경쟁에서 국가의 간섭이나 방해를 받지 않고 기업활동을 할 수 있는 자유를 의미합니다(판례).

2) 평등권

모든 국민은 법 앞에 평등하고(헌법 제11조 제1항), 평등권은 모든 생활영역에 대하여 인정됩니다(제2항).

위 주류판매금지 조항은 청소년에 대한 주류판매의 경우와 청소년 아닌 자에 대한 주류판매의 경우를 평등하지 않게 대우하고 있으므로, 평등권을 제한하고 있습니다.

나. 과잉금지원칙 위반 여부

청소년에 대한 주류 판매 금지는 청소년을 보호하기 위함이므로 목적의 정당성이 인정됩니다.

주류 판매자로 하여금 청소년에 대한 판매를 금지하는 것은 공급을 제한하는 것이고, 수요를 제한하는 것은 청소년의 음주 욕구를 제한하여야 하는 것이어서 실질적으로 불가능하므로, 적절한 수단에 해당합니다.

그러나 청소년인 경우에도 직업을 가지고 있는 경우 등 음주를 할 수 있는 상황이 발생할 수 있는데도 불구하고 이러한 예외 없이 일률적으로 청소년에 대한 판매를 금지하는 것은 최소침해성을 달성할 수 없고, 위 금지에 의하여 달성할 수 있는 공익은 제한되는 반면, 이로 인하여 판매자는 영업정지를 당하여 그 손해를 감수하여야 하므로 침해되는 사익이 중대하여 법익의 균형성도 달성하기 어렵습니다. 따라서 이 사건 법률은 과잉금지원칙에 위반됩니다.

다. 평등권 침해 여부

모든 국민은 법 앞에 평등하고, 누구든지 성별·종교 또는 사회적 신분에 의하여 정치적·경제적·사회적·문화적 생활의 모든 영역에 있어서 차별을 받지 아니합니다(헌법 제11조 제1항). 평등의 원칙은 입법과 법의 적용에 있어서 상대적 평등을 의미하고, 합리적 근거가 있는 차별 또는 불평등은 평등의 원칙에 반하지 않습니다(판례).

청소년보호법에 의하면 청소년이란 만 19세 미만의 자를 의미하는데, 직장을 다니는 만 19세 미만의 자와 만 19세 이상의 자를 비교하여 보면 전자에 대한 주류 판매만 금지되는 차별이 존재합니다.

이 사건은 헌법에서 특별히 평등을 요구하는 경우에 해당하거나(헌법 제32조 제4항, 제36조 제1항) 기본권에 중대한 제약을 가하는 경우에 해당하지 아니하므로 자의심사금지 원칙에 기초하여 위 차별이 평등권에 위반되는지 여부를 판단하면 될 것입니다.

이 경우, 직장을 다니는 만 19세 미만의 자와 만 19세 이상의 자 간에 주류 판매에 대하여 차별을 하여야 할 합리적 근거가 있다고 보기 어렵습니다. 따라서 이 사건 법률은 평등권에 위반된다 할 것입니다.

2. 적법 여부

가. 위헌법률심판제청신청(재판의 전제성)

법률이 헌법에 위반되는지 여부가 문제되어야 하고, 재판의 전제성이 인정되어야 합니다. 그 전제성은 구체적인 사건이 법원에 계속되어 있거나 계속 중이어야 하고, 위헌 여부가 문제되는 법률이 당해 소송사건의 재판에 적용되는 것이어야 하며, 그 법률이 헌법에 위반되는지 여부에 따라 당해 사건을 담당한 법원이 다른 내용의 재판을 하게 되는 경우를 말합니다(판례). 식품위생법 제44조 제2항 제4호는 법률(이하 "이 사건 법률")에 해당합니다.

신청인은 위 영업정지 처분에 대한 취소소송을 제기할 예정이므로, 제기하게 되면 사건이 법원에 계속중이고, 위 사건에서 식품위생법 제44조 제2항 제4호가 적용되어 있고, 이 사건 법률이 위헌으로 인정되면 영업정지 처분이 취소되어 재판의 결과가 달라질 것이므로, 재판의 전제성이 인정됩니다.

나. 헌법재판소법 제68조 제1항의 헌법소원

1) 보충성

법령 자체에 의한 직접적인 기본권 침해가 문제가 될 때에는 그 법령 자체의 효력을 직접 다투는 것을 소송물로 하여 일반 법원에 소송을 제기하는 길이 없으므로 보충성이 인정됩니다.

2) 직접성

기본권침해의 직접성이란 집행행위에 의하지 아니하고 법률 그 자체에 의하여 자유의 제한, 의무의 부과, 권리 또는 법적 지위의 박탈이 생긴 경우를 뜻합니다(판례).

청구인은 이 사건 법률 자체에 의하여 영업의 자유를 제한 당하므로 직접성이 인정됩니다.

3) 권리보호이익

이 사건 법률이 청구인의 기본권을 침해한다는 결정이 있으면, 위 법률의 개정으로 청구인이 장래에 위 기본권을 침해받지 않게 되므로 권리보호이익이 인정됩니다.

3. 헌법재판절차의 전략적 선택

가. 적법요건

이 사건에서 적법요건은 위헌법률심판, 헌법소원심판 모두 인정되는 것으로 보이므로 적법요건에 따른 전략의 차이는 다소 낮은 것으로 판단됩니다.

다만, 일반적인 경우라면 위헌법률심판의 경우 심판대상이 법률에 한정되고 재판의 전제성만 인정되면 본안판단을 받을 가능성이 높은 반면, 헌법소원심판의 경우 심판대상이 기본권에 해당하고 복잡한 적법요건을 충족하여야 하므로, 위헌법률심판제청신청이 가능하다면 위헌법률심판제청신청을 하는 것이 타당하다 하겠습니다.

나. 본안인용 가능성

쟁송물과 관련하여, 위헌법률심판은 법률의 위헌 여부를, 헌법소원심판은 기본권의 침해 여부를 그 대상으로 하므로, 후자는 그 개념상 기본권 침해만을 대상으로 하므로 본안 인용 가능성도 낮다고 봄이 타당합니다. 따라서 위헌법률심판제청신청이 가능하다면 위헌법률제청신청을 하는 것이 타당하다 하겠습니다.

기타 위헌법률제청신청의 경우, 신청 기각 시 헌법재판소 제68조 제2항의 헌법소원심판 청구를 통하여 한 번의 판단을 받을 기회도 있으므로 구제 측면에서 보다 유리하다고 판단됩니다.

다. 소결

적법요건, 본안인용 가능성, 구제 절차 측면에서 위헌법률심판제청신청을 선택하는 것이 전략적으로 유리한 선택이라 판단됩니다.

2021년도 제2차 변호사시험 모의시험 해설

소 장

1. 피고

2. 사건명

3. 청구취지

4. 이 사건 소의 적법성

  가. 대상적격

  나. 피고적격

  다. 행정심판전치주의

  라. 제소기간

5. 이 사건 처분의 위법성

  가. 절차적 하자

  나. 내용적 하자

  1) 처분사유 부존재

  2) 재량권의 일탈·남용

   가) 처분의 성질

   나) 재량권의 일탈·남용 해당 여부

6. 소장 제출일

7. 관할법원

헌법소원심판청구서

1. 청구취지

2. 이 사건 심판청구의 적법성

   가. 공권력행사성

   나. 기본권침해의 직접성

   다. 보충성

   라. 청구기간

3. 심판대상의 위헌성

   가. 제한되는 기본권

   나. 법률유보원칙 위반 여부

   다. 과잉금지원칙 위반

4. 소장 제출일

소 장

1. 피고
경상북도경찰청장

2. 사건명
징계처분 취소 청구의 소

3. 청구취지
1. 피고가 2021. 1. 28. 원고에 대하여 한 감봉 2월의 처분을 취소한다.
2. 소송비용은 피고가 부담한다.

라는 판결을 구합니다.

4. 이 사건 소의 적법성

가. 대상적격

취소소송은 처분 등을 대상으로 합니다. 다만, 재결취소소송의 경우에는 재결 자체에 고유한 위법이 있음을 이유로 하는 경우에 한합니다(행정소송법 제19조).

변경처분에 의하여 유리하게 변경된 행정처분에 대한 취소소송은 변경된 내용의 당초 처분이고, 제소기간의 준수 여부도 당초 처분을 기준으로 판단하여야 합니다(판례).

피고는 2021. 1. 28. 원고에게 정직 2월의 처분을 하였고, 해당 처분은 소청 심사에 의하여 감봉 2월의 처분으로 유리하게 변경되었습니다. 위 판례에 의하면 이 사건 소의 대상은 2021. 1. 28.자 감봉 2월 처분(이하 "이 사건 처분")입니다.

나. 피고적격

취소소송은 다른 법률에 특별한 규정이 없는 한 그 처분 등을 행한 행정청을 피고로 한다(행정소송법 제13조 제1항).

따라서 당초 처분청인 경상북도경찰청에게 피고적격이 인정됩니다.

다. 행정심판전치주의

제75조에 따른 처분, 그 밖에 본인의 의사에 반한 불리한 처분이나 부작위에 관한 행정소송은 소청심사위원회의 심사·결정을 거치지 아니하면 제기할 수 없습니다(국가공무원법 제16조 제1항).

원고는 피고의 처분에 불복하여 인사혁신처 소청심사위원회의 심사를 거쳤으므로, 이 사건 소는 행정심판전치주의를 충족하여 적법합니다.

라. 제소기간

　재결이 있는 경우, 취소소송은 재결서의 정본을 송달 받은 날부터 90일 이내에 제기하여야 합니다.

　원고는 이 사건 재결서를 2021. 5. 31. 송달 받았으므로(우편송달보고서 참조), 위 일자로부터 90일이 되는 날은 2021. 8. 29.인데 해당 일은 공휴일이므로 그 다음 날인 2021. 8. 30.까지 제기하면 됩니다.

5. 이 사건 처분의 위법성

가. 절차적 하자

　대법원은 절차적 하자가 있는 경우 취소사유라는 입장입니다(판례).

　공무원 인사관계법령에 의한 징계 기타 처분에 관한 사항에 대하여 행정절차법의 적용이 배제됩니다(행정절차법 제3조, 행정절차법 시행령 제2조 제3호).

　그러나 대법원은 성질상 행정절차를 거치기 곤란하거나 불필요하다고 인정되는 처분이나 행정절차에 준하는 절차를 거치도록 하고 있는 처분의 경우에만 행정절차법의 적용이 배제되는 것으로 보아야 한다는 입장입니다(판례).

　그런데도 불구하고 경상북도경찰청은 기록 열람·등사의무를 이행하지 않았고(행정절차법 제37조 제1항), 변호사 의견진술 기회를 부여하는 것을 거부하였으므로(경찰공무원 징계령 세부시행규칙 제11조 제1항) 절차적 하자가 있는 경우에 해당합니다. 따라서 징계는 취소되어야 합니다.

　기타 규칙에 의하면 포상 등 확인서를 제출받도록 하고 있는데도 불구하고 이를 제출받지 않은 점도 절차적 위법 판단 시 고려되어야 할 것입니다.

나. 내용적 하자

1) 처분사유 부존재

　징계의결요구권자 또는 징계위원회는 행위자에 대한 의무위반행위의 유형·정도, 과실의 경중, 평소의 행실, 근무성적, 공적, 뉘우치는 정도 또는 그 밖의 정상을 참작하여 징계양정기준에 따라 징계의결 요구 또는 징계의결하여야 합니다(경찰공무원 징계령 세부시행규칙).

　위 의무위반행위유형에는 성실의무 위반, 복종의무 위반이 있습니다(동 세부시행규칙 별표1).

　성실의무는 공공의 이익을 도모하고 성실히 직무를 수행하여야 하는 것을 의미하므로(판례), 직무 수행 시에 관한 의무로 봄이 타당합니다.

　원고는 퇴근 후에 음주 후 운전을 하였으므로 위 행위는 직무와 무관하므로 성실의무와 무관합니다. 또한 원고의 적발 당시 혈중알코올농도는 0.021%에 해당하므로 도로교통법 위반에도 해당하지 않습니다. 따라서 원고가 복종의무를 위반하였다고 보기 어렵습니다.

　복종의무는 행정의 계층질서 보장을 위한 것으로(국가공무원법 제57조), 원고의 행위가 직무와 무관하므로 역시 복종의무와 무관합니다. 다만, 직무상 명령인 음주운전 근절지시에 위반되는지 여부가 문제되는데, 이 역시 음주운전을 하였으나 도로교통법상 위반될 정도로 하지 않은 점을 고려하면 직무상 명령을 위반하였다고 보기 어렵습니다.

2) 재량권의 일탈·남용

가) 처분의 성질

행정행위가 기속행위인지, 재량행위인지 여부는 당해 처분의 근거가 된 규정의 형식, 체제, 문언에 따라 개별적으로 판단하여야 합니다(판례).

위 세부시행규칙 문언에 의하면 징계의결 시 의무위반행위의 유형·정도, 과실의 경중, 평소의 행실, 근무성적, 공적, 뉘우치는 정도 또는 그 밖의 정상을 참작할 수 있으므로, 이는 재량행위로 봄이 타당합니다.

나) 재량권의 일탈·남용 해당 여부

행정청의 재량에 속하는 처분이라도 재량권의 한계를 넘거나 그 남용이 있는 때에는 법원은 이를 취소할 수 있습니다(행정소송법 제27조).

재량행위는 재량의 일탈남용이 있는 경우에는 취소되는데, 이는 비례 및/또는 평등의 원칙 위배 여부를 기준으로 합니다(판례).

직무 명령을 위반한 이유로 징계를 하였으므로 수단의 적절성이 인정됩니다. 다만, 원고는 ① 퇴근 후에 음주를 한 것에 불과하여 성실의무를 위반하지 않은 점, ② 그 음주 정도 역시 도로교통법상 음주운전에 해당하지 않는 정도에 불과하여 복종의무를 위반하지 않은 점, ③ 설령 복종의무를 위반하였다고 하더라도 그 정도가 매우 경미한 점을 종합하면 징계의 필요성이 인정되지 않아 최소 침해성에 위반되고, 위 징계로 인하여 원고는 추후 인사 시에 불이익을 받을 수 있는 반면 위 징계로 달성할 수 있는 공익은 현저히 낮다 할 것이므로 법익의 균형성에도 위반됩니다. 따라서 징계는 비례 원칙에 위배되어 재량의 일탈·남용을 한 경우에 해당하므로 취소되어야 합니다.

6. 소장 제출일

2021. 8. 30.

7. 관할법원

대구지방법원

헌법소원심판청구서

1. 청구취지
"경찰대학 입학관리기준(2021. 1. 29. 행정안전부고시 제2021-3호) 제1호 중 '21세 이상인 자'에 관한 부분은 헌법에 위반된다."
라는 결정을 구합니다.

2. 이 사건 심판청구의 적법성

가. 공권력행사성
헌법소원의 대상으로서 공권력이란 국가기관·공공단체 등 공적 주체의 고권적 작용으로 그 상대방인 국민의 법적 지위에 불리한 영향이나 효과를 가져 오는 행위를 말합니다.

청구대상인 경찰대학 입학관리기준(2021. 1. 29. 행정안전부고시 제2021-3호) 제1호 중 "21세 이상인 자"에 관한 부분(이하 '이 사건 심판대상'이라 합니다)은 경찰대학설치법 제3조 후문의 위임에 근거한 것이므로 21세 이상인 자는 경찰대학 입학에 제한을 받게 되어 이는 공권력행사에 해당합니다(법령보충적 행정규칙).

나. 기본권침해의 직접성
기본권침해의 직접성이란 집행행위에 의하지 아니하고 법규범 그 자체에 의하여 자유의 제한, 의무의 부과, 권리 또는 법적 지위의 박탈이 생긴 경우를 뜻합니다.

이 사건 심판대상은 어떠한 집행행위를 매개함이 없이 청구인의 경찰대학 입학을 직접 제한하고 있으므로, 이 사건 심판청구는 기본권침해의 직접성 요건을 갖추었습니다.

다. 보충성
헌법소원심판청구는 다른 법률에 구제절차가 있는 경우에는 그 절차를 모두 거친 후에 청구할 수 있습니다(헌법재판소법 제68조 제1항 단서).

일반적 성격을 가지는 고시는 그 효력을 직접 다툴 수 있는 구제절차는 존재하지 않으므로 이에 대해서는 곧바로 헌법소원을 청구할 수 있는바, 보충성 요건도 문제되지 않습니다.

라. 청구기간
헌법재판소법 제68조 제1항에 따른 헌법소원의 심판은 기본권의 침해사유가 있음을 안 날부터 90일 이내에, 그 사유가 있는 날부터 1년 이내에 청구하여야 합니다(헌법재판소법 제69조 제1항).

청구인은 2021. 4. 5. 이 사건 심판대상에 의한 기본권제한 사실을 알게 되었으므로, 그로부터 90일이 경과한 2021. 7. 4.까지 심판청구가 가능하나, 위 일자가 공휴일이므로, 그 다음날인 2021. 7. 5.까지 심판을 청구하면 해당 심판은 적법합니다. 2021. 7. 5. 청구된 이 사건 심판청구는 청구기간을 준수하였습니다.

3. 심판대상의 위헌성

가. 제한되는 기본권

공무담임권이란 입법부, 집행부, 사법부는 물론 지방자치단체 등 국가, 공공단체의 구성원으로서 그 직무를 담당할 수 있는 권리를 말합니다. 공무담임권의 보호영역에는 공직취임 기회의 자의적인 배제 뿐 아니라, 공무원 신분의 부당한 박탈이나 권한(직무)의 부당한 정지도 포함됩니다(판례).

경찰대학 입학은 경찰공무원을 담임하기 위하여 선택할 수 있는 하나의 중요 교육과정이 될 수 있으므로, 이 사건 심판대상에 의하여 경찰대학 입학 가능 여부가 연령을 기준으로 판단되는 것은 청구인의 공무담임권을 제한하는 것입니다.

나. 법률유보원칙 위반 여부

국민의 기본권은 헌법 제37조 제2항에 따라 국가안전보장·질서유지 또는 공공복리를 위하여 필요한 경우에 한하여 제한할 수 있으나, 그 제한의 방법은 원칙적으로 법률로써만 가능합니다.

모법이 헌법에 위반될 경우 하위법령은 법률의 근거가 없는 것으로 법률유보원칙에 위반됩니다(판례).

1) 기본권을 제한하는 내용에 대해서는 대통령령, 총리령, 부령 등 법규명령에 위임하는 것이 타당하고, 고시와 같은 형식으로 위임을 할 때에는 적어도 전문적·기술적 사항이나 경미한 사항으로서 업무의 성질상 위임이 불가피한 사항에 한정됩니다(판례).

연령에 의한 경찰대학 입학 제한은 공직 취임 기회를 박탈하여 공무담임권을 제한하는 것이므로 법규명령의 형태로 위임하는 것이 타당합니다. 이는 전문적·기술적 사항이나 경미한 사항으로서 업무의 성질상 위임이 불가피한 사항에도 해당하지 않으므로 고시에 이 사건 심판대상을 위임한 것은 법률유보원칙에 위배되었다고 봄이 타당합니다.

2) 위임입법은 헌법 제75조에 의하여 법률에 이미 하위법규에 규정될 내용 및 범위의 기본사항이 구체적이고 명확하게 규정되어 있어 누구라도 그 자체로부터 하위법규에 규정될 내용의 대강을 예측할 수 있어야 함을 의미합니다. 관련 법조항 전체를 유기적·체계적으로 종합·판단하여야 하며, 대상법률의 성질에 따라 구체적이고 개별적으로 검토하여야 합니다(판례).

이 사건 심판대상의 상위법규인 경찰대학설치법은 경찰대학 입학자격에 관한 내용을 일부 규정하면서, 단순히 "그 밖의 입학자격"이라고만 규정하고 있을 뿐, 어떤 내용들이 하위법규로 정해질 것인지에 관한 명확한 범위를 제시하지 않고 있습니다(제3조 참조). 따라서 위 법령에 의하여 하위법규에 규정될 내용의 대강을 예측할 수 없으므로 포괄위임금지원칙에 위배됩니다.

법률유보원칙은 국민의 기본권 실현에 관련된 영역에 있어서는 국민의 대표자인 입법자 스스로 그 본질적 사항에 대하여 결정하여야 한다는 의회유보원칙을 내포합니다(판례).

이 사건 심판대상은 공무담임권을 제한하는 것으로서 국민의 기본권 실현에 관련된 영역인데, 이를 행정부 고시로 정하도록 하고 있으므로(경찰대학설치법 제3조) 의회유보원칙에 위배됩니다.

다. 과잉금지원칙 위반

　이 사건 심판대상은 경찰간부 양성을 위해 유능한 인재를 확보한다는 목적을 가지고 있으므로 목적의 정당성이 인정됩니다.

　유능한 인재를 확보하기 위한 기준의 하나로 연령을 들고 있으므로 이 사건 심판대상은 목적 달성을 위한 적절한 수단에 해당할 여지가 있습니다.

　입학 시 연령 외에 체력이나 운동 신경 등을 측정하거나 입학 후의 교육 과정을 개선하는 등 공무담임권을 덜 침해하는 수단이 있는데도 불구하고 일률적으로 연령으로 입학을 제한하는 것을 최소 침해성에 위반됩니다. 또한, 위와 같은 제한으로 얻는 공익에 비하여 간부가 되고자 하는 청년이 기회를 박탈 당하여 간부가 되는 길이 영구히 제한되는 사익이 중대하게 침해되므로 법익의 균형성도 위반됩니다. 따라서 이 사건 심판대상은 과잉금지 원칙에 위반됩니다.

4. 소장 제출일

　2021. 7. 5.

2021년도 제1차 변호사시험 모의시험 해설

소 장

1. 피고

2. 청구취지

3. 소의 적법성

　가. 원고적격

　나. 협의의 소의 이익

　다. 제소기간 및 기타

4. 처분의 위법성 중 원고에 대한 처분

　가. 절차적 하자

　나. 내용적 하자

5. 소장 제출일

집행정지신청서

1. 신청취지

2. 집행정지의 요건 중 회복하기 어려운 손해를 예방하기 위한 긴급한 필요

3. 집행정지의 요건 중 공공복리에 중대한 영향을 미칠 우려가 없을 것

위헌법률심판제청신청서

1. 사건

2. 신청취지

3. 적법요건

4. 위헌이라고 해석되는 이유

 가. 제한되는 기본권

 나. 과잉금지원칙 위배 여부

 다. 적법절차원칙 위배 여부

 라. 포괄위임금지원칙 위배 여부

 마. 소결

5. 담당재판부

소 장

1. 피고
서울출입국·외국인청장

2. 청구취지
1. 피고가
   가. 2021. 4. 18. 레이 오취리에 대하여 한 강제퇴거명령을,
   나. 2021. 5. 4. 원고에 대하여 한 강제퇴거명령 및 보호명령을
각 (모두) 취소한다.
2. 소송비용은 피고가 부담한다.
라는 판결을 구합니다.

3. 소의 적법성

가. 원고적격
취소소송은 처분등의 취소를 구할 법률상 이익이 있는 자가 제기할 수 있습니다(행정소송법 제12조 전문).

행정처분의 제3자라 하더라도 당해 처분의 근거 법규 및 관련 법규에 의하여 보호되는 개별적·직접적·구체적 이익이 있는 경우에는 원고적격이 인정됩니다(판례).

체류자격 D-8의 경우, 출입국관리법 시행령 별표 1의2 11. 기업투자(D-8)란의 가목에 해당하는 사람의 체류기간 상한은 5년이고, 동반한 자(F-3)의 체류기간은 그 본인의 체류기간을 상한으로 합니다(출입국관리법 제10조의2 제1항 제2호에 따른 장기체류자격의 체류자격별 체류기간의 상한).

원고는 장기 체류자인 레이 오취리에게 동반한 자이므로 그 체류자격은 F-3에 해당하므로, 체류기간 상한은 5년입니다. 원고는 레이 오취리가 강제퇴거명령을 받아 출국하며, 체류자격을 상실한 것으로 보입니다(레이 오취리에 대한 강제퇴거명령서 참조). 이에 원고는 강제퇴거 및 보호명령을 처분(이하 "이 사건 각 처분") 받았으므로(킴 오취리에 대한 긴급보호서, 출입국사범 심사결정 통고서, 강제퇴거명령서, 보호명령서 각 참조) 출입국관리법 등에 의하여 보호되는 개별적·직접적·구체적 이익인 체류자격을 침해당하게 되었습니다. 따라서 원고는 그 취소를 구할 법률상 이익이 있는 자이므로 원고에게 원고적격이 인정됩니다.

나. 협의의 소의 이익
취소소송은 처분등의 취소를 구할 법률상 이익이 있는 자가 제기할 수 있습니다. 처분등의 효과가 기간의 경과, 처분등의 집행 그 밖의 사유로 인하여 소멸된 뒤에도 그 처분등의 취소로

인하여 회복되는 법률상 이익이 있는 자의 경우에는 또한 같습니다(행정소송법 제12조).

출입국관서의 장은 취업활동을 할 수 있는 체류자격이 없는 외국인을 대한민국 밖으로 강제퇴거시킬 수 있고(출입국관리법 제46조 제1항 제8호, 제18조 제1항), 법무부장관은 위 강제퇴거명령을 받고 출국한 후 5년이 지나지 아니한 외국인에 대하여는 입국을 금지할 수 있습니다(동법 제11조).

원고는 이 사건 처분에 의하여 강제퇴거 되기 전까지는 출입국관리소에서 보호를, 이후에는 강제퇴거를 당하게 되고, 강제퇴거 이후에도 강제퇴거 시로부터 5년이 지나지 않은 경우에는 입국이 금지될 수 있습니다. 따라서 원고에게 처분 등의 취소로 회복되는 법률상 이익이 인정되므로 협의의 소의 이익이 인정됩니다.

다. 제소기간 및 기타

소송은 처분등이 있음을 안 날부터 90일 이내에 제기하여야 합니다(행정소송법 제20조 제1항). 레이 오취리에 대한 강제퇴거명령은 2021. 4. 18. 집행되었습니다(레이 오취리에 대한 강제퇴거명령서 참조). 원고는 당일 공항에서 이 사실을 알았습니다. 따라서 제소기한은 처분을 안 날로부터 90일이 되는 2021. 7. 17.입니다. 다만, 7. 17.은 토요일이므로 월요일인 7. 19.이 제소기한이라 할 것입니다.

4. 처분의 위법성 중 원고에 대한 처분

행정행위가 기속행위인지, 재량행위인지 여부는 당해 처분의 근거가 된 규정의 형식, 체재, 문언에 따라 개별적으로 판단하여야 합니다(판례). 출입국관리법 제46조 제1항은 "대한민국 밖으로 강제퇴거시킬 수 있다"라고 규정된 점, 출입국관리법 제51조 제1항은 "출입국관서의 장으로부터 보호명령서를 발급받아 그 외국인을 보호할 수 있다"라고 규정된 점 등을 종합하면, 강제퇴거명령 및 보호명령의 각 처분은 재량행위로 봄이 타당합니다.

가. 절차적 하자

침익적 처분에 대하여 절차의 위법이 있는 경우, 이는 취소사유에 해당합니다(판례).

지방출입국·외국인관서의 장은 강제퇴거명령서를 용의자에게 송부하여야 하고(출입국관리법 제50조 제3항), 문서 등의 송부는 본인, 가족, 신원보증인, 소속 단체의 장의 순으로 직접 내주거나 우편으로 보내야 합니다(동법 제91조 제1항).

처분 통지서는 원고 본인, 가족, 신원보증인, 소속 단체의 장 누구도 아닌 이주민 지원 활동가에 불과한 장진영이라는 자에게 송달되었으므로(우편송달보고서 참조), 이는 위 법률을 위반한 부적법한 송달입니다. 따라서 이 사건 처분은 절차적 하자가 위법하므로 취소되어야 합니다.

나. 내용적 하자

원고에게는 체류자격이 인정되지 않으므로 원고에 대한 이 사건 각 처분에 방법의 적정성이 인정될 여지가 있습니다.

그러나 출입국관리법이 외국인의 체류관리와 사회통합을 목적으로 하는 점을 고려하면, 원고는 단지 아버지가 체류자격을 상실하여 동반 체류자격을 상실하였을 뿐, 성실하게 음식점에서 종업원 직무를 수행하던 자였으므로 원고를 국내에서 강제퇴거 시키거나 보호명령을 해야 할 필요성이 있다고 보기 어려워, 이 사건 각 처분에 침해의 최소성이 인정되지 않습니다.

원고는 외국인의 체류관리와 사회통합을 저해하는 행위를 하지 않았으므로 강제퇴거명령에 의하여 달성할 수 있는 공익은 현저히 적은 반면, ① 원고가 한국에서 출생하여 현재까지 거주·근로한 점, ② 퇴거 당할 국가인 가나에 가본 적이 없는 점, ③ 퇴거 후 5년간 국내 입국이 금지될 것으로 보이는 점, ④ 아버지가 강제퇴거된 후 아버지와 연락이 끊겨 현재 고아와 같은 상황인 점, ⑤ 지병인 천식까지 악화되어 고통 받고 있는 상황인 점을 종합하면(이태원 복음교회 담임목사 김연철 외 52인이 제출한 탄원서 참조), 강제퇴거 및 보호명령에 의하여 사실상 원고의 삶 전체가 말소되는 것과 같은 상황에 처하게 되고, 해당 상황에 원고의 책임이 전혀 없는 점을 고려하면, 그 침해되는 사익이 극심하다 할 것이므로, 이 사건 각 처분은 법익의 균형성을 위배하였습니다.

이를 종합하면, 이 사건 각 처분은 비례 원칙에 위배되어 재량의 일탈남용이 있는 경우에 해당하므로 취소되어야 합니다.

5. 소장 제출일

2020. 7. 19.

집행정지신청서

1. 신청취지
피신청인이 2021. 5. 4. 신청인에 대하여 한 강제퇴거명령 및 보호명령은 이 법원 2021구합3456 강제퇴거명령등 취소 판결의 선고시까지 그 집행을 정지한다.
라는 결정을 구합니다.

2. 집행정지의 요건 중 회복하기 어려운 손해를 예방하기 위한 긴급한 필요

집행정지가 인용되기 위하여서는 집행 또는 절차 속행으로 회복되기 어려운 손해가 발생할 것, 위 손해를 예방하기 위한 긴급하게 필요할 것이 각 인정되어야 합니다(행정소송법 제23조 제2항).

회복하기 어려운 손해는 금전으로 보상할 수 없는 손해로서 유무형의 손해를 의미하고, 긴급한 필요성은 처분의 내용, 처분 상대방의 손해의 정도, 원상회복 난이도, 본안청구 승소가능성을 종합하여 구체적·개별적으로 판단하여야 합니다(판례).

강제퇴거명령은 원고가 국내에 거주할 수 없도록 하는 것으로서 거주이전의 자유를 박탈하는 침익적 처분이고, 이로 인하여 원고는 ① 원고가 한국에서 출생하여 현재까지 거주·근로한 점, ② 퇴거 당할 국가인 가나에 가본 적이 없는 점, ③ 퇴거 후 5년간 국내 입국이 금지될 것으로 보이는 점, ④ 아버지가 강제퇴거된 후 아버지와 연락이 끊겨 현재 고아와 같은 상황인 점, ⑤ 지병인 천식까지 악화되어 고통 받고 있는 상황인 점을 종합하면(이태원 복음교회 담임목사 김연철 외 52인이 제출한 탄원서 참조), 강제퇴거 및 보호명령에 의하여 사실상 원고의 삶 전체가 말소되는 것과 같은 상황에 처하게 되고, 이를 금전적으로 배상할 방법은 없어 원상회복 난이도가 대단히 높은 상황이며, 본 사안에서 원고 본인의 잘못이 전혀 없는 점을 고려하면 본안의 승소가능성도 높은 편에 해당한다 할 것입니다.

따라서 회복하기 어려운 손해 및 위 손해를 예방하기 위한 긴급한 필요성이 인정된다 할 것입니다.

3. 집행정지의 요건 중 공공복리에 중대한 영향을 미칠 우려가 없을 것

집행정지는 공공복리에 중대한 영향을 미칠 우려가 있을 때에는 허용되지 않습니다(행정소송법 제23조 제3항).

이는 당해 처분의 집행과 관련되어 공공복리에 구체적·개별적으로 중대한 영향을 미칠 개연성에 관한 것으로서 그 주장·소명책임은 행정청에게 있는 것이 원칙입니다(판례).

다만, 신청인은 출입국관리법상 강제퇴거명령을 할 정도로 외국인의 체류관리와 사회통합을 저해하는 행위를 하지 않았으므로(출입국관리법 제1조 참조) 이를 잠정적으로 정지한다 하더라도 공공복리에 중대한 영향이 발생하지 않습니다.

위헌법률심판제청신청서

1. 사건
(서울행정법원) 2021구합3456 강제퇴거명령등 취소

2. 신청취지
"출입국관리법 제52조제1항의 위헌 여부에 관한 심판을 제청한다."라는 결정을 구합니다.

3. 적법요건
법률이 헌법에 위반되는지 여부가 문제되어야 하고, 재판의 전제성이 인정되어야 합니다. 그 전제성은 구체적인 사건이 법원에 계속되어 있거나 계속 중이어야 하고, 위헌 여부가 문제되는 법률이 당해 소송사건의 재판에 적용되는 것이어야 하며, 그 법률이 헌법에 위반되는지 여부에 따라 당해 사건을 담당한 법원이 다른 내용의 재판을 하게 되는 경우를 말합니다(판례).

출입국관리법 제52조 제1항은 법률(이하 "대상법률")에 해당합니다.

2021구합3456 강제퇴거명령등 취소 사건이 법원에 계속중이고, 위 사건에서 출입국관리법 제52조 제1항이 적용되어 있고, 위 법률이 위헌으로 인정되면 보호명령이 취소되므로 위 법원이 원고의 청구를 인용하여야 하므로, 재판의 전제성이 인정됩니다.

4. 위헌이라고 해석되는 이유

가. 제한되는 기본권
후술하는 신체의 자유는 인간으로서의 권리에 해당하므로 외국인에게 기본권주체성이 인정되고(헌법재판소), 다툴 수 있습니다.

신청자는 보호명령에 의하여 강제퇴거 당하기 전에 외국인 보호소 등에 인치되는 것이므로(출입국관리법 제2조 제11호), 대상법률에 의하여 신체의 자유가 제한되었습니다.

나. 과잉금지원칙 위배 여부
국가가 헌법 제37조 제2항에 따라 법률로써 국민의 기본권을 제한하는 경우, 과잉금지원칙에 따라 목적의 정당성·수단의 적합성·침해의 최소성·법익의 균형성을 각 갖추었는지 여부를 판단하여야 합니다(판례).

출입국관리법은 외국인의 체류관리와 사회통합 목적이므로 강제퇴거 대상자에 대한 보호명령은 강제퇴거 전 신병을 확보하여 체류관리를 위한 것이므로 목적의 정당성이 인정되고, 외국인의 경우, 우리나라 국민과 같이 주민등록 등 관리체계가 적용되기 어려우므로 보호명령은 그 관리를 위한 적절한 수단에 해당합니다.

그러나 보호명령은 보호기간의 상한이 규정되지 않았고, 인치 외의 방법을 고려하고 있지 않으며, 도주 가능성이 없는 경우에도 보호할 수 있게 하여 형사재판의 경우보다도 신체의 자유를 과도하게 침해하므로 최소 침해성이 인정되지 않고, 위와 같이 사익을 과도하게 제한하는 반면 신병 확보 외에는 달성할 수 있는 공익이 거의 없으므로 법익의 균형성이 인정되지 않습니다. 따라서 대상법률은 과잉금지원칙에 위배되어 신체의 자유를 침해합니다.

다. 적법절차원칙 위배 여부

법률과 적법한 절차에 의하지 아니하고는 처벌, 보안처분 또는 강제노역을 받지 않습니다(헌법 제12조 제1항). 이는 형사소송절차를 포함하여 모든 국가작용에 적용되므로(헌법재판소), 신병을 인치하는 보호명령에도 적용된다 할 것입니다.

외국인 보호는 신체의 자유를 침해하는 것이므로(출입국관리법 제51조) 실질적으로 체포 또는 구속과 같은 효과를 발생시킵니다. 그러나 수사기관에서 체포 또는 구속하고, 사법부가 그 적부를 심사하는 체포 또는 구속과 달리 보호명령은 보호명령을 처분하는 출입국관리국과 그 상위기관인 법무부가 적부를 판단하므로(출입국관리법 제55조, 동 시행령 제14조) 공정한 절차를 형성하고 있지 않습니다.

보호명령은 처분인데도 불구하고 당사자로부터 의견을 제출받거나 진술청취 없이 이의신청서 및 관계서류에 의한 서면심사를 통하여 보호 여부를 결정하므로 의견 및 자료 제출의 기회가 부여된다고 보기 어렵습니다. 따라서 대상법률은 헌법상 적법절차원칙에 위배됩니다.

라. 포괄위임금지원칙 위배 여부

대통령은 법률에서 구체적으로 범위를 정하여 위임받은 사항과 법률을 집행하기 위하여 필요한 사항에 관하여 대통령령을 발할 수 있습니다(헌법 제75조).

출입국관리법 제52조 제1항은 출입국관서의 장은 대통령령이 정하는 강제퇴거 대상자를 대한민국 밖으로 송환할 때까지 보호할 것을 명할 수 있다고만 규정하고 있어, 사실상 대통령령이 규정하는 모든 경우의 강제퇴거 대상자를 보호할 수 있도록 규정하고 있어 포괄위임금지원칙에 위배됩니다.

실제로 동 시행령은 그 사유로 도주의 우려가 있는 경우, 여권을 소지하지 않은 경우, 송환국으로의 교통편이 없는 경우로 규정하여 강제퇴거가 불가능한 경우에는 계속하여 보호를 할 수 있도록 규정하고 있습니다. 따라서 대상법률은 포괄위임금지원칙에 위배됩니다.

마. 소결

이상 종합하면, 출입국관리법 제52조 제1항은 신체의 자유를 침해하여 헌법에 위반되므로 신청인의 신청을 인용하여 주시기 바랍니다.

5. 담당재판부

서울 행정법원

2020년도 제3차 변호사시험 모의시험 해설

<제1문 항고소송 소장>

문 ① 피고

문 ② 사건명

문 ③ 청구취지

문 ④ 3. 이 사건 처분의 위법성

가. 집회 제한 통고처분에 관하여

1) 위 처분의 근거 법률

2) 이 사건 집회 제한 통고처분 이유

3) 법률유보의 원칙 위배

나. 시위 금지 통고처분에 관하여

1) 위 처분의 근거법률

2) 이 사건 시위 금지 통고처분 이유

3) 처분사유의 부존재

4) 비례의 원칙 위반

다. 광장사용불허가처분에 관하여

1) 광화문광장 조례의 위법성

　가) 광화문광장 조례의 성격

　나) 법령의 범위 넘어섬

2) 법률유보 원칙 위배

3) 평등원칙 위배

⟨제2문 헌법소원심판청구서⟩

문 ① 청구취지

문 ② 이 사건 심판청구의 적법성

가. 대상적격

나. 보충성

다. 권리보호이익

문 ③ 심판대상의 위헌성

가. 이 사건 촬영행위의 법적 성격 및 근거

나. 제한되는 기본권

1) 일반적 인격권

2) 개인정보자기결정권

3) 집회의 자유

다. 기본권 침해

1) 기본권 경합과 위헌심사의 방법

2) 위헌심사의 기준

3) 비례의 원칙 위반

  가) 목적의 정당성 및 수단의 적합성

  나) 침해의 최소성

  다) 법익의 균형성

  라) 소결

〈제1문 항고소송 소장〉

문 ① 피고
1. 서울지방경찰청장
2. 서울특별시장

문 ② 사건명
집회 제한통고처분 등 취소청구의 소

문 ③ 청구취지
1. 피고 서울지방경찰청장이 2020. 9. 11. 원고에 대하여 한 집회 제한 통고처분 및 시위 금지 통고처분을 모두 취소한다.
2. 피고 서울특별시장이 2020. 9. 15. 원고에 대하여 한 광장사용불허가처분을 취소한다.
3. 소송비용은 피고들이 부담한다.

라는 판결을 구합니다.

문 ④ 3. 이 사건 처분의 위법성

가. 집회 제한 통고처분에 관하여

1) 위 처분의 근거 법률

이 사건 집회 제한 통고처분의 근거법률인 집회 및 시위에 관한 법률(이하 '집시법'이라고만 합니다) 제8조 제5항은 일정한 사유가 있는 경우로서 그 거주자나 관리자가 시설이나 장소의 보호를 요청하는 경우에는 집회나 시위의 제한 또는 금지를 통고할 수 있다고 규정하면서, 그 일정한 사유로 제1호 집회 신고서에 적힌 장소가 다른 사람의 주거지역이나 이와 유사한 장소로서 집회나 시위로 재산 또는 시설에 심각한 피해가 발생하거나 사생활의 평온을 뚜렷하게 해칠 우려가 있는 경우, 제2호 위 신고장소가 초·중등교육법 제2조에 따른 학교의 주변 지역으로서 학습권을 뚜렷이 침해할 우려가 있는 경우, 제3호 위 신고장소가 군서시설의 주변 지역으로서 군 시설이나 작전 수행에 심각한 피해가 발생할 우려가 있는 경우를 규정하고 있습니다.

2) 이 사건 집회 제한 통고처분 이유

2020. 9. 11.자 옥외집회 제한 통고서에 따르면, 피고 서울지방경찰청장이 원고에게 집회 제한 통고처분을 한 이유는 "① 국가공무원법 제66조 제1항 위반 방지, ② 소음 발생시 광장 주변을 통행하는 사람들에게 피해 우려"입니다.

3) 법률유보의 원칙 위배

피고 서울지방경찰청장의 이 사건 집회 제한 통고처분은 깃발, 피켓, 현수막, 노래, 단체 복장, 앰프와 스피커 사용 금지 등을 제한 내용으로 하고 있는데, 이는 사실상 집회를 금지하는 것이나 다름없어, 원고의 권리를 심각하게 제한하는 침익적 행정처분입니다. 따라서 위 처분은 법률유보의 원칙에 따라 법률상의 근거가 반드시 필요합니다. 그런데 피고 서울지방경찰청이 위 처분의 처분 사유들은 앞서 본 집시법 제8조 제5항 어디에도 규정되어 있지 아니한 것입니다. 특히 설령 집회 장소 주변을 통과하는 사람들에게 소음이 발생한다고 하더라도, 그들은 거주자나 관리자라고 할 수가 없는 것입니다. 따라서 위 처분은 법률유보의 원칙에 위배되어 위법함을 면치 못합니다.

나. 시위 금지 통고처분에 관하여

1) 위 처분의 근거법률

앞서 가. 1)항에서 살펴본 근거법률과 동일합니다.

2) 이 사건 시위 금지 통고처분 이유

2020. 9. 11.자 시위금지 통고서에 따르면, 피고 서울지방경찰청장은 집시법 제8조 제5항 제1, 2호를 시위금지 통고 사유로 제시하고 있습니다.

3) 처분사유의 부존재

우선 집시법 제8조 제5항은, 시위금지 통고처분의 대전제로서 '거주자나 관리자가 시설이나 장소의 보호를 요청하는 경우'에만 금지 통고처분을 할 수 있다고 규정하고 있습니다. 그러나 원고가 신고한 시위에 관하여 어떤 사람도 시설이나 장소의 보호를 요청한 사실이 전혀 없습니다.

또한 원고가 신고한 시위 장소 인근에는 초·중등교육법 제2조에 따른 학교가 있지 않습니다.[1] 나아가 2020. 10. 3. 토요일 하루 동안 개최되는 것이므로, 초·중등교육법 제2조에 따른 학교가 시위 장소 인근에 존재한다고 하더라도 일반적으로 학생들이 등교하는 날이 아니어서 위 항 제2호가 규정하고 있는 학습권 침해의 우려는 없습니다.

따라서 집시법 제8조 제5항이 정하는 어떠한 처분 사유도 없어, 위 처분은 위법함을 면치 못합니다.

4) 비례의 원칙 위반

앞서 본 처분사유가 모두 존재한다고 가정하더라도, 시위의 방식이나 시간 등을 제한함으로써 얼마든지 원고의 권리를 덜 침해하는 대안이 있음에도 불구하고 특별한 근거도 없이 원천적으로 시위를 금지하는 것은 비례의 원칙에 반한다고 하지 않을 수 없습니다.

---

[1] 편저자 주 : 출제자가 설문 기록에 이 부분을 명확히 기재하지도 않은 점은 대단히 유감입니다. 학교가 있는지 없는지는 기록에 현시된 지도만으로는 알 수가 없습니다.

다. 광장사용불허가처분에 관하여

1) 광화문광장 조례의 위법성

가) 광화문광장 조례의 성격

지방자치법 제9조 제1항과 제15조 등의 관련 규정에 의하면 지방자치단체는 원칙적으로 그 고유사무인 자치사무와 법령에 의하여 위임된 단체위임사무에 관하여 이른바 자치조례를 제정할 수 있으나, 지방자치법 제15조가 규정하고 있는 '법령의 범위 안'이라는 사항적 한계가 적용됩니다.

서울특별시 광화문광장의 사용허가에 관한 사항은 법령에서 특별히 서울특별시에 위임한 사항은 아니므로, 광화문광장 조례는 자치사무에 관한 자치조례로 평가됩니다. 따라서 광화문광장 조례가 법령의 범위를 넘었다면, 위법하여 그 효력이 부인됩니다.

나) 법령의 범위 넘어섬

집시법 제6조에 따르면, 집회는 신고만으로 개최할 수 있고, 허가의 대상은 아닙니다. 우리 헌법재판소도 일관되게 헌법 제21조 제2항을 근거로, 사실상 집회에 대한 사전 허가제로서의 성격을 가지는 제도는 위헌임을 밝히고 있습니다. 그런데 광화문광장 조례 제4조는 '사용허가 신청'이라는 표제로 명백히 광장을 사용하고자 하는 자는 미리 허가신청을 하여야 한다고 규정하고, 같은 조례 제5조는 '사용허가 및 사용제한'이라는 표제로, 피고 서울특별시장이 재량으로 허가를 거부할 수 있다는 규정을 두고 있어, 이는 실질적으로 우리 헌법재판소가 위헌으로 평가하고 있는 집회 사전허가제로 볼 수밖에 없습니다. 따라서 광화문광장 조례는 위헌일뿐더러, 법률이 정한 범위도 넘어섰습니다.

2) 법률유보 원칙 위배

앞서 본 바와 같이, 위 거부처분은 위헌 또는 위법한 조례에 근거한 처분이므로, 법률유보의 원칙에 위배되어 위법함을 면치 못합니다.

3) 평등원칙 위배

원고가 확인한 바로는, 피고 서울특별시장은 최근 원고가 집회신고한 장소인 광화문광장 또는 서울광장에서 국가 또는 지방자치단체의 정책을 찬성하는 내용으로 개최된 집회는 계속하여 허가한 사실이 있는데, 그럼에도 불구하고 원고가 신청한 집회에 대하여만 광장사용허가를 거부하는 것은 평등원칙 위반이라고 하지 않을 수 없습니다.

⟨제2문 헌법소원심판청구서⟩

문 ① 청구취지[2]

"피청구인이 2020. 10. 3. 12:05경부터 12:15경까지 '공무원의 정치참여권 신장을 위한 결의대회'에 참가하여 서울시청에서 광화문광장 방향으로 행진한 청구인의 행위와 시위의 상황을 촬영한 행위는 청구인의 집회의 자유, 일반적 인격권, 개인정보자기결정권을 침해한 것으로 위헌임을 확인한다."

라는 결정을 구합니다.

문 ② 이 사건 심판청구의 적법성

가. 대상적격

헌법소원의 대상은 공권력의 행사 또는 불행사인데, 여기서 공권력이란 국가기관·공공단체 등 공적 주체의 고권적 작용으로 그 상대방인 국민의 법적 지위에 불리한 영향이나 효과를 가져오는 행위를 말합니다. 이 사건에서는 집회·시위 및 현장에서 경찰이 불법 또는 불법이 우려되는 상황에서 행하는 사진 등 촬영행위가 문제됩니다. 위 일방적인 촬영행위는 아래에서 보는 바와 같이 청구인의 일반적 인격권, 개인정보자기결정권 및 집회의 자유 등의 권리에 제한을 초래하므로, 공권력성이 넉넉히 인정됩니다.

나. 보충성

공권력의 행사 또는 불행사로 인하여 헌법상 보장된 기본권을 침해받은 자는 다른 법률에 구제절차가 있는 경우 그 절차를 모두 거친 후가 아니면 헌법소원심판을 청구할 수 없습니다. 다만 그러한 권리구제절차를 거쳤다고 하더라도 권리구제가 이루어질 가능성이 거의 없다거나 위 절차 이행의 기대가능성이 없는 경우에는 보충성의 예외가 인정됩니다.

이 사건 촬영행위는 범죄현장 등에서 증거수집의 목적으로 청구인의 의사와 무관하게 일방적으로 행해지는 권력적 사실행위에 해당하는데, 이와 같은 촬영행위가 행정소송의 대상이 된다고 단정하기 어렵고, 행정소송의 대상이 된다고 하더라도 이미 종료된 행위로서 소의 이익이 부정될 가능성이 많아 달리 효과적인 권리구제방법이 있다고 보기는 어려우므로 보충성의 예외에 해당합니다.

다. 권리보호이익

기본권침해행위가 장차 반복될 위험이 있거나 당해 분쟁의 해결이 헌법질서의 유지·수호를 위하여 긴요한 사항이어서 헌법적으로 그 해명이 중대한 의미를 지니고 있는 때에는 예외적으로 심판의 이익을 인정할 수 있습니다.

---

[2] 편저자 주 : 설문 기록에서 언급하고 있는 채증활동규칙은 행정규칙으로서 공권력성이 부인되고, 설령 공권력성이 인정된다고 하더라도 기본권침해의 직접성이 없으므로 청구취지에 기재할 사항이 아닙니다.

집회·시위 등 현장에서 경찰의 채증활동으로서 촬영행위는 형사소송법, 경찰관직무집행법 등을 근거로 하여 적법하다는 인식하에서 계속적·반복적으로 이루어져 기본권침해의 반복가능성이 인정되고, 경찰이 하는 촬영행위의 헌법적 한계를 확정짓고 그에 관한 합헌적 기준을 제시하는 문제는 단순히 개별행위에 대한 위법 여부의 문제를 넘어 청구인과 같은 집회참가자들의 기본권 침해 여부를 확인하는 것이어서 헌법적 해명이 필요한 사안에 해당하므로, 그 권리보호이익을 인정할 수 있습니다.

문 ③ 심판대상의 위헌성

가. 이 사건 촬영행위의 법적 성격 및 근거

경찰의 촬영행위란 현장상황을 촬영·녹화하는 것을 말합니다. 이 사건에서 문제되는 피청구인의 촬영행위는 옥외집회·시위와 같이 공개된 장소에서 이루어지는 활동에 대한 것인바, 현장에서는 흔히 '채증'이라고 부르는데, 이는 범죄수사를 위한 증거자료를 확보한다는 의미입니다. 집회·시위 현장에서 범죄행위가 행해지고 있는 경우 이에 대한 촬영행위는 수사의 한 방법이라 할 수 있습니다. 사법경찰관은 범죄의 혐의가 있다고 인식하는 때에는 범인, 범죄사실과 증거에 관하여 수사를 개시·진행하여야 하고(형사소송법 제196조 제2항), 수사목적을 달성하기 위해 필요한 조사를 할 수 있으므로(형사소송법 제199조 제1항 본문), 이 사건 촬영행위의 법적 근거는 위 형사소송법 규정들이라고 할 수 있습니다.

나. 제한되는 기본권

1) 일반적 인격권

사람은 자신의 의사에 반하여 얼굴을 비롯하여 일반적으로 특정인임을 식별할 수 있는 신체적 특징에 관하여 함부로 촬영당하지 아니할 권리, 즉 헌법 제10조로부터 도출되는 초상권을 포함한 일반적 인격권을 가지고 있습니다. 따라서 이 사건 촬영행위는 청구인을 비롯한 집회 참가자들의 초상권을 포함한 일반적 인격권을 제한합니다.

2) 개인정보자기결정권

개인정보자기결정권은 자신에 관한 정보가 언제 누구에게 어느 범위까지 알려지고 또 이용되도록 할 것인지를 그 정보주체가 스스로 결정할 수 있는 권리입니다. 개인정보자기결정권의 보호대상이 되는 개인정보는 개인의 신체, 신념, 사회적 지위, 신분 등과 같이 개인이 인격주체성을 특징짓는 사항으로서 개인의 동일성을 식별할 수 있게 하는 일체의 정보라고 할 수 있습니다. 따라서 이 사건 촬영행위는 개인정보자기결정권의 보호대상이 되는 신체, 집회·시위 참가 여부 및 그 일시·장소 등의 개인정보를 정보주체의 동의 없이 수집하는 것이므로 개인정보자기결정권을 제한합니다.

3) 집회의 자유

집회의 자유에는 집회를 통하여 형성된 의사를 집단적으로 표현하고 이를 통해 불특정 다수인의 의사에 영향을 줄 자유를 포함합니다. 따라서 이를 내용으로 하는 시위의 자유 또한 집회의 자유를 규정한 헌법 제21조 제1항에 의하여 보호되는 기본권입니다. 집회의 자유 보장은 집회참가자가 국가의 감시를 받게 되거나, 경우에 따라서는 어떠한 불이익을 받을 수도 있다는 것을 걱정할 필요가 없는, 즉 자유로운 심리상태의 보장이 전제되어야 합니다.

이 사건 촬영행위는 심리적으로 청구인을 비롯한 집회참가들의 심리를 크게 압박함으로써 집회의 자유의 행사를 위축시키므로, 청구인의 집회의 자유를 제한합니다.

다. 기본권 침해
1) 기본권 경합과 위헌심사의 방법
이 사건 촬영행위로 인해 청구인의 일반적 인격권, 개인정보자기결정권, 집회의 자유 등 기본권이 제한되지만, 피청구인의 의도가 집회참여를 막는 데 주된 목적이 있고, 청구인 역시 이로 인해 집회나 시위의 참여가 위축된다는 점을 주로 다투고 있으므로 피청구인의 촬영행위와 가장 밀접하게 관련되고 가장 침해의 정도가 큰 기본권인 집회의 자유를 중심으로 기본권 침해 여부를 검토하기로 합니다.

2) 위헌심사의 기준
우리 헌법상 집회의 자유는 국가에 대한 방어권으로서 집회의 주체, 주관, 진행, 참가 등에 관하여 국가권력의 간섭이나 방해를 배제할 수 있는 주관적 권리로서의 성격을 가지는 동시에, 자유민주주의를 실현하려는 사회공동체에 있어서 불가결한 객관적 가치질서로서의 성격을 아울러 가집니다. 즉 집회의 자유는 국민주권의 이념과 민주주의를 실현하는 가장 본질적인 수단임과 아울러 자신의 정체성과 개성을 실현하는 수단이라는 점에서 헌법적으로 매우 중대한 의미를 가집니다. 따라서 이 사건 촬영행위의 위헌성 여부 심사 기준은, 여타의 기본권 침해 여부를 판단하는 비례의 원칙보다 엄격한 비례의 원칙으로 삼음이 타당합니다.

3) 비례의 원칙 위반
가) 목적의 정당성 및 수단의 적합성
이 사건 촬영행위는 집회·시위 참가자들이 신고된 집회·시위 장소를 벗어난 다음 피청구인이 집회·시위 주최자 등의 집시법 위반과 관련하여 수사하는 과정에서 이루어진 것입니다. 따라서 이 사건 촬영행위는 집회·시위 주최자 등의 범죄에 대한 증거를 수집하여 형사소추에 활용하기 위한 것으로서 목적의 정당성과 수단의 적합성은 일응 인정된다고 할 수 있습니다.

나) 침해의 최소성
집회에 참여했음을 계기로 사진이 촬영되어 자신의 인적상황, 집회에 참석했다는 사실 및 참석한 집회에 관한 정보가 국가에 의해 확보되고 관리될 수 있다는 것을 우려하는 개인은 그러한 정보 관리로 인해 자신에게 향후 불이익이 발생할 수도 있지 않을까 하는 두려움을 느끼게 되는데, 이러한 두려움은 집회참가를 통해 국가권력이 추구하는 정책 등에 대하여 이견을 제시하고자 하는 개인의 집회의 자유를 위축시킬 수 있습니다. 민주주의가 원활하게 작동하기 위해서는 투표 이외에도 국민들이 정치적 의사형성에 참여할 수 있는 기회가 폭넓게 보장되어야 하는데, 위와 같은 위축효과는 개인의 공민으로서의 삶을 제약하게 될 것입니다. 따라서 불법행위에 대한 증거자료를 확보해야 한다는 측면만 강조해 집회참가자들에 대한 과도한 촬영이 이루어지도록 해서는 안 되며, 집회참가자들의 불법행위에 대한 증거수집이 필요하다 하더라도 이는 목적 달성을 위하여 필요한 범위에서 적법절차에 따라 이루어져야 합니다. 그러므로 집회참가자들에 대한 촬영행위는 불법행위가 진행 중에 있거나 그 직후에 불법행위에 대한 증거자료를 확보할 필요성과 긴급성이 있는 경우에만 허용되어야 합니다.

이 사건 집회는 집회참가인원이 약 30명 정도의 비교적 소규모였고, 집회참가자들이 공무원단체의 회원들로 구성되어 있었으며, 신고장소를 벗어나 행진한 거리가 약 20-30m 정도로 그리 길지 않았고, 집회참가자들이 구호를 외치면서 광화문광장 쪽으로 행진을 시도한 것 외에 적극적인 공격이나 폭력 등을 행사하였다고 볼 만한 사정이 없었으며, 피켓과 현수막 외에 위험한 물건이나 무기도 소지하지 않았습니다. 또, 청구인이나 참가자들이 이 사건 집회 및 시위를 하는 동안 도로점거, 집회장소 이탈, 폭행 등 불법행위를 선전·선동하거나, 집회참가자들과 경찰들 간 물리적 마찰이 우려되는 상황도 아니었습니다.

우리 대법원 판례에 따르면, 집회의 자유가 가지는 헌법적 가치와 효능에 비추어 보면, 미신고 집회라 해도 이를 허용되지 않는 집회라고 단정할 수 없고, 그 집회로 인하여 타인의 법익이나 공공의 안녕질서에 대한 직접적인 위험이 명백하게 초래된 경우에 한하여 해산될 수 있을 뿐입니다. 이 사건 당시 이 사건 집회로 인해 타인의 법익이나 공공의 안녕질서에 대한 직접적인 위험이 명백하게 초래되었다고 보기 어려우므로, 미신고 집회로 변하여 집회주최자의 불법행위가 성립한 것을 제외하고는 다른 불법행위에 대한 증거자료를 확보할 필요성과 긴급성이 있었다고 할 수 없습니다.

설령 이 사건 집회가 신고된 장소 범위를 벗어났기 때문에 집회주최자의 불법행위를 입증하기 위한 증거확보 차원에서 전반적인 집회 상황을 촬영할 필요가 있었다고 보더라도, 이 사건 촬영행위는 그 방식에 있어서 과도한 제한을 초래하였습니다. 청구인에 대한 정보는 집회를 신고할 때 명시되므로, 청구인의 신원을 확인하기 위한 촬영의 필요성은 크지 않기 때문입니다. 다만 청구인 등을 처벌하기 위해 집회가 신고범위를 벗어났다는 점을 입증하기 위한 촬영의 필요성은 있을 수 있는데, 이러한 촬영은 집회현장의 전체적 상황을 촬영하는 것으로 충분합니다. 그러나 기록에 의하면 이 사건 촬영행위는 여러 개의 카메라를 이용해 근거리에서 집회참가자들의 얼굴을 광범위하게 촬영하는 방식으로 이루어졌으므로, 얼마든지 덜 침해적인 수단이 있음에도 과도한 기본권 침해를 야기하는 것입니다.

다) 법익의 균형성

이 사건 집회는 평화로운 집회였음에도 단지 신고된 장소를 다소 벗어났다는 이유로 언제든 폭력적인 집회로 변질될 수 있다는 막연한 우려를 근거로 집회참가자들의 의사에 반하여 그들의 얼굴을 근거리에서 촬영한 것이므로, 이 사건 촬영행위는 지나치게 수사의 편의에만 치우친 행위라고 보지 않을 수 없습니다. 따라서 이 사건 촬영행위에 의한 기본권의 제한 정도는 그것이 달성하려는 공익에도 불구하고 민주사회가 청구인에게 수인하도록 요구할 수 있는 수준을 넘어선 것입니다.

라) 소결

따라서 이 사건 촬영행위는 비례의 원칙을 위반하여 청구인의 집회의 자유를 침해하였습니다.[3]

---

[3] 편저자 주 : 채점기준표는 기본권 경합 검토 단계에서 집회의 자유 침해 여부만을 논하겠다고 해놓고 일반적 인격권이나 개인정보자기결정권 침해까지 언급하고 있어 논리적 정연성이 떨어집니다. 집회의 자유 침해 이외 다른 기본권 침해를 논하지 않았다고 하여 감점되어서는 안 될 것입니다.

2020년도 제2차 변호사시험 모의시험 해설

〈제1문 항고소송 소장〉

문 ① 피고

문 ② 청구취지

문 ③ II. 소의 적법성

  1. 이 사건 각 처분의 대상적격

   가. 항고처분의 대상

   나. 중소기업자 경쟁입찰 참가자격취소처분의 대상적격

   다. 물량배정중지처분의 대상적격

  2. 피고들 적격

  3. 제소기간의 준수

문 ④ III. 처분의 위법성

  1. 이 사건 자격취소처분의 위법성

   가. 절차의 하자

   나. 처분사유의 부존재

   다. 재량권 일탈 남용

  2. 이 사건 배정중지처분의 위법성

문 ⑤ 소 제기일 : 2020. 9. 28.

〈제2문 위헌법률심판제청신청서〉

문 ① 사건

문 ② 신청취지

문 ③ II. 적법요건

  1. 개설

  2. 재판의 전제성

  3. 소결론

문 ④ III. 위헌이라고 해석되는 이유

  1. 문제점

    가. 영업의 자유

    나. 평등권

  2. 영업의 자유 침해

    가. 개설

    나. 비례의 원칙 위배

      1) 정의

      2) 검토

    다. 소결

  3. 평등권 침해

    가. 개설

    나. 심사기준

    다. 자의금지원칙 위배 여부

    라. 소결론

문 ⑤ 서울행정법원 제2부

<제1문 항고소송 소장>

문 ① 피고

1. 중소벤처기업부장관
2. 조달청장

문 ② 청구취지

1. 원고에 대하여

   가. 피고 중소벤처기업부장관이 2020. 6. 25.한 중소기업자 경쟁입찰 참가자격취소처분,

   나. 피고 조달청장이 2020. 7. 10. 한 물량배정중지처분

   을 모두 취소한다.

2. 소송비용은 피고들이 부담한다.

라는 판결을 구합니다.

문 ③ II. 소의 적법성

1. 이 사건 각 처분의 대상적격

가. 항고처분의 대상

항고소송의 대상인 '처분'이란 행정청이 행하는 구체적 사실에 관한 법집행으로서의 공권력의 행사 또는 그 거부와 그 밖에 이에 준하는 행정작용을 말합니다.

나. 중소기업자 경쟁입찰 참가자격취소처분의 대상적격

피고 중소벤처기업부장관(이하 '피고 장관'이라고 합니다)이 2020. 6. 25. 원고에게 한 중소기업자 경쟁입찰 참가자격취소처분(이하 '이 사건 자격취소처분'이라고 합니다)은 원고에게 경쟁입찰에 참가할 법률상 지위를 곧바로 박탈하는 구체적 사실에 관한 법 집행으로서의 공권력의 행사이므로, 취소소송의 대상임에는 이론의 여지가 없습니다.

다. 물량배정중지처분의 대상적격

피고 조달청장이 2020. 7. 10. 원고에게 한 물량배정중지처분(이하 '이 사건 배정중지처분'이라고만 합니다)은 피고 조달청장이 원고와의 계약에 근거하여 한 조치이므로 그 처분성 여부가 문제될 수 있습니다. 그러나 위와 같은 계약 조항은 사실 판로지원법의 규정 내용과 동일한 것으로서 별도의 법률효과를 창설하는 법률행위라기보다는 해당 규정 내용을 확인하는 것에 지나지 않는 것으로 볼 수도 있는 점, 판로지원법 제8조 제2항은 입찰 참여 제한 처분의 주체를 피고 조달청장과 같은 '공공기관의 장'으로 규정하고 있는 점 등을 종합하면, 이 사건 배정중

지처분은 계약에 근거한 법률행위라기보다는 공권력 주체의 판로지원법 집행으로 평가함이 타당하고, 이로써 원고에게 곧바로 권리관계의 변동을 초래하므로, 그 대상적격이 인정된다고 보아야 합니다.

2. 피고들 적격

가. 행정소송법 제13조 제1항에 의하면 '다른 법률에 특별한 규정이 없는 한 그 처분 등을 행한 행정청'에게 취소소송의 피고적격이 있고, '처분 등이 있은 뒤에 그 처분 등에 관계되는 권한이 다른 행정청에 승계된 때에는 이를 승계한 행정청'에게 피고적격이 있습니다. 한편 정부조직법 부칙 제2, 3, 5조에 따르면, 중소기업청장의 권한은 피고 장관에게 승계된 것으로 볼 수 있습니다.

나. 이 사건 자격취소처분은 본래 중소기업청장이 한 바 있으나, 정부조직법 및 판로지원법의 개정으로 중소기업청장의 권한이 피고 장관에게 승계되었으므로 피고 장관에게 피고적격이 인정된다고 할 것입니다.

다. 피고 조달청장의 경우 판로지원법이 이 사건 배정중지처분의 주체를 공공기관의 장으로 규정하고 있으므로, 그 피고적격이 인정됨에는 이론이 있을 수 없습니다.

3. 제소기간의 준수

가. 행정소송법 제20조는 취소소송은 처분 등이 있음을 안 날부터 90일 이내에 제기하여야 한다고 규정하고 있습니다. 이 때 '처분이 있음을 안 날'이라 함은 당사자가 통지 등의 방법에 의하여 당해 처분이 있었다는 사실을 현실적으로 안 날을 의미합니다.

나. 원고는 이 사건 자격취소처분에 관하여는 위 처분서를 2020. 6. 29.에 송달받아 그 무렵 위 처분 사실을 알았고, 이 사건 배정중지처분에 관하여는 위 처분서를 같은 해 7. 15. 송달받아 그 무렵 위 처분 사실을 알았습니다. 원고는 같은 해 9. 28. 귀원에 이 사건 소를 제기하였는바, 같은 해 6. 29.로부터 90일이 되는 날은 같은 해 9. 27.인데, 위 날은 공휴일이므로 그 다음 날인 이 사건 소 제기일이 제소기간의 만료일입니다. 따라서 이 사건 소는 제소기간을 준수하였습니다.

문 ④ III. 처분의 위법성

1. 이 사건 자격취소처분의 위법성

가. 절차의 하자

행정절차법 제22조 제1항 제1호는 다른 법령 등에서 청문을 하도록 규정하고 있는 경우에 청문을 실시하도록 규정하고 있는바, 판로지원법 제8조 제4항은 행정청이 참여자격을 취소 또는 정지하려면 청문을 하여야 한다고 규정하고 있습니다. 따라서 피고 장관이 이 사건 자격취소처분을 함에 있어서는 반드시 청문을 실시할 의무가 있습니다.

그러나 피고 장관은 원고에 대하여 청문을 실시한 바가 전혀 없고, 단지 의견제출의 기회를 부여하였을 뿐인바, 의견제출의 기회를 부여한 것을 두고 청문을 실시한 것이라고 평가할 수는 없습니다. 한편 행정절차법 제21조 제4항 각호는 청문을 거치지 않아도 되는 예외사유들을 규정하고 있는데, 원고의 경우 피고 장관의 의견제출 기회 부여에 대하여 아무런 응답을 하지 않았으나 이로써 청문을 포기하였다고 볼 수는 없고, 그 밖에 이 사건 자격취소처분이 긴급히 이루어져야 할 사정이 있다거나 성질상 의견청취가 현저히 곤란하거나 명백히 불필요하다고 볼 수도 없습니다. 따라서 이 사건 자격취소처분은 청문절차를 실시하지 않아 위법함을 면치 못합니다.

나. 처분사유의 부존재

이 사건 자격취소처분의 처분서를 살펴보면, "귀사에 대하여 판로지원법 제8조 제3항 제1호에 따라 아래와 같이 입찰 참가자격을 취소함을 통보합니다"로 기재되어 있는바, 위 규정은 '거짓이나 그 밖의 부정한 방법으로 참여자격을 취득한 경우 참여자격을 취소하거나 정지할 수 있다'는 취지일 뿐입니다. 그러나 원고가 입찰에 참여할 당시 그러한 사실을 속인 사실도 없고, 피고 장관이 이를 심사하거나 질의한 사실도 없었으며, 원고는 그러한 제한규정의 존재 자체를 알지 못하였습니다.

다. 재량권 일탈 남용

설령 견해를 달리하여 이 사건 자격취소처분에 처분사유가 존재한다고 보더라도, 판로지원법 제8조 제3항을 살펴보면 행정청에게는 중소기업자간 경쟁입찰 참여자격을 취소하거나 1년 이내의 범위에서 정지할 수 있다는 재량의 부여되어 있습니다. 그런데 판로지원법 시행규칙 제4조 별표를 살펴보면, 부정한 방법으로 참가자격을 취득하거나 참여자격을 상실한 경우 일률적으로 참여자격취소만 할 수 있는 것처럼 규정하고 있습니다. 위 시행규칙은 부령인바, 부령 형식의 제재적 처분기준에 대하여는 우리 대법원 판례에 따르면 법규성이 인정되지 아니하므로, 위 제재 정도에 있어서는 행정청에 재량이 인정된다고 하겠습니다.

피고 장관이 이 사건 자격취소처분을 하는 것은 대기업의 이익과 관련 없는 진정한 중소기업만을 집중 지원하겠다는 취지인 것으로 이해되기는 합니다. 그런데 원고로서는 레미콘 사업의 특성상 다른 자산보다 레미콘 제조를 위한 배치플렌트 설비의 금액이 유독 높아 초기 투자 비용이 지나치게 많고, 감가상각이 심각한 고가의 설비는 직접 매수하기보다는 임차하는 것이 비용절감 차원에서 현명하다고 생각하였기 때문에 정당한 임대료를 지급하고 위 설비를 임차하였을 뿐, 위 대기업으로부터 어떠한 지원을 받거나 이해관계를 같이 하는 것이 결코 아니어서, 위 처분으로 인해 달성할 수 있는 공익은 매우 막연하고 추상적입니다. 그러나 원고는 레미콘 제조, 공급 사업만을 영위하는 회사로서 다른 사업 분야가 전혀 없고, 그 동안 다른 판매처를 두지 않아 중소기업자간 경쟁입찰에 참여하지 못할 경우 사실상 폐업을 하여야 합니다. 따라서 이 사건 자격취소처분으로 인해 달성할 공익은 막연하고 추상적인 반면, 이로 인한 원고의 불이익은 너무나 심대하다고 할 것이어서, 위 처분은 비례의 원칙에 반합니다.

2. 이 사건 배정중지처분의 위법성

　　행정절차법제21조제1항에 따르면 행정청은 당사자에게 의무를 부과하거나 권익을 제한하는 처분을 하는 경우에는 미리 일정한 사항을 당사자등에게 통지하여야 하고, 동법 제22조제3항에 따르면 청문이나 공청회를 하는 경우 외에는 당사자등에게 의견제출의 기회를 주어야 하는데, 피고 조달청장은 이 사건 배정중지처분을 하면서 이러한 사전통지와 의견청취를 전혀 하지 않아 중대한 절차적 하자가 있으므로, 취소를 면치 못한다 할 것입니다.

문 ⑤ 소 제기일 : 2020. 9. 28.

⟨제2문 위헌법률심판제청신청서⟩

문 ① 사건
서울행정법원 2020구합1234 중소기업자간 경쟁입찰 참여자격 취소처분 취소 등[1]

문 ② 신청취지
「중소기업제품 구매촉진 및 판로지원에 관한 법률」 제8조 제2항 제2호 다목에 관하여 위헌법률심판을 제청한다."는 결정을 구합니다.

문 ③ II. 적법요건

1. 개설
헌법 제107조 제1항은 "법률이 헌법에 위반되는 여부가 재판의 전제가 된 경우에는 법원은 헌법재판소에 제청하여 그 심판에 의하여 재판한다"고 규정하고 있습니다. 그런데 판로지원법이 국회가 제정한 법률임은 자명하므로, 아래에서는 재판의 전제성에 대해 살펴보고자 합니다.

2. 재판의 전제성
헌법재판소에 따르면, 재판의 전제성이 인정되기 위해서는 첫째, 구체적인 사건이 법원에 계속되어 있었거나 계속 중이어야 하고, 둘째 위헌여부가 문제되는 법률이 당해 소송사건의 재판에 적용되는 것이어야 하며, 셋째 그 법률이 헌법에 위반되는지의 여부에 따라 당해 사건을 담당한 법원이 다른 내용의 재판을 하게 되는 경우라야 합니다. 여기에서 법원이 "다른 내용의" 재판을 하게 되는 경우라 함은 원칙적으로 법원이 심리중인 당해 사건의 재판의 결론이나 주문에 어떠한 영향을 주는 것뿐만 아니라, 문제된 법률의 위헌여부가 비록 재판의 주문 자체에는 아무런 영향을 주지 않는다고 하더라도 재판의 결론을 이끌어내는 이유를 달리 하는 데 관련되어 있거나 또는 재판의 내용과 효력에 관한 법률적 의미가 전혀 달라지는 경우도 포함한다 할 것입니다.

원고는 귀원에 이 사건 자격취소처분 및 이 사건 배정중지처분의 취소를 구하는 소를 제기하여 현재 소송절차가 진행되고 있습니다. 그런데 이 사건 자격취소처분에 대한 처분서를 살펴보면, 제재사유를 "판로지원법 제8조 제2항 제2호 다목(이하 '심판대상조항'이라고 합니다)에 해당한다"라고 기재하고 있고, 이 사건 배정중지처분의 처분서도 살펴보면 원고가 심판대상조항에 해당하므로 그에 따라 이 사건 배정중지처분을 하였다고 기재되어 있습니다. 따라서 헌법재판소가 심판대상조항을 위헌이라고 판단하면, 위 각 처분의 처분사유가 부존재한다고 보지 않을

---

[1] 채점기준표를 살펴보면, 사건번호 앞의 법원이 생략되어 있는데, 각 법원마다 동일한 사건번호가 있을 수 있으므로 불완전한 답안이라고 하지 않을 수 없습니다. 게다가 설문에서는 취소소송의 사건명이 제시되어 있지 않는데, 수험생으로서는 혼란스러울 수밖에 없었을 것입니다.

수 없어 그에 따라 재판의 주문이 완전히 달라지게 되므로, 재판의 전제성이 인정됩니다.

3. 소결론

따라서 이 사건 신청은 적법하다 할 것입니다.

문 ④ III. 위헌이라고 해석되는 이유

1. 문제점

가. 영업의 자유

헌법 제119조 제1항은 "대한민국의 경제질서는 개인과 기업의 경제상의 자유와 창의를 존중함을 기본으로 한다."라고 규정하고 있습니다. 헌법재판소에 따르면 직업의 자유는 영업의 자유와 기업의 자유를 포함하고, 이러한 영업 및 기업의 자유에는 누구나가 자유롭게 경쟁에 참여할 수 있는 자유가 포함됩니다. 경쟁의 자유는 다른 기업과의 경쟁에서 국가의 간섭이나 방해를 받지 않고 기업활동을 할 수 있는 자유를 의미한다고 볼 수 있습니다. 심판대상조항은 중소기업이 대기업으로부터 자본금 또는 출자총액을 초과하는 금액에 해당하는 자산을 빌리는 경우, 중소기업자간 경쟁입찰에 참여할 수 없도록 함으로써, 헌법 제15조가 보장하고 있는 경쟁의 자유 내지는 영업의 자유를 제한하므로 그 침해 여부가 문제됩니다.

나. 평등권

심판대상조항은 대기업으로부터 자산을 빌린 중소기업과 대기업에 속하지 아니하는 기업으로부터 자산을 빌린 중소기업을 달리 대우하고 있으므로, 평등권 침해 여부가 문제됩니다.

2. 영업의 자유 침해

가. 개설

헌법 제37조 제2항 전문규정에 따르면, 국가의 안전보장·질서유지 또는 공공복리를 위한 목적의 정당성이 인정되는 경우에는 그러한 목적을 달성하는데 필요한 범위 내에서 법률로서 국민의 기본권을 제한할 수 있습니다. 그러나 헌법 제37조 제2항 후문에 따르면, 그 제한은 비례의 원칙에 위배되거나 영업의 자유의 본질적인 내용을 침해하는 것이어서는 아니 됩니다. 아래에서는, 심판대상조항이 비례의 원칙을 위배하여 원고의 영업의 자유를 침해함을 밝히고자 합니다.

나. 비례의 원칙 위배

1) 정의

헌법재판소에 따르면 비례의 원칙은 기본권제한의 한계원리로서, 국민의 기본권을 제한하는 입법의 목적이 헌법 및 법률의 체제상 그 정당성이 인정되어야 하고(목적의 정당성), 그 목적의 달성을 위하여 그 방법이 효과적이고 적절하여야 하며(수단의 적합성), 입법권자가 선택한 방법이 설사 적절하다고 하더라도 보다 완화된 형태나 방법을 모색함으로써 기본권의 제한은 필요한 최소한도에 그치도록 하여야 하며(피해의 최소성), 그 입법에 의하여 보호하려는 공익과 침해되는 사익을 비교형량할 때 보호되는 공익이 더 커야한다(법익의 균형성)는 헌법상의 원칙을 말합니다.

2) 검토

심판대상조항은, 대기업과 지배 또는 종속의 관계에 있는 중소기업을 중소기업자간 경쟁입찰에 참여할 수 없도록 하기 위해 입법되었는데, 이는 "국가는 중소기업을 보호·육성하여야 한다."는 헌법 제122조 제3항에 따른 목적을 추구하고 있는 것으로 그 목적의 정당성이 인정됩니다. 나아가 중소기업이 대기업으로부터 자본금 또는 출자총액을 초과하는 금액에 해당하는 자산을 빌리거나 채무를 보증 받아 영업을 하는 경우, 진정한 의미의 중소기업이라고 볼 수 없는 경우가 있을 수 있으므로, 그 경우 입찰참가 자격을 제한하는 것은 위와 같은 입법목적을 달성하는데 유효한 방법이라고는 할 수 있어 수단의 적합성도 인정됩니다.

그러나 중소기업이 대기업으로부터의 자산을 빌렸다고 하여 바로 그 중소기업이 대기업에 의해 지배받거나 종속되었다고 단언할 수는 없습니다. 당해 자산을 임차하게 된 경위라든가, 적정한 임대료를 지급하는지 여부, 해당 양 기업 관계자들 간의 관계 등이 복합적으로 검토되어 대기업이 판로촉진법의 규제를 잠탈하기 위한 목적으로 당해 중소기업을 지배 운영하고 있는지 여부는 얼마든지 달리 판단될 수 있습니다. 그런데 심판대상조항은 오로지 이를 판가름하는 기준으로 중소기업이 빌린 자산이 자신의 발행주식총수 또는 출자총액(실질적으로 자본금)만을 기준으로 삼아 일률적으로 입찰자격을 제한하고 있는데, 얼마든지 다른 판단기준들을 규정함으로써 덜 침해적인 수단을 강구할 수 있으므로, 침해의 최소성을 충족하지 못하였다고 볼 수밖에 없습니다. 더 나아가 심판대상조항에 해당되는 중소기업은 판로지원법 제8조 제3항 및 동법 시행규칙 제4조 별표 1.에 따라 경쟁입찰 참여자격이 취소될 수 있고, 그에 따라 이미 경쟁입찰에서 소위 '일감을 따낸' 중소기업도 순식간에 거래처가 완전히 상실되는 일까지 초래는데, 중소기업의 열악한 자본력 등에 비추어보면 이는 곧 폐업을 의미하여 지나치게 가혹한 처사라 하지 않을 수 없습니다. 따라서 심판대상조항은 법익의 균형성도 충족하지 못하였습니다.

다. 소결

그러므로 심판대상조항은 원고의 영업의 자유를 침해하여 위헌입니다.

3. 평등권 침해

가. 개설

헌법재판소에 따르면, 평등원칙은 본질적으로 같은 것을 자의적으로 다르게 취급함을 금지하는 것으로서, 법령을 적용할 때뿐만 아니라 법령을 제정할 때에도 불합리한 차별취급을 하여서는 안 된다는 것을 뜻합니다.

나. 심사기준

　헌법재판소는 헌법이 스스로 차별의 근거로 삼아서는 아니 되는 기준을 제시하거나 차별을 특히 금지하고 있는 영역을 제시하고 있다면 그러한 기준을 근거로 한 차별이나 그러한 영역에서의 차별에 대하여 엄격한 심사기준을 적용하고 있는데, 이 사안은 그러한 경우에 해당된다고 보기는 어려우므로, 일반적인 자의금지원칙을 평등권 침해여부의 심사기준으로 삼을 수 있습니다.

다. 자의금지원칙 위배 여부

　심판대상조항은 대기업이 중소기업에 그 중소기업의 자본금 또는 출자총액을 초과하는 금액에 해당하는 자산을 대여하거나 채무를 보증하고 있는 경우, 해당 중소기업은 대기업과 지배 또는 종속의 관계에 있는 것으로 보아 중소기업자간 경쟁입찰의 참여 제한 대상이 되도록 함으로써 '대기업으로부터 자산을 빌리지 않았거나 대기업으로부터 자산을 빌린 경우라도 자본금 또는 출자총액이 빌린 자산 금액을 초과하는 중소기업'과는 다른 취급을 받도록 하고 있습니다.

　그런데 헌법 제123조 제3항이 중소기업을 국가적 차원에서 보호·육성하도록 규정하고 있는 것은, 밑으로부터 국민경제의 안정적 성장을 기함으로써 건전한 경제산업구조를 구축하기 위함이라고 할 수 있습니다. 이러한 중소기업의 보호·육성 필요성이라는 측면에서 보면, '자산이 부족하여 대기업으로부터 이를 빌려야 하는 중소기업'과 '자기 자산이 풍부하여 따로 외부에서 자산을 빌릴 필요가 없는 중소기업' 사이에 본질적 차이가 있다고 할 수가 없고, 오히려 전자를 더 보호할 필요가 있는 경우도 존재할 수 있습니다. 게다가 앞서 언급한 바와 같이 중소기업이 사정에 따라 대기업으로부터 자산을 빌렸다고 하더라도, 그 대기업과 지배 또는 종속 관계가 없는 경우가 얼마든지 있을 수 있습니다. 이러한 사정을 도외시한 채, 피고 장관이 손쉽게 확인할 수 있는 '중소기업의 발행주식총수 또는 출자총액'과 '대기업으로부터의 자산 임차액'을 단순 비교하여 일률적으로 지배·종속 관계를 판단하는 것은, 피고 장관의 입장에서는 행정상 편리함이 있겠으나 원고와 같은 중소기업의 입장에서는 비합리적이고 자의적인 차별을 가져온다고 보지 않을 수가 없는 것입니다.

라. 소결론

　그러므로 심판대상조항은 원고의 평등권을 침해하는 것입니다.

문 ⑤ 서울행정법원 제2부[2]

---

[2] 설문에서 재판부까지 명시하였으므로, 이를 누락하면 감점요소일 수밖에 없습니다. 위헌법률심판제청신청서는 전제된 사건을 심리하고 있는 재판부에 제출하여야 합니다.

2020년도 제1차 변호사시험 모의시험 해설

〈제1문 항고소송 소장〉

문 ① 피고

문 ② 사건명

문 ③ 청구취지

문 ④ 2. 소의 적법성

가. 원고적격

1) 관련법리

2) 시행자 지정 처분 및 실시계획 승인 처분의 무효확인 청구 관련

3) 수용재결의 취소 청구 관련

나. 제소기간

문 ⑤ 처분의 위법성

가. 시행자 지정 처분에 관하여

1) 토지 소유 요건 미충족

2) 하자의 중대·명백성

나. 실시계획 승인 처분에 관하여

1) 당연무효인 사업시행자 지정 처분에 근거한 처분

2) 비례의 원칙 위반

다. 수용재결 처분에 관하여

문 ⑥ 작성일

문 ⑦ 관할법원

〈제2문 헌법소원심판청구서〉

문 ① 청구취지

문 ② 적법요건의 구비 여부

가. 재판의 전제성

나. 청구기간의 준수

문 ③ 심판대상조항의 위헌성

가. 제한되는 기본권

나. 심사기준

다. 공공필요성을 담보하기 위한 규정 불비에 관하여

라. 과잉금지원칙 위반

1) 목적의 정당성 및 수단의 적합성

2) 침해의 최소성과 법익의 균형성

마. 소결

문 ④ 작성일

⟨제1문 항고소송 소장⟩

문 ① 피고
1. 남해군수
2. 경상남도토지수용위원회

문 ② 사건명
수용재결 취소 등 청구의 소
(또는) 시행자 지정 처분 무효확인 등 청구의 소
(또는) 실시계획 승인 처분 무효확인 등 청구의 소

문 ③ 청구취지
1. 피고 남해군수가
   가. 2018. 10. 26. 주식회사 보물섬에게 한 개발촉진지구 개발사업(남해 보물섬클럽 조성사업) 시행자 지정 처분 및
   나. 2019. 5. 28. 주식회사 보물섬에게 한 개발촉진지구 개발사업 실시계획 승인 처분이 각 무효임을 확인한다.
2. 피고 경상남도지방토지수용위원회가 2019. 12. 20. 원고에게 한 별지 부동산 목록 기재 부동산에 관한 수용재결을 취소한다.
3. 소송비용은 피고들이 부담한다.
라는 판결을 구합니다.

문 ④ 2. 소의 적법성
가. 원고적격

1) 관련법리

무효등 확인소송은 처분등의 효력 유무 또는 존재 여부의 확인을 구할 법률상 이익이 있는 자가 제기할 수 있고(행정소송법 제35조), 취소소송 역시 처분등의 취소를 구할 법률상 이익이 있는 자가 제기할 수 있습니다(동법 제12조). 여기서 법률상 이익이란 당해 처분의 근거법규 및 관련법규에 의하여 보호되는 개별적·직접적·구체적 이익을 의미합니다.

2) 시행자 지정 처분 및 실시계획 승인 처분의 무효확인 청구 관련

원고는 토지소유자로서 이 사건 수용재결처분으로써 그 소유권을 상실하게 되었습니다. 지역개발법 제19조 제1항에 따르면, 시행자는 개발사업의 시행에 필요한 토지 등을 수용할 수

있다고 규정하고 있는데, 이 사건 시행자 지정 처분이 무효라면 시행자 아닌 자의 토지수용의 효력 역시 무효여서 토지소유권을 회복하게 될 것입니다. 나아가 지역개발법 제2항에 따르면 동법 제17조 제3항에 따라 실시계획이 승인 및 고시되었을 때 「공익사업을 위한 토지 등의 취득 및 보상에 관한 법률」 제20조제1항에 따른 사업인정 및 같은 법 제22조에 따른 사업인정의 고시가 있는 것으로 규정되어 있으므로, 실시계획의 승인처분이 무효라면 사업인정 및 그 고시 없는 수용은 효력이 부인될 수밖에 없어 역시 토지소유권을 회복하게 될 것입니다. 따라서 원고는 위 각 처분의 무효확인을 구할 법률상 이익이 있습니다.

3) 수용재결의 취소 청구 관련

원고는 이 사건 수용재결 처분의 직접 상대방이고, 토지보상법 제85조 제1항에서는 명시적으로 토지소유자의 원고적격을 인정하고 있으므로, 위 청구에 관한 원고적격 또한 인정됩니다.

나. 제소기간

수용재결의 취소 청구와 관련하여, 토지보상법 제85조 제1항은 수용재결에 불복할 때에는 "재결서를 받은 날부터 90일 이내에" 취소소송을 제기하도록 규정하고 있는데, 원고는 2019. 12. 23.경 피고 경상남도토지수용위원회(이하 '피고 위원회'라고 합니다)로부터 이 사건 수용재결서를 송달받았고, 위 날로부터 90일이 되는 날은 2020. 3. 22.입니다. 그런데 위 날은 공휴일이므로 그 다음날인 2020. 3. 23.이 제소기간의 종기라 할 것인바, 원고는 위 날 이 소를 제기하였으므로 제소기간 또한 준수하였습니다.

문 ⑤ 처분의 위법성

가. 시행자 지정 처분에 관하여

1) 토지 소유 요건 미충족

지역개발법 제16조 제5항, 같은 법 시행령 제20조 제6항에 따르면, 사업시행자는 사업 대상 토지면적(국공유지는 제외합니다)의 3분의 2 이상을 소유하여야 하고, 판례에 따르면 위 소유 요건의 충족을 판단하는 시점은 사업시행자 지정 처분일입니다. 그런데 소외 주식회사 보물섬(이하 '보물섬'이라고 합니다)은 사업시행자 지정 신청을 할 당시부터 그 신청을 인용한 처분 시까지 사업 대상 토지 중 불과 983,061㎡만 소유하였을 뿐인바, 이는 전체 사업대상 토지의 59.1%에 불과합니다.

2) 하자의 중대·명백성

하자 있는 행정처분이 당연무효가 되기 위하여는 그 하자가 법규의 중요한 부분을 위반한 중대한 것으로서 객관적으로 명백한 것이어야 합니다. 지역개발법이 앞서 본 토지 소유 요건을 둔 취지는 사인이 시행하는 개발촉진지구 개발사업의 공공성을 보완하고 사인에 의한 일방적 수용을 제어하기 위한 최소한의 요건을 마련하기 위함이라고 할 수 있습니다. 앞서 본 바와 같이 이 사건 사업시행자 지정 처분 당시 보물섬이 사업대상 토지 중 불과 59.1%를 소유하였을 뿐임은 등기사항전부증명서 기재상 명백한바(사업대상 토지의 소유자들이 소유권이전등기를 마치지 아니하고 단순히 사업시행에 동의한 것을 두고 보물섬이 해당 토지를 소유한다고 볼 수는 없는 것입니다), 그럼에도 불구하고 법에 규정된 최소한의 요건조차 갖추지 못한 보물섬을 사업시행자로 지정한 피고의 위 지정 처분은 중대하고도 명백한 하자가 있어 무효라고 보지 않을 수 없습니다.

나. 실시계획 승인 처분에 관하여

1) 당연무효인 사업시행자 지정 처분에 근거한 처분

실시계획 승인 처분은 개발촉진지구 개발사업 시행자에게 사업의 공사를 허가하고 수용권을 부여하는 처분으로 사업시행자 지정 처분이 유효함을 전제로 하고 있으므로, 앞서 본 바와 같이 사업시행자 지정 처분이 당연무효인 이상 실시계획 승인 처분 역시 무효입니다.

2) 비례의 원칙 위반[1]

가) 앞서 본 바와 같이, 실시계획 승인 처분으로 인하여 보물섬에게 수용권이 부여되었는바, 사업대상 토지의 소유자의 재산을 수용하기 위해서는 공익필요가 있어야 하고, 이에 대하여는 처분청의 재량이 인정될 수 있으나, 그 재량권 행사는 비례의 원칙에 위배되어서는 아니됩니다.

나) 이 사건 사업이 추구하는 목적은, 지역개발사업의 시행으로서 지역경제를 활성화하고 주민소득을 증대시키는 것이라고 볼 수 있고, 이는 일응 정당하다 할 것입니다.

다) 그러나 보물섬클럽 조성사업의 내용을 살펴보면, 이 사건 사업대상 토지 지상에 골프장 및 고급 휴양콘도미니엄/리조트를 설치함으로써 관광휴양지 조성한다는 것인데, 우선 위 시설들은 고가의 회원제로 운영될 것으로 예상되므로 지역주민들의 이익이 되리라고 보기 어렵습니다. 나아가 위 시설 조성공사기간 동안의 고용창출 등 경제활성화 효과는 일시적인 것에 불과하고, 그 규모도 보물섬의 추산에 따르면 300명 정도에 불과합니다. 게다가 위 시설 내에는 자족적으로 식사와 재화 구매를 위한 마트 등도 설치될 것으로 예상되어, 지역경제 활성화에 미치는 영향이 극히 미미할 것으로 보이므로, 위 실시계획 승인 처분은 보물섬의 사익 증대에 기여할 뿐, 앞서 본 목적 달성에 적정한 수단은 아니라고 보아야 합니다.

라) 게다가 이 사건 사업대상 토지 소유권자들은 위 승인 처분으로 인하여 토지소유권을 즉각 상실하게 되는 극심한 현실적 침해를 입는 것에 반하여, 위 승인 처분으로 달성할 수 있는 공익은 지나치게 추상적이고 막연하며 극히 미약할 뿐이라 할 것이므로, 국민의 재산을 그 의사에 반하여 강제적으로라도 취득해야 할 정도의 필요성 및 공익의 우월성 역시 갖추지 못하였습니다.

---

[1] 편저자 註: 비례의 원칙 위반을 이유로 처분이 무효로 인정되는 경우는 실무적으로 거의 없고, 수험생들도 학습한 판례 중에 그러한 사례를 거의 발견하지 못하였을 것이므로 혼란이 있을 수 있습니다. 다만 출제자가 내부회의록에서 "비례의 원칙 위반이 무효로 돌릴 정도의 하자라는 점을 간단하게 주장하고자 한다"고 기재하여 놓았으므로, 비례의 원칙 위반이 중대·명백한 하자라는 점을 답안에 서술하여야 합니다.

마) 피고는 실시계획 승인 처분 여부를 결정함에 있어 앞서 본 바와 같이 이 사건 사업이 공익과 거의 관련이 없음을 너무도 쉬이 알 수 있었을 것임에도 불구하고 그러한 심사를 전혀 하지 않고 위 처분을 하였다고 봄이 상당하므로, 위와 같은 하자는 중대·명백하여 위 처분은 무효라고 보지 않을 수 없습니다.

다. 수용재결 처분에 관하여

사업시행자 지정 처분 및 실시계획 승인 처분이 당연무효인 이상 위 각 처분이 유효함을 전제로 이루어진 후행처분인 수용재결도 무효라고 보아야 합니다. 설령 견해를 달리하여 위 수용재결 처분의 하자가 중대·명백하다고 보지 않더라도, 앞서 본 실시계획 승인 처분이 비례의 원칙에 반하였다는 점은 위 수용재결 처분의 하자로도 볼 수 있으므로, 위 수용재결 처분은 재량권을 일탈·남용한 것으로서 위법하여 취소되어야 합니다.[2]

문 ⑥ 작성일

2020. 03. 23.

문 ⑦ 관할법원

창원지방법원

---

[2] 편저자 註: 채점기준표에 따른 논리구조 및 점수 배점대로 답안을 작성하였습니다만, 수용재결 처분의 위법성과 관련하여서는 비례의 원칙 위반 여부를 상세히 주장하고, 실시계획 승인 처분에 대하여는 선행처분의 무효만 간략히 주장하도록 출제하였어야 한다는 아쉬움이 있습니다.

⟨제2문 헌법소원심판청구서⟩

문 ① 청구취지
"지역균형개발 및 지방중소기업 육성에 관한 법률 제19조 제1항의 시행자 부분 중 제16조 제1항 제4호에 관한 부분은 헌법에 위반된다."
라는 결정을 구합니다.

문 ② 적법요건의 구비 여부

가. 재판의 전제성

1) 헌법재판소법 제68조 제2항의 헌법소원심판청구가 적법하기 위해서는 대상 법률조항의 위헌여부가 당해사건의 재판의 전제가 되어야 하는바, 구체적으로 ① 구체적인 사건이 법원에 계속 중이어야 하고, ② 위헌 여부가 문제되는 법률이 당해사건의 재판에 적용되는 것이어야 하며, ③ 그 법률이 헌법에 위반되는지의 여부에 따라 당해사건을 담당하는 법원이 다른 내용의 재판을 하게 되는 경우라야 합니다. 여기서 법원이 '다른 내용'의 재판을 하게 되는 경우라 함은 원칙적으로 법원이 심리중인 당해사건의 재판의 결론이나 주문에 어떤 영향을 주는 것뿐만 아니라, 문제된 법률의 위헌여부가 비록 재판의 주문 자체에는 아무런 영향을 주지 않는 경우에도 재판의 내용과 효력에 관한 법률적 의미가 달라지는 경우도 포함합니다.

2) 이 사건에서 당해 사건은 수용재결처분 취소 및 시행자 지정과 실시계획 승인 무효확인 등 청구사건이고, 문제되는 법률조항은 이 사건 수용의 근거조항으로서 당해 사건에 적용되는 법률조항으로 볼 수 있고, 만일 동 법률조항이 헌법재판소에 의해 위헌으로 판단되는 경우 이 사건 수용의 근거가 없어져 당해 사건 재판의 주문이나 내용과 효력이 달라질 것이므로 재판의 전제성 요건이 충족된다고 할 것입니다.

나. 청구기간의 준수

헌법재판소법 제68조 제2항 헌법소원심판청구의 청구기간은 제청신청에 대한 기각결정을 송달받은 날로부터 30일 이내인바, 이 사건에서 청구인의 소송대리인은 2020. 6. 12. 제청신청에 대한 기각결정을 송달받았고, 그로부터 30일이 도과하기 전인 2020. 7. 12. 이 사건 헌법소원심판청구서를 제출하였으므로, 위 청구기간을 준수하였습니다.

문 ③ 심판대상조항의 위헌성

가. 제한되는 기본권

심판대상조항에 따르면, 행정기관이 지역개발법에 의한 개발촉진지구 개발사업으로 실시계획을 승인하고 이를 고시하기만 하면 공공필요에 대한 별다른 심사절차 없이도 민간인인 사업

시행자에게 수용권이 부여되므로, 그에 따라 토지소유자가 토지소유권을 상실하고 해당 토지의 점유자도 자연히 그 점유권을 잃게 되므로, 심판대상조항에 의하여 제한되는 기본권은 재산권이라고 할 것입니다.

나. 심사기준

헌법재판소는 토지수용 관련 사례들에서, 이는 헌법 제23조 제3항 소정의 "공공필요에 의한 재산권의 수용 및 그에 대한 보상"의 경우이므로 수용의 목적인 '공공필요성'이 인정되어 수용한 경우에 해당하는지 여부와 과잉금지원칙에 위배되는지 여부를 모두 심사기준으로 삼기도 하고, 전자만 기준으로 삼기도 한바, 아래에서는 심판대상조항이 헌법 제23조 제3항이 정하는 공공필요성을 담보하기 위한 최소한의 장치도 갖추지 못하였고[3], 과잉금지원칙에도 위배된다는 점을 밝히고자 합니다[4].

다. 공공필요성을 담보하기 위한 규정 불비에 관하여

1) 심판대상조항은 국가 및 지방자치단체, 공공기관 뿐만 아니라 민간기업과 같은 사경제주체에도 수용권을 부여할 수 있도록 규정하고 있는데, 사경제주체는 본래 사익 추구를 1차적 목표로 삼기 마련이므로 공공필요성을 담보하기 위한 최소한의 절차가 반드시 필요합니다.

2) 특히 당해사건과 같이, 민간사업자가 골프장 및 휴양 콘도미니엄, 리조트 등을 조성하기 위하여 사업자 지정 및 실시계획 승인신청을 하는 경우, 마땅히 행정청이 그러한 승인과정에서 공공필요성을 구비하였는지 여부를 엄격히 심사하여야 합니다. 당해사건에서의 민간사업자는 지역경제 활성화와 고용창출을 공익으로 제시하고 있으나, 골프장의 평균 고용 인원은 적고 골프 경기의 특성상 하루에 이용 가능한 인원에 제한이 있으며, 고가의 회원권을 보유한 자들이 이용할 수 있어 지역민들의 이익과 관련성이 떨어집니다. 게다가 골프장과 부대시설 내에서 이용자가 필요한 모든 물품 구매와 식사 등 관련 소비가 가능하도록 할 것이므로, 지역상권이 살아나고 지역경제가 활성화되는 효과가 미미할 것으로 사료됩니다. 그럼에도 불구하고 소관 행정청은 위 민간사업자를 사업시행자로 지정하고 실시계획을 승인하였는바, 이와 같이 공공필요를 외면한 처분이 가능한 것은 심판대상조항이 공공필요 심사에 관한 실질적인 절차(예컨대 지방의회의 의결을 거치도록 하는 절차, 행정청이 사업진행과정을 감독하는 절차 등)를 규정하지 아니하였기 때문이라고 볼 수밖에 없습니다.

---

[3] 채점기준표는 심판대상조항에 공공필요성이 인정되는지 여부를 논하고 있으나, 공공필요성은 수용 자체에 요구된다고 볼 여지가 있으므로 그러한 답안은 논리적이지 않습니다. 이에 편저자는 심판대상조항이 공공필요성을 담보하기 위한 절차 규정을 두지 않은 점이 위헌이라는 점을 주장합니다.

[4] 심판대상의 위헌성을 피력하여야 하는 청구인 소송대리인이라면 동원 가능한 위헌 논리는 모두 기술하는 것이 바람직하기 때문입니다. 채점기준표도 마찬가지의 논리 전개를 하고 있습니다. 그런데 채점기준표는 위와 같은 심사기준을 답안으로 하면서도 민간인에게도 수용권을 줄 수 있는 규정 자체가 위헌인지 여부에 관하여도 논할 것을 요구하면서 배점을 6점으로 하였는데, 심사기준과 무관한 답안을 요구하는 것이 아닌지 의문이 있고, 논리정연성도 부족하며, 헌법재판소의 다수의견 역시 민간인에 대한 수용권 부여 자체는 위헌이 아니라고 보고 있는 점 등을 감안하여, 본 편저자는 해당 부분에 관한 답안을 작성하지 아니하고 공공필요성의 인정 여부에서 일부 언급하였습니다.

라. 과잉금지원칙 위반

1) 목적의 정당성 및 수단의 적합성

지역개발법 제1조에 따르면 심판대상조항의 입법목적은, 국토를 합리적으로 이용·개발·보전하기 위해 지방의 발전 잠재력을 개발하고 민간부문의 자율적인 참여를 유도하여 지역개발사업이 효율적으로 시행될 수 있도록 하며 아울러 지방중소기업을 적극적으로 육성함으로써 인구의 지방정착을 유도하고 지역경제를 활성화시켜 국토의 균형 있는 발전에 이바지함을 목적으로 한다는 것입니다. 이러한 지역개발법의 입법목적 달성을 위해서, 개발사업 시행의 원활한 진행을 위해 필요한 경우 민간사업자에게 수용권을 부여하는 심판대상조항은 적정한 수단이라고 일응 평가할 수는 있습니다.

2) 침해의 최소성과 법익의 균형성[5]

앞에서 공공필요성의 인정 여부에서 살펴본 바와 같이 이 사건 심판대상조항은 민간사업자에 의하여 시행된, 공공필요가 거의 인정될 수 없거나 인정되지 아니한 사업의 경우에도 별다른 제한 규정 없이 사실상 공공필요성 인정 여부에 대한 심사를 전적으로 행정청의 재량에 맡기고 있는 것과 다름없다 하여도 과언이 아닙니다. 즉 수용으로 인하여 토지소유자는 자신의 의사와 상관없이 그 토지소유권을 박탈당하는, 지극히 직접적이고 현실적인 침해를 입게 되는데도 불구하고 심판대상조항은 헌법 제23조 제3항이 요구하고 있는 공공필요에 대한 최소한의 심사절차나 감독절차를 규정하고 있지 아니하고 있는 것입니다. 이는 자연히 사업의 시행으로 인하여 달성할 공익은 막연하고 추상적인 경우(예컨대 민간사업으로 인하여 지역주민의 직접적 이익이 제고되는 것은 아니지만, 고용이 창출되고 유동인구가 늘어 지역경제가 활성화됨으로써 간접적으로나마 이익이 제고된다는 경우 등)에도 공공필요성 인정 여부가 제대로 심사되지 않은 채 사업시행자의 수용권 행사 및 그로 인한 심대한 기본권 침해가 발생할 위험을 대단히 높이게 됩니다. 그러므로 심판대상조항은 침해의 최소성 및 법익의 균형성을 전혀 갖추지 못했다고 볼 수밖에 없습니다.

마. 소결

그러므로 심판대상조항은 청구인의 재산권을 침해하는 것으로서 위헌이라 할 것입니다.

문 ④ 작성일[6]

2020. 7. 12.

---

[5] 편저자 註: 채점기준표는 공공필요를 갖추지 못한 보물섬에게 수용권을 인정하는 것이 과잉금지원칙에 위반된다는 취지로 답안을 작성하였는바, 본 헌법소원심판의 대상은 심판대상조항이지 행정청의 개별 행정행위가 아니므로 그러한 답안을 모범답안이라고 보기는 어렵습니다. 따라서 아래 답안은 편저자의 견해에 따라 작성된 것임을 밝힙니다.

[6] 출제자는 적법한 청구기간 내의 일자를 기재할 것을 요구하였으므로, 반드시 기간의 최종일을 기재할 필요가 없습니다.

지은이 **전병주**

[약 력]
중앙대학교 경영학부 졸업
충남대학교 법학전문대학원 졸업
제8회 변호사시험 합격
디케이엘파트너스 법률사무소 파트너 변호사

Rainbow 변시 모의해설 공법 기록형Ⅲ

2025년 02월 05일 발행

저　　자 : 전 병 주
발 행 인 : 이 인 규
발 행 처 : 도서출판 (주)학연
주　　소 : 충청북도 진천군 백곡면 명암길 341
출판등록 : 2012.02.06. 제445-2510020120000013호
www.baracademy.co.kr / e-mail:baracademy@naver.com / Fax : 02-6008-1800

저자와 협의하여 인지를 생략함

정가 : 38,000원　　　ISBN : 979-11-94323-17-4(94360)

* 파본은 구입하신 서점에서 바꿔드립니다
* 본 서는 저작권법에 의하여 보호를 받는 저작물이므로 무단 전재와 복제를 금합니다.

Rainbow
변시 기출·모의해설 기록형

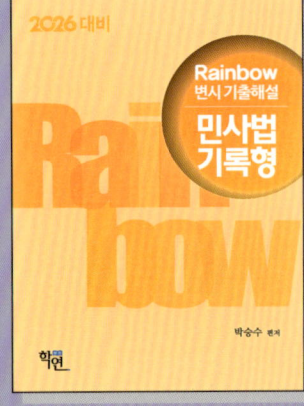